Neue Deutsche Geschichte

Herausgegeben von
Peter Moraw, Volker Press, Wolfgang Schieder

Band 1

Die Neue Deutsche Geschichte

Band 1
Grundlagen und Anfänge
Deutschland bis 1056

Band 2
Aufbruch und Gestaltung
Deutschland 1056–1273

Band 3
Wahlreich und Territorien
Deutschland 1273–1500

Band 4
Reich und Glaubensspaltung
Deutschland 1500–1600

Band 5
Kriege und Krisen
Deutschland 1600–1715

Band 6
Das Reich, Österreich und Preußen
Deutschland 1715–1806

Band 7
Staatenbund und Revolution
Deutschland 1806–1866

Band 8
Machtstaat und Industriegesellschaft
Deutschland 1866–1918

Band 9
Republik und Diktatur
Deutschland 1918–1945

Band 10
Teilung und Wettbewerb
Deutschland seit 1945

FRIEDRICH PRINZ

Grundlagen und Anfänge

Deutschland bis 1056

VERLAG C. H. BECK MÜNCHEN

Umschlagentwurf: Bruno Schachtner, Dachau
Umschlagbild: Gotische Adlerfibel (Germanisches Nationalmuseum Nürnberg)

Die 12 cm hohe goldene Adlerfibel des Germanischen Nationalmuseums in Nürnberg gehört zu den hervorragenden Werken ostgotischer Stammeskunst. Sie ist Teil eines zwanzig Stücke umfassenden Schatzes, der 1893 bei Domagnano (Republik San Marino) gefunden wurde. Mit ihrem Gegenstück, einer gleich großen, heute in Paris verwahrten Fibel, bildete sie den kostbaren Gewandschmuck einer vornehmen Dame. – Die gotischen Adlerfibeln gehören zu der großen Gruppe gegenständiger Vogelfibeln, die aus dem skythischen Raum seit dem 6. Jahrhundert v. Chr. bekannt sind. Bei ihrem Zug durch Südrußland haben die Goten im 3. Jahrhundert n. Chr. das Motiv übernommen und in höchster Vollendung gestaltet. Ob mit dem Motiv bestimmte Vorstellungen verbunden waren, ist nur zu vermuten.

H. E. Korn

CIP-Kurztitelaufnahme der Deutschen Bibliothek

Neue Deutsche Geschichte / hrsg. von Peter Moraw ... –
München: Beck
NE: Moraw, Peter [Hrsg.]
Bd. 1. Prinz, Friedrich: Grundlagen und Anfänge, Deutschland bis 1056. – 1985

Prinz, Friedrich:
Grundlagen und Anfänge, Deutschland bis 1056 / Friedrich Prinz. – München: Beck, 1985.
(Neue Deutsche Geschichte; Bd. 1)
ISBN 3 406 30358 7

Mit zwei Karten

ISBN 3 406 30358 7

Gesamtherstellung: C. H. Beck'sche Buchdruckerei, Nördlingen
Printed in Germany

Dem Andenken eines hervorragenden Gelehrten
und treuen Freundes der deutschen Kultur gewidmet:

RAOUL MANSELLI
(1915–1984)

Vorwort

Wissenschaftlich verläßliche Geschichte zu schreiben und dabei durch Allgemeinverständlichkeit dem Leser entgegen zu kommen, ist nicht leicht, dafür um so notwendiger. Ob die gefahrvolle Durchfahrt zwischen der Scylla des Fachjargons und der Charybdis salopper Vereinfachung geglückt ist, muß dem Publikum überlassen bleiben, der Verfasser hat sich jedenfalls Mühe gegeben, beide Extreme zu meiden. Da die Konzeption der „Neuen Deutschen Geschichte" für ein breiteres, historisch interessiertes Publikum entwickelt und deshalb auf Fußnoten verzichtet wurde, halte ich es für notwendig, diejenigen Autoren ausdrücklich zu nennen, deren grundlegenden Arbeiten meine Darstellung am meisten verpflichtet ist. Es sind dies – in alphabetischer Reihenfolge – die Kollegen Bernhard Bischoff, Karl Bosl, Heinrich Fichtenau, Josef Fleckenstein, Heinz Löwe, Pierre Riché und – last but not least – Theodor Schieffer. Für Geduld und Verständnis sei dem „Hausverlag" C. H. Beck und seinem Lektor Dr. Ernst Peter Wieckenberg herzlich gedankt.

Aber noch andere Dankesschuld ist abzutragen: Für die Durchsicht des Rohmanuskripts und wertvolle Ratschläge danke ich sehr herzlich Prof. Dr. Alfred Haverkamp, Dr. Franz Felten und Dr. Marita Krauss, ebenso dem Herausgeber Peter Moraw für seine sorgfältige Betreuung; für gewissenhafte technische Hilfe bin ich meinen Mitarbeitern Dr. Georg Jenal, Frau Ursula Bölter, Hildegard Adam, Dagmar Bäuml, Thomas Eilks, Christoph Henzler und Manfred Döbereiner zu großem Dank verpflichtet.

München, im Frühjahr 1985

Inhalt

Einführung

Eine Darstellung der ,,Anfänge und Grundlagen" der deutschen Geschichte bedarf vorab einiger Erläuterungen. Es soll klar gesagt werden, von welchen Aspekten der Verfasser ausgeht und welche Schwerpunkte er setzt. Verhältnismäßig problemlos dürfte es sein, wenn im Einleitungsteil das weitere Umfeld der Entstehung des deutschen Reiches sowohl chronologisch durch Rückblicke bis in die Spätantike als auch räumlich durch eine knappe Charakterisierung des europäischen Rahmens der Entfaltung deutscher Geschichte skizziert wird. Dies scheint um so nötiger, als sich der Rahmen – nämlich das europäische Mittelalter – selbst erst mit dem mittelalterlichen Reich bildete, in mancherlei Hinsicht ohne diesen Vorgang der Reichsbildung wohl auch gar nicht seine unverwechselbare Gestalt hätte gewinnen können. Die wechselseitige Verflechtung der europäischen und der späteren deutschen Geschichte ist keine nachträglich aufgesetzte ,,Mitteleuropa-Ideologie", sondern liegt in dem hier zu beschreibenden historischen Prozeß selbst begründet.

Schwieriger dürfte es hingegen sein, die auf weite Strecken bevorzugte erzählende Form der Darstellung der sogenannten ,,Ereignisgeschichte" zu rechtfertigen, da sie in offensichtlichem Widerspruch zur vorherrschenden Strukturgeschichte zu stehen scheint. Man könnte es sich leicht machen und einfach die Notwendigkeit ins Feld führen, für einen breiteren Leserkreis Geschichte erst einmal schlicht zu erzählen, ehe man daran geht, die überindividuell bedingten Voraussetzungen geschichtlichen Handelns bloßzulegen; eines Handelns, das zwar durch eine Vielzahl einzelner Menschen bewirkt wurde, jedoch transpersonal, meist ohne ihr Wissen, ihr Tun und Lassen bestimmte, sie manchmal sogar zu Marionetten anonymer Kräfte degradierte. Eine solche Begründung für erzählende Geschichtsdarstellung genügt aber nicht, vor allem weil sie Ereignisgeschichte und Strukturgeschichte zu Unrecht als Alternativen ansieht. Eben diese gibt es im historischen Leben nicht; es kann sie auch gar nicht geben, da das Subjekt des historischen Prozesses immer der Mensch selbst bleibt, der stets zugleich Individuum wie Teil der Gesellschaft war und ist.

Daß ein relativ umfangreicher erzählender Teil den strukturgeschichtlichen Abschnitten vorangestellt wurde, hat noch einen anderen Grund. Der Verfasser möchte überall dort, wo dies möglich ist, zeigen, wie sich aus dem schicksalhaften Zusammenspiel von einmaligen Ereignissen und überpersönlichen Kräften dauerhafte Strukturen bildeten, die lange Zeit und oft über Jahrhunderte hinweg als bleibende neue Gegebenheiten wirkten. Sie vermochten dann ihrerseits in beträchtlichem Ausmaß das individuelle Handeln zu bestimmen und gaben gewissermaßen die Bühne für das aufzuführende Stück der jeweiligen, scheinbar offenen Gegenwart ab. Eine Struktur, die aus der Abfolge einmaliger geschichtlicher Situationen entstand, ist etwa in karolingischer Zeit die Instrumentalisierung der Kirche als Reichskirche und deren Erneuerung und Stabilisierung unter den Ottonen und frühen Saliern. Strukturbildend wirkte auch, daß Otto der Große die Unteilbarkeit des Reiches durchgesetzt hat – ein Faktum der Ereignisgeschichte, das im weiteren Verlauf der Entwicklung eine dauerhafte Gegebenheit der deutschen Geschichte wurde. Bildlich gesprochen: Ohne das zwischen Ereignis und Struktur, Individuum und Gesellschaft hin- und hersausende Weberschiffchen von Ursachen und Wirkungen ist im Grunde eine erklärende Geschichtsdarstellung gar nicht möglich. Strukturen ohne die modifizierende und individualisierende Kraft konkreter Ereignisabläufe bleiben blind, trocken und abstrakt, Geschichte verkommt dabei zum Faktensteinbruch für ideologische Modelle und philosophische Systeme – Hegel ante portas. Umgekehrt bleiben Ereignisse ohne dauerhafte, nämlich strukturbildende oder strukturverändernde Folgen belanglos, sind bestenfalls fesselndes Erzählgut in historischer Gewandung. Dargestellte Geschichte und Analyse geschichtlicher Prozesse müssen sich ergänzen und wechselseitig erhellen. Thematische Überschneidungen zwischen dem Einleitungskapitel sowie den ereignisgeschichtlichen und strukturgeschichtlichen Abschnitten waren dabei nicht immer zu vermeiden; sie wurden dort in Kauf genommen, wo dies eine fortlaufende Lektüre erleichterte.

Wenn sich die Kapitel des erzählenden Teils weitgehend an Herrscherpersönlichkeiten orientieren, dann soll damit kein antiquierter ,,Personenkult" betrieben werden; die wenigsten dieser Herren waren übrigens Helden im landläufigen Sinne. Vielmehr stellt die einzelne, sakral legitimierte Person an der Spitze des Reiches ein durchaus natürliches und sachgerechtes Ordnungsprinzip des Stoffes dar. Warum sollte man eine vom Geschichtsablauf selbst gegebene, durch die existentielle Kategorie des Todes legitimierte Gliederung verschmähen, nur weil man sich dem Verdacht aussetzt, sich an monarchische Haupt- und Staatsaktionen zu klammern? Schon die Tatsache, daß mit dem Tode eines Herrschers auch bei einer dynastisch gesicherten Nachfolge zumeist neue Situationen auftraten, scheinbar sicher Vorgegebenes und Erwartetes umgestoßen wurde und nicht selten Erbfolge und Wahlrecht wieder konkurrierten, beweist, daß Herrscherwechsel dem Neuen, Unerwarteten sehr oft eine Chance gab und damit den Ereignisfluß gleichsam von selbst ,,rhytmisierte". Mit anderen Worten: Wenn man den heute vielberufenen anthropologischen Aspekt der Geschichte, also den Bezug auf den konkreten Menschen ernst nimmt, wird einem die Gliederung nach jenen Persönlichkeiten, die durch die Quellen besonders ins Licht gerückt werden, als durchaus natürlich erscheinen.

Daß dabei jene nicht vergessen werden, die Geschichte vor allem erlitten haben und die „im Dunkeln" stehend die Zeche großer Taten bezahlen mußten, versteht sich von selbst. Der Autor ist zuversichtlich, manche „Fragen eines lesenden Arbeiters", wie sie Bert Brecht stellvertretend für das Gros der Menschheit gestellt hat, beantworten zu können, insofern die spärlichen Quellen über das Leben derer berichten, die das Brot buken, Häuser bauten, Werkzeuge erfanden und anwandten, die also, mit einem Wort, vom Pflug bis zur kostbaren Handschrift, von der Hegung der Haustiere bis zum Dom und Altarkreuz die europäische und mit ihr die deutsche Kultur schufen.

I. Voraussetzungen, Grundlagen und Hauptprobleme einer fränkisch-deutschen Frühgeschichte

1. Allgemeine Aspekte und Querschnitte

a) Einstieg und Grenzdaten

Jeder Historiker, der auf begrenztem Raum eine Zeitspanne von mehr als 600 Jahren knapp und verständlich darstellen soll, ist sich des Wagnisses einer solchen Unternehmung bewußt. Zwischen der Gefahr eines allzu abstrakten, unanschaulichen, fast nur noch Begriffshülsen transportierenden Durchziehers durch die Epochen und dem Übel einer einfältigen Aneinanderreihung von Fakten muß er durchzusteuern versuchen und danach trachten, wichtige Ereignisse herauszuheben, sie ins Koordinatensystem genereller Entwicklungen einzubinden und die wechselseitige Abhängigkeit von Ereignis und Entwicklung zumindest exemplarisch klarzumachen. Darüber hinaus hat unser Thema noch andere Gefahren. Die größte Schwierigkeit ergibt sich aus dem zwangsläufig anachronistischen Ansatz, der deshalb unausweichlich ist, weil im gesamten hier behandelten Zeitraum das spezielle Thema, nämlich die in engerem Sinne ,,deutsche Geschichte", sich erst allmählich entfaltete, im Vergleich zu den wirklichen Brennpunkten und Wendemarken des Geschehens anfangs eher beiläufig und oft buchstäblich geographisch ,,am Rande" entstand. Dasselbe gilt bereits für die Anfänge der fränkischen Geschichte. Aus einem gewaltigen, von militärischen, sozialen und religiösen Krisen gespeisten Umwandlungsprozeß der mittelmeerischen Hochzivilisation, in den seit der Zeitenwende auch Europa nördlich der Alpen mehr und mehr einbezogen wurde, soll unser Text in gleichsam trichterförmiger thematischer Verengung auf die deutsche Geschichte zuführen, eine Geschichte, die eigentlich erst in den letzten 200 Jahren der hier zu behandelnden Epoche in einem sehr zögernden, durch viele retardierende Elemente belasteten Prozeß ins Leben trat. Mit anderen Worten: Erst der Rückblick vom Gipfel frühsalischer Königsmacht auf die lange Vorgeschichte dieses Ergebnisses macht auf lange Strecken die Ereignisse in Rand- und Ausbaugebieten der frühen europäischen Zivilisation bemerkens- und erwähnenswert; und gerade das ist jenes oben als anachronistisch bezeichnete retrospektive Verfahren, dessen größte Gefahr es wohl ist, daß man – bewußt oder unbewußt – der Vorstellung einer scheinbaren Teleologie, einer verführerischen Zielgerichtetheit der Entwicklung Vorschub leistet. Es wäre absurd, wenn nicht sogar lächerlich, dem Leser eintrichtern zu wollen, es habe alle vorausgegangene Geschichte nur eine vorbereitende Rolle gespielt und sei gleichsam nur ein Präludium gewesen, bis es das hochmittelalterliche Reich unter Heinrich II., Konrad II. und Heinrich III. wirklich „so herrlich weit gebracht“ hat, wie es für ein naiv national-deutsches Geschichtsbewußtsein vielleicht noch heute selbstverständlich ist. Müßte man aber nicht die Entfaltung der islamischen Hochkultur, die staatliche und kulturelle Renaissance des Griechentums im byzantinischen Reich objektiv höher bewerten als etwa die jahrzehntelangen Kämpfe der ostfränkischen und dann deutschen Könige mit Wenden, Sorben oder Lutizen, um den historischen Prozeß in richtigen Proportionen zu sehen und darzustellen? Für eine „deutsche Geschichte“ ist das wohl nicht möglich. Der Leser aber soll sich wenigstens darüber im klaren sein, daß mit der Beschränkung auf einen geographisch wie ethnisch einigermaßen begrenzbaren Raum auch von vornherein eine bestimmte Bewertungsskala mit eigenen Prioritäten gegeben ist, die für den Historiker als „rückwärts gekehrten Propheten“ (Friedrich von Schlegel) Gefahren ganz besonderer Art hat.

Sich solcher Risiken bewußt zu bleiben, bedeutet aber, daß man die entstehende „deutsche“ Geschichte von Anfang an und in jeder Phase eng mit dem generellen europäischen Akkulturationsprozeß verknüpfen muß. Auf diese Weise kann man dann wenigstens die wirklichen Schwerpunkte des Geschehens, wenn sie sich – wie oft der Fall – außerhalb des deutschen Sprachraums manifestierten, mitbedenken und damit die Entwicklung östlich von Maas und Rhein und nördlich des Alpenkamms als Teilstück der von Westen und Süden sich entfaltenden generellen Entwicklung besser verstehen. Es geht also um ein in den Proportionen möglichst getreues Mosaikbild eines oft nur regionalgeschichtlich beschreibbaren Vorganges, in dessen Verlauf am Ende des hier zu behandelnden Zeitraums die westslawische Welt sich durch militärische wie missionarische Expansion in die romanisch-germanische Völkergemeinschaft einfügte, ein Prozeß, der seit dem 10. Jahrhundert vornehmlich von deutschen Kräften getragen wurde. Für Leopold von Ranke war es die „Mischung von germanischen und romanischen Elementen“, auf der „die ganze Entwicklung unserer Zustände bis auf die neueste Zeit“ beruhte. (L. v. Ranke, Über die Epochen der neueren Geschichte, 1854, 5. Vortrag). Dies ist eine allzu enge, allzu „abendländische“ Deutung der europäischen Geschichte, der man nicht deutlich genug widersprechen kann. Das gilt in besonderem Maße für die deutsche Geschichte. Die slawische Welt – dies hat eine an Ranke orientierte Historiographie oft vergessen – ist nicht nur eine tragende Säule der westlichen Zivilisation geworden wie zuvor das romanische und germanische Element, sondern als ethnisches Substrat wie auch als politisch-kultureller Partner (und oft auch Gegner) ein wesentlicher Bestandteil der deutschen Entwicklung.

Was die Grenzdaten dieses Bandes anbelangt, so ergibt sich aus der Natur der Sache, daß der Beginn in die Krisenzeit der Spätantike fällt, also in die Wende vom 4. zum 5. Jahrhundert. Das ist eine Zeitbestimmung, die bewußt jedes feste Datum vermeidet, um nicht ein Kontinuum der Entwicklung durch scheinbare Fixpunkte willkürlich zu zerreißen. Insbesondere das Enddatum von 1056 ist nicht frei von Problemen. Nach wie vor wäre es durchaus sinnvoll, den Dynastiewechsel von Kaiser Heinrich II., dem letzten Ottonen aus bayerisch-luitpoldingischer Linie, zu dem Salier Konrad II., somit das Jahr 1024, als Schluß zu wählen. Mit Heinrich II. erreicht das Reichskirchensystem einen von der beginnenden Kirchenreform noch nicht angetasteten Gipfelpunkt. Jenseits dieser Epoche jedoch machen sich schon grundlegende Veränderungen bemerkbar. Das gilt für die Formen und die neuen regionalen Schwerpunkte der salischen Königsherrschaft ebenso wie für die mittelbaren, herrschaftsideologischen Auswirkungen der Kirchenreform auf das Selbstverständnis und das Legitimationsbewußtsein der Königsherrschaft wie auch des Kaisertums. Schließlich: Mit Konrad II. und Heinrich III. stehen wir schon in der Vorgeschichte des Investiturstreites, der Deutschland in ganz besonderer Weise in Mitleidenschaft ziehen sollte.

Dennoch hat die Zäsur des Investiturstreites mehr für sich, der daher auch der Vorrang gegeben wurde. Diese militärisch wie geistig zentrale, wenn auch chaotische Epoche war zweifellos ein schicksalhaftes Ereignis der deutschen Geschichte, in dessen Folge das Reichskirchensystem stark verändert, wenn auch nicht beseitigt wurde. Eine weitere Folge war dann der forcierte Ausbau von Reichsländereien mit Hilfe der salischen, später der staufischen Reichsministerialität, der seinerseits einen bemerkenswerten Strukturwandel der Königsherrschaft bewirkte.

Entgegen anderen Auffassungen soll hier die Geschichte des fränkischen Großreiches bereits als wesentlicher Bestandteil und als Grundlage der deutschen Geschichte gelten. Gerade die immer wieder diskutierte Schwierigkeit, überzeugende Daten für den Beginn einer „deutschen Geschichte" gegenüber der Gesamtgeschichte des Frankenreiches zu finden, zeigt zur Genüge, daß die Trennung zwischen fränkischer und deutscher Geschichte bis zu einem gewissen Grade unnatürlich ist. Trennung wäre ebenso fragwürdig, wie wenn man die Scheidung von West- und Oströmischem Reich seit Konstantin dem Großen zum Anlaß nähme, beide Reichsteile seit diesem Zeitpunkt als etwas völlig Neues und Andersartiges zu behandeln. Auf jeden Fall zeigt die heute allgemein akzeptierte Auffassung, nach der das deutsche Reich des Mittelalters in einem langgestreckten Prozeß mit vielen Zwischenstufen und retardierenden Momenten aus dem Frankenreich entstand, daß es unmöglich ist, fränkische und deutsche Geschichte zu trennen. Für diese These sprechen auch strukturgeschichtliche Gemeinsamkeiten und Kontinuitäten: etwa die jene Epochengrenze übergreifende Rolle des fränkischen Reichsadels, die Fortdauer und Erneuerung des karolingischen Reichskirchensystems in ottonischer Zeit und die kontinuierliche Entfaltung von Grundherrschaft und Lehnswesen diesseits wie jenseits jener postulierten Epochenschwelle. Damit soll natürlich nicht behauptet werden, daß es keine Auseinanderentwicklung von deutscher und französischer Geschichte seit der späteren Karolingerzeit gegeben hat; es geht vielmehr darum, die fränkische Geschichte, von der besonders die Rheinlande tief geprägt worden sind, als untrennbaren Bestandteil der deutschen Geschichte zu begreifen, nicht nur als deren „Vorgeschichte".

b) Kontinuität und Brüche zwischen Antike und Mittelalter

Tradition und Bruch, Kontinuität und Diskontinuität müssen gleichermaßen ins Kalkül gezogen werden, wenn es um das materielle wie geistige Erbe geht, das in die deutsche Geschichte mit eingebracht worden ist. Das scheint eine Binsenwahrheit zu sein, die aber ihr eigentliches Gewicht erst vor dem Hintergrund einer langen kulturphilosophischen Debatte erhält, die der geschichtswissenschaftlichen Erforschung des Übergangs von der Antike zum Mittelalter um mehr als 100 Jahre vorangegangen war. Der Untergang des römischen Weltreiches, ein permanentes Thema europäischen Kulturbewußtseins bis zum heutigen Tage, hat bekanntlich eine Unzahl von Erklärungsversuchen provoziert: sozial- und wirtschaftsgeschichtliche, moralische, antikirchliche – etwa bei Edward Gibbon und Friedrich Nietzsche – biologistisch-rassistische und schließlich kulturmorphologische wie bei Oswald Spengler. Man hat Klimawandel als Ursache angeführt, Massenseuchen und damit Bevölkerungsrückgang, den Rückzug der politisch trainierten Führungsschichten aus dem öffentlichen Leben oder gar deren Ausrottung, die bankrotte Sklavenhaltergesellschaft und anderes mehr; nur allzu oft wurde dabei eine einzige Ursache als entscheidend angesehen. All diese Faktoren mögen eine Rolle gespielt und in ihrer Kombination auch auslösend gewirkt haben. Die langanhaltende innere Strukturkrise der Alten Welt, die schließlich die Widerstandskraft gegen den seit jeher vorhandenen Druck der Barbarenvölker auf die Hochzivilisation der Mittelmeerwelt immer mehr lähmte, – diese Krise läßt sich nicht nach übersichtlichen Schemata und Kausalitäten erklären.

Verwissenschaftlicht und näher an die geschichtliche Realität herangebracht wurde die leidenschaftliche Diskussion über den Untergang der Antike durch die sozialstrukturellen Analysen des Historikers Alfons Dopsch. Er nahm einen eher gleitenden Übergang zwischen Antike und Mittelalter an und ersetzte die alte, prachtvoll-dramatische Katastrophenlehre durch eine nun ihrerseits den gewaltigen Einbruch der germanischen und später der slawischen Welt verharmlosende Kontinuitätstheorie. Diese bezog sich vor allem auf den Wandel im westlichen Teil des Imperiums und hier besonders auf die römisch-germanische Kultursymbiose, die sich zur Synthese steigerte. Allerdings wurde dabei oft Byzanz als fortdauerndes und sich unter islamischem Druck regenerierendes großes Kulturzentrum vernachlässigt. Durch Spezialuntersuchungen konnte die aus wirtschafts- und sozialgeschichtlichen Fakten gewonnene These von Dopsch verfeinert, die starken regionalen Unterschiede verdeutlicht und dabei vor allem die zentrale Rolle der Kirche im Transformationsprozeß herausgearbeitet werden, so daß wir heute zwar den Untergang Roms immer noch nicht ,,erklären", aber phänomenologisch fassen und in seinen einzelnen Phasen darstellen können. Dies mag zwar nicht so spektakulär sein wie Oswald Spenglers suggestiver Erklärungsversuch, mit Hilfe einer vagen Analogie zwischen pflanzlichem und kulturellem Werden und Vergehen das Ende der Antike zu ,,verstehen". Dafür hat ein sorgfältig zeitlich und regional differenziertes Bild den Vorteil, denjenigen zu befriedigen, dem es im Sinne Rankes darum geht zu wissen, ,,wie es denn eigentlich wirklich gewesen ist". Im übrigen: Es gibt nicht *den* Untergang der Antike, sondern eine Reihe von Unter- und Übergängen mit sehr verschiedenartigen Ursachen und Folgen. Eine der Folgen aber ist die Entstehung Europas.

Vom europäischen Mittelalter her gesehen stellt sich die Wende vom 4. zum 5. nachchristlichen Jahrhundert als Drehpunkt einer welthistorisch bedeutsamen Entwicklung dar. Der Sieg des Christentums unter Kaiser Konstantin dem Großen (306–337) wurde seit Theodosius dem Großen (379–395) endgültig, die Verbindung von Kirche und Staat vollendet – mit allen Vor- und Nachteilen dieses Bündnisses einst feindlicher Kräfte. Mit den germanischen ,,Wanderlawinen" des 5. und 6. Jahrhunderts geriet die römisch beherrschte antike Welt dann endgültig aus ihrem zuletzt nur noch mühsam bewahrten Gleichgewicht.

Die Germanen. Julius Caesar, dem wir erste genaue Nachrichten über Germanen verdanken, schrieb ihnen ein höheres Maß an barbarischem Wesen zu als es den Galliern, also Kelten eignete. Im übrigen hatte er dieselben Vorurteile, die bis heute zivilisierte Nationen gegenüber sogenannten ,,Naturvölkern" hegen. Für Caesar sind die Germanen einerseits ungesittet, faul und zügellos, andererseits gesund an Leib und Seele, tapfer, kriegstüchtig und stark im Ertragen von Entbehrungen (Bell. Gall. IV, 1–3, IV, 21–24). Der Geograph Strabon (vor 23 n. Chr.) hielt sie für Gallier, doch seien sie wilder, größer und blonder als diese (Geogr. 290,2). Caesars feste Meinung jedoch, daß der Rhein die Grenze zwischen Kelten und Germanen sei, wird durch archäologische Erkenntnisse widerlegt, wonach die Grenzen der feststellbaren Kulturräume in westöstlicher Richtung den Rhein überqueren. Die nördlichste von drei erkennbaren großen Kulturgruppen links und rechts des Rheins unterscheidet sich am klarsten von der keltischen Latène-Zivilisation. Man nennt sie nach einem Fundort im niedersächsischen Kreis Uelzen die ,,Jastorf-Kultur"; sie findet sich zwischen 600 vor Christus und der Zeitenwende in Nord- und Mitteldeutschland, ebenso in Jütland und Fünen. Die Aller und der Unterlauf der Weser waren ihre Grenze zur südwestlich anschließenden Latènekultur Mittel- und Westdeutschlands. In diesem nördlichen Raum liegt sicher eine starke Wurzel des Germanentums. Die eigentliche Ethnogenese dürfte sich aber in einem viel breiteren geographischen Rahmen vollzogen haben und zwar als komplizierter Ausgleichsvorgang. An ihm waren sowohl eisenzeitliche Gruppen des südlichen Skandinavien und des östlichen Mitteleuropa außerhalb der Jastorf-Kultur beteiligt als auch spätlatènezeitliche Gruppen der südwestlich anschließenden keltischen „Oppida-Zivilisation" mit ihren stadtartigen, befestigten Siedlungen. Als Zeit der Entstehung des Germanentums nimmt man heute das Jahrhundert vor der Zeitenwende an, so daß Julius Caesar noch ein Zeitgenosse der germanischen Ethnogenese gewesen sein dürfte. Das späte Einsetzen historischer Nachrichten über die Germanen kann daher nicht von einer späten Erweiterung des Horizonts antiker Völkerkunde verursacht sein; vielmehr spiegelt das ziemlich plötzliche Einströmen von genaueren Kenntnissen über die germanische Welt den Prozeß ihrer Entstehung selbst wider.

Wenn aber das Germanentum als Ausgleichsvorgang zwischen heterogenen Gruppen unter dem starken Einfluß der mittelmeerischen Hochkultur entstand und damit unter dem Druck einer bestimmten historischen Situation, dann wird man sich davor hüten müssen, von „Urgermanentum" und von einer generellen germanischen Sozialverfassung oder Religion zu sprechen. Das „Gemeingermanische" ist eher Ergebnis, nicht Ausgangspunkt der Ethnogenese; die militärische wie kulturelle Konfrontation mit den Römern ist somit als Katalysator dieses entscheidenden Vorgangs anzusehen. Daß die weitere ethnische Differenzierung der germanischen Welt in den vier ersten nachchristlichen Jahrhunderten ebenfalls ursächlich mit der defensiv gesicherten Grenze zum „freien Germanien" zusammenhängt, also mit dem langen Aufstau germanischer Völkerschaften am römischen Limes, zeigt dann im Lichte genauer schriftlicher Quellen die Entstehung der neuen germanischen Großgruppen an dieser Grenze: der Alemannen ebenso wie der Franken. Östlich davon und bald auch nach Westen nachrückend, bauen sich dann die Stammesbünde der Thüringer und Sachsen auf, während Goten, Wandalen und Langobarden aus Innergermanien zu weiten Wanderzügen quer durch Europa und bis ans Südufer des Mittelmeeres aufbrechen.

Da der Begriff des „Gemeingermanischen" in mancher Hinsicht ohnehin problematisch ist und in den antiken Quellen – von Caesar und der „Germania" des Tacitus abgesehen – überwiegend die ethnisch-politischen Einheiten einzelner germanischer Völker, „Stammesschwärme" und Stammesgruppen auftauchen, haftet vielen Rückschlüssen auf Sozialverfassung und Kultur *der* Germanen etwas Hypothetisches an. Die Sippe als Friedens- und Rechtsverband dürfte aber insgesamt eine große Rolle gespielt haben, ebenso das Gefolgschaftswesen, herausragende Fürsten, und dann, während der Wanderungsepoche, ein Heerkönigtum, das eine wichtige Voraussetzung der germanischen Reichsbildungen auf römischem Boden geworden ist. Die polytheistische Religion der Germanen – falls man diesen Sammelbegriff überhaupt verwenden darf – scheint schon früh von antiken Göttervorstellungen beeinflußt worden zu sein. Dies legen unter anderem die Götterbilder auf den Goldbrakteaten von Sievern nahe.

Als Randkultur der antiken Hochzivilisation wurde die germanische Welt – wie zuvor die keltische – vom Orbis Romanus stark beeinflußt. Der archäologisch erwiesene starke Import römischer Waren ins freie Germanien jenseits des Limes zeigt dies ebenso wie der frühe Einstieg germanischer Truppenführer, aber auch größerer Gruppen, in die römische Militärorganisation. Diese bot überdies bedeutende soziale Aufstiegschancen. Schon seit dem 3. Jahrhundert, das heißt nach den ersten großen Germaneneinbrüchen, zwang die Notwendigkeit der Reichsverteidigung immer mehr dazu, germanische Hilfstruppen anzuwerben. Sie wurden bald unentbehrlich, und zwar nicht nur im Heer, sondern auch in der Verwaltung. Als der Caesar Julian († 363) im Jahre 357 in einer berühmten Schlacht die Alemannen bei Straßburg besiegte, eröffneten seine germanischen Verbände den Kampf mit ihrem Kriegsgesang. Als er 360 vom Heer zum Augustus ausgerufen wurde, erhob man ihn nach germanischem Brauch auf den Schild. Franken hatten schon im 4. Jahrhundert einflußreiche Positionen am Trierer Kaiserhof inne. Das wachsende Selbstbewußtsein von Germanen im Reichsdienst geht auch aus den Inschriften frühchristlicher Grabsteine in Römerstädten hervor: Sie sind zwar lateinisch, aber der Name wird nun nicht mehr latinisiert. In den fünf Jahrhunderten römischer Nachbarschaft zur germanischen Welt entwickelten sich trotz vieler Kriege lebhafte Handelsbeziehungen über die Limes-Grenze hinweg. Wein, Keramik und Schmuck waren begehrte Güter für die germanische Oberschicht. Umgekehrt lieferte man den Römern Bernstein, Pelze, blondes Frauenhaar – ein beliebter Modeartikel – und natürlich auch Sklaven für die römischen Latifundien. Mit dem langen Nebeneinander von Römern und Germanen mag auch der hohe Grad von Lernfähigkeit und Assimilationswilligkeit zusammenhängen, den man sicher zu Recht den germanischen Völkern zuschreibt und der den oft erstaunlich raschen Einstieg in die spätantike und christliche Welt erleichterte. Figuren wie Marbod, Odoaker, Theoderich, Chlodwig und der Trierer Regionalfürst Arbogast, der sich im 5. Jahrhundert in lateinischen Versen feiern ließ, bestätigen dies.

Der Eintritt von Germanen in die römische beziehungsweise provinzialrömische Welt war aber schon früh ein Massenphänomen und damit geschichtsmächtig, denn nach dem archäologisch gesicherten Stande unserer Kenntnis sind bereits seit der Mitte des 4. Jahrhunderts, also lange vor der eigentlichen Völkerwanderung, germanisch-fränkische Gruppen auf galloromischem Boden feststellbar. Das für die spätere fränkische Großreichsbildung entscheidende Ethnikum konnte sich also schon lange vor Chlodwig I. († 511) mit spätrömischen Lebensformen vertraut machen. Vor diesem Hintergrund gewinnen die Anfänge des fränkischen Reichsgründers als römischer Regionalkommandant eine neue Bedeutung, denn von einer wirklichen fränkischen „Landnahme“ in traditionellem Sinne kann wohl kaum mehr die Rede sein, höchstens von einem Nachrücken fränkischer Gruppen auf gallischen Boden.

Dem kulturellen Hineinwachsen der germanischen Völker in die spätantike Welt war es auch förderlich, daß die lateinische Hochkultur während ihrer Schlußphase in weiten Regionen sowohl quantitativ wie qualitativ große Einbußen erlitten hatte und geschrumpft war. Dies gilt für die Sozialverfassung ebenso wie für das stark reduzierte Städtewesen oder für den Standard literarischer und künstlerischer Leistungen. Die Machtzentren der nachdiokletianischen Militärmonarchie wie Rom, Mailand, Ravenna und Trier, das seit Kaiser Diokletian (284–305) für hundert Jahre Kaiserresidenz und ein blühendes Zentrum spätrömischer Kunst und Rhetorik wurde, wird man von dieser generellen Entwicklung wohl ausnehmen müssen, ebenso die Blüte der Kirchenväter-Literatur und die großartige, wenn auch schwer erkaufte Renaissance Ostroms unter Kaiser Justinian (527–565) und seinen Nachfolgern. In weiten provinzialrömischen Gebieten jedoch, zu denen Gallien sowie die Rhein- und Donaulande gehörten, erleichterten die reduzierten Formen der spätrömischen Zivilisation deren Übernahme durch die Germanen wie später durch die Slawen. Man könnte daher von Assimilation durch beiderseitige Annäherung des kulturellen Niveaus sprechen – vorausgesetzt, man ist überhaupt bereit, grundsätzliche qualitative Unterschiede zwischen Kulturen anzuerkennen, wozu heute verschiedentlich geringe Neigung besteht.

Wie dem auch sei, die Germanen als bleibende und gestaltende geschichtliche Kraft entfalteten sich auf römischem Boden nachhaltig in Spanien und Italien, am intensivsten aber in Gallien und auf den Britischen Inseln. Hier konnten sie nicht mehr, wie in Nordafrika die Wandalen und vorher auf der Apenninenhalbinsel die Ostgoten, durch militärische Anstrengungen beseitigt werden. Man hat daher von einem Übergang von einer „römischen zu einer griechisch-römisch-germanischen“ Geschichte gesprochen, in der die europäische Geschichte bereits vorgeformt war; dies allerdings erst in der späteren Wirkung, nicht im bewußten politischen Wollen.

In der Krise des spätantiken Imperiums seit dem 5. Jahrhundert vermochte sich der griechische Osten unter schweren Anstrengungen zu behaupten, während im Westen nach dem Zusammenbruch der justinianischen Restaurationspolitik des 6. Jahrhunderts ein Machtvakuum entstand, das teilweise durch die Kirche und ihre damals entwickelten politischen Herrschaftsformen aufgefüllt wurde, besonders aber durch die Reichsbildungen der Goten und Langobarden in Italien, der Westgoten in Spanien und der Franken in Gallien.

Die Slawen. Zeitlich und vielfach auch räumlich folgte den germanischen Wanderungen die Landnahme der slawischen Stämme auf dem Fuße. Auch ihr Eintritt in den Bannkreis christlich-spätantiker Zivilisation und ihre schrittweise Einbeziehung in die frühmittelalterliche Welt wurde ein wesentliches Signum der europäischen wie deutschen Geschichte. Wie im Falle der Germanen kommen auch bei den Slawen die ersten schriftlichen Nachrichten von „außen", nämlich aus dem Bereich der griechischen und vor allem der lateinischen Welt. Viele schwierige Probleme der ethnischen Umgliederung eines Großraums, die wir in Frankreich, den Rheinlanden und südlich der Donau immerhin noch mit Hilfe spärlicher Schriftquellen untersuchen können, müssen östlich des Rheins und erst recht östlich von Saale und Elbe fast ausschließlich durch archäologische Befunde und manchmal durch Analogieschlüsse aus west- und südeuropäischen Landschaften mühsam aufgehellt werden. In besonderem Maße gilt dies für die Ethnogenese der Slawen, vor allem für die Frage, ob wir es hier vornehmlich mit einem Entstehungsprozeß im Lande selbst zu tun haben oder ob es eine zahlenmäßig starke slawische Einwanderung aus den Gebieten nördlich und östlich des Karpatenbogens gegeben hat. Die westliche Analogie wären hier die wohl überwiegend germanischen Laeten, die sich im römischen Reichsverband seit den ersten nachchristlichen Jahrhunderten angesiedelt hatten. Nach dem Zusammenbruch des machtvollen Überbaues der Reichsverwaltung im 5. Jahrhundert traten sie dann als germanisches Substrat Nordgalliens stärker in den Vordergrund und bewirkten dort wesentlich die ethnisch-sprachliche Umpolung zum Germanischen. Ähnliches hat man auch für die Westslawen als Unterschicht germanischer Völker annehmen wollen, die dann, nach der West- oder Südwanderung der Germanen, als selbständiges Ethnikum ins Licht der Geschichte traten.

Wahrscheinlicher, und durch die archäologische Hinterlassenschaft des sogenannten „Prager Typs" gestützt, ist jedoch die Einwanderung slawischer Völkerschaften in die entstehende breite, mitteleuropäische Pufferzone zwischen dem neuen fränkischen Großreich des Westens und der sich konsolidierenden und erneut im Mittelmeerraum und auf die Balkanhalbinsel ausgreifenden Macht des Oströmischen Reiches. Ähnlich wie es einen komplizierten ursächlichen Zusammenhang zwischen der Westexpansion der hunnischen Herrschaft und der germanischen Wanderbewegung des 5. und 6. Jahrhunderts gibt, war es wohl der Druck der Awaren und anderer asiatischer Reitervölker, der die Slawenen und Anten – also West- und Ostslawen – zum Einzug in eine offenbar bevölkerungsmäßig stark verdünnte mitteleuropäische Zone zwischen Ostsee und Adria zwang. Man hat einerseits ein „Ausstrahlungszentrum" der Slawen in den galizischen Karpaten feststellen wollen, ebenso suchte man sie von Fundgruppen des 6.–7. Jahrhunderts im oberen Dnjeprgebiet abzuleiten.

Am wahrscheinlichsten ist wohl die Annahme einer Entstehung des Slawentums im Prozeß seiner Ausdehnung zwischen den östlichen Karpaten und dem Pripjet-Dnjeprgebiet während des 5. Jahrhunderts, analog den gleichzeitigen germanischen Wanderungsbewegungen. Innerhalb der indogermanischen Sprachfamilie gehören die Slawen zu den Trägern der sogenannten satem-Sprachen. Sie standen früh in enger Nachbarschaft zu den Germanen, aber auch zu Skyten, Sarmaten und Balten. Während die östlichen slawischen Stammesgruppen die Mischwaldzone Ostmitteleuropas besiedelten und bis zur Ostsee und nach Ostholstein gelangten, wanderten die Westslawen über die Weichsel in das von Germanen aufgegebene Gebiet und drangen über Oder, Elbe und Saale bis Thüringen und im Südwesten nach Böhmen-Mähren vor. Slawische Verbände übernahmen seit dem 6. Jahrhundert als Limitantruppen den Grenzschutz für Byzanz an der unteren Donau, schoben sich dann weiter nach Westen und stießen nach 572/79 bis Binnennoricum vor, wo ihnen 591 der Bayernherzog Tassilo I. mit einem Heer erfolgreich entgegentrat. Jedoch schon 595 siegten die Slawen nach dem Bericht des langobardischen Chronisten Paulus Diaconus mit Hilfe eines awarischen Häuptlings über die Bajuwaren, 610 besiegten sie Garibald II., den Sohn Herzog Tassilos, bei Aguntum (Dölsach bei Lienz), konnten aber bald darauf von den Bayern geschlagen werden. Ihr Vorrücken kam im Pustertal und im gesamten Ostalpenbereich damit endgültig zum Stehen.

Die Rolle der Awaren bei der slawischen Westbewegung ist nicht eindeutig zu bestimmen, es war wohl ein zeitlich wie räumlich wechselnder Zustand zwischen einem Bündnis von Slawen mit diesem Reitervolk und Unterwerfung oder Ausweichen nach Westen. Die in der Fredegar-Chronik (Nr. 4, Bd. IVa, S. 208f.) so plastisch geschilderte sklavische Abhängigkeit der Slawen von den Awaren, die schließlich im frühen 7. Jahrhundert zur ersten slawischen Reichsbildung unter dem fränkischen Kaufmann Samo führte, darf auf keinen Fall verallgemeinert werden. Karl der Große konnte sich dann mit offenbar wohlorganisierten slawischen Stämmen gegen die Sachsen verbünden und Böhmen in eine gewisse Abhängigkeit zum Frankenreich bringen.

Das antike Erbe. Mit der Siedlung der Slawen in Südost- und Mitteleuropa seit dem Ende des 6. Jahrhunderts können wir gleichsam schon die ethnischen und kulturellen Bestandteile dessen fassen, was später, integriert und teilweise stark verwandelt, die Völkerwelt des europäischen Mittelalters heißen sollte. Ausgangspunkt der Entwicklung ist das Traditionsgut einer christlich gefilterten, griechisch-römischen Antike, dann das lateinische und byzantinische Christentum, das seine Theologie und eine erstaunlich krisenfeste Kirchenverfassung ausbildete, und schließlich die germanische und slawische Welt selbst, die in einem mühsamen und katastrophenreichen Prozeß zur politisch-kulturellen Teilhabe an diesem immer noch reichen Erbe gelangte. Parallel dazu und in enger Wechselwirkung vor allem mit den Germanen gliederte sich die lateinische Spätantike in die romanische Völkerwelt auf, welche die große Vermittlerin antik-christlicher Gesittung wurde. Der Begriff des kulturellen Erbes muß aber dabei durchaus problematisch gesehen werden, denn die Kirche konnte um ihres Selbstverständnisses willen die Inhalte der heidnischen Antike nur in Auswahl übernehmen und scheute sich nicht, radikale Abstriche zu machen, ja, sie beendete sogar bewußt und abrupt viele nicht-christliche Traditionsstränge. Besonders das Mönchtum als radikalster Teil der Gesamtkirche ging dabei manchmal bis an die Grenze grundsätzlicher Kulturfeindlichkeit. Wenn dennoch in den Skriptorien der Klöster die meisten antiken Texte bewahrt, sorgfältig abgeschrieben und damit dem Mittelalter überliefert wurden, so ist dies ein Paradoxon, das nur teilweise mit dem Zwang der nichtromanischen Völker zu erklären ist, Latein, die heilige Sprache der Vulgata und der Kirchenväter, als „erste Fremdsprache" erlernen zu müssen.

Rom und das Papsttum. Rom und das Papsttum gerieten durch den erzwungenen Rückzug von Byzanz aus dem Großteil der Apenninenhalbinsel zwar in eine militärisch gefährliche Krise, doch sollte man dabei nicht übersehen, daß das entstandene Machtvakuum, selbst unter der ständigen Drohung der langobardischen Herrschaft in Italien, zugleich eine Chance war, die das Kirchenoberhaupt des Westens, anders als die Patriarchen des griechischen Ostens, zu einer weltgeschichtlichen Größe werden ließ. Die Schlüsselfigur war hier Papst Gregor der Große (590–604), in dessen Pontifikat Bedrohung und zukunftsträchtige Chance sich wohl am sinnfälligsten darstellten. In Gregor personalisierte sich gleichsam ein Hauptproblem des Übergangs zwischen Antike und Mittelalter: die vieldiskutierte Frage der Kontinuität zwischen beiden Epochen. Daß dieses Problem erst in den letzten Jahrzehnten ernstlich und in allen Teilbereichen untersucht worden ist, hängt unter anderem mit einer groblichen Unterschätzung der geistigen und politischen Leistungen der christlichen Spätantike zusammen, besonders mit der ideologisch bedingten Verkennung der zentralen Rolle, die die Kirche als geistliche und politisch-materielle Macht in diesem umfassenden, wenn auch regional sehr verschieden verlaufenden Transformationsvorgang gespielt hat. Seit Edward Gibbons berühmter „History of the decline and fall of the Roman Empire" (1776/88) war es gang und gäbe geworden, dem Christentum ein gerütteltes Maß von Schuld am Untergang des religiös toleranten römischen Weltreiches und seiner Bücher- und Bilderherrlichkeit beizumessen. Geistvoll und böse zugespitzt findet sich dieses angebliche „Schuldkonto" des Christentums bei Friedrich Nietzsche. In andere Begründungszusammenhänge führte die Germanophilie des ausgehenden 19. und des 20. Jahrhunderts; sie trug viel dazu bei, aus der Epochengrenze zwischen Altertum und Mittelalter eine sowohl ethnische wie moralische Trennungslinie zu machen. Diese konnte gar nicht schroff genug sein, da man jenseits jener Grenze, in der Spätantike, nur eine absterbende, faulende, kranke Gesellschaft sah, diesseits aber ein jugendfrisches, der Freiheit zugewandtes und zukunftsträchtiges Germanentum, das zu Recht mit dem militaristischen Zwangsstaat Schluß gemacht habe. Erstaunlich, wie dieses ideologische Modell auch noch heute unterschwellig in manchen Darstellungen weiterlebt. Geht man diesem Gedanken etwas nach, daß – trotz Völkerwanderung, Bevölkerungsrückgang und Rebarbarisierung – mit dem Germanentum ein weltgeschichtlicher Fortschritt zu konstatieren sei, dann stößt man letztlich auf Hegels dialektisches Fortschrittsschema als säkularisiertes, christliches Grundmuster einer zielgerichteten, einheitlichen Menschheitsgeschichte. Im Nebenschluß hatte dieses Festhalten an der Fortschrittsidee die Wirkung, daß man die Kirche gleichsam zum zweitenmal neu beginnen ließ, nämlich als treue Begleiterin der jungen germanischen Völker, obwohl gerade sie das vitalste und kostbarste Geschenk der Spätantike an die mittelalterliche Welt war.

Als Beispiele des lebendigen Fortwirkens christlich-antiken Geistes sei etwa an die Entfaltung von Theologie und christlicher Philosophie seit den Kirchenvätern Ambrosius, Hieronymus und Augustinus erinnert, ferner an die Ausbildung einer dauerhaften Kirchenverfassung und damit einer neuen Gesellschaftsordnung, an die Entwicklung des abendländischen Mönchtums als einer starken kulturprägenden Kraft diesseits und jenseits der Epochengrenze zwischen Antike und Mittelalter. Es sei an den ersten Höhepunkt christlicher Literatur und Geschichtsschreibung bei Orosius, Boethius und Cassiodor erinnert, an die Ausbildung von Basilika und Zentralbau als neue architektonische Formen des Kultbaus, an die zu höchster Vollendung gediehene christliche Mosaikkunst in Rom und Ravenna und an das Jahrtausendwerk der Kodifizierung des römischen Rechts unter Kaiser Justinian (527–565). Mit einem Wort: Die Kirche bewirkte eine neue Sinngebung für die Gesellschaft insgesamt. Beiden Epochen – der Spätantike wie dem Frühmittelalter – gehört schließlich auch der Siegeszug des neuen kirchlichen Lateins an, der nicht nur die sprachliche Seite der Christianisierung erst der germanischen und dann der westslawischen Völker war, sondern auch die Spiritualisierung und schriftliche Fixierung ihrer Volkssprachen bewirkte. Wiederum ist die ragende Gestalt der Epochenwende Papst Gregor der Große, durch dessen Initiative auch eine christliche Universalmission in den heidnischen Nachbarräumen des ehemaligen römischen Weltreiches ihren Ausgang nahm.

Regionale Unterschiede. Die Geschichte der spätantiken Bistümer, Archäologie, Ortsnamen- und Kulturraumforschung sowie die Rechtsgeschichte haben inzwischen gezeigt, daß der Übergang vom Altertum zum Mittelalter nicht nur ein chronologisches, sondern auch ein regionales Problem war. Die Wiedereroberungskriege der justinianischen Feldherrn Belisar und Narses stellten für Italien eine ebenso empfindliche Zäsur dar wie die gotische und später die langobardische Inbesitznahme des Landes. Spanien erlebte als westgotisches Königreich eine christlich-antike Spätblüte seiner Kultur, die mit der islamischen Eroberung 711 schwere Verluste erlitt, aber dennoch fortwirkte. Die Provence büßte erst am Beginn des 8. Jahrhunderts ihre spätantike urbane Verfassungs- und Verwaltungsorganisation ein, und zwar gleichermaßen durch arabische Invasionen wie durch die Wiedereroberungskriege Karl Martells. Erst seit diesem Zeitpunkt verlor Südgallien mit den städtischen Institutionen sein galloromisches, antikes Gepräge und wurde eine frühmittelalterliche Region des Frankenreiches. Im viktoridischen Churrätien überdauerte bis zur Zeit Karls des Großen eine Regionalherrschaft, die typologisch eher der Spätantike als dem Frühmittelalter zuzurechnen ist. Im Südosten unterbrach erst die slawische Einwanderung des späten 6. und 7. Jahrhunderts die bislang vorhandene kulturelle Berührung und regionale Kommunikation zwischen Romanen und Griechen. Dabei ist aber festzuhalten, daß die militärische und politische Eroberung und herrschaftliche Neuorganisation Südosteuropas durch die Slawen erst allmählich in einem jahrhundertelang währenden Einschmelzungsprozeß auch zur durchgehenden Slawisierung dieses Großraumes führte und daß es sehr lange ein Nebeneinander von Tributherrschaften und Beutegemeinschaften von Slawen und Romanen gegenüber den Byzantinern gegeben haben muß. Eine frühe serbische Regionalherrschaft im Hinterland der süddalmatinischen Küste hatte beispielsweise in der Stadt Doclea ihr Zentrum, wo die Romanen noch lange nach der slawischen Einwanderung die Mehrheit bildeten. Vor dem Hintergrund einer langwierigen, regional sehr verschieden verlaufenden Slawisierung kann es daher auch nicht mehr so überraschend sein, daß sich Albaner und Rumänen bis heute als zwei ethnische Elemente aus vorslawischer Zeit auf dem Balkan erhielten. In der Mehrzahl freilich sind die romanischen Sprachregionen vor allem der fruchtbaren Flußebenen auf ähnliche Weise vom hinzugekommenen slawischen Bevölkerungselement überformt und eingeschmolzen worden wie die Romanen im Westen. Wenn man daher auch der slawischen Einwanderung eine gewichtige, wenn auch mittelbare Rolle für die Trennung und Auseinanderentwicklung von lateinischem Westen und griechischem Osten wird zuschreiben müssen, so sollte man doch äußerste Skepsis gegenüber bis heute vertretenen Lehrmeinungen bewahren, wonach die slawische Landnahme durch besonders gründliche Zerstörungen einen stärkeren Kulturbruch zwischen Antike und Mittelalter herbeigeführt habe als die germanischen Wanderungen des 5./6. Jahrhunderts im Orbis Romanus.

Die islamische Welt. Das Problem von Kontinuität und Kulturbruch stellt sich erneut für die Rolle des Islam beim Aufbau der mittelalterlichen Welt. Weitgehend aufgegeben ist heute Pirennes Meinung, die rasche islamische Eroberung des südlichen Mittelmeerbeckens habe die alte mediterrane

Verkehrs- und Wirtschaftseinheit nachhaltig zerstört, damit aber auch die ökonomische Basis der merowingischen Königsherrschaft, wodurch wiederum die landsässigen Karolinger an die Macht gekommen seien. Dennoch bewirkte der Siegeszug des Islam, das heißt eine explosionsartig sich ausbreitende religiöse Revolution, wohl den tiefsten Einschnitt zwischen der das gesamte Mittelmeer umfassenden Antike und dem auf Europa beschränkten Mittelalter. Dies gilt sowohl politisch wie religiös und kulturell, gingen doch dabei weite Gebiete, die einst für die Entfaltung des Christentums große Bedeutung hatten, unwiderruflich verloren. Es waren dies unter anderem die Wirkungsstätten eines Clemens von Alexandrien, eines Cyprian, Origenes und Augustin, und die Geburtslandschaften des Mönchtums in Syrien, Mesopotamien, Palästina und Ägypten. Byzanz konnte sich auf einem enger gewordenen Territorium schließlich behaupten, das Frankenreich im Westen vermochte sogar nach dem Abwehrkampf von Tours und Poitiers 732 die arabischen Einbrüche bis über die Pyrenäen hinweg wieder zu beseitigen. Dennoch bleibt bestehen, daß der Islam den politisch-kulturellen Zusammenhang zwischen dem byzantinisch-griechischen und dem westlich-lateinischen Kulturbereich empfindlich unterbrach. Bis zum 8. Jahrhundert verlor damit die christliche Religion etwa die Hälfte ihres Wirkungsbereiches an den Islam.

Man hat im Hinblick auf die germanisch beherrschten Nachfolgestaaten des Imperium Romanum das Bild geprägt, der „alte Palazzo" sei in Wohnungen aufgeteilt worden, bestehe aber als Bauwerk weiter. Vom Südrand des Mittelmeerbeckens wird man dies nach den arabischen Eroberungen des 7. und 8. Jahrhunderts nicht mehr behaupten können, denn hier entstand trotz der religiösen und bald auch der politischen Spaltungen im Islam ein weitgehend neues Gebäude, in dem zwar viele wichtige Bausteine des „alten Palazzo" mitverwendet worden sind, das aber dennoch durch eine neue Religion und eine andersartige, religiös geprägte Gesellschaftsordnung ein Gebilde wesentlich anderer Art war. Gegenüber dem europäischen Christentum, das von der christlichen Antike vor allem das theologisch-philosophische Lehrgebäude, die Hierarchie und Elemente der Staatlichkeit und Verwaltungspraxis übernommen hatte, beerbte die arabisch-islamische Welt die Antike zuerst vornehmlich im Bereich der praktischen Wissenschaften, vor allem in der Medizin, der Mathematik und der Technik. Da der Islam viele lebendige Zentren spätantik-christlicher Kultur in Afrika und Kleinasien übernahm, wird man nach Quantität und Qualität den Anteil der antiken Kultur im islamischen Kulturerbe höher veranschlagen müssen als Ausmaß und Intensität desselben Erbes in West- und Mitteleuropa. Man meinte sogar, es sei eine einheitliche christlich-islamische Kultur des Mittelalters entstanden, die als der eigentliche legitime Fortsetzer der christlich-hellenischen Kultur der Antike zu gelten habe. Doch wird dabei übersehen, daß sich der Islam subjektiv als völlig andere, durch eine neue Religion legitimierte Kultur sah, während sich das europäische

Mittelalter immer als Fortsetzung und Erbe der christlichen Antike seit Konstantin dem Großen fühlte. So ist es also nur scheinbar paradox, daß sich die islamische Welt trotz der Einverleibung eines im einzelnen viel reicheren antiken Kulturerbes eben doch nicht als Erbe dieser antiken Hochzivilisation empfand.

Christentum und Islam standen jedoch beide vor dem schwierigen Problem, ob und in welcher Weise Inhalte und Traditionen der heidnischen Antike aufgenommen und ohne ideologischen Schaden in das eigene Weltbild eingefügt werden konnten. Dies gilt etwa für den wichtigen Bereich der Aristoteles-Rezeption, die im westislamischen Bereich besonders intensiv war, dort schon früh die Abwehr der religiösen islamischen Orthodoxie auf den Plan rief und dann im Hochmittelalter durch arabische Vermittlung in den europäischen Bildungszentren ähnliche Probleme und Reaktionen aufwarf.

Für das Frühmittelalter gilt hingegen, daß im 8./9. Jahrhundert zwischen der arabischen Welt, dem karolingisch-päpstlichen Abendland und Byzanz eine Art von politisch-militärischem Gleichgewichtszustand erreicht war, der allerdings immer seine kritischen Punkte und Zonen hatte. Dazu gehörte auch die Tatsache, daß die heiligen Stätten der Christenheit, Jerusalem, Nazareth und Bethlehem, in islamischer Hand waren und sich somit die Pilgerfahrt dorthin oft gefahrvoll gestaltete.

2. Die Kirche als zukunftsbestimmende Macht

Die Entfaltung des islamischen Kulturkreises beförderte nicht nur die Auseinanderentwicklung von West und Ost im Mittelmeerraum; sie trug auch mittelbar zur Trennung von West- und Ostkirche bei, mochte sich dieser Ablösungsvorgang auch noch bis 1054 hinziehen. Eine eigene, tief auf die europäische Geistigkeit wirkende Kraft wurde im Nordwesten Europas die irische und angelsächsische Kirche, vor allem deren übermächtige monastische Zweige. Sie entfalteten sich nicht nur auf den britischen Inseln, sondern wirkten durch Mission, Kloster- und Bistumsgründungen vom 6. bis zum 8./9. Jahrhundert nachhaltig auf die kontinentalen Kirchen ein. Mehr noch: Mönchtum und Mission wurden wesentliche Elemente einer erst jetzt universal werdenden westlichen Kirche, die sich mit Rom als geistlichem Zentrum und einem sich allmählich herausbildenden System romverbundener Landeskirchen ein eigenes geistiges Kommunikationssystem schuf. Gerade dieses, ethnische und geographisch-politische Grenzen übergreifende kirchliche Kommunikationssystem konstituierte den universalen Charakter der römischen Kirche viel nachdrücklicher als der theologisch begründete Anspruch auf Universalität. Dieser ist immer wieder – und zwar schon sehr früh – faktisch in Frage gestellt worden, so durch die selbstbewußt ausformulierten Positionen der karolingischen Theologie, die auch gegenüber römischen Ansprüchen wenig Rücksicht walten ließ. Das zeigte etwa die Frankfurter Synode von 794, wo Karl der Große unter dem Einfluß seiner Hoftheologen in der Frage der Bilderverehrung nicht nur gegenüber Byzanz, sondern auch gegenüber dem Papst eindeutig Stellung nahm.

Die Einheit der westlichen Kirche beruhte, ungeachtet regionaler Unterschiede, vor allem auf ähnlichen Bauformen. Die Doppelherrschaft von Kaiser und Papst, wie sie im Verlaufe des Mittelalters mit Hilfe der gelasianischen Lehre von den zwei Schwertern, die die Ordnung der Welt wahren, immer umfassender und auch folgenschwerer ausgebaut und theoretisch untermauert wurde, hatte ihre Entsprechung auf der Ebene der bischöflichen und adeligen Regionalherrschaft. Auch der Kampf zwischen geistlicher und weltlicher Gewalt im Investiturstreit änderte dieses Grundmuster mittelalterlicher Herrschaftsverteilung nicht radikal, sondern modifizierte es nur in den praktischen Auswirkungen. Allerdings, das eifersüchtige und daher immer krisenreiche, wechselseitige sich Kontrollieren von geistlicher und weltlicher Gewalt entfaltete eine nicht vorauszusehende Langzeitwirkung. Erstmalig in der Weltgeschichte stellten sich hier Kirche und Staat gegenseitig in wesentlichen Positionen in Frage; ein wichtiger Unterschied zur ostkirchlichen Entwicklung, ja mehr noch, ein für die europäische Geistes- und Gesellschaftsentwicklung schlechthin entscheidender Vorgang. Auf dessen Ergebnissen beruhen letztlich alle europäischen Freiheitsbegriffe, besonders die Vorstellungen von Freiheit vom staatlichen Eingriff, von Freiheit des Denkens und letztlich auch die moderne ,,Pluralität" des Geistes.

Betrachtet man die Kirche nicht nur als geistliche und gesellschaftliche Institution, als Stütze oder Widerpart staatlicher Macht, sondern faßt vor allem ihre weiterwirkende, zukunftsweisende Rolle ins Auge, darf man ihren lebendigsten Teil nicht vergessen, der gleichsam die Unruhe im Gehäuse etablierter Kirchlichkeit darstellte: das Mönchtum. In der Spätantike als asketisch-spirituelle Gegenkultur entstanden, prägte es in immer neuen Anläufen der Kirche wie der Laienwelt strengere Formen christlichen Bewußtseins und geistiger Vorbildlichkeit ein und wurde somit seit dem 6. Jahrhundert von einem Außenseiter der Gesellschaft zu einer ihrer tragenden Säulen. Am Beispiel karolingischer Großklöster wie Prüm, Corvey, Fulda, der Reichenau oder St. Emmeram in Regensburg läßt sich die enge Verflechtung von Mönchtum und Gesellschaft auf allen Stufen derselben aufzeigen: Das gilt für den Adel ebenso wie für die klostergrundherrschaftlich organisierte abhängige Bevölkerung; beide wurden in strenge Kultformen eingebunden, sie lösten aber auch ihrerseits das Mönchtum aus seiner ursprünglichen bewußten Isolation heraus.

Bischofs- und Abtherrschaft. Bei der Kirche als zukunftsbestimmender Macht ging es nicht nur um die universale geistliche Institution, sondern auch um deren reale Repräsentanten, um Bischöfe und Äbte. Kirche war auch die sehr konkrete Herrschaft gallorömischer Adelsfamilien über die Bischofsstädte des Merowinger- wie des Karolingerreiches. Mehr noch, seit dem Wegfall der römischen Zentralverwaltung und ihrer regionalen Organe waren dem Bischof als Haupt einer Stadt in den Nöten der Völkerwanderungsepoche wie von selbst neue Pflichten und damit zwangsläufig auch politische und sogar militärische Macht zugewachsen. Seit dem 5. und 6. Jahrhundert sorgten Bischöfe für die Befestigung ihrer Stadt, sicherten deren Lebensmittelversorgung, erneuerten zerstörte Wasserleitungen und gewannen unmittelbaren Einfluß in der Rechtssprechung und Stadtverwaltung. In manchen vom zerbrechenden Imperium völlig aufgegebenen Regionen wurden sie sogar die einzige anerkannte Autorität. Im späteren deutschen Sprachraum ist die ehemalige Kaiserresidenz Trier das herausragendste Beispiel kirchlicher Regionalherrschaft aus spätantik-christlicher Wurzel; ähnliches gilt für Mainz und Köln. Bischöfe erlangten das Münzrecht und stellten zur Verteidigung ihrer Stadt Truppen auf. Der Aufstieg des Bischofs von Rom zum Stadtherrn und zum Herrn der angrenzenden Regionen vollzog sich im mittelitalischen Machtvakuum zwischen Goten, Langobarden, Byzantinern und regionalen Herrschaften seit dem 6. Jahrhundert und ist erst nachträglich in der gefälschten ,,konstantinischen Schenkung" herrschaftsideologisch begründet worden. Dieser erstaunliche Vorgang war nur ein spektakulärer Sonderfall einer generellen Entwicklung bischöflicher ,,Stadtrepubliken" im lateinischen Westen, in Italien wie im Frankenreich. In spätmerowingischer Zeit hat sich die bischöfliche Stadtherrschaft in weiten Landstrichen des Frankenreiches zu geistlicher, weltlicher und adliger Regionalherrschaft entwickelt. Erst Karl Martell, sein Sohn Pippin und dann vor allem Karl der Große haben diese bischöflichen Stadtherrschaften planmäßig zerschlagen und die Bistümer mit Anhängern aus den eigenen Reihen besetzt. Ähnliches galt für die herrschaftliche Vereinnahmung der großen Abteien mit ihren oft Tausende zählenden Grundholden und Leibeigenen. Damit war die Kirche als sozialer und politischer Organismus endgültig in den fränkischen Großreichsverband eingegliedert und ihm gleichzeitig untergeordnet. Karl der Große ging noch weiter und setzte die Prälaten – Bischöfe wie Reichsäbte – sogar für zentrale Verwaltungsaufgaben ein, legte ihnen steuerliche Lasten auf und zwang sie, mit ihren auf Befehl des Königs mit Kirchengut ausgestatteten Vasallen für seine zahlreichen Feldzüge Heeresfolge zu leisten: zweifellos eine extreme Instrumentalisierung der Kirche für politisch-militärische Zwecke. Man wird daher von einem karolingischen Reichskirchensystem in ähnlicher Weise sprechen müssen wie von einem ottonisch-salischen. Die Unterschiede zwischen beiden waren geringer, als dies auf den ersten Blick erscheinen mag.

Das Frankenreich – der Anfang Europas? In der historischen Literatur ist es gewissermaßen selbstverständlich geworden, die fränkische Großreichsbildung und besonders das Karolingerreich als die Keimzelle Europas zu betrachten und Karl den Großen zum „Vater des Abendlandes" zu küren. Ganz abgesehen davon, daß man auch dem hl. Benedikt und anderen diesen Ehrentitel gegeben hat, scheint es doch notwendig, dieser fast zum Gemeinplatz gewordenen These etwas sorgfältiger nachzugehen und sie auf ihre Stichhaltigkeit hin zu überprüfen.

Im 8. Jahrhundert reduzierte sich nach dem Fall des Westgotenreiches in Spanien das System der bisherigen germanischen Nachfolgestaaten des Imperiums auf das Franken- und Langobardenreich sowie auf die angelsächsischen Königtümer auf den britischen Inseln. Die westslawische Welt war zwar bereits ausgebildet und leistete sogar mit dem Samo-Reich in der ersten Hälfte des 7. Jahrhunderts zeitweise dem Merowingerreich spürbar Widerstand, brachte aber insgesamt noch kein dauerhaftes Herrschaftssystem hervor, das der romanisch-germanischen Welt vergleichbar gewesen wäre. Seit den erfolgreichen Abwehrkämpfen gegen die islamische Welt unter Karl Martell (714–741) blieb das fränkische Großreich über drei Generationen von gefährlichen Invasionen verschont. Das war zweifellos ein historisches Verdienst der Karolinger, mochte auch die wachsende Aufspaltung der islamischen Welt indirekt zu dieser Konsolidierung nicht unwesentlich beigetragen haben.

Das fränkische Großreich erweiterte sich noch im 8. Jahrhundert nach Süden; es griff mit dem militärischen Sicherungsgürtel der spanischen Marken weit über den Pyrenäenkamm hinaus und wurde durch die Eroberung des Langobardenreiches 773/74 Herr von Ober- und Mittelitalien, damit aber auch unmittelbarer Nachbar sowohl von Byzanz wie von Rom. Es bezog das Papsttum in seine Gesamtherrschaft ein und einigte durch die Eroberung des sächsischen Stammesbundes in jahrzehntelangen schweren Kämpfen alle kontinentalgermanischen Völker, die angelsächsische und skandinavische Welt ausgenommen. Die Vernichtung der sehr mobilen awarischen Herrschaft im Donauraum beseitigte eine schwere akute Bedrohung des Frankenreiches und ebnete damit den Weg für eine festere politische Organisation der westslawischen Völker, die nur vorübergehend in tributäre Abhängigkeit gebracht werden konnten. Ob die Westslawen vorerst nur – wie zuvor die Germanen – eine „Dritte Welt" waren, muß dahingestellt bleiben, da wir, von archäologischen Zeugnissen abgesehen, fast nur aus westlichen schriftlichen Quellen etwas über die slawische Kultur wissen und eigentlich erst seit dem 10. Jahrhundert Präziseres über deren politische Organisationsformen erfahren. Der rasche Aufstieg des Großmährischen Reiches im 9. Jahrhundert läßt jedoch vermuten, daß man den Entwicklungsstand von Gesellschaft und Herrschaft unterschätzt hat. Auch die zielstrebige Entfaltung der přemyslidischen Herrschaft in Böhmen deutet in diese Richtung. Für die slawische Völkerwelt bekam es schicksalhafte Bedeutung, daß sie in das politische wie kirchliche Spannungsfeld zwischen dem Frankenreich und Rom einerseits und Byzanz andererseits geriet, wodurch diese ethnische Großgruppe letztlich gespalten wurde.

Kulturelle Ausgleichsprozesse. Die innere Entwicklung des Frankenreiches läßt sich in weiten Bereichen als ein Nebeneinander langer und zum Teil langwieriger Ausgleichsprozesse verstehen, an deren Ende, nach dem Zerfall des Karolingerreiches, die europäische Völkerfamilie stand. Bei der heftig geführten Diskussion um Art und Ausmaß der fränkischen Volkssiedlung in Gallien hat sich ergeben, daß zwar, von Nordosten ausgehend, eine bis an die Loire reichende, wenn auch immer spärlicher werdende fränkische Besiedlung stattgefunden haben muß, daß aber auch rasch durch fränkische Staatskolonisation und schrittweise Romanisierung des fränkischen Elements ein kultureller wie sprachlicher Ausgleich erfolgte. Der gemeinsame katholische Glaube erleichterte die Heirat zwischen der galloromischen und der fränkischen Bevölkerung, auch förderten die kirchliche Hierarchie und besonders das neue iro-fränkische Mönchtum die gesellschaftliche Integration der alten gallorömischen, teilweise senatorischen Oberschicht mit den ,,Clans" der germanischen Oberschicht. Spätrömische Verwaltungspraxis im Finanz-, Rechts- und Urkundenwesen wurde, wenn auch in sehr reduzierter und abgeänderter Form, übernommen. In regionaler Hinsicht hat man von mehreren Zonen ethnischer und kultureller Kontinuität zwischen Antike und Mittelalter gesprochen. Es ergab sich schließlich eine Gliederung des Frankenreiches in eine nordöstliche, eher ländliche Region vorwiegend germanischen Charakters und in eine süd- und westgallische, überwiegend gallorömische Region. Dem entsprach in etwa die spätere Aufgliederung Frankreichs in die beiden Bereiche des Gewohnheitsrechtes und des auf römischer Rechtstradition beruhenden geschriebenen Rechtes, oder beim Hausbau die Aufteilung in eine Zone des Steinbaus südlich der Loire und der Holzbau- bzw. Fachwerkbauweise nördlich davon. Ähnliches gilt für die sprachliche Gliederung Frankreichs, die erst mit den Eroberungskriegen gegen die Albigenser (1209–1229) eine starke Veränderung zugunsten der Sprache der Ile de France erfuhr.

Wesentlicher als die kulturellen und sprachlichen Unterschiede der verschiedenen Regionen wurde aber die vereinheitlichende Kraft der fränkischen Staatsorganisation. Ob die archäologisch erschlossene sogenannte ,,Reihengräberkultur" des 7. Jahrhunderts ursächlich mit der fränkischen Reichsbildung und ihrem Ausgriff in die Gebiete östlich des Rheins zusammenhängt, ist nach wie vor umstritten. Mit Sicherheit läßt sich in dieser Zeit ein Wandel des ethnischen Bewußtseins feststellen, der mit den erwähnten reichsfränkischen Verschmelzungsvorgängen zu tun hat. Seit dem 7. Jahrhundert verschwindet aus den merowingischen Quellen das Wort ,,barbarus" als Bezeichnung einer fremden, kulturfernen Volkszugehörigkeit, wie sie die Antike gekannt hatte: „Barbarus“ wird jetzt zur generellen Bezeichnung für den Nichtchristen. Mit dem Sieg Pippins in der Schlacht von Tertry an der Somme (687) verlagerte sich das Zentrum der politischen Macht aus dem stärker romanischen Westen und aus dem Pariser Becken in den germanischen Nordosten, in die karolingischen Stammlande an Maas, Mosel und Rhein. Damit war auch eine wichtige Entscheidung für die Zukunft gefallen, denn die Rhein-, Maas- und Mosellande entfalteten in der Karolingerzeit eine kulturelle Ausstrahlungskraft, die im 9. Jahrhundert zum wichtigsten Impuls der frühen deutschen Kulturentwicklung wurde. Daß dabei die antiken Grundlagen dieser Regionen eine nicht unerhebliche Rolle spielten, haben kirchengeschichtliche, archäologische und kunsthistorische Forschungen der letzten vier Jahrzehnte erwiesen.

Was die volkskulturellen Grundlagen des Frankenreiches betrifft, so ist die ethnische Vielfalt der einzelnen Landschaften durch die Entstehung einer fränkischen Reichskultur nicht ausgelöscht worden; man trug ihr sogar durch die Einrichtung von Unterkönigtümern und Herzogtümern weitgehend Rechnung. Das gilt auch für die Fortdauer des romanischen Rechtskreises im Süden wie für die Vielfalt der vom König akzeptierten und kodifizierten Stammesrechte im Nordosten des Reiches. Letztere wirkten dann auch auf die innere Gliederung des ostfränkischen wie des deutschen Reiches ein, desgleichen die gentilen Sonderformen in Hausbau, Tracht und Sitte.

Für die Großregion, die später Lothringen wurde, wie für die Alpenregion und ihr Vorland wurde die „Gemengelage“ der neuen germanischen Bewohner mit der im Lande gebliebenen romanischen bzw. romanisierten Bevölkerung charakteristisch. Man hat in diesem Zusammenhang von einer „Leopardenfellmusterung“ gesprochen, die bis weit ins Mittelalter hinein die sprachlich-ethnische Situation bestimmte. Das gilt im Westen besonders für die Romanen in und um die ehemaligen Römerstädte – Trier ist hier nur das herausragendste Beispiel –, wohingegen im Alpenraum, von Augsburg und vielleicht Regensburg abgesehen, das romanische Element sich vornehmlich in den geschützten Gebirgsgegenden halten konnte. Volkstumsmäßig begann sich dann insgesamt im ostfränkischen Reich eine für die deutsche Geschichte wesentliche Dreigliederung abzuzeichnen. Es gab die „Germania romana“ im Westen und Südwesten, die „Germania slavica“ im Osten und die dazwischenliegende, relativ schmale Großregion, die man tautologisch als „Germania germanica“ bezeichnen könnte.

Kaisertum, Papsttum, Byzanz. Der faktischen politisch-militärischen Gewalt, welche die austrischen Karolinger seit Karl Martell und Pippin dem Jüngeren errangen, folgte um die Mitte des 8. Jahrhunderts die päpstliche Sanktionierung des neuen karolingischen Königtums, dessen Festigung und sakrale Erhöhung durch die kirchliche Salbung des Frankenherrschers. Abgeschlossen wurde diese Entwicklung durch die Kaiserkrönung Karls des Großen am Weihnachtstage des Jahres 800 in Rom. Im Gegenzug konnte sich das Papsttum durch das dauerhafte Bündnis mit den Karolingern politisch-staatlich festigen und durch die Gründung des Kirchenstaates unter fränkischem Schutz eine Position gewinnen, von der aus erst, ungeachtet aller Rückschläge, sein gewaltiger Aufstieg bis zum Höhepunkt unter Papst Innozenz III. (1198–1216) möglich wurde. Freilich, Karl der Große selbst hat diese, das gesamte Mittelalter bestimmende Entwicklung zum Dualismus zwischen Kaisertum und Papsttum nicht begünstigt. Unter ihm sind eher caesaropapistische Tendenzen erkennbar. Auch die Art und Weise der Kaiserkrönung in Rom entsprach offenbar nicht Karls Intentionen. Wie er selbst sich eine Kaiserkrönung dachte, läßt sich an der Kaisererhebung seines Sohnes Ludwig im Jahre 813 ablesen, die mit der Zustimmung der Großen des Reiches in der Aachener Kaiserpfalz stattfand. Protest gegen das neue westliche Kaisertum kam aus Byzanz, vor allem auch gegenüber der aus byzantinischer Sicht eindeutigen Kompetenzüberschreitung des römischen Bischofs. Indessen brachte das neue „Zweikaiserproblem" keine Dauerkonfrontation mit sich. Nach anfänglicher militärischer Auseinandersetzung, bei der es unter anderem auch um Venedig ging, kam es schon 812 zu einem formellen Friedensschluß zwischen Karl und dem byzantinischen Kaiser Michael I. Zwar gab es immer wieder Konflikte politischer und kirchlicher Natur, auch und besonders um die Missionsbereiche in der slawischen Welt, aber die Schwelle zur großen Auseinandersetzung wurde kaum überschritten.

Mit Recht hat man übrigens betont, daß sich beide Kaiserreiche in ihrer inneren Struktur und äußeren politischen Zielsetzung schon so weit auseinanderentwickelt hatten, daß man eventuelle Parallelen zwischen West und Ost nicht überbewerten dürfe. Dies galt besonders für Verfassung und Gesellschaft. Weder besaß die geistliche und weltliche Grundherrschaft, wie sie sich in der Karolingerzeit ausbildete, eine Entsprechung im byzantinischen Bereich, noch kann man den konstitutiv gewordenen Dualismus zwischen Adel und Königtum oder den Prozeß der Ausbildung des mittelalterlichen Lehnswesens mit der Entwicklung im Ostreich sinnvoll vergleichen, will man nicht bei äußerlichen Ähnlichkeiten stehen bleiben. Schließlich sollte nicht übersehen werden, daß die gewaltige räumliche Ausdehnung des Karolingerreiches, so sehr sie auch im 9. Jahrhundert durch Normannen und Sarazenen zeitweise bedroht war und so schwierige Verwaltungsprobleme sie auch zur Folge hatte, dennoch den Rahmen für die Ausbildung der europäischen Völker- und Kulturwelt schuf. Byzanz hingegen mußte in fast ununterbrochenen und erschöpfenden Abwehrkämpfen gegen die islamische Welt wie später gegen die Seldschuken seine Kräfte verzehren. Unter diesen Umständen war seine Leistung für die christliche Welt gewaltig, aber zu einer entscheidenden Expansion kam es nicht mehr, wenn man die kirchlich-kulturelle Eroberung des ostslawischen und balkanslawischen Bereichs nicht als eine solche gelten lassen will.

Anders hingegen verliefen die Dinge im karolingischen Westen. Auch der Zerfall der Reichseinheit seit 843 und die Regionalisierung der politischen Macht im Gefolge des generellen Feudalisierungsprozesses konnten am Endergebnis einer stabilisierten europäischen Völkerwelt nichts mehr ändern.

Papsttum und Karolinger im 9. Jahrhundert. Für die weitere innere Entwicklung des Frankenreiches bedeutete die feste, mehr oder weniger institutionalisierte Beziehung zum römischen Papsttum zweierlei. Zum einen steigerte die kirchliche Erhöhung der karolingischen Dynastie deren generelles Prestige. Zum anderen ermöglichte die von Bonifatius und der angelsächsischen Mission auf dem Kontinent eingeleitete, päpstlich sanktionierte Reorganisation und Reform der Reichskirche eine große Stabilität und Effizienz derselben. Dies war nicht nur ein innerkirchlicher Erfolg, sondern zugleich ein eminent politischer, gewann der Herrscher doch auf solche Weise ein auf Gehorsam, pflichtmäßigen Leistungen und Schriftlichkeit basierendes umfassendes Organisationssystem, das neben Lehnswesen und Grafschaftsverfassung – und sicher noch stärker als diese! – die zuverlässigste Säule im Reichsaufbau wurde. Das hatte allerdings auch andere, von Rom nicht vorauszusehende Folgen, denn die von Karl dem Großen durchgeführte Metropolitanverfassung, also die organisatorische Unterstellung der einzelnen Bistümer unter jeweils ein Erzbistum, bedeutete zugleich eine gewisse Abschottung der Reichskirche gegenüber päpstlichen Eingriffen. Die wahrscheinlich um 850 in Reims entstandenen Pseudoisidorischen Dekretalien, eine Fälschung aus dem Kreise der Gegner Erzbischof Hinkmars von Reims, richteten sich unter anderem gegen die übergroße Macht der Metropoliten ihren Suffraganbischöfen gegenüber. Sie waren eine unmittelbare Reaktion auf das karolingische Reichskirchensystem. Da diese Sammlung zugleich den Primat des Papstes gegenüber allen Landeskirchen betonte, gewann sie später im Investiturstreit als polemische Waffe der päpstlichen Partei Bedeutung.

Mit der Einbeziehung des Papstes in die Reichsangelegenheiten war aber zugleich ein spannungsgeladener Dualismus zwischen „Kirche“ und „Staat“ vorprogrammiert, der schon in der Mitte des 9. Jahrhunderts, besonders unter dem Pontifikat Nikolaus I. (858–867), anläßlich des sogenannten Ehestreits Königs Lothars II. (855–869), zu schwerwiegenden politischen Eingriffen von päpstlicher Seite führten, die in mancher Beziehung Erscheinungen des Investiturstreites vorwegnahmen und den Herrscher bereits schroffer kirchlicher Kritik aussetzten. Lothars II. Eheproblem, die Kinderlosigkeit seiner legitimen Gattin, war zwar nur der äußere Anlaß für Erzbischof Hinkmar von Reims, westfränkische Erbansprüche auf Lotharingien durchzusetzen; aber dieser konkrete Fall brachte doch einen schon älteren kirchlichen Anspruch zur Geltung, die Idoneität eines Herrschers, das heißt seine sittliche Eignung für die Königswürde, autoritativ zu beurteilen. Es war dies ein in die Zukunft weisender Vorgang, ging es dabei doch um das grundsätzliche Recht der Kirche, an traditionelle Formen politischer Macht die Sonde moralischer Kritik anzulegen. So vordergründig politisch der Streit auch gewesen sein mag, er hatte dennoch eine sehr grundsätzliche Seite, weil er auch den Herrscher unter das für alle geltende kirchliche Recht stellte.

Reichskirche und „karolingische Renaissance“. Der Ausbau der karolingischen Metropolitanverfassung, die Vereinheitlichung des immer engmaschiger werdenden Netzes der fränkischen Klöster durch Reform und Vereinheitlichung des Mönchtums im Sinne der Benedikt-Regel und deren räumliche Ausweitung im Rahmen der Mission –, dies alles gab die organisatorische Grundlage ab für eine kulturelle Blüte, die in der Literatur als „karolingische Renaissance“ oder „Bildungsreform“ bezeichnet wird. Aus der langen Kontroverse um Art und Berechtigung des Renaissance-Begriffes für die Karolingerzeit kann soviel entnommen werden, daß damit eine kulturelle Entfaltung gemeint ist, die entgegen früheren Vorstellungen bereits Vorstufen in der blühenden klösterlichen Kultur irofränkischer Provenienz hatte. Sie entsprang also nicht urplötzlich wie Pallas Athene aus dem Haupte des Zeus. Ohne den mächtigen, Staat und Kirche durch Königtum und Reichsadel verklammernden Bau der karolingischen Reichskirche wäre diese „Renaissance“ nicht möglich gewesen, ebensowenig die Entstehung einer einheitlichen karolingischen Theologie und Bibelwissenschaft, die dem päpstlichen Rom quantitativ wie qualitativ weit überlegen war. Auch wäre ohne die mit angelsächsischer Hilfe erneuerte Reichskirche nicht jenes entscheidende „Verbundsystem“ karolingischer Klöster und Bistümer entstanden, das neben der Hofschule organisatorischer wie personeller Träger der Erneuerung war.

Karl der Große zielte mit seiner Bildungsreform in erster Linie auf eine bessere geistige Schulung seines Klerus ab. Er tat dies nicht nur im Interesse einer gediegeneren Seelsorge, sondern auch aus der Notwendigkeit, für die Aufgaben einer zumindest ansatzweise schriftlichen Reichsverwaltung besser ausgebildete Kleriker zu haben. Dies läßt sich besonders an Aufbau und Funktion der karolingischen Hofkapelle ablesen, einer Art „braintrust“ der Herrscher für politisch-administrative Zwecke. Sorgfältigere geistige Schulung brachte, gleichsam im Nebenschluß aber doch zwangsläufig, ein genuines Bildungsinteresse hervor. Mönche und Kleriker nahmen sich mit Eifer des antiken Kulturerbes an, pflegten es und suchten es durch philologisch verbesserte Handschriften weiter zu verbreiten. Vor allem für diese Bildungseuphorie, der wir einen Gutteil der uns erhaltenen klassischen Literatur verdanken, ist der Renaissancebegriff durchaus berechtigt. Die damals in fränkischen Reichsklöstern entwickelte karolingische Minuskel wurde die Einheitsschrift des hohen Mittelalters. Das im 9. Jahrhundert sich formende kirchliche Latein wurde in gleicher Weise das geistige Kommunikationsgefäß der europäischen Welt. Die philologischen Bemühungen eines Alkuin, eines Rhabanus Maurus und anderer Gelehrter erinnern in mancher Beziehung an die Renaissance des 15. und 16. Jahrhunderts. Das korrektere, an antiker Latinität geschulte Latein der karolingischen Epoche bewirkte aber auch eine „Gabelung" der Sprachentwicklung: Es schied nämlich den unaufhaltsamen Wandlungsprozeß der spätlateinischen Volkssprache zu den romanischen Sprachen von der Weiterbildung des klassischen Latein zur „internationalen" Kirchen- und Gelehrtensprache des Mittelalters. Kirchenlatein gab andererseits den Anstoß zur Ausbildung der Schriftlichkeit der germanischen und westslawischen Sprachen.

Was schließlich den Wirkungsbereich und die Grenzen der karolingischen Bildungsbewegung anbetrifft, so besaß die Kirche, wie bei der Verwaltung der übernatürlichen Gnadenmittel, eine Monopolstellung als Hüterin der Bibliotheksschätze; sie wachte aber auch in Besorgnis um das Seelenheil darüber, was vom heidnisch-antiken Bildungserbe ohne Glaubensgefährdung tradiert und was nicht weiterverbreitet oder gar wiederbelebt werden durfte. Die Handschriftengeschichte und die Geschichte mittelalterlicher Bibliotheken belegen diese Monopolstellung. Darin unterschied sich übrigens das Abendland deutlich von der islamischen Welt, wo auch Mediziner und Naturwissenschaftler, also nicht allein Geistliche, Träger antiker Bildungstraditionen waren und als deren Übersetzer und Interpreten eine wichtige Rolle spielten. Dieses kirchliche Bildungsmonopol wirkte sich weit bis ins Hochmittelalter aus. Erst mit der ritterlichen Kultur, mit Epos und Minnesang, und dann mit der Entfaltung städtischen Lebens konnte sich erstmalig seit der Antike ein kultiviertes Laientum von kirchlicher Bildung und Ausbildung teilweise emanzipieren. Das bedeutet allerdings nicht, daß die frühmittelalterliche, klerikale und monastische Vermittlung von Kulturtechniken hermetisch gegen die Laienwelt abgeschlossen war, vielmehr genossen die Kinder des Adels mit ihrer Erziehung in den Klosterschulen zugleich eine literarische Ausbildung. Testamente, wie das des Grafen Eberhard von Friaul, zeigen, daß der Adel im 9. Jahrhundert durchaus nicht illiterat sein mußte. Er konnte es vor allem dann nicht sein, wenn er Träger der karolingischen Reichsverwaltung war, die ohne ein gewisses Maß von Schriftlichkeit nicht auskam.

Wenn wir zu unserer Ausgangsfrage zurückkehren, ob die Geburt Europas ursächlich mit der fränkischen Großreichsbildung zusammenhänge, so wird man bei aller Vorsicht sagen dürfen, daß es zwar keine gleichsam mathematische Gleichsetzung zwischen beiden Phänomenen gibt, daß aber eine Fülle von Entwicklungslinien, deren Bündelung Europa ausmachen, im Frankenreich und besonders im karolingischen Imperium ihren Ausgang genommen haben. Auf jeden Fall ist es daher richtig, im Zeitalter Karls des Großen einen „konsolidierenden Sammel-, Ruhe- und Knotenpunkt der europäischen Geschichte" zu sehen, der zugleich „zweite Ausgangsbasis aller west- und mitteleuropäischen, d.h. abendländischen Geschichte" war (Nr. 82, Th. Schieffer, S. 38).

3. Vom karolingischen zum ottonisch-salischen Imperium

a) Die Phase des Überganges

Im 9. und frühen 10. Jahrhundert vollzog sich die Ausgliederung der europäischen Nationen aus dem weitläufigen Gebäude des Frankenreiches, ein langwieriger Prozeß, in dem Struktur- und Ereignisgeschichte aufs engste miteinander verflochten waren. Letztere manifestierte sich besonders in der schrittweisen Auflösung des lotharingischen Mittelreiches zwischen dem karolingisch gebliebenen Westfrankenreich und dem Ostfränkischen Reich, ein Vorgang, der mit der Integration Lothringens in die ottonische Reichsherrschaft einen vorläufigen Abschluß fand; er hatte aber in anderer Form, nämlich als fortgesetzter Kampf um die Grenze zwischen Frankreich und Deutschland, ein langes Nachleben. Burgund wurde durch den Vertrag von Verdun (843) geteilt. Sein westlicher Teil entwickelte sich zu einem „regnum" des Westfrankenreiches, seine südöstlichen Regionen, also die Provence und Hochburgund, gliederten sich nach vorübergehender Selbständigkeit unter eigenen Königen 1032 endgültig dem deutschen Reich an und bildeten als Königreich Burgund (Arelat) mit Deutschland und Italien jene Trias von Königreichen, die später das mittelalterliche Imperium ausmachten.

Der Ereignisgeschichte gehören auch die Normannen-, Sarazenen- und Madjaren-Invasionen des 9. und 10. Jahrhunderts an, und gerade diese hatten weitreichende strukturelle Veränderungen zur Folge. Da das Königtum bei der Abwehr vor allem der Normannen wie dann später der Madjaren nicht jene Rolle der großen Schutzmacht zu spielen vermochte, die von ihm erwartet wurde, stiegen besonders in den bedrohten Randlandschaften regionale Herrschaften zu politischer Macht auf; deren Legitimation war Schutz und Schirm, die sie im Gegensatz zum Königtum doch gewähren konnten. Intensiver Burgenbau der Regionalherren im Westen und des Königs im Osten war eine auch politisch bedeutsame Begleiterscheinung. Der bereits früher einsetzende Feudalisierungsprozeß, d.h. die Verselbständigung der Lehnsherrschaften, wurde dadurch noch erheblich beschleunigt. In der Normannenabwehr vermochten die Frühkapetinger, die Grafen von Flandern, die Reginare in Lothringen und andere Herrschaftsträger im Westen politisch aufzusteigen, wie dies im Ostfrankrenreich den Liudolfingern in Sachsen und den Arnulfingern in Bayern in Abwehrkämpfen gegen Westslawen und Madjaren gelang. Man kann von einer fortschreitenden politischen Regionalisierung sprechen, die im Osten im Rahmen der ottonischen Königsherrschaft relativ rasch durch den Aufbau des ottonischen, später des salischen Reichskirchensystems fürs erste überwunden werden konnte. Hingegen gelang es den Kapetingern erst viel später, – nämlich im 12. Jahrhundert – die Fürstentümer der französischen Kronvasallen durch eine „konzentrische Konzentration" (Nr. 199, H. Mitteis, S. 136) der Königsherrschaft ein- und unterzuordnen. Man darf allerdings nicht übersehen, daß im westfränkischen Reich seit dem Vertrag von Coulaines (843), den Karl der Kahle mit seinen adeligen Herrschaftsträgern schloß, und selbst noch im frühkapetingischen Königsstaat die Krone immer noch ein Bündel von Herrschaftsrechten über Bistümer und auch über weltliche Vasallen besaß. Der Rahmen der westfränkischen Königsherrschaft blieb auch während des krisenreichen Übergangs der Krone von den späten Karolingern an die Kapetinger erhalten. Die Kronvasallen haben den König immer anerkannt und ihm den Lehnseid (homagium) geleistet, womit seine Herrschaft auch in Gebieten nominell anerkannt war, in denen er nicht aktiv eingreifen konnte. Es war dann die größte Leistung der Kapetinger, daß sie Schritt für Schritt die alten Königsrechte reaktivieren und erweitern konnten. Der Unterschied zur Konzentration kirchlicher Macht durch den König, wie sie im liudolfingischen Deutschland sich vollzog, war also eher gradueller als grundsätzlicher Art.

Das 10. Jahrhundert brachte im Westen mit dem Ende der Normanneneinfälle schon bald eine Stabilisierung der politischen Verhältnisse, im Osten trat sie endgültig mit der Lechfeldschlacht gegen die Ungarn 955 ein. Die zeitweise unterbrochene Einbeziehung und Verchristlichung der westslawischen Welt konnte nunmehr mit Energie wieder aufgenommen werden. Mit der Ansiedlung der Normannen in der Normandie, deren vorerst nur formaler Integration in den Lehnsverband der westfränkischen Krone, sowie mit der Verchristlichung der skandinavischen Völker trat Nordeuropa ebenso in den westlich-abendländischen Kulturkreis ein wie die westslawischen Völker und fast gleichzeitig die seßhaft gewordenen Madjaren. Unter Kaiser Heinrich III. unternahm dann dessen Freund, der Metropolit Adalbert von Bremen, sogar den Versuch, die gesamte skandinavische Welt über ein Patriarchat der Reichskirche einzuordnen. Daß dieser Anlauf scheiterte, zeigt zur Genüge, daß die ottonisch-salische Kirche auch in dem Sinne Reichskirche war, als sie über den politisch-militärischen Wirkungsrahmen des Reiches hinaus keine dauerhaften Erfolge erzielen konnte. Daraus zog Kaiser Otto III. wohl die richtige Konsequenz, als er die christlichen Kirchen Polens und Ungarns durch Errichtung eigener „nationaler" Erzbistümer in Gnesen und Gran stabilisierte und sie so mit der dortigen politischen Herrschaft verband.

Südost- und Osteuropa hingegen erschlossen sich der byzantinischen Kultur. Byzanz selbst erlebte eine kraftvolle offensive Phase im Kampf gegen die islamische Welt. Das fränkische Großreich hatte sich also insgesamt trotz zeitweiliger Einbußen nicht nur gegenüber mannigfachen Invasionen behauptet, sondern konnte schon im 10. Jahrhundert, wenn auch gewandelt und neu gegliedert, seinen Einflußbereich entscheidend erweitern. Hatte es eine Zeit lang so geschienen, als ob den Mittelgewalten, den Herzogtümern, Kronvasallen und Kleinkönigen die Zukunft gehören sollte, so erwies sich jetzt die prägende Kraft der Karolingerzeit auch darin, daß im Westfranken- wie im Ostfrankenreich die Königsherrschaft das bestimmende politische Prinzip blieb oder wieder wurde. Selbst im „regnum" Italien konnte sich die Königsherrschaft zumindest als ernsthaft erstrebter Anspruch erhalten, bis er von Otto dem Großen unter veränderten Vorzeichen eingelöst worden ist, nämlich als Wiederherstellung der Königsherrschaft karolingischer Tradition in Ober- und Mittelitalien, einschließlich der faktischen Herrschaft über das „Patrimonium Petri", den späteren Kirchenstaat.

b) Die ottonisch-salische Reichsherrschaft

Mit der liudolfingischen Königsherrschaft traten strukturelle Veränderungen ein, die dazu berechtigen, nach zahlreichen, bis 833 zurückreichenden Vorstufen nunmehr endgültig von einem deutschen Reich zu sprechen. Einzelne Jahreszahlen innerhalb dieser Zeitspanne bis 918 sollte man dabei weniger ins Feld führen als die neuen Bauformen des Königsstaates. Ausgangspunkt war das Ostfränkische Reich als die Gemeinschaft der ostfränkischen und später deutschen Stämme. Sie sahen sich mit der westslawischen Völkerwelt konfrontiert, aber auch mit der jahrzehntelangen Bedrohung durch die kraftvollen Vorstöße der Madjaren in den mitteleuropäischen Raum. Dies löste wiederum den nächsten Schritt aus, nämlich die Abkehr von der regierungsunfähig gewordenen karolingischen Herrscherfamilie und die Wahl eines eigenen Königs erst fränkischer und dann sächsischer Herkunft. Darüber hinaus bildete sich mit diesem Dynastiewechsel ein neues Herrschaftsprinzip aus, das Prinzip der Unteilbarkeit des Reiches: Nicht mehr eine Königsfamilie und Dynastie herrschte, sondern der einzelne König. Damit fiel auch der für die Merowinger- und Karolingerzeit typische Zwang zur Reichsteilung weg. Otto der Große stabilisierte in seiner Regierungszeit unter großen Anstrengungen diesen Trend zur Unteilbarkeit des Reiches, und zwar sowohl im Kampf gegen die Stammesherzöge als auch gegen die nächsten Verwandten des Königs. Über die persönliche, von Rivalitätsdenken geprägte Seite dieses Kampfes hinaus bestimmte damit Otto wesentlich die Bauform des mittelalterlichen Reiches. Des Weiteren mag es eine Rolle gespielt haben, daß die neuen, nachkarolingischen Könige für die Stabilisierung ihrer Herrschaft auf das Bündnis mit dem Adel angewiesen waren. Dies könnte die Individualsukzession der Könige und damit die Unteilbarkeit des Reiches gefördert haben. Wenn die Ottonen sich aber am frühesten durchsetzten, dann noch aus einem anderen Grund: Einheitsfördernd wirkte sicher auch die im ganzen noch sehr archaische Struktur des Ostfränkischen Reiches. Hier war der generelle

Auflösungsprozeß in regionale Feudalherrschaften noch lange nicht so weit fortgeschritten wie im Westen. Auch die Bistümer und Klöster waren noch nicht jenem Zugriff dynastischer Familien ausgesetzt, der für das westfränkische Karolingerreich und das frühkapetingische Königtum so charakteristisch gewesen ist. Der Übergang vom karolingischen Reichskirchensystem zur ottonisch-salischen Kirchenherrschaft vollzog sich im ostfränkisch-deutschen Reich relativ problemlos, weil es – von einer kurzen Zwischenphase in Alemannien und vor allem in Bayern abgesehen – niemals zu einer dauerhaften „Mediatisierung" der Bistümer auf der Ebene der Herzogtümer gekommen war. Es gab allerdings auch den ernsthaften Versuch Ottos des Großen, die Herzogtümer Sachsen, Franken, Alemannien, Bayern und Lothringen mit Verwandten zu besetzen, ehe es zum dauerhaften und erfolgreichen Neuansatz der Ausbildung des ottonischen Reichskirchensystems kam. Wenn dieses System auch erst unter Kaiser Heinrich II. seine letzte Perfektion und Effizienz erreichte, so kann es doch keinen Zweifel darüber geben, daß der Aufstieg des ottonischen Königtums zur europäischen Vormacht weitgehend auf der Tatsache beruhte, daß damals die Hälfte bis zwei Drittel des Reichsheeres aus Kontingenten bestand, die von der Reichskirche zu stellen waren. Auf diese militärischen Machtmittel gestützt, konnten die Ottonen wirklich „europäische Politik" betreiben, konnte Otto I. vor allem in Wiederaufnahme karolingischer Tradition Italien beherrschen und 962 die Kaiserkrone erlangen.

Königtum und Kaisertum. Hält man sich diese Besonderheit der ottonischen und frühsalischen Reichs- und Kirchenherrschaft vor Augen, dann beantwortet sich von selbst die oft gestellte Frage, warum der Investiturstreit in Frankreich und England nicht jene verheerenden Folgen wie im Reich gezeitigt hat, wo ein jahrzehntelang währender „Bürgerkrieg" ganze Landschaften verwüstete. An der straffen unbestrittenen Kirchenherrschaft des deutschen Königs hing aber ein Großteil seines faktischen Machtpotentials. Weder der französische noch der englische König hatten ähnliche Einbußen zu befürchten, weshalb der Kampf dort auch nicht jene extremen und erbitterten Formen annehmen konnte. Wenn sich auch unter Barbarossa die Kirchenherrschaft des Königs de facto teilweise kräftig wiederherstellte, so konnte sie doch nie mehr so dauerhaft „ideologisch" abgesichert werden, wie dies vor dem Investiturstreit der Fall gewesen war. Zweifellos aber war die Militärmacht des deutschen Königs und ihre feste Verankerung im Reichskirchensystem in ottonischer wie später in salischer Zeit die reale Voraussetzung einer imperialen Stellung in Europa.

Art und Gewicht der Vorrangstellung des durch päpstliche Krönung sakral erhöhten Kaisertums sind in der Forschung heftig diskutiert worden. So wichtig die Kaiserwürde für die Beziehungen des Reiches zu seinen östlichen Nachbarn, für Mission und Ostbewegung und ebenso für die Reichsherrschaft in Italien auch war, wird man ihre Bedeutung für Westeuropa, für Frankreich und England, nicht überschätzen dürfen; sie ist für diese Regionen sogar grundsätzlich in Frage gestellt worden. Die Kaiserherrschaft darf aber nicht isoliert von ihrem realen Substrat, nämlich ihren deutschen Grundlagen, beurteilt werden. Dies zeigt ein Vergleich mit der Bedeutungslosigkeit des Kaisertums in den Jahrzehnten vor Otto dem Großen, denn sicherlich hat die von Otto begründete Einheit von königlicher Amtsgewalt und sakraler, durch das Reichskirchensystem gestützter Monarchie nicht nur die innere Stabilität der Königsherrschaft bewirkt, sondern auch 962 die Voraussetzung für eine wirklich kraftvolle Erneuerung der westlichen Kaiserwürde geschaffen. Ideell war die Reichsherrschaft in Italien, vor allem die Schutzherrschaft über die römische Kirche, der religiös legitimierende Schlußstein des neuen Imperiums. Nur in wechselseitiger, oft von Eifersucht und Sorge begleiteter, nichtsdestoweniger aber sehr wirksamen Stützung vermochten Kaisertum und Papsttum im Verlaufe des 10. und 11. Jahrhunderts zu Macht und Ansehen in ganz Europa aufzusteigen. Die gelasianische Zweischwerterlehre der Frühzeit hat sich in dieser Epoche gleichsam mit realem Gehalt aufgefüllt. Kaisertum und Papsttum standen dabei zueinander in einer spannungsreichen und oft diffizilen Balance, die ihrem Wesen nach nicht von Dauer sein konnte. Es gehört zu den Ironien der Weltgeschichte, daß die vom Herrscher nachdrücklich geförderte Kloster- und Kirchenreform, die vor allem mit dem Namen der burgundischen Großabtei Cluny verbunden ist, mittelbar dazu beitrug, dieses politisch-kirchliche Gleichgewicht im Reich wie in Europa zu zerstören. Ebenso gehört es zu den Ironien der Geschichte, daß der erbitterte Kampf zwischen Kaisertum und Papsttum letztlich mit dem rapiden Machtverfall beider Gewalten und dem gleichzeitigen Aufstieg von nationalen „modernen" Monarchien in West- und Osteuropa endete.

Möglichkeiten der Königsherrschaft. Was die inneren Verhältnisse des werdenden mittelalterlichen Reiches betrifft, so traten jetzt die in den harten Jahrzehnten der Invasionen stark gewordenen Herzogtümer (Dukate) in den Vordergrund. Mit den alten Stammesherzogtümern der Merowingerzeit haben sie genetisch kaum etwas zu tun. Die sogenannten „jüngeren Stammesherzogtümer", wie sie sich in dem detaillierten Bericht Widukinds von Corvey († nach 973) über die Aachener Wahl und Krönung Ottos des Großen (936) in ihrer staatssymbolischen Bedeutung darstellten, waren aber in jedem Fall Bausteine für das neue, nichtkarolingische Königtum östlich des Rheins. Nacheinander wurden fast alle Möglichkeiten der Einfügung dieser Herzogtümer in die Königsherrschaft erprobt: Zuerst war dies der Kampf gegen sie mit Hilfe der Reichskirche, ein Versuch, der unter König Konrad I. im Fiasko endete. Es folgte die eher behutsame Schritt-für-Schritt-Politik König Heinrichs I., die unter bewußter Aussparung des Machtfaktors der Reichskirche als Kooperation der Herzogtümer mit dem König und sächsischen Stammesherzog begann. Aber schon in Heinrichs Spätzeit machte sich eine Rückwendung in reichskirchliche Bahnen bemerkbar, und so stellte sich 936 die Aachener Königserhebung und Krönung Ottos des Großen als ein freilich bald zum Scheitern verurteilter Versuch dar, Herzogtümer und Reichskirche ins Gleichgewicht zu bringen. Otto beschritt daher sehr rasch den Weg, an die Spitze der Stammesherzogtümer Verwandte zu stellen. Auch dieser Anlauf, die Herzogtümer der Königsherrschaft zu integrieren, schlug zumindest teilweise fehl; dafür kam es jetzt zu der relativ dauerhaften Lösung, die Reichsherrschaft in der funktionsfähigen Verwaltung der Reichskirche fest zu verankern.

Mit der festen Etablierung des Reichskirchensystems vollendete sich der Aufbau des deutschen Königsstaates in wesentlichen Grundzügen. Erst die Salier setzten mit neuen Mitteln den Bau des Reiches fort. Damit sind wir jedoch schon im Kernbereich der hochmittelalterlichen deutschen Geschichte, deren Verlauf in den folgenden Kapiteln ausführlicher darzustellen sein wird. Wenden wir uns zuvor noch dem weiteren Umfeld der Entfaltung Mitteleuropas zu.

4. Das europäische Umfeld und seine Anrainer

a) Nordeuropa, Byzanz und Spanien

Wie die westslawische Welt schloß sich bald auch die nordgermanische seit dem 9. Jahrhundert schrittweise der aus karolingischer Wurzel entstehenden frühеuropäischen Welt an. Dies geschah zuerst in der offensiven kriegerischen Form der Eroberung, die mit den normannischen Invasionen und der Entstehung der Normandie ihren Höhepunkt fand. Später jedoch fand Nordeuropa seine eigene Gestalt in der Bildung der drei skandinavischen Königreiche Dänemark, Norwegen und Schweden und in deren Christianisierung, die zugleich den festen Anschluß an die europäische Kulturentwicklung bedeutete.

Gegenüber Byzanz, der christlichen Vormacht des Ostens, hatte sich bis zum Beginn der Kreuzzüge ein durchaus spannungsreicher Gleichgewichtszustand eingespielt. Dieser war zwar einerseits in Süditalien von starken Rivalitäten bestimmt, die wiederum mittelbar die normannische Reichsgründung des 11. Jahrhunderts in diesem Raum ermöglichten. Andererseits zeigt aber die Vermählung Kaiser Ottos II. mit der Byzantinerin Theophanu († 991) eine Bereitwilligkeit zum Ausgleich, die auch durch die römischen Herrschaftsträume von Theophanus Sohn, nämlich Otto III., nicht ernstlich in Frage gestellt wurde. Unter Basileios II. († 1025), der den im Lande wütenden Bürgerkrieg beendete, in Syrien die Lage gegenüber der arabischen Staatenwelt wieder stabilisierte und vor allem in dreißigjährigen Kämpfen unter Mithilfe Venedigs, die slawische Vormacht auf dem Balkan, Bulgarien, vernichtete, nahm das mittelbyzantinische Reich vorübergehend einen kometenhaften Aufstieg. Nach Basileios Tod jedoch brachen erneut innenpolitische Kämpfe aus. Sie führten zusammen mit der äußeren Bedrohung durch die Seldschuken und deren Sieg über die byzantinische Armee am 19. August 1071 bei Mantzikert eine Katastrophe des byzantinischen Reiches herbei. Das Vordringen der Seldschuken löste dann am Ende des Jahrhunderts im Gegenzug die europäische Kreuzzugsbewegung aus. Um so paradoxer will es erscheinen, daß der Niedergang des mittelbyzantinischen Reiches unter Kaiser Konstantin IX. Monomachos (1042–1056) trotz der äußeren Bedrohungen zu keiner aktiven Ausgleichspolitik mit dem christlichen Abendland führte, sondern daß sich umgekehrt die jahrhundertelange Entfremdung zwischen östlich-griechischer und westlich-lateinischer Kirche bis zur endgültigen Kirchenspaltung von 1054 steigerte. Papst Leo IX. und der Patriarch Michael Kerullarios exkommunizierten einander damals gegenseitig, ein Ereignis, dessen weltgeschichtliche Tragweite sich erst viel später herausstellen sollte.

Nahm im Vorderen Orient die islamische Nachbarschaft durch den militärisch-politischen Aufstieg der Seldschuken-Türken seit dem 11. Jahrhundert bedrohliche Züge an, so hatte sich im Westen auf der Pyrenäenhalbinsel die Lage insofern wieder stabilisiert, als mit dem Aufstieg der Omajjadendynastie in Cordoba, besonders unter dem bedeutenden Abdarrahmān II. (822–852), ein mächtiger Staat mit zentralisierter Verwaltung, blühender Wirtschaft und vor allem mit einer glanzvollen, auch gegenüber dem Christentum offenen Kultur entstanden war. Diesem hatten die christlichen Teilherrschaften entlang der Pyrenäen: León, Kastilien, Pamplona und Aragon, vorläufig nichts Ebenbürtiges entgegenzusetzen. Einen neuen Machthöhepunkt erlebte Cordoba unter dem Kalifen Abdarrahmān III. (912–961), jetzt allerdings verbunden mit harter militärischer Expansionspolitik gegenüber den christlichen Kleinreichen des Nordens. Der islamische Druck verschärfte sich noch, als im letzten Drittel des 10. Jahrhunderts der erste Minister des Califats, Abū Āmir Mohammed, bekannt unter dem Namen „Almanzor" (der Siegreiche), sowohl innenpolitisch die Macht an sich riß, als auch die Könige von León und Pamplona zur Unterwerfung zwang und schließlich auch das nördliche Marokko durch abhängige Berberfürsten beherrschte. Luxus und kulturelles Raffinement erreichten im 10. Jahrhundert einen Gipfel, ebenso die geistige Kultur, wobei die Verbindungen zum orientalischen Islam ebenso wichtig waren wie die engen kulturellen Bindungen zu Byzanz, dessen man sich im übrigen auch als Gegengewicht gegen die Abbassidenherrschaft von Bagdad bediente. Byzantinische Künstler waren beispielsweise beim Bau der großen Moschee von Cordoba tätig, vor allem beim Mosaikschmuck der Gebetsnische (Mihrāb). Die christlichen Randstaaten hingegen befanden sich in einer Phase des politischen wie kulturellen Niedergangs, die erst nach dem Tode

Almanzors 1002 in eine Erneuerungsbewegung umschlug und in der ersten Hälfte des 11. Jahrhunderts zum Aufstieg von Kastilien-León, Pamplona, Navarra und Aragon-Barcelona führte, jenen Bastionen südlich des Gebirgskamms, von denen aus sowohl die militärische Reconquista wie auch die christliche Erneuerung und damit die Re-Europäisierung der Pyrenäenhalbinsel ihren Ausgang nehmen konnte.

Man darf allerdings nicht vergessen, daß gerade Nordspanien eine wichtige Rolle für die Vermittlung islamischer Kultur nach Südfrankreich besaß. Gerbert von Aurillac etwa, der Freund Kaiser Ottos III. und spätere Papst Silvester II. (999–1003), erwarb seine erstaunlichen naturwissenschaftlichen Kenntnisse in den nordspanischen Kulturzentren Ripoll und Vich, die offenbar auf der Höhe islamisch-spanischer Zivilisation standen. Bedeutendste Figur dieser Erneuerung des christlichen Spanien war König Sancho „der Ältere“ von Pamplona (1004–1035), der die Vorherrschaft im gesamten Norden erzwang, Spanien der Kloster- und Kirchenreform des Abendlandes öffnete und dieser Öffnung durch den großzügigen Ausbau der Wallfahrt nach Santiago di Compostella eine dauerhafte, von cluniazensischem Geist getragene Grundlage gab.

Wenn wir uns nach dem Rundblick auf die großen Mächte und Kräfte an der Peripherie des werdenden Abendlandes abschließend diesem selbst wieder zuwenden, dann muß zuerst festgestellt werden, daß Europa in seinen Kernbereichen zwar bereits konstituiert war, nicht jedoch in den breiten, durch Mission und Expansion hinzugewonnenen Randzonen. Die Herrschaft König Knuts des Großen über England, Dänemark und Norwegen zerfiel nach seinem Tode 1035 ebenso wie das in harten Kämpfen gegen das Reich errungene großpolnische Reich Boleslavs des Tapferen, das nach dessen Hinscheiden 1025 bald wieder in die Abhängigkeit des Westens geriet. Ebensowenig vermochte sich die im ersten Anlauf geglückte Großreichsbildung der Kiewer Großfürsten unter Wladimir und Jaroslaw zu halten. Nur das přemyslidische Böhmen konnte schon damals dauerhaft mit dem Reich verbunden werden, aber auch dies blieb nicht ungefährdet. Ähnliches gilt auch für Ungarn seit König Stephan (997–1038). Aber nicht nur die Randzonen, auch der europäische Kernbereich, der als übernationales Imperium seit ottonischer Zeit einerseits Deutschland, Italien und Burgund umfaßte, und andererseits das spätkarolingische und frühkapetingische Frankreich, bestand aus sehr heterogenen Einheiten.

b) Vom Westfränkischen Reich zu Frankreich

Die Jahrzehnte währenden, verheerenden Raub- und Eroberungszüge der Normannen im Westfrankenreich, die zuerst ein normannisches Herrschaftsgebiet im Rheindelta auf der Insel Walcheren entstehen ließen und dann 911 mit der formellen Einsetzung Herzog Rollos zum Grafen von Rouen allmählich abklangen, hatten vor allem innenpolitische Folgen. Die

Abwehr der Eindringlinge erforderte den Bau von Festungen, die als Stützpunkte des Regionaladels zugleich dem Herrschaftsaufbau eines frühen französischen Fürstentums dienten.

Mit der erfolgreichen Verteidigung von Paris gegen die Wikinger im Jahre 886 bestand der Robertiner-Kapetinger Graf Odo eine geschichtliche Bewährungsprobe, die den Anstoß für den Aufstieg seines Hauses zur Königsherrschaft gab. Auch andere spätkarolingische Amtsträger konnten durch den Kampf gegen die Normannen und im Süden gegen die Sarazenen politisch Terrain gewinnen, so daß bis zur Mitte des 10. Jahrhunderts ein Großteil des Westfrankenreiches unter ihre Herrschaft geriet: vor allem die Herzöge von Aquitanien, der Bretagne, Gascogne und Burgund sowie die Grafen von Flandern, Vermandois, Blois-Champagne, Anjou und Toulouse. Sie zogen in ihrem Bereich das Königsgut und die Königsrechte ebenso an sich wie die Bistümer. Das spätkarolingische Königtum bewahrte zwar eine nominelle Oberhoheit über diese Kronvasallen, blieb aber faktisch auf einen schmalen Herrschaftsbereich im Oise- und Aisne-Bereich beschränkt.

In dem am Ende des 9. Jahrhunderts einsetzenden Ringen zwischen den westfränkischen Karolingern und den Robertinern-Kapetingern um die Königsherrschaft konnten letztere erstmalig mit Odo (888–898) und dessen Bruder Robert I. (922–23) die Krone erlangen. Aber erst nach dem Tode des Karolingers Ludwig V. im Jahre 987 begann mit der Wahl Hugo Capets die dauerhafte Herrschaft der neuen Dynastie. Kerngebiet der frühen Kapetinger war der robertinische Machtbereich um Paris und Orléans. Ihre Kirchenherrschaft erstreckte sich außerhalb dieser Region auf etwa 15–20 von insgesamt 77 Bistümern Frankreichs. Mit einer zeitweise erfolgreichen Interventionspolitik gegenüber Spätkarolingern und Robertiner-Kapetingern störten die Ottonen seit der Mitte des 10. Jahrhunderts zusätzlich die Versuche der französischen Monarchie, eine Konzentration und räumliche Ausdehnung ihrer Macht zu erreichen. Dies war ein langer, mühsamer Prozeß, der vor allem gegenüber jener für mittelalterliche Verhältnisse bemerkenswerten Geschlossenheit der ottonischen Königsherrschaft ins Auge fällt. Für das 10. und 11. Jahrhundert hat man in Bezug auf Frankreich mit Recht festgestellt, „daß der ‚rex Francorum' die Herrschaft über etwa neun Zehntel seines Reiches nicht mehr selbst ausübt(e) oder auch nur kontrolliert(e), daß aber die seit dem ausgehenden 9. Jahrhundert anhaltende qualitative und territoriale Schrumpfung der königlichen Macht durch die ersten Kapetinger, wenn auch auf der Basis eines nur bescheidenen Restbestandes, zum Stehen gebracht wurde" (Nr. 82, K. F. Werner, S. 765). Der gängige Begriff einer „feudalen Anarchie" trifft für Frankreich kaum zu, weil sich die nichtköniglichen Gebiete keineswegs räumlich und verwaltungsmäßig in kleinste Teile auflösten, sondern sich in etwa zwölf Prinzipaten organisierten. Sie entsprachen in Aufbau und Größe durchaus der kapetingischen Krondomäne im Raum Paris-Orléans. Diese Fürstentümer des 10. und 11. Jahrhunderts wurden seit dem 12. Jahrhundert Bausteine eines starken und für damalige Verhältnisse geschlossenen Königsstaates, behielten dabei aber manche Eigentümlichkeiten ihres Verwaltungsaufbaus und Rechtslebens bei, so etwa die Normandie und die Champagne.

c) Italien und das Reich

In Italien hingegen wurden Ansätze zu einer dauerhaften Konzentration fürstlicher Macht, die sich auch dort seit spätkarolingischer Zeit zeigten, durch die weitgehende Einbeziehung Ober- und Mittelitaliens in die ottonisch-salische Reichsherrschaft seit 962 rasch unterbunden oder doch sehr stark unter königliche Kontrolle gebracht. Der Kirchenstaat wuchs als Einheit besonderer Art trotz fester Bindungen an das Reich schon zur frühen Salierzeit aus dessen Machtbereich allmählich heraus. Süditalien ging als Schauplatz byzantinisch-islamischer Rivalitäten eigene Wege. Dieser Trend verstärkte sich nach der normannischen Eroberung seit 1016 und führte im weiteren Verlauf des 11. Jahrhunderts zu völlig neuen Konstellationen.

Gerade im Falle Italiens und seiner jahrhundertelangen engen Verknüpfung mit der Reichsgeschichte bedarf es einer grundsätzlichen Bemerkung über das besondere Verhältnis dieses großen und alten Kulturlandes zur politisch-militärischen Vormacht Deutschland seit dem 10. Jahrhundert. Obwohl es hier im wesentlichen um die deutsche Geschichte geht, sind deren europäische Rahmenbedingungen besonders zu beachten. Dies gilt schon für den spätkarolingischen Entflechtungsvorgang, aus dem sich die französische und deutsche Geschichte entwickelte, mehr noch aber für die wechselvolle, über 1100 Jahre währende Verbindung zwischen Deutschland und Italien, die seit Otto dem Großen wiederum institutionalisierte Formen annahm. Es wäre in diesem Zusammenhang ein großer Fehler und im Grunde auch ahistorisch, die kraftvolle Eigenentwicklung Italiens seit langobardischer Zeit zu übersehen: den Wandel seiner Sozialstruktur durch die Einbeziehung des Adels in die städtischen Kommunen und die wachsende Verstädterung. Das gilt auch für den frühen Aufstieg Venedigs und Genuas als Tore zum nichtchristlichen Orient. Mit anderen Worten: Man darf Italien im Rahmen einer deutschen Geschichte nicht nur als wünschenswerten „Zuwachs" für Macht und Prestige von „regnum" und „imperium" betrachten.

Ebensowenig darf man in den Irrtum verfallen, die jeweiligen Widerstände gegen die deutschen politischen Initiativen als eine Folge „chaotischer Verhältnisse" in Italien zu werten. Musterbeispiel für eine solche Fehldeutung ist etwa das Mißverständnis der kraftvollen Stadtherrschaft Alberichs II. (932–954) in Rom, die man nicht nur im gehässigen Zerrspiegel des Chronisten Liutprand von Cremona († um 970) sehen sollte. Unter Alberich stabilisierten sich die Verhältnisse in Mittelitalien sowohl nach innen wie nach außen. Durch seine Heirat mit Alda, der Tochter König Hugos von Niederburgund, erreichte er einen Ausgleich mit diesem Herrscher und zeitweiligen Herrn Oberitaliens; gleichzeitig konnte er aber dessen hartnäckige Versuche, in Rom zum Kaiser gekrönt zu werden, abblocken. Unter Alberich hielt auch die lothringische Klosterreform ihren Einzug in den Kirchenstaat. Als er am 31. August 954 in Rom starb, hatte der Fürst dafür gesorgt, daß sein Sohn Oktavian sowohl die Stadtherrschaft als auch – als Johannes XII. – die päpstliche Würde erlangte. Bald danach erfolgte dann der entscheidende, für die deutsche wie für die italienische Geschichte gleichermaßen schicksalhafte Umschwung von der nachkarolingischen Geschichte Ober- und Mittelitaliens mit ihren Anläufen zu einem „nationalen Königtum" Italiens zur jahrhundertelang währenden deutsch-italienischen Kaisergeschichte, die beide Länder tiefgehend verwandeln und wechselseitig beeinflussen sollte.

Die karolingischen Voraussetzungen. Die große Bedeutung Italiens für die deutsche Geschichte läßt sich jedoch keineswegs nur seit der Kaiserkrönung Ottos des Großen im Jahre 962 feststellen, dafür waren die karolingischen Grundlagen der Beziehung zwischen beiden Ländern zu dauerhaft und weiterwirkend. Die Einfügung des Langobardenreiches wie der päpstlichen Herrschaft, des „Patrimonium Sancti Petri", in das fränkische Großreich durch Karl den Großen war für die Geschichte Italiens bereits von einschneidender Bedeutung. Sie bestimmte nicht nur das karolingische Jahrhundert auf der Apenninhalbinsel, sondern bildete auch – wenn auch in vermittelter Weise – die Grundlage für die neuerliche Reichsherrschaft in Ober- und Mittelitalien seit 962. Die Stabilität und Wirksamkeit karolingischer Herrschaft südlich der Alpen bis zum Ende des 9. Jahrhunderts ist neuerdings zu Recht hervorgehoben worden; von dieser Gegebenheit muß jede Betrachtung der italienischen Entwicklung im früheren Hochmittelalter ausgehen.

Wie im West- und Ostfrankenreich haben auch in Italien äußere Faktoren, nämlich die wiederholten, ausgedehnten Invasionen und Eroberungszüge der Madjaren und Sarazenen, den Zusammenbruch des Überbaus fränkischer Herrschaft und den Aufstieg regionaler Kräfte beschleunigt. Es war dann vor allem die Bischofsherrschaft in den Städten und ihrem Umland, die sich teilweise schon gegen Ende der Karolingerzeit kraftvoll entfaltete. Die Bischöfe konnten eine eigene politisch-militärische Organisation aufbauen, die in manchen Zügen an die gallischen „Civitas-Republiken" spätmerowingischer Zeit erinnert. Rom und das „Patrimonium Sancti Petri" war hier nur der am meisten ins Auge stechende Sonderfall. Doch standen ihm nach politischem Gewicht und innerer Organisation die Erzbistümer und Patriarchate Mailand, Ravenna und Aquileja kaum nach; für manche anderen großen Bistümer kann man ähnliches sagen. Reibungsflächen mit dem „Überbau" der fränkischen Reichsherrschaft waren damit allerdings schon vorprogrammiert.

Wenn im Zuge der Etablierung der karolingischen Reichsverwaltung in Italien Franken, Alemannen und später auch Bayern und Burgunder ins Land kamen, um politische Führungspositionen zu übernehmen, dann hatte dies in der ersten und zweiten Generation sicher positive Folgen für die Effizienz der karolingischen Herrschaft. Im weiteren Verlauf des 9. Jahrhunderts jedoch kam es auch hier, wie im Gesamtreich, zur regionalen Verwurzelung des Amtsadels im Lande. Er baute seine eigenen Herrschaften konsequent aus und konnte sogar, wie das Beispiel der Widonen im Herzogtum Spoleto zeigt, auch ohne karolingische Verwandtschaftsbeziehungen in den Kampf um das „nationale Königtum" des 10. Jahrhunderts eintreten.

Die Bedeutung der Bischofsherrschaft. Die nahtlose Einfügung der Kirche in sein politisches System, die Karl dem Großen im Frankenreich gelungen war, konnte in Reichsitalien offenbar nicht konsequent durchgeführt werden, denn die dort eingesetzten Grafen sahen sich einer bereits vorhandenen Herrschaftskonkurrenz der Bischöfe gegenüber, die weder in den Städten noch im zugehörigen Territorium auszuschalten war. Im Gegenteil, die bischöfliche Macht und daneben auch die wachsende Bedeutung regionaler Adelsfamilien schränkte zunehmend die Kompetenzen der fränkischen Grafen ein, so daß es fraglich ist, ob man den ohnehin problematischen Begriff der „karolingischen Grafschaftsverfassung" auf Italien anwenden darf. Hatte das karolingische Königtum ursprünglich den regionalen Adel gegen die Bischofsherrschaft unterstützt, so zeichnete sich seit Beginn des 10. Jahrhunderts ein Vordringen und ein schrittweiser Ausbau bischöflicher Macht in Gericht und Verwaltung ab. Hier liegt der Ursprung einer Grundstruktur des hochmittelalterlichen Italien, nämlich der regionalen Bischofsherrschaft, die im Grunde niemals dauerhaft und effizient in ein Reichskirchensystem eingeordnet werden konnte. Sie wurde aber zum schützenden Gefäß der kommunalen, stadtstaatlichen Entwicklung in ottonisch-salischer Zeit und damit Voraussetzung einer reichen Stadtkultur, die bis heute das Bild Italiens architektonisch prägt.

Die bischöfliche Stadtherrschaft aus einheimischer Wurzel blieb nicht ohne Folgen für das Verhältnis zum Reich. Die Personalpolitik des Königtums seit Otto III., in Reichsitalien nach Möglichkeit landfremde, nämlich deutsche Bischöfe einzusetzen und damit den zwischen Bischof, Stadtadel und Bürgertum stattfindenden Prozeß der politisch-territorialen Gemeindebildung zu unterbrechen, führte auf die Dauer zu einer Entfremdung gegenüber dem Königtum. Auch das Lehnsgesetz Konrads II. von 1037 zugunsten der kleineren Lehensträger, der Valvassoren, konnte letztlich das Auseinanderdriften von kommunaler Entwicklung und Reichsherrschaft nicht mehr verhindern; es sollte im Investiturstreit unter kirchenpolitischen Vorzeichen verstärkt in Erscheinung treten. In der kraftvollen bischöflichen Stadtherrschaft, unter deren Schutz sich erst ein auch wirtschaftlich machtvoller Stadtadel und dann das kommunale Eigenleben entfalten konnten, liegt somit die Ausgangsbasis der politischen, ökonomischen und sozialen Eigenentwicklung Ober- und Mittelitaliens. Damit war aber auch die Zwiespältigkeit im Verhältnis zur Reichsherrschaft gegeben. Dieser zeitweise machtvolle „Überbau" königlicher Gewalt, der sein Gravitationszentrum außerhalb Italiens im deutschen Reichsteil hatte und der deshalb fast von jedem Herrscher nach dem Regierungsantritt südlich der Alpen aufs neue befestigt oder gar erst wiederhergestellt werden mußte, blieb dennoch ein bestimmendes Moment. Es trat seit der Mitte des 10. und 11. Jahrhunderts teils hemmend, teils fördernd in Erscheinung, manchmal blieb es ein Randphänomen, manchmal war es eine massive Realität, der keine regionale Kraft auf der Apenninhalbinsel widerstehen konnte. Mit Sicherheit war aber das italienische Grundmuster bischöflicher und präkommunaler Herrschaft für die weitere Entwicklung wichtiger als das „Intermezzo" des sogenannten „nationalen Königtums" vor 962, das eher als Epiphänomen der karolingischen Verwaltungsaristokratie zu werten ist denn als prägende Kraft einer eigenen, genuin italienischen Entwicklung.

d) Gemeinsame europäische Entwicklungen

Ungeachtet der besonderen Situation, die aus der Überwölbung Deutschlands und Italiens durch das abendländische Kaisertum und durch die Reichsherrschaft in Ober- und Mittelitalien resultierte, gab es im europäischen Kernraum zwischen Pyrenäen, Weichsel und Tiber seit dem 10. und bis zur Mitte des 11. Jahrhunderts tiefgreifende gemeinsame Entwicklungen, die teilweise im Investiturstreit mit dessen verheerenden Folgen für das Reich eskalierten, sich aber in diesem vor allem für Deutschland folgenreichen Vorgang keineswegs erschöpften. Vielmehr wird man von einer Epoche sui generis sprechen dürfen, deren wesentliche Züge ganz entschieden das Früh- und Hochmittelalter trennen. Dazu gehört seit der Jahrtausendwende eine allgemeine Bevölkerungszunahme Europas, eine damit verbundene Intensivierung von Wirtschaft, Handel und Verkehr, die sich einerseits im Aufstieg der mittelalterlichen Gewerbebürgerstadt zu ökonomischer und später auch zu politischer Kraft zeigte und andererseits im Beginn einer oft geradezu fieberhaften Bautätigkeit manifestierte; die kirchlichen Großbauten der frühen Romanik sind uns davon als eindrucksvollste Zeugen erhalten geblieben. Die gewaltigen Königs-, Bischofs- und Klosterkirchen der ottonisch-frühsalischen Epoche belegen diesen Aufschwung nach der Jahrtausendwende ebenso wie der Beginn des Landesausbaus, von Siedlung und Rodung. Darüber hinaus führte eine Intensivierung des Warenverkehrs zuerst zum wirtschaftlichen Aufstieg der alten rheinischen Bischofsstädte, aber auch Regensburgs, und löste bald danach eine Fülle königlicher und dynastischer Städtegründungen zwischen Rhein und Elbe aus. Neben der agrarisch-aristokratischen Welt des Frühmittelalters entfaltete sich das städtische Bürgertum teils mit den, teils gegen die königlichen, dynastischen oder geistlichen Stadtherrn als eigene politische Gesellschaftsformation, der die Zukunft gehören sollte. Aber auch im ländlichen Bereich führte das immer effektiver ausgestaltete System der mittelalterlichen Grundherrschaft sowohl zur Nivellierung der Standesunterschiede der Grundhörigen und damit zur Ausbildung eines für Europa charakteristischen Bauernstandes, als auch zur Bereitstellung der Kräfte und Sachmittel, die das Jahrtausendwerk des Landesausbaus und der Kolonisation erst organisatorisch ermöglichten. Gegenüber dieser Intensivierung fast aller Lebensbereiche sollte man es für die Mentalität der Zeit nicht überbewerten, wenn uns für die Jahrtausendwende verschiedentlich Ängste vor einem Weltuntergang bezeugt sind. Im Reich brachte die frühe Salierzeit mit dem konsequenten Ausbau der Reichsministerialität als einer vom König abhängigen Dienstmannschaft zur Verwaltung von Reichsterritorien eine Festigung der Königsherrschaft, deren Effizienz überdies durch den zielbewußten Einsatz der ottonisch-salischen Reichskirche für Verwaltungsaufgaben im Reich gesteigert werden konnte. Ein faktischer Höhepunkt der Herrschaft des deutschen Königs über die Kirche war zweifellos bereits unter Kaiser Heinrich II. erreicht. Die ideelle Überhöhung dieses Reichskirchensystems, wie sie ansatzweise in der Vita Erzbischof Bruns von Köln, des Bruders Ottos des Großen und „archidux" Lothringens, bereits da war, vollendete sich jedoch erst unter Kaiser Heinrich III., in dessen Herrschaft „imperium" und „sacerdotium" auf denkbar engste Weise verbunden waren. Von einer wirklichen Harmonie beider Sphären zu sprechen verbietet aber bereits der bald darauf erfolgende jähe Zusammenbruch dieses Balance-Systems. Ausgelöst wurde er von den extremen Machtansprüchen einer Papstkirche, die unter dem ideologischen Feldzeichen einer durchgreifenden Kirchenreform und mit dem Kampfruf der „Libertas ecclesiae" eine grundsätzliche Umstülpung der Machtverhältnisse zwischen Papstkirche und Reich durchsetzen wollte. Die alte gelasianische Zweischwerterlehre als Symbol der Einheit und Balance zwischen „imperium" und „sacerdotium" wurde nunmehr umgedeutet: Dem Kaiser gebühre nicht mehr, wie dies bisher allgemeine Überzeugung gewesen, das weltliche Schwert und der Kirche das geistliche. Der geistlichen Gewalt wurden jetzt beide Schwerter zugesprochen, wobei das eine von ihr, das andere für sie zu führen sei; beide habe Gott dem hl. Petrus verliehen. Dies bedeutete konkret einen Herrschaftsanspruch der Kirche über den Staat: Papst Gregor VII. suchte ihn, anfangs zögernd, dann jedoch immer energischer, im Investiturstreit zu verwirklichen; zum Schaden des Reiches, letztendlich aber auch zum Nachteil der Kirche, deren berechtigte Reformanliegen jetzt nicht selten machtpolitisch korrumpiert wurden.

Allerdings darf man auch die langzeitlichen Wirkungen der Auseinandersetzung zwischen Reich und Kirche nicht übersehen, Wirkungen, die zu den Ursprüngen einer genuin europäischen geistigen und politischen Kultur gehören. Wenn das Reformzeitalter und der aus ihm hervorgehende Investiturstreit wesentlich zur wechselseitigen Problematisierung von Macht und Geist in ihren mannigfachen Verhüllungen und Widerspiegelungen beitrug und damit den Beginn einer spezifisch europäischen Staats- und Rechtsphilosophie markierte, so gehörte dies ebenso zu den positiven Folgen dieses schweren Konfliktes wie die Tatsache, daß durch die Intensität des Streites die abendländische Geisteskultur endgültig ihre seit dem Frühmittelalter vorherrschende rezeptive Phase beendete und in Sprachkultur, scholastischem Frührationalismus wie auch in den Kunstformen mit dem Beginn des 11. Jahrhunderts eine Kreativität entfaltete, die Europas Vorsprung gegenüber anderen Weltkulturen recht eigentlich begründete. Das Zeitalter der Kirchenreform, durch den Aufbau der salischen Reichsministerialität zugleich ein Ansatz zur hochmittelalterlichen Staatsreform, leitete somit auch in positivem Sinne eine „Realdialektik" von Geist und Macht ein, die zum dynamischen Charakter der europäischen Kulturentwicklung entscheidend beitrug. Diese „Realdialektik" umfaßte aber mehr als den von Max Weber diagnostizierten rationalen Trend der europäischen Zivilisation, da im Begriff der fast permanenten Reform zwar die Tatsache der Dynamik enthalten ist, nicht aber eine eindeutige Tendenz in bestimmter Richtung.

e) Kaiser Heinrich III. als Gestalt einer Wende

Es gehört schließlich zu den Paradoxien geschichtlichen Lebens, daß gerade der Kaiser, dem es mit der Reform der Kirche, mit dem Kampf gegen Simonie, das heißt dem kirchlichen Ämterkauf, sowie mit der Steigerung des Ansehens des Papsttums heiliger Ernst war, ungewollt dazu beigetragen hat, daß die gemeinsamen Reformanliegen von „imperium" und „sacerdotium" nach seinem frühen Tode 1056 zu jener unseligen, jahrzehntelangen Konfrontation im Investiturstreit führten, die das Reich durch die Verwüstungen eines schier endlosen Bürgerkrieges auch in seiner Gesellschaftsentwicklung gegenüber Westeuropa zurückwarfen. Heinrichs III. leidenschaftliches Streben nach einer religiös sanktionierten Friedensordnung im Reich, wie sie in der ergreifenden Friedensfeier nach seinem ungarischen Schlachtensieg bei Menfö 1044 zum Ausdruck kommt, entsprach dem Geist und Willen der Zeit; doch gehört es zur besonderen Tragik dieses Herrschers, daß eine dauerhafte Friedensordnung sich nicht als herrschaftlicher Akt von oben verwirklichen ließ, sondern erst in der in Burgund und Lothringen wurzelnden Gottesfriedensbewegung, der „Treuga Dei", als breite geistig-gesellschaftliche Strömung zur vollen Wirkung kommen konnte. Die bescheidenen Anfänge und Ziele der Gottesfriedensbewegung, nämlich kriegerische Handlungen von Freitag bis Sonntag und zu allen heiligen Zeiten des Kirchenjahres zu verbieten und im allgemeinen Bewußtsein zu kriminalisieren, sollten nicht vergessen lassen, daß es sich hier um den Anfang einer generellen Ächtung des Krieges handelt, also um eine weltgeschichtlich folgenreiche Idee, die dann vom deutschen und europäischen Königtum wie von den Dynasten in der Landfriedensbewegung energisch aufgegriffen und auf ihre Weise, nämlich für ihre jeweiligen Herrschaftsbereiche, auch verwirklicht worden ist. Heinrichs III. Tragik bestand also auch darin, daß er, der mit dem feinen Gespür eines psychischen Seismographen die Tendenzen und Erfordernisse seiner Zeit erkannte und an der Spitze einer umfassenden Reform von Kirche und Reich stehen wollte, dieses Werk nicht entschieden und nicht lange genug auf den Weg zu bringen vermochte. Daß er selbst auf verschiedene Weise zum Ausbruch der großen Krise beigetragen hat, wird noch in anderem Zusammenhang näher darzulegen sein. Sein plötzlicher Tod brachte sehr rasch jenes verhängnisvolle Gegeneinander von Reichs- und Kirchenreform, das die folgenden Jahrzehnte bestimmte. Schon die Zeitgenossen haben das Unheilvolle der Lage gespürt, als sie nach Vers 10,16 des Predigers Salomo seinen Tod mit den Worten kommentierten: ,,Wehe dem Land, dessen König ein Kind ist und dessen Fürsten in der Frühe speisen.“ Der Königssohn, Heinrich IV., war damals sechs Jahre alt, die Katastrophe konnte ihren Anfang nehmen.

II. Die Ereignisgeschichte

1. Das Frankenreich unter den Merowingern und Karolingern (482–911)

a) Einleitung

Das fränkische Großreich, die historisch folgenreichste Reichsbildung seit dem Ende der Antike, war das Ergebnis eines Bündnisses und bald auch der Verschmelzung des fränkischen Stammesbundes und seiner Führungsschicht mit der Gallien verwaltenden gallorömischen Aristokratie. Die wechselseitigen Assimilationsvorgänge zwischen romanischem und germanischem Volkstum sind in ihrer Vielschichtigkeit nur schwer zu fassen, auch die Analyse von Gräberfeldern des 6. bis 8. Jahrhunderts gibt nur teilweise Aufschlüsse. Auf jeden Fall war aber die spätere deutsch-französische Sprachgrenze keine klare Siedlungsgrenze, sondern erst das Ergebnis jahrhundertelang währender ethnischer Ausgleichsprozesse. Politische Geschichte und Volksgeschichte konnten dabei sehr verschiedene Wege gehen; für unseren Zusammenhang jedoch ist der Trend zur Vereinheitlichung eines Großraums der wichtigste Gesichtspunkt. Die ebenso brutale wie erfolgreiche Politik des Frankenkönigs Chlodwig, der seine fränkischen Nebenbuhler und Konkurrenten beseitigte, und das Medium des gemeinsamen katholischen Glaubens, dem sich die Franken im Unterschied zu anderen germanischen Erobervölkern von Anfang an zuwandten, wurden die Voraussetzungen einer raschen Integration und politisch-sozialen Verschmelzung der alten gallorömischen wie der neuen fränkischen Oberschichten. Die Franken sind schon vor Chlodwig niemals nur „Okkupanten" gewesen. Die Machtstrukturen des Merowingerreiches vertieften daher kaum die ethnischen Unterschiede, sondern trieben die Verschmelzung zu einer neuen politischen Einheit und zu einem gemeinsamen „reichsfränkischen Bewußtsein" eher noch voran.

Die Integration der fränkischen und altgallisch-senatorischen Oberschicht vollzog sich allerdings nicht glatt und reibungslos, denn diese großgrundbesitzenden „possessores Romani" hatten in der Provence und in den Gebieten südlich der Loire trotz Wegfalls des Überbaus der spätantiken Zentralverwaltung – oder vielleicht gerade deswegen – noch starke Machtpositionen inne, vor allem auch in der Form bischöflicher Stadtherrschaft gallorömischer Adelsfamilien. Man hat sogar von „Civitasrepubliken" gesprochen, die zeitweise nur lose der merowingischen Gesamtherrschaft integriert waren. Die „Säkularisationen" Karl Martells am Beginn des 8. Jahrhunderts, eine politische Notwendigkeit im Kampfe gegen innere Feinde und gegen die drohende Invasion der Araber nach dem Zusammenbruch des spanischen Westgotenreiches (711), boten dem karolingischen Hausmeier und dessen Nachkommen die Chance, Stück für Stück die Herrschaftsstrukturen dieser „Civitasrepubliken" abzubauen, teils durch geschickte Personalpolitik bei der Besetzung der Bistümer, teils durch militärische Mittel. Auf diese Weise entstand seit Karl Martell bis zum Tode Karls des Großen, seines Enkels, die fränkische Reichskirche als das sicherste und effektivste Herrschaftsinstrument der Karolinger.

b) Anfänge und Gliederung des Frankenreiches

Die Salier als Kerngruppe des Frankenbundes erscheinen erstmalig 258 in römischen Quellen, sie sind am Niederrhein zwischen Deventer und Zwolle zu lokalisieren. Die starke Barriere der römischen Rheingrenze, des Limes, hinter dem sich germanische Völkerschaften aufstauten, förderte seit dem 3. Jahrhundert wesentlich die Bildung größerer Stammesverbände: der Alemannen im Süden und der Franken im Norden der Reichsgrenze. Chamaven, Chatten, Ampsivarier, Chatturarier, Brukterer und Chauken scheinen im neuen Großstamm der Franken aufgegangen zu sein. Der Frankenstamm war also, wie alle anderen germanischen Stämme der Völkerwanderungszeit, keine homogene ethnische Einheit, sondern ein lockeres politisch-kultisches Gebilde. Es konnten sich bei längeren Wanderungsbewegungen auch völlig andersartige ethnische Gruppen in Form einer „Wanderlawine" angliedern, weshalb man auch von einem „Stammesschwarm" spricht. In der „Peutingerschen Tafel", einer römischen Straßenkarte des 4. Jahrhunderts, sind die Franken als Nachbarn der Römer jenseits des Niederrheins bereits genannt; ob sich ihr damaliges Siedlungsgebiet mit dem Bereich der „westgermanisch-istväonischen" Bodenfundgruppe deckt, ist allerdings umstritten. Während ein Teil der Franken im 4. Jahrhundert rechtsrheinisch nach Süden vorstieß und im Maingebiet den alemannischen Bukinobanten begegnete, brachen beiderseits der Ijssel die salischen Franken und der starke Teilstamm der Chamaven in Gallien ein. Der Caesar Julianus schlug zuerst 357 die Alemannen bei Straßburg zurück und unterwarf bald darauf die Salier. Er siedelte letztere als Föderaten zum Grenzschutz in Toxandrien (Nordbrabant) an, während er die Chamaven über den Rhein zurückdrängte. Damit begann das gruppenweise kriegerische oder friedliche Einrücken der Franken in altes römisches Reichsgebiet zwischen Maas, Schelde und Rhein. Es verstärkte sich seit dem Abzug der römischen Truppen aus Nordgallien (405), als fränkische Verbände westwärts nach Flandern bis an die Nordsee und südwärts bis in das Gebiet des Kohlenwaldes zwischen Tournai und Lüttich vorstießen.

Der römische Heermeister Aëtius vermochte 432 noch einmal Chlodjo, den ersten namentlich genannten fränkischen Merowinger, der Cambrai und das Somme-Tal erobert hatte, zur Anerkennung der römischen Oberhoheit zu zwingen; faktisch war dies jedoch bereits die Hinnahme einer fränkischen Subherrschaft auf gallischem Boden. Das Zentrum dieses frühen Frankenreiches lag in Tournai, wo Chlodjos Nachfolger Childerich († um 482) residierte, dessen prachtvolles Herrschergrab 1653 gefunden wurde. Nach dem Tode des Aëtius (454) brachen die letzten Säulen des Überbaus einer römischen Zentralverwaltung in Gallien zusammen. Bis zur Reichsgründung Chlodwigs gab es nur noch ein Nebeneinander germanischer und gallorömischer Teilherrschaften.

Das Westgotenreich griff vom Süden her bis zur Loire aus, das Burgunderreich organisierte den Rhône-Raum als neue politisch-ethnische Einheit, während die Provence und das Reich des dux Syagrius um Soissons im wesentlichen Rudimente römischer Gebietsherrschaft blieben. Nördlich der Somme begann der Einflußbereich fränkischer Teilherrschaften. Köln fiel um 455 endgültig in fränkische Hand und wurde Hauptstadt eines Teilreiches, dessen Ausdehnung etwa mit der „Francia Rinensis" des Kosmographen von Ravenna gleichzusetzen ist, also im wesentlichen das Rheinland bis in die Mainzer Gegend umfaßte. Trier, das im 5. Jahrhundert viermal von den Franken erobert wurde, war um 470 Mittelpunkt einer germanisch-gallorömischen Übergangsherrschaft unter dem comes Arbogast. Unter seiner Ägide erlebten die mittleren Mosellande eine Art spätrömische Nachblüte; sie konnten bis ins Mittelalter hinein als Siedlungsinsel der Romania ihr gallorömisches Gepräge erhalten. Entgegen früherer Auffassung sind die Ribuarii kein ursprünglich fränkischer Teilstamm wie die Salier, sondern ihr Name ist eine franco-lateinische Wortbildung, die erstmals 727 im „Liber historiae Francorum" auftaucht und wohl die Bewohner eines Dukats bezeichnete, der erst im 7. Jahrhundert gegen die zum Rhein nachdrängenden sächsischen Stammesgruppen geschaffen wurde. Dieser ribuarische Dukat umfaßte das Gebiet beiderseits des Niederrheins mit den Hauptorten Köln, Aachen, Zülpich und Werden an der Ruhr.

Herkunft und Name des Frankenstammes sind umstritten. Ob die frühmittelalterliche Selbstinterpretation der Franken als der „mutigen, kühnen Recken" bereits für die seit dem 3. Jahrhundert in römischen Quellen auftauchenden „Franci" anzunehmen ist, bleibt fraglich. Gleiches gilt für die Deutung der Franken als der „Freien", die eher in eine spätere Epoche paßt, als sie sich für das eigentliche Staatsvolk halten durften. Die Herkunft der Franken aus Pannonien, von der Gregor von Tours erzählt, läßt sich nicht belegen, und völlig legendär ist ihre Herleitung von den Trojanern, eine gelehrt-antikisierende Fabel, die in der Fredegar-Chronik berichtet wird (Nr. 4, Bd. IVa, S. 84). Unsicher bleibt auch die Verbindung der Troja-Sage mit der Colonia Ulpia Trajana (Xanten). Statt nach rekonstruierbaren „historischen Kernen" solcher eher literarischen Herkunftssagen zu forschen, ist es aufschlußreicher, diese Quellen als Bilder zu werten, die ein Volk in einer bestimmten Epoche von sich selbst entworfen hat. In dieser Beziehung ist die Funktion des Troja-Motivs als ein auf klassische Vorzeit bezogener Ehrenvorrang der Franken gegenüber anderen Völkern wichtiger als sein möglicher historischer Hintergrund. Gregor von Tours, der beste Gewährsmann für die merowingische Geschichte, stellte mit fast wissenschaftlicher Akribie die überlieferten Trümmer fränkischer Geschichtstradition aus spätrömischer Sicht zusammen, begnügte sich aber am Schluß seines historiographisch-quellenkritischen Kapitels (Nr. 4, Bd. II, S. 88) mit einigen gesicherten Fakten, über die selbst der moderne Forscher kaum hinauskommen kann. Danach seien die Franken einst über den Rhein gekommen, in Gallien eingebrochen und offenbar bis Köln vorgedrungen. Sie hätten gelockte Könige aus ihrem vornehmsten Geschlecht über sich gesetzt und mehrere Kleinkönigreiche gebildet. Unter diesen offenbar untereinander verwandten Königen nennt Gregor namentlich Chlodjo, der Cambrai eroberte und dann bis zur Somme vordrang. Aus seinem Stamme sei der König Merowech entsprossen, dessen Sohn Childerich war, der Vater Chlodwigs I. Gregor ist exakt und vorsichtig genug, diese Genealogie von Chlodwigs Vorfahren nur mit Vorbehalt zu berichten, war sich also seiner Gewährsmänner durchaus nicht sicher, obwohl es sich doch um die Herkunft des von ihm gefeierten Reichsgründers handelte. All dies läßt sich nur so deuten, daß sich der Frankenstamm als feste politische Einheit erst ganz am Ende der Wanderungsepoche bildete und zwar in der Begegnung und Auseinandersetzung mit den Resten römischer Staatlichkeit auf gallischem Boden.

Was die numerische Stärke der „gens Francorum“ anbelangt, so bleiben fast alle Aussagen unsicher, da weder schriftliche noch archäologische Quellen verläßliche Anhaltspunkte liefern. Es ist daher abwegig, aus der Zahl von 3000 Franken, die sich angeblich mit Chlodwig I. taufen ließen, Rückschlüsse auf den militärischen Kern des Frankenvolkes zu ziehen, da diese Zahl lediglich auf alttestamentlichen Vorbildern beruht. Fest steht hingegen, daß die verbliebene gallorömische Bevölkerung zahlenmäßig ein Vielfaches der fränkischen Zuwanderer ausmachte; hier hat die sorgfältige Analyse merowingerzeitlicher Gräberfelder Klarheit erbracht. Bis zur Loire war die fränkische Infiltration wohl bedeutend, wenn auch nach Süden zu rasch abnehmend. Um die alten Römerstädte erhielten sich meist große und oft auch volkreiche romanische Siedlungskammern, in denen offenbar das fränkische Element rasch aufgesogen und romanisiert wurde.

Wie vollzog sich nun die fränkische Landnahme seit dem 4. Jahrhundert und in welchen Formen ging sie vor sich? Insgesamt kann man seit dem großen Einfall von 350 von einem immer stärker werdenden Einsickern fränkischer Verbände sprechen, die anfangs von den Römern militärisch-politisch noch „domestiziert“ wurden oder die sich auch freiwillig unter römische Herrschaft begaben. Der oströmische Geschichtsschreiber Prokop (um 562) hat dieses Vorgehen des Reiches, das noch bis zum Aufbau der byzantinischen Limitanorganisation gegenüber den slawischen Einwanderungswellen so gehandhabt wurde, in seiner Darstellung der Wandalenkriege folgendermaßen geschildert: „Zu den Föderaten gehörten früher nur Barbaren, die – da von den Römern nicht besiegt – nicht als Unterjochte, sondern als völlig Gleichberechtigte in den Staatsverband aufgenommen worden waren. Foedera heißen nämlich bei den Römern die mit Feinden abgeschlossenen Verträge. Heutzutage aber dürfen alle diese Bezeichnung verwenden ..." Von archäologischer Seite entspricht dem die Analyse der germanischen Grabfunde des 4. und 5. Jahrhunderts, derzufolge die germanischen Gräber Galliens nicht nur den Laeten, d. h. einer unfreien, früh eingesickerten Bevölkerungsgruppe zuzuordnen sind, sondern auch „freien Söldnern und fürstlichen Gefolgschaften", die sich in den Dienst des Kaisers begaben. Man hat sogar von einer großräumigen „Föderatenkultur" zwischen Elbe und Loire gesprochen, die mit dem Einsickern fränkischer Verbände begann und in einem langen Akkulturationsprozeß zwar zu einer „Barbarisierung" Nordgalliens führte, gleichzeitig aber die ethnisch-herrschaftliche Grundlage jener gallisch-germanischen Mischkultur wurde, aus der Chlodwigs Großreichsbildung erwuchs.

Die fränkische Geschichte begann also diesseits wie jenseits der mühsam gehaltenen Grenze des römischen Imperiums. Zu Beginn des 5. Jahrhunderts siedelten nur die fränkischen Salier auf römischem Gebiet, im weiteren Verlauf dieses Saeculums errichteten aber andere Teilstämme des Frankenbundes im römischen Machtbereich ihre regionalen Herrschaften, bis mit der hunnischen Invasion unter Attila 451 auch das labile ethnisch-politische Gefüge an der Nordostgrenze des Imperiums in Bewegung geriet. Damit wandelten sich auch die Formen der fränkischen Integration innerhalb des Reiches: Aus mehr oder weniger willig aufgenommenen Föderaten, Befehlsempfängern und Verteidigern des wankenden Imperiums, wurden selbständig operierende Kleinreiche, die an die Stelle des Überbaus der römischen Zentralverwaltung traten. Wichtig war, daß sich die fränkischen Teilstämme schon seit Jahrzehnten an das Ambiente der spätrömischen Zivilisation gewöhnt und sich ihr assimiliert hatten; mithin vollzog sich ein eher gleitender Übergang von fränkischer ethnischer Präsenz zu fränkischer politischer Herrschaft.

c) *Chlodwigs I. Reichsgründung (482–511)*

Am deutlichsten ist dies am Aufstieg des Frankenkönigs Chlodwig zur Gesamtherrschaft abzulesen. Aus dem Glückwunschbrief des Bischofs Remigius von Reims, der am Weihnachtsfest 498 Chlodwig katholisch taufte, erfahren wir etwas über die politischen Anfänge des Franken aus galloromischer Sicht. Chlodwig wird darin nicht als Nachfolger seines Vaters Childerich, des Regionalkönigs von Tournai, angesprochen. Die Legalität seiner Herrschaft beruhte nach Remigius vielmehr auf einem römischen

Amt, nämlich der „administratio" der „Provincia Belgica secunda" mit der Hauptstadt Reims, deren Sprengelkommandant in römischem Auftrag er offenbar gewesen ist. Ganz gleich, ob die in Soissons residierenden römischen Heermeister volle Befehlsgewalt über den Frankenkönig hatten oder nicht, die römische und daher innerhalb Galliens legale Komponente seiner Herrschaft war sicher ein entscheidendes Sprungbrett bei der Eroberung Galliens. Chlodwig selbst war sich dieses römisch-legalen Grundes seiner Herrschaft immer bewußt. Dies zeigt die berühmte, in der Frankengeschichte Gregors von Tours überlieferte Szene, als Chlodwig nach seinem Sieg über die Westgoten 507 nach Tours zurückkehrte. Aus zuverlässiger lokaler Tradition weiß Gregor folgendes zu berichten: „Damals erhielt er (Chlodwig) vom Kaiser Anastasius ein Patent als Konsul (codecillos de consolato accepit), legte in der Kirche des heiligen Martinus den Purpurrock und Mantel an und schmückte sein Haupt mit dem Diadem. Dann bestieg er ein Pferd und streute unter das anwesende Volk mit eigener Hand Gold und Silber auf dem ganzen Wege von der Pforte der Vorhalle (der Martinskirche) bis zu der Bischofskirche der Stadt mit der größten Freigebigkeit aus. Von diesem Tage an wurde er Konsul oder Augustus genannt." (Nr. 4, Bd. II, S. 134) Es handelte sich also um ein von Byzanz wohl oder übel legitimiertes Vizekönigtum Chlodwigs in Gallien; sein schon etwa zehn Jahre früher erfolgter Übertritt zum katholischen Glauben hatte nicht nur die religiöse Barriere zur christlichen galloromischen Bevölkerung beseitigt, sondern auch den Weg zur kaiserlichen Bestätigung seiner Herrschaft geebnet.

Die Anerkennung der Herrschaft Chlodwigs durch Byzanz, die ihn ebenbürtig neben Theoderich den Großen stellte, bedeutete zugleich die legalisierende Festschreibung einer neuen politischen Situation, die allerdings auf ganz andere Weise zustande gekommen war, nämlich durch die erbitterten und blutigen Ausscheidungskämpfe mit den anderen Herrschaftsträgern in Gallien. Hierbei bewies Chlodwig bis an sein Ende eine selbst für damalige Zeit ungewöhnliche Brutalität und Tücke, die sogar seinem begeisterten Lobredner Gregor von Tours zu viel wurde. Als nämlich Chlodwig kurz vor seinem Tode seine Leute um sich versammelte und vor ihnen heuchlerisch beklagte, daß er keine Blutsverwandten mehr habe und nun „wie ein Fremdling unter Fremden" stehe, konnte sich auch der fromme Bischof und Geschichtsschreiber aus gallischer Senatorenfamilie nicht enthalten, den König überraschend deutlich so zu interpretieren: „Aber er sprach dies nicht aus Schmerz um den Tod derselben, sondern aus List, ob sich vielleicht noch einer fände, den er töten könnte!" (Nr. 4, Bd. II, S. 138f.) Da aber in der Welt nichts erfolgreicher ist als der Erfolg und die Kirche in Chlodwig einen rechtgläubigen Schutzherrn in ihrer argen Bedrängnis erkannte, akklamierte derselbe Gregor nach der detaillierten Schilderung der hinterhältigen Liquidierung des Frankenkönigs Sigibert von Köln durch Chlodwigs Helfershelfer das Verhalten des Siegers mit einer feierlich-biblischen Paraphrase: „Gott aber warf Tag für Tag seine Feinde vor ihm zu Boden und vermehrte sein Reich, darum, daß er rechten Herzens vor ihm wandelte und tat, was seinen Augen wohlgefällig war." (Nr. 4, Bd. II, S. 136) Sicher wäre es eine moderne Fehlinterpretation, in solchen Feststellungen Zynismus zu vermuten, aber ebenso falsch ist es, hierin nur Bewunderung für den „Schöpfer des Reiches" und sein „stetes Königsheil" zu sehen, ohne darin auch die erschreckende barbarisierte Orientierungslosigkeit einer moralisch aus den Fugen geratenen Umbruchsepoche zu erkennen.

In welchen Schritten vollzog sich nun Chlodwigs Aufstieg zum mächtigsten König des Westens? Während sein Vater Childerich als König von Tournai noch in Partnerschaft zu den restlichen römischen Autoritäten auf gallischem Boden gelebt hatte, gelang es Chlodwig schnell, den „rex Romanorum" Syagrius, Sohn des römischen Heermeisters Aegidius, der das Gebiet von Soissons beherrschte, militärisch zu besiegen (486/87). Syagrius, der nach der Niederlage zum Westgotenkönig Alarich II. geflüchtet war, wurde treulos an Chlodwig ausgeliefert, der ihn töten ließ. An diesem Krieg gegen die Reste römischer Herrschaft in Gallien hatte sich der Frankenherrscher Ragnachar von Cambrai beteiligt. Chararich hingegen, ein anderer fränkischer Fürst, wurde wegen seiner abwartenden Haltung von Chlodwig erst zum Kleriker geschoren und dann mit seinem Sohn hingerichtet. Danach wandte sich Chlodwig gegen Ragnachar von Cambrai, seinen früheren Verbündeten; er besiegte und ermordete ihn eigenhändig. Danach unterwarf der Frankenkönig 491/92 die „Thoringi", wahrscheinlich ein linksrheinischer Teilstamm der Thüringer, der um Tongern seinen Sitz hatte; doch ist auch eine erste Auseinandersetzung mit dem Thüringerreich am Main nicht auszuschließen.

Das Kölner Frankenreich des Königs Sigibert blieb vorläufig noch verschont, vermutlich wegen der gemeinsamen Feindschaft gegen die an den Mittelrhein vordringenden Alemannen. Dafür griff Chlodwig über die Seine nach Süden aus, überschritt die Loire und eröffnete den Kampf gegen den Westgotenkönig Alarich II. Zu einem großen Krieg kam es damals noch nicht, denn der Franke wurde in das germanische Bündnissystem Theoderichs des Großen einbezogen. Da die Westgoten die Aufrichtung der ostgotischen Herrschaft militärisch unterstützt hatten, blieb die Lage südlich der Loire vorerst unentschieden. Dafür erweiterte Chlodwig im Alemannenkrieg von 496/97 zusammen mit König Sigibert von Köln seine Macht beträchtlich. Offensichtlich waren die Alemannen weit nach Nordwesten in fränkisches Siedlungsgebiet vorgedrungen. Ein erster Sieg über sie wurde wohl bei Zülpich errungen. Ein zweiter entscheidender Schlag, bei dem Salier und Rheinfranken in schwerste Bedrängnis gerieten, brachte dann die endgültige Entscheidung zugunsten der Franken. Der Alemannenkönig fiel, ein Großteil des alemannischen Gebietes kam unter fränkische Oberhoheit. Einige der geschlagenen Verbände wichen in den Raum südlich des Bodensees und wohl auch ins rätoromanische Churrätien aus und unterstellten sich der Schutzherrschaft Theoderichs, der dem fränkischen Vormarsch Einhalt gebot. Man vermutet, daß damals auch alemannische Gruppen bis zur Donau gelangten und dort einen Teil jenes ethnischen Substrates bildeten, aus dem später der bayerische Stamm hervorging.

Chlodwigs Taufe. Mit einer der beiden Alemannenschlachten ist auch der Übertritt Chlodwigs zum katholischen Christentum seiner burgundischen Gattin Chrodechilde verbunden, eine Konversion, die an die vergleichbare Lage Kaiser Konstantins des Großen erinnert und ebenso wie jene in die entsprechende Herrschaftsideologie eingegangen ist. Als nämlich Chlodwig sah, daß sein Heer von den Alemannen fast völlig geschlagen war, „erhob er seine Augen zum Himmel, sein Herz wurde gerührt, seine Augen füllten sich mit Tränen und er sprach: ‚Jesus Christ, Chrodichilde verkündet, du seiest der Sohn des lebendigen Gottes; Hilfe, sagt man, gibst du den Bedrängten, Sieg denen, die auf dich hoffen – ich flehe dich demütig an um deinen mächtigen Beistand: gewährst du mir jetzt den Sieg über diese meine Feinde und erfahre ich so jene Macht, die das Volk, das deinem Namen sich weiht, an dir erprobt zu haben rühmt, so will ich an dich glauben und mich taufen lassen auf deinen Namen ...' Und da er solches gesprochen hatte, wandten die Alemannen sich und fingen an zu fliehen. Als sie aber ihren König getötet sahen, unterwarfen sie sich Chlodovech und sprachen: ‚Laß, wir bitten dich, nicht noch mehr des Volkes umkommen; wir sind ja dein ...'". (Nr. 4, Bd. II, S. 116)

Soweit der um 575 geschriebene Bericht Gregors von Tours aus einer zeitlichen Distanz von mehr als achzig Jahren. Er gibt die kirchliche Sicht der Vorgänge wieder, diese war aber inzwischen Teil fränkisch-merowingischer Staatstradition geworden. Gregor zufolge ließ daraufhin Chrodechilde den heiligen Bischof Remigius zur Vollendung des Bekehrungswerkes an den Hof rufen. Dabei schimmert aber noch ganz deutlich Chlodwigs Widerstand gegen eine allzu rasche Konversion durch, da er Bedenken wegen der Reaktion seines noch heidnischen Heeres anmeldete. Wenn sich auch durch ein Wunder das Heer zu Christus bekannte, noch ehe der König den Mund auftat: Die Schwierigkeit des Glaubenswechsels wird hier unter dem glatten Firnis hagiographischer Verklärung sichtbar. Ein weiteres Problem deutet sich an, wenn Gregor eher beiläufig erwähnt, eine Schwester des Königs, „die in die Irrlehre der Arianer verfallen war", habe sich mit ihm bekehrt. (Nr. 4, Bd. II, S. 120) Es wäre überlegenswert, ob nicht mit dem Bündnissystem Theoderichs und der damit verbundenen Heirat des Goten mit Chlodwigs Schwester Audefleda eine christlich-arianische Frühphase bei Chlodwig anzunehmen ist, die nach der Reimser katholischen Taufe vom Reichsklerus so rasch und entschieden wie möglich getilgt worden ist. Für eine solche Vermutung – mehr kann es nicht sein – spräche noch, daß die Königin Bischof Remigius heimlich rufen ließ, um den König für die katholische Taufe zu gewinnen. Wie dem auch sei, fest steht auf jeden Fall, daß bei Chlodwigs Konversion auch handfeste politische Motive mitgespielt haben. Das vielzitierte Taufwort des Remigius: „Beuge still deinen Nacken, Sicamber, verehre, was du verfolgtest, verfolge, was du verehrtest" (Nr. 4, Bd. II, S. 118) deutet die kirchenpolitischen Konsequenzen der Konversion an. Es war dies schon deshalb ein Akt von weittragender Bedeutung, weil nunmehr der gemeinsame katholische Glaube in ganz anderer Weise die Kluft zwischen Galloromanen und Franken überbrücken half, als dies in den arianischen Germanenreichen möglich war. Auch die Beziehung zu Byzanz mußte sich damit automatisch „normalisieren", ein Faktum, das in seiner Bedeutung kaum überschätzt werden kann.

Angriffskriege. Chlodwigs katholische Taufe bewirkte allerdings auch, daß sich die Front arianischer Reiche gegen ihn nunmehr schloß. Sein altes Rezept, die Entzweiung seiner Gegner in geschickter Weise zu nutzen, führte im Jahre 500, beim Angriff auf die beiden Burgunderkönige Gundobad und Godegisel, infolge des erfolgreichen Eingreifens der Westgoten und Theoderichs des Großen diesmal nicht zum Ziel; letzterem war wohl an einem Gleichgewichtszustand zwischen den germanischen Staaten gelegen, um dessentwillen er dem Frankenkönig Einhalt gebot. Chlodwig mußte sich sogar mit dem Westgotenkönig Alarich II. vorläufig arrangieren. Auch neuerliche Angriffe des Frankenkönigs auf die Alemannen blieben dank einer energischen Intervention Theoderichs erfolglos. Das Blatt scheint sich erst mit dem Frontwechsel der Burgunder gewendet zu haben, der mit dem Übertritt von Gundobads Sohn Sigismund zum Katholizismus einherging. Nunmehr, im Jahre 507, holte Chlodwig zu einem großen Schlag gegen die Westgoten aus. Unterstützt wurde er durch rheinfränkische Verbände unter König Sigiberts Sohn Chloderich, während eine byzantinische Flotte Theoderich am Eingreifen zugunsten Alarichs II. hinderte. Erst diesem Angriff gab Chlodwig den Charakter eines heiligen Krieges gegen die Arianer, die „noch einen Teil Galliens" (Nr. 4, Bd. II, S. 128) besaßen. Gleichzeitig wies er seine Truppen streng an, die katholischen Heiligtümer, nach Gregors Bericht vor allem das Martinsheiligtum in Tours, zu schonen. Daß dies bei den katholischen Bischöfen Galliens, die unter arianisch-gotischer Herrschaft standen, seine werbende Wirkung nicht verfehlte, wird bei Gregor von Tours besonders hervorgehoben. Trotz der völligen Niederlage des westgotischen Heeres bei Vouillé und des Todes ihres Königs kam es nicht zur völligen Vernichtung der Westgoten, da wiederum Theoderich eingriff. Als Ergebnis hatten die Franken große Landgewinne zu verzeichnen: die Einverleibung Aquitaniens. Aber die Ostgoten konnten die Provence halten und damit Chlodwig den Weg zur Mittelmeerküste versperren. Auf der Rückkehr vom westgotischen

Krieg (508) ereignete sich dann in Tours jene schon erwähnte Szene, in der eine oströmische Gesandtschaft ihm als konsularische Herrschaftszeichen Tunika, Chlamys und Diadem überbrachten.

Die Ereignisse von Tours waren zweifellos eine machtvolle Demonstration der fränkisch-byzantinischen Allianz, in deren Schutz Chlodwig nunmehr die gallische Situation in seinem Sinne „bereinigen“ konnte. Er verlegte seinen Regierungssitz nach Paris und betrieb von dort aus die Liquidierung der restlichen fränkischen Teilreiche. Den Waffengefährten im Westgotenkrieg, Chloderich, stiftete er zum Mord an seinem Vater Sigibert von Köln an, ließ dann aber Chloderich durch seine Boten selbst heimtükkisch ermorden. Danach begab sich Chlodwig, seine Unschuld an den Vorfällen beteuernd, nach Köln und ließ sich dort durch Schilderhebung selbst zum König ausrufen. Darauf erfolgte die brutale Beseitigung des Königs Chararich und seines Sohnes und schließlich die schon erwähnte Ausrottung der fränkischen Könige von Cambrai. Von der Provence abgesehen, hatte Chlodwig damit Gallien vom Rhein bis zur Garonne in seiner Hand vereinigt und zugleich der katholischen Kirche Galliens ein einheitliches schützendes Dach geschaffen. Kurz vor seinem Tode berief er 511 das erste fränkische Nationalkonzil ein, mit dessen Gesetzgebung die rasche Integration der Kirche in den Reichsverband begann. Damit kam auch die Eingliederung der christlichen galloromischen Bevölkerung in das neue Königreich zu einem vorläufigen Ende.

Die fränkische Großreichsbildung war zu einem gewissen Abschluß gekommen, der Frankenkönig trat dem germanischen Beherrscher Italiens ebenbürtig an die Seite. Mit dem Übertritt zum katholischen Christentum hatte Chlodwig das Königtum aus der alten heidnischen Vorstellungswelt herausgelöst, wonach König und Volk eine feste, weil kultisch legitimierte Einheit bildeten. Das Christentum entzog zwar dem Frankenherrscher die alte mythische Legitimation seiner göttlichen Abstammung, ersetzte jene aber durch die Idee des göttlichen Auftrags und Amtes.

Ob Chlodwig selbst sich der Tragweite seiner katholischen Taufe voll bewußt war, mag bezweifelt werden, nicht aber, daß dieser Akt in der Tat welthistorische Wirkungen zeitigte. Vor allem ermöglichte die auch nach außen, etwa ins Westgotenreich oder in die ostgotisch okkupierte Provence hineinwirkende Werbekraft des gemeinsamen katholischen Glaubens, zwischen Rhein und Loire eine germanisch-romanische Kultursynthese, die dem durch Brutalität und List zusammengefügten Merowingerreich dennoch Dauer und bald auch eigene Ausstrahlungskraft verlieh. Daß Chlodwigs Schöpfung genügend innere Probleme hatte, vor allem wegen der unterschiedlichen Gesellschaftsstruktur der nördlichen und südlichen Regionen, aber auch wegen der vielfältigen Gefahren, die durch die mehrfachen Reichsteilungen heraufbeschworen wurden, wird noch zu erörtern sein; dies schmälert aber nicht die politische Leistung des Stifters der fränkischen Großmacht.

d) Von Chlodwigs Erben bis zum Aufstieg der karolingischen Dynastie

Chlodwigs vier Söhne Theuderich, Chlodomer, Childebert und Chlotar teilten das Reich „aequa lance", das heißt zu gleichen Teilen, unter sich auf, wobei offensichtlich darauf geachtet wurde, daß sowohl vom Kerngebiet der Francia zwischen Rhein und Loire wie auch vom neu hinzuerworbenen Aquitanien Teile an jeden Erben fielen. Der älteste Sohn Theuderich (511–533), der vermutlich aus einer früheren Friedelehe Chlodwigs, das heißt aus einer kirchlich nicht anerkannten Verbindung stammte, erhielt die drei ehemaligen römischen Provinzen Belgica I (Trier), Germania I (Mainz) und II (Köln) sowie das Gebiet um Basel, und aus der alten Belgica II die Residenz Reims sowie Châlons-sur-Marne. Chlothar (511–561), wie die übrigen Erben ein Sohn der Burgunderin Chrodechilde, erbte den Großteil der Provinz Belgica II mit dem Königssitz Soissons, ferner Laon, Noyon, Cambrai, Thérouanne und Tournai. Schwerer zu bestimmen ist der Anteil Childeberts (511–558), dem aus der Belgica II Amiens, Beauvais und vielleicht Senlis zufiel, vor allem aber die ganze Provincia Lugdunensis II um Rouen, Teile der Touraine mit Le Mans, Rennes und der Bretagne, ferner die Zentrallandschaft des Pariser Beckens mit der Königsresidenz Paris und wohl auch Meaux. Damit besaß Childebert gegenüber den Brüdern eine herausragende Position. Chlodomer (511–524) wurde mit Teilen der Provinz Sens (Sens, Auxerre, Chartres, Nevers) und mit Tours, Angers und Nantes ausgestattet, seine Hauptstadt war Orléans. Im Süden erhielten Theuderich die Auvergne, Childebert und Chlothar Teile Westaquitaniens, Chlodomer den Nordteil Aquitaniens mit Bourges und Poitiers. Jedem der „reges Francorum" sollte wohl ein starker fränkischer Volksteil im Siedlungsraum zwischen Rhein und Loire als Stütze ihrer Macht zugeordnet werden, doch könnte auch, wie bei den späteren karolingischen Teilungen, der Gesichtspunkt einer möglichst gleichmäßigen Aufteilung des merowingischen Königsgutes und seiner Erträgnisse eine Rolle gespielt haben. Während der ersten zehn Jahre scheint die brüderliche Erbengemeinschaft in Frieden bestanden zu haben, dann aber brach ein blutiger Bruderkampf aus.

Ein fränkischer Angriff gegen das Burgunderreich scheiterte. Solange Theoderich der Große lebte, vermieden die Merowinger auch eine allzu offensive Politik; nach seinem Tod (526), als dessen arianisch-gotisches Bündnissystem zerbröckelte, gerieten die Verhältnisse wieder in Bewegung. König Theuderich, dessen Gebiet die Ostflanke des Reiches bildete, vermählte seinen Sohn Theudebert mit Wisigarda, einer Tochter des Langobardenkönigs Wacho, dessen Reich in Pannonien (Niederösterreich und Westungarn) lag. Zusammen mit seinem Halbbruder Chlothar griff Theuderich 531 den Thüringerkönig Herminafried an. Mit herbeigerufenen sächsischen Verbänden siegten die Franken an der Unstrut über die Thüringer. Herminafried vermochte sich noch einige Zeit zu halten, bis er gutgläubig einer Einladung Theudeberts nach Zülpich folgte und dort getötet wurde. Herminafrieds Witwe, die Ostgotin Amalaberga, flüchtete mit ihren Kindern zu ihrem Bruder Theodahad nach Italien. Die thüringische Prinzessin Radegunde hatte schon zuvor König Chlothar I. geheiratet; ihren Bruder Berthachar ließ der Frankenkönig dennoch ermorden. Mit Herminafrieds Tod verschwand das alte Thüringerreich, das im Norden bis an die Unterelbe gereicht hatte, im Süden sich zeitweise bis zur Donau erstreckte und wohl auch Teile Böhmens umfaßte.

Das Frankenreich dehnte sich nunmehr bis zur Elbe aus, während das Gebiet nördlich der Unstrut an die Sachsen als Belohnung für ihren militärischen Beistand fiel. Das restliche Thüringen wurde von fränkischen Amtsherzögen beherrscht. Nach der Jahrhundertmitte mußten sich die Franken an der Elbe gegen Awaren und Slawen wehren, die nach Westen vorrückten. Später, unter der Königin Brunichilde (595), hat das Merowingerreich sogar Tribute an diese neuen Mächte im Osten entrichtet, die dann im 7. Jahrhundert eine völlig neue Situation an der Ostflanke des Reiches herbeiführen sollten.

Ungefähr gleichzeitig mit der Niederwerfung des Thüringerreiches griff König Childebert von Paris die Westgoten an und schlug deren König Amalarich bei Narbonne; dieser wurde dann 531 von seinen eigenen Mannen getötet. Der neu erhobene König Teudis vermochte sich aber durch hinhaltenden Widerstand in Septimanien, also der Gegend um Narbonne, zu behaupten, so daß die Merowinger zwar ihre Position verbessern, aber die westgotische Herrschaft nördlich der Pyrenäen nicht beseitigen konnten. Im Jahr 532/33 nahmen Childebert und Chlothar, die Söhne der Chrodechildis, wiederum den Krieg gegen die Burgunder auf. König Theuderich von Reims beteiligte sich nicht an diesem Krieg. Als er 533 starb, suchten seine Halbbrüder dessen Teilreich an sich zu ziehen, doch scheiterten sie an Theuderichs energischem Sohn Theudebert (534–548).

Theudeberts Expansionspolitik. Mit der Politik König Theudeberts von Reims traten erstmalig die später das deutsche Reich konstituierenden Stämme und Regionen östlich des Rheins ins Rampenlicht der fränkischen Reichsgeschichte, darüber hinaus wurden auch der Donauraum und Italien Objekte merowingischer Machtentfaltung. Ansatzpunkt war die Herrschaft über Thüringer und Alemannen. Ein wichtiger weiterer Schritt wurde Theudeberts 537 geschlossene Ehe mit Wisigarda, einer langobardischen Prinzessin, nach deren frühem Tod der König ihre Schwester Waldrada seinem Sohn Theudebald als Gattin bestimmte. Der Besitz Rätiens versetzte Theudebert in die Lage, aktiv in Italien einzugreifen, wo mit dem byzantinischen Wiedereroberungskrieg gegen die Goten 538 eine neue Situation entstanden war. Kaiser Justinian, der den Franken die Abtretung der Provence und Rätien-Alemanniens bestätigt hatte und dabei wohl auf ein antiarianisches Bündnis gegen die Ostgoten in Italien hoffte, sah sich darin bald getäuscht: Theudebert hatte kein Interesse an einem entscheidenden Sieg der einen wie der anderen Seite. Während der Ostgote Witigis Rom belagerte und ein ostgotisches Heer in Dalmatien gegen die Byzantiner vorrückte, drangen alemannische Verbände unter großen Verheerungen in Venetien ein. Als sich bald darauf das Kriegsglück den Byzantinern unter ihrem Feldherrn Belisar zuwandte, schickten die Franken zwar burgundische Hilfstruppen, denen nach Eroberung Mailands viele Frauen als Sklavinnen überlassen wurden. Im übrigen aber ging es hauptsächlich um eine Besetzung Oberitaliens im rein merowingischen Interesse.

Im folgenden Jahr (539) zeigte sich das noch deutlicher, denn Theudebert stieß mit einem großen Heer über die Westalpenpässe nach Italien vor, griff nach Überschreitung des Po sowohl Ostgoten wie Byzantiner an, besiegte beide Heere, eroberte Genua und verwüstete die Provinz Aemilia. Durch Seuchen bedroht, mußten die Franken einen Waffenstillstand mit Belisar schließen. Doch blieb Ligurien und das gesamte südliche Vorfeld der Alpenbarriere offenbar in fränkischer Hand. Theudebert versuchte nun einen neuerlichen Frontwechsel und bot König Witigis ein Schutz- und Trutzbündnis zur Sicherung einer fränkisch-gotischen Herrschaft über Italien an. Der Gote, fränkischer Unzuverlässigkeit eingedenk, lehnte jedoch dieses Anerbieten ab. Der Frankenkönig baute daraufhin ohne Rücksicht auf die Goten seine Stellung zwischen Donau und Alpenraum aus, stabilisierte seine Herrschaft in der Raetia I (Chur) und Raetia II (Augsburg), in Ufernoricum (Salzburg, vielleicht auch Lorch) und in Innernoricum (Aguntum – Lienz, Teurnia – Spittal an der Drau) und konnte einige Jahre später (545) von diesen Paßlandschaften aus große Teile Venetiens mit Aquileja erobern. Der neue Ostgotenkönig Totila, der vergeblich eine Eheverbindung mit den Merowingern zur Rückendeckung seiner italienischen Position suchte, mußte wohl oder übel diese fränkischen Eroberungen anerkennen.

Mit der Herrschaft über mehrere nichtfränkische Völker und über einstmals kaiserliche Kerngebiete glaubte damals Theudebert imperiale Ansprüche stellen zu können, denen er unverhohlen Ausdruck verlieh. Er prägte Goldmünzen auf seinen Namen, gab sich selbst den Titel Augustus – bislang ein respektiertes kaiserliches Privileg – und trat mit Byzanz unmittelbar in nähere Verbindung: Das Zweikaiser-Problem schien sich erstmals ernsthaft zu stellen, denn er soll geplant haben, Byzanz militärisch anzugreifen, dies im Verein mit zwei anderen germanischen Völkern, den Langobarden und den Gepiden. Pläne solcher Art waren damals noch möglich, da die Landverbindung zwischen dem Donauraum und Byzanz noch nicht durch die slawischen Wanderbewegungen in Südosteuropa unterbrochen war und überdies das Gebiet der mit dem Frankenherrscher politisch wie verwandtschaftlich verbundenen Langobardenkönige in Pannonien unmittelbar an den byzantinischen Einflußbereich grenzte. Theudeberts Tod im Jahre 547 oder 548 brachte aber diese kühnen Vorhaben zu Fall. Seine

Gestalt scheint in der germanischen Heldensage als Wolfdietrich weitergelebt zu haben. Deutlicher wird seine Art aus dem überaus selbstbewußten, vielleicht sogar prahlerischen Brief, den er um 545 an Kaiser Justinian schrieb. Darin vermeldete Theudebert dem oströmischen Herrscher, seine Macht reiche über die Donau und die Grenzen Pannoniens (Westungarns) bis zu den Küsten des Ozeans, das heißt der Nordsee. Der byzantinische Geschichtsschreiber Agathias, der ein Menschenalter später lebte, wußte zu berichten, daß Theudebert die Alemannen und gewisse andere benachbarte Stämme unterwarf; im 8. Jahrhundert bestätigte der langobardische Geschichtsschreiber Paulus Diaconus aufgrund einer wesentlich älteren Quelle, daß Osttirol mit Aguntum (Lienz) um die Mitte des 6. Jahrhunderts zum Frankenreich gehörte. Im Nordosten zählte das unterworfene Thüringerreich, ferner das Land zwischen Elbe und Oder zum fränkischen Machtbereich, im Nordwesten der Niederrhein. Eine zumindest zeitweilige Oberherrschaft Theudeberts über den sächsischen Stammesbund ist aus einer späteren, halb legendären Überlieferung bei dem Geschichtsschreiber Widukind von Corvey zu erschließen.

Auch Theudeberts „Innenpolitik" orientierte sich an römischen Vorbildern, vor allem was das Steuersystem anbetraf; er scheint jedoch auch die Macht der Kirche erkannt und sie deshalb pfleglich behandelt zu haben. Dies erklärt auch, warum Gregor von Tours sein politisches Handeln zwar sehr ungeschminkt darstellt, aber dennoch seine Herrschertugenden preist: Er habe sein Reich mit Gerechtigkeit regiert, die Bischöfe geehrt und die Kirchen beschenkt, den Armen geholfen und aus frommem, liebevollem Herzen viele Wohltaten erwiesen (Nr. 4, Bd. II, S. 178). Agathias charakterisierte ihn als kühnen und unruhigen Geist, der die Gefahren mehr als nötig liebte. Als Herrschertyp dürfte er seinem Großvater Chlodwig am nächsten stehen.

Sein Sohn Theudebald I. (548–555) vermochte es nicht, die weit vorgeschobenen Positionen des Vaters zu behaupten. Da die Langobarden, vom Kaiser durch das Versprechen von Landzuteilungen in Italien gelockt, auf die byzantinische Seite übergingen, konnte sich auch die fränkische Herrschaft in Oberitalien nicht länger halten. Italien fiel nach 553/54 zuerst dem strategischen Genie des byzantinischen Feldherrn Narses, dann, seit 568, den langobardischen Einwanderern zu. Dennoch stabilisierte sich die zweite merowingische Expansion unter Chlodwigs I. Söhnen und Enkeln mit einem beträchtlichen Gebietszuwachs; erst jetzt kann man von einem fränkischen Großreich sprechen. Ganz Gallien war nunmehr bis auf Septimanien, das Küstenland zwischen den Pyrenäen, Narbonne und Agde, in merowingischer Hand. Vor allem aber traten nun die Gebiete östlich des Rheins, das spätere Bayern mit eingeschlossen, in eine feste Beziehung zur fränkischen Reichsherrschaft. Zwar wurde dieselbe im Laufe des weiteren 6. und vor allem des 7. Jahrhunderts zeitweise gefährdet, aber niemals ganz beseitigt. Da sich die Merowingerkönige untereinander oft blutig befehdeten, sich aber im allgemeinen bei ihren inneren Auseinandersetzungen keiner auswärtigen Bundesgenossen bedienten, blieb das Frankenreich als politische Gesamtherrschaft im wesentlichen erhalten.

Reichsteilungen und Adelsherrschaft. Allerdings bedeuteten die inneren Auseinandersetzungen zugleich Stagnation wie Bedrohung und förderten die Adelsherrschaft verschiedener „Clans", die sich des Hausmeieramtes in den einzelnen Reichsteilen bemächtigten. Auch Arnulfinger und Pippiniden, die späteren Karolinger, vermochten auf diese Weise im 7. Jahrhundert in den Vordergrund zu treten. Nach dem Tode Theudebalds (555) und Childeberts I. (558) kam es zu einer neuerlichen Vereinigung des Frankenreiches in der Hand Chlothars I. bis zu dessen Tod (560/61). Eine weitere Reichsteilung erfolgte unter dessen vier Söhnen: Charibert erhielt das Reich von Paris, Guntram das von Orléans, Chilperich das väterliche Teilregnum von Soissons und Sigibert die Königsherrschaft von Reims mit ihren großflächigen Auslegern in die später deutschen Gebiete östlich des Rheins. Chilperichs I. Versuche, seinen Reichsteil auf Kosten Sigiberts zu vergrößern, scheiterten.

Auch nach Sigiberts Tod 575 konnte dessen Witwe, die Westgotin Brunhilde, die Herrschaft für ihren unmündigen Sohn Childebert II. (575–596) sichern. Hierbei spielte der Adel schon eine maßgebliche Rolle. Nur mit seiner Hilfe war es möglich, das Nachfolgerecht des erst fünfjährigen Sohnes gegen den Erbanspruch der Brüder des verstorbenen Königs, das sogenannte Anwachsungsrecht, durchzusetzen. Beide Arten von Erbanspruch konkurrierten in der gesamten fränkischen Geschichte. Erst unter Otto dem Großen sollte sich die Unteilbarkeit des Reiches im Ostreich und damit ein völlig neues Erbprinzip durchsetzen. Es kam zu wirren und blutigen Kämpfen um die Herrschaft in den Teilreichen, die in den Jahrzehnten nach der Ermordung König Chilperichs I. (584) ausbrachen und in denen Sigiberts Witwe Brunhilde und Chilperichs Witwe Fredegunde eine dramatische, leider auch unrühmliche Rolle spielten. Die Wirren endeten damit, daß Chilperichs Sohn, Chlothar II. (584–629), dessen Machtbereich zeitweise auf eine schmale Basis am Unterlauf der Seine geschrumpft war, alle Rivalen überlebte und 613 seine erbittertste Feindin und Tante Brunhilde besiegen und grausam hinrichten lassen konnte. Dies gelang durch den Verrat des burgundisch-austrischen Adels, an dessen Spitze die Frühkarolinger Arnulf von Metz und Pippin der Ältere standen.

Die durch Chlothar II. wiederhergestellte Reichseinheit war insofern trügerisch, als der neustrische König nur gegen wichtige Konzessionen an den austrischen und burgundischen Adel zur Gesamtherrschaft gelangen konnte; seine Herrschaft über drei Königreiche, „monarchia trium regnorum", blieb weitgehend eine reine Personalunion und war damit den Sonderinteressen der Teilreiche ausgesetzt. Im sogenannten Pariser „Edictum Chlotharii" von 614 mußte Chlothar der erfolgreichen austrischen Adelsopposition, zu der Arnulf von Metz und Pippin der Ältere gehörten, weit entgegenkommen: sowohl die harten Steuergesetze Chilperichs und der merowingischen „Zentralistin" Brunhilde wurden aufgehoben wie auch das sogenannte Indigenatsprinzip für die Amtsträger des Reiches zugestanden. Gemeint ist damit das Recht der vornehmsten Adelsfamilien einer Region, die königlichen Ämter, vor allem das Grafenamt, in ihrem Bereich zu besetzen. Das war ein schwerer Schlag gegen die nominell wiederhergestellte Reichseinheit. Das Gewicht des fränkisch-germanischen Ostens, das sich schon seit der zweiten Hälfte des 6. Jahrhunderts im Auftauchen der Namen Austria und Austrasii in Gregor von Tours Frankengeschichte angekündigt hatte, verstärkte sich im 7. Jahrundert auch institutionell. Zwar wurde Paris unter Chlothar II. wieder unbestrittenes Macht- und Kulturzentrum – vor allem durch die enge personelle und ideelle Verbindung des neuen columbanisch-irofränkischen Mönchtums mit der Reichszentrale –, aber Austrien gewann als Unterkönigtum mit der Hauptstadt Metz eine gesteigerte Bedeutung. Ein weiterer Schritt zur Aufwertung Austriens und damit auch der rechtsrheinischen Gebiete war es, daß das Hausmeieramt des östlichen Reichsteils 623 durch ein offizielles Unterkönigtum überhöht wurde, während das burgundische Hausmeieramt sehr an Gewicht verlor. Es war sicher kein Zufall, daß an der Spitze der Adelsdelegation, die von Chlothar II. die Einsetzung seines Sohnes Dagobert als Metzer Unterkönig erreichte, wiederum Arnulf und Pippin, die Stammväter der karolingischen Dynastie, standen. Da sie beide weder Hofbeamte noch Hausmeier, das heißt Vorstände der königlichen Hofhaltung und Häupter des kriegerischen Gefolges des Königs waren, zeigt sich klar, daß die politische Initiative für ein austrisches Unterkönigtum vom bodenständigen Adel an Rhein, Maas und Mosel ausging. Dieser Adel sollte dann in den folgenden drei Jahrhunderten mit den Karolingern als „karolingischer Reichsadel" maßgeblich die Geschicke des Frankenreiches mitbestimmen.

Dagobert I. (629–639). Als Chlothar II. 629 starb, folgte ihm sein Sohn Dagobert I. unangefochten in der Gesamtherrschaft. Seinen jüngeren Stiefbruder Charibert II. schickte derselbe als Unterkönig nach Aquitanien, der diese wichtige Landschaft bis zu seinem Tode 632 erfolgreich gegen die Basken verteidigte. Danach übernahm Dagobert dort selbst die Herrschaft; er konnte aber nicht verhindern, daß diese Region auch später ihre Sonderstellung bewahrte, die in manchem der Sonderstellung Bayerns an der Südostflanke des Reiches ähnelte.

Dagobert gilt mit Recht als der letzte bedeutende Merowinger, doch auch dieser energische Enkel der Fredegunde († 597) hatte es schwer, die zentrifugalen Kräfte im Zaum zu halten. Er hatte beim Antritt der Gesamtherrschaft seine Residenz von Metz nach Paris verlegt, sich in raschem Zugriff Neustrien und Burgund gesichert und durch eine energische Steuerpolitik die königlichen Ressourcen wesentlich verbessert. Die burgundische Chronik des sogenannten Fredegar – von der Hagiographie der Zeit abgesehen fast die einzige Quelle dieser Epoche – schwankt in ihrem Urteil über Dagobert I. Einerseits preist sie ihn als Hüter des Rechtes, dem er auf seinen vielen Reisen durch das Reich zum Siege verholfen habe. Andererseits wird seine erpresserische Finanzwirtschaft, die Ausplünderung von reichen Kirchen und Adeligen beklagt, desgleichen sein ausschweifender Lebenswandel (Nr. 4, Bd. IVa, S. 224ff.). Man wird sich allerdings davor hüten müssen, die kirchlichen Klagen unbesehen für ein gerechtes Urteil über den König zu halten, denn die Bischöfe als oft mächtige und reiche kirchliche Stadtherren wurden wohl zu Recht vom König finanziell für staatliche Aufgaben herangezogen. Kirchenfeindlich im religiösen Sinne war Dagobert I. auf keinen Fall, denn er förderte nicht nur die Abtei Saint Denis bei Paris als königliches Hauskloster, sondern unterstützte auch das neue irofränkische Mönchtum mit beträchtlichen Mitteln. In die französische Volkstradition ist er jedenfalls als der „gute König Dagobert" eingegangen. Auch die zahlreichen späteren Urkundenfälschungen auf seinen Namen deuten eher auf ein positives Andenken.

Dagobert versuchte als erster Frankenherrscher seit Theudebert I. wieder energisch in die Entwicklung der Gebiete östlich des Rheins einzugreifen. Anlaß hierzu bot die Reichsgründung eines fränkischen Kaufmanns namens Samo im westslawischen Bereich. Im böhmisch-mährischen Raum hatten sich die Slawen mit Samos Hilfe von der harten awarischen Oberherrschaft befreit, offenbar zum selben Zeitpunkt, als auch der awarische Großangriff auf Konstantinopel (626) gescheitert war. Samo errichtete damals eine eigene Herrschaft, die wohl von Kärnten bis zur mittleren Elbe reichte und sich vom Merowingerreich völlig unabhängig machte. Dagobert I. nahm dies 631 zum Anlaß eines konzentrischen Angriffs, wobei ein Kontingent mit langobardischen und alemannischen Hilfstruppen siegte, das fränkische Hauptheer aber vor Wogastisburg (bei Kaaden an der Eger?) eine schwere Niederlage erlitt. Daraufhin schlossen sich die bisher unter fränkischer Oberhoheit stehenden Sorben an Saale und mittlerer Elbe dem Samoreich an, dessen Beherrscher nun seinerseits einen Angriff auf Thüringen wagen konnte. Dagoberts militärische Niederlage war vor allem durch den austrischen Adel verursacht, der den König im entscheidenden Moment im Stich gelassen hatte. Der Frankenherrscher zog daraus die Konsequenz und setzte seinen zweijährigen Sohn Sigibert III. 633/34 als Unterkönig in Metz ein, womit die Sonderstellung Austriens bestätigt wurde, jedoch auch der austrische Adel für die Gesamtinteressen des Reiches gewonnen werden konnte. Als faktische Regenten wurden in Metz ein dux Adalgisel und der Bischof Kunibert von Köln eingesetzt. Pippin, der auf Dagobert starken Einfluß hatte, und andere austrische Große blieben als Vertrauensmänner am Pariser Hof, um dort die Sonderinteressen des östlichen Reichsteils zu vertreten.

Neue innere Schwierigkeiten ergaben sich für Dagobert mit der Geburt seines zweiten Sohnes Chlodwig [II.] (639–657), für den eine neue Erbregelung aequa lance, d.h. zu gleichen Teilen, mit seinem Bruder Sigibert getroffen werden mußte. Der ältere, aber immer noch unmündige Sigibert III. blieb nach des Vaters Tod (639) König in Austrien, Chlodwig II. wurde Herrscher von Neustrien und Burgund. Kulturell stellt die Epoche Dagoberts zweifellos einen Höhepunkt der fränkischen Geschichte dar. Die Christianisierung des Reiches machte mit Hilfe des irofränkischen Mönchtums große Fortschritte. In der bildenden Kunst trat mit dem Schatzmeister, Goldschmied und Bischof Eligius von Noyon eine ungemein ansprechende Persönlichkeit ins Rampenlicht der Geschichte. Die Hagiographie, d.h. Legenden über das Leben berühmter Heiliger, wohl die eigentümlichste Literaturgattung aus frühmittelalterlichem Geiste, erlebte damals ebenfalls eine erste Blüte. Mit ihr schuf sich das merowingische christliche Königtum und der verchristlichte Adel eine neue Legitimation ihrer Herrschaft, vor allem durch die Verherrlichung von Heiligen aus den eigenen Reihen. Das gilt für die Lebensbeschreibung (Vita) der Königin Balthilde, die Viten Gertruds von Nivelles und Bischof Arnulfs von Metz sowie für die Viten Bischof Audoens von Rouen, Bischof Leodegars von Autun, Wandregisels und vieler anderer adeliger Heiliger.

Die späten Merowinger. Ost- und Westreich, Austrien und Neustrien, hatten sich schon unter Dagobert I. auseinander entwickelt. Dies verstärkte sich nach seinem Tode, als in Austrien unter der nominellen Herrschaft Sigiberts III. zuerst Pippin der Ältere († 640) und dann sein Sohn Grimoald als Hausmeier im Einvernehmen mit Bischof Kunibert von Köln die eigentliche Herrschaft ausübten. Wie sehr sich die Machtverhältnisse zu verschieben begannen, zeigt auch die Tatsache, daß bei der Gründung des irofränkischen Doppelklosters Stablo-Malmedy in den Ardennen (648) und des Klosters St. Martin in Metz Merowinger und Pippiniden gleichermaßen beteiligt waren und die Arnulfinger in der austrischen Hauptstadt spätestens seit 641 ihr eigenes Hauskloster St. Arnulf besaßen. Trier spielte wegen seiner starken gallorömischen Kontinuität in ethnischer und kirchlicher Hinsicht eine Sonderrolle; erst gegen Ende des Jahrhunderts finden wir dort eine Familie aus dem engeren Umkreis der Frühkarolinger als Klostergründer bezeugt: die Sippe der Liutwine, die Mettlach stiftete.

Die „Staatsstreiche" Grimoalds und Ebroins. Der Gang der Ereignisse schien den Aufstieg austrischer Adelsfamilien, vorab der Pippiniden, noch zu beschleunigen, da Sigibert III. lange Zeit kinderlos blieb und damit für Austrien die Gefahr bestand, in Zukunft dem neustrischen König Chlodwig II. untergeordnet zu werden. Der Hausmeier Grimoald nützte diese Situation geschickt. Er ließ seinen eigenen Sohn von Sigibert mit dem Merowingernamen Childebert adoptieren und konnte sich damit Hoffnungen auf einen glatten Übergang der Königsherrschaft auf das eigene Haus machen. Die Rechnung ging nicht auf, denn dem König wurde doch noch ein eigener Sohn, Dagobert II., geboren. Der verworrenen Überlieferung zu den nun folgenden Ereignissen ist zu entnehmen, daß Sigibert III. sein früheres Testament zugunsten des Grimoaldsohnes widerrief, aber dennoch den eigenen Sohn dem mächtigen Hausmeier zur Erziehung übergab. Als Sigibert III. schon 656 starb, ließ Grimoald König Dagobert II. scheren und in ein irisches Kloster verbringen. Die Neustrier erhofften sich davon wohl einen festeren Anschluß Austriens an die Pariser Reichszentrale. Als aber Grimoald seinen Sohn Childebert zum König in Austrien erhob, vereinigten sich Neustrier und austrische adelige Oppositionsgruppen, um diesem „Staatsstreich" Grimoalds entgegenzuwirken. Die Auseinandersetzungen zogen sich wohl bis 661 hin, als Grimoald durch einen fingierten Freundschaftsschwur auf falsche Reliquien in einen Hinterhalt gelockt und hingerichtet, sein Sohn gestürzt wurde. Damit war der erste Anlauf der Frühkarolinger zur Königsherrschaft gescheitert. Dies wirkte sicher noch lange traumatisch bei ihnen nach und erklärt zumindest teilweise ihr langes Zögern bis zum erfolgreichen Griff nach der Krone im Jahre 750/51.

Auf jeden Fall erwies sich das merowingische Königtum als durchaus noch lebensfähig. Man sollte sich daher vor dem Irrtum hüten, mit der parteiischen karolingischen Historiographie und Hofannalistik die Merowinger unfähiger und schwächer zu sehen, als sie in dieser Spätzeit tatsächlich gewesen sind. Gegen ihre Geringschätzung spricht übrigens auch, daß nach dem frühen Tode Chlodwigs II. (657) dessen Witwe, die Angelsächsin Balthilde, für ihren damals noch unmündigen Sohn Chlothar III. (657–673) tatkräftig die Herrschaft auszuüben vermochte. Sie beging allerdings einen schweren Fehler, als sie Ebroin zum Hausmeier für Neustrien erhob, der nicht nur ein erbitterter Feind der Arnulfinger war, sondern wie zuvor Grimoald sein Amt offenbar als Sprungbrett zur Alleinherrschaft betrachtete. Er zwang die Königin bei Volljährigkeit ihres ältesten Sohnes Chlothar III., sich nach 664 in das von ihr gestiftete Kloster Chelles bei Paris zurückzuziehen. Als eifrige Förderin des neuen fränkischen Mönchtums und Gründerin des Klosters Corbie in der Picardie hat sich Balthilde den Ruhm einer Heiligen erworben, obwohl sie während ihrer Regierungszeit mehrere südgallische Bischöfe hinrichten ließ. Der Hausmeier Ebroin versuchte nun in verstärktem Maße eine zentralistische Politik auf eigene Rechnung durchzusetzen. Er bediente sich dabei Theuderichs III. (637–690/91), eines völlig von ihm abhängigen Sohnes Balthildes. Doch geriet er dabei in Konflikt mit der neustrischen und burgundischen Aristokratie. Sie vertrieb Ebroin und rief den zweiten Sohn Balthildes, Childerich II., aus Austrien als König herbei.

Gegen eine neuerliche Fortsetzung zentralistischer Politik sicherte sich aber der Adel, unter Berufung auf das „Edictum Chlotharii" von 614, auf zweierlei Weise: Der König durfte das Grafenamt nur Grundherrn derselben Region übertragen, mußte also strikt die regionalen Sonderinteressen berücksichtigen. Darüber hinaus sollte er das inzwischen für Adel und Königtum gleichermaßen gefährlich gewordene Hausmeieramt nicht mehr auf Lebenszeit verleihen, sondern im Wechsel den Großen des Reiches übertragen. Als sich aber Childerich II. einigermaßen sicher im Sattel glaubte, wieder in die alten Bahnen zentralistischer Königspolitik einschwenkte und anstelle des ausgleichenden Politikers Bischof Leodegar von Autun den austrischen Hausmeier Wulfoald zu seinem Vertrauensmann machte, wurde er von einer neuerlichen neustro-burgundischen Adelsrevolte hinweggefegt und ermordet. Ebroin gelang es noch einmal, als Hausmeier Theuderichs III. für Neustrien und Burgund das Ruder an sich zu reißen; er mußte aber zusehen, wie sich sowohl Aquitanien unter dem Herzog Lupus faktisch verselbständigte als auch Austrien wieder eigene Wege ging. Dort hatte man Sigiberts III. Sohn 676 aus der Verbannung nach Irland zurückgerufen und ihn als Dagobert II. zum König eingesetzt. Seine Ermordung 679, bei der vermutlich Ebroin und die Arnulfinger die Anstifter waren, leitete zum Endkampf zwischen Neustrien-Burgund und Austrien über. Zwar siegte Ebroin bei Laon über das Heer Pippins des Mittleren und des dux Martin; letzterer wurde gefangengenommen und hingerichtet. Aber da Ebroin 680 selbst ermordet wurde, vermochte sich Pippin, der Sohn des Arnulfingers Ansegisel und der Pippinidin Begga, nun endgültig durchzusetzen. In der entscheidenden Schlacht von Tertry an der Somme siegte der austrische Karolinger 687 über das neustrische Heer. Er ging aber nach diesem entscheidenden Sieg vorsichtig zu Werke: Die Merowinger blieben mit Theuderich III. nominell an der Herrschaft, und selbst der militärisch besiegte neustrische Hausmeier Berchar behielt sein Amt. Pippin verheiratete sogar nach dessen Tod die Witwe mit dem eigenen Sohn Drogo, dem Herzog der Champagne und Statthalter in Burgund.

Als faktischer Herrscher des Gesamtreiches blieb Pippin zunächst Hausmeier, übertrug aber 701 dieses Amt seinem Sohn Grimoald II., während er von Austrien aus als „vir inluster“ und „princeps Francorum“ das Reich bis zu seinem Tode 714 regierte. Damit verlagerte sich der Schwerpunkt des Frankenreiches vom romanisierten Westen in den überwiegend germanischen Osten, eine auch für die deutsche Geschichte wichtige Entscheidung. Der rasche Wechsel merowingischer Könige in dieser Epoche macht klar, daß mit Pippin dem Mittleren die karolingische Geschichte als umfassende Reichsherrschaft schon begonnen hatte. Karl Martells politischer Durchbruch und seine erfolgreichen Verteidigungskriege gegen die arabischen Invasoren begründeten dann aber eine neue, vom Erfolg bestätigte Legitimität des im engeren Sinne karolingischen Herrscherhauses.

e) Das Merowingerreich und die rechtsrheinischen Stämme

Im 6. und 7. Jahrhundert, der Epoche starker fränkisch-merowingischer Machtentfaltung, vollzog sich auch die Integration jener germanischen Stämme rechts des Rheins, die später den ethnischen Grundstock des mittelalterlichen Reiches bilden sollten. Außer dem fränkischen Reichsvolk als dem Träger und Organisator des gesamten Frankenreiches waren dies die Alemannen, die Bajuwaren, die Thüringer, die Friesen und die Sachsen, wobei letztere zwar schon früh mit dem Merowingerreich in Berührung und in militärische Auseinandersetzung gerieten, aber erst von Karl dem Großen endgültig in das karolingische Großreich eingegliedert worden sind. Ein großer Teil der etwa fünfzig Völkerschaften und Kleinstämme, über die der römische Historiker Tacitus († nach 116 n. Chr.) in seiner „Germania“ ausführlich berichtet, sind im Laufe der ersten drei nachchristlichen Jahrhunderte in den genannten größeren Stammeseinheiten aufgegangen. Dabei hat sicherlich der Aufstau germanischer Stämme und Gruppen am Limes, der wirksamen römischen Grenzbefestigung vom Rhein zur Donau, eine erhebliche Rolle gespielt. Diese neuen Großstämme, die sich während und nach der Völkerwanderung gebildet hatten, traten in relativ fester Form ins Licht der Geschichte. An ihrer Spitze standen – von den Sachsen abgesehen – Königssippen und vor allem eine adelige Oberschicht, die sich von den Göttern herleitete und den kultisch-religiösen Kern des jeweiligen Großstammes darstellte. Als Rechts- und Friedensgemeinschaften entwickelten die Stämme eine große Lebenskraft und einen durch mannigfache Traditionen gefestigten Zusammenhalt, der ihre jeweiligen konkreten politischen Formen oft lange Zeit überdauerte. Wenn auch ihre Stammesrechte sehr unterschiedlicher Herkunft waren und teilweise vom römischen Vulgarrecht geprägt oder von merowingischen Herrschern erlassen worden sind, festigten sie doch auf Jahrhunderte hinaus das ethnische Sonderbewußtsein dieser Großgruppen. Die Stämme sind wesentlich älter als das deutsche Volk und Reich und bis zur Gegenwart – trotz allen gesellschaftlichen Wandels – bewußtseinsbildend geblieben.

Dies ist um so erstaunlicher, als die neuere Forschung längst die aus romantischem Denken stammende Vorstellung aufgegeben hat, ein Stamm sei eine homogene, gleichsam naturhafte Einheit und eine klar umrissene Ausprägung des „Volksgeistes“ im Sinne Johann Gottfried Herders. In Wirklichkeit waren alle Großstämme, die durch den Gang der Geschichte zum deutschen Volk wurden, sehr komplizierte Gebilde, in denen kleinere Einheiten der verschiedensten Art aufgegangen und durch gemeinsame Kultformen wie durch Adelsherrschaft und Königtum zusammengefügt worden sind. Großstämme konnten als „Wanderlawinen“ entstehen, wie dies bei den Langobarden zu beobachten ist, auf deren Zug nach Italien (568) sich sogar nichtgermanische Gruppen angliederten. Sie konnten sich unter den prägenden Bedingungen bestimmter historischer Situationen bilden: Für Franken und Alemannen war es – wie schon erwähnt – der Limes, der gleichsam als Katalysator die Bildung dieser größeren und dauerhaften Einheiten mitbewirkte. Stämme sind aber auch unter dem massiven Druck politischer Organisation gewissermaßen in der Retorte entstanden, wie man es für das Auftreten der Bajuwaren seit dem 6. Jahrhundert im Gravitationsfeld merowingischer Königsherrschaft angenommen hat. Daß in letzterem Falle eine gentile Herkunftssage fehlt, ist daher kaum verwunderlich. Bei der Ethnogenese der Franken, Alemannen und Bajuwaren spielte schließlich die romanische Bevölkerung eine wichtige Rolle.

Die Alemannen. Chlodwigs Reichsgründung vollzog sich in harter Auseinandersetzung mit den Alemannen, die bis zum Niederrhein vorgedrungen waren und erst durch die Siege des Frankenkönigs in den Südosten zurückgeworfen wurden. Sie begaben sich danach in den Schutz des Ostgotenkönigs Theoderich. Damals tauchten sie auch im rätischen Alpenvorland und an der mittleren Donau auf, wo sie in der um 511 geschriebenen Vita des heiligen Severin von Noricum († 480) genannt werden und auch in bayerischen Gräberfeldern des 6. Jahrhunderts zu identifizieren sind. Grundstock des Alemannenvolkes waren die elbgermanischen Sueben, denen sich gegen Ende des 3. Jahrhunderts die Juthungen und Bukinobanten angliederten. Die lange und harte Auseinandersetzung mit den Römern und vor allem der Kampf um das römische Dekumatenland zwischen Rhein, Main und Donau hat zweifellos die Einheit des Großstammes entscheidend gefördert. Um 259/60 gelang den Alemannen der Durchbruch durch den Limes und der Vorstoß in die Alpen. Das Dekumatenland wurde endgültig erobert, die römische Grenzverteidigung mußte sich auf die Linie Rhein, Bodensee, Iller und Lech zurückziehen. Ein neuer Vorstoß ins Linksrheinische scheiterte 357 am Sieg des Caesars Julian (331–363) bei Straßburg. Bis zur Mitte des 5. Jahrhunderts lassen sich noch Teilstämme der Alemannen wie die „Brisigavi“ und „Raetobarii“ feststellen und ebenso mehrere, wohl miteinander verwandte Kleinkönige. Erst mit der letzten großen Expansion in der zweiten Hälfte des 5. Jahrhunderts scheint sich ein gesamtalemannisches Königtum durchgesetzt zu haben. Unter merowingischer Oberhoheit entstand nach 561 ein eigener alemannischer Dukat, der aber nicht das gesamte Siedlungsgebiet des Stammes umfaßte. Nach dem Zeugnis des byzantinischen Geschichtsschreibers Agathias († 579/82) unterstanden die Alemannen der fränkischen Herrschaft, hatten aber ihre eigenen Bräuche und Gesetze, die der Merowingerkönig Chlothar II. (584–629) im „Pactus legis Alamannorum“ aufzeichnen ließ. Bis zur Mitte des 7. Jahrhunderts scheinen die Frankenkönige das Einsetzungsrecht für die Herzöge in Alemannien ausgeübt zu haben. Ob diese fränkischer oder heimischer Herkunft waren, ist ebenso ungewiß wie bei den bayerischen Herzögen des 6. und 7. Jahrhunderts. König Dagobert I.

(629–639) griff als letzter Merowinger energisch in die alemannischen Verhältnisse ein, er verlegte das Bistum Windisch (Vindonissa) im Aargau nach Konstanz, förderte die Christianisierung der noch weitgehend heidnischen Bevölkerung und scheint auch die Verwaltungsorganisation der sogenannten „Huntaren" eingerichtet zu haben. Bei der folgenden Schwäche des Königtums kam es zur Ausbildung von regionalen Adelsherrschaften und eines Herzogtums, an dessen Spitze duces der mächtigen merowingischen Adelssippe der Agilolfinger standen, die auch Bayern beherrschte. Alemannien blieb bis zu seiner endgültigen Eingliederung ins Frankenreich unter Karl Martell und seinen Söhnen relativ selbständig. Die große Bedeutung der Alemannen für die frühmittelalterliche und später für die deutsche Geschichte wurde durch den Einbau des älteren Stammesherzogtums in die karolingische Gesamtherrschaft nicht gemindert.

Die Bajuwaren. Dasselbe gilt für die Bajuwaren, die um die Mitte des 6. Jahrhunderts erstmalig in schriftlichen Quellen als ein Volk genannt werden, das östlich der Alemannen siedelte. Ob der Lech eine alte Westgrenze der Bajuwaren darstellte, erscheint fraglich, da die archäologische Hinterlassenschaft beiderseits des Flusses sehr ähnlich und vor allem westlicher Herkunft ist. Darauf und auf andere Indizien stützt sich die Hypothese von einem starken alemannischen Substrat bei der bajuwarischen Ethnogenese. Sie hat zumindest ebensoviel für sich wie die ältere, immer noch vertretene Auffassung einer Einwanderung des Stammes aus Böhmen, für die es keinerlei verläßliche Anhaltspunkte gibt. Nach dem vertrauenswürdigen Bericht der Lebensbeschreibung des heiligen Severin, die 511 entstand, fanden sich im ursprünglichen Siedlungsraum des später Bajuwaren genannten Ethnikums vor allem Alemannen und Rugier, ferner Heruler und Thüringer und als wichtiges Element die keltoromanische Bevölkerung, die in Salzburg, Passau, Lorch und anderen Orten weiterlebte und auch kirchlich organisiert war. Geht man von diesen Tatsachen und der politischen Konstellation aus, daß seit dem großen merowingischen Erobererkönig Theudebert I. (534–548) das bajuwarische Siedlungsgebiet nachweislich unter merowingischer Herrschaft stand und daß ferner die seit Garibald I., das heißt seit 555/561, bezeugten bajuwarischen Herzöge von den Merowingern eingesetzt worden sind, dann ergibt sich für das Werden des bajuwarischen Großstammes folgendes: Er entstand in den neuen Siedlungsräumen unter dem Einfluß der merowingischen Großmacht ebenso wie etwa zur selben Zeit der alemannische Dukat. Abwegig ist die Vorstellung, eine kurzzeitige gotische Oberherrschaft zwischen Alpen und Donau könnte Einfluß auf die Ethnogenese der Bajuwaren besessen haben. Der vielfach bezeugte fränkisch-merowingische Einfluß, der auch im Prolog des bayerischen Stammesrechts belegt ist, schloß eine kräftige Eigenentwicklung des Dukats nicht aus; insofern ist die Alternative zwischen „Amtsherzogtum" und „Stammesherzogtum" falsch. Auch die vieldiskutierte Frage, ob das bayerische Herzogsgeschlecht der Agilolfinger fränkischer, frankoburgundischer, langobardischer oder gar thüringischer Herkunft sei, führt in der Herkunftsfrage nicht weiter. Hingegen wird neuerdings mit Recht der Anteil der Alpenromanen in Rätien und Noricum an der Entstehung des Bayernstammes betont. Fraglich bleibt allerdings, ob der Name der Bajuwaren-Bayern aus der Bezeichnung des romanisch besiedelten Salzburggaus abzuleiten ist. Salzburggau (Pago Ivaro), das Gebiet um das antike Juvavum-Juvao (Salzburg) – das römisch-protoladinische-altbairische Zentrum dieses Raums – müßte sich nach dieser Hypothese zum Stammesnamen Pagovarii-Bajuwarii entwickelt haben, eine sprachgeschichtliche Ableitung, die noch der kritischen Überprüfung bedarf. [Nr. 271, Mayerthaler]

Wie im Falle Alemanniens ermöglichte der Niedergang der merowingischen Königsmacht und der nachfolgende Kampf der Frühkarolinger um die Gesamtherrschaft um 700 eine beträchtliche Selbständigkeit Bayerns, die unter den Herzögen Theodo (ca. 680–725/28) und Odilo (736–748) zu einer eigenen bayerischen Kirchenorganisation und damit zu einer romverbundenen bayerischen Landeskirche führte. Der heilige Bonifatius hat um 739 in diesem Sinne in Bayern gewirkt und die Bistumsorganisation des Landes vollendet. Seit Odilos Tod wuchs jedoch der fränkische Einfluß im Herzogtum insgesamt und besonders im Bereich eines mächtigen, klostergründenden Adels in Westbayern stark an. Auch der vorübergehende Aufstieg Herzog Tassilos III. (748–788) konnte die Wiedereingliederung Bayerns ins Frankenreich auf die Dauer nicht aufhalten. Seine Absetzung und Klosterhaft beendete zwar die Sonderstellung der Agilolfinger, doch gewann Bayern als Kernland des Ostfränkischen Reiches zentrale Bedeutung.

Die Thüringer. Auch das Volk der Thüringer hat sich spätestens im Verlauf des 4. Jahrhunderts aus verschiedenen germanischen Stämmen gebildet, wobei wohl die Angeln und Warnen den Hauptanteil stellten; deren Namen sind aber noch zu Beginn des 9. Jahrhunderts bezeugt, so daß es wohl nie zu einer völligen Verschmelzung der einzelnen Stammesgruppen gekommen sein dürfte. Die elbgermanische Herkunft ist gesichert, ebenso, daß die politisch führenden Angeln und Warnen aus dem Raum Schleswig-Holstein und Mecklenburg unter dem Druck der Sachsen nach Süden auswichen und damit die Bildung des thüringischen Großstammes bewirkten. Wenn das thüringische Stammesrecht, das 802/3 auf einer Aachener Reichsversammlung auf Befehl Karls des Großen aufgezeichnet worden ist, den Titel „Lex Angliorum et Werinorum, hoc est Thuringorum" trug, dann spricht dies ebenfalls für die Schlüsselstellung der beiden zuerst genannten Stämme. Unsicher, wenn auch nicht abwegig, ist die Herleitung des Thüringernamens von den elbgermanischen Hermunduren. Thüringisches Kerngebiet war der Raum, den die heutige Landschaft gleichen Namens einnimmt. Um 500 besaß das Thüringerreich unter seinen Königen eine beträchtliche, im Westen bis in die Mainlande reichende Ausdehnung. Theoderich der Große suchte die Thüringer in sein antifränkisches Bündnissystem einzufügen. Diesem Ziel diente die Vermählung seiner Nichte Amalaberga mit König Herminafried; doch fiel das Thüringerreich nach dem Tode des Ostgoten einem konzentrischen Angriff der Merowinger zum Opfer. Unter König Dagobert I. wurde Thüringen fränkischer Dukat, an dessen Spitze ein dux Radulf trat, für den man neustrisch-burgundische Herkunft annimmt. Gegen Ende des 7. Jahrhunderts scheint Würzburg der Hauptort des thüringischen Herzogtums gewesen zu sein, dessen dux Heden II. 716 zum letzten Mal urkundlich belegt ist. Seit Karl Martell erscheint es fest in die karolingische Herrschaft eingegliedert, sein westlicher Teil mit dem Bistum Würzburg ist um 800 als wohlorganisierte fränkische Königsprovinz bezeugt.

Die Sachsen. Schwierig und daher umstritten, weil als innergermanischer Vorgang von schriftlichen Quellen spärlich und gleichsam nur vom Rande her beleuchtet, stellt sich die Entstehung des sächsischen Großstammes dar. Zwei Meinungen stehen sich hier in verschiedenen Variationen und Argumentationszusammenhängen gegenüber. Einerseits werden die Sachsen als ,,Zusammenschluß von kleineren Völkerschaften zum stammlichen Großverband aus der Ruhe heraus“ verstanden; andererseits denkt man an eine von Norden nach Süden und Westen ausgreifende, sich über ein halbes Jahrtausend erstreckende Ausbreitungsbewegung, bei der Unterwerfung eine zentrale Rolle gespielt haben dürfte. Gegen diese alternativen Deutungen der sächsischen Ethnogenese hat man wohl mit Recht eingewendet, daß die wellenförmige Ausbreitung des Sachsennamens ein vielschichtiger, von zahlreichen Faktoren und zeitbedingten Umständen beeinflußter Vorgang gewesen sein muß, bei dem Eroberung – wie in Britannien – ebenso eine Rolle spielte wie kultische Assimilation und dauerhafte Bündnisse. Als sicher kann heute aufgrund der bei Widukind von Corvey überlieferten Ursprungssage (Nr. 4, Bd. VIII, c. 2–14, S. 20ff.) gelten, daß das Merowingerreich bei der Expansion des Sachsenstammes gegenüber den Thüringern zumindest anfangs behilflich war oder sogar als eine Art Schutzmacht fungierte.

Ihren Ursprung haben die Sachsen im Norden, in den ersten beiden nachchristlichen Jahrhunderten finden sie sich nach dem Zeugnis des griechischen Naturforschers und Geographen Ptolemaios († 160) nördlich der Unterelbe (Nordalbingien), um 200 überschritten sie den Fluß nach Süden. Im 3. und 4. Jahrhundert drangen sie an der Nordseeküste entlang nach Westen vor, wobei die an Waal und Rheinmündung siedelnden Franken nach Südwesten, nach Gallien hinein abgedrängt wurden. Sächsische Seewanderungen führten ebenfalls nach Gallien und im 5. Jahrhundert zur Festsetzung in Britannien. Die ,,innersächsische“, kontinentale Ausdehnung ist durch merowingische Quellen des 6. und 7. Jahrhunderts einigermaßen erkennbar, wobei die Sachsen bis Nordthüringen und ins Lippegebiet vordrangen. Die kriegerische Art dieser Vorgänge steht außer Zweifel, so daß man den sächsischen Stammesbund, wie ihn uns eine Quelle des 8. Jahrhunderts, die Vita Lebuini (Nr. 33, I, 2, Bd. 30, 2, S. 793) sehr anschaulich schildert, heute überwiegend als Ergebnis kriegerischer Überschichtung auffassen muß. Die Annahme, daß die Expansion des Sachsenstammes wohl vorwiegend auf Eroberung beruhe, wird auch durch die strenge Scheidung der sächsischen Gesellschaft in Adel, Freie und Liten gestützt, zwischen denen jede Ehegemeinschaft bei Todesstrafe untersagt war. Den Adel schützte ein besonders hohes Wergeld; in ihm haben wir den Kern einer grundbesitzenden, die Stammestradition kultisch bewahrenden Herrenschicht nordalbingischer Herkunft zu sehen. Die Freien gehörten wohl den unterworfenen Völkern an, während die Liten zwar die untere Schicht darstellten, aber Waffen tragen und durch Vertreter an den jährlichen Stammesversammlungen in Markloh an der Weser teilnehmen durften. Vielleicht sollten sie ein Gegengewicht zur offenbar breiten Schicht der Freien bilden. Ein Königtum hat sich bei den Sachsen nie voll ausgebildet, in Ansätzen scheint es aber vorhanden gewesen zu sein. Für den Krieg bestimmten sie, wie der angelsächsische Chronist Beda Venerabilis († 735) zu berichten weiß, einen Herzog durch das Los (Nr. 5, V, c. 10, S. 458). Ob die in den Sachsenkriegen Karls des Großen hervortretenden drei Heerschaften (herescephe, Aufgebotsverbände) der Westfalen, Engern und Ostfalen erst im Kampf mit dem Karolingerreich oder schon im 6./7. Jahrhundert im Zuge der Stammesbildung entstanden, ist umstritten. Die Tatsache, daß sich in den jahrzehntelangen Kämpfen schon bald ein Teil des Adels auf die fränkische Seite schlug, scheint ebenfalls darauf hinzuweisen, daß es sich um einen Erobereradel gehandelt hat, der in Distanz zur übrigen Bevölkerung stand. Ungeachtet der eher lockeren Organisationsform des Sachsenstammes konnte er sich erstaunlich lange gegen die fränkischen Heere behaupten. Innerhalb des Karolingerreiches und des mittelalterlichen Reiches erwies sich Sachsen – neben Bayern – als das stärkste Herzogtum; aus dessen Mitte kamen die Ottonen als wichtigste Dynastie der Frühgeschichte des deutschen Volkes und Reiches.

Die Friesen. Die Franken wurden in ihrem niederrheinischen Ausgangsraum nicht nur von den nachdrängenden Sachsen, sondern auch von den westgermanischen Friesen bedroht. Letztere schoben sich bis in die Gegend von Brügge vor und wurden ihrerseits, nach Ausweis der Bodenfunde, zumindest zeitweise von den Sachsen überschichtet. Von der Zuydersee bis zur Ems siedelnd, 12 vor Christus von den Römern unterworfen – bei welcher Gelegenheit sie erstmals genannt werden –, weitete sich das Stammesgebiet zwischen dem 6. und 8. Jahrhundert im Westen bis zur Schelde, im Osten bis Jütland aus. Im nordwesteuropäischen Handelsverkehr spielten die Friesen eine bedeutende Rolle. Ihr König Radbod († 719) leistete den Franken und der christlichen Mission, die seit Dagobert I. in Utrecht und Dorestad ihre Stützpunkte hatten, hinhaltenden Widerstand. Erst durch angelsächsische Missionare wie Wilfrid von York, Willibrord, Bonifatius und Willehad († 789) konnte die Christianisierung größere Erfolge erzielen. In den Sachsenkriegen Karls des Großen kämpften Friesen auf sächsischer Seite, auch sonst scheinen die Beziehungen zu dem größeren Nachbarvolk eng gewesen zu sein. Die sogenannte „Lex Frisionum", eine Gesetzessammlung friesischer Rechtstexte aus sehr verschiedenen Zeitstufen, dürfte aus dem 9. Jahrhundert stammen; ob es sich dabei um eine karolingische Endredaktion handelt, ist unklar. Anders als die übrigen germanischen Großstämme östlich des Rheins orientierten sich die Friesen wirtschaftlich und kulturell sehr stark nach England und Skandinavien und blieben daher immer in einer gewissen Randlage zum Reich, dessen Grenzen gerade im Nordwesten lange Zeit durchaus fließend waren. Hält man sich diese Nordorientierung, die auch für die Sachsen anzunehmen ist, vor Augen und demgegenüber die zeitweise engen Verbindungen der Alemannen und Bajuwaren zum langobardischen Italien, dann wird man die einigende Kraft des fränkischen Großreiches für die rechtsrheinischen Lande nicht hoch genug einschätzen können. Ohne das Frankenreich hätte es wohl nie eine „deutsche Einheit" gegeben, so verschlungen und krisenreich auch die Entwicklung auf dieses Ziel hin verlaufen sein mag.

2. Das Karolingerreich als Einheit (714–843)

a) Karl Martell (714–741)

Als Pippin der Mittlere am 16. Dezember 714 starb, war die Frage der Nachfolge offen, da seine beiden Söhne Drogo und Grimoald schon vor ihm dahingegangen waren. Letzterer hatte zwar einen außerehelichen sechsjährigen Sohn, Theudoald, hinterlassen, den der Großvater zum Hausmeier von Neustrien bestellte, doch nahmen die Dinge rasch einen völlig anderen Verlauf. Pippins Witwe Plektrudis gelang es vorübergehend, unter der nominellen Herrschaft eines Merowingers, Dagoberts III., eine Vormundschaftsregierung auszuüben, die aber bald unter dem Ansturm der Neustrier und ihres neuen Hausmeiers Raganfred zusammenbrach. Gemeinsam mit den heidnischen Sachsen und Friesen rückte Raganfred gegen Köln, den Witwensitz der Plektrudis, vor und schlug die Austrier. In dieser Situation gelang es Karl, einem Friedelsohn Pippins, den seine Stiefmutter in Haft genommen hatte, zu entfliehen und mit Hilfe adeliger Kampfgefährten aus dem Maas-Moselraum den Widerstand gegen die Neustrier zu organisieren. Nach anfänglichen Mißerfolgen konnte er Plektrudis zum Herrschaftsverzicht zwingen; er schlug die Neustrier 716 bei

Amblève südlich Lüttich und 717 bei Cambrai (Vincy), warf die Sachsen 718 hinter die Weser zurück und stellte nach dem Tode des mächtigen Friesenherzogs Radbod 719 die fränkische Oberhoheit in Westfriesland (Utrecht) wieder her. Nach Sicherung des Nordostens besiegte er im selben Jahr die mit Herzog Eudo von Aquitanien verbündeten Neustrier bei Soissons und begründete damit seine fränkische Gesamtherrschaft. Allerdings hatte er noch bis 724 gegen innere Feinde ebenso wie gegen die heidnischen Sachsen zu kämpfen. Da er als Majordomus über das Königsgut verfügen konnte und seit 737 ohne merowingischen Schattenkönig unumschränkt regierte, gilt er als der eigentliche Begründer des Karolingerreiches.

Die schwerste Bewährungsprobe mußte Karl, der im 9. Jahrhundert den Beinamen Martell – der Hammer – erhielt, bestehen, als die arabisch-islamische Invasion das Frankenreich bedrohte. Die Araber hatten, über Gibraltar kommend, 711 das spanische Westgotenreich in der Schlacht von Jerez de la Frontera (bei Cadiz) vernichtet, waren weiter nach Norden vorgestoßen und konnten 720, nach Überschreitung der Pyrenäen, Narbonne erobern. Herzog Eudo von Aquitanien, der bis dahin eine Schaukelpolitik zwischen Franken und Sarazenen betrieben hatte, mußte sich nunmehr auf Karl Martells Seite schlagen; 732 kam es nördlich Poitiers zur Entscheidungsschlacht. Der muslimische Heerführer und Statthalter des Kalifen in Spanien Abd-ar-Rachmān, fiel. Burgund, die Provence und Aquitanien wurden im Gegenstoß zurückerobert und eng an das Frankenreich angeschlossen. Erst mit diesen erbitterten Rückeroberungskämpfen endete damals in der Provence die spätantike Stadtkultur und das fränkisch bestimmte Mittelalter begann. Poitiers war zwar nur eine unter mehreren militärischen Entscheidungen zwischen dem Frankenreich und der islamischen Welt, aber sie markierte dennoch eine welthistorische Wende: Der Vormarsch islamischer Macht ins Herz des werdenden Europa hinein war zum Stehen gebracht worden, wenn auch Septimanien mit der Hauptstadt Narbonne weiterhin in muslimischer Hand blieb. Unter Karl Martells Enkel, Karl dem Großen, bildete sich innerhalb des karolingischen Großreiches endgültig die europäische Völkergemeinschaft; der eigene Entwicklungsgang Europas blieb seit 732 gesichert; er konnte trotz der Sarazenen- und Ungarnstürme des 9. und 10. Jahrhunderts fortgesetzt werden.

Die Reorganisation des Reiches. Ebenso bedeutend wie seine militärischen Leistungen war Karl Martells organisatorisches Werk im Inneren und in den labilen Randzonen des Reiches. Sowohl das agilolfingische Bayern wie das alemannische Herzogtum gliederte er in mehreren Feldzügen wieder der fränkischen Herrschaft ein; in Alemannien scheint er nach dem Tode Herzog Lantfrieds (um 730) festen Fuß gefaßt zu haben. Von einer wirklich dauerhaften Unterwerfung dieser Dukate kann jedoch noch keine Rede sein. Im offenbar geteilten agilolfingischen Bayern erreichte er zwischen

725 und 728 die Abtretung des Nordgaus um Ingolstadt und Eichstätt. Die Gattin des damals in Freising residierenden und jetzt rücksichtslos beseitigten Teilherzogs Grimoald, Pilitrud, und deren Nichte Swanahild, die seine Friedelfrau wurde, nahm Karl Martell mit sich, doch konnte sich Herzog Hukbert, der Widersacher und Kontrahent Grimoalds, danach fast unabhängig im Lande behaupten. Das thüringische Herzogtum hatte sich bereits um 719 aufgelöst, das elsässische der Etichonen erlosch gegen 740; die fränkische Grenze konnte gegenüber dem sächsischen Stammesbund durch weitere Feldzüge vorgeschoben werden.

Setzte sich in den Gebieten am Ostrand des Rheins die politische Reorganisation des Frankenreiches nur teilweise durch, so vermochte Karl Martell, nachdem die islamische Bedrohung gebannt war, in Austrien, Neustrien, Burgund und teilweise auch in Aquitanien eine tiefgreifende Neuordnung durchzusetzen, die dauerhafte Wirkungen zeitigte. Der arabisch-islamische Angriff hatte die Aufstellung eines starken Panzerreiterheeres erfordert; um dafür die Mittel aufzubringen, mußte Karl Lehen an diese gehobene Schicht schwerbewaffneter Gefolgsleute und Vasallen ausgeben, die deren Lebensunterhalt sicherten. Dies wiederum war nur möglich, wenn er auf das reiche Kirchengut zurückgriff. Er zwang Bischöfe und Äbte, in seinem Auftrag Land und Leute an seine Vasallen auszugeben. Diese fälschlich als „Säkularisation“ bezeichnete Maßnahme, bei der das Obereigentum der Kirche unangetastet blieb, wurde damals unter dem Eindruck der unmittelbaren Bedrohung nicht kritisiert. Erst im 9. Jahrhundert erhoben sich tadelnde Stimmen aus kirchlichen Reformkreisen. Aus dieser Zwangsanleihe von Kirchengut entstand unter anderem das Lehnswesen als ein Grundpfeiler mittelalterlicher Staatlichkeit.

Parallel zur Vasallität des Herrschers entwickelte sich die Stiftsvasallität. Sie entstand aus der Verpflichtung der Bistümer und Reichsabteien, aus ihren eigenen Mitteln Truppen für die Kriege der Karolinger aufzustellen und bereitzuhalten. Das war eine schwere Belastung, die nur zu oft zu Lasten der im engeren Sinne kirchlichen Aufgaben ging. In der Praxis bedeutete die doppelte staatliche Nutzung des Kirchengutes durch die „precaria verbo regis“ wie durch die Stiftsvasallität, daß die Kirche in zunehmendem Maße direkt und indirekt Trägerin der Wehrkraft des Reiches wurde; ob mit oder gegen ihren Willen läßt sich im einzelnen schwer entscheiden. Die militärische Vormachtstellung der karolingischen und später, bis zum Investiturstreit, der deutschen Könige in Europa beruhte weitgehend auf dem Aufgebot der kirchlichen Vasallen, das zeitweise bis zu zwei Drittel oder gar drei Viertel des Heeres ausmachte.

Die „Einstaatung“ der Kirche. Diese schwerwiegende Instrumentalisierung der Kirche für staatlich-militärische Zwecke war aber nur möglich, weil bereits ein Umgliederungsprozeß größten Ausmaßes im Gange war, den Pippin der Mittlere, mehr und entschiedener aber sein Sohn Karl

Martell eingeleitet und durchgesetzt hatten. In teilweise erbitterten Auseinandersetzungen und unter geschickter innenpolitischer Ausnützung der Sarazenengefahr vermochten die Frühkarolinger immer mehr Bistümer und Abteien mit ihren engsten Parteigängern zu besetzen. Diese Anhängerschaft entstammte jener austrischen Adelsgruppe aus dem Maas-Moselraum, die Schritt für Schritt mit den Karolingern politisch aufgestiegen, auch vielfach mit ihnen verschwägert war und dann als karolingische ,,Reichsaristokratie" die wichtigsten Kommandostellen – weltliche wie geistliche – innerhalb der neuen Zentralverwaltung des karolingischen Großreiches in die Hand bekam. Durch die Besetzung von Bistümern und Abteien mit ihren Parteigängern haben die Frühkarolinger, und speziell Karl Martell, wohl kaum viel für eine grundlegende Verbesserung der fränkischen Landeskirche getan. Die Einsetzung Bischof Milos von Trier, eines militanten Mitstreiters der Karolinger, läßt eher das Gegenteil vermuten, obwohl dieses Negativbeispiel wiederum nicht verallgemeinert werden darf. Politisch und herrschaftsstrukturell aber war es für die Karolinger besonders seit Karl Martell ein großer Erfolg, daß sie mit ihrer teilweise gewaltsamen Personalpolitik gegenüber dem spätmerowingischen Episkopat die älteren Bischofs- und Stadtrepubliken, die sich seit der Spätantike zunehmend mit politischen Kompetenzen angereichert hatten, in ihrer Macht entscheidend beschnitten und personell wie später auch institutionell ihrer Herrschaft einverleibten. Es gehörte wohl zu den größten politischen Leistungen Karl Martells und seines Sohnes Pippin des Jüngeren, die bischöflichen ,,Subherrschaften" und ,,Civitas-Republiken" energisch eingestaatet zu haben; damit machten sie einen schon weit fortgeschrittenen Desintegrationsprozeß des Frankenreiches rückgängig, der in spätmerowingischer Zeit bei den Machtkämpfen des neustrischen Hausmeiers Ebroin deutlich zutage getreten war. Die bereits erwähnten ,,Säkularisationen" durch die ,,precaria verbo regis", Maßnahmen, die nicht auf Karl Martell beschränkt waren, aber doch von ihm am schärfsten gehandhabt wurden, waren dann ein zweiter wichtiger Schritt in dieselbe Richtung und dienten ebenfalls der Brechung bischöflicher Regionalherrschaft. Vor allem seit Karl Martell stand die politisch-militärische wie die finanzielle Kraft des Episkopats und der großen Abteien fast nur noch im Dienste des Herrschers. Aus dem gleichsam ,,parataktischen" Nebeneinander merowingischer Bischofsrepubliken, die sich dem König oft nur zögernd unterordneten, war durch den Karolinger ein streng ,,hypotaktisches" Gefüge entstanden, in dem die Bischöfe und Äbte als Herrschaftsträger und Exekutivorgane des Herrschers wirkten – fast ist man versucht zu sagen, sie ,,funktionierten". In Grundzügen schuf also bereits Karl Martell eine Form der Herrschaft über die fränkische Kirche, die sein Enkel Karl dann energisch ausbaute und organisatorisch systematisierte. Es wäre aber sicher einseitig, die ,,Einstaatung" der Kirche nur als schnöden politischen Pragmatismus abzustempeln, denn die Karolinger haben sich, wie früher die

Merowinger, ihre eigenen religiösen Mittelpunkte geschaffen. Man kann sogar von einer karolingischen Sakrallandschaft sprechen, die sich vom Hausbistum Metz mit dem Familienkloster St. Arnulf bis Fulda und von Utrecht bis zur Reichenau erstreckte. Hier finden sich auch andere wichtige Karolingergründungen wie die Pippinidenstiftung Nivelles, Süsteren, Stablo-Malmedy, Echternach und Prüm sowie Pfalzel und Ören bei Trier: Stätten des Heils und der Heiligung der neuen Dynastie und zugleich Träger der fränkischen Kulturblüte des 9. Jahrhunderts. Ebenso darf nicht übersehen werden, daß erst die Brechung der regionalen Bischofsherrschaften durch die Karolinger jenes innere geistige Verbundsystem der Bischofskirchen und Reichsklöster hervorbrachte, welches in erster Linie die karolingische Renaissance mit ihren künstlerischen und geistigen Leistungen ermöglichte.

Was Karl Martells Beziehung zum Papsttum anbetrifft, so hielt er sich vorsichtig zurück. Vermutlich hinderte ihn die langobardische Waffenhilfe gegen die Araber 739/40, einem Hilferuf Papst Gregors III. gegen die Langobarden Folge zu leisten. Damals trug ihm das Oberhaupt der Kirche die Schutzherrschaft über Rom an, die sich dann unter seinem Sohn und Enkel in so folgenschwerer Weise verwirklichen sollte. Es war von seiten Papst Gregors III. (731–741) Hilferuf und politisches Angebot zugleich, wenn er an Karl schrieb, er möge „nicht die Freundschaft der Langobardenkönige der Liebe zum Apostelfürsten vorziehen" und „nächst Gottes Hilfe" zur Verteidigung des Papsttums beitragen. Zu diesem schwerwiegenden Schritt jedoch konnte sich der Karolinger nicht entschließen, er begnügte sich mit einer diplomatischen Intervention bei König Liutprand, mit dem er befreundet war und von dem er seinen jüngeren Sohn Pippin hatte adoptieren lassen. Politische Überlegungen waren also stärker als das Engagement zugunsten der römischen Kirche.

Hingegen förderte er wie schon sein Vater das Wirken angelsächsischer Missionare in Austrien und in den Ausbaugebieten rechts des Rheins. Mit Willibrord, dem Gründer von Echternach, war die Zusammenarbeit offensichtlich sehr eng. Der Angelsachse Winfrid-Bonifatius erhielt zwar von Karl einen Schutzbrief und konnte dann mit der Gründung der mitteldeutschen Bistümer Büraburg, Erfurt und Würzburg beginnen sowie den organisatorischen Zusammenschluß der Mission an der Ostflanke des Reiches bewerkstelligen. Aber Bonifatius' Ausweichen nach Bayern, wo er 739 im Einvernehmen mit Herzog Odilo die Bistumsorganisation des Landes vollendete, zeigte Spannungen zum karolingischen Hausmeier an. Erst nach dessen Tod konnte der große Angelsachse unter Karlmann und Pippin energisch an die grundlegende Reorganisation der fränkischen Landeskirche gehen. Karl Martell starb am 15. Oktober 741 und wurde in St. Denis, der alten merowingischen Königsgrabstätte, beigesetzt. Er hatte das Frankenreich in königsgleicher Weise geteilt und seinem älteren Sohn Karlmann Austrien, Thüringen und Alemannien, dem jüngeren Pippin Neustrien, Burgund und die Provence bestimmt. Die Erbansprüche Grifos jedoch, des Sohnes der Agilolfingerin Swanahild, dem Karl Gebiete im Inneren des Reiches zugedacht hatte, wurden nicht eingelöst; seine Brüder setzten ihn in Haft, doch sollte er 747 noch einmal in einem Aufstand gegen Pippin antreten.

b) Karlmann und Pippin (741–768)

Karl Martell hatte zwar seit 737 ohne merowingischen „Schattenkönig" regiert, doch zeigte sich nach seinem Tode, wie beim Ableben seines Vaters Pippin, daß die neue Ordnung noch keineswegs gefestigt war. Es kam zu schweren Aufständen in Aquitanien, Alemannien und auch in Bayern, wo Herzog Odilo und die immer noch sehr mächtige Agilolfingersippe das Rückgrat des Widerstandes gegen Karlmann und Pippin den Jüngeren (741–768) waren. Wenn Odilo im Prolog der „Lex Baiuwariorum", des bayerischen Stammesrechts (Nr. 33, II, 1 Bd. 5, 2) um 740 ausdrücklich die Königsherrschaft der Merowingerdynastie anerkannte, dann richtete sich dies indirekt gegen den Anspruch der karolingischen Familie auf Alleinherrschaft, der von den großen Herzogtümern in den Randzonen des Reiches nicht hingenommen werden konnte. Aquitanien wurde 745 unterworfen, Bayern, das erst 739 durch Bonifatius eine von der fränkischen Kirche unabhängige Bistumsorganisation aus päpstlicher Vollmacht erhalten hatte, mußte sich 743 nach einer militärischen Niederlage am Lech der karolingischen Übermacht beugen; der Vermittlungsversuch eines päpstlichen Legaten zugunsten Odilos wurde abgewiesen. Bemerkenswert war dabei, daß Odilo auch über sächsische und slawische Hilfstruppen verfügte, die noch heidnische Welt also in diesen innerfränkischen Machtkampf mit hineingezogen wurde. Wie sehr sich jetzt der karolingische Einfluß in Bayern verstärkte, zeigt die Einsetzung des Iren Virgil als Salzburger Bischof durch Pippin. Schärfer griffen die beiden Karolinger in Alemannien durch. Dort wurde 744 nach dem Sieg über Herzog Theudebald das Herzogtum endgültig beseitigt, ein nochmaliger Aufstand des alemannischen Adels im sogenannten Gerichtstag von Cannstatt 746 blutig bestraft und durch die Grafen Warin und Ruthard eine fränkische Verwaltung organisiert. Auch gegen die Sachsen erzielte Karlmann militärische Erfolge, die christliche Mission jedoch blieb dort noch in den Anfängen stecken.

Der Anlauf zur Kirchenreform. Anders als Karl Martell begnügten sich seine Söhne nicht damit, die Kirche der karolingischen Herrschaft einzuordnen, vielmehr beriefen sie von Anfang an den päpstlichen Legaten für Germanien, Bonifatius, als Reformer der fränkischen Landeskirche. Karlmann war hier wohl die treibende Kraft. Auf seiner ersten austrasischen Reichssynode 742 oder 743, dem „Concilium Germanicum", unterstellte er dem neuen Erzbischof und missus sancti Petri die austrischen Bistümer und die von Bonifatius errichteten Missionssprengel; gleichzeitig wurden Kleriker, Klöster und Laien einer strengen Disziplinierung nach kanonischem Recht unterworfen.

Jedoch der radikale Versuch, die durch Karl Martell entfremdeten Kirchengüter insgesamt wieder der Kirche zurückzugeben, erwies sich als undurchführbar, da Karlmann wie auch Pippin auf die Hilfe ihrer mit Kirchengut ausgestatteten Vasallen im Kampf gegen die aufständischen Herzöge angewiesen waren. Die folgenden Synoden von Estinnes und Soissons (744) brachten in dieser zentralen Frage einen tragfähigen Kompromiß: Das kirchliche Eigentum blieb grundsätzlich anerkannt, doch wurden nur an Kirchen, die sich in materieller Not befanden, Güter zurückgegeben. Der Großteil der Kirchenlehen verblieb somit den Vasallen als Lehen auf Lebenszeit, konnte aber nach ihrem Tode vom Princeps neu verliehen werden. Vom Kirchengut mußten die Vasallen Zins zahlen. Überdies entschädigten die Karolinger die Kirche damit, daß sie das kirchliche Gebot des Zehent, d.h. regelmäßiger Abgaben an den Klerus, als Gesetz durchführten und den Nutznießern des kirchlichen Leihegutes überdies den Doppelzehnten (nona et decima) auferlegten.

Mit diesem wahrhaft ingeniösen Kompromiß wurde mehreres erreicht: Die Kirche konnte als feste Säule des karolingischen Herrschaftssystems ausgesöhnt und politisch gewonnen werden, und ebenso band die Verfügungsgewalt des Herrschers bei der Neuvergabe der Kirchenlehen die Vasallen fester an diesen: Von seiner Entscheidung hing jetzt weitgehend ihre materielle Basis ab. Glatt ging diese Lösung allerdings nicht über die Bühne, denn als Pippin 744 in Neustrien die Metropolitanverfassung als Krönung des Reformwerkes einführen und Erzbischöfe in Rouen, Reims und Sens einsetzen wollte, scheiterte dieses Vorhaben an Milo von Trier, dem alten Kampfgefährten Karl Martells, der entgegen kanonischen Bestimmungen die Bistümer Trier und Reims innehatte. Auch die ursprünglich für Bonifatius vorgesehene überragende Stellung als Kölner Metropolit war nicht durchzusetzen; er hatte sich mit dem Bistum Mainz, jedoch ohne Metropolitanrechte, zu begnügen. Für Bonifatius als die tragende Figur der fränkischen Kirchenreform mußte es schmerzlich sein, daß das karolingische Hausbistum Metz faktisch Metropolitansitz wurde, als dessen Erzbischof Chrodegang die Reform und Reorganisation der Reichskirche ohne ihn und seine angelsächsischen Reformer zu Ende führte. So dürften sein Eifer für die Ausstattung von Fulda und seine letzte Missionsreise zu den Friesen, die 754 im Martyrium endete, wohl doch Ausdruck einer tiefen Enttäuschung und Resignation über die weitere Entwicklung der fränkischen Kirche gewesen sein.

Die Karolinger und das Papsttum. Unangefochten jedoch blieb die von Bonifatius in die Wege geleitete enge Verbindung der karolingischen Hausmeier mit Rom. Sie erwies sich allerdings schon zur Zeit Pippins des Jüngeren als nicht problemlos, etwa wenn es um latente Gegensätze zwischen dem päpstlichen Primatsanspruch und dem wachsenden Selbstbewußtsein der erneuerten Reichskirche ging. Ungeachtet dieser Spannung, die unter Pippins Sohn und Enkel noch schärfer zutage trat, war es gerade die Verbindung mit Rom, die der karolingischen Familie jetzt den entscheidenden „Sprung nach vorn" zur Königsherrschaft ermöglichte.

Die politischen Voraussetzungen waren günstig. Ein letzter von Sachsen und Bayern aus entfachter Aufstand des Halbbruders Grifo scheiterte 747, dieser selbst fiel. Der austrische König Karlmann trat im selben Jahr ins Kloster ein, zuerst auf dem Monte Soracte, dann in die benediktinische Urabtei Montecassino. Ob ihn tiefe Reue über das Blutbad von Cannstatt, wo ein Teil des alemannischen Adels hingerichtet worden war, dazu getrieben hatte oder Differenzen mit dem Bruder, bleibe dahingestellt. Auf jeden Fall war nunmehr Pippin Alleinherrscher, die Frage nach der Legitimität seiner Herrschaft erhob sich fast zwangsläufig, denn noch gab es die merowingische Königssippe, die zwar politisch ausgeschaltet war, aber nach den magischen Auffassungen der Zeit immer noch das Königsheil verkörperte. Auch blieb der mißglückte Staatsstreich Grimoalds ein Warnzeichen für die Karolinger und ebenso das betonte, machtpolitisch motivierte Festhalten der Großdukate an dem nominellen Königtum der Merowinger. Andererseits war mit Grifos Tod und Herzog Odilos Ableben 748 – das Pippin eine unmittelbare Regentschaft in Bayern ermöglichte – die Macht der Dukate gebrochen oder zumindest stark beschnitten.

Auch wird man es nicht gering schätzen dürfen, daß die Karolinger schon zwei überregional bekannte Heilige, nämlich Gertrud von Nivelles und Arnulf von Metz, in ihrer Familie hatten, ein Faktum, das in einer sich rasch verchristlichenden Welt sicher zählte. Ansätze zu einer christlichen Legitimation karolingischer Herrschaft waren also schon vorhanden, als Pippin 749 Papst Zacharias die Frage vorlegen ließ „betreffs der Könige im Frankenreich, die damals nicht die königliche Gewalt besaßen, ob das gut sei oder nicht". Der Papst, wieder einmal von den Langobarden bedrängt und mit stadtrömischen Problemen zusätzlich belastet, war wohl gar nicht in der Lage, dem mächtigsten Herrscher des Westens eine andere als die gewünschte Antwort zu geben, „es sei besser, daß der König heiße, der die Gewalt habe, als der, dem keine königliche Gewalt verblieben sei". Die Reichsannalen schließen diesen knappen, inhaltsschweren Bericht mit dem Satz: „Um die Ordnung nicht zu stören, ließ er (Papast Zacharias) kraft seiner apostolischen Autorität den Pippin zum König machen" (Nr. 4, Bd. V, S. 14).

Man hat diesen päpstlichen Bescheid einerseits als eine Formalität, als eine Art Gutachten betrachtet, andererseits als „Befehl Gottes", nämlich in der Auffassung der fränkischen Großen, die die Wahl Pippins zum König vollzogen. Beide Auffassungen sind wohl überspitzt, da in der Sache selbst, dem Herrscheramt Pippins, die Entscheidung längst gefallen war. Dem

Karolinger ging es hauptsächlich um sakrale Bestätigung und Erhöhung seiner faktischen Macht. Mit Hilfe der päpstlichen Autorität konnten überdies opponierende Adelsgruppen beeindruckt werden, sie war eine zusätzliche Legitimation, ein nicht unwichtiger Rechtstitel, der den gegebenen Zustand stabilisierte und der Einweisung des letzten Merowingers ins Kloster eine geistliche Rechtfertigung verlieh. Wie immer man das päpstliche Responsum bewerten mag, ob als Rat, Gutachten, Weistum oder Befehl, politisch und rechtlich relevant für Pippins Erhebung zum König war nicht der päpstliche Spruch, sondern Wahl und Huldigung durch das fränkische Reichsvolk, die sich Ende 751 in der alten merowingischen Königsresidenz Soissons vollzogen. Der Schattenkönig Childerich III. wurde geschoren und in ein Kloster eingewiesen. Die im Anschluß an die Königswahl erfolgende Salbung Pippins hatte sicherlich „rechtsstärkende Funktion". Sie wurde drei Jahre später von Papst Stephan II. 753 wiederholt, als der römische Pontifex, neuerlich vom Langobardenkönig Aistulf bedrängt, auf Einladung Pippins ins Frankenreich kam, um ein regelrechtes Bündnis mit dem Frankenherrscher zu schließen. Die päpstlich-fränkische Alliance wurde durch die Salbung Pippins und seiner beiden Söhne im Reichsheiligtum Saint Denis bekräftigt und führte im Endergebnis zur militärischen Intervention des Frankenkönigs in Italien. Eine zusätzliche Legitimation erhielt Pippins Eingreifen durch den Patricius-Romanorum-Titel, den ihm der Papst, vielleicht mit Duldung des byzantinischen Kaisers, verlieh. Er begründete eine fränkische Schutzherrschaft über Rom, die anfangs eher ideeller Natur war, sich aber später durch Karl den Großen mit sehr konkretem politischen Inhalt füllen sollte.

„Pippinische Schenkung" und konstantinische Fälschung. Im Gegenzug zum päpstlichen Kooperationsangebot gab der neue Herrscher mit der sogenannten „pippinischen Schenkung", einer vielumstrittenen, leider verlorengegangenen Urkunde, dem Papst weitreichende Versprechungen hinsichtlich der Übergabe großer Gebiete an Rom, die von Benevent bis Venetien reichen sollten. Dies geschah offenbar in der Erwartung, in den beiden Feldzügen von 754–756 die langobardische Herrschaft in Italien völlig beseitigen zu können. Aber weder 756 noch 772/74, nach der tatsächlichen Niederwerfung der Langobarden, wurden Gebietsrückgaben in diesem Ausmaße verwirklicht. Immerhin sind mit dieser Schenkung die Anfänge des späteren Kirchenstaates verbunden, aber auch deren enge ursächliche Verknüpfung mit der karolingischen, nunmehr antilangobardischen Expansionspolitik in Italien. Konflikte mit byzantinischen Ansprüchen waren damit unvermeidlich, da Pippin auch nominell oströmisches Gebiet dem Papst überlassen hatte. Aufschlußreich und programmatisch war hierbei die Feststellung des Königs, er sei nicht zugunsten eines Menschen, auch nicht des Kaisers, in den Kampf gezogen, sondern „allein aus Verehrung für Sankt Peter und um Vergebung seiner Sünden zu erlangen".

Deshalb war es mehr als ein symbolischer Akt, daß er die Schlüssel der eroberten italienischen Städte auf dem Grab des Apostelfürsten Petrus niederlegen ließ. Umstritten ist, ob bei der sogenannten „pippinischen Schenkung" bereits von seiten des Papsttums die berühmteste Fälschung des Mittelalters, die „konstantinische Schenkung", ins Spiel gebracht worden ist oder ob dieses Schriftstück erst ein Machwerk des 9. Jahrhunderts war. Nach dem Wortlaut des angeblich am 30. März 317 in Rom vom Kaiser Konstantin ausgestellten langatmigen Dokuments hat der Kaiser aus Dankbarkeit gegenüber Papst Sylvester I., der ihn vom Aussatz heilte, dem Papst nicht nur den Lateranspalast geschenkt – was historisch zutreffen dürfte – sondern neben anderen großen Stiftungen in Rom auch das Recht verliehen, die Kaiserkrone sowie kaiserliche Kleidung tragen zu dürfen. Noch wichtiger aber war die Bestimmung, daß Konstantin dem Bischof von Rom die Stadt und alle Provinzen Italiens und der westlichen Regionen übertragen habe, ehe er seine neue östliche Hauptstadt Konstantinopel gründete. Auch vom Stratorendienst des Kaisers ist die Rede, daß nämlich der Imperator beim feierlichen Einzug in Rom das Pferd des Papstes führen solle, „damit es nicht strauchle". Wie immer man die faktische Wirkung dieser Fälschung beurteilen mag, sie enthielt genügend ideologischen Sprengstoff, der seit dem Investiturstreit den umfassenden weltlichen Machtanspruch des Papstes in den verschiedensten politischen Situationen immer wieder neu untermauerte. Die Kritik an dieser recht plumpen Fälschung setzte schon sehr früh ein, nämlich unter Kaiser Otto III. Sicherlich hat die „konstantinische Schenkung" den Gegensatz zwischen Papsttum und Kaisertum, wie er das Hoch- und Spätmittelalter wesentlich bestimmte, nicht erst geschaffen; dieser hatte sehr konkrete, in der straffen Kirchenherrschaft des fränkischen und später des deutschen Königs begründete Ursachen. Aber er gab dieser Konfrontation eine äußerst wirksame, über die Tagespolitik weit hinausreichende theoretische Begründung. Nicht zuletzt löste dann dieser Anspruch der Kirche auf weltliche Herrschaft gleichsam im Nebenschluß die scharfe Kritik des Spätmittelalters an Politik und Finanzgebarung der Papstkirche des 14. und 15. Jahrhunderts aus. Für die Zeit nach der Mitte des 8. Jahrhunderts jedoch bedeuteten pippinische und konstantinische Schenkung zumindest ein politisches Postulat des Papsttums; übrigens auch gegenüber Byzanz, von dessen Einfluß man sich damit emanzipieren wollte. Vorläufig allerdings geriet Rom nur in um so stärkere Abhängigkeit vom Frankenkönig.

Königsmacht und Adelsmacht. Für König Pippin war die massive Intervention in Italien, die zugleich eine Abkehr von der traditionellen Freundschaft mit den Langobarden bedeutete, nicht ohne Risiko. Er hatte dabei sowohl mit einer langobarden-freundlichen Adelsopposition im eigenen Lande zu rechnen als auch mit der Feindschaft von Byzanz, das seine Rechtstitel in Italien keineswegs aufgeben wollte. Nur so läßt sich Pippins langes Zögern gegenüber dem Langobardenkönig Aistulf erklären und seine fortgesetzten Versuche, zwischen Pavia und Rom doch noch zu vermitteln, um der politisch-militärischen Option zwischen beiden zu entgehen.

An der Italienpolitik vermag man auch den Einfluß des fränkischen Adels auf die Königspolitik abzulesen, dessen Rat und Zustimmung („consilium" und „consensus") hierfür erforderlich waren. Hier begegnet man erstmals einer spezifisch karolingischen Konsensidee, die unter anderem den Zweck hatte, sowohl die Mitwirkung des Adels, der „proceres" und „optimates", an der Herrschaft zu institutionalisieren, als auch gleichzeitig den Usurpationscharakter der karolingischen Herrschaft zu verschleiern. „Consensus fidelium" ist in diesem Sinne – das wird an der vom Adel mitgetragenen Italienpolitik Pippins III. erstmals deutlich – der propagandistisch eingesetzte und dann in den Kapitularien des 9. Jahrhunderts programmatisch ausgeweitete Gedanke vom politisch legitimierten Mitspracherecht des Adels. Gleichzeitig bedeutete er die Aufforderung zur Mitarbeit im zentralen karolingischen Königsstaat. Sie verwirklichte sich dann in der Tätigkeit der sogenannten „karolingischen Reichsaristokratie" als Grafen, Königsboten „missi dominici", aber auch als Bischöfe, Reichsäbte und Hofkapelläne im Dienste des Reiches.

Dieses herrschaftsideologische Konzept bewährte sich in den Kerngebieten des Reiches, es wurde später von Karl dem Großen noch wesentlich effizienter ausgestaltet. In den Randzonen karolingischer Macht jedoch war dessen Wirkung sehr begrenzt. Das zeigte der Fall des Bayernherzogs Tassilo III., der 757 dem Karolinger zwar als Vasall huldigte, 763 jedoch bei einem Feldzug gegen Aquitanien das Heer Pippins verließ und von da ab besonders seit 772 in Bayern eine relativ unabhängige Stellung ausbauen konnte. Der König mußte dies hinnehmen, doch gelang es ihm dafür, in mehreren Feldzügen gegen Herzog Waifar von Aquitanien 768 dieses Herzogtum endgültig der fränkischen Oberhoheit zu unterwerfen. Nachdem Pippin schon 759 mit der Einnahme von Narbonne Septimanien erobert hatte, war nunmehr das Land zwischen der Loire und den Pyrenäen fest in fränkischer Hand.

Als Pippin mit Triumph aus Aquitanien heimkehrte, war er ein todkranker Mann. In Saint Denis, dem Ort seiner Erziehung und Bildung, ordnete er vom Krankenlager aus mit dem Beistand der fränkischen Großen die Nachfolge. Wiederum kam es zu einer Teilung: der 747 geborene ältere Sohn Karl erhielt die nördlichen Teile Austriens und Neustriens; er wurde am 9. Oktober 768 in Noyon auf den Thron erhoben, während die Königserhebung des jüngeren, 751 geborenen Sohnes Karlmann am selben Tag in Soissons erfolgte. Ihm fiel die Herrschaft über Burgund mit der Provence, über Alemannien, das Elsaß und Septimanien zu, wohingegen Aquitanien von beiden Brüdern gemeinsam als Reichsprovinz verwaltet werden sollte, eine Lösung, die allein schon Konfliktstoff in sich barg.

Bayern blieb bei der Teilung unerwähnt, es war damals so gut wie völlig selbständig, wirkte jedenfalls von außen gesehen so. Dabei darf aber nicht übersehen werden, daß seit Herzog Odilos Tod 748 fränkisch orientierte Adelsgruppen im Herzogtum während der Regentschaft Pippins an Bedeutung sehr gewonnen hatten. Sie beherrschten faktisch den Westen Bayerns und das Bistum Freising. Solange Tassilo III. im Fahrwasser fränkischer Politik blieb, war seine Stellung dadurch nicht gefährdet, doch sollte sich das rasch ändern, als er später Karl den Großen herausforderte. Vorläufig jedoch zeigte die Vermählung Tassilos III. mit Liutbirga, der Tochter des neuen Langobardenkönigs Desiderius, und auch sein Herrschaftsausbau im Osten und Südosten Bayerns, daß er in Konkurrenz zu den karolingischen Vettern eine königsgleiche Stellung anstrebte. Die von ihm 762 oder 767 begonnene Domkirche in Salzburg war in ihren Ausmaßen größer als der karolingische Sakralbau in Saint Denis und sollte sicher ein Symbol für Tassilos weitausgreifende politische Ambitionen sein. Diese hatten allerdings nur so lange eine reale Chance, als der langobardische Bündnispartner südlich der Alpen noch selbständig war.

Insgesamt jedoch hat Pippin III. nicht nur die karolingische Herrschaft endgültig konsolidiert und mit der Königswürde sakral legitimiert, sondern auch durch die Einverleibung Aquitaniens und Septimaniens das Frankenreich wesentlich erweitert. Mochte auch die Situation in Sachsen noch ungeklärt sein und mochte die Rolle der Franken zwischen Papsttum und Langobardenreich letztlich immer noch in der Schwebe bleiben: die politische Leistung dieses Königs, der schon mit 54 Jahren starb, war gewaltig. Sie stünde uns sicher deutlicher vor Augen, würde sie nicht von der Gestalt seines großen Sohnes allzu sehr in den Hintergrund gedrängt.

c) *Karl der Große (768–814)*

Offensive Anfänge in Italien. Karl, dem schon die Zeitgenossen historische Größe attestierten und dessen Persönlichkeit in Einhards zeitgenössischer Lebensbeschreibung uns trotz mancher Stilisierung klar entgegentritt, hatte das Glück, durch den frühen Tod seines Bruders Karlmann bereits 771 Gesamtherrscher des Reiches zu werden. Damit fiel eine gefährliche, sich dramatisch zuspitzende Rivalität der Brüder weg. Karlmanns Witwe Gerberga floh mit ihren beiden Söhnen an den Hof des Langobardenkönigs Desiderius. Obwohl Karlmann vor seinem Tode selbst antilangobardische Politik betrieben hatte, forderte Desiderius vom neuen Papst Hadrian I. (772–795) die Königssalbung seiner Söhne; sie waren jetzt Faustpfänder in seiner Hand. Karl, der inzwischen seine langobardische Gattin nach nur einjähriger Ehe verstoßen hatte, wurde von Hadrian Anfang 773 um militärische Hilfe gegen die Langobarden gebeten. Er zögerte aber noch; vermutlich deshalb, weil ihn der Beginn des Sachsenkrieges, der sich über Jahrzehnte hinziehen sollte, in seiner militärischen Aktionsfähigkeit behinderte. Erst als Desiderius gegen Rom vorrückte, zog auch Karl von Genf aus nach Italien und belagerte den Langobardenkönig in dessen Hauptstadt Pavia; diese ergab sich aber erst im Juni 774.

In der Zwischenzeit war Karl auf einer österlichen Pilgerfahrt nach Rom gekommen, erneuerte dort als ,,protector ac defensor" der römischen Kirche das umfassende Schenkungsversprechen seines Vaters Pippin von 754 und schien damit völlig den Erwartungen Hadrians I. entsprechen zu wollen. Jedoch änderte sich die fränkische Italienpolitik in dem Augenblick, als Desiderius militärisch kapituliert hatte und von Karl in eine fränkische Reichsabtei, vermutlich in Corbie, zu lebenslänglicher Klosterhaft eingewiesen wurde. Der Sohn des Langobardenkönigs, Adalgis, war schon zuvor nach Byzanz geflüchtet. Es kam also nicht mehr zu einem Friedensschluß; vielmehr fügte der Frankenkönig seinem Herrschertitel ohne Wahl und Krönung die langobardische Königswürde hinzu und nannte sich seit 774 ,,rex Francorum et Langobardorum". Die Selbständigkeit des Langobardenreiches war zwar damit zu Ende – nur das Herzogtum Benevent konnte sich bis 1050 als langobardische Restherrschaft noch relativ unabhängig behaupten –, aber seine Einheit blieb im wesentlichen erhalten. Karl sorgte aber dafür, daß durch Männer seines Vertrauens aus den Reihen der ,,Reichsaristokratie" die langobardischen Gebiete dem Frankenreich verwaltungsmäßig fest eingegliedert wurden.

Als faktischer Nachfolger des Langobardenkönigs kraft Eroberung änderte Karl fast zwangsläufig sein Verhältnis zum Papsttum. Schon vor Ostern war er wie ein byzantinischer Exarch oder Patricius empfangen worden. Seit dem 16. Juli 774 nahm er als dritten Herrschertitel den bereits 754 seinem Vater verliehenen Rang eines ,,patricius Romanorum" in seine Urkunden auf. Die auf diese Weise legitimierte Schutzherrschaft über Rom baute er Schritt für Schritt aus, und zwar in einer Weise, die nun deutlich in Richtung eines Cäsaropapismus nach byzantinischem Vorbild tendierte: Karl wurde immer mehr der faktische Herr Roms. Auf der Frankfurter Synode von 794 ging er sogar so weit, mit seinen Hoftheologen auch in Glaubensfragen Entscheidungen gegen den Papst zu fällen. Wie teuer das Papsttum den Sieg über die Langobarden bezahlen mußte, zeigte sich auch bei der territorialen Neuordnung Italiens durch Karl. Zwar gab er dem Drängen Hadrians I. schließlich nach und erkannte 781 die päpstliche Herrschaft im Dukat von Rom, im Exarchat von Ravenna, in der Pentapolis zwischen Rimini und Ancona und in der Sabina an und fügte 787 sogar Teile der südlichen Toscana hinzu. Im übrigen aber bewahrte er entgegen dem Versprechen von Quiercy und Rom weitgehend den langobardischen Besitzstand, zu dem auch das Herzogtum Spoleto gehörte.

Bedenkt man Karls massive Schutzherrschaft über den Kirchenstaat, dann waren auch die Zugeständnisse an Rom nur relativer Natur. Damit blieben im Grunde Ober- und Mittelitalien bis zum zeitweise lose angegliederten letzten langobardischen Herzogtum Benevent in fränkischer Hand, später auch Venedig und Istrien an der Ostküste der Adria; doch dauerte dies mit einigen Schwankungen nur bis 812. Kaiserin Irene von Byzanz akzeptierte die Neuordnung Italiens vorerst, es kam sogar zu einer Verlobung ihres Sohnes Konstantin VI. mit Karls Tochter Rotrud. Der Frankenkönig erhob seinen unmündigen Sohn Pippin 781 formell zum König von Italien und ließ ihn zusammen mit seinem Bruder Ludwig vom Papst zum König salben. Dauerhaft war der Stand der Dinge allerdings nicht, denn schon bald kam es zum Bruch mit Byzanz und damit zu kriegerischen Auseinandersetzungen in Süditalien, bei denen der geflüchtete Sohn des Desiderius, Adalgis, als byzantinischer Patricius seine Herrschaftsansprüche in Italien durchzusetzen versuchte. Letzterer scheiterte zwar, doch konnte sich aufgrund der fränkisch-byzantinischen Konfrontation das Herzogtum Benevent wieder verselbständigen.

Die Sachsenkriege. Weniger erfolgreich war Karl anfangs in den Kriegen gegen die Sachsen, die sich seit 772 wider Erwarten und trotz oder wegen seines brutalen Vorgehens über Jahrzehnte hinzogen. Karl unterschätzte offenbar die expansive Kraft des Sachsenstammes. Dieser kannte zwar keine führende Herzogssippe, wie sie Alemannien und Bayern besaßen, er konnte aber trotz starker innerer Spannungen seit merowingischer Zeit immer wieder ein erstaunliches Potential mobilisieren. Als politisch-kultischer Bund mit auffällig starker sozialer und regionaler Differenzierung umfaßte er die Gruppen der Engern beiderseits der Weser, westlich und östlich von ihnen die West- und Ostfalen und nördlich davon die Nordalbinger. Die endlosen Grenzkriege mit den Franken, aber auch die Abwehr der von Osten vordringenden slawischen Völkerschaften trugen sicher zur inneren Stabilität des Sachsenstammes bei, dessen Name sich von dem charakteristischen einschneidigen Kurzschwert „sax" ableitete. In jährlichen Versammlungen in Marklo an der Weser regelte der Bund seine politischen Angelegenheiten sowohl durch regionale wie durch eher gesellschaftspolitisch bestimmte Delegationen, ein vom Adel beherrschtes System, das sich aber im Kampf gegen die fränkischen Invasoren bewährte.

Karl eröffnete den Krieg mit einem Feldzug gegen die Engern, eroberte die Eresburg an der Diemel und ließ die Irminsul, das zentrale Kultzeichen, zerstören. Die Abwesenheit des Königs in Italien benutzten die Sachsen zum Gegenschlag und zum Einfall in Hessen. Erst 775 setzte Karl zur völligen Eroberung Sachsens an und zwang West- und Ostfalen sowie die Engern zur Anerkennung seiner Herrschaft. Durch Pfalzen sicherte er seit 777 das Land und teilte es auf einem Reichstag zu Paderborn in Missionsprengel, die zugleich die politische Gliederung des eroberten Gebietes bildeten. Die jetzt einsetzenden zwangsweisen und oberflächlichen Massentaufen der unterworfenen Sachsen, die später starke Kritik von seiten der Kirche, besonders durch den Angelsachsen Alkuin, auslösten, blieben ohne tiefere Wirkung. Schon 778 kam es zu einem neuerlichen erfolgreichen Aufstand unter dem „Volksherzog" Widukind, einem westfälischen

Adeligen, der Karls Spanienfeldzug für eine umfassende Erhebung benutzte. In deren Verlauf wurde 782 ein fränkisches Heer am Süntel völlig vernichtet. Es zeigte sich aber bald, daß der sächsische Stammesbund der militärischen Belastung auf die Dauer doch nicht gewachsen war. Denn noch ehe Karl selbst wieder in Sachsen erschien, hatten fränkische Truppen im Verein mit sächsischen Adeligen den Aufstand niedergeworfen. Widukind, der nicht nur gegen die fränkischen Eroberer kämpfte, sondern zugleich Anführer einer breiten Volksbewegung gegen die Adelsherrschaft war, mußte fliehen. In Verden an der Aller ließ Karl eine große Zahl der Rebellen, aber kaum 4500, wie die Reichsannalen wohl übertreibend melden, hinrichten. Darauf flammte 783/84 der Sachsenkrieg unter Widukinds Führung erneut auf. Auch die längst unter fränkischer Herrschaft stehenden Ostfriesen beteiligten sich diesmal, doch der Erfolg blieb aus. Karl überwinterte mit seinem Heer in Sachsen und verwüstete rücksichtslos das Land. Er erließ entweder 782 oder 785 die „Capitulatio in partibus Saxoniae", die auf Jahre hinaus ein hartes Standrecht begründete. Erst 797 milderte er dieses, und 802 löste er es endgültig durch eine neue Rechtsordnung, die „Lex Saxonum", ab. In ihr ergänzten und durchdrangen sich fränkisches Reichsrecht und traditionelles sächsisches Stammesrecht. Widukind hatte damals schon den Widerstand aufgegeben und sich 785 in der Pfalz Attigny taufen lassen. Seine Nachkommen förderten maßgeblich die Christianisierung Sachsens. Mathilde, die zweite Gemahlin König Heinrichs I., entstammte dieser Familie. Es spricht für Karls politischen Weitblick, daß er die Zwangsherrschaft so bald wie möglich wieder aufhob. Die Sachsen konnten auf diese Weise neben den Franken zum zweiten Reichsvolk werden. Das ändert allerdings nichts an der Brutalität, mit der sie ins Frankenreich hineingezwungen wurden. Die eher harmonisierende Wiedergabe der Ereignisse in Einhards Karls-Biographie und mehr noch die Darstellung bei dem ottonischen Geschichtsschreiber Widukind von Corvey († nach 973) setzen bereits das spätere Einheitsbewußtsein der staatstragenden Franken und Sachsen voraus. Beide Quellen markieren deutlich den Weg zur völligen Integration, den ein Teil des sächsischen Adels schon sehr früh beschritten hatte. Mehr als hundert Jahre später stellte der sächsische Stamm mit den Ottonen jene Königsdynastie, die mit der Entstehung des mittelalterlichen deutschen Reiches eng verbunden ist.

Die Unterwerfung Sachsens war auch unmittelbar mit dessen Christianisierung verknüpft, wobei letztere durch planmäßige Mission und durch Kloster- und Bistumsgründungen das Land auch organisatorisch fest an die fränkischen Kerngebiete band. In ähnlicher Weise wirkte auch die Grafschaftsverfassung, die jetzt die alte Rechtsordnung Sachsens überwölbte, ohne sie zu zerstören.

Sicherung der Grenzräume: Bayern und die Spanische Mark. Während sich in Sachsen die Kämpfe jahrzehntelang hinzogen, ging die endgültige Einverleibung des agilolfingischen Bayern überraschend schnell vor sich. Dieser Unterschied läßt sich nur teilweise mit dem hartnäckigen Heidentum des sächsischen Stammesbundes erklären. Er hing vornehmlich mit der äußeren und inneren Situation Bayerns zusammen. Nach 774 war der langobardische Bundesgenosse weggefallen, so daß Tassilo III. trotz seiner Siege in Karantanien (772) in politische Isolierung geriet. Was die inneren Verhältnisse des agilolfingischen Herzogtums anbelangt, so hatte die Mission aus dem fränkischen Bereich mit Emmeram, Corbinian und Virgil schon seit langem die bayerische Kirche geprägt, insbesondere das Bistum Freising als Zentrum einer frankenfreundlichen Adelsopposition. Im westlichen Bayern war Tassilos Machtposition von Anfang an schwach gewesen. Bischof Arbeo von Freising (764–783), den man als ersten namentlich bekannten deutschen Schriftsteller bezeichnen darf, hat sicher nicht zufällig durch die Lebensbeschreibungen von Emmeram und Corbinian zwei Heilige gefeiert, die mit dem agilolfingischen Herzoghaus, wie er selbst, in Konflikt geraten waren. So verwundert es nicht, daß Karl der Große 787/88 keiner großen militärischen Anstrengungen bedurfte, um die Absetzung und Klosterhaft Tassilos III. zu erzwingen; ein beträchtlicher Teil des bayerischen Adels stand bereits auf seiner Seite.

Der Karolinger sicherte sein Vorgehen aber auch rechtlich ab. Dabei kam ihm zu Hilfe, daß Tassilo schon seit 757 durch einen Vasalleneid an die karolingische Dynastie gebunden war und daß er diesen Eid 763 durch Verweigerung der Heeresfolge auf einem Aquitanienfeldzug Pippins III. verletzt hatte. In der Endphase der Auseinandersetzung nützte es Tassilo auch wenig, daß er 781 seinen Eid gegenüber Karl durch Stellung von Geiseln erneuerte. Der Frankenkönig war offenbar entschlossen, die letzte Bastion relativ selbständiger Herzogsmacht zu brechen. Auch die Anklage auf dem Ingelheimer Hoftag von 788, Tassilo habe mit den Awaren konspiriert und dadurch als Lehnsmann den Treueid gegen den Herrscher gebrochen, war vermutlich ein Vorwand zur politischen Beseitigung des königsgleich regierenden bayerischen Herzogs.

Wenn damit auch die Herzogsfamilie der Agilolfinger endgültig ausgeschaltet war, blieb doch die Einheit Bayerns erhalten, sie verstärkte sich noch 798 durch die Erhebung Salzburgs zum Erzbistum des Landes. Karls Schwager Gerold, der wahrscheinlich agilolfingisch versippt war, stand jetzt als Präfekt an der Spitze dieser neuen fränkischen Königsprovinz, die 817 ein Unterkönigtum und seit Ludwig dem Deutschen Kernland des ostfränkischen Teilreiches wurde. Regensburg spielte als ostfränkische Königsresidenz politisch wie kulturell eine bedeutende Rolle, kirchlich jedoch vor allem das Erzbistum Salzburg als Missionszentrum für den Osten. In einer Reihe von Feldzügen gegen die Awaren drangen seit 791 fränkische Heere tiefer in den Donauraum ein. Nach der Eroberung ihrer Hauptfestung, des Awarenringes und seiner sagenhaften Schätze, konnten die Donau- und Alpenländer östlich der alten Ennsgrenze einer planmäßigen bayerischen Besiedlung geöffnet werden, die für den weiteren Verlauf der deutschen Geschichte weittragende Folgen hatte. Bayern selbst entfaltete sich mit seiner blühenden Klosterkultur im späteren 8. und vor allem im 9. Jahrhundert zu einem Hauptland der althochdeutschen Literaturblüte, die wiederum Teil der „karolingischen Renaissance" war.

Am wenigsten erfolgreich war Karl gegenüber dem islamischen Spanien, obwohl die Auseinandersetzungen zwischen muslimischen Teilherrschern ihm 778 willkommenen Anlaß zu einem großangelegten Feldzug gegen Abdarrahmān, den omaijadischen Emir von Cordoba, boten. Der Frankenkönig besetzte das christliche Pamplona, scheiterte aber vor Saragossa. Auf dem Rückzug erlitt das Heer durch den Angriff der Basken im Tal von Roncevaux schwere Verluste, Hruodland, der Graf der bretonischen Mark, fiel; seinen Untergang schildert das altfranzösische Rolandslied. Das Fiasko des Spanienzuges bedrohte auch die politische Ordnung in Aquitanien und in der Gascogne, deren Lage an der Peripherie des Reiches immer wieder die Möglichkeit eröffnete, eigene Politik zu betreiben. Karl begegnete dem 781 durch die Einrichtung eines Unterkönigtums in Aquitanien für seinen jüngsten Sohn Ludwig. Aus dem Schutzgürtel der Spanischen Mark wuchsen später im Zuge der Reconquista fast alle christlichen Staaten Spaniens.

Die östlichen Marken und Böhmen. Ähnlich wie die Spanische Mark die Grenze des Karolingerreiches gegenüber dem islamischen Spanien sichern und bei sich bietender Gelegenheit vorschieben sollte, dienten auch die anderen Markengründungen Karls demselben Ziel: die Bretonische Mark im Nordwesten und im Osten die Sorbische und Böhmische Mark sowie an der Ostflanke Bayerns die Ostmark als Keimzelle des späteren Österreich. Die mit militärischen und administrativen Vollmachten ausgestatteten Markgrafen sollten die stets gefährdeten Grenzgebiete durch ein besonderes Heeresaufgebot sichern. Daher wuchs sich im Laufe des 9. Jahrhunderts die Sonderstellung der Markgrafen nicht selten zu einer Herrschaft eigenen Rechtes aus, die etwa im Falle Bayerns zum Aufbau des luitpoldingischen „jüngeren Stammesherzogtums" führte.

Die östlichen Marken waren vor allem auch Bastionen gegen die westslawischen Völkerschaften, die Karl sowohl bekriegte wie auch als Bundesgenossen gewann. Letzteres war bei den Abodriten in Mecklenburg der Fall, mit deren Hilfe der Frankenkönig im Zangenangriff die Sachsen niederwarf, wohingegen er 789 die Wilzen in Brandenburg und Vorpommern bekämpfte. Als Dank für die Waffenhilfe überließ Karl 804, nach dem letzten Feldzug gegen aufständische Sachsen, den Abodriten Nordalbingien, das Land nördlich der Niederelbe. Er handelte also rein pragmatisch-politisch, keineswegs aus einem „gemeingermanischen Bewußtsein" heraus, das man ihm gelegentlich zugeschrieben hat. Ähnliches galt für die Grenzsicherung im Südosten. Als die Awarenherrschaft über die Slawen zwischen 791 und 803 den konzentrischen Angriffen von Franken und Bulgaren zum Opfer fiel, konnte Karl auch hier die Verhältnisse konsolidieren und an der Ostgrenze Bayerns ein System abhängiger slawischer Herrschaften im Vorfeld der Marken bilden. Im Zuge dieser offensiven Politik ließ er 805 drei Heeresabteilungen in Böhmen einrücken, anfangs ohne bleibenden Erfolg. Später jedoch, nach weiteren Unternehmungen, konnte das Land in Abhängigkeit gebracht werden. Seit dieser Zeit, so weiß Cosmas von Prag noch anfangs des 12. Jahrhunderts zu berichten, hatten die Böhmen einen jährlichen Tribut von 120 Ochsen und 500 Mark Silber zu leisten. In dieselbe Zeit (805) fiel ein karolingisches Waffenausfuhrverbot gegenüber den Slawen. Karl, dessen Name im Westslawischen die Bezeichnung für König (král) wurde, ebnete dann in diesem Bereich durch Bündnisse und durch Unterwerfung den Weg für die christliche Mission. Damit öffnete sich die westslawische Völkerwelt dem katholischen Christentum und es begann ein langwieriger und krisenreicher Integrationsprozeß, der die Slawen – neben Romanen und Germanen – zur dritten tragenden Säule der entstehenden europäischen Völkerwelt werden ließ.

Karls Kaisertum. Mit der Eingliederung der rechtsrheinischen germanischen Stämme in das Frankenreich und dessen erfolgreicher Ausdehnung zwischen Ebro und Elbe, Eider und Tiber war am Ende des 8. Jahrhunderts eine Konstellation eingetreten, die eine „herrschaftsideologische" Erhöhung und Legitimation dieser neuen Großreichsbildung nahelegte; in ihr war im Kern Einheit und Vielfalt der europäischen Völkerwelt schon enthalten. Die hochpolitische Hoftheologie Karls hatte bereits vor dessen Kaiserkrönung ein Fazit aus der Tatsache des karolingischen Großreiches gezogen und 797 die faktische Machtstellung des Frankenkönigs als ein „Imperium christianum" bezeichnet. Der angelsächsische Theologe und politische Berater Karls, Alkuin, vertrat 799 die Auffassung, daß „von den drei Personen, die in der Welt den höchsten Rang einnehmen", Karl an Autorität den Papst und den Kaiser in Byzanz übertreffe, weil er sie an Macht, Weisheit und Würde überrage. Das sogenannte „Paderborner Epos", das die Ankunft des aus Rom vertriebenen Papstes Leo III. auf einem imperial-zeremoniellen Reichstag in Karls wichtigstem Zentrum in Sachsen schildert – es dürfte zeitgenössisch, spätestens aber kurz nach 800 entstanden sein –, nahm den Anspruch auf die kaiserliche Würde gleichsam bildlich vorweg (Nr. 28, Karolus Magnus et Leo Papa). Dabei war aus der dort geschilderten bedrängten Situation des Papstes die grundsätzliche Unabhängigkeit der imperialen Würde von Rom bereits abzulesen. Jedenfalls sahen so die Dinge auf fränkischer Seite aus, eine Sicht, die mit dem Schlagwort „Aachener Kaiseridee" umschrieben werden kann.

Als Karl um 800 Hegemonialherrscher des Westens geworden war, mußte er mit den beiden Großmächten des Mittelmeerraumes rechnen: dem Kalifat von Bagdad und ebenso mit Byzanz, der christlichen Vormacht des Ostens. Da die muslimischen Omaijaden in Spanien in schweren Auseinandersetzungen mit Bagdad standen, lag es für Karl nahe, aus gemeinsamer Gegnerschaft gegen das Emirat von Cordoba mit Harun-al-Raschid freundschaftliche Beziehungen zu pflegen. Hinzu kam, daß der Frankenherrscher damit bis zu einem gewissen Grade auch Schutzherr der orientalischen Christen und der christlichen Pilgerstätten des Heiligen Landes zu sein hoffte. Wesentlich schwieriger mußten sich die Beziehungen zum Kaisertum in Konstantinopel gestalten, da der oströmische Basileus seinen Herrschaftsanspruch auch über den verlorenen Westen nie aufgegeben hatte. Beide Großreiche konnten sich auf die Tradition des Imperium Romanum stützen. Neben diesen herrschaftsideologischen Differenzen, die durch dogmatische Gegensätze in der Frage der Bilderverehrung und des „Adoptianismus“ verschärft wurden, bestanden auch handfeste Konfliktzonen in Italien. Zwar war der byzantinische Exarchat von Ravenna schon 751 an die Langobarden verlorengegangen, jedoch im südlichsten Unteritalien, in Otranto, Kalabrien und Sizilien, konnte sich die oströmische Herrschaft in langwierigen Auseinandersetzungen mit fränkisch-beneventanischen Kräften behaupten. Ebenso stießen fränkische und byzantinische Territorialinteressen im Falle Venedigs und der dalmatinischen Küste aufeinander.

Diese Einbettung des expansiven Frankenreiches in die „weltpolitische“ Konstellation des Mittelmeerraums ist mitzubedenken, wenn man die karolingische Kaiseridee in ihrer besonderen Ausprägung wie auch in ihrem Kompromißcharakter richtig beurteilen will, wie sie uns in dem komplizierten Kaisertitel entgegentritt, der erstmals in einer Urkunde vom 29. Mai 801 auftaucht:

„Karolus serenissimus augustus a deo coronatus magnus pacificus imperator Romanum gubernans imperium, qui et per misericordiam dei rex Francorum atque Langobardorum“ [Karl, der allergnädigste, erhabene, von Gott gekrönte, große friedebringende Kaiser, der das römische Reich regiert und der auch durch das Erbarmen Gottes König der Franken und Langobarden ist]. (Nr. 33, III, 2, Bd. 1, S. 265f.)

Man hat diesen Titel wohl mit Recht als eine Kompromißformel gegenüber dem älteren byzantinischen Kaisertum, dem Träger der Kontinuität der Kaiseridee, interpretiert. Man hat ferner hervorgehoben, daß der Königstitel als Hinweis auf die reale fränkisch-langobardische Machtbasis Karls in der Gesamttitulatur mit aufgenommen wurde und daß schließlich die Formel „a deo coronatus“ eine besondere sakrale Legitimierung ausdrückte. Diese wies wiederum auf die karolingische „Machtübernahme“ Pippins zurück, die auch im Gesamttitel mit der Formel „per misericordiam dei rex Francorum“ unmittelbar angesprochen wurde: Es war eine christlich-fränkische Herrschaftsidee, die in den offiziösen „Libri Carolini" und im liturgischen Bereich zum Ausdruck kam. Die umständliche Konkordanzformel des mehrgliedrigen Titels wird wohl am ehesten aus ihrem zeitlichen Umfeld verständlich. Die Notwendigkeit, einen Modus vivendi mit dem oströmischen Basileus zu finden, wurde schon erwähnt. Der Zeitpunkt war insofern günstig, als die Kaiserin Irene seit dem Sturz ihres Sohnes Konstantin VI. (797) nur mit größter Mühe ihre Herrschaft aufrechterhalten konnte und daher seit 798 um Ausgleich mit der expansiven neuen Großmacht des Westens bemüht sein mußte. Dieser Ausgleich kam allerdings erst unter Kaiser Michael I. im Jahre 812 zustande, als eine byzantinische Gesandtschaft in Aachen das Karlsreich als ebenbürtiges westliches Kaisertum („imperium occidentale") anerkannte. Dennoch hatte die Zurückhaltung Karls bei der Definition seines Kaisertums den Weg zu dieser Lösung geebnet. Wieviel dem Frankenherrscher an dem Arrangement mit Byzanz lag, geht schon daraus hervor, daß Karl 812, im Gegenzug zu Michaels Hoheitsverzicht über Rom, Venetien und Dalmatien dem byzantinischen Einflußbereich überließ.

Die alte geschichtliche Erfahrung, daß komplizierte politisch-ideologische Kompromißformeln schon in ihrer Entstehungszeit, mehr noch aber danach unter gewandelten Verhältnissen sehr verschiedenartiger Deutungen ausgesetzt sind, ja diese geradezu herausfordern, zeigte sich besonders an der Rolle des römischen Kirchenoberhauptes in der Kaiserfrage. Das geht aus der berühmten Stelle in Einhards Karls-Biographie hervor, wonach dem Herrscher der Titel Kaiser und Augustus, wie er ihn am Weihnachtstage des Jahres 800 durch Papst Leo III. mit dem Krönungsakt in St. Peter empfangen hatte, anfangs so zuwider gewesen sei, daß er – Karl – versicherte, „er würde an jenem Tage, wenngleich es ein hohes Fest war, die Kirche nicht betreten haben, wenn er des Papstes Absicht (consilium) hätte vorherwissen können". (Nr. 4, Bd. V, S. 198f.) Da Einhards Buch offiziösen Charakter hat, geht es nicht an, das Mißfallen des Herrschers als Bescheidenheitsformel abzutun. Schon mit Rücksicht auf die dem byzantinischen Zeremoniell nachgebildete Selbstkrönung seines Sohnes Ludwig in Aachen 813, die wohl am ehesten die imperiale Idee des anwesenden Vaters widerspiegelte, muß man Karls Dissens vom Weihnachtstag 800 ernst nehmen. Schließlich war dieses neue Kaisertum, wie schon aus dem umständlichen Kaisertitel hervorgeht, der vielfältigsten Interpretation fähig. Für die fränkische sorgte Karls politische Hoftheologie. Für das Papsttum jedoch, das seine zielbewußte Ablösung von Byzanz nicht einfach gegen eine bedingungslose Unterordnung unter ein fränkisches „Aachener" Kaisertum eintauschen wollte, hatte die Initiative bei der römischen Krönung gegenüber dem Frankenherrscher präventiven Charakter, gegenüber Byzanz jedoch einen quasi emanzipatorischen. Deshalb erwähnt die offizielle Biographie Papst Leos III. mit keinem Wort den Kniefall des Papstes vor dem soeben von ihm Gekrönten. (Nr. 29, Bd. 2, S. 7). Dieser Unterwerfungsgestus stammte aus dem byzantinischen Zeremoniell, symbolisierte also gerade jene Unterordnung der geistlichen Gewalt unter den Imperator, der sich der Bischof von Rom mit Hilfe des Frankenherrschers endgültig zu entziehen suchte. Umgekehrt wird einsichtig, warum die offiziellen Reichsannalen die päpstliche Proskynesis, den Kniefall vor dem Gekrönten, besonders erwähnen. Beide Quellen – die karolingische wie die päpstliche – sind Musterbeispiele für die nachträgliche Interpretation eines historischen Ereignisses aus politischem Interesse. Daß Rom in einem Zustand äußerster politischer und militärischer Schwäche – zerrissen von Parteikämpfen, die Leo III. 799 zur Flucht und zum Bittgang nach Paderborn, zur Rechtfertigung vor Karl und zu einem Reinigungseid gegen den Vorwurf schwerer sittlicher Verfehlungen zwangen – dennoch mit der Art des Krönungsvorganges ein durch die Jahrhunderte weiterwirkendes Zeichen geistlicher Superiorität zu setzen verstand, ist das eigentlich Bemerkenswerte an diesem Vorgang. Mochte Karl auch im Augenblick unbestreitbar als Sieger erscheinen – bereits unter seinen Nachfolgern begann Rom aus der Krönung des Kaisers einen Überlegenheitsanspruch des Papstes abzuleiten; dies führte schon im 9. Jahrhundert bei Nikolaus I. zur offenen Konfrontation und sollte sich später im Investiturstreit zu einer politischen Ideologie mit harten Konsequenzen für den Kaiser verdichten.

Kann man das päpstliche Handeln in der Kaiserfrage eher als eine aus der eigenen Bedrängnis geborene, aber geniale, jedenfalls zukunftsträchtige Initiative bezeichnen, die erst viel später ihre gewaltigen Auswirkungen zeitigen sollte, wird man demgegenüber Karl selbst durchaus Zielstrebigkeit und Pragmatismus in der Kaiserfrage zubilligen dürfen. Dies gilt nicht nur für sein letztlich auf Ausgleich bedachtes Verhalten Byzanz gegenüber, sondern mehr noch für die erfolgreiche Einvernahme des Papsttums für eigene politische Ziele. Schon die Nutzung des alten, von seinem Vater geführten Patricius-Romanorum-Titels zu massivem Machtgebrauch in Rom zeigt dies. Anläßlich der Vertreibung Papst Leos III. und dessen Rückführung nach Rom durch Karl wurde sie nur besonders deutlich, war jedoch bereits mit dem Sieg über die Langobarden seit 774 gegeben. Der Empfang Karls am zwölften Meilenstein vor Rom durch den Papst – eine Huldigung, auf die nur der Kaiser Anspruch hatte – war die zeremonielle Konsequenz dieses Machtanstiegs Karls; sie dürfte wohl schon bei den Paderborner Vorverhandlungen in der Kaiserfrage ausgehandelt worden sein. Das Gerichtsverfahren Karls gegen die Feinde Leos III. nach dessen Reinigungseid machte den Stadtrömern die Gerichtshoheit des Frankenherrschers über Rom wohl erschreckend klar. So mag es wohl nicht nur christliche Milde, sondern auch wohlüberlegtes innenpolitisches Kalkül gewesen sein, daß sich der Papst für die Begnadigung seiner Gegner einsetzte: Die Todesurteile Karls gegen die stadtadeligen Opponenten Leos, die offenbar sehr zahlreich waren, wurden in Verbannung umgewandelt. Nichtsdestoweniger scheint Karl damals den Zenit seines Einflusses in

Rom überschritten zu haben; es dürfte kein Zufall sein, daß er nach 800 die Heilige Stadt nie mehr betreten hat.

Auswirkungen des Kaisertums im Innern. Um so mehr war jedoch der Kaiser bestrebt, die neue Würde zur Festigung seiner Stellung im fränkischen Großreich zu benutzen. Nach 800 ließ er von allen Untertanen einen neuen Treueid auf das „nomen Caesaris" schwören, obwohl er schon 786 oder 792 einen Anlauf in dieser Richtung unternommen hatte. Mit dem „Capitulare missorum item speciale" von 802, einer generellen Anordnung für alle Angehörigen des Reiches, die weit über die 792 erlassene knappe Treueverpflichtung hinausging, wurde die Treue gegenüber dem „imperator christianissimus" nach lehnsrechtlichen Formeln neu definiert (Nr. 33, II, 2, Bd. 1, Nr. 35, S. 102–104). Jeder Bewohner des Reiches sollte wie ein Lehnsmann persönlich an den Kaiser gebunden werden.

Wie weit allerdings beim Fehlen einer effektiven Reichsverwaltung solche innenpolitischen Postulate durchzusetzen waren, bleibe dahingestellt. Skepsis hinsichtlich der Effizienz dessen, was man gemeinhin als Reichsherrschaft zu bezeichnen pflegt, ist vor allem für deren mittlere und untere Ebene am Platz. Dies gilt insbesondere für die karolingische „Kapitulariengesetzgebung", so genannt nach deren einzelnen Artikeln („capitula"). Es handelt sich um rechtliche Satzungen, die von karolingischen Herrschern seit Pippin, besonders intensiv aber ab 802 von Karl dem Großen auf Reichstagen und Synoden erlassen und promulgiert wurden. Immerhin war es ein imponierender Versuch des Herrschers, ein Minimum normativer Schriftlichkeit in der Reichsverwaltung durchzusetzen. Als sozialgeschichtliche Quelle wie auch als Versuch einer „politischen Pädagogik von oben" vermitteln die Kapitularien jedenfalls tiefe Einblicke in die sozialen Probleme und Krisenherde der karolingischen Gesellschaft.

Parallel dazu läuft das Bemühen Karls, die sogenannten „Stammesrechte" zu normieren und den neuen Gegebenheiten des Großreiches anzupassen, wobei jedoch – trotz der Tendenz zur Vereinheitlichung – die vorgegebenen Stammesrechtsordnungen grundsätzlich respektiert wurden. Entgegen früheren Auffassungen, die in diesen Rechtstexten vor allem germanische Traditionen sehen wollten, erkennt man heute in ihnen auch den großen Anteil spätrömischer, vulgarrechtlicher Vorstellungen und ebenso den maßgeblichen königlichen Anteil bei deren Kodifikation seit der Merowingerzeit. Es handelt sich also nicht um „Volksrechte" im Sinne einer alten „stämmischen" Rechtsordnung. Das gilt für die Volksrechte der Alemannen und Bayern ebenso wie für die älteste Aufzeichnung: die „Lex Salica", das Frankenrecht. Unter Karl erfolgte jetzt die Aufzeichnung des sächsischen Rechtes (Lex Saxonum), des thüringischen und des friesischen. Gegenüber der vereinheitlichenden Tendenz der Kapitulariengesetzgebung trug Karls rechtsschöpfende Tätigkeit somit der volksmäßigen Vielfalt des Imperium Rechnung. Da erst das Hochmittelalter wieder umfassende

Rechtskodifikationen kennt, wird man auch auf diesem Gebiet die außergewöhnliche Leistung des Frankenherrschers anerkennen müssen, ganz gleich, wie hoch man deren Rechtswirksamkeit im einzelnen auch veranschlagen mag.

Mit dem abendländischen Kaisertum stellte sich mit innerer Konsequenz das Problem der Reichseinheit. Kaiserkrone und fränkisches Teilungsprinzip schlossen einander im Grunde aus, machten auf jeden Fall einen Kompromiß schwierig, wenn nicht sogar unmöglich. Wie sehr Karl selbst noch vom alten fränkischen Teilungsprinzip beeinflußt war, zeigt die „Divisio regnorum" von 806, ein Reichsteilungsgesetz, das von den Großen des Reiches beschworen und durch Einhard auch dem Papst zur Unterschrift überbracht wurde; es sollte jedoch niemals in Kraft treten. Dennoch sind seine Einzelbestimmungen aufschlußreich. Ludwig, der spätere Kaiser, erhielt Südgallien und Burgund zugesprochen, Pippin Italien, Bayern und Alemannien, während der älteste Sohn Karl, der in der Spätzeit des Kaisers vornehmlich dessen militärische Aufgaben übernommen hatte, den fränkischen Kernraum zwischen Loire und Elbe, die eigentliche „Francia" zugeteilt bekam. Die Frage des Kaisertums blieb ausgeklammert, von einer Unterordnung Ludwigs und Pippins unter ihren Bruder Karl ist nirgends die Rede. Wenn der Schutz der römischen Kirche, die Defensio sancti Petri, als gemeinsame Aufgabe der drei Söhne genannt wurde, dann läßt sich daran das Vorläufige, ja Dilatorische der „Divisio" von 806 erkennen. Vielleicht spielte dabei auch der Gedanke eine Rolle, daß vor einer endgültigen Regelung des Verhältnisses zum byzantinischen Kaisertum die Frage des Verhältnisses zwischen Königs- und Kaisertitel gar nicht dauerhaft zu lösen war. Die Tragfähigkeit dieses Teilungsplanes von 806 mußte nicht erprobt werden, da Karl und Pippin vor dem Vater starben und sich mit dem verbleibenden Ludwig der Einheitsgedanke durch „biologischen Zufall" von selbst durchsetzte. Das Problem war damit nur aufgeschoben, nicht aufgehoben; auch warnt der Blick auf die „Divisio" von 806 davor, in allen Regierungshandlungen Karls das rationale Kalkül überzubetonen. Schon die Bestimmungen über die Teilung eines Teilreiches beim Tode eines Sohnes unter die überlebenden Brüder zeigten zur Genüge, daß hier mit unzulänglichen Mitteln gerade jener häufig eintretende Fall institutionalisiert werden sollte, der schon der Merowingerdynastie immer wieder zum Verhängnis geworden war.

Karls letzte Jahre. Im übrigen hatte der greise Kaiser in den letzten Lebensjahren genug zu tun, um den Fortbestand des durch Glück und Tatkraft geschaffenen Großreiches einigermaßen zu sichern. Mit der Eroberung von Barcelona 803 und der Unterwerfung der Sorben zwischen Elbe und Saale 806 war die offensive Phase karolingischer Politik an der Peripherie so gut wie abgeschlossen. Aber schon der seit 808 ausbrechende Kampf mit dem Dänenfürsten Göttrik brachte keine durchschlagenden Erfolge mehr.

Göttrik war mit den slawischen Wilzen verbündet und hatte die unter fränkischer Oberhoheit stehenden Obodriten angegriffen; dies war ein Vorstoß gegen das karolingische System slawischer Tributärländer. Weiter westlich plünderten die heidnischen Dänen das seit hundert Jahren christliche Friesland und machten es zeitweise sogar tributpflichtig. Zwar kam 811 ein Friedensschluß mit Göttriks Nachfolger Hemming zustande, wonach die Eidergrenze die Demarkationslinie zwischen fränkischem und dänischem Gebiet wurde und auch für lange Zeit blieb. Aber diese schweren Kämpfe waren doch nur der Vorlauf der großen Normanneninvasionen, die im 9. Jahrhundert das Frankenreich bis in die Grundfesten erschüttern sollten.

Im Westen und Süden beunruhigten Bretonen und Mauren die Reichsgrenzen; die von Einhard berichtete Sorge des Herrschers um das Imperium hatte schon damals sehr handfeste Ursachen und mehr noch im Jahre 835/36, als er die Karls-Vita schrieb. Der frühzeitige Tod der Söhne Pippin (810) und Karl (811) vereinfachte zwar die Nachfolgefrage, die Einsetzung von Pippins wohl nicht ebenbürtigem Sohn Bernhard als Unterkönig in Italien (812/13) erwies sich aber bald als Mißgriff. Vorläufig allerdings war die Reichseinheit gesichert. Ausdruck dieser Konstellation war Ludwigs des Frommen Selbstkrönung in der Aachener Pfalzkirche am 11. November 813. Sie wurde auf ausdrücklichen Wunsch Karls mit Zustimmung der Großen des Reiches vollzogen, Ludwig wurde dadurch Mitkaiser. Die Zeremonie selbst erfolgte nicht nach römisch-päpstlichem Stil, sondern wohl nach byzantinischem Brauch, d. h. die Unabhängigkeit dieses Aktes von kirchlicher Beteiligung stand dabei im Vordergrund. Daß Aachen als Alters- und Dauerresidenz des alten Kaisers mehr als eine zufällige Rolle spielte, sondern programmatische Bedeutung hinsichtlich eines von Rom unabhängigen Kaisertums hatte, ist kaum in Zweifel zu ziehen. Die Tatsache der Selbstkrönung Ludwigs spricht hier eine ebenso deutliche Sprache wie die Akklamation des fränkischen Reichsvolkes.

Gesamtwürdigung Karls des Großen. Ohne den anachronistischen, teilweise lächerlichen Streit wieder zu beleben, ob Karl eher der französischen oder der deutschen Geschichte angehöre, wird man doch sagen müssen, daß er wesentlich zur Herausbildung des späteren deutschen Reiches beigetragen hat. Zwar bildete das rechtsrheinische Germanien im Karlsreich noch keine eigene politische Einheit – nur Bayern und Alemannien waren im Unterkönigtum Pippins zusammengeschlossen, allerdings im Verbund mit Reichsitalien! –, aber die einzelnen Stämme rechts des Rheins wurden nunmehr politisch-organisatorisch fester miteinander verklammert: erstens durch die Reichsverwaltung, deren Träger, die Mitglieder der „Reichsaristokratie“, zumeist in mehreren Reichsteilen begütert und schon dadurch aus Eigeninteresse Vertreter der Reichseinheit über die Stämme hinweg sein mußten. Ferner war die Reichskirche als effektivster Teil der Reichsverwaltung ein fester Kitt der Einheit über regionale und ethnische Grenzen hinaus. Die Verschmelzung von Regional- und Reichsadel förderte ebenfalls ein gewisses Einheitsbewußtsein und die Einübung in gemeinsames politisches Handeln, wie es im Laufe des 9. Jahrhunderts über die Reichsteilungen hinweg immer wieder sichtbar wurde.

Als wenig effektiv muß man hingegen Karls Versuche einschätzen, eine innere Reichsreform in die Wege zu leiten, Versuche, die man als „Ansätze königlicher Sozialpolitik" bezeichnet hat. In der sogenannten Kapitulariengesetzgebung findet sich der Niederschlag solcher Bemühungen, Mißstände im Reich, wie Unterdrückung der Unterschichten durch Grafen und Prälaten, Räuberunwesen und „Konspiration" zu beseitigen. Sicher bemühte sich der Kaiser ehrlich, im Sinne eines göttlichen Herrscherauftrages als christlicher König ein Beschützer der Armen, Witwen und Waisen zu sein, und sicher hatte er vor allem die Schlagkraft des Heeres im Auge, wenn er den Mächtigen immer wieder vorwarf, sie dezimierten durch ihr systematisches „Bauernlegen" die Wehrkraft des fränkischen Reichsvolkes. Aber da er andererseits auch auf die von den Prälaten pflichtmäßig gestellten Militärkontingente dringend angewiesen war, dürften seine in den Kapitularien immer wieder ausgesprochenen „Ermahnungen" („admonitiones") kaum praktische Wirkung gezeitigt haben. Um Gehorsam zu erzwingen, fehlte dem Karolingerreich ein funktionsfähiger Beamtenapparat. Hier hat man wohl in anachronistischer Weise die Effizienz von Institutionen wie das Institut der Königsboten („missi dominici") oder die sogenannte Grafschaftsverfassung überschätzt. Schon die feste und wirksame Rechts-, Herrschafts- und Arbeitsorganisationsform der adeligen und kirchlichen Grundherrschaft mit ihren Immunitätsrechten machte wirksame „staatliche" Eingriffe der Reichszentrale so gut wie unmöglich.

Dennoch darf man Karls Ansätze zu einer auf allgemeinen Prinzipien beruhenden innenpolitischen Regierungspraxis nicht gering einschätzen, spiegelt sich doch in ihnen ein neuartiges Bewußtsein von den Pflichten eines christlichen Herrschers. Strengere Wertmaßstäbe politischer Herrschaft zeichnen sich ab, an denen künftig der König selbst gemessen und beurteilt werden konnte. In den sogenannten „Fürstenspiegeln" der Karolingerzeit ist ein Herrscherethos für die Zukunft entwickelt worden.

Wirksamer und vor allem dauerhafter, weil das gesamte Mittelalter prägend, war der Ausbau des Lehnswesens, wodurch Karl seinem Reich eine vertikale herrschaftliche Durchstrukturierung gab; es ist aber fraglich, ob die Regionen an der Peripherie des Reiches wie Aquitanien, Bayern und Sachsen in dieses neue Ordnungssystem schon wirksam einbezogen werden konnten. Solange der Herrscher Spitze und rechtlicher Garant des Lehnswesens war und seine Position als dessen oberster Herr wahren konnte, blieb die „Lehnspyramide" aber eine positive Möglichkeit der „Einstaatung" der Adelsmacht in das Gemeinwesen. Anderenfalls zeigten sich sehr rasch die negativen Möglichkeiten des Feudalwesens, nämlich als Bestreben, die Lehen erblich zu machen und damit ohne oder gar gegen den König und Kaiser adelige Sonderherrschaften und später dynastische Territorien aufzubauen, – ein Prozeß, der im Westfrankenreich schon im 9. Jahrhundert einsetzte und die Königsmacht empfindlich reduzierte.

Von nachhaltiger Wirkung war Karls Herrschaft für das kirchliche und kulturelle Leben. Der Begriff der „karolingischen Renaissance", so problematisch er im einzelnen auch sein mag, bezeichnet immerhin einen Neuansatz besonderer Art, bei dem die Antike eine wichtige Rolle spielte, die den karolingischen Gelehrten und Dichtern durchaus bewußt war. Der dafür vorgeschlagene Begriff der „Reform" ist zu allgemein und wird dem Phänomen selbst kaum gerecht. Karls überragende Größe wurde bereits von seinen Zeitgenossen erkannt, spätere Jahrhunderte haben ihn zum Idealbild des Herrschers stilisiert. Kaiser Otto III. ließ im Jahre 1001 Karls Grab öffnen, Barbarossa nahm 1165 die Translation seiner Gebeine vor, der kaiserliche Gegenpapst Paschalis III. sprach ihn heilig. In Aachen lebt sein kirchlicher Kult bis heute weiter, im europäischen „Karlspreis" das Gedenken an seine einheitsstiftende Reichsgründung.

d) Ludwig der Fromme (814–840)

Die Phase der Reformen. Ein Urteil über Karls Nachfolger wird sich nicht darin erschöpfen dürfen, den Sohn an dem überragenden Vater zu messen. Auch sollte man nicht übersehen, daß der alte Kaiser schwere Probleme hinterließ, die sich aus der wachsenden äußeren Bedrohung des Reiches wie auch aus der Unmöglichkeit ergaben, ein Imperium ohne durchsetzungsfähige Zentralverwaltung zu regieren. Auf keinen Fall geht es an, mit der älteren Historiographie Ludwig den Frommen als klerikal gelenkten Schwächling abzutun. Die ersten Jahre Ludwigs waren vielmehr von neuen reformerischen Initiativen erfüllt, manches, was der Vater in den letzten Jahren am Aachener Hofe hatte schleifen lassen, wurde in Angriff genommen. Alte Berater wie Adalhard und Wala, die Verwandte des Herrscherhauses waren, wurden in die Verbannung beziehungsweise ins Kloster geschickt. An ihre Stelle traten Ludwigs Kanzler Helisachar, den der Kaiser aus Aquitanien mitgebracht hatte, ferner der bedeutende Erzbischof Ebbo von Reims, ein aus der Unterschicht Aufgestiegener, der den Haß des Adels auf sich zog sowie Graf Matfried von Orléans. Wichtigster Berater für eine umfassende Klosterreform im Reich wurde der Gote Benedikt von Aniane († 821), unter dessen Leitung die reine Benedikt-Regel als verbindliche Lebensordnung in allen Reichsklöstern durchzusetzen versucht wurde, allerdings nicht immer mit Erfolg. In der eigenen Familie griff Ludwig streng durch. Er verbannte seine Schwestern vom Hofe in Klöster, zwang Bernhard von Italien, den Sohn seines verstorbenen Bruders Pippin zur Huldigung und setzte seine eigenen Söhne Lothar und

Pippin als Unterkönige in Bayern und Aquitanien ein. Damit schien die Reichseinheit gesichert, deren Garant weiterhin die staatstragende Schicht der „Reichsaristokratie“ war: eine Gruppe von fünfzig bis hundert Familien, die politisch mit den Karolingern großgeworden und teilweise mit ihnen verschwägert waren und durch ihre Verwaltungstätigkeit und ihren Besitz in verschiedenen Reichsteilen ein verständliches Interesse an der Fortdauer und Festigung der Reichseinheit hatten.

Die Kirche selbst förderte durch eine politisch-theologische Programmatik, für die gerade in diesen Jahren Erzbischof Agobard von Lyon die Grundlage schuf, einen durch das Reich repräsentierten christlichen Universalismus, der ihr auch ideologisch ein politisches Mitspracherecht sicherte. So mochte es vorerst wenig bedeuten, daß Ludwig in seinen Beziehungen zum Papsttum nichts unternahm, was die vom Vater begründete faktische Herrschaft über Rom gefestigt oder gar ausgebaut hätte. Beim Tode Papst Leos III. im Jahre 816 machte der Kaiser sein Recht auf die Bestätigung des Nachfolgers nicht geltend, doch ließ der neue Papst Stephan IV. (816–817) die Römer einen Treueid auf den Karolinger schwören und reiste im Oktober 816 nach Reims, wo er Ludwig in einer Festkrönung nochmals zum Kaiser salbte und krönte, angeblich mit einer Krone Konstantins des Großen. Die Bedeutung dieser Nachkrönung ist umstritten, unterschätzen wird man sie aber nicht dürfen. Schon die angebliche Konstantinskrone spricht dagegen, noch mehr aber die Tatsache, daß die damals für Stephan ausgestellte Urkunde, die wohl weitgehend mit dem „Pactum Ludovicianum“ von 817 identisch gewesen ist, die päpstlichen Herrschaftsrechte über Rom konsolidierte. Das für Papst Paschalis I. (817–824) ausgestellte „Pactum“ bestätigte dem Oberhaupt der Kirche Umfang und Autonomie des Kirchenstaates, speziell aber die freie Papstwahl, die erst nach der Weihe des Gewählten dem Kaiser anzuzeigen war. Diese offensichtliche Preisgabe kaiserlichen Einflusses ist aber nach 823, als Ludwigs ältester Sohn Lothar Regent Italiens wurde, faktisch wieder rückgängig gemacht worden: Dessen „Constitutio Romana“ stellte 824 die karolingische Oberhoheit über das Papsttum wieder her. Doch mit den Bruderkämpfen der Söhne Ludwigs ging diese Position erneut und zwar bis in ottonische Zeit hinein verloren.

Man wird Ludwigs Bestreben, das Papsttum in seinem Ansehen zu fördern und intensiv an den Reichsangelegenheiten zu interessieren, nicht gerecht würdigen können, wenn man es nicht in engem Zusammenhang mit seiner umfassenden kirchlichen, monastischen und weltlichen Reformgesetzgebung sieht. Diese zielte auf eine enge Verbindung, ja wechselseitige Durchdringung des politischen und sozialen Lebens mit den Grundsätzen christlicher Lebensführung; ein Gott, eine Kirche, ein Kaiser – so könnte man die ideale Zielsetzung der Reformbewegung umschreiben. Dauerhaftere Erfolge konnten allerdings nur in der Klosterreform erreicht werden.

Die „Ordinatio imperii" von 817. Die Krönung des Einheitsgedankens in Kirche und Staat war die „Ordinatio imperii" von 817, mit der sich die Reformpartei am Hofe in ihrem Kampf für die Reichseinheit durchsetzte. Auf dem Aachener Hoftag dieses Jahres wurde unter allgemeiner, „von Gott bewirkter" Zustimmung Ludwigs ältester Sohn Lothar zum Erben und Mitkaiser bestimmt und gekrönt. Die jüngeren Söhne, Ludwig der Deutsche und Pippin, erhielten mit Bayern und Aquitanien Reichsteile, die gleichsam schon traditionell wieder zur Absonderung neigten und daher in besonderem Maße der Präsenz eines Karolingers bedurften. Ludwig und Pippin waren dem ältesten Bruder völlig untergeordnet, eine logische Folge des Einheitsgedankens. Starb Lothar vor seinen Brüdern, sollte einer von diesen in dessen Position aufrücken. Bei Ludwigs oder Pippins vorzeitigem Ableben war vorgesehen, daß jeweils einer ihrer Söhne von den Großen des Reiches zum Nachfolger gewählt wurde. Damit waren, bei grundsätzlichem Erbanspruch der karolingischen Familie und vor allem der ersten Söhnegeneration auch Elemente eines Wahlrechts eingebaut, die im weiteren Verlauf des 9. Jahrhunderts eine Rolle spielten. Wichtig war auch das Verbot weiterer Reichsteilungen.

Da die „Ordinatio" Bernhard von Italien, den Neffen des Kaisers, nicht berücksichtigt hatte, kam es zu einem Aufstand, der rasch unterdrückt wurde und 818 mit Blendung und Tod Bernhards endete.

Ausbruch der Krise und neue Erbordnung. Wenn bei dieser Gelegenheit drei Halbbrüder des Kaisers aus Friedelehen Karls des Großen, Drogo, Hugo und Theuderich, zum Eintritt in den geistlichen Stand gezwungen wurden und der bedeutende Hoftheologe Theodulf sein Bistum Orléans verlor, dann kündigte das die wachsende Unsicherheit Ludwigs ebenso an wie 822 seine öffentliche Kirchenbuße für alles Unrecht, das er Mitgliedern seiner Familie angetan habe. Diese Buße signalisierte auch die steigende Unzufriedenheit der kirchlichen Reformpartei. Bei dieser Gelegenheit wurden Adalhard und Wala wieder aus der Verbannung an den Hof geholt, letzterer ging 822 als engster Berater mit Lothar nach Italien; er bestimmte maßgeblich die energische Kirchenpolitik dieses Herrschers gegenüber dem Papsttum. In der schon erwähnten „Constitutio Romana" von 824 wurde für Rom ein ständiger kaiserlicher Missus als Kontrollorgan bestimmt; vor ihm hatte jeder neu gewählte Papst vor der Weihe einen Treueid auf den Kaiser abzulegen.

Blieb in den zwanziger Jahren trotz einzelner Risse und Spannungen die 817 geschaffene und 821 eidlich beschworene Reichseinheit intakt, so nahmen am Ende des Jahrzehnts die Dinge einen mehr und mehr dramatischen Verlauf. Ein erster Höhepunkt war das Jahr 829, als auf einer Pariser Synode schwere Klagen gegen das kaiserliche Regiment erhoben, der Schutz des Kirchengutes und die Einsetzung gerechterer Richter gefordert wurde. Ebenso erfuhr das Instrument der Hofkapelle, des wichtigsten

Zentralorgans der karolingischen Verwaltung, herbe Kritik. Adalhard und Wala waren die Wortführer der Anklagen gegen die Hofkapelläne, weil dieselben außerhalb der kirchlichen Hierarchie „ohne Haupt" (sine capite) aber von klösterlichen Pfründen lebten. Wala bezeichnete die gesamte Institution der Hofkapelle als einen „Aussatz" der Kirche und ging sogar so weit, daß er die Einfälle der Heiden – der Sarazenen und besonders der Normannen – mit dem üblen Zustand des Reiches erklärte und für diesen Stand der Dinge wiederum den damaligen Günstling des Kaisers, Graf Bernhard von Septimanien, verantwortlich machte. (Nr. 33, I, 2, Bd. 2, S. 549f.) Der nachfolgende Reichstag, der in Worms Mitte August 829 stattfand, ignorierte aber die kirchenrechtlichen Reformanliegen völlig; gegen die Unterdrückung der Abhängigen durch Grafen, Bischöfe und Äbte wurde erst recht nichts getan.

Dies alles mußte noch keine grundsätzliche Gefährdung des kaiserlichen Regiments bewirken, wenn nicht Ludwig auf demselben Reichstag, entgegen der „Ordinatio Imperii" von 817, für seinen sechsjährigen Sohn Karl aus der zweiten Ehe mit der Welfin Judith, durch Edikt, also wohl ohne Zustimmung der Großen des Reiches, eine neue Erbordnung erlassen hätte. Die ehrgeizige Kaiserin erreichte, daß aus Lothars Reichsteil Alemannien, ihr Herkunftsland, das Elsaß, Rätien und Teile Burgunds, die spätere romanische Westschweiz, herausgenommen und dem unmündigen „Benjamin" und Halbbruder Karl übertragen wurden. Unter Judiths Einfluß mußte Lothar wieder nach Italien gehen, womit auch seine Mitregentschaft endete; sein Name verschwand aus den Kaiserurkunden. Gleichzeitig erfolgte am Hofe ein radikaler Personalwechsel. Wala, Abt Helisachar, der Erzkapellan Hilduin und andere fielen wieder in Ungnade, an ihrer Stelle zog Graf Bernhard von Septimanien seine Verwandten an den Hof und übernahm zusammen mit der Kaiserin und deren Brüdern Konrad und Rudolf faktisch die Herrschaft im Reich.

Mit Judith trat erstmals eine Adelsfamilie ins volle Rampenlicht, die auch für die deutsche Geschichte große Bedeutung erlangen sollte. Diese außerordentlich schöne und gebildete Alemannin – mütterlicherseits war sie sächsischer Herkunft – wurde durch ihren Sohn Karl die Stammutter der westfränkischen Karolinger, ihre Schwester Hemma, die 827 Ludwig den Deutschen ehelichte, die Stammutter der ostfränkischen Linie. Ihre Vorfahren aus dem Seillegau östlich von Metz waren 746 unter Karlmann als Regierungskommissare nach Alemannien gekommen. Ein Neffe Judiths, Konrad der Jüngere, wurde der Begründer der burgundischen Dynastie, die seit Rudolf I. (888–912) dieses Königreich bis zu dessen Einfügung in das salische Imperium im Jahr 1032 beherrschte. Adelheid, die Gemahlin Kaiser Ottos des Großen, stammte aus dieser burgundischen Linie. Die deutschen älteren Welfen, die reichen Besitz in Schwaben, Bayern und Kärnten hatten, starben zwar 1055 aus, doch ging ihr Erbe an die jüngeren Welfen, deren Stammutter wiederum Kunigunde war, die Gattin des

Markgrafen Azzo von Este. Mit diesem Zweig stieg das Welfenhaus dann zu einer der großen deutschen Königsfamilien auf. Die ehrgeizige, ans Maßlose grenzende Familienpolitik der Kaiserin Judith erscheint gleichsam als ein Präludium künftiger welfischer Ambitionen.

Die alte, durch die Welfen entmachtete Reichseinheitspartei, deren Sprecher Wala und Helisachar waren, trat für den Fortbestand der Ordinatio von 817 ein, deren Geltung gegen Ludwig den Frommen mit dem Schlagwort „pro principe contra principem" (für den Herrscher gegen den Herrscher) durchgesetzt werden sollte. Man hat dies sehr treffend „eine loyale Revolution gegen den Kaiser" genannt, die bald in einen großen Aufstand der drei Brüder Lothar, Pippin und Ludwig gegen den Vater überging und in den nächsten Jahren zu einem allgemeinen Chaos mit wechselnden politischen Fronten eskalierte. Offiziell wurde von den Empörern die „Ordinatio Imperii" wiederhergestellt und Lothar erneut als Mitregent eingesetzt. Dieser war für kurze Zeit der tatsächliche Herrscher im Reiche. Er wollte einerseits seinen Vater zum monastischen Leben überreden, andererseits suchte er die Brüder und Bundesgenossen des Aufstandes in ihren Ansprüchen und Erwartungen derart einzuschränken, daß sich gegen ihn plötzlich eine Koalition Pippins und Ludwigs des Deutschen bildete, die der Vater auf seine Seite zu ziehen vermochte. Auf den Reichsversammlungen von Nymwegen im Oktober 830 und in Aachen im Februar 831 handelte Ludwig der Fromme mit seinen Söhnen Pippin und Ludwig bei völliger Mißachtung des Reichseinheitsgedankens und der Ordinatio von 817 eine neue Erbteilung aus, die Lothar auf Italien beschränkte, Pippins und Ludwigs Anteile im fränkischen Kernraum auf Kosten Lothars wesentlich vergrößerte und für den unmündigen Karl, Judiths Sohn, eine Erweiterung von dessen alemannisch-elsässischer Basis um den wichtigen altkarolingischen Moselraum sowie im Süden um das Rhônegebiet vorsah. Infolge der Schwäche und des Wankelmuts des Kaisers mündete auch diese Erbregelung in ein sich immer schneller drehendes Karussell wechselnder Koalitionen. Einen tragischen Höhepunkt fand der Kampf in der Konfrontation zwischen den Söhnen und dem Vater auf dem sogenannten „Lügenfeld" bei Colmar, wo am 30. Juni 833 letzterem noch vor Beginn der Schlacht das Heer davonlief. Papst Gregor IV., mit dem Ludwig der Fromme vergeblich vor dem Kampfe verhandelt hatte, setzte sich mit anderen Repräsentanten der Reichskirche für Lothar I. ein. Der alte Kaiser geriet kampflos in Gefangenschaft, mußte in Soissons wiederum öffentliche Kirchenbuße tun und galt als abgesetzt. Da aber Lothar wiederum den Bogen überspannte und eine Vorherrschaft über seine Brüder Pippin und Ludwig zu errichten versuchte, setzten die letzteren den Vater 835 in Metz erneut als Kaiser ein. Lothars Herrschaft wurde ausdrücklich auf Italien eingeschränkt. Dieser scheinbare Friedensschluß hatte aber nur kurzen Bestand, da Ludwig der Fromme auf Betreiben der Kaiserin Judith deren Sohn Karl 837 ein Unterkönigtum zusprach, das wesentliche Teile des fränkischen

Kernraumes zwischen Rhein, Seine und Nordseeküste umfassen sollte. Karl wurde 838 in der Kaiserpfalz Quierzy für volljährig erklärt und zum König gekrönt, Ludwig der Deutsche hingegen in seinem Herrschaftsbereich wieder auf Bayern beschränkt. Auch diese Regelung war jedoch hinfällig, als König Pippin schon 838 starb, der Erbanspruch seines gleichnamigen Sohnes vom Kaiser nicht anerkannt wurde und sich nun eine „Große Lösung" anzubieten schien. Es kam 839 zu einem Bündnis Ludwigs des Deutschen und Karls des Kahlen gegen Lothar I., neue Wirren brachen aus, die sich über den Tod des alten Kaisers im Juni 840 noch jahrelang fortsetzten. Das Grundmuster in diesem Wechselspiel der Koalitionen bestand jetzt darin, daß Lothar I. zum Verfechter der Einheitsidee wurde, die Verteidiger der „Ordinatio" von 817 aber nun im gegnerischen Lager standen.

Letzte Eskalation des Bruderkampfes. Die langanhaltenden Bruderkriege hatten nach innen und außen schwerwiegende Folgen. Ein Schicksalstag des Karolingerreiches war der 25. Juni 841, als Kaiser Lothar I. von seinen Brüdern Ludwig und Karl in der für beide Seiten verlustreichen Schlacht von Fontenoy bei Auxerre geschlagen wurde. Regino von Prüm, der Geschichtsschreiber der späteren Karolingerzeit, sah in dieser blutigen Entscheidung, die von den siegreichen Brüdern als Gottesurteil angesehen wurde, einen wesentlichen Grund für den militärischen Niedergang des Reiches, wie er seit dem Beginn der Normanneneinfälle immer deutlicher zutage trat. „In diesem Kampfe", – so schrieb er – „wurde die Streitmacht der Franken so aufgerieben und ihr glorreiches Heldentum so geschwächt, daß sie fortan nicht einmal zum Schutze des eigenen Gebietes ausreichten, geschweige denn zu einer Erweiterung des Reiches." (Nr. 4, Bd. VII, S. 184).

Der geschlagene Lothar nahm nicht nur mit den Normannen, die seit 834 Friesland und die gesamte friesisch-nordgallische Küste bedrängten, Verbindung auf, sondern unterstützte darüber hinaus nach Kräften einen gefährlichen Volksaufstand der Sachsen gegen die drückende Adelsherrschaft, um seinem Bruder Ludwig dem Deutschen Schwierigkeiten zu bereiten. Dieser Aufstand des „Stellinga-Bundes" der Halbfreien (Liten) und Freien trieb aber Ludwig enger an die Seite Karls des Kahlen. Er warf die bäuerliche Revolte nieder und beschwor mit Karl am 14. Februar 842 die „Straßburger Eide", das erste Dokument, in dem die altfranzösische und althochdeutsche Sprache zur Eidesleistung der beiden Herrscher und ihrer Heere verwendet wurden. Ob sich in diesen Formeln erste Ansätze einer „nationalen" Gruppierung im Verlauf der karolingischen Bruderkriege zeigten und sie somit als Dokumente der werdenden Nationen Frankreich und Deutschland zu bewerten sind, ist fraglich und die Gefahr nachträglicher anachronistischer Umdeutung eines zufällig erhaltenen sprachlichen Befundes allzu groß. Man wird eher an eine Zweisprachigkeit der Führungsschichten denken, denn auch vorher schon gab es keine gemeinsame Volkssprache.

3. Die Ausgliederung der karolingischen Teilreiche. Vom Vertrag von Verdun 843 bis zum Tode Konrads I. (918)

a) Der Zerfall der Einheit

Der Vertrag von Verdun, der im August 843 nach langwierigen Vorverhandlungen geschlossen wurde, beabsichtigte keine Auflösung des Frankenreiches. Dennoch war er ein wichtiger Schritt von der Reichsteilung zu den spätkarolingischen Teilreichen. Eine umfassende, leider nicht erhaltene Reichsbeschreibung (descriptio regni) der verfügbaren Güter und Rechte, die dem Vertragswerk voranging, sollte nach Möglichkeit die Gleichwertigkeit der Anteile sichern. Ethnische Gesichtspunkte spielten dabei keine Rolle, eher ging es wohl – wie schon bei der „Ordinatio" von 817 – um eine Inventarisierung und gleichmäßige Verteilung des Königsgutes, wobei der fränkische Kernraum zwischen Loire und Rhein zwangsläufig aufgesplittert wurde. Dies blieb noch ohne weittragende Folgen, da es sich in Verdun vorläufig nur um eine dynastische Aufgliederung des Großreiches in „Zuständigkeitsbereiche" der Brüder Lothar, Ludwig und Karl handelte. Das Regnum Francorum als ideelle Einheit sollte durchaus erhalten bleiben und zwar als eine „Samtherrschaft der Brüdergemeine", deren einzelne dynastische Zweige sich beerben konnten aber nicht mußten. Darin lag aber allein schon genügend Konfliktstoff für die Zukunft, da jeder Teilherrscher sein Reich in erster Linie an die eigenen Söhne weitergeben oder sich im Bunde mit einem Bruder aus dem eventuell anfallenden Erbe des dritten zu arrondieren trachtete. Die in der Ordinatio imperii von 817 ausformulierte Staatsidee der im Kaisertum zentrierten substantiellen Reichseinheit wurde 843 aufgegeben. Der Kaisertitel Lothars I. bedeutete kaum mehr als einen Ehrenvorrang. In der späteren Beschränkung des Kaisertums auf den italienischen Reichsteil zeigte sich deutlich genug das weitere Auseinanderdriften von regnum und imperium.

Lothar I. (817–855) erhielt mit dem Kaisertitel ein langes, schmales Mittelreich mit den Kaiserresidenzen Aachen und Rom. Es erstreckte sich von Friesland über die Provence bis nach Italien und grenzte sich im Westen entlang von Schelde, Maas, Saône und Rhône gegen das Westreich Karls des Kahlen ab. Im Osten verlief die Grenze zum Ostreich Ludwigs des Deutschen (817–876) von der Ruhrmündung bis zu den Alpen entlang der Linie Rhein–Aare. Doch war es für das Gewicht der Herrschaft Ludwigs wichtig, daß dieser sich außer dem rechtsrheinischen Germanien die Diözesen Mainz, Worms und Speyer im Linksrheinischen und damit eine alte fränkische Kernlandschaft gesichert hatte, die wirtschaftlich und kulturell eher zu den entwickelteren Gebieten des Westens gehörte. Ludwigs des

Deutschen Hauptresidenz war die alte bayerische Herzogsmetropole Regensburg, daneben spielte Frankfurt am Main eine wichtige Rolle. Wie später in salisch-staufischer Zeit waren die Gebiete nördlich des Harzes vom Königtum nicht so intensiv herrschaftlich erfaßt wie Süddeutschland und die Mittelrheinlande, wo Ludwig dank der Verfügungsgewalt über die Reichskirche und das Reichsgut eine starke Königsherrschaft aufbauen konnte. Die archaischen Verhältnisse im östlichen Reichsteil waren hierfür zweifellos günstiger als die Vielfalt von Adelsherrschaften im Reichsteil Karls des Kahlen.

Man hat immer wieder und sicherlich zu Recht auf die künstliche Konstruktion des langgestreckten Lotharreiches verwiesen, dessen lange Flanken geradezu die Besitzgier der beiden anderen Brüder herausfordern mußten. Dennoch wäre es verfehlt, aus dem tatsächlichen Auflösungsprozeß des Mittelreiches im Nachhinein eine Zwangsläufigkeit dieses Vorgangs zu folgern, da es ja auch umgekehrt die Möglichkeit der Wiedereinfügung der Teilreiche an den Flügeln gegeben hätte. Doch wird man andererseits sagen dürfen, daß auf die Dauer die Tatsache eine Rolle spielte, daß sich im Westen, trotz starker innerer Differenzierung, ein im großen und ganzen geschlossenes Reich mit durchwegs romanischer Bevölkerung entwickelte, während das Ostfränkische Reich einen im wesentlichen germanischen Charakter hatte, der sich unter dem jahrzehntelangen Druck des Großmährischen Reiches, der ersten stabilen Herrschaftsbildung der Westslawen unter Swatopluk, noch entschiedener entfaltete. Zwar begründete die relative ethnische Geschlossenheit von West- und Ostreich keineswegs allein die späteren Einheiten Frankreich und Deutschland, gefördert aber hat sie diese zweifellos. Wie vorsichtig man mit der gefährlichen, weil verführerischen Gedankenfigur des „post – ergo propter“ (danach, also deshalb) sein muß, zeigt allein schon die Tatsache, daß die ethnische Einheit des italienischen Reichsteils keineswegs zur politischen Einheit führte.

Die Aufteilung des Mittelreiches. Der Desintegrationsprozeß des karolingischen Großreiches wurde durch die Invasionen der Normannen und Sarazenen im 9. Jahrhundert wesentlich beschleunigt, wohingegen die Ungarneinfälle des frühen 10. Jahrhunderts mittelbar zur Konsolidierung des Ostfränkischen Reiches beitrugen. Die einzelnen Phasen der Auflösung des Gesamtreiches sowie der oft überraschende Wechsel der politisch-militärischen Konfrontationen und Bündnisse können hier nicht im einzelnen nachgezeichnet werden, doch bleibt festzuhalten, daß das lotharingische Mittelreich zuerst von den Flügelmächten bedrängt und Schritt für Schritt aufgeteilt wurde. Nach Lothars I. Tod 855, dessen kaiserliche Autorität immerhin noch etwas von der „unitas imperii“, der Reichseinheit, repräsentiert hatte, brachte die von ihm eingeleitete Teilung die Dinge rasch ins Rollen. Der jüngere Sohn Lothars, Karl (855–863), erhielt die Provence mit Teilen Burgunds, der mittlere, Lothar II. (855–869), die nördlich anschließenden Gebiete mit Aachen als Zentrum; sein Name blieb im Landschaftsnamen Lothringen erhalten. Der älteste Sohn des Kaisers, Ludwig II. (850–876), erbte Italien. Den Kaisertitel, der jetzt ganz auf Italien beschränkt blieb, hatte ihm der Vater schon 850 kraft Designation übertragen.

Nach dem frühen Tode des jüngsten Bruders Karl (863) teilten Ludwig II. und Lothar II. dessen Reichsteil. Doch geriet das nunmehr im Süden wieder vergrößerte Mittelreich in eine schwere Krise, als Lothars legitime Gattin Theutberga kinderlos blieb und der König mit allen Mitteln versuchte, diese Ehe wieder zu lösen, um die Kinder aus seiner Friedelehe mit Waltrada als Erben des Reiches einsetzen zu können. Um diesen spektakulären Ehehandel entspann sich ein jahrelanger Konflikt, weil sich weder Karl der Kahle noch Ludwig der Deutsche das Anrecht auf das Mittelreich entziehen lassen wollten. Unter teilweise grotesken Umständen suchte Lothar II. nunmehr Nikolaus I. (858–867), eine ragende Gestalt unter den Päpsten des 9. Jahrhunderts, für seine Pläne zu gewinnen, jedoch vergeblich; die Ehe mit Theutberga wurde nicht annuliert. Die Chance, nach Nikolaus' Tod 867 sich mit dessen nachgiebigerem Nachfolger Hadrian II. (867–872) zu arrangieren, konnte Lothar nicht mehr wahrnehmen, da er selbst 869 überraschend starb. Ohne Rücksicht auf vorherige Absprachen bemächtigte sich Karl der Kahle Lotharingiens, wobei er bei Episkopat und Adel Anhänger fand und sich in Metz zum König krönen lassen konnte. Hinkmar von Reims, der führende Politiker Karls des Kahlen, entwarf das für die Folgezeit prägende Krönungszeremoniell. Es enthielt als dreistufiger Vorgang die Zusicherung des Königs für eine gerechte Herrschaft, die akklamierende Wahl der Großen und schließlich die kirchliche Weihe. Aufschlußreich war dabei die Aufwertung der Rolle der Kirche. Von langer Dauer war allerdings Karls Herrschaft nicht, da ihm Ludwig der Deutsche, den bislang eine Krankheit behindert hatte, mit Krieg drohte. Daraufhin einigte sich Karl im August 870 in Meersen mit dem Bruder auf eine Teilung von Lothars Erbe. Die Grenzlinie folgte ungefähr der Maas und der Saône. Zehn Jahre danach wurde diese in den Verträgen von Verdun und Ribémont 879/80 neuerdings revidiert, wobei die westlichen Teile Lothringens wieder an das Ostfränkische Reich fielen. Damit endete die kurze Geschichte des Mittelreiches als eines selbständigen und gleichberechtigten Teilreiches. Die weitere Geschichte Lotharingiens spielte sich bis zur Eingliederung in den ottonischen Königsstaat entweder innerhalb des westlichen oder des östlichen Frankenreiches ab.

Das Westfrankenreich. Im Vertrag von Verdun war Karl dem Kahlen das Reichsgebiet westlich der Linie Schelde–Maas–Saône–Rhone zugesprochen worden. Karl, unter dessen Herrschaft das Westfrankenreich trotz der normannischen Invasionen eine bedeutende kulturelle Blüte erlebte, verstand es, diesen 843 festgeschriebenen Herrschaftsanspruch in langen

Kämpfen mit Aquitaniern und Bretonen durchzusetzen; er konnte schließlich auch Teile Lothringens, die Provence und 875 Italien mit der Kaiserwürde hinzugewinnen. Im Vertrag von Coulaines (843), den man die erste ,,Charte" der französischen Geschichte genannt hat, gelang es Karl, durch ein Übereinkommen mit dem Adel und der Geistlichkeit, seine Herrschaft auch nach innen zu konsolidieren; Klerus und Adel traten dem König hier korporativ in einem ,,Bündnis heilsamer Eintracht" (foedus concordiae salubris) gegenüber, wodurch fortan das Westfrankenreich nicht allein auf dem Königtum, sondern auch auf der Gesamtheit seiner Lehnsträger (fideles), die ihm als Partner gegenüberstanden, beruhte. Auf diese Weise bildete sich ein ,,Verbundsystem", das sich wegen der divergierenden Interessen von König, Adel und Klerus gleichsam nur auf den kleinsten gemeinsamen Nenner stützen konnte. Es erwies sich aber in den schweren Belastungen der Folgezeit durch die Normanneneinfälle, durch die Kriege der Teilreiche untereinander und trotz des Übergangs von Lehen und Kirchengut in die Hände des Adels als ein zwar dünnes, aber elastisches Netz.

Von Anfang an erkennt man auch die politisch führende Rolle der Geistlichkeit im Westfrankenreich, und zwar nicht nur an der starken Verchristlichung der Herrschaftssymbolik vor allem durch Erzbischof Hinkmar von Reims, sondern mehr noch am korporativen Handeln der Prälaten. Das zeigte sich etwa 858 beim Einfall Ludwigs des Deutschen, als sich die westfränkische Kirche auf einer Synode in Quierzy fast geschlossen hinter den vertriebenen Karl stellte. Ludwig gegenüber wurde darauf verwiesen, daß es den Prälaten nicht freigestellt sei, wie Vasallen (homines) einen neuen Herrn zu suchen, sondern daß sie an Karl als dem ,,Gesalbten des Herrn" festhalten wollten. Die trotz mancher Rückschläge erfolgreiche Herrschaft Karls des Kahlen bildete einen wichtigen Meilenstein in der weit über die Karolingerzeit hinausreichenden Entwicklung des Westreichs zur französischen Nation. Wenn allerdings schon seit Karl dem Kahlen und mehr noch unter dessen Nachfolgern in reichem Maße Königsgut wie Kirchenbesitz, besonders wohlhabende Abteien, an die großen westfränkischen Adelsfamilien, an Welfen, Robertiner, Rorgoniden und andere vergeben wurden – teilweise als Belohnung für Beistand im Kampf gegen die normannischen Invasionen –, dann kündigte sich auch hier deutlich der Verfall der Königsmacht und der karolingischen Kirchenherrschaft an. Was einst Karl Martell für etwa hundert Jahre erreicht und Karl der Große in festen Formen institutionalisiert hatte: die Zentralisierung der fränkischen Kirche im Dienste der Königsherrschaft, wurde seit der Mitte des 9. Jahrhunderts durch die Vergabe von Abteien an eine sich regional verwurzelnde, dynastisch verfestigende Aristokratie wieder rückgängig gemacht. Gleichzeitig gerieten viele Bistümer in die Hände eines machtvollen Regionaladels, womit dieser in seinem Bereich politische und Kirchenherrschaft zu stabiler Regionalherrschaft vereinigen konnte.

b) Das Ostfrankenreich (843–918)

Ludwig der Deutsche (843–876). Während im Westfrankenreich die wesentlich fortgeschrittenere Regionalisierung der Herrschaft das geschlossene Auftreten der Großen in quasi-genossenschaftlicher Form seit 843 dem Königtum festere Schranken setzte, blieb im Osten die ältere karolingische, reichskirchliche Struktur im wesentlichen erhalten. Der König behielt vor allem das Recht der Bischofserhebung und nutzte das Kirchengut. Die überragende Gestalt war hier Ludwig der Deutsche (ca. 804–876), der seit dem Vertrag von Verdun (843) das Land östlich des Rheins und der Aare sowie das Umland von Speyer, Worms und Mainz links des Rheins als Reich der „Ostfranken" ausbauen konnte und sein Königtum durch Königsgericht, Hofkapelle, Kanzlei und Kirchenregiment energisch zur Geltung brachte. Die sich auch hier verstärkende Adelsherrschaft blieb noch in die Königsherrschaft eingebunden. Aber in der jahrzehntelangen Auseinandersetzung des Ostfränkischen Reiches mit der neuen östlichen Herrschaftsbildung des Großmährischen Reiches begannen doch die mit Sondervollmachten ausgestatteten Markgrafen bereits eine eigene, manchmal auch gegen den König gerichtete Politik. Im Südwesten gelang es Ludwig, die älteren Welfen auszuschalten. Sie hatten beim Kriegszug Ludwigs gegen Karl den Kahlen (858/59) Verrat geübt; seither spielten sie in der Karolingerzeit keine Rolle mehr. Ihr Wiederaufstieg im Reich gehört erst dem Hochmittelalter an. Die Westgrenze des Ostfrankenreichs konnte 870 durch den Vertrag von Meersen bis zur Maas-Mosel-Linie, durch die Verträge von Verdun (879) und Ribemont (880) bis zur Schelde–Maas–Saône vorgeschoben werden. Im Osten bildeten die Elbe, Saale, der Böhmerwald, der Wienerwald und Kärnten die Grenze, während im Norden die Küste und im Süden der Alpenhauptkamm den Herrschaftsbereich der „Francia orientalis" umschlossen.

Ebenso wie man für die Stabilisierung des Westfränkischen Reiches die lange Regierungszeit Karls des Kahlen als wichtigen Faktor in Rechnung stellen wird, muß man dies auch für das Ostfränkische Reich Ludwigs des Deutschen tun. Seine lange Herrschaft gewöhnte die Stämme rechts des Rheins, die sich unter führenden Adelsgruppen verfestigt hatten, an gemeinsames politisches Handeln. Es entstand ein Zusammengehörigkeitsgefühl, das sich seit den achtziger Jahren dann auch 911 bei der Wahl des ersten Nichtkarolingers im Ostreich, Konrads I., bewährte. Einigend wirkte auch die jahrzehntelange Auseinandersetzung mit dem neuen östlichen Nachbarn. Im ersten Drittel des 9. Jahrhunderts hatte sich nach dem Verschwinden der letzten Reste der Awarenherrschaft in Mähren ein starkes, eigenständiges politisches Zentrum unter dem Herzog der Mährer, Mojmir, gebildet. Dieser griff schon 836 über die eigenen Grenzen hinaus und vertrieb den Fürsten Pribina, der im slowakischen Neutra herrschte. Pribina floh zu den Franken, Ludwig der Deutsche wies ihm eine Unterherrschaft in der Nähe des Plattensees in Moosburg-Zalavar zu.

Das Großmährische Reich. Nach Mojmirs Tod 846 fiel Ludwig in Mähren ein und übertrug dessem Neffen Rastislav die Herrschaft. Dieser entwikkelte sich jedoch in den folgenden Jahren zum erbitterten Gegner des Frankenkönigs und suchte eine eigene, von der Mission und Kirchenorganisation des Erzbistums Salzburg unabhängige mährische Kirche zu schaffen. Rastislav hatte sich zuerst vergeblich an Papst Nikolaus I. gewandt, um die Kirche Mährens als romverbundene Landeskirche, also ohne fränkisch-bayerischen Einfluß, zu konstituieren. Als sich der Papst mit Rücksicht auf die Reichskirche diesem Ansinnen verschloß, wandte sich Rastislav an Kaiser Michael III. von Byzanz. Der schickte ihm zwar keinen Bischof zur Einrichtung einer selbständigen Kirchenprovinz, dafür aber die Brüder Konstantin-Kyrillos und Methodios. Sie hatten schon in der Slavenmission Erfahrungen gesammelt, weshalb sie dann in Mähren eine slawische Schrift und eine kirchenslawische Liturgie einführen konnten. Dies war aber ein schwerer Schlag gegen die bislang erfolgreiche bayerische Mission entlang der Donau. Zugleich verschärfte sich der politische Konflikt zwischen Ludwig und Rastislav durch den kirchlichen Gegensatz. Hinzu kam, daß der Mährerfürst in die Auseinandersetzung zwischen Ludwig und dessen ehrgeizigem Sohn Karlmann eingriff, dem der König 856 die Ostmark (marca orientalis) verliehen hatte, um den Aufständen und Konspirationen der Ostmarkpräfekten ein Ende zu bereiten. Die Situation besserte sich für Ludwig nur vorübergehend, als Rastislav von seinem Neffen Svatopluk gefangengenommen und an den König ausgeliefert wurde, wobei auch der Slawenapostel Methodios in fränkisch-bayerische Gefangenschaft geriet. Svatopluk nahm bald die antifränkische Politik Rastislavs wieder auf und konnte endlich 874 im Frieden von Forchheim die relative Selbständigkeit seiner großmährischen Herrschaft gegen eine jährliche Tributzahlung behaupten. Erst die Vernichtung des Mährerreiches am Ende des Jahrhunderts durch die Einfälle des madjarischen Reitervolkes schuf eine völlig neue Lage.

Ludwigs Kampf mit Karl dem Kahlen. Der Friedensschluß Ludwigs des Deutschen mit Svatopluk gab dem Frankenkönig in der letzten Phase seiner Herrschaft die Hand frei für einen neuen Anlauf in der West- und Italienpolitik. Da sich auch die Herrschaft Karls des Kahlen im Westreich durch Erfolge gegen die Bretonen und Normannen weiter gefestigt hatte, kam es nun zu einem erbitterten Kampf zwischen Ost- und Westreich um das italienische Erbe, das der kinderlose Ludwig II., der Sohn Kaiser Lothars I., bei seinem Tode 875 zugleich mit der Kaiserwürde hinterlassen hatte. Karl blieb zuerst erfolgreich. Am Weihnachtstag 875 empfing er von Papst Johannes VIII. in Rom die Kaiserkrone. Der Krönung ging keine

Designation oder Akklamation durch ein fränkisches Reichsvolk voraus, sie erschien nunmehr als rein römisch-päpstliche Angelegenheit.

Karl der Kahle selbst betrachtete die neue Kaiserwürde auch als Sprungbrett für ein gesichertes italienisches Königtum. Im Februar 876 ließ er sich in Pavia als „protector“ und „defensor“ akklamieren, also faktisch als König Italiens; für dessen Verwaltung setzte er den Grafen Boso von Vienne ein. Das Glück schien ihn weiter zu begünstigen, da der Tod Ludwigs des Deutschen am 28. August 876 dessen Anspruch auf die Herrschaft über Italien vorläufig erledigte. Karl suchte diese überraschende Wendung dadurch zu nützen, daß er die Osthälfte Lotharingiens und die linksrheinischen Gebiete Ludwigs des Deutschen an sich riß und über Aachen bis Köln vordrang. Damit war aber der Wendepunkt erreicht, denn Ludwigs Sohn Ludwig der Jüngere (876–882) trat Karl bei Andernach entgegen und schlug ihn vernichtend. Als kurz darauf der Papst, von Sarazeneneinfällen und italischen Machthabern gleichermaßen bedroht, den Kaiser dringend an seine Schutzpflicht für Rom erinnerte und ihn zu Hilfe rief, zeigte sich, daß Karl diesen Anforderungen nicht mehr gewachsen war. Gegen den Willen Erzbischof Hinkmars von Reims und der westfränkischen Großen schloß er wegen des Italienzugs einen ungünstigen Frieden mit den Normannen und gestand dem Adel die Erblichkeit seiner Lehen zu. Er schwächte damit sowohl seine westfränkische, mühsam genug konsolidierte Machtbasis wie auch das Prestige seiner Herrschaft, soweit es auf der erfolgreichen Eindämmung der normannischen Invasionen beruhte. Diese doppelte Vorleistung nützte ihm aber nicht viel, denn der zweite Italienzug endete mit einem völligen Fiasko. Als Karlmann von Bayern, der Sohn Ludwigs des Deutschen, mit einem Heer nach Italien zog, verweigerten die westfränkischen Großen Karl weitere Waffenhilfe, so daß dem Kaiser nur der fluchtartige Rückzug über die Alpen blieb. Am 6. Oktober 877 starb der Sohn der Welfin Judith in einem savoyischen Dorf. Seine Großreichspolitik war gescheitert, doch hatte er durch zähen Ausbau seiner westfränkischen Königsherrschaft wichtige Grundlagen der französischen Nationswerdung geschaffen, die auch die chaotischen Zustände der Folgezeit überdauern sollten.

Der Ausgang der Karolingerzeit im Ostfrankenreich. Nunmehr waren die ostfränkischen Karolinger am Zug. Aus der verwirrenden Fülle der nun folgenden Ereignisse seien hier nur wenige herausgegriffen. Nach dem Tode Ludwigs des Deutschen 876 erbte Karlmann Bayern und die südöstlichen Marken und damit auch den Konflikt mit dem Großmährischen Reich. Sein Bruder Ludwig III., „der Jüngere“, herrschte in Mainfranken, Thüringen und Sachsen, während Karl III., mit dem Beinamen „der Dikke“, Alemannien und Churrätien erhielt. Lotharingien wurde unter die Brüder aufgeteilt. Karlmanns Italienzug von 877, der mit Rückzug und Tod seines Onkels Karls des Kahlen geendet hatte, brachte ihm selbst schwere Krankheit und zwang auch ihn bald zur Heimkehr. Seinen Herrschaftsanspruch auf Italien trat er deshalb an Karl III. ab, der in der Tat 881 von Papst Johann VIII. die Kaiserkrone erhielt. Durch den Tod seiner Brüder Karlmann (880) und Ludwig (882) wurde Karl eher durch Zufall als durch sein Verdienst alleiniger Herrscher des Ostfränkischen Reiches. Daß die Wiederherstellung der Reichseinheit aber nicht die Frucht einer zielstrebigen, kraftvollen Wiedervereinigungspolitik war, sollte sich schon bei der ersten Belastungsprobe zeigen. Die Abwehrerfolge, die König Alfred der Große (871–899/901) in England gegen die Normannen errungen hatte, lösten deren neuerliche Angriffe gegen das Frankenreich aus. Im Jahre 882 brach der gewaltigste Normannensturm los; dieser wurde die härteste Bewährungsprobe für das spätkarolingische Herrschaftssystem. Siege Ludwigs des Jüngeren im Hennegau und des westfränkischen Königs Ludwig III. bei Saucourt über die Eindringlinge brachten keine Wende, beide Könige starben 882. Die Sachsen unter Herzog Brun wurden vernichtend geschlagen, die nordische Mission der Hamburger Kirche erlitt verheerende Rückschläge, ebenso ging die Slawenmission in einer Reihe von Aufständen teilweise zugrunde. Als in dieser Lage Karl III. als Alleinherrscher des Ostreiches mit einem großen militärischen Aufgebot und italienischen Truppen die Normannen in Elsloo einschloß, schien eine Wende möglich. Aber Karl begnügte sich mit der Taufe ihres Anführers Gottfried, erkaufte sogar ihren Abzug durch Tributzahlungen und überließ den Wikingern einen Teil Frieslands zur Ansiedlung. Wie ausweglos die politische Lage den Großen des Westreiches erschienen sein muß, geht daraus hervor, daß man Karl III., trotz dessen erwiesener Unfähigkeit, nach dem Tode der Enkel Karls des Kahlen 885 die Herrschaft über das Gesamtreich übertrug, dies wohl in der Hoffnung, die Einheit werde eine Wende zum Guten bringen. Das erwies sich schon im folgenden Jahr als trügerisch, als die Normannen zu einer großen Belagerung von Paris ansetzten. Die Stadt verteidigte heldenmütig Graf Odo, der Sohn des in der Normannenabwehr groß gewordenen Robert († 864), der als „Robert der Tapfere" Stammvater der Kapetinger geworden ist. Kaiser Karl rückte zwar zum Entsatz an, erkaufte aber wiederum den Abzug der Normannen durch Geldzahlungen und überließ ihnen sogar Winterquartiere in Burgund. Dies löste die letzte dramatische Wende im Leben des schwer epileptischen Kaisers aus. Sein Erzkapellan Liutward von Vercelli, den Karl auf Betreiben der Großen entlassen mußte, ebnete nun den Weg für Arnulf von Kärnten († 899), den einzigen noch handlungsfähigen Karolinger, einen Friedelsohn Karlmanns von Bayern. Arnulf zog mit bewaffneter Macht heran und wußte in Tribur 887 die Großen des Reiches auf seine Seite zu ziehen, wodurch der verlassene Kaiser zur Abdankung gezwungen wurde; kurz danach starb Karl III.

Damit schienen sich die Dinge noch einmal zum Besseren wenden zu wollen: Arnulf, in dem Regino von Prüm den natürlichen Herrn des Gesamtreiches sah, konnte schrittweise seine Oberherrschaft festigen. Er besiegte 891 die Normannen bei Löwen an der Dyle so nachhaltig, daß sie von nun an das Ostfränkische Reich verschonten. Das Zentrum von Arnulfs Macht blieb allerdings immer der Osten; in den anderen Teilreichen traten jetzt Kronanwärter aus der Gruppe mächtiger Markgrafen und Herzöge hervor: in Italien Boso von Vienne (879–887), Wido von Spoleto (889–891) und der Unruochinger Berengar von Friaul († 924), in Lotharingien der Welfe Rudolf und vor allem im Westfränkischen Reich der Robertiner Odo (888–898), der aufgrund seiner Erfolge gegen die Normannen Anspruch auf die Königswürde erheben konnte.

Arnulf von Kärnten trug diesem Stand der Dinge realistisch Rechnung, als er im Juni 888 auf einer Reichsversammlung in Frankfurt die Einladung einer westfränkischen Adelsgruppe unter Erzbischof Fulco von Reims ablehnte, auch König des Westreiches zu werden. Er lud Odo von Paris nach Worms ein, wo er ihn als König und als seinen Getreuen (fidelis) anerkannte. Eine „Befestigungskrönung" Odos in Reims mit einer von Arnulf übersandten Krone bekräftigte die formelle Oberherrschaft des Ostfranken über den Westen, die eher symbolischer Natur war. Energischer ging Arnulf gegen den Welfen Rudolf vor. Er besetzte das Elsaß, worauf Rudolf sich nach Regensburg begab und dort vom König als eine Art Unterkönig in seinem hochburgundischen Alpen-Jura-Gebiet anerkannt wurde.

Nach dieser, allerdings nicht dauerhaften Bereinigung der Verhältnisse nördlich der Alpen gewann Arnulf auch König Ludwig von der Provence, den Sohn König Bosos von Vienne (Niederburgund), für sich und konnte Anfang 894 nach Italien aufbrechen. Dort war durch den Tod Herzog Widos von Spoleto (888–894), der sich selbst (891) und seinen Sohn Lambert (892) zum Kaiser hatte krönen lassen, und vor allem durch die Konsolidierung der Herrschaft Arnulfs und Berengars in Oberitalien eine neue Lage entstanden. Papst Formosus (891–896) rief den Karolinger nach Rom und krönte ihn im Februar 896 zum Kaiser. Arnulf hatte die Stadt gegen die Truppen des verstorbenen Wido von Spoleto erstürmen müssen. Die Erfolge des Kaisers brachten eine breite Opposition auf den Plan, doch kam es nicht zu einem Entscheidungskampf, da Arnulf im Frühjahr 896 schwer erkrankt nach Bayern zurückkehrte. In Rom gewann sofort die Gegenpartei die Oberhand; der eben verstorbene Papst Formosus wurde von seinem Nachfolger Stephan VI. aus dem Grabe geholt und in einer schauerlichen Leichensynode verurteilt, ein Symptom für den nun folgenden Niedergang des Papsttums.

Arnulfs Siechtum und Tod (899) stürzten auch das Ostfränkische Reich in blutige Parteikämpfe; die lockere Suprematie über das Gesamtreich war ohnehin für immer verloren gegangen. Parallel dazu hatte sich schon seit längerer Zeit die Lage an der Ostgrenze katastrophal gewandelt. Es erwies sich nunmehr als gefährlich, daß Arnulf im Bunde mit den Madjaren 892/93 die fränkische Oberhoheit über das Großmährische Reich wiederhergestellt hatte. Damit dürfte der Karolinger aber mittelbar die Schleusen für ungarische Invasionen geöffnet haben, die 905/06 zum Untergang des Großmährischen Reiches und zu verheerenden Kriegszügen der Madjaren in Bayern, Alemannien und Sachsen führten. In der Schlacht bei Preßburg fiel der bayerische Heerbann 907 gegen die Eindringlinge, Markgraf Luitpold und drei bayerische Bischöfe fanden den Tod, die Ostmark bis zur Enns ging verloren.

Insgesamt war Arnulfs zähen Versuchen, die Stellung seiner Dynastie zu sichern und auszubauen, kein dauerhafter Erfolg beschieden, so günstig sich die Dinge auch anfangs anzulassen schienen. Er gewann die Zustimmung der ostfränkischen Großen dafür, daß seine Friedelsöhne Zwentibold und Ratold in der Königsherrschaft nachfolgen sollten, falls seine Ehe mit der Konradinerin Oda kinderlos blieb. Nach der Geburt Ludwigs des Kindes (893) entschädigte er Zwentibold mit dessen Erhebung zum König von Lothringen; doch konnte sich dieser nur schwer gegen den lothringischen Adel unter Führung der mächtigen Familie der Reginare behaupten. Diese Opposition huldigte nach Arnulfs Tod Ludwig dem Kind, und als bald danach Zwentibold im Kampf mit aufständischen Großen unter der Führung der Matfride fiel, konnten die Reginare mit der nominellen Anerkennung der Herrschaft eines Minderjährigen ihre Machtstellung als Herzöge von Lothringen Schritt für Schritt weiter ausbauen.

Wie sehr sich auch das Ostfränkische Reich inzwischen in ein Machtsystem regionaler Adelsgruppen verwandelt hatte, wurde während der nominellen Herrschaft Ludwigs des Kindes (900–911) offenbar, der als Sechsjähriger am 4. Februar 900 in Forchheim zum König ausgerufen und gekrönt wurde. Schon sein Vater Arnulf hatte sich in Sachsen auf die mit den Karolingern verschwägerten Liudolfinger, in Franken und in der sorbischen Mark auf die Familie der Konradiner gestützt, der seine Gemahlin Oda entstammte. Die Konradiner faßten durch ihn in Mainfranken Fuß und gerieten dort in eine lange, erbitterte Auseinandersetzung mit den älteren Babenbergern. In Bayern hatte Arnulf nach dem Sturz des mächtigen Markgrafen Engildeo als Nachfolger Luitpold eingesetzt, den Stammvater der bayerischen Herzogsfamilie, die im ersten Drittel des 10. Jahrhunderts zu königsgleicher Stellung aufstieg. Im schwäbischen Stammesherzogtum zog der König zwar ebenfalls den Adel zur Herrschaftssicherung heran, mehr noch aber die Prälaten: Bischof Salomo III. von Konstanz, Adalbero von Augsburg und den Abt Hatto von der Reichenau, der später als Freund Arnulfs und als Erzbischof von Mainz eine große Rolle als Reichspolitiker und später auch als Königsmacher spielte. Seine unrühmliche Beteiligung an der heimtückischen Gefangennahme und Hinrichtung des letzten Popponen-Babenbergers Adalbert wirft ein trübes Licht auf seinen Charakter; auch die Volkssage hat ihm mit der Erzählung vom Binger Mäuseturm ein schlechtes Andenken bewahrt.

Wandel des Herrschaftsgefüges. In normalen Zeiten hätte sich vielleicht das gemeinsame Regiment von Adel und Prälaten für den jungen König Ludwig einigermaßen behaupten können, bewies es doch allein schon durch seine Existenz, daß es bereits ein ostfränkisches Zusammengehörigkeitsgefühl als Vorstufe eines Einheitsbewußtseins gab. Die Bedrohung durch die Ungarneinfälle hätte jedoch statt des Nebeneinanders rivalisierender Gruppen eine straffe Zentrierung der königlichen Gewalt erfordert. Die Kirche allein konnte hier keine starke politische Klammer bilden, so bedeutend auch ihr Beitrag zur militärischen Verteidigung nach wie vor war. Da jetzt, am Beginn des 10. Jahrhunderts, ähnlich wie im Westfränkischen Reich eine starke Königsmacht fehlte, mußte sich mit dem Widerstand der am meisten betroffenen Stämme gegen die madjarischen Einfälle auch das Gewicht dieser sogenannten ,,jüngeren Stammesherzogtümer" verstärken. Dabei war es sicher kein Zufall, daß sich im Zuge dieser Ereignisse Bayern und Sachsen aufgrund ihrer soliden Ausgangsbasis am machtvollsten entwickelten, hatten sie doch die Hauptlast der Invasion zu tragen. Der Aufstieg der Liudolfinger in Sachsen konnte sich allerdings nicht auf eine stabile ältere sächsische Stammestradition stützen, sondern legitimierte sich von selbst durch Königsdienst und spektakuläre Erfolge in der Abwehr von Normannen, Slawen und Madjaren. Von einem fränkischen Stammesherzogtum zu sprechen ist ohnehin problematisch, da der seit merowingischer Zeit reichsfränkisch kolonisierte Raum in Hessen, am Mittelrhein und Main, dem nunmehr der Name ,,Franken" verblieb, zu sehr an das Reich gebunden blieb, als daß hier ein genuines Stammesbewußtsein entstehen konnte. Die Konradiner stiegen hier mit Hilfe Arnulfs von Kärnten und während der nominellen Herrschaft Ludwigs des Kindes zu herzoglicher Würde auf; mit dem Königtum Konrads I. (911–918) wurde Ostfranken im Grunde wieder eine Königslandschaft. Thüringen geriet mehr und mehr unter liudolfingische Herrschaft, während Alemannien trotz einer starken ethnischen Homogenität keine wirkliche Stammeseinheit erlangte. Die Lage war dort durch starke, reichstreue kirchliche Kräfte und das Gegeneinander zweier mächtiger Adelsgruppen bestimmt: der Hunfridinger und der Burchardinger.

Der Aufstieg Bayerns unter den Luitpoldingern, besonders unter Herzog Arnulf, dem Sohn des bei Preßburg gefallenen Markgrafen Luitpold, läßt sich einerseits mit der sich festigenden Stellung der Liudolfinger in Sachsen vergleichen; andererseits erinnerte er an den ersten Anlauf der Robertiner-Kapetinger im Westen, die Karolinger als Könige zu verdrängen. In allen drei Fällen war es die Bewährung in der Abwehr äußerer Feinde, die den Anspruch auf legitime Herrschaft begründete. Herzog Arnulf gelang es sogar, die bayerische Reichskirche zu mediatisieren. Mit den Prälaten zusammen führte er eine rigorose Säkularisation der Klöster des Landes durch, was wiederum seine Herrschaft und militärische Kraft stärkte. Die Bezeichnung dieser Neubildungen als ,,Stammesherzogtümer" verdeckt somit eher ihren Charakter und ihre Entstehungsursachen, als daß sie erhellend wäre.

So war im Grunde die Umstrukturierung des Ostfränkischen Reiches von einer noch relativ intakten Königsherrschaft zu einem Verband herzoglicher und regionaler Gewalten bereits in vollem Gange und teilweise abgeschlossen, als sich mit dem Tode Ludwigs des Kindes am 24. September 911 die Frage nach der Nachfolge im Königtum stellte. Es mutet rührend an, daß der siebzehnjährige kränkliche König 910 auf dem Lechfeld bei Augsburg eine große Schlacht gegen die Ungarn gewagt und blutig verloren hatte. Sein frühes Ende bedeutete zugleich das Ende der karolingischen Dynastie im Ostreich; daß dies bereits ein illegitimer Mannesstamm war, sollte nicht vergessen werden, weil es den graduellen Übergang der Herrschaft an Nichtkarolinger erkennen läßt.

König Konrad I. (911–918). Als im November 911 in Forchheim die Franken, Sachsen, Alemannen und Bayern den Konradiner Konrad den Jüngeren zum König wählten – dies geschah nach späterer Überlieferung auf den Rat Herzog Ottos von Sachsen – zeigte sich, daß die neuen Gewalten im Ostfränkischen Reich zu raschem gemeinsamen Handeln fähig und willens waren. Nur Lothringen, wo mit dem Tode Gebhards 910 die Konradiner ihre kaum gewonnene Machtbasis als Amtsherzöge wieder verloren hatten, wandte sich unter dem Einfluß der Reginare dem westfränkischen Karolingerreich zu. Damit hatten sich die vier deutschen Stämme in einhelliger Willensbildung gemäß dem Wahlprinzip von der alten Dynastie gelöst – ein Vorgang, dessen Tragweite sich erst viel später zeigen sollte. Der Franke Konrad, schon unter Ludwig dem Kind die führende Persönlichkeit am Hofe, war nicht unbedeutend und besaß zweifellos auch militärische Fähigkeiten. Im wichtigsten Punkt aber, der richtigen Einschätzung der neuen Machtkonstellation des herzoglich gegliederten Ostfränkischen Reiches, fehlte ihm der politische Instinkt. Sein Versuch, mit Hilfe der Reichskirche die Herzöge wiederum unter königliche Kontrolle zu bringen, war schon deshalb zum Scheitern verurteilt, weil er diesen seine Wahl zum König letztlich zu verdanken hatte. Zwar gelang es ihm, von dem westfränkischen König Karl dem Einfältigen, dem Sohn Ludwigs des Stammlers, das Elsaß zurückzugewinnen, doch glückte es nicht, Lothringen zu unterwerfen. Ebensowenig vermochte er – trotz verlustreicher Kämpfe – Sachsen und Bayern zu besiegen. In Schwaben hingegen konnte sich Konrad I. durch eine rigorose Politik gegen die mit ihm verschwägerten Grafen Erchanger und Berthold durchsetzen, die er zuerst in Klosterhaft nahm und dann 917 hinrichten ließ. Er bewirkte damit aber nur, daß sich deren Rivale um die Herzogswürde, der Hunfridinger Burchard II. von Rätien, als schwäbischer Herzog durchsetzen konnte. Militärische Erfolge gegen Arnulf von Bayern, den er vorübergehend zur Flucht zu den Ungarn zwang, nützten ihm ebenfalls wenig, da er selbst in dem entscheidenden Punkt, der

Abwehr der madjarischen Dauerinvasionen in den Jahren 912 bis 917, weitgehend versagte.

Ein weiteres Moment darf bei der Beurteilung seines Königtums nicht übersehen werden: die Problematik seines Bündnisses mit der Kirche, speziell mit Erzbischof Hatto von Mainz (891–913) und Bischof Salomo III. (890–919) von Konstanz, seinem Kanzler. Ähnlich wie im weiter fortgeschrittenen kirchlichen Desintegrationsprozeß des Westfränkischen Reiches war auch rechts des Rheins die Reichskirche schon teilweise mediatisiert. Das galt für Bayern unter Herzog Arnulf ebenso wie für Sachsen, wo die Bischöfe keineswegs für den König und damit gegen die liudolfingische Herrschaft eintraten. Selbst in Schwaben hatten die Brüder Erchanger und Berthold den königstreuen Bischof Salomo in ihre Gewalt gebracht. Wenn 916 auf der Synode von Hohenaltheim bei Nördlingen die Kirche den König als „Gesalbten des Herrn" gegen die schwäbischen Empörer verteidigte, so bedeutete das nicht, daß die gesamte Reichskirche fest hinter dem Herrscher stand. Das karolingische Reichskirchensystem war auch im Osten brüchig geworden, erst Otto der Große sollte es unter anderen Voraussetzungen als festen Baustein des Reiches wieder in die Königsherrschaft einfügen.

Als Konrad I. am 23. Dezember 918 an den Verletzungen aus einem neuerlichen Feldzug gegen Arnulf von Bayern starb, hatte seine Politik des Kampfes gegen die Herzogtümer völligen Schiffbruch erlitten. Widukind von Corvey († nach 973), Mönch aus sächsischer Hochadelsfamilie und Verwandter der nun zur Macht gelangenden liudolfingischen Dynastie, berichtet aus diesem Anlaß folgendes: Auf dem Totenbett soll der König seinen Bruder Eberhard zum Verzicht auf dessen geblütsrechtlichen Anspruch auf den Thron bewegt und ihn gleichzeitig beauftragt haben, den Sachsenherzog Heinrich als Nachfolger zu designieren (Nr. 4, Bd. VIII, S. 56). Es ist dies eine Szene, deren Realität umstritten bleibt, da sie ebenso eine liudolfingische politische Legende sein kann, um der jetzt erfolgenden „translatio" der Königsherrschaft auf die Sachsen eine höhere Weihe und die Würde königlicher Kontinuität zu verleihen. Widukinds Bericht enthält zweifellos topische Elemente. Vor allem Konrads Selbsterkenntnis, daß ihm und seinem Bruder das Glück und und die Eignung (fortuna atque mores) fehle, die Heinrich besitze, erweckt in ihrer knappen apodiktischen Form Verdacht. Doch deuten ähnliche Berichte beim Fortsetzer der Chronik Reginos von Prüm zum Jahre 919, und in Liutprands von Cremona Geschichtswerk (Nr. 4, Bd. VIII, S. 314) wiederum auf einen echten Kern hinsichtlich der „Designation" des Sachsenherzogs. Fest steht auf jeden Fall, daß Heinrich der einzige Stammesfürst war, mit dem Konrad nach mancherlei Kämpfen zu einem modus vivendi gefunden hatte. Die gemeinsame Wahl des Liudolfingers durch Franken und Sachsen war durch diesen Stand der Dinge nach dem Tode Konrads schon angelegt. Die Unteilbarkeit des Reiches ergab sich nicht nur durch die vorsichtige Integrationspolitik Heinrichs. Sie war auch in der parallelen Wahl Arnulfs von Bayern zum König „in regno Teutonicorum“ (Nr. 33, I, Bd. 30. 2, S. 732ff.) zumindest als Absicht angelegt. Damit war, über die Epoche Kaiser Arnulfs hinaus, eine weitere wichtige Schwelle in Richtung auf die Einheit des Reiches überschritten, die dann durch Ottos des Großen Alleinherrschaft endgültig gesichert wurde.

4. Das Reich der Ottonen (919–1024)

a) König Heinrich I. (919–936)

Die rührende Geschichte vom hochherzigen König Konrad I., der auf dem Totenbett seinen Bruder Eberhard von Franken dazu bewegte, keine Ansprüche auf den Thron zu stellen, sondern die Königsinsignien dem Sachsenherzog Heinrich zu überbringen, weil dieser das „Königsheil“ (fortuna cum nobilissimis moribus) besitze, – diese bereits erwähnte Darstellung einer hochoffiziösen ottonischen Quelle darf nicht vergessen machen, wie unsicher und gefahrvoll die Anfänge dieses großen Königs gewesen sind. Der Erfolg war jedenfalls nicht vorgezeichnet, mochte Heinrich auch treffliche Voraussetzungen für sein Amt mitbringen. Sachsen war seit Karl dem Großen ein fester Bestandteil des Frankenreiches geworden, konnte sich aber mit einer gewissen Selbständigkeit entfalten; die Entfernung von den Zentren karolingischer Macht an Rhein und Donau hatte auch ihre Vorteile. Nach dem Bericht des ottonischen Familienklosters Gandersheim errang Graf Liudolf († 866), die namengebende Leitfigur des Herrschergeschlechts, ebenso eine markgräfliche Sonderstellung wie die Markgrafen an der Südostflanke des Reiches in Bayern. Graf Liudolf war bereits „dux orientalium Saxonum“. Sein Sohn Brun fiel 880 im Kampfe gegen die Normannen, worauf dessen jüngerer Bruder Otto an die Spitze des sächsischen Stammes trat. Unter Kaiser Arnulf und König Ludwig dem Kind spielte er eine wichtige Rolle in der ostfränkischen Politik. Ob er 911 die Wahl auf den Franken Konrad lenkte, wie es eine spätere Tradition will, ist ebenso bezweifelt worden wie die „Designation“ Heinrichs I. durch König Konrad I.; beide Szenen könnten auch Produkte einer retrospektiven ottonischen Herrschaftsideologie sein. Nach Ottos Tod (912) ging das Herzogtum auf seinen Sohn Heinrich über, dem Widukind von Corvey die Tugenden des adeligen Kriegers wie des besonnenen, nüchternen Hausvaters zuschreibt. Letzteres läßt sich an seinen zwei Heiraten ablesen, die einen „gesunden Besitzinstinkt“ verrieten. Seine erste Gattin Hatheburg, Erbtochter des Grafen Erwin von Merseburg, brachte ihm reichen Besitz im östlichen Herzogtum ein. Da Hatheburg als Witwe bereits den Schleier genommen hatte, benützte Heinrich kirchlich-kanonische Bedenken gegen diese Ehe, um sich wieder von ihr zu trennen. Er behielt aber ihren Besitz für sich und heiratete in zweiter Ehe die noch reichere Mathilde aus dem Geschlecht des „Volksherzogs“ Widukind, der einst Karl dem Großen erfolgreich militärisch entgegengetreten war. Durch Mathildes Erbgut hatte Heinrich jetzt auch im Westen seinen Hausbesitz bedeutend vermehrt. Wegen Besitzfragen geriet Herzog Heinrich auch in Auseinandersetzungen mit König Konrad I., da er nach dem Tode Erzbischof Hattos von Mainz dessen Kirchengut in Thüringen kurzerhand beschlagnahmte. Mit Eberhard von Franken kam es zum Kampf um Besitzrechte im Weserraum. Da Heinrich den Konradinern militärisch gewachsen war, scheint es nach 915 zu einem Ausgleich und vielleicht auch schon zu Abmachungen wegen der Nachfolge im Königtum gekommen zu sein. Damit hatte der Sachsenherzog seine Herrschaft gefestigt und auf eine breitere Basis gestellt, ebenso gelang es ihm schon damals, die sächsische Kirche aus dem Reichskirchenverband zu lösen und seiner herzoglichen Gewalt zu unterstellen.

Nach Konrads I. Tod kam es aufgrund längerer Vorverhandlungen mit den Franken im Mai 919 an der Grenze der Herzogtümer Sachsen und Franken zur Königserhebung Heinrichs I., doch fehlten die süddeutschen Stämme. Die Bayern wählten etwa gleichzeitig ihren Herzog Arnulf zum König „in regno Teutonicorum“. Diese Stelle aus den großen Salzburger Annalen, erhalten in einer Abschrift des Klosters Admont, ist der älteste Beleg für die Existenz des Begriffs eines deutschen Reiches, dessen Echtheit nicht mehr bezweifelt werden kann; dennoch darf er in seiner Tragweite nicht überschätzt werden. Das Einheitsbewußtsein der deutschen Stämme war damals sicher noch ein sehr zartes Pflänzchen, von einem „volkhaften“ Zusammengehörigkeitsgefühl kann wohl kaum die Rede sein. Daß dem so war, zeigt schon die Tatsache, daß die Vorstellung von einer politischen Einheit der deutschen Stämme zuerst außerhalb Deutschlands in Italien auftauchte, also eine Fremdbezeichnung darstellte. Dazu gehört die weitere Beobachtung, daß das Aufkommen des Volksnamens „deutsch“ keineswegs, wie vielfach angenommen worden ist, am Anfang der deutschen Volksgeschichte stand, sondern eher deren Abschluß anzeigte.

Bereits der Wahlvorgang in Fritzlar läßt erkennen, daß Heinrich neue Wege gehen und sich zumindest vorläufig nicht allzu eng an die Kirche halten wollte, denn gerade diese Bindung an die letzten Endes doch nicht mehr kraftvolle Reichskirche hatte wesentlich den Konflikt seines Vorgängers mit den Herzogtümern ausgelöst. Nach der von Eberhard von Franken geleiteten Wahl bot nach dem Bericht Widukinds von Corvey (Nr. 4, Bd. VIII, S. 58) der Erzbischof Heriger von Mainz (913–927) Heinrich die Salbung als König an. Der Sachse lehnte das ab, sicher nicht aus allzu großer Bescheidenheit, wie Widukind es darstellt, sondern als Hinweis darauf, daß er der Kirche keine Vorrangstellung gegenüber den Herzögen einräumen wollte, aus deren Mitte er selbst hervorgegangen war. Eine antikirchliche Haltung Heinrichs kann man nicht herauslesen, denn er bestimmte bald danach Heriger von Mainz für die politisch zentrale Funktion des Erzkapellans; auch zog er in seinen letzten Jahren die Reichskirche wieder stärker heran. Es handelte sich eher um eine vorübergehende, politisch-taktische Abstinenz von der reichskirchlichen Tradition, die er nach Konsolidierung seiner Königsherrschaft wieder aufgeben konnte. Ebenso fest steht aber, daß zumindest Teile der Reichskirche die Ablehnung der Königssalbung durchaus als einen Affront empfanden, denn in der fast zeitgenössischen Lebensbeschreibung des heiligen Ulrich von Augsburg wird ein Traum des Bischofs erzählt, worin der heilige Petrus ihm ein Schwert ohne Knauf zeigt mit dem Bemerken: „Sage dem König Heinrich: Dieses Schwert, das keinen Knauf hat, bedeutet einen König, der ohne kirchliche Weihe das Königtum innehat." (Nr. 4, Bd. XXII, S. 62).

Ebenso wichtig wie Heinrichs kirchenpolitische Weichenstellung war die Tatsache, daß sich durch diese Wahl die Machtgrundlagen des Königtums nach Sachsen ausdehnten, ohne daß damit die Rheinlinie mit ihren alten Bischofsstädten grundsätzlich an Bedeutung verloren hätte. Die Königsitinerare der ottonischen Zeit, nämlich die jeweiligen Aufenthaltsorte der Herrscher und die Dauer ihres Verweilens in einer Pfalz, einer Bischofsstadt oder in einem Kloster, zeigen das fortdauernde Gewicht des fränkischen Westens, aber auch den Residenzcharakter ottonischer Pfalzen in Sachsen. Auch die Massierung kirchlicher Großbauten der sächsischen Kaiserzeit im rheinischen und im sächsischen Bereich erweisen den gewaltigen Machtanstieg des Nordostens ebenso wie die bleibende Bedeutung der alten reichsfränkischen Regionen am Rhein. Mit diesem entscheidenden geographischen Wandel der Machtgrundlagen des Königtums wurde ein weiterer wichtiger Schritt vom Ostfränkischen zum deutschen Reich getan.

Die Konsolidierung der Königsherrschaft. Es ist bezeichnend für die vorsichtig taktierende Art König Heinrichs, daß er vorerst der harten Konfrontation mit dem Gegenkönigtum Arnulfs von Bayern auswich und erst die günstigere Ausgangslage in Schwaben zum Anlaß nahm, seine Macht zur Geltung zu bringen. Er benützte den Kampf Herzog Burchards I. mit König Rudolf II. von Hochburgund, um mit Heeresmacht nach Schwaben zu ziehen. Burchard unterwarf sich Heinrich I. und „übergab dem König sich selbst mit allen seinen Burgen und seinem Volk" (Nr. 4, Bd. VIII., S. 58). Es wird sich um eine vasallitische Huldigung gehandelt haben. Sie brachte aber Burchard Heinrichs militärische Hilfe im weiteren Kampf mit Hochburgund ein, den der Herzog noch 919 mit einer siegreichen Schlacht bei Winterthur zu seinen Gunsten entscheiden konnte. Die Kirchenherrschaft scheint Burchard damals noch behalten zu haben, jedenfalls wissen wir aus dieser Zeit nichts von einer Einflußnahme Heinrichs auf die schwäbischen Prälaten.

Nach der Integration des Südwestens wandte sich Heinrich 920 Bayern zu. Dort hatte Arnulf inzwischen eine königsgleiche Stellung errungen, die man, wohl kaum zu Recht, auch als bayerisches Sonderkönigtum gedeutet hat. König Heinrichs erster Versuch gegen Bayern im Jahre 920 scheiterte, er mußte sich nach Sachsen zurückziehen. Nach einem neuerlichen Angriff kam es 921 vor der befestigten Herzogsresidenz Regensburg zu einem Kompromißfrieden, bei dem Arnulf für den Verzicht auf den Königstitel und für die Anerkennung der Oberhoheit Heinrichs ein hohes Maß von Selbständigkeit nach innen und außen zugestanden wurde. Konkret bedeutete dies, daß der Luitpoldinger das Verfügungsrecht sowohl über die bayerische Kirche behielt wie auch über das in Bayern gelegene Reichsgut. Er ließ eigene Münzen schlagen, präsidierte 932 bayerischen Landessynoden in Regensburg und Dingolfing und unternahm selbständige Kriegszüge nach Böhmen. Er schloß sogar mit den Ungarn 927 einen separaten Frieden und wurde auch in Italien politisch aktiv, wenn auch ohne bleibenden Erfolg. Mit der Designation seines Sohnes Eberhard zum Nachfolger im Jahre 935, für den auch die langobardische Königskrone vorgesehen war, scheint Arnulf allerdings die Grenze des vom König tolerierten Freiraums herzoglicher Gewalt erreicht zu haben. Heinrichs früher Tod 936 verhinderte zwar vorerst entschlossene Reaktionen der Reichsgewalt, doch nahm sein Sohn Otto bald nach seiner Königserhebung das bayerische Problem wieder energisch auf. Im Zenit luitpoldingischer Herzogsmacht unter Arnulf erscheint der bayerische Herzog jedoch durchaus als Verbündeter des Königs, nach Widukind von Corvey war er „amicus regis" (Nr. 4, Bd. VIII, S. 58). Dies bezeichnet ein Machtverhältnis, das sich von der nominellen Unterordnung der „reguli" unter Kaiser Arnulf von Kärnten ein Menschenalter zuvor kaum wesentlich unterschied und jedenfalls die politischen Beziehungen zwischen König und Herzog besser beschrieben haben dürfte als die Mitteilung Liutprands von Cremona, Arnulf sei „miles regis" (Nr. 4, Bd. VIII, S. 318), also Lehnsmann Heinrichs geworden. Wenn man das Verhältnis zwischen König und Herzog als einen mühsam errungenen und von beiden Seiten vorsichtig bewahrten Gleichgewichtszustand bezeichnen kann, so darf dies nicht darüber hinwegtäuschen, daß Heinrich I. den Gedanken einer grundsätzlichen Unterordnung des Bayernherzogs beibehielt. Jedenfalls legt die konsequente Bezeichnung Arnulfs als „comes" (Graf) durch die königliche Kanzlei diese Deutung nahe. Der Unterschied in der Titulatur zwischen Herzogs- und Königskanzlei ist zu offensichtlich, als daß darin nicht ein bewußter Vorbehalt der sich allmählich kräftigenden Zentralgewalt gegenüber der zeitweise königsgleichen Stellung Arnulfs zum Ausdruck kommen sollte.

Mit Bayerns Einfügung in das Herrschaftssystem Heinrichs I. hatte sich der Weg der Einigung mit den Stammesherzögen als der anfangs allein gangbare erwiesen. Wie zielstrebig und pragmatisch die Innenpolitik des Sachsen war, geht schon daraus hervor, daß in den nächsten Jahren in zunehmendem Maße Bischöfe und Äbte in seiner Umgebung auftauchten und daß er mit seinem Erzkapellan, dem Erzbischof Heriger von Mainz, an den Aufbau einer Hofkapelle als zentrales Regierungsorgan ging. Das karolingisch-reichskirchliche Vorbild schlug gleichsam wieder durch, wenn auch unter gewandelten Verhältnissen und in anderen Ausformungen. Der wachsende Einfluß reichskirchlicher Anschauungen machte sich schon bemerkbar, als 926 Herzog Burchard von Schwaben vor Novara im Kampfe gegen Hugo von der Provence fiel und Heinrich nunmehr die Gelegenheit wahrnahm, das schwäbische Herzogtum neu zu vergeben. Auf einem Hoftag in Worms setzte der König den Konradiner Hermann, einen Vetter des Frankenherzogs Eberhard, als Herzog ein, zog aber dabei die Verfügungsgewalt über die Kirche nach altem karolingischen Königsrecht an sich. Ebenso begann er eine selbständige Politik gegenüber Italien und Burgund. Wenn Arnulf von Bayern Heinrich I. nicht überlebt hätte, wäre mit großer Wahrscheinlichkeit auch die „bayerische Frage" in ähnlichem Sinne gelöst worden. Der erste König aus dem liudolfingischen Hause befand sich also gegen Ende seiner Regierungszeit bereits auf jenem Wege, den sein großer Sohn Otto von Anfang an einzuschlagen sich entschloß.

Heinrichs Westpolitik. Der inneren Konsolidierung der Königsherrschaft ging deren äußere Absicherung und Erweiterung parallel. Lothringen, das sich unter der Führung der mächtigen Familie der Reginare seit 911 vom Ostfränkischen Reich abgelöst und als frühe dynastische Herrschaft dem schwachen westfränkischen Karolinger Karl dem Einfältigen unterstellt hatte, versuchte unter Reginars Sohn Giselbert wieder stärkere Bewegungsfreiheit zu gewinnen; diesmal durch neuerliche Verbrüderung mit dem östlichen Nachbarn. Es kam deswegen schon 920 zum Krieg zwischen Karl und Heinrich. Beider Kräfte reichten aber nicht zu einer Entscheidung aus, so daß sie sich am 7. November 921 auf einem Floß im Rhein bei Bonn, genau auf der Grenze beider Reiche, in einem Kompromiß einigten. Nach wohlüberlegtem Zeremoniell vereinbarten Karl als „rex Francorum occidentalium" und Heinrich als „rex Francorum orientalium" einen Freundschaftsvertrag, den auch die Großen ihres Gefolges mitbeschworen. Karl der Einfältige wurde als König auch für Lothringen anerkannt, Heinrich als ebenbürtiger Herrscher in seinem Reich. Die karolingische Abstammung begründete keinen Vorrang mehr. Dieser Absprache war nur kurze Dauer beschieden, da der bald danach ausbrechende Kampf zwischen den Robertinern und Herzog Rudolf von Burgund einerseits und Karl dem Einfältigen andererseits nicht nur das Westreich lahmlegte, sondern auch einen nunmehr endgültigen Frontwechsel Herzog Giselberts von Lothringen zugunsten Heinrichs I. bewirkte. Der Sachse nutzte diese Gelegenheit 925 zur Eroberung Lothringens, das nunmehr als historisch gewordene Einheit dem Reich als fünftes Herzogtum eingegliedert wurde. Herzog Giselberts Vermählung mit Heinrichs Schwester Gerberga bekräftigte diese neue Bindung. Dadurch wurde auf Jahrhunderte die 843 in Verdun festgelegte Westgrenze des Lothar-Reiches samt den Modifikationen von Meersen und Ribemont auch zur Westgrenze des deutschen Reiches. Heinrich begnügte sich nicht mit diesem großen Erfolg, sondern nützte die seit 927 wieder ausbrechenden Thronwirren im Westen zu Interventionen. Er nahm für den westfränkischen König Rudolf und gegen den Karolinger Karl den Einfältigen Partei, der in Lothringen offenbar noch stärkeren Anhang besaß. Nach Karls Tod (929) jedoch stützte der Sachse den Grafen Heribert II. von Vermandois gegen König Rudolf und nahm dessen vasallitische Huldigung entgegen. Damit war eine politische Linie vorgezeichnet, deren Maxime man mit dem Wort „divide et impera – teile und herrsche“ bezeichnen könnte und die Otto der Große in noch stärkerem Maße gegenüber dem Westfrankenreich verfolgen sollte.

Weiter gesteckte außenpolitische Ziele Heinrichs lassen sich auch bei seinem Erwerb der „Heiligen Lanze“ erkennen. Diese berühmte, angeblich mit Nägeln vom Kreuz Christi ausgestattete siegverheißende Reliquie, die nach Liutprand von Cremona die Lanze Konstantins des Großen gewesen ist (Nr. 4, Bd. VIII, S. 428f.), war im Besitz König Rudolfs II. von Hochburgund. Dieser übergab sie auf einem Wormser Hoftag 926 gegen Gold, Silber und das Gebiet der Stadt Basel Heinrich I., womit Rudolf wohl zugleich die Oberherrschaft des Königs über Burgund anerkannte. Unklar bleibt, ob mit diesem Kult- und Siegeszeichen zugleich ein Herrschaftsanspruch über Italien verbunden war.

Ostpolitik und Kampf mit den Madjaren-Ungarn. In seiner Westpolitik stand König Heinrich kaum unter Zugzwang; dies war jedoch in hohem Maße bei seiner Ostpolitik der Fall, wo er zugleich den Beweis für seine Fähigkeit zum Königsamt erbringen mußte. Schon die offene Slawengrenze stellte ihn vor schwerwiegende Probleme, mehr aber noch die akute Gefahr ungarischer Invasionen. Gegen Kriegszüge der Slawen hatte sich Heinrich bereits als Herzog bewährt, als König zog er 928 gegen die Wilzen (Heveller), deren Hauptstadt Brandenburg (Brennabor) er erobern konnte, und 929 gegen die östlich der Thüringer an der Elbe siedelnden Daleminzier. Weitere Kriegszüge richteten sich 923 gegen die Lausitz und 934 gegen die Ukrer sowie gegen die Redarier an der Elbe. Diese hatten die madjarischen Züge ins Reich dazu benutzt, sich wieder unabhängig zu machen. Heinrichs militärische Unternehmungen gegen die Elbslawen insgesamt scheinen weder der dauernden Eroberung noch einer planmäßigen Missionierung gedient zu haben. Die Nachricht, daß er 931 einen Abodritenkönig zur Taufe veranlaßt habe, bleibt vereinzelt. Es dürfte sich eher um präventive und tributäre Grenzsicherung gehandelt haben, wie sie bereits Karl der Große mit seinen Feldzügen nach Böhmen praktiziert hatte.

Anders gestaltete sich die Beziehung Heinrichs zum frühpřemyslidischen Böhmen, das unter seinem Fürstengeschlecht, mit Ausnahme der Sonderherrschaft der Slawniki in Nordostböhmen, politisch geeinigt und von Regensburg aus einigermaßen christianisiert war. Am Beginn des 10. Jahrhunderts stand das Land in einer nur losen Abhängigkeit zu Herzog Arnulf von Bayern, der sich nach einem Feldzug 922 gegen Böhmen auch „dux Boemanorum" nannte. Hier trat König Heinrich offenbar absichtlich in Konkurrenz zu bayerischen Ansprüchen, als er im Frühjahr 929 einen Vorstoß gegen Böhmen unternahm. Der gleichzeitige Kriegszug Herzog Arnulfs war insofern ein zwielichtiges Unterfangen, als er einerseits Hilfe für Heinrichs Zug sein konnte, aber eher noch ein paralleles Unternehmen zur Sicherung bayerischer Ansprüche gewesen sein dürfte. Ob König Heinrich oder Arnulf mit der Einsetzung des später heiliggesprochenen Herzogs Wenzel (Václav) zu tun hatten, ist unklar; ebenso, ob dessen Ermordung durch seinen Bruder Boleslav I. (935) in ursächlichem Zusammenhang mit einem bayerisch-sächsischen Machtkampf um Böhmen stand. Boleslavs weitere, auf Anlehnung ans Reich ausgerichtete Politik macht es auch unwahrscheinlich, daß es sich bei der Ermordung Wenzels um eine heidnische Reaktion und um eine bewußte Absonderung vom mächtigen deutschen Nachbarn gehandelt hat, dessen Hilfe und Schutz man ja überdies gegen die Bedrohung durch die Ungarn bedurfte.

Die Bekämpfung der madjarischen Invasionen, die fast jährlich stattfanden und für das Reich katastrophale Folgen hatten, war denn auch für König Heinrich der entscheidende Prüfstein seiner Macht und damit seines Ansehens als Herrscher. In den Anfangsjahren seiner Königsherrschaft war ihm das Glück wenig hold; nach erfolglosen Kämpfen zwischen 919 und 924 mußte er sich in die sichere Pfalz Werla am Harz zurückziehen. Ein Zufall kam ihm jedoch zu Hilfe. Ein madjarischer Häuptling wurde gefangen, für dessen Freigabe Heinrich einen neunjährigen Waffenstillstand mit den Ungarn, allerdings verbunden mit hohen jährlichen Tributzahlungen, aushandeln konnte. Dieser dürfte aber nur für Sachsen, Thüringen und Franken gegolten haben, da Arnulf von Bayern nach den Regensburger Annalen 927 ein separates Abkommen schloß und die Ungarn sowohl Lothringen als 926 auch Schwaben heimsuchten. Auf jeden Fall nutzte der König die teuer erkaufte Friedenszeit zur Aufstellung eines Reiterheeres, das den schnellen madjarischen Reiterschwärmen taktisch gewachsen war. Fraglich ist dagegen, ob die auf dem Hoftag in Worms 926 beschlossene Burgenordnung Heinrichs, über die Widukind von Corvey (Nr. 4, Bd. VIII, S. 68) eingehend berichtet, tatsächlich durchgeführt wurde. Unsicher ist nach wie vor, ob in großem Umfang neue Befestigungen angelegt worden sind oder ob man nur aus fränkischer Zeit stammende Festungen erneuerte und durch eine ständige Besatzung, die in der Quelle genannten „agrarii milites", eine schwer zu definierende soziale Gruppe aus der königlichen Grundherrschaft, sicherte. Widukind zufolge soll der

König das neue, für den Reiterkampf geschulte Heer erst in zwei Feldzügen gegen die Slawen erprobt haben. Auf jeden Fall fühlte sich Heinrich bereits 932 stark genug, die Tributforderungen der Ungarn in provozierender Weise abzulehnen. Diese antworteten 933 mit dem Einfall eines großen Heeres, das am 15. März 933 bei Riade an der Unstrut entscheidend geschlagen wurde. An dem Sieg waren alle deutschen Stämme einschließlich der Lothringer beteiligt. Die neu von Heinrich aufgestellte Panzerreiterei hatte sich gegen die gefürchteten, wendigen madjarischen Reiterverbände bewährt. Doch war es keine Vernichtungsschlacht, da die Ungarn mit ihren schnellen Pferden großenteils entkommen konnten. Immerhin verschonten sie aber über Heinrichs Tod hinaus das Reich mit weiteren Einfällen. Schon im folgenden Jahr konnte der König die immer noch drohende Normannengefahr durch einen Sieg über König Knuba von Haithabu, Beherrscher des großen normannischen Handelsplatzes in Schleswig, endgültig bannen. Knuba wurde zu Tributzahlung und Taufe gezwungen. Auch hier, wie bei den Slawen, gingen politische Unterwerfung und Christianisierung Hand in Hand, waren nur zwei Seiten desselben Vorgangs.

Würdigung Heinrichs I. Wenn Widukind von Corvey, der adelige Mönch und Historiker des liudolfingischen Herrscherhauses, zu Heinrichs Tod am 2. Juli 936 in der Pfalz Memleben schrieb, er sei der größte König Europas gewesen („maximus regum Europae"), dann war dies ein durchaus berechtigtes Herrscherlob, keine Übertreibung. In der Tat war seine Politik in den letzten Jahren wieder in die Bahnen imperialer karolingischer Tradition zurückgekehrt; dafür spricht allein schon der Plan eines Romzuges, dessen Ausführung sein Tod verhinderte. Das Königstreffen mit dem westfränkischen König Rudolf und mit König Rudolf von Burgund, das im Juni 935 in Ivois am Chiers unweit Sedan stattfand, führte zu einem Freundschaftsbund der Könige. Dabei wurde bereits so etwas wie eine hegemoniale Stellung des Sachsenkönigs im Westen sichtbar, wie sie dann sein Sohn vorübergehend verwirklichen sollte.

Das immer stärkere Hervortreten der wieder eng an den König gebundenen Reichskirche und der nicht mehr realisierte Anlauf des Romzuges, hinter dem offenbar das Streben nach der Kaiserwürde stand, zeigt zur Genüge die Verwandtschaft des „Spätstils" Heinrichs I. mit der Politik Ottos des Großen, dessen Handeln sonst in manchen Punkten vom väterlichen Vorbild abwich. Durch die Anerkennung der Herzogtümer, insoweit sie ihm Huldigung und Vasalleneid leisteten, war ein neues einigendes Band geschaffen. Das wäre durch die bröckeligen Reste der karolingischen Grafschaftsverfassung – falls diese rechts des Rheins jemals voll ausgebildet gewesen sein sollte – ebensowenig zu leisten gewesen wie durch die Reichskirche allein. Im Nacheinander der politischen Einigung mit den Herzögen und des darauffolgenden Wiederaufbaues der erneut ans Reich gezogenen Kirche lag das Geheimnis seines innenpolitischen Erfolges.

Ein weiterer wichtiger Schritt zur einheitlichen Königsherrschaft war Heinrichs Erbfolgeordnung von 929, die seinen zweiten Sohn Otto zum alleinigen Nachfolger designierte und damit, entgegen fränkischer Königstradition, alle anderen Söhne von der Herrschaft über das Reich ausschloß. Der Versuch, sie auf der Ebene der Herzogtümer zu entschädigen, scheiterte zwar unter Otto dem Großen im ersten Anlauf, doch war damit der Grundstein zur Unteilbarkeit des Reiches gelegt und damit auch ein wesentlicher Schritt zu dessen Vormachtstellung in Europa getan. Widukind von Corvey resümiert am Schluß des ersten Buches seiner Sachsengeschichte sehr treffend Heinrichs Bedeutung mit folgenden Worten: „Als er so sein Testament in aller Ordnung gemacht und alle seine Angelegenheiten gebührlich geordnet hatte, starb er, der großmächtige Herr und der größte unter den Königen Europas, an jeglicher Tugend der Seele wie des Körpers keinem nachstehend, und hinterließ einen Sohn, noch größer als er selbst, und diesem Sohn ein großes, weites Reich, welches er nicht von seinen Vätern ererbt, sondern durch eigene Kraft errungen und das Gott allein ihm gegeben hatte." (Nr. 4, Bd. VIII, S. 78).

b) Otto I. der Große (936–973)

Voraussetzungen, Verlauf und Folgen der Wahl. Otto, der älteste Sohn König Heinrichs und Mathildes, wurde am 23. Oktober 912 geboren, also zu einer Zeit, als der Vater noch Sachsenherzog war. Kriegerisch von Natur und Erziehung, war er ohne gelehrte Bildung, dafür offenbar musikalisch. In den Slawenkriegen seines Vaters 928/29 hatte er sich eine vornehme Slawin als Friedelfrau beigesellt, deren Sohn Wilhelm er später, nach dem Tode Erzbischof Friedrichs (937–954), zum Mainzer Metropoliten machte. Diese erste Verbindung dauerte nur kurze Zeit, denn schon 929 heiratete Otto die angelsächsische Prinzessin Edgitha (Edith), Schwester des Königs Aethelstan (924–939). Mit dieser Heirat begann die „internationale" Verschwägerung und Heiratspolitik der Ottonen, denn zwei Schwestern Edgithas, Edgifa und Edhilda, waren mit König Karl dem Einfältigen und mit dem Robertiner Herzog Hugo von Franzien verheiratet, wodurch Otto mit den westfränkischen Karolingern wie auch mit den Kapetingern verwandtschaftlich verbunden wurde. Edgitha erhielt von Otto als Morgengabe Magdeburg, jene befestigte Siedlung und Burg, die fortan Ottos bevorzugter Aufenthaltsort wurde. Archäologisch läßt sich ein Kaiserpalast von für damalige Zeiten gewaltigem Ausmaß erschließen, der an byzantinische Verhältnisse erinnert. Man kann hier schon von einer Art Residenz sprechen, die überdies mit der späteren Erhebung zum Sitz eines Erzbistums das Hauptzentrum der Christianisierung der slawischen Länder östlich der Elbe werden sollte.

Der Regierungswechsel nach Heinrichs I. Tod vollzog sich reibungslos. Widukind von Corvey verdanken wir einen ausführlichen Bericht über die

Wahl und Krönung Ottos des Großen im Jahre 936. Mag dieser „Hofbericht" auch ganz offen den Stolz auf und die Sympathie für die Ottonen bekennen, so läßt er doch den Schluß zu, daß Heinrich I. sorgfältig und von langer Hand die Thronfolge seines ältesten Sohnes vorbereitet hatte; dies wohl auch gegen den Widerstand seiner Gattin Mathilde, die lieber dem zweiten, schon als Königssohn geborenen Heinrich die Krone gegönnt hätte. Die nachfolgenden jahrzehntelangen Auseinandersetzungen um die Grundlagen und die Stützen der Königsherrschaft Ottos I. zeigen zwar die Problematik dieser scheinbar so reibungslosen Wahl, nehmen ihr aber nichts von ihrer paradigmatischen Bedeutung für die künftigen Königserhebungen. Soweit die einzelnen Maßnahmen quellenmäßig und chronologisch erfaßbar sind, geht Heinrichs I. planende Vorsorge bis in das Jahr 929 zurück, als der Herrscher nach seinen Siegen über die Slawen auf einem Hoftag in Quedlinburg in seine „Hausordnung" auch die Regelung der Nachfolge mit aufnahm. Entscheidend und zukunftsträchtig als politisches Programm war dabei, daß Otto – entgegen karolingischer Tradition – als alleiniger Thronanwärter genannt wurde. Damit war das alte Teilungsprinzip aufgegeben und die Einheit des neuen ostfränkisch-deutschen Reiches dauerhaft begründet. Auf seinem letzten Hoftag in Erfurt konnte Heinrich I. 936 noch einmal die Zustimmung der Großen des Reiches zur 929 erfolgten Designation Ottos einholen, vielleicht auch im Hinblick auf den Widerstand Mathildes.

Entsprechend dem Erfurter Beschluß erfolgte dann nach Heinrichs Tod in Aachen die umsichtig vorbereitete Wahl Ottos durch den „populus Francorum atque Saxonum", wie Widukinds Formel für das neue Reichsvolk lautet. Der Wahlort Aachen hatte zweifellos programmatischen Charakter, symbolisierte er doch einerseits die Hinwendung des Königs zu den Traditionen karolingischer Reichspolitik und demonstrierte andererseits gegenüber dem kurz zuvor in Reims zum König erhobenen westfränkischen Karolinger Ludwig IV. die feste Zugehörigkeit Aachens und damit Lothringens zum ottonischen Reich. Schon fünf Wochen nach Heinrichs Tod fand die „electio universalis" in einer sorgfältig geplanten Abfolge vor und in der Pfalzkapelle Karls des Großen statt. Wie notwendig planende Sorgfalt war, zeigt die Tatsache, daß sich die Erzbischöfe von Trier und Köln zuvor mit jeweils verschiedenen Gründen um den Vorrang bei den geistlichen Weihehandlungen gestritten hatten, der dann Erzbischof Hildebert von Mainz (927–937) zufiel. Dies geschah wohl im Hinblick auf die überragende politische Rolle, die der Mainzer Erzstuhl für das Ostfränkische Reich seit Bonifatius' Zeiten und spätestens seit Erzbischof Hatto zukam. Im ersten, weltlichen Teil der Königserhebung, der im Säulenhof der „basilica Magni Karoli" stattfand, wurde Otto von den Herzögen und anderen weltlichen Großen auf den eigens zu diesem Zweck errichteten Thron erhoben; „sie huldigten ihm, gelobten Treue und versprachen Hilfe gegen alle Feinde und machten ihn so nach ihrem Brauche zum König".

Erst danach betrat der gewählte Herrscher das Marienmünster, wo ihn Erzbischof Hildebert von Mainz in einem zweiten kirchlichen Weiheakt dem Volke vorstellte: ,,,Seht, hier bringe ich euch den von Gott erkorenen und einst vom großmächtigen Herrn Heinrich bestimmten, nun aber von allen Fürsten (principes) zum König gemachten Otto; wenn euch diese Wahl gefällt, so bezeugt dies, indem ihr die rechte Hand zum Himmel emporhebt.' Darauf hob alles Volk die Rechte in die Höhe und wünschte mit lautem Zuruf dem neuen Herrscher Heil. Sodann schritt der Erzbischof mit dem Könige, der nach fränkischer Art mit enganliegendem Gewand bekleidet war, hinter den Altar, auf dem die Abzeichen des Königs (insignia regalia) lagen, das Schwert mit dem Wehrgehenk, der Mantel mit den Spangen, der Stab mit dem Szepter und das Diadem." Nach der Akklamation des Volkes erfolgte die Übergabe der Insignien unter entsprechenden Gebeten und Ermahnungen an den König: Das Schwert solle er gegen die Widersacher Christi, die Heiden und die schlechten Christen führen. Es war dies zugleich eine religiöse Sanktionierung des Kriegs gegen alle Heiden, die später kirchlicherseits bei Ottos Kaiserkrönung noch weiter ausgebaut wurde. Mantel und Spangen mögen ihn an den Eifer im Glauben und an die Wahrung des Friedens gemahnen, Szepter und Stab an seine Pflicht, ,,mit väterlicher Zucht" seine Untertanen zu leiten. Das Salböl schließlich sei Zeichen königlicher Barmherzigkeit. Mit Salbung und Krönung endete der kirchliche Akt, dem die Thronsetzung auf den Herrschersitz Karls des Großen im Inneren der Kirche folgte. Nach dem ,,Te Deum laudamus" und dem Meßopfer schloß sich in der Pfalz selbst das Festmahl an, bei welcher Gelegenheit die vier Herzöge Hofdienst leisteten. Giselbert von Lothringen fungierte als Kämmerer, Eberhard von Franken als Truchseß, war also für den Tisch verantwortlich; Mundschenk war Hermann von Schwaben und Arnulf von Bayern sorgte als Marschall ,,für die ganze Ritterschaft (ordo equestris) und für die Wahl und Absteckung des Lagers". Zum Schluß wurden die Teilnehmer des Festes vom König beschenkt und in ihre Heimat entlassen (Nr. 4, Bd. VIII, S. 84ff.).

Man hat das gesamte Ereignis, dessen konstitutive Elemente bereits um 960 im Mainzer Krönungsordo schriftlich fixiert wurden, als eine ,,Kettenhandlung" bezeichnet und damit den engen Verbund der Teilvorgänge zum Ausdruck bringen wollen. Ebenso wichtig scheint es aber, daß der kirchliche Teil des Gesamtvorganges sowohl in Widukinds Darstellung wie auch im ,,Mainzer Ordo" von 950/60, dem kirchlichen Niederschlag dieser Ereignisse, den weitaus größten Raum einnehmen. Dies wird kaum der historischen Realität entsprochen haben. Vielmehr dürfte es sich in beiden Fällen bereits um die Rückprojektion der Zustände und Kräftekonstellation seit Etabilierung des ottonischen Reichskirchensystems handeln, worin sich in der Tat die Präponderanz der kirchlichen Gewalten voll auswirken konnte. Auf jeden Fall aber – und dies war das wichtigste Ergebnis für die deutsche Geschichte – begründete die Aachener Königserhebung Ottos des Großen die Einheit des Reiches und die Rezeption des fränkisch-karolingischen Staatsrechts; damit aber auch die Schlüsselstellung der Reichskirche bis zum Investiturstreit.

Man hat mit Recht darauf hingewiesen, daß der Wechsel vom alten fränkischen Teilungsprinzip zur Unteilbarkeit des Reiches Rückwirkungen auf das Verhältnis des Königshauses zum Reich haben mußte. Das Regnum war seither nicht mehr Eigentum des Herrscherhauses, sondern „von ihm unterscheidbar geworden" (Nr. 163, J. Fleckenstein, S. 142). Erst jetzt konnte man daher zwischen dem Reich und dem königlichen Hausgut differenzieren, wenn es auch noch lange dauerte, bis eine genauere Scheidung zwischen beiden Besitzformen möglich war; dies trat erst am Ende der Salierzeit unter Lothar von Supplinburg ein. Für die politische Gesamtentwicklung war aber entscheidend, daß seit Otto dem Großen der König nur noch sein Hausgut unter die Söhne teilen konnte, nicht mehr jedoch das Reich als Ganzes.

Einheit und Unteilbarkeit des Reiches bedeuteten aber nicht dasselbe wie unter Karl dem Großen. Sie waren zumindest anfangs durch gravierende innenpolitische Konzessionen an die Herzöge erkauft. Diese zeigten sich in Aachen nachdrücklich im Vorrang der Herzöge bei der Wahl und beim Krönungsmahl, ebenso in deren Zuordnung zu Hofämtern. In letzteren spiegelte sich symbolhaft die innere Gliederung des Regnum, die trotz der unifizierenden Kraft des Königtums und später des Reichskirchensystems ein dauerhafter Zug der geschichtlichen Entwicklung Deutschlands bleiben sollte. Schließlich und endlich trat in der Trias von Erbrecht, Wahlrecht und kirchlich sanktioniertem Gottesgnadentum eine Grundstruktur mittelalterlicher Reichsgeschichte hervor, die bei aller möglichen Variationsbreite den weiteren Gang der deutschen Geschichte prägte. Die erbrechtliche Komponente wurde vom Königtum, d. h. von der jeweiligen Dynastie, eingebracht, die wahlrechtliche von Volk und Adel, wobei das anfänglich vielleicht vorhandene plebiszitäre Element bei der Königswahl auf einen immer kleiner werdenden Kreis von Hochadel und mächtigen Dynasten eingeschränkt wurde. Was die Kirche als „dritte" Kraft und vitalstes, weil kontinuierliches Element betraf, so konnte sie nach einem vorübergehenden Zurücktreten unter Ottos Vater nicht nur ihre alten, karolingischen Machtpositionen mit Krönung und Salbung wiedererlangen, sondern im ottonisch-salischen Reichskirchensystem ausbauen und erweitern. Man darf allerdings im oft verführerisch ordnenden Rückblick die glückhafte Kräftekonstellation von 936 nicht überschätzen; sie war eine Chance, ein Versprechen an die Zukunft, das eingelöst werden mußte, nicht mehr. Daß aus herrscherlicher und kirchlicher Programmatik dauerhafte Herrscherpraxis und allgemein anerkannte kirchliche Teilhabe an der Macht wurde, war erst das Ergebnis der konkreten Politik Ottos des Großen, die durch Phasen des Experiments hindurch schließlich zur faktischen und ideologischen Stabilisierung des liudolfingischen Königsstaates führte.

Die Phasen des Experiments. Ottos Versuch, im ersten Anlauf eine starke Königsherrschaft durchzusetzen, leitete die „experimentellen“ Anfangsjahre seiner Herrschaft ein. Ausgangspunkt war eine allzu rücksichtslose Personalpolitik, die ausgerechnet im eigenen Stammesherzogtum der Ottonen zur ersten Konfrontation führte. Otto hatte nach erfolgreichen Kämpfen mit den Elbslawen 937 als Markgrafen an der Ostgrenze gegen die slawischen Redarier Hermann Billung eingesetzt, dabei aber dessen älteren Bruder Wichmann übergangen, der auf dieses Amt ein besseres Anrecht zu haben glaubte. Für den südlich an die billungische Mark anschließenden Grenzbereich ernannte Otto den Grafen Gero zum Markgrafen und überging dabei Rechte, die Ottos älterer Halbbruder Thankmar, der Sohn aus König Heinrichs erster Ehe mit Hatheburg, beanspruchte. Ebenfalls 937 kam es zu kriegerischen Auseinandersetzungen zwischen Herzog Eberhard von Franken und dem sächsischen Edlen Bruning, der von diesem Lehen besaß. Eberhard machte als Lehnsherr vom Fehderecht Gebrauch, doch Otto stellte sich auf Brunings Seite und bestrafte Eberhard und dessen Gefolgsleute, letztere zum ehrenrührigen „Hundetragen“.

Nun hatte sich Otto Wichmann, Thankmar und Eberhard zu Feinden gemacht; gefährlich wurde für ihn die Lage aber erst, als er in Bayern zu einem Handstreich ansetzte und dabei scheiterte. Im Juli 937 war dort nach dreißigjähriger Herrschaft Herzog Arnulf gestorben, der einzige Herzog, der innerhalb des Reiches noch eine Sonderstellung und vor allem das wichtige Recht der Bischofsernennung besaß, seit karolingischer Zeit ein königliches Vorrecht von größter Bedeutung. Arnulf hatte noch zu Lebzeiten seinen Sohn Eberhard zum Nachfolger bestimmt. Otto forderte nun, daß Eberhard auf die Kirchenhoheit verzichten solle; erst dann würde er seine Zustimmung zu dessen Nachfolge im Herzogsamt geben. Eberhard lehnte dies ab, Otto zog zu Beginn des Jahres 938 gegen Bayern, erlitt aber eine Niederlage. Dies gab den Auftakt für eine weitverzweigte Koalition gegen Otto, in der sich Eberhard von Franken, Thankmar und Wichmann fanden; darüber hinaus wurden Beziehungen zu Herzog Giselbert von Lothringen (915–939) angeknüpft.

Der allgemeine Aufstand begann als Familienstreitigkeit, denn Thankmar griff Ottos jüngeren Bruder Heinrich wegen Besitzungen an, die Heinrich besaß; diese stammten aber offenbar aus Hatheburgs Heiratsgut, das König Heinrich I. bei seiner Scheidung von derselben einbehalten hatte. Heinrich wurde gefangengenommen und in den Gewahrsam Eberhards von Franken übergeben. Thankmars Leute ließen ihren Herrn im Stich, als König Otto vor der Eresburg erschien. Sie übergaben die Festung und Thankmar wurde von Gefolgsleuten des Königsbruders Heinrich in der Kirche erschlagen, ein schweres Verbrechen, das Otto niemals bestrafte, obwohl die Verletzung des Asylrechts in der Kirche Gottesfrevel war. Herzog Eberhard reagierte auf diese unerwartete Wendung der Dinge mit der Freilassung Heinrichs, Wichmann war schon zuvor auf die Seite des

Königs getreten. Zwischen Eberhard und Heinrich kam es damals bereits zu weiteren Absprachen, denn dieser strebte selbst nach der Krone. Vorläufig jedoch wurde durch Heinrichs Vermittlung ein Frieden zwischen Herzog Eberhard und dem König ausgehandelt. Als Verbindungsmann zwischen den Parteien fungierte Erzbischof Friedrich von Mainz (937–954), eine der interessantesten Figuren des 10. Jahrhunderts. Eberhard wurde nach kurzer Haft in Hildesheim begnadigt und wieder in sein Herzogtum Franken eingesetzt.

Nunmehr konnte Otto mit mehr Erfolg gegen Bayern vorgehen. Er vertrieb Arnulfs Sohn Eberhard und setzte als Herzog Berchtold, einen Bruder Arnulfs ein, während andere Mitglieder der Herzogsfamilie ins Exil gingen. Es verstand sich fast von selbst, daß Otto bei dieser Gelegenheit dem neuen Herzog die Kirchenhoheit entzog. Damit war auch das letzte Herzogtum des Reiches politisch „gleichgeschaltet". Gleichzeitig mußte Berchtold dem König das karolingische Reichsgut in seinem Lande herausgeben sowie an Herzog Hermann von Schwaben das Engadin abtreten.

Im Moment schien Otto wieder völlig Herr der Lage zu sein. Die eigentliche Krise kam aber, als sich Ottos Bruder Heinrich, der in Sachsen viele Anhänger hatte, nach Lothringen zu Herzog Giselbert begab. Dieser hatte aus Sorge vor der Übermacht des Königs neue Fäden zu dem Karolinger Ludwig IV. geknüpft. Heinrich stieß nun in offenem Abfall von seinem Bruder zu Giselbert, doch endete dieses Bündnis im März 939 mit einer Niederlage der beiden südlich Xanten. Damit brach auch der von Heinrich geschürte Aufstand in Sachsen zusammen. Giselbert huldigte jetzt öffentlich dem westfränkischen König, während Otto sich im Gegenzug mit dem Robertiner-Kapetinger Herzog Hugo von Franzien, dem Feind Ludwigs IV., verbündete. Die militärischen Aktionen, an denen sich jetzt auch Herzog Eberhard von Franken an der Seite der Königsgegner beteiligte, endeten mit einer Niederlage der Aufständischen. Eberhard fiel, Giselbert ertrank im Rhein. Zwielichtig blieb während der ganzen Aktion die Haltung Erzbischof Friedrichs von Mainz. Otto wollte sich seiner anfangs als politischen Vermittler bedienen, um mit Eberhard zu verhandeln. Friedrich hatte auch einen Kompromißfrieden ausgehandelt, aber der König erkannte diesen Vertrag nicht an, worauf der Mainzer Metropolit auf die Seite der Königsgegner trat. Nach der Niederlage der Herzöge wurde Friedrich gefangengenommen, da ihm seine eigene Bischofsstadt die Tore verschloß. Es kam zu weiteren Kämpfen in Frankreich, wo sich Otto 940 sogar in der Pfalz Attigny von Herzog Hugo von Franzien und Graf Heribert II. von Vermandois huldigen ließ. Der Königsbruder Heinrich konnte sich jetzt im Westen nicht mehr halten, kehrte zurück und entfesselte 941 einen letzten großen Aufstand in Sachsen. Er fand dort großen Anhang, Hermann Billung und Markgraf Gero blieben die einzigen zuverlässigen Stützen der Königsherrschaft. Nach Widukind war die Ermordung Ottos am Osterfest in der Pfalz zu Quedlinburg geplant. Der Anschlag wurde vorzeitig entdeckt, die Anführer entweder hingerichtet oder inhaftiert und Heinrich, der ebenfalls in Ottos Hand fiel, in ein Kloster verbracht. Durch Vermittlung eines Geistlichen gelang es ihm jedoch, sich am Weihnachtsabend zu Frankfurt im Büßergewand dem König zu Füßen zu werfen und dessen Verzeihung zu erlangen, eine berühmte Szene, die uns Hrotsvith von Gandersheim in dichterischer Form überliefert hat. In der Tat war seit dieser Zeit Heinrich bis zu seinem Tode der zuverlässigste Helfer seines älteren Bruders und hatte auf diesen einen starken und, wie die weiteren Ereignisse zeigten, nicht immer glücklichen Einfluß. Otto selbst trug zur Dauerhaftigkeit der Aussöhnung auch dadurch bei, daß er seinerseits seine Mutter Mathilde, die in der Aufstandsbewegung von Anfang an eine wichtige Rolle gespielt hatte und deshalb von ihm schlecht behandelt worden war, kniefällig um Vergebung bat.

So stand Otto Ende 941 als unbestrittener Sieger im ersten Herzogsaufstand da: Eberhard von Bayern war verbannt, sein Herzogtum der ottonischen Königsherrschaft eingegliedert. Eberhard von Franken war gefallen, ebenso Giselbert von Lothringen, die innersächsische Adelsopposition entscheidend geschlagen. In den folgenden zehn Jahren konnte der König das Reich zu einer Art Familienherrschaft in den Herzogtümern ausbauen. Nach Berchtolds Tod (947) setzte Otto seinen Bruder Heinrich, den Gemahl von Arnulfs Tochter Judith, in Bayern ein. Das Herzogtum Franken ließ er nach Eberhards Tod 941 unbesetzt und unterstellte es unmittelbar der Königsherrschaft. Nach dem Tode Herzog Hermanns aus dem Hause der Konradiner (949) gab Otto Schwaben seinem Sohne und Thronfolger Liudolf, der überdies die Tochter seines Vorgängers heiratete. Lothringen wurde 940 dem Grafen Otto von Verdun übertragen, der aber schon 944 starb. Nun setzte Otto den Franken Konrad den Roten als neuen Herzog ein und gab ihm seine Tochter Liutgard zur Frau. Das ottonische „Familienkartell" erweiterte sich noch nach Westen, als der Kapetinger Hugo von Franzien 937 Hathui (Hadwig), eine Schwester Ottos des Großen, heiratete. König Ludwig IV., der Karolinger, ehelichte nach dem Tode Giselberts von Lothringen dessen Witwe Gerberga, die älteste Schwester Ottos.

Dieses System der „Familienherzogtümer" konnte solange funktionieren, wie die Verhältnisse im Königshause klar blieben. Es stellte sich aber bald heraus, daß diese großzügige Entschädigung der Familienmitglieder für deren Verzicht auf die Teilhabe an der Königsmacht nur unvollkommen ihren Zweck erreichte. Bald zeigte sich, daß die neuen Herzöge sich mit den politischen Interessen ihrer Herzogtümer mehr identifizierten als mit der Königsherrschaft. Die regionalen, teilweise sprachlichen Grundlagen der Dukate bildeten ohnehin ein vitales Element auch innerhalb des Königsstaates. Reibungsflächen ergaben sich, als Otto in verstärktem Maße die Pfalzgrafen als Vertreter königlicher Interessen in den Herzogtümern verwendete: Sie waren für das den Herzögen entzogene, nunmehrige

Reichsgut verantwortlich und zugleich die oberste Kontrollinstanz für den Herrscher. Hinzu kamen Rivalitäten zwischen Heinrich von Bayern und Liudolf von Schwaben hinsichtlich Italiens. Italien als „Glacis" der süddeutschen Herzogtümer entsprach durchaus deren politischen Traditionen; dies nahmen nun die Königsverwandten energisch wieder auf. Die daraus entstandenen Spannungen liefern ein gutes Beispiel dafür, daß geschichtliche Strukturen oft stärker sind als individuelle Absichten.

Otto der Große benutzte seinerseits die Atempause nach dem ersten Herzogsaufstand zu aktiver Außenpolitik und griff in die westfränkisch-französischen Verhältnisse ein, wo die Spätkarolinger mit den aufsteigenden Kapetingern rivalisierten; ein Schisma im Erzbistum Reims bot weitere Gelegenheit zur Einmischung. Es war ein erster Höhepunkt ottonischer Außenpolitik, daß auf einem Konzil in Ingelheim 948 unter dem Vorsitz eines päpstlichen Legaten, aber unter maßgeblicher Initiative Ottos, kirchliche und politische Probleme des Westfrankenreiches behandelt und entschieden wurden, und zwar zugunsten des Karolingers Ludwigs IV. Nach einer militärischen Intervention Herzog Konrads des Roten in Frankreich konnte zwischen Ludwig IV. und Herzog Hugo von Franzien ein tragfähiger Ausgleich ausgehandelt werden, der Otto in einer quasi hegemonialen Stellung gegenüber dem Westen zeigte, die durch die Verschwägerung Ottos mit den beiden französischen Rivalen noch unterstrichen wurde. Da es eine vorübergehende Konstellation war, sollte man diesen hegemonialen Moment ottonischer Macht über Westeuropa aber nicht überbewerten.

Erstes Eingreifen in Italien. Folgenreicher war das erste Eingreifen Ottos in Italien, womit er die Phase des „nationalen" italienischen Königtums schrittweise beendete und karolingische Traditionen energisch wieder aufnahm; eine Entscheidung, die den weiteren Verlauf der deutschen Geschichte gravierend beeinflussen sollte. Unmittelbarer Anstoß zur Intervention in die italienischen Verhältnisse war Ottos burgundische Politik, die er auf den Spuren seines Vaters weiterverfolgte, sobald sich eine Gelegenheit bot. Diese ergab sich, als nach dem Tode König Rudolfs II. von Hochburgund (937) König Hugo von der Provence (926–947) Rudolfs Witwe Berta heiratete und seinen Sohn Lothar mit Rudolfs Tochter Adelheid verlobte, um auf diese Weise Hoch- und Niederburgund in eine Hand zu bringen. Mit der Herrschaft über die Westalpen und den Rhôneraum zeichnete sich eine mögliche Schlüsselstellung auch über Italien ab. Solchen Absichten trat Otto jetzt entschieden entgegen. Er nahm Rudolfs II. minderjährigen Sohn Konrad (937–993) an seinen Hof, um ihn als legitimen Erben Hochburgunds aufzubauen; 942 konnte er ihn dort unter seiner Schutzherrschaft zum König einsetzen. Ebenso gewährte er 941/42 Hugos erbittertem Gegner in Italien, Berengar II. von Ivrea († 966), Asyl, so daß dieser bald danach die Herrschaft über Ober- und Mittelitalien erringen konnte. Ende 950 ließ sich Berengar in Pavia zum König krönen und setzte nach dem Tode Lothars des letzteren Witwe, Adelheid, gefangen: Sie allein konnte jetzt noch legitime Ansprüche auf die Herrschaft über Italien anmelden. Adelheid wandte sich um Hilfe an König Otto, der im Spätsommer 951 mit Heeresmacht Pavia eroberte und sich von den italienischen Großen zum König der Langobarden erwählen, aber nicht krönen ließ. Noch im selben Jahr vermählte sich der seit 946 verwitwete König mit Adelheid und untermauerte auf diese Weise die Legitimität seiner Herrschaft über Italien. Wenn sich Otto seit Pavia als ,,rex Francorum et Langobardorum" bezeichnete, dann knüpfte er auch auf diese Weise an die karolingische Tradition an. Mit seiner Heirat jedoch beschritt er andere Wege, denn Adelheid wurde mit der Titulatur ,,consors regni" gleichsam offiziell eine Art Mitregentschaft eingeräumt, die ihr in der Tat eine einflußreiche Rolle am Hofe sicherte. Der Sprung nach Rom glückte ihm damals aber noch nicht. Zwar schickte Otto noch 951 eine Gesandtschaft unter dem Mainzer Erzbischof Friedrich nach Rom ,,wegen seiner Aufnahme" dort, womit offenbar eine Kaiserkrönung anvisiert war. Aber der mächtige römische Stadtherr Alberich hatte an einer deutschen Einflußnahme in Rom kein Interesse, und so konnte auch Papst Agapit II. Otto nicht entgegenkommen. Es spricht für das politische Augenmaß des deutschen Königs, daß er die Absage hinnahm; dennoch hatte er seinen Anspruch auf die Kaiserkrone unmißverständlich angemeldet.

Die Entscheidung in Italien mußte ohnehin aufgeschoben werden, weil Ende des Jahres sowohl Erzbischof Friedrich von Mainz wie auch Ottos Sohn Liudolf eigenmächtig das Heer verlassen hatten und nach Deutschland zurückgekehrt waren. Der Königssohn stand bereits in voller Opposition zum Vater, da dessen Italienpolitik eigene Pläne durchkreuzte. Vermutlich schien ihm auch die eheliche Verbindung mit Adelheid eine Bedrohung seines Thronfolgerechtes zu sein. Neuerdings hat man als wichtige Motive für Liudolfs Opposition auch dessen erbrechtliche Ansprüche auf Italien und eine grundsätzliche, auch moralisch begründete Feindschaft gegenüber seinem Oheim Heinrich und dessen unheilvollen Einfluß auf Otto ins Feld geführt; doch dürfte die Besorgnis über Adelheids Einfluß nach wie vor eine ganz wesentliche Rolle gespielt haben. Auf jeden Fall erlitt das Verhältnis zwischen Vater und Sohn einen schweren Bruch mit weitreichenden innenpolitischen Folgen: Liudolfs Opposition mündete in einen umfassenden Aufstand der meisten Herzöge und vieler Großer des Reiches und stellte Otto vor eine harte Bewährungsprobe.

Zweiter Herzogsaufstand. Begonnen hatte dieser neuerliche Aufstand eigentlich schon knapp vor Ottos erstem Italienzug, als Herzog Heinrich von Bayern und Liudolf von Schwaben etwa gleichzeitig in Oberitalien eingefallen waren, um sich von vornherein in diesem angrenzenden Raum Eroberungen zu sichern. Dies glückte Heinrich mit Aquileja, während sich

Liudolf bald wieder zurückziehen mußte und dann seinem Oheim die Schuld am Scheitern des Feldzugs gab. Weitere Schwierigkeiten ergaben sich für den König, als sich Herzog Konrad der Rote von Lothringen, den er mit Verhandlungsvollmacht in Italien zurückgelassen hatte, rasch mit dem alten Gegner Berengar einigte und diesem gegen Unterwerfung unter Otto das Königreich Italien als Reichslehen zusicherte. Damit hatte er jedoch seine Kompetenz weit überschritten; Otto fühlte sich überrumpelt, ja hintergangen und willigte erst nach längerem Zögern im August 952 ein. Dabei behielt sich der König vor, daß Berengar und sein Sohn Adalbert ihm nicht nur für Italien einen Lehnseid leisten, sondern auch die Marken Verona und Aquileja mit dem istrischen Küstenland an Herzog Heinrich von Bayern abtreten mußten. Liudolf, seit 948 offizieller Thronfolger, war in Italien somit leer ausgegangen. Als seine Stiefmutter Adelheid Ende 952 einem Sohn das Leben schenkte, begann er ernstlich um die Nachfolge auf dem Königsthron zu bangen. Er knüpfte jetzt rasch ein konspiratives Netz, das auch Herzog Konrad den Roten und Erzbischof Friedrich von Mainz einbezog. Otto, der das Osterfest 953 in der Pfalz Ingelheim feiern wollte, erhielt von diesen Vorgängen Kunde, allerdings nur ungenau, denn er begab sich ausgerechnet nach Mainz zu Erzbischof Friedrich und sah sich dort plötzlich mit den Hauptverschwörern Liudolf und Konrad konfrontiert, die ihm einen Vertrag abpreßten. Dessen genauer Inhalt ist unbekannt, doch wird er mit Sicherheit auch Garantien über das alleinige Thronfolgerecht Liudolfs enthalten haben. Otto entwich so rasch wie möglich nach Dortmund, widerrief dieses ihm aufgezwungene und mit der königlichen Würde unvereinbare Abkommen und befahl Liudolf und Konrad, die Aufständischen auszuliefern, widrigenfalls sie selbst als Urheber der Rebellion bestraft würden. Erzbischof Friedrich von Mainz, nunmehr aus seiner Vermittlerrolle heraus und offen auf die Seite der Empörer tretend, verlangte die Einhaltung des Vertrags. Otto setzte ihn als Erzkapellan des Reiches ab und belagerte ihn erfolglos in Mainz. Die Lage spitzte sich noch zu, als sich Herzog Liudolf mit dem bayerischen Pfalzgrafen Arnulf, dem Sohn des gleichnamigen ehemaligen Bayernherzogs aus dem Hause der Luitpoldinger, verband. Arnulf zog mit diesem Frontwechsel einen großen Teil des bayerischen Adels und Heeres auf die Seite der Aufständischen, ein Zeichen dafür, auf wie schwachen Füßen die ottonische Herrschaft in Bayern noch stand. Der König suchte 953/54 vergeblich den Widerstand zu brechen, nach einer glücklosen Belagerung Regensburgs mußte er sich sogar nach Sachsen zurückziehen. Neben diesem Ursprungsland der Dynastie hielt damals nur noch Lothringen zum König, wo Ottos jüngster und politisch begabtester Bruder Brun seit September 953 nicht nur Erzbischof von Köln, sondern auch faktisch Herzog von Lothringen geworden war, eine auf den ersten Blick seltsam anmutende Doppelherrschaft, die Bruns Biograph Ruotger mit dem treffenden Ausdruck „archidux“ charakterisierte, einer Verbindung der Titel „dux“ und

„archiepiscopus“, die der politischen Wirklichkeit sehr nahe kam. Als Brun 954 Konrad dem Roten bei Rimlingen im Bliesgau militärisch gegenüberstand, gelang es dem Erzbischof, durch Überredung den Kampf zu vermeiden und Konrad zur Rückkehr auf die Seite des Königs zu bewegen, wobei jener offenbar den Herzogstitel beibehalten durfte, wenn auch Brun die herzogliche Gewalt im Lande ausübte.

Die Dinge nahmen eine dramatische Wendung, als im selben Jahr wieder die Ungarn mit großer Heeresmacht einfielen. Ob sie, wie vermutet wurde, von den um ihr Herzogtum kämpfenden Luitpoldingern ins Land gerufen wurden oder von sich aus die Gelegenheit wahrnahmen, den „Bürgerkrieg“ im Reich für eine Invasion zu nutzen, bleibe dahingestellt. Jedenfalls drangen sie bis Italien und an den Rhein vor, auf diese erschreckende Weise die Sache der Aufständischen diskreditierend. Auf dem Hoftag von Langenzenn bei Nürnberg konnte Otto im Juni 954 seinen Frieden mit Erzbischof Friedrich machen und Konrad den Roten nach dessen Unterwerfung wieder huldvoll aufnehmen, letzteres eine Frucht der Verhandlungskunst des Königsbruders Brun. Auch Liudolf unterwarf sich im Herbst 954. Er blieb zwar Thronfolger, ging aber des Herzogtums Schwaben verlustig, das Otto dem Hunfridinger Burchard II. übertrug. Dessen Heirat mit Hadwig, der Tochter Herzog Heinrichs von Bayern, sollte in traditioneller Weise die Bindung an das ottonische Herrscherhaus festigen. Der plötzliche Tod Erzbischof Friedrichs gab Otto noch 954 die Gelegenheit, auch das zweite und wichtigste Erzbistum des Reiches, Mainz, mit einem Verwandten, seinem Sohn Wilhelm, zu besetzen. Damit waren erste Ansätze zu einem ottonischen Reichskirchensystem geschaffen, und zwar in der Kombination von Familienpolitik und Reichskirchenpolitik.

Die Lechfeldschlacht (955). Derart gestärkt aus den Wirren des liudofingischen Aufstandes hervorgegangen, konnte sich Otto noch rechtzeitig gegen den neuerlichen Einfall der Ungarn wappnen. Diese waren, überall panischen Schrecken verbreitend, 955 erneut ins Reich eingefallen, verwüsteten Bayern und belagerten mit einem riesigen Heer Augsburg, das von seinem geistlichen Stadtherrn, dem heiligmäßigen Bischof Ulrich aus der Familie der Grafen von Dillingen verteidigt wurde. Otto eilte mit einem großen Heer aus Sachsen, Bayern, Franken, Schwaben und aus böhmischen Truppen, die Herzog Boleslaw I. als Verbündeter des Königs geschickt hatte, zum Entsatz der Stadt herbei. Vor den Toren Augsburgs kam es dann am Laurentiustag, dem 10. August 955, zur großen Entscheidungsschlacht, der größten des 10. Jahrhunderts. Die Ungarn wurden vernichtend geschlagen und dann auf ihrem fluchtartigen Rückzug weiter dezimiert. Auf deutscher Seite fiel unter anderem Konrad der Rote; er hatte zu dem glücklichen Ausgang an diesem Tage entscheidend beigetragen. Die Madjaren ließen sich seit dieser Zeit endgültig in der Donau-Theiß-Ebene nieder und gliederten sich bis zur Jahrtausendwende durch ihre Christianisierung endgültig in die europäische Kultur ein.

Die Lechfeldschlacht war noch in anderer Beziehung bedeutsam; Widukind von Corvey berichtet in seiner Sachsengeschichte (Nr. 4, Bd. VIII, S. 158), Otto sei nach diesem triumphalen Sieg vom Heer zum „pater patriae" und zum „imperator" ausgerufen worden. Man hat daraus auf ein Heerkaisertum nach antikem Vorbild geschlossen oder es mit einer nichtrömischen Herrscheridee in Verbindung gebracht, die vor allem in Sachsen lebendig gewesen sei. Gestützt wird diese These durch die auffällige Tatsache, daß der adelige Sachse Widukind die römische Kaiserkrönung Ottos des Großen vom Jahre 962 mit Stillschweigen überging. Vielleicht hat es sich 955 um eine germanische Siegesfeier mit Schilderhebung des Königs gehandelt, die erst im Rückblick der nächsten Generation imperiale Züge erhielt. Auf keinen Fall wird man Widukinds Nachricht als rein antikisierende Reminiszenz abtun können. Auf andere Weise wurde Ottos Ungarnsieg und der im Herbst desselben Jahres folgende Sieg über die Slawen an der Recknitz eine Vorstufe zum römischen Kaisertum des Jahres 962. Damals hat Papst Johannes XII. in einem Privileg bestätigt, daß Otto „nach Besiegung der barbarischen Völker, nämlich der Ungarn und vieler anderer" nach Rom gekommen sei, um zur Verteidigung der heiligen Kirche die „triumphalis victoriae corona", das heißt die Kaiserkrone, zu empfangen. Dies bedeutete eine sakrale Legitimation des Herrschertums im allgemeinen und des Kaisertums im besonderen, zu dessen vornehmsten Aufgaben die Verteidigung der Kirche und die Ausbreitung des Glaubens gehörte.

Die Konsolidierung der Königsmacht: Kaisertum und Italienpolitik. Waren nunmehr mit Hilfe des klug vermittelnden Erzbischofs und Königsbruders Brun die innenpolitischen Katarakte glücklich überwunden, so bot sich von selbst die Wiederaufnahme der 952 abgebrochenen Italienpolitik an. Nicht ganz zu Unrecht hat sich an diesen Entschluß Ottos, der zur römischen Kaiserkrönung von 962 führte, eine heftige, im Grunde bis heute währende Diskussion über Zweckmäßigkeit oder Schädlichkeit der Italienzüge der deutschen Kaiserzeit geknüpft, eine Polemik, die zwar von der nationalliberalen Mentalität der Bismarckzeit und der Kulturkampfsituation ihren Ausgang nahm und daher vielfach mit anachronistisch-nationalstaatlichen Argumenten geführt wurde, aber dennoch wichtige Grundsatzfragen deutscher Geschichte ins Licht rückte. Mag auch die Alternative kaiserliche „Italienpolitik" oder intensive „Ostpolitik" in dieser Form ahistorisch gestellt sein, völlig abwegig bleibt der Versuch keineswegs, die Auswirkungen eines römischen Kaisertums der Ottonen, Salier und Staufer als Phänomen zu erörtern. Dieses führte zwangsläufig in internationale Bahnen und damit auch zu schweren Verwicklungen und bescherte überdies im Investiturstreit dem deutschen Königsstaat eine gefährliche Strukturkrise sowie einen jahrzehntelangen Bürgerkrieg. Vergleicht man die „konzentrische Konzentration" politischer Gewalt, wie sie sich gleichzeitig im innovativen kapetingischen Königsstaat schrittweise und zielstrebig vollzog, und nimmt man die Tatsache hinzu, daß aus dem Blickwinkel der aufstrebenden westeuropäischen Monarchien Frankreich und England das mittelalterliche Kaisertum für kaum mehr galt als ein herrschaftsideologischer Ehrenvorrang ohne größere substantielle Bedeutung, dann scheint nach wie vor die Frage berechtigt, welchen Nutzen die Italienpolitik letztlich gebracht hat? Den Vorteil einer engen kulturellen Berührung mit der früher entfalteten Welt der städtischen Kommunen Italiens wird man dabei kaum ins Feld führen können, da erstens die frühbürgerliche Bewegung in Deutschland wie in Frankreich teilweise andere, durchaus genuine Wurzeln besaß. Anders als in Italien entfalteten sich nördlich der Alpen überwiegend bürgerlich-nichtfeudale Lebens- und Gesellschaftsformen, die für die Entwicklung des dritten Standes in Europa ausschlaggebend werden sollten. Zweitens bedurfte es, wie die jahrhundertelange enge Berührung zwischen islamischer Hochkultur und europäischer Zivilisation in Spanien und Süditalien zeigt, nicht der militärisch-politischen Beherrschung eines Raumes, um tiefgreifenden kulturellen Austausch zu bewirken. Die kulturelle Hochblüte Frankreichs im Hochmittelalter ist ein lebendiger Gegenbeweis. Ebenso fragwürdig erscheint es, einen kausalen Zusammenhang zwischen päpstlicher Autorisierung des Kaisertums und erfolgreicher christlicher Mission in Ostmitteleuropa zu konstruieren, da sich die westslawischen Nationen ebenso wie die Ungarn schon im 10. Jahrhundert und an der Jahrtausendwende kirchlich und politisch vom Reich zu emanzipieren begannen, also zu einem Zeitpunkt, wo der Missionsauftrag des Kaisertums sich ideologisch wie praktisch kaum entfaltet hatte. Das vollentwickelte, funktionsfähige ottonische und später das salisch-staufische Reichskirchensystem, das bekanntlich vor und auf jeden Fall ohne engen kausalen Zusammenhang mit der Italienpolitik der deutschen Herrscher entstand (wenn es sich auch teilweise in Italien etablieren konnte), hat sicherlich mehr zur Ausbreitung der christlichen Religion in Ostmitteleuropa beigetragen als das nur allzu oft problematische Zusammenwirken von Kaisertum und Papsttum auf diesem Felde. Im Falle Polens etwa erwies sich das Papsttum durchaus nicht als bedingungsloser Helfer imperialer Missionspolitik, sondern betrachtete schon sehr früh die Christianisierung vornehmlich als Sache der einheimischen Fürsten. Die Differenzen zwischen Otto dem Großen und Papst Johannes XIII. bei der Umschreibung des Wirkungsbereiches der neuen Magdeburger Kirchenprovinz zeigen dies zur Genüge: Johannes nahm bereits auf die Interessen eines eigenständigen christlichen Polen Rücksicht und rechnete dessen Bereich nicht zum Missionsgebiet Magdeburgs. Mit anderen Worten: Heidenmission und der Anspruch auf das Kaisertum waren keineswegs so eng miteinander verbunden, wie es einer „christlichen Reichsideologie" entsprochen hätte.

Die Entscheidung Ottos des Großen im Jahre 962, die unter ganz anderen Voraussetzungen entstandene karolingische Kaisertradition wieder aufzunehmen, bezeichnet jedenfalls eine schicksalhafte Weichenstellung für die deutsche und die europäische Geschichte. Welche Motive man bei Otto selbst voraussetzen darf, ist schwer auszumachen, über mehr oder weniger begründete Vermutungen kommt man dabei kaum hinaus. Die eigenständige Italienpolitik von Bruder und Sohn wird aber sicher eine Rolle gespielt haben; sie zwang ihn wohl, auf Italien und Rom selbst die Hand zu legen. Problematischer ist hingegen schon die Annahme, Otto habe den Papst beherrschen müssen, um die deutsche Kirche in Abhängigkeit zu halten und um seine Missionspläne in Ostmitteleuropa und Nordeuropa durchführen zu können, eine Annahme, die eher eine Rückprojektion der nachfolgenden tatsächlichen Entwicklung darstellt als eine Motivation Ottos zum Romzug. Man wird sich damit bescheiden müssen, die eigentlichen Beweggründe Ottos in geistig-seelischen Schichten zu suchen, die uns heute kaum mehr zugänglich sind. Dazu gehörte wohl neben instinktivem Machtstreben und dem großen Gewicht der karolingischen Tradition auch eine „magisch-religiöse Wertschätzung der Kaiserweihe" und wohl auch christlich-universalistische Vorstellungen, die nur im Verbund mit dem Papsttum Gestalt gewinnen konnten.

Konkreter Anlaß des erneuten und nunmehr auch Rom umfassenden Eingreifens auf der Apenninenhalbinsel war der neuerliche Machtzuwachs Berengars, der die innerdeutschen Wirren dazu benutzte, sich von den ohnehin eher formalen Fesseln der ottonischen Oberhoheit zu lösen. Otto sandte deshalb 956 seinen Sohn Liudolf mit Heeresmacht über die Alpen. Damit nicht genug: Es scheint sogar, daß der deutsche König durch den Mönch und späteren Abt Johannes von Gorze Verhandlungen mit dem Kalifen Abdarrahmān III. von Cordoba führte, um diesen für ein gemeinsames Vorgehen in Italien zu gewinnen, dies allerdings ohne sichtbaren Erfolg. Immerhin sprechen solche Kontakte für das große Ansehen, das Otto bereits in der außerchristlichen Welt genoß. Inzwischen war es Liudolf gelungen, die Reichsherrschaft in Oberitalien militärisch zu festigen, doch kurz vor seinem erstrebten Ziel, Unterkönig in Italien zu werden, starb er 957. Berengar konnte seine vorherige Position wiedergewinnen und schickte sich an, seine Macht auch auf das Patrimonium Petri, den späteren Kirchenstaat auszudehnen. Dort war inzwischen der mächtige Patricius Alberich gestorben, dessen Sohn Oktavian ihm nicht nur in der Stadtherrschaft nachfolgte, sondern sogar nach dem Tode Papst Agapits II. gemäß dem Wunsch Alberichs und der Römer mit 17 Jahren 955 als Papst Johannes XII. den Stuhl Petri bestiegen hatte. Bar jeder geistlichen Eignung und rein auf Machtpolitik ausgerichtet, sah er sich nunmehr den Angriffen Berengars ausgesetzt, der 959 von Spoleto aus Rom zu erobern gedachte. Daraufhin wandte sich Johannes XII. durch eine Gesandtschaft

960 um Hilfe an Otto und bot ihm, wie einst Leo III. Karl dem Großen, die Kaiserkrone an.

Otto traf in dieser Situation umsichtige Vorbereitungen. Er ließ im Mai 961 seinen unmündigen Sohn Otto, den ihm Adelheid geboren hatte, in Worms zum König wählen und dann in Aachen krönen, um vor seinem Romzug die Fortdauer der Dynastie zu sichern. Ein im St. Albankloster in Mainz geschriebener Krönungsordo läßt vermuten, daß man dort schon vor dem Aufbruch Ottos nach Italien ein kaiserliches Krönungszeremoniell entwickelt hatte. Ob in diesem Zusammenhang auch schon die uns erhaltene Kaiserkrone in Auftrag gegeben wurde, eventuell mit einem ikonographischen Programm Erzbischof Bruns von Köln, ist umstritten, da deren genaue Datierung immer noch unsicher bleibt. Die Konsolidierung der inneren Verhältnisse im Reich spiegelt sich auch in der Bestellung Bruns als einer Art Vizekönig oder Reichsverweser; ihm war in dieser Eigenschaft Ottos ältester Sohn, Erzbischof Wilhelm von Mainz, beigegeben. Es bedeutete dies auch eine Erprobung des neuen Reichskirchensystems, dessen ,,Gehversuche" sich damit im zusätzlichen Schutz familiärer Bindungen vollzogen. So konnte der König im August 961 von Augsburg aus nach Italien aufbrechen, während Abt Hatto von Fulda schon vorab in Rom die Formalitäten des Empfangs und der Kaiserkrönung klärte. Berengar räumte kampflos das Feld, Ottos Einzug in die Ewige Stadt vollzog sich am 2. Februar 962 reibungslos. Er wurde unverzüglich in die Peterskirche geleitet und dort von Johannes XII. unter der Akklamation des römischen Volkes gesalbt und zum Kaiser gekrönt. Neu war gegenüber der Krönung Karls des Großen, daß auch Ottos Gemahlin gekrönt wurde. Danach leisteten die Römer den seit der Karolingerzeit üblichen Treueid; der Kaiser selbst tat unmißverständlich kund, daß er sein Kaisertum als legitime Fortsetzung des karolingischen verstand. In dem berühmten, in Goldschrift geschriebenen ,,Privilegium Ottonianum" vom 13. Februar 962, dem eine prunkvolle, dem neuen Kaiser absichtsvoll unterbreitete Abschrift der konstantinischen Fälschung zugrunde lag, wurde dem Papst auf den Grundlagen der ,,Pippinischen Schenkung" und karolingischer ,,pacta" der Besitz des Kirchenstaates garantiert (Nr. 33, II, 4, 23). Umgekehrt sicherte sich Otto, ebenfalls nach karolingischem Vorbild, das Treueversprechen jedes Papstes vor der Weihe, wodurch, zumindest als Anspruch, bald aber auch faktisch, eine Erneuerung und Ausweitung des Reichskirchensystems auf das Papsttum ins Werk gesetzt worden ist.

Wie wenig dies im Sinne von Alberichs Sohn war, zeigten die nachfolgenden Ereignisse, denn Johannes XII. vollzog nach dem raschen Abzug Ottos eine rapide politische Kehrtwendung. Er verbündete sich jetzt mit Berengar, gegen den er ursprünglich den deutschen König nach Italien gerufen hatte, und knüpfte sowohl mit Byzanz wie vermutlich auch mit den Sarazenen und Madjaren politische Verbindungen an. Otto brach daraufhin die Belagerung Berengars ab, vertrieb den Papst aus Rom und ließ ihn durch eine römische Synode kurzerhand als unwürdig absetzen. An seiner Stelle wurde auf kaiserliches Geheiß Leo, ein Laie wie Oktavian aber untadelig, als Leo VIII. zum Papst eingesetzt. Noch wichtiger war, daß Otto den Papstwahlpassus im „Ottonianum" jetzt dahingehend präzisieren und verschärfen ließ, daß künftig kein Papst ohne vorherige Zustimmung des Kaisers oder seines Sohnes gewählt und ordiniert werden dürfe. Dieser sogenannte „Römereid" war eine Bestimmung von weittragender Bedeutung für die hochmittelalterliche und eine Reminiszenz für die spätmittelalterliche Papstgeschichte. Noch Marsilius von Padua wies 1324 in seinem „Defensor Pacis" Ludwig den Bayern auf das Vorbild Ottos des Großen hin, nämlich auf dessen Papstabsetzung kraft kaiserlicher Gewalt.

Der Einfluß des Kaisers war an seine Präsenz in Rom gebunden. Das zeigte sich, als es Otto Ende 963 zwar gelang, Berengar und seine tatkräftige Gattin Willa gefangen zu nehmen und nach Bamberg in die Verbannung zu schicken, es aber nicht verhindern konnte, daß Johannes XII. wiederum in Rom an Boden gewann. Der Kaiser kehrte daraufhin in die Ewige Stadt zurück, warf einen stadtrömischen Aufstand blutig nieder und setzte wiederum Leo VIII. in seine Rechte ein, der ihm einen neuen Treueid schwören mußte. Das Schisma dauerte auch nach Johannes Tod im Mai 964 fort, bis Otto neuerlich im Juni nach Rom zog, Leos Papstherrschaft endgültig befestigte und dessen Gegner Benedikt V. nach Hamburg in die Verbannung schickte. Die Herrschaft des Kaisers über Nord- und Mittelitalien war damit vorläufig gesichert, allzu stabil wird man sich diese allerdings nicht vorstellen dürfen, denn 965 wird berichtet, daß damals die Lombarden „in gewohnter Weise" (more solito) vom Kaiser abfielen und Berengars Sohn Adalbert nach Italien zurückführten (Nr. 4, Bd. VIII, S. 224). Otto schickte daraufhin den Schwabenherzog Burchard III. nach Italien, der Adalbert vertreiben konnte. Otto der Große scheint diesem Stand der Dinge dadurch Rechnung getragen zu haben, daß er in Reichsitalien, wo immer es ihm möglich war, Bischöfe zur Festigung der Reichsgewalt einsetzte; von einer ottonischen Reichskirche in Italien kann man aber nicht sprechen. Gleichzeitig förderte er kleinere regionale Gewalten, die dann in seinem Dienst aufstiegen: so die Markgrafen von Turin und die Grafen von Canossa. Er ging sogar in richtiger Einschätzung seiner begrenzten Möglichkeiten noch einen Schritt weiter und setzte Berengars Sohn Konrad zum Markgrafen von Ivrea ein, desgleichen Hubert, den Sohn König Hugos von Italien, zum Markgrafen von Tuszien. Dessen Sohn Hugo wurde einer der treuesten Anhänger der ottonischen Herrschaft. Im großen ganzen lief dies auf eine wachsame Tolerierung der regionalen Kräfte hinaus.

Daß dieses pragmatische Vorgehen richtig war, zeigte sich anderthalb Jahre nach Ottos Rückkehr nach Deutschland. Das Papsttum erwies sich wiederum als Hauptproblem Italiens; seine janusköpfige Natur, nämlich sowohl Stadtherrschaft und daher Kampfobjekt rivalisierender römischer

Adelsfamilien zu sein, als auch höchste geistliche Autorität des Abendlandes, mußte fast zwangsläufig zu Differenzen mit dem Kaisertum führen. Von Rom aus gesehen war der deutsche König und Kaiser bislang kaum mehr als eine letzte Waffe der jeweils unterlegenen Partei in inneritalienischen Auseinandersetzungen. Diesen Zustand wollte Otto nach Möglichkeit endgültig beenden. Dazu war aber eine lange Präsenz südlich der Alpen erforderlich. So entschloß er sich schon 966, wieder nach Rom aufzubrechen. Er blieb jetzt volle sechs Jahre im Lande. Reichsitalien verhielt sich während dieses Zeitraums im großen und ganzen ruhig, so daß sich Otto ungehindert den römischen Verhältnissen und mit steigender Intensität der Auseinandersetzung mit dem byzantinischen Kaisertum in Süditalien zuwenden konnte.

Nach dem frühen Tod Leos VIII. im März 965 war mit kaiserlicher Zustimmung Johannes XIII. aus dem Hause der Creszentier auf den päpstlichen Thron erhoben, jedoch bald danach durch einen Aufstand in der Stadt vertrieben worden. Es war dies der Beginn einer langen Auseinandersetzung zwischen den Creszentiern und der Familie Alberichs, den späteren Tusculaner Grafen, die sich bis ins 11. Jahrhundert hinziehen sollte. Johannes wurde von seinen Gegnern gefangengenommen, konnte aber entfliehen; er bat daraufhin den Kaiser um Hilfe. Auch dies war ein Spiel, das die römischen Adelsparteien seit dem 8. Jahrhundert immer wieder betrieben hatten und das die Eingriffe der jeweiligen weltlichen Vormacht im Abendland geradezu provozierte. Ottos Erscheinen genügte denn auch zur Wiederherstellung der Situation in seinem Sinne, so daß der Kaiser im April 967 zusammen mit Johannes XIII. in Ravenna eine Synode abhalten konnte. Damals übereignete er das Exarchat von Ravenna, einen ursprünglich byzantinischen Verwaltungssprengel in Norditalien, dem Kirchenstaat, behielt jedoch dessen Verwaltung weitgehend selbst in der Hand. In Ravenna wurde auch die Errichtung eines Erzbistums in Magdeburg beschlossen, die aber erst später durchgeführt werden konnte. Die Synode zeigte insgesamt, daß nicht nur der deutsche König durch die vom Papst verliehene Kaiserkrone eine „herrschaftsideologische" Erhöhung erfuhr, sondern daß in mindestens demselben Maße das Papsttum durch seine Bindung an Regnum und Imperium aus dem engen Kreis stadtrömischer Rivalitäten herausgehoben und erst damit eine übernationale Kraft und abendländische Autorität wurde. Die mehrfach praktizierte Gegenprobe, nämlich eine totale Konfrontation zwischen Papsttum und Kaisertum, führte denn auch meist zum Machtverlust oder gar zum völligen Desaster beider Gewalten. Der Investiturstreit zeigte dies ebenso wie – nicht lange nach der Katastrophe der Staufer – der politische Sturz des Papsttums unter Bonifaz VIII. (1294–1303). Papst Johannes XIII. gab solcher Einsicht dadurch Ausdruck, daß er Kaiser Otto I. nach Konstantin und Karl dem Großen als den dritten Kaiser bezeichnete, der die römische Kirche „am meisten erhoben" habe.

Die Eintracht beider Gewalten, der geistlichen und der weltlichen, ermöglichte es jetzt Otto, in die süditalienischen Verhältnisse einzugreifen, wo ihm Capua, Benevent und Salerno huldigten. Dieser Akt rief sofort Byzanz auf den Plan, das seinerseits die Oberhoheit über diese Fürstentümer beanspruchte. Ostrom hatte zwar, offenbar nach entsprechenden Vorverhandlungen, die Kaiserkrönung hingenommen und sogar ein gemeinsames Vorgehen gegen die Sarazenenherrschaft in Süditalien vorgeschlagen; doch war dies wohlweislich mit der Forderung nach dem Verzicht des Reiches auf Capua und Benevent gekoppelt worden. Als Otto darauf nicht einging, warf Kaiser Nikephoros II. Phokas (963–969) das Ruder herum, sprach dem Deutschen die Kaiserwürde ab, verlangte große Gebietsabtretungen, die sogar Rom und Ravenna umfaßten, und begann den Krieg. Otto fiel in Apulien und Kalabrien ein, konnte aber das byzantinische Hauptzentrum Bari nicht einnehmen. Die militärische Pattsituation führte schließlich zu Verhandlungen, die erst nach dem Tode des Byzantiners († 969) bei dessen Nachfolger Johannes Tzimiskes (969–976) Erfolg brachten. Ottos gleichnamiger Sohn, der schon 967 auf Wunsch des Vaters vom Papst zum Mitkaiser gekrönt worden war, vermählte sich im April 972 in Rom mit Theophanu, einer Nichte des byzantinischen Basileus, wodurch das westliche Kaisertum nunmehr endgültig als gleichrangig anerkannt wurde. Apulien blieb in byzantinischer Hand, Capua und Benevent in ottonischer; die sarazenischen Herrschaftsbereiche waren von diesen Ereignissen vorläufig unberührt.

Nach diesem glänzenden Abschluß seines dritten Aufenthalts in Italien kehrte Otto noch im August 972 mit seinem Sohn, der Kaiserin Adelheid und Theophanu nach Deutschland zurück. Der Einzug der Byzantinerin in die ottonischen Stammlande war ein Ereignis, das auch bedeutende kulturelle Folgen haben sollte, brachte doch die junge Kaiserin griechisch-byzantinische Hochkultur nach Deutschland, die sich bald in der Kunst auswirken sollte. Der letzte Quedlinburger Hoftag des Kaisers vereinigte zu Ostern 973 noch einmal Gesandte und Fürsten aus ganz Europa und aus Byzanz, später besuchten ihn auch Afrikaner und brachten Geschenke. Es war kaum eine Übertreibung, wenn Widukind von Corvey Otto als König der Völker, „rex gentium" (Nr. 4, Bd. VIII, S. 182) bezeichnete. Bald darauf starb der Herrscher und wurde im Dom seines Lieblingsbistums und Herrschersitzes Magdeburg beigesetzt.

Das Reichskirchensystem. Es kam Otto für eine Erneuerung der Reichsherrschaft sicher zugute, daß Deutschland, anders als das bereits weitgehend in feudaler Umwandlung befindliche Westfränkische Reich, noch weniger entwickelt und gleichsam noch „karolingischer" organisiert war, vor allem, was die Rolle der Reichskirche beim Herrschaftsaufbau anbelangt. Die für das Frühmittelalter typische Einheit von weltlicher und geistlicher Sphäre legitimierte Ottos Verfügungsrecht über die Kirche; er war als Herrscher zugleich Stellvertreter (vicarius) Gottes auf Erden, hatte also eine sakrale Stellung inne, die weit über die Grundlage eines germanischen Eigenkirchenrechts oder einer öffentlich-rechtlichen Kirchenhoheit (falls es beides überhaupt gegeben haben sollte!) hinausging. In dieser sakralen Legitimation des Königs gründete auch die Wiederbelebung und der konsequente Ausbau dessen, was man das ottonisch-salische Reichskirchensystem mit seinem breitgefächerten Leistungskatalog für die Königsherrschaft nennt. Die archaische Struktur der Gebiete rechts des Rheins, die noch nicht in eine Vielzahl territorialer Adelsherrschaften aufgelöst waren, hat zweifellos auch die Erneuerung und zeitgemäße Modernisierung des noch relativ intakten karolingischen Reichskirchensystems erleichtert. Dies war eine bedeutende, wenn nicht überhaupt die bedeutendste innenpolitische Leistung der Ottonenzeit.

Hier erhebt sich die Frage nach dem Ursprung dessen, was man allgemein als ottonisch-salisches Reichskirchensystem bezeichnet. Ungeachtet der markanten Unterschiede zwischen der karolingischen Reichskirche und Hofkapelle und den entsprechenden ottonisch-salischen Institutionen wird man doch die Kontinuität zwischen der karolingischen und der ottonisch-salischen Reichskirche betonen müssen. Das ,,ottonische System" unterschied sich von der auf einer ,,precaria verbo regis" beruhenden karolingischen Kirchenherrschaft vornehmlich durch die genauere rechtliche Fixierung der den Bischöfen verliehenen Grafschafts-, Münz- und Befestigungsrechte sowie aller weiteren Pflichten aus dem ,,Servitium regis", dem Königsdienst. Ebenso war seit ottonischer Zeit die institutionelle ,,Vernetzung" der inzwischen voll entwickelten Domkapitel mit der Königsherrschaft eine wichtige Innovation, die dem Herrscher zugute kam. In beiden Fällen handelt es sich um eine massive ,,Einstaatung" der Kirche zugunsten der Königsherrschaft, eine Maßnahme, die vor allem durch die Heerfolgepflicht bischöflicher Truppen ganz wesentlich den militärischen Vorsprung des Reiches gegenüber seinen Nachbarn bis zum Investiturstreit begründete. Die ,,Reichskirche" der ottonisch-salischen Zeit umfaßte alle jene Bistümer, Stifte und Abteien, die entweder unter der unmittelbaren Herrschaft des Königs standen oder einen speziellen Königsschutz genossen, der wiederum zu besonderen Leistungen wie festen Geldabgaben, Stellung von Panzerreitern und Knechten verpflichtete. Für mittelalterliche Verhältnisse war dies eine optimale Nutzung des Kirchenguts und seiner Menschenreserven für die Königsherrschaft.

Mittelbar geht die materielle Macht der Reichsbischöfe und Reichsäbte in Deutschland und Italien auch aus den zum Teil gewaltigen Dom- und Kirchenbauten des 10. und 11. Jahrhunderts hervor, man kann geradezu von einem allgemeinen Ausbruch von Baulust sprechen. Der Chronist Thietmar von Merseburg († 1018) verzeichnete in seinem Geschichtswerk stets mit besonderem Lob als vornehmste Tat eines Bischofs den Bau oder Neubau seiner Kathedralkirche. Aber auch im Befestigungswesen überflügelten die Reichsbischöfe oft die weltlichen Herren. Es versteht sich fast von selbst, daß in der bildenden Kunst der Epoche Bischöfe und große Äbte neben dem König die wichtigsten Auftraggeber waren, die Kunstblüte der „ottonischen Renaissance" ist vornehmlich ihrer Initiative und ihren finanziellen Möglichkeiten zu verdanken. Brun von Köln und Bernward von Hildesheim als Mäzene und Künstler waren keine Einzelfälle. Wenn man immer wieder anführt, Otto der Große habe vor allem deshalb die Bischöfe mit Reichsgut und Grafschaftsrechten ausgestattet, weil deren Kinderlosigkeit ein Erblichwerden dieses Besitzes in einer Adelsfamilie verhindere, dann ist dies nur zum Teil richtig. Die Lebensbeschreibung des Bischofs Ulrich von Augsburg sowie neuere genealogische Untersuchungen zeigen nämlich, daß sehr oft bestimmte Familien gewohnheitsrechtlich ein Präsentationsrecht für Bischofskandidaten besaßen, der König daher keine unbegrenzte Auswahlmöglichkeit hatte oder nur in bestimmten politischen Kampfsituationen – wie während des Investiturstreites – willige Werkzeuge seiner Politik durchsetzen konnte. Das bedeutete aber umgekehrt, daß bestimmte Familien mit Hilfe eines verwandten Bischofs ihren Herrschaftsbereich über ausgetane Kirchenlehen und Vogteirechte festigen und schrittweise zum Territorium ausbauen konnten.

Die Bedeutung Bruns von Köln. Für die Erneuerung oder teilweise Umwandlung der Reichskirche wird man aber in erster Linie nicht Otto selbst, sondern seinen jüngsten Bruder Brun verantwortlich machen müssen. Wie so oft im historischen Prozeß verfestigte sich auch in diesem Fall eine scheinbar einmalige geschichtliche Situation zur dauerhaften Struktur von lang anhaltender Wirkung. Daß Erzbischof Brun zugleich Mitglied der Königsfamilie war, erleichterte zweifellos die Etablierung einer kirchlichen politischen Herrschaft im Auftrage des Königs, wie sie der Königsbruder in extremer Form in Lothringen durchsetzte. Der ihm von seinem Biographen Ruotger zugeschriebene Titel „archidux" (Nr. 4, Bd. XXII, S. 206), kennzeichnet in der Tat am treffendsten System und Art seiner Machtkonzentration im Westen des Reiches, die dann eine solide Basis für das Vizekönigtum des Erzbischofs während Ottos zweitem Italienaufenthalt abgab.

Diese einmalige Machtstellung des gebildeten und militanten Prälaten aus dem liudolfingischen Hause war ihm nicht in den Schoß gefallen, vielmehr hatte Brun das Gefüge weltlicher Regionalherrschaften im lothringischen „Zwischenreich" zwischen Deutschland und Frankreich militärisch-politisch weitgehend aufgelöst und die Bistümer mit kirchlichen, diplomatischen und kriegerischen Mitteln unter seine Botmäßigkeit gebracht. Im Bistum Metz konnte er sich mit einer diplomatischen Lösung begnügen: 964 setzte er dort seinen Verwandten und Schüler Dietrich ein. Lüttich vermochte er durch einen Vernichtungskrieg gegen Reginar III. zu gewinnen und mit seinem Schüler Ebrachar zu besetzen. In Cambrai, dem westlichsten Bistum des Reiches, das jedoch der westfränkischen Metropole Reims unterstand, setzte Brun mit militärischer Gewalt 956 seinen sächsischen Verwandten Berengar als Bischof durch, einen nach Lebenswandel und Ausbildung übrigens völlig ungeeigneten Kandidaten, der zu Recht den Haß und die Verachtung der überwiegend romanischen Bevölkerung von Cambrai auf sich zog. Schon in der Geburtsstunde des ottonisch-salischen Reichskirchensystems zeigten sich auch dessen mögliche Entartungen sehr deutlich, vor allem die Gefahr, daß kirchlich kaum vertretbare Personen aus politischen oder familiären Gründen Bistümer erhielten, um dem Reichsregiment als willige Werkzeuge zu dienen. Brun selbst hat zwar nach Möglichkeit dafür gesorgt, daß der Nachwuchs an hohen Klerikern in seiner Kölner und in der Lütticher Domschule eine gediegene geistliche Ausbildung erhielt – nicht umsonst gilt der Königsbruder als ein wesentlicher Promotor der ,,ottonischen Renaissance" – aber die weitere Personalpolitik in der Reichskirche zeigte doch immer wieder, daß es unter dem Einfluß des Königs aus machttechnischen Gründen zu krassen Fehlbesetzungen kam; ein Umstand, der in ganz entscheidender Weise die Kirchenreformer des 11. Jahrhunderts zum Angriff gegen das gesamte Reichskirchensystem treiben sollte. Ruotgers Lebensbeschreibung Bruns blieb in diesen Dingen wohl bewußt sehr vage. Man erfährt zwar generell, daß sich der Erzbischof auch mit ,,timor" und ,,terror" Respekt zu verschaffen wußte und daß sein ,,regale sacerdotium", wie seine kirchlich-weltliche Doppelherrschaft bezeichnet wird, sich auch in der Schlachtreihe (,,in acie") pflichtgemäß zu bewähren hatte (Nr. 4, Bd. XXII, S. 236). Solch militantes und bedingungslos königstreues Verhalten gehörte für Ruotger zum Idealbild eines Reichsbischofs, der sich eben nicht nur vor Gott, sondern auch vor den Menschen als kraftvoller Bewahrer des Friedens zu erweisen habe.

Andere zeitgenössische Chronisten wie Flodoard in seiner Kirchengeschichte von Reims haben sich über Brun wesentlich kühler, ja sogar abfällig geäußert. Der Reimser Chronist charakterisiert den Ottonen mit der knappen eiskalten Formel, er sei ,,ex praesule ducem", also aus einem geistlichen Oberhirten zu einem Herzog geworden, eine Formel, die sicher in mancher Beziehung zutraf und in krassem Widerspruch zur apologetischen Brun-Vita Ruotgers stand. Man würde allerdings der schillernden, vielseitigen Persönlichkeit Bruns nicht gerecht, übersähe man, daß er ebenso ein Mann der Bildung und Kultur war wie auch ein Freund und Förderer der Gorzer Klosterreform; man hat ihn wohl mit Recht den ,,Inaugurator der ottonischen Bildungspflege" (Nr. 408, J. Fleckenstein, S. 198) genannt. Machtpolitik und Erneuerungswille schlossen einander nicht aus und oft war die erste die unabdingbare Voraussetzung für eine wirklich erfolgreiche und durchgreifende Reformpolitik. Nimmt man Bruns geschickte und erfolgreiche Interventionen im Westfrankenreich und seine Stellung als Vizekönig hinzu, dann rundet sich nicht nur das Bild dieses zu früh verstorbenen Ottonen, sondern man wird ihn hinsichtlich seiner historischen Bedeutung durchaus seinem kaiserlichen Bruder an die Seite stellen müssen. Oder sollte es nur chronologischer Zufall sein, daß Otto der Große erst dann zu dauerhaftem politischen Erfolg kam, als sein jüngster Bruder als Kölner Erzbischof und als „homo politicus et doctus" helfend und oft auch initiativ lenkend in die Reichsgeschäfte eingriff?

Schließlich wird an Bruns und damit auch an Ottos Politik gegenüber den Herzögen und regierenden Dynasten ein weiterer, oft übersehener Unterschied zwischen ottonischer und karolingischer Kirchenherrschaft klar: Für die Karolingerzeit kann man von einem Parallelismus weltlicher und geistlicher Funktionsträger sprechen, der auf den großen Hoftagen in der gemeinsamen Beschlußfassung weltlicher und geistlicher Großer ebenso in Erscheinung tritt wie in der Institution der Königsboten. Die ottonische Reichskirche war hingegen nach den Erfahrungen der Herzogsaufstände viel eher als ein zentralistisches Instrument und als machtvoll konkurrierende Kraft gedacht und gewissermaßen als Rammbock gegenüber den Herzogtümern und anderen regionalen Gewalten organisiert worden. In dieser Funktion wirkte sie noch unter Heinrich III. und Heinrich IV., etwa im Kampf gegen die sächsischen Dynasten. Stärke und Gefährdung dieser Zielrichtung ottonischer wie salischer Kirchenpolitik werden hier gleichermaßen sichtbar.

Die ottonische Politik in Ostmitteleuropa. Wie wichtig die Reichskirche als Mittel der staatlichen Organisation geworden war, zeigte sich bald nach Bruns Tod († 965) im Bereich der „Ostpolitik". Die von ihm reorganisierte und politisch gestraffte lothringische Kirche spielte eine nicht unbeträchtliche Rolle bei der Bereitstellung von Kräften für Ottos Lieblingsprojekt, die Gründung eines Erzbistums für eine kraftvolle Ostmission in seinem bevorzugten Pfalzort Magdeburg. Ottos Politik gegenüber der gerade zu festen Formen kommenden westslawischen Staatenwelt verlief in zwei Bahnen. Erstens war es die Sicherung der Ostgrenze mit einem Markensystem, das in Burgwardeibezirke untergliedert wurde und an dessen Spitze Otto ihm vertraute und bewährte Männer wie Hermann Billung für die Mark an der Niederelbe und Markgraf Gero für die mittlere Elbe wie für die Saale-Grenze stellte. Die weitere planmäßige Ausweitung der Marken nach Osten hin führte bald, wie etwa der Aufstieg der Billunger zeigt, zu eigenständigen fürstlichen Herrschaften bedeutenden Umfangs in Ost- und Mittelsachsen.

Die zweite und weitaus wichtigere Bahn ottonischer Expansion in Ostmitteleuropa bezog sich auf die beiden größten Herrschaftsbildungen in diesem Raum, auf Polen und Böhmen. Militärische Mittel spielten dabei ebenso eine Rolle wie eine planmäßige Christianisierung; letztere legitimierte nicht nur das politisch-militärische Vorgehen, sondern untermauerte auch in charakteristischer Weise das Selbstverständnis ottonischer Herrschaft, ganz besonders nach 962. Anders als sein Vater, dessen Vorgehen gegen die Elbslawen vor allem der politisch-militärischen Expansion des Reiches diente, sorgte Otto I. von Anfang an für eine planmäßige Missionierung der unterworfenen slawischen Völkerschaften. Dies zeigte sich bereits im Norden, wo der Ausbau des Erzbistums Hamburg-Bremen unter Erzbischof Adaldag (937–988) sowohl den kirchlichen wie den politischen Interessen des Reiches diente. Noch viel mehr war dies an der offenen Ostgrenze der Fall. Eine Urkunde Ottos des Großen drückte dies in prägnanter Form so aus: ,,Wir glauben, daß die Mehrung der Verehrung Gottes das Heil und den Bestand unseres Königs- und Kaiserreiches gewährleistet" (Nr. 33, III, 5, Bd. 1, Nr. 366, S. 502). Allerdings zeigten sich bei dem missionarischen Vorgehen gegenüber westslawischen Völkern schon früh Entgleisungen politischer Art. Erzbischof Wilhelm von Mainz, Sohn einer vornehmen Slawin, kritisierte anläßlich des Magdeburger Erzbistumsplans, den er aus verständlichem Eigeninteresse bekämpfte, grundsätzlich die Kirchenpolitik Ottos. Es war zugleich eine beißende Kritik am entstehenden Reichskirchensystem, wenn Wilhelm feststellte: ,,Herzog und Graf nehmen die Aufgaben des Bischofs, der Bischof die des Herzogs und Grafen in Anspruch" (Nr. 162, H. Fichtenau, S. 276).

In diesem Zusammenhang gewann das neue Arbeitsfeld des neuen Erzbistums eine besondere Bedeutung. Seit 929 schon Ottos Lieblingsaufenthalt, wo er mit seiner ersten Gattin Edgitha gelebt und ein reich ausgestattetes Kloster, St. Mauritius, gestiftet und mit Mönchen aus dem Reformzentrum Trier besetzt hatte, war Magdeburg von Anfang an neben Corvey als Missionszentrum für die westslawische Völkerwelt gedacht, ebenso aber als organisatorische Basis für eine Reihe von Bistumsgründungen. Herrscher und Papst hatten aber divergierende Vorstellungen über die Abgrenzung des Magdeburger Missionsbereichs, da Rom bereits früh auf die Interessen Polens Rücksicht nehmen wollte. Auf der schon erwähnten Synode von Ravenna traf Otto 967 nach langer Vorbereitung die letzten Vorkehrungen für die Errichtung des Erzbistums. Ihm wurden als Suffragane die schon 948 gegründeten Bistümer Brandenburg, Havelberg, das 954 errichtete Merseburg und die neuen Bistümer Meißen und Zeitz unterstellt. Dies wurde nicht ohne Schwierigkeiten ins Werk gesetzt, da sich sowohl Erzbischof Wilhelm von Mainz, Ottos Sohn, der empfindlichen Einschränkung des weiten traditionellen Missionsfeldes seiner Erzdiözese widersetzte wie auch Bischof Bernhard von Halberstadt. Da beide 968 kurz nacheinander starben, konnte Otto noch im Oktober desselben Jahres auf einer zweiten Synode in Ravenna die Erhebung Magdeburgs zur kirchlichen Metropole vollenden und den mit Fragen der Ostmission vertrauten Abt Adalbert von Weißenburg als Erzbischof einsetzen. Adalbert war schon 960 auf Bitten der russischen Großfürstin Olga von Otto nach Kiew gesandt worden, konnte sich aber dort nicht gegen die von Olgas

Sohn Swjatoslav ins Land gerufene byzantinische Mission durchsetzen, wodurch Rußland im kulturellen Einflußbereich der Ostkirche verblieb und dann unter dem Großfürsten Vladimir 988 endgültig den „griechischen" Glauben annahm; eine für die weitere Geschichte Europas entscheidende Weichenstellung.

Anders lagen die Dinge im Raum östlich der Oder, an Warthe und Weichsel, wo seit 960 der bedeutende Fürst Mieszko (I.) in langer und oft harter Auseinandersetzung mit den ottonischen Markgrafen die Grundlagen des polnischen Staates schuf. In richtiger Einschätzung des Kräfteverhältnisses erkannte Mieszko 963 die Oberhoheit des Reiches vertraglich an, verpflichtete sich zu Tributzahlungen für die westlichen Teile seiner Herrschaft und ließ sich 966 taufen. Dies ging vermutlich auf den Einfluß seiner christlichen Gattin zurück, der Přemyslidin Dobrawa (der „Guten"), einer Tochter Herzog Boleslavs I. Bald darauf findet sich in Posen ein Bischof Jordan, der wohl aus Magdeburg kam. Mieszkos Übertritt zum Christentum, der zugleich seine Herrschaft religiös legitimierte, bewirkte aber, daß man von seiten des Reiches das werdende Polen nicht mehr als politischen Gegner und missionarisches Objekt behandeln konnte. Polen wurde jetzt trotz seiner Bindung an die ottonische Universalmonarchie ein Staat und eine Nation sui generis, eine Entwicklung, die um das Jahr 1000 mit der Gründung des Erzbistums Gnesen den nächsten konsequenten und für die polnische Nationswerdung wohl entscheidenden Schritt tat. Wenn Mieszko (I.) von Widukind von Corvey als „Freund des Kaisers" (amicus imperatoris) bezeichnet wurde (Nr. 4, Bd. VIII, S. 172), dann ging daraus hervor, daß dieser Fürst keineswegs nur in tributärer Abhängigkeit vom Reich stand, sondern auch dessen Verbündeter war. Sein Selbstbewußtsein manifestierte sich im Steinbau des ersten Posener Domes nach Quedlinburger Vorbild. Der jüdische Handelsherr und Reisende Ibrāhīm ibn Ja'quub beschrieb Mieszko als mächtigen Herrscher, der eine Gefolgschaft von 3000 Männern unterhalten konnte.

Besser als über die Frühgeschichte Polens und seiner Beziehung zu den Ottonen sind wir über die Fortschritte der Herrschaftsbildung in Böhmen im 10. Jahrhundert unterrichtet. Dort hatte sich gegenüber einer größeren Anzahl von regionalen, wohl stämmisch organisierten Herrschaften das Fürstengeschlecht der Přemysliden durchsetzen und unter Wratislav (905/15–921) beinahe zur Alleinherrschaft aufschwingen können. Nur die ostböhmischen Slavnikiden, deren Macht von den Lausitzer Bergen bis zum mittleren Böhmerwald reichte und sich in ihrem Herrschaftszentrum Libice konzentrierte, blieben noch relativ selbständig. Aus dieser Familie stammte der heilige Adalbert, der einzige, der die Auslöschung seines Geschlechts durch die Přemysliden im Jahre 995 überleben sollte. Wratislavs Sohn und Nachfolger wurde Wenzel, von dem wir vornehmlich durch Legenden wissen, die teilweise bis ins 10. Jahrhundert zurückgehen. Die Christianisierung Böhmens war seit der Mitte des 9. Jahrhunderts fast ausschließlich ein Werk des Bistums Regensburg gewesen. Auch Wenzel der Heilige hatte sich an seinen Freund, Bischof Tuto von Regensburg gewandt, als er auf der Prager Burg eine neue Kirche erbaute. Dabei wurden die Böhmen sogar als „parrochiani", als Angehörige der Regensburger Diözese bezeichnet. Um so mehr fällt es auf, daß Wenzels Burgkirche nicht, wie wohl ursprünglich geplant, dem Regensburger Bistumsheiligen Emmeram, sondern dem heiligen Vitus, dem Patron des sächsischen Großklosters Corvey, geweiht wurde. Dies deutet auf einen politischen Wechsel, der mit dem Aufstieg der ottonischen Königsherrschaft zusammenhing. Schon Heinrich I. hatte Böhmen durch einen Feldzug zur Unterwerfung gezwungen. Nach der Ermordung Wenzels durch seinen jüngeren Bruder Boleslav (nach 935) lehnte sich dieser politisch eng an die Ottonen an und beteiligte sich mit einem Truppenkontingent 955 an der Lechfeldschlacht.

Auf jeden Fall nahm nach Wenzels gewaltsamem Tod, dem Kristallisationskern seiner Märtyrerlegenden, der ottonische Einfluß in Böhmen zu; das Veits-Patrozinium auf der Prager Burg spricht ebenso dafür wie die Tatsache, daß nach der Gründung des Prager Bistums im Jahre 976 der erste und der dritte Bischof der přemyslidischen Metropole aus Corvey kamen. Die Bistumsgründung selbst ist noch von Otto dem Großen im Zusammenwirken mit Herzog Boleslav II. (967/72–999) in die Wege geleitet worden. Bischof Michael von Regensburg hatte sich bis zu seinem Tode 972 gegen dieses Bistum im traditionellen Missionsfeld seiner Diözese gewehrt. Erst unter seinem Nachfolger, dem heiligen Wolfgang, konnte ein Übereinkommen erzielt werden. Formal entstand das Bistum Prag zwar schon 973, die faktische Gründung durch Erzbischof Willigis von Mainz erfolgte aber erst am 28. April 976. Warum Böhmen Mainz und nicht der neuen Erzdiözese Magdeburg, dem Zentrum der organisierten Slawenmission, unterstellt wurde, kann man nur vermuten. Es dürfte der lange, hinhaltende Mainzer Widerstand gegen die Errichtung des „ottonischen" Erzbistums Magdeburg gewesen sein, der Otto dazu bewog, seine Lieblingsgründung nicht noch durch ein Prager Suffraganbistum zu verstärken, sondern dieses lieber Mainz zu unterstellen; möglicherweise war dies also eine Kompensation für die Einschränkung des Mainzer Missionsbereichs. Vielleicht schlug sich hier auch bereits – und dies vor allem nach dem Tode Ottos des Großen – der mächtige Einfluß des großen Willigis in der Reichspolitik nieder, jener überragenden Gestalt unter den deutschen Kirchenfürsten, die besonders nach dem Tode Ottos II. (983) eine beherrschende Figur im Reiche werden sollte. Ungeachtet der Unterstellung der Prager Diözese unter Mainz wurde dieses vor allem ein přemyslidisches Bistum. Die Personalpolitik der böhmischen Herzöge und die Umstände der materiellen Ausstattung der Kathedralkirche zeigen dies zur Genüge. Insofern gehörte die Prager Diözese im engeren Sinne niemals zum ottonisch-salischen Reichskirchensystem.

Versucht man eine Wertung oder auch nur Charakterisierung der ostmitteleuropäischen Politik Ottos des Großen, dann gilt für diesen Bereich seines Wirkens ähnliches wie für die kirchliche ,,Westpolitik" seines Bruders Brun. Man wird Otto nicht nur nach den vermuteten Ideen seiner imperial motivierten Ostmission beurteilen dürfen, sondern ebensosehr nach den konkreten Maßnahmen. ,,Ostpolitik", das war auch das brutale Vorgehen von Ottos treuem Paladin, des Markgrafen Gero, gegenüber westslawischen Völkerschaften. Ebenso gehörte zur ostmitteleuropäischen Politik des großen Sachsenkaisers das schnelle Arrangement mit Herzog Boleslav I. von Böhmen, mit einem Herzogs- und Brudermörder, dessen Bluttat am heiligen Wenzel in der ottonischen Historiographie dann auch sehr milde beurteilt wurde, offenbar konform mit den Interessen sächsischer Politik, denen sich Boleslav I. sehr gefügig zeigte. Erst bei einem kritischen Vergleich von Ideologie und Wirklichkeit ottonischer Ostmission kann man ein differenziertes Urteil darüber abgeben, ob dieselbe eher durch religiös-kirchliche oder durch machtpolitische Momente bestimmt war oder ob man nicht in der nahtlosen Durchdringung beider Motivationen das typisch mittelalterliche solcher Verhaltensweisen sehen muß.

Wesen und Würdigung Ottos des Großen. Widukind hat die äußere Erscheinung und den Charakter des Kaisers ausführlich geschildert, und trotz mancher topischer Elemente seiner Beschreibung gibt er doch individuelle Züge wieder, die uns noch heute anrühren. Er zählt zu seinen hervorragenden Eigenschaften große Standhaftigkeit (constantissimus), die er ja in der Tat in den schwierigsten Situationen zweier gefährlicher Aufstände und langwieriger, wechselvoller Entwicklungen in Italien reichlich bewähren konnte; ferner seine Freundlichkeit und seine ,,übermenschliche Treue", die sich vor allem gegenüber den aufständischen Verwandten und Freunden immer wieder bewährte. Daß er im Schlafe oft redete, läßt vielleicht auf eine diffizile Psyche dieser ansonsten so geschlossen wirkenden, männlichen Persönlichkeit schließen. Literarische Bildung blieb ihm zeitlebens fremd, wenn er sich auch nach dem Tode der Königin Mathilde noch um die Erlernung der Schrift bemühte und sowohl romanisch wie slawisch sprechen konnte. Er liebte Jagd und Reiterspiele, das traditionelle Kriegstraining des Adels, ebenso das Schachspiel. ,,Hierzu kam noch der gewaltige Körperbau, der die volle königliche Würde zeigte, das Haupt mit den ergrauenden Haaren bedeckt, die Augen funkelnd und wie ein Blitz durch plötzlich treffenden Blick einen eigenen Glanz ausstrahlend, das Gesicht rötlich und der Bart reichlich niederwallend ... Die Brust war wie mit einer Löwenmähne bedeckt, der Bauch nicht zu voll, der Schritt einst rasch, jetzt gemessener; seine Kleidung die heimische, die er nie mit fremder Sitte vertauscht hat. So oft er aber die Krone tragen mußte, bereitete er sich, wie man für wahr versichert, stets durch Fasten vor" (Nr. 4, Bd. VIII, S. 118f.). Herrschaft war ihm zugleich göttlicher Auftrag.

Was Ottos politische Fähigkeiten anbetrifft, so muß man bei ihm, wie in ähnlichen Fällen, sein Durchhaltevermögen wie auch seine lange Herrschaft als Positivum in Rechnung stellen. Lange leben bedeutet nicht nur, viele Gegner zu überleben, sondern auch die Chance, neue politische Strukturen und Institutionen konsequent zu verfestigen. Dies gilt für Karl den Großen ebenso wie im Spätmittelalter in extremer Weise für Kaiser Friedrich III. (1440–1493), einen Architekten habsburgischer Weltgeltung.

Wie weit Otto der Große als stabilisierende Integrationsfigur dennoch mehr von seinen engsten politischen Beratern abhängig war, als nach außen sichtbar werden konnte, ist ungewiß. Man hat wohl nicht zu Unrecht auf den zeitweise sehr starken Einfluß seines jüngeren Bruders Heinrich in der ersten Hälfte seiner Regierungszeit verwiesen, ein Einfluß, der fast einem süddeutsch-italienischen Vizekönigtum des Bayernherzogs glich. Dennoch ist Otto mit dem Beinamen „der Große" ins deutsche Geschichtsbewußtsein eingegangen. Geschah dies zu Recht?

Damit stehen wir vor der schwierigen Aufgabe einer Gesamtcharakteristik Ottos des Großen und seiner Leistungen für die deutsche Geschichte, ein besonders heikles Unterfangen, da bekanntlich die suggestive Kraft eines überwältigenden Erfolges nicht nur den Historiker besticht. Zweifellos war es eine säkulare Leistung Ottos I., daß er in seiner langen Regierungszeit die Unteilbarkeit des Reiches für alle Zukunft durchzusetzen vermochte und daß durch seine Herrschaft und deren Erweiterung an der Ostflanke „auch Europa anders und größer geworden ist". Art und Mittel dieser Expansion stehen allerdings, wie wir gesehen haben, auf einem anderen Blatt. Ferner ist es sein unbestreitbares Verdienst, daß er seit 962 Regnum und Imperium dauerhaft verbinden konnte, wodurch das deutsche Reich in seiner spezifisch mittelalterlichen Form recht eigentlich erst entstand; anderenfalls wäre es ein Königreich unter anderen geblieben, vergleichbar etwa dem frühkapetingischen Frankreich.

War die Unteilbarkeit des Reiches ein entschiedener Fortschritt gegenüber der Karolingerzeit, so blieb das ottonische Imperium doch insofern hinter seinem erklärten Vorbild zurück, als es nicht mehr das gesamte Abendland umfaßte, sondern auf der schmaleren Basis der deutschen Königsherrschaft beruhte. Und auch hier wird man noch zwischen intensiv beherrschten königsnahen Regionen wie Ostsachsen, Nordthüringen, Rheinfranken und Niederlothringen einerseits und „Fernzonen der Königsherrschaft" andererseits unterscheiden müssen, zu denen Bayern, Schwaben, das Elsaß, Oberlothringen, Friesland und auch schon die eben entstehenden Billunger Lande im nördlichen Sachsen gehörten. Wenn auch die Urkunden Ottos eine viel breitere Streuung zeigen als seine Aufenthaltsorte, so läßt sich doch insgesamt ein fränkisch-sächsischer Kernraum ottonischer Macht erkennen, der nur schrittweise durch substantielle Privilegienverleihungen an hohe geistliche Würdenträger beim Aufbau des Reichskirchensystems erweitert werden konnte. Mit anderen Worten: Die

Königsherrschaft Ottos war regional von sehr unterschiedlicher Dichte, und sicher ist es kein Zufall, daß sich die bedeutendsten Großbauten der sächsischen Kaiserzeit überwiegend in den zentralen Königslandschaften der „Francia" und „Saxonia", also am Rhein und in Nordwestdeutschland finden.

Wenn man schließlich im Reich selbst nach starken innovativen Tendenzen sucht, so wird man sie eher in Bruns zukunftsträchtiger Reichskirchenpolitik, dessen energischem Ausbau der königlichen Hofkapelle und seiner Bedeutung für den Beginn der „ottonischen Renaissance" sehen als etwa in der vorausgegangenen Familienpolitik Ottos, der nur ein relativer Erfolg beschieden war. Dennoch wird man Otto den Beinamen „der Große" nicht verweigern wollen. Die Standhaftigkeit seines politischen Handelns, sein zähes Durchhalten in den schwierigsten Situationen wie auch seine militärischen Fähigkeiten sprechen zur Genüge für eine außergewöhnliche Persönlichkeit. Zwar fehlte ihm wohl die Brillanz und auch die kühne, schöpferische Kraft, wie sie Karl dem Großen und einem Genie wie Kaiser Friedrich II. in so hohem Maße eigneten. Aber dafür wird man in Otto eine hochbedeutende Integrationsfigur für die vielfach noch auseinanderstrebenden Kräfte des jungen deutschen Königtums sehen dürfen. Weil er zu den wenigen Gründergestalten der deutschen Geschichte gehört, hat man ihm und nicht Friedrich Barbarossa oder seinem Enkel Friedrich II. den ehrenden Beinamen „der Große" zugedacht. Die Wirkungsgeschichte Ottos gibt, wie bei Karl dem Großen, den entscheidenden Ausschlag.

c) Otto II. und Otto III.

Otto II. (973–983). Wie sehr man sich davor hüten muß, im Rückblick auf die sächsische Kaiserzeit nur ein Kontinuum ottonischer Herrschaft zu sehen, zeigen die Anfänge Ottos II., eines achtzehnjährigen jungen Mannes voller Tatendurst, aber auch voll Selbstüberschätzung und von jäher Gemütsart. Seit 967 zum Mitkaiser gekrönt, vollzog sich Ottos Regierungsantritt scheinbar problemlos. Erste militärische Erfolge stellten sich bei der Abwehr des Dänenkönigs Harald Blauzahn ein, der seinen Machtbereich nach Süden zu erweitern suchte. Der Kaiser konnte ihn 974 zurückwerfen und durch den Bau einer Grenzfeste bei Schleswig das Land bis zur Schlei sichern.

Die Bedrohung seiner Stellung im Reich kam jedoch von innen, aus der eigenen Familie, und hier von seinen engsten Beratern, nämlich von Herzog Heinrich II. von Bayern (955–995) mit dem zeitgenössisch nicht belegten, jedoch nicht ganz unzutreffenden Beinamen des „Zänkers" (rixosus). Gefahr kam auch von seiner Mutter Adelheid, die offenbar nicht gewillt war, das Feld der großen Politik vorzeitig zu räumen. Heinrich von Bayern hatte anfangs am Hofe eine bedeutende Rolle gespielt, sein wachsender Einfluß im Südosten des Reiches dürfte aber auch der Grund dafür gewesen sein, daß Otto im Gegenzug die babenbergischen Brüder Bertold und Luitpold als Verwalter des bayerischen Nordgaus förderte. Als dann der Kaiser im November 973 nach dem Tode Burchards von Schwaben dieses Herzogtum seinem Freund und Neffen Otto, dem Sohn seines Onkels Liudolf, übertrug, kam es zu einer ersten Verschwörung Heinrichs des Zänkers gegen den Kaiser, an der sich sowohl Mieszko von Polen wie auch Herzog Boleslav II. von Böhmen beteiligten. Die Verschwörung flog zwar durch Verrat auf, und Heinrich wurde in Ingelheim inhaftiert, doch konnte er von dort entfliehen und einen neuen Aufstand in seinem Herzogtum entfesseln. Otto II. eroberte daraufhin Regensburg und setzte eine durchgreifende Neuordnung der Verhältnisse durch.

Schon damals war sein wichtigster politischer Berater Erzbischof Willigis von Mainz. Durch ihn wurde auch als erster Bischof seines neuen Suffraganbistums Prag 976 der Sachse Thietmar eingesetzt, ein wichtiger Schritt zur dauerhaften Bindung des přemyslidischen Böhmen an das Reich. Noch folgenschwerer jedoch war, daß Otto II. in Regensburg die bayerische Ostmark an den Babenberger Luitpold gab, womit das alte Herzogtum Bayern in seinem kolonisatorischen Ausgriff nach Osten empfindlich eingeschränkt wurde. In der Folge konnte sich die reorganisierte Ostmark unter einer fast dreihundertjährigen babenbergischen Herrschaft zum Herzogtum Österreich entwickeln und durch planmäßige Kolonisationsarbeit auch territorial beträchtlich erweitern. Dieses „Ostarrichi", d.h. Königsland im Osten, ist 996 erstmals urkundlich belegt. Bayern selbst ging an Ottos Neffen, den Herzog Otto von Schwaben. Doch wurde das Herzogtum jetzt empfindlich verkleinert, denn Karantanien, das alte slowenische Fürstentum, wurde mit den italienischen Marken Verona und Friaul zu einem eigenen Herzogtum Kärnten vereinigt und an den Luitpoldinger Heinrich, den Sohn Bertolds von Bayern gegeben.

Diese Lösung hatte aber nur kurzen Bestand, denn Heinrich der Zänker kehrte aus dem Exil in Prag zurück und organisierte 977 mit den beiden Luitpoldingern Heinrich von Kärnten und Bischof Heinrich von Augsburg den „Aufstand der drei Heinriche", der jedoch wiederum scheiterte. Der Zänker und Heinrich von Kärnten mußten in die Verbannung gehen, das Herzogtum des letzteren ging jetzt an einen anderen Verwandten des Kaisers, an Otto von Worms, den Neffen Herzog Konrads des Roten. Parallel mit diesen Umbesetzungen in den Herzogtümern kam es zum Neuansatz der Kolonisation im Donauraum, die zwar durch die Kämpfe mit den Ungarn unterbrochen, aber seit ihren Anfängen in agilolfingisch-karolingischer Zeit nie völlig ausgelöscht worden war. Erst jetzt erreichten die bayerischen Bistümer Salzburg, Regensburg und Passau im straffen Verbund des ottonischen Reichskirchensystems ihre stärkste Wirkung und missionarisch-herrschaftliche Expansion. Im Falle von Passau war dies unter Bischof Pilgrim (971–991) sogar mit dem Versuch verbunden, durch umfangreiche Fälschungen dieses Bistum als Nachfolger des antiken Lauriacum–Lorch auszuweisen und damit zum Range eines Metropolitansitzes vornehmlich für den Osten zu erheben.

Die Stabilisierung der Lage im Südosten des Reiches, die zugleich eine fast völlige Ausschaltung der luitpoldingischen Familie mit sich brachte, führte auch zu einer Art politischem Revirement in der Königsfamilie. Kaiserin Adelheid verlor zugunsten ihrer Schwiegertochter Theophanu an Einfluß, gleichzeitig traten Erzbischof Willigis von Mainz und Bischof Hildebald von Worms als politische Berater Ottos II. in den Vordergrund.

Weniger erfolgreich als im Südosten war der Herrscher in seiner Westpolitik, wo nach dem Tode des „archidux“ Brun von Köln 965 die Familie der Reginare wieder Macht und Einfluß erlangt hatte. Ottos II. Versuch, nach dem Vorbild seines Vaters Karolinger und Kapetinger im Westfrankenreich politisch zugunsten des ottonischen Einflusses auszubalancieren, scheiterte an der Initiative des Karolingers Lothar, der 978 in einem Überraschungsangriff Lothringen und die Kaiserpfalz Aachen eroberte. Der Kaiser selbst wäre dabei um ein Haar in westfränkische Hände gefallen und konnte sich nur durch schleunige Flucht retten. Wenn damals, wie der Chronist Richer von Reims berichtet, der nach Westen blickende Adler, den Karl der Große auf dem Dach der Pfalz hatte anbringen lassen, nunmehr nach Osten umgedreht wurde, dann symbolisierte dieser Akt den westfränkisch-karolingischen Anspruch auf Lothringen, wie er einst im Bonner Vertrag von 921 festgeschrieben worden war. Wie wenig berechtigt es ist, von einer ottonischen Hegemonialstellung im Westen zu sprechen, bewiesen auch die folgenden Ereignisse. Der Vergeltungsangriff Ottos II. nach Frankreich kam vor Paris zum Stillstand, vor allem deshalb, weil der Kapetinger Hugo Capet von Franzien in dieser Notsituation seinem Rivalen Lothar zu Hilfe kam. Es war ein Symptom dafür, daß sich auch in Frankreich trotz des Tiefpunktes der königlichen Zentralgewalt in einer generell bedrohlichen Situation sich ansatzweise ein Zusammengehörigkeitsgefühl zu entfalten begann, ähnlich dem stammesübergreifenden Einheitsbewußtsein im ottonischen Reich. Otto II. mußte noch im November 978 die Belagerung von Paris abbrechen und sich im Mai 980 bei einem Treffen mit König Lothar in Margut bei Ivois am Chiers dazu bequemen, auf weitere Interventionspolitik zu verzichten. Immerhin vermochte er dafür die Zugehörigkeit Lothringens zum Reich vertraglich erneut zu sichern. Daß Otto nicht endgültig auf die Fortsetzung einer Politik des „divide et impera“ verzichten wollte, zeigt die Tatsache, daß im Winter 980 Hugo von Franzien, der mächtigste westfränkische Fürst und der eigentliche Begründer des kapetingischen Herrscherhauses, dem Kaiser über die Alpen nach Italien nachzog, um ihm in Rom anläßlich des Osterfestes seine Huldigung darzubringen. Ottos früher Tod verhinderte allerdings, daß daraus praktischer Nutzen für eine neuerliche aktive Westpolitik gezogen werden konnte; vielmehr versuchte der Westen in Verbindung mit Heinrich dem Zänker seinerseits in die deutschen Thronwirren einzugreifen.

Günstig schienen sich die Dinge an der Ostgrenze des Reiches zu entwickeln. Ein Feldzug des Kaisers sicherte 979 die Abhängigkeit und Tributpflicht der slawischen Völkerschaften zwischen Elbe und Oder, auch Mieszko von Polen konnte wieder fester ans Reich gebunden werden. Wie wenig gesichert jedoch sowohl die Mission als auch die politische Vorherrschaft in diesem Raum waren, sollte sich bald zeigen.

Erst nachdem Otto II. die Reichsherrschaft an den Grenzen einigermaßen gesichert hatte, konnte er an die Wiederaufnahme imperialer Politik denken. Die Beziehungen zu Byzanz hatten sich nach dem dortigen Thronwechsel von 976, der den kriegerischen Kaiser aus der mazedonischen Dynastie, Basileios II. (976–1025), zur Herrschaft brachte, sehr verschlechtert; dies gab Otto seinerseits die Gelegenheit zu einer Neuorientierung. Schon sein Kaisertitel „Romanorum imperator augustus" signalisierte seinen Anspruch, alleiniger Nachfolger der Caesaren zu sein. Der ehrgeizige Plan, ganz Süditalien von der Sarazenenherrschaft zu befreien, schloß die Absicht ein, gleichzeitig die Reste byzantinischer Macht in dieser Region zu beseitigen. Nach umfangreichen Rüstungen begann der Feldzug Anfang 982 mit der Eroberung des byzantinischen Apulien und dem erfolgreichen Vorstoß nach Kalabrien, wo es am 13. Juli am Cap Colonne südlich Cotrone zur Entscheidungsschlacht gegen das sarazenische Hauptheer unter dem Emir Abdul Kassim kam. Anfängliche Erfolge des Reichsheeres endeten in einer vernichtenden Niederlage, als eine starke Reserveabteilung der Sarazenen das bereits plündernde Heer des Kaisers überfiel. Otto selbst konnte sich nur mit Mühe schwimmend auf ein griechisches Schiff retten, das ihn zu seinem Hofstaat nach Rossano brachte. Immerhin war auch das gegnerische Heer, dessen Feldherr Abdul Kassim fiel, so geschwächt, daß sich die Sarazenen wieder nach Sizilien zurückziehen mußten, so daß Süditalien in kaiserlicher Hand blieb. Otto forderte von den geistlichen und weltlichen Großen des Reiches ein Ersatzheer an; die erhaltene Liste dieser Nachforderung macht deutlich, daß der Großteil des Reichsheeres, nämlich zwei Drittel bis drei Viertel, von den Reichsprälaten gestellt wurde, ein schlagender Beweis dafür, daß das ottonische Reichskirchensystem eine politische Realität war und nicht nur als ein kirchenpolitischer Anspruch oder gar als ein Konstrukt der Mediävistik anzusehen ist.

Für den Kaiser hatte allerdings das militärische Desaster von Cotrone und in dessen Gefolge sein Angewiesensein auf die Hilfe aus dem Reiche auch innenpolitische Konsequenzen. Auf einem Hoftag in Verona, der im Mai 983 wohl auf Wunsch der deutschen Fürsten einberufen wurde, kam es zur Neubesetzung von Bayern und Schwaben, das Herzog Otto bis zu seinem Tode 982 gemeinsam besessen hatte. Bayern fiel an den Luitpoldinger Heinrich, der 978 als Herzog von Kärnten abgesetzt worden war, Schwaben an den Konradiner Konrad, einen Neffen Hermanns von Schwaben. Offenbar standen hinter diesen Zugeständnissen an etablierte regionale Gewalten die sich formierenden Fürsten; es steht außer Frage, daß mit diesen Umbesetzungen die süddeutschen Herzogtümer aus der Königsnähe weggerückt wurden. Der Kaiser erreichte seinerseits, daß sein dreijähriger Sohn Otto zum König gewählt und damit die liudolfingische Herrschaft gesichert werden konnte. Wenn man gleichzeitig beschloß, daß der junge König nach seiner Krönung in Aachen dem Erzbischof Warin von Köln zur Erziehung übergeben werden sollte, dann scheint auch dies auf einen verstärkten Einfluß der Fürsten hinzudeuten. Sicherlich wäre es übertrieben, von einer organisierten fürstlichen Opposition zu sprechen, aber es artikulierten sich in einer offensichtlichen Krise zweifellos Kräfte und Bestrebungen, die sich dann im 11. Jahrhundert während des Investiturstreites als Widerpart der Königsherrschaft machtvoll entfalten sollten: Eine Konstellation scheinbar vordergründiger Ereignisgeschichte verfestigte sich hier im Laufe der Zeit wiederum zu einer Grundstruktur der späteren Herrschaftsgeschichte des Reiches.

In eine offenkundige Notsituation geriet Otto II. auch auf andere Weise. Während des Hoftages in Verona kam es im Norden und Osten des Reiches zu schweren Aufständen. Sowohl die Dänen wie die Slawen erhoben sich gegen die ottonische Herrschaft, das einigermaßen gesicherte Vorfeld des Reiches östlich von Elbe und Saale ging unter dem Ansturm der Gegner verloren. Havelberg und Brandenburg wurden zerstört, Hamburg von den Obodriten geplündert; die ottonische Hauptpfalz Magdeburg konnte nur mit Mühe gehalten werden. Herzog Bernhard von Sachsen vermochte im Norden Transalbingien gegen die Dänen zu schützen, aber der Angriff der slawischen Völker kam erst an Elbe und Saale zum Stehen. Nur die Lausitzer und Meißner Mark blieben in deutscher Hand. Es war vor allem der machtvolle Lutizenbund, dessen Kern das Volk der Redarier und sein Svarožic-Heiligtum in Rethra bildete, der diesen Widerstand gegen das Vordringen der deutschen Herrschaft organisiert hatte.

Über die innere Organisation des Bundes ist wenig bekannt; Thietmar von Merseburg spricht in seiner Chronik von den „priores" der Lutizen (Nr. 4, Bd. IX, S. 424), bei denen es sich wohl kaum um deren Stammesfürsten, sondern eher um Herren von slawischen Burgbezirken gehandelt haben dürfte. Auf jeden Fall war der Lutizenbund eine kraftvolle Organisation slawischer Teilstämme, die bis ins 12. Jahrhundert hinein sowohl in harter Auseinandersetzung mit der Reichsherrschaft wie auch im Bündnis mit dieser selbständige Politik betreiben konnte, ohne jedoch – wie Polen oder Böhmen – das Endstadium eigener Staatlichkeit zu erreichen. Der Bund selbst war im ständigen Widerstand zum deutschen Vordringen wohl auf ähnliche Weise angewachsen, wie einst im 4. und 5. Jahrhundert die germanischen Großstämme im Aufstau des Limes aus zahlreichen Kleinvölkern entstanden waren. Warum es bei den Elbslawen insgesamt nicht zur Ausformung mittelalterlicher Nationen gekommen ist, sondern nur von einer „unvollendeten Staatenbildung“ gesprochen werden kann, ist umstritten. Sicher spielte dabei die militärisch-missionarische Machtentfaltung des benachbarten Reiches eine große Rolle, vor allem die Zwangsmission, die den heidnisch-kultischen Zusammenhalt sowohl bei den Obodriten wie später auch bei den Lutizen notwendig zerstören mußte; ein gemeinsamer Kult ist in wenig entwickelten Gesellschaften sicher der stärkste „Kitt archaischer Staatlichkeit“. Abzulehnen ist die ältere, etwa von František Palacký vertretene, letztlich auf Johann Gottfried Herder zurückgehende Auffassung, es sei der „demokratische Grundzug“ der Slawen gewesen, der sie gegenüber dem militanten Feudalismus des großen westlichen Nachbarn unterliegen ließ. Ob der Lutizenbund die Bindung starker deutscher Heereskontingente in Italien für seinen Angriff ausgenutzt hat, ist fraglich; auf jeden Fall zeigte diese bedrohliche Konstellation, wie schwierig es auch einer insgesamt intakten deutschen Königsherrschaft wurde, sich in weit auseinanderliegenden Gebieten gleichzeitig zu behaupten. Ottos II. plötzlicher Tod in Rom – er starb an der Malaria oder an den Folgen einer Gewaltkur gegen sie – verhinderte vorläufig alle Versuche, die verlorenen Marken und Missionsgebiete östlich von Saale und Elbe wiederzugewinnen; man mußte froh sein, die Lage im Reich selbst stabilisieren zu können. Daß dies gelang, war vor allem dem Geschick und der Energie der Kaiserinwitwe Theophanu und des Erzbischofs Willigis von Mainz zu verdanken.

Das vormundschaftliche Reichsregiment unter Theophanu, Adelheid und Erzbischof Willigis. Das warnende Wort des Predigers Salomo „Wehe dir, Land, des König ein Kind ist“ schien sich wiederum einmal zu erfüllen, nicht zum erstenmal und nicht zum letztenmal in der fränkisch-deutschen Geschichte. Dabei zeigte sich, daß die „hegemoniale“ Stellung des Reiches, was immer man darunter verstehen mag, in dem Augenblick negative Auswirkungen hatte, in dem die deutsche Königsherrschaft instabil und umstritten war. Gerade dies war seit 983 der Fall, als der in Utrecht inhaftierte Herzog Heinrich „der Zänker“ von Bischof Folkmar entlassen wurde und sich zu Ostern 984 in Quedlinburg zum König wählen ließ. Gefährlich wurde dieser Usurpationsversuch durch die Tatsache, daß die Slawenfürsten Mieszko von Polen, Boleslav II. von Böhmen und der Obodritenherrscher Mistui auf Heinrichs Seite traten und der Thronkonflikt damit weitreichende Folgen für die Grenzregionen des Reiches zu zeitigen drohte. Dies galt auch für den Westen, wo Heinrich sich offenbar die Unterstützung König Lothars von Frankreich durch einen Verzicht auf Lothringen erkauft hatte. Inzwischen hatte sich aber die Gegenseite formiert. Erzbischof Willigis von Mainz und die beiden Kaiserinnen Theophanu und Adelheid, so wenig Sympathien sie füreinander hegen mochten, schlossen sich zusammen und drängten den „Zänker“ mehr und mehr in die Defensive. Er lieferte auf einem Hoftag im thüringischen Rohr (Rara) sein Faustpfand, den jungen Königssohn Otto, an das Reichsregiment aus, ging aber danach noch einmal zum Angriff über, als er nicht, wie erwartet, mit seinem Stammesherzogtum Bayern entschädigt wurde. Er war stark genug, die Kaiserinnen und Willigis zum Einlenken zu zwingen, so daß im Sommer 985 ein dauerhafter Kompromiß, verbunden mit einem schwierigen Revirement in den süddeutschen Herzogtümern, zustande kam. Heinrich erhielt Bayern zurück, der Luitpoldinger Heinrich „der Jüngere“ wurde mit dem Herzogtum Kärnten entschädigt, dessen Herzog, der Salier Otto, mit Ländereien und Herrschaftsrechten westlich des Oberrheins abgefunden werden konnte; damit erfuhr die frühsalische Machtbasis am Mittelrhein einen beträchtlichen Zuwachs. Die Anerkennung der ottonischen Herrschaft auch während der Minderjährigkeit Ottos III. war damit gesichert, doch nur gegen Zugeständnisse an den Hochadel, die sich unter anderem in der Tendenz äußerten, die Erblichkeit der Herzogtümer wieder stärker zu berücksichtigen. Kaum war der Friede im deutschen Reichsteil gesichert, traten die Gegensätze zwischen Theophanu und Adelheid offen zutage; letztere zog sich noch 985 wieder nach Italien zurück, wurde aber auch dort von ihrer Rivalin bald Schritt für Schritt zurückgedrängt. Zu Ostern 986 konnte Theophanu in Quedlinburg einen glänzenden Hoftag abhalten, auf dem der junge Otto III. durch eine Festkrönung in Anwesenheit der Großen des Reiches seinen Anspruch auf die Königsherrschaft manifestierte.

Das politische Talent der ehrgeizigen Kaiserinwitwe erwies sich auch bei ihrem Eingreifen in die französischen Verhältnisse. Nach dem Tode König Lothars (986) und seines Sohnes Ludwigs V. (987) war der nächste Thronanwärter Lothars Bruder, Herzog Karl von Niederlothringen. Gegen ihn setzte sich aber mit Unterstützung des Erzbischofs Adalbero von Reims und Theophanus Herzog Hugo von Franzien durch, der im Juni 987 den westfränkischen Thron besteigen konnte. Damit begann die Herrschaft des Hauses Capet in Frankreich; Ost- und Westfrankenreich wurden nunmehr von nichtkarolingischen Dynastien regiert. König Hugo verzichtete im Gegenzug auf Lothringen, festigte aber bald seine Königsherrschaft so erfolgreich, daß er weitere ottonische Intervention zurückweisen und die westfränkische Kirche durch eine Nationalsynode auf seine Seite bringen konnte. Auch in Italien griff Theophanu mit Entschiedenheit ein. Hier halfen ihr Johannes Philagathos, ein Grieche aus Kalabrien, dem sie das Bistum Piacenza verschafft hatte, und der mächtige Markgraf Hugo von Tuszien. In Stellvertretung ihres Sohnes urkundete sie 988/90 in Rom und Ravenna als „Theophanu von Gottes Gnaden Kaiserin“ und sogar mit dem männlichen Kaisertitel „Theophanius imperator augustus“. Doch war ihr Erfolg nur vorübergehend, denn als sie 990 nach Deutschland zurückkehrte, riß in Rom Crescentius, der Bruder des verstorbenen „patricius Romanorum", die Stadtherrschaft an sich und nannte sich nach dem Vorbilde Alberichs „Herzog und Senator aller Römer".

An der Ostgrenze des Reiches vermochte Theophanu weder den Machtzuwachs der polnischen und böhmischen Herrscher zu hindern, noch war es ihr möglich, die Gebietsverluste zwischen Elbe und Oder rückgängig zu machen. Es erwies sich aber als günstig, daß sie die von Dänemark wieder bedrohte Nordmark dem tatkräftigen Grafen Liuthar von Walbeck, einem Onkel des Geschichtsschreibers Thietmar von Merseburg, übertrug und die Mark Meißen, die inzwischen Boleslav II. von Böhmen besetzt hatte, an Graf Ekkehard I. gab. Damit verhinderte sie durch die Besetzung gefährdeter Grenzpositionen mit hervorragenden Männern wenigstens weitere Einbrüche an der Ostflanke des Reiches.

Theophanus unerwarteter Tod im Jahre 991 stellte aber vieles von dem Erreichten wieder in Frage, da die Kaiserin Adelheid, die an ihre Stelle rückte, zwar als heiligmäßig fromme Frau großes Ansehen genoß, aber nicht deren Geschick bei der Führung der Reichsgeschäfte bewies. Mieszko von Polen schenkte kurz vor seinem Tode 992 sein Land „dem heiligen Petrus" und entzog es durch diese eher symbolische Übertragung an das Papsttum dem Einfluß des Reiches und vor allem der deutschen Reichskirche. Sein Sohn Boleslav Chrobry („der Kühne"), wohl die bedeutendste Herrscherfigur des polnischen Hochmittelalters, vermochte sich später selbst gegen eine so kraftvolle Persönlichkeit, wie es Kaiser Heinrich II. war, erfolgreich zu behaupten. Auch das přemyslidische Böhmen konsolidierte sich und konnte seit der Ausrottung der letzten konkurrierenden Fürstenfamilie der Slavnikiden im Jahre 995 endgültig die politische Einheit gewinnen; dies geschah in Auseinandersetzung, zeitweise aber auch in enger Verbindung mit Polen. Im elbslawischen Bereich kam es nicht zu einem grundsätzlichen Umschwung zugunsten des Reiches. Das immer wieder umkämpfte Brandenburg konnte nicht dauernd behauptet werden. An der Nordgrenze fielen heidnische, schwedisch-dänische Wikinger 994 verheerend in den Elbe-Weserraum ein. Desgleichen gab es im Südosten verlustreiche Kämpfe gegen die Ungarn, deren Herrscher Geza († 997) sich erfolgreich gegen die Häupter der madjarischen Stammessippen durchgesetzt hatte. Als im September 994 die Vormundschaft Adelheids mit der Schwertleite Ottos III. auf einem Hoftag im weserländischen Sohlingen endete, zog sich die Kaiserin in ihre elsässische Klosterstiftung Selz zurück, wo sie im Dezember 999 verstarb.

Otto III. (983–1002). Als Otto III. mit der Mündigkeit die faktische Herrschaft erlangte, zählte er fünfzehn Jahre. Er war ein eher schmächtiger Jüngling von angenehmem Äußeren, den ein Zeitgenosse „des schönen Kaisers schönster Sprößling" genannt hat. Nach den Maßstäben seiner Zeit konnte er als hochgebildet gelten. Sein Lehrer Bernward, aus sächsischem Hochadel stammend und später als Bischof von Hildesheim eine der bedeutendsten Gestalten der Epoche, wirkte auf den jungen Ottonen ebenso nachhaltig ein wie zuvor schon der kalabrische Grieche Johannes Philagathos. Vergleicht man die episodenhafte Kürze von Ottos tatsächlicher Regierungszeit und deren katastrophales Ende – als seine Leiche durch ein aufrührerisches Italien unter schwerem militärischem Geleit nach dem Norden geflüchtet werden mußte – mit seinen weitausgreifenden, hochfliegenden, aber auch widersprüchlichen Herrschaftsentwürfen und Plänen, dann erklärt sich von selbst die so verschiedenartige Beurteilung seiner Regierung schon unter den Zeitgenossen.

An Energie und hektischem Ehrgeiz fehlte es dem königlichen Jüngling nicht. Noch auf dem Reichstag im Solling wurde ein Romzug mit dem Ziel der Kaiserkrönung beschlossen. Gleichzeitig ließ Otto durch seinen früheren Erzieher Johannes Philagathos in Byzanz um eine kaiserliche Prinzessin werben, dies vielleicht mit dem Hintergedanken, einst das Erbe der söhnelosen Kaiser Basileios II. und Konstantin VII. antreten zu können. In einem ersten Feldzug gegen das nach wie vor mächtige Slawenvolk der Abodriten in Ostholstein und Mecklenburg sicherte Otto mit Erfolg die bedrohte Nordostgrenze des Reiches.

Der erste Italienzug. Dann aber hielt es ihn nicht länger in Deutschland, und noch im Winter 995 zog er über den Brenner nach Italien. Das war ebenso ein Novum wie die Tatsache, daß er dem Heer die Heilige Lanze vorantragen ließ, das Symbol der Herrschaft über Italien und des Anspruchs auf die Kaiserwürde. Seine Mutter Theophanu hatte in der Tat während ihrer Regentschaft für den Sohn gut vorgearbeitet, denn fast wider Erwarten konnte er sich in Pavia von den italienischen Großen zum König wählen lassen. In Rom hatte sich inzwischen die Situation ergeben, daß Papst Johannes XV., der, aus der Stadt verdrängt, dringend die deutsche Unterstützung benötigte, plötzlich starb. Sein Widersacher, der mächtige römische Stadtherr Crescentius, hielt es beim Herannahen des ottonischen Heeres für das beste, den deutschen König um die Benennung des neuen Papstes zu bitten. Noch in Pavia bestimmte Otto III. seinen Vertrauten und Vetter Brun, den Sohn Herzog Ottos von Kärnten, zum neuen Papst. Es war der erste Deutsche, der nach dem Willen eines deutschen Königs als Gregor V. die Kathedra Petri bestieg. Gregor vollzog als erste feierliche Handlung am Himmelfahrtstage 996 in der Peterskirche die Kaiserkrönung Ottos. Anschließend leiteten Kaiser und Papst gemeinsam eine Synode. Diese öffentlich dokumentierte Eintracht von geistlicher und weltlicher Gewalt, die Leo von Vercelli begeistert feierte, war sicher eine der Idealvorstellungen des Herrschers, der er später noch viel näher kommen sollte. Das bedeutete aber nicht, daß sich Gregor, ein schon vom cluniazensischen Reformgeist beseelter Kirchenfürst, willenlos den Wünschen des Kaisers fügte. In der Frage der Besetzung des Erzbistums Magdeburg etwa hat er dem Herrscher hartnäckig und selbst in höchster persönlicher Bedrängnis Widerstand geleistet. Hier deuteten sich Konflikte an, die in der zweiten Hälfte des 11. Jahrhunderts zu jener tragischen, Reich und Kirche bis in die Grundfesten erschütternden Auseinandersetzung des Investiturstreits führen sollten. Überhaupt mutet die kurze Herrschaft Ottos III. wie eine gedrängte Programmvorschau auf Tendenzen der weiteren mittelalterlichen Geschichte an: Das gilt für die wachsende Einflußnahme der großen Orden auf die Politik, für das prekäre Verhältnis zwischen dem Reich und Italien einerseits und zwischen Papst und Kaiser andererseits, ebenso für die immer wieder aufbrechenden Gegensätze zwischen dem Westen und Byzanz. Schließlich und endlich gehört dazu auch die nicht mehr rein rezeptive, sondern mehr und mehr schöpferische und innovative Entfaltung von Wissen und Bildung im Abendland. Sichtbar wurde diese Wiederbelebung kultureller Kräfte etwa in dem Kreis von Gelehrten und Künstlern um den Herrscher; im Falle Ottos personifiziert in Männern wie Gerbert von Aurillac und Bernward von Hildesheim.

Auch Venedig, die aufstrebende Handelsmacht gegenüber dem Osten, groß geworden im Machtvakuum zwischen Byzanz und dem Abendland, trat durch den politisch versierten Dogen Pietro Orseolo II. mit Otto in engere Verbindung, der Herrscher wurde sogar der Taufpate des zweiten Dogensohnes. Allerdings verstärkten sich auch bedenkliche Tendenzen, die bereits während der Regentschaft sichtbar geworden waren und sich nun durch Ottos Abwesenheit vom nordalpinen Reich weiter entwickeln konnten: Die Fürsten erlangten faktisch die Erblichkeit der Reichslehen, zumal in Schwaben, Ober- und Niederlothringen und im billungischen Sachsen. Am deutlichsten wurde diese Entwicklung in Bayern, wo Heinrich „der Zänker“ sein um Kärnten verkleinertes Herzogtum planmäßig ausbaute und noch zu Lebzeiten seinen gleichnamigen Sohn, den späteren Kaiser, in ähnlicher Weise zum Mitregenten und Nachfolger erhob, wie dies am Beginn der Ottonenzeit der Luitpoldinger Arnulf getan hatte. Solange die königstreue Reichskirche das eiserne Band der staatlichen Einheit blieb, konnten die fürstlichen Ambitionen einigermaßen im Zaum gehalten werden; völlig zurückzudämmen waren sie nicht mehr, da besonders an der Ostgrenze des Reiches auf der Grundlage der ausbaufähigen Marken die Zahl der Fürsten und damit auch das Konfliktpotential mit der Reichsgewalt anwuchs.

Die Männer um den Kaiser. Vorerst jedoch ließen sich die Dinge in Rom und Italien günstig an, und die genialische Natur des Herrschers zog wie ein Magnet bedeutende Männer aus Politik und Kultur an sich: sehr unterschiedliche Figuren übrigens, die seinem zwiespältigen, zwischen imperialer Selbsteinschätzung und asketisch-mystischen Neigungen schwankenden Wesen durchaus entsprachen.

Es war dies unter anderem der Italiener Leo von Vercelli (999–1026), der aus intimer Kenntnis des römischen Rechts fast renaissancehaft anmutende

Erneuerungsgedanken auch für den politischen Bereich entwickelte, die Ottos imperiale Pläne nur beflügeln konnten. Eher zufällig war ursprünglich die Begegnung mit Gerbert von Aurillac, dem größten Gelehrten seiner Zeit, der Anfang 996 nach Rom gekommen war, um vor dem Papst für sein Anrecht auf das Erzbistum Reims einzutreten. Als dies fehlschlug, wurde Gerbert – ein ehrgeiziger und gewandter Mann, dem die Zeitgenossen wegen seiner ungewöhnlichen naturwissenschaftlichen Kenntnisse geheime Zauberkräfte zutrauten – Mitglied der kaiserlichen Hofkapelle und enger Berater und Freund Ottos. Auch Gerbert bestärkte als Verehrer der Antike den Herrscher in seinem stürmischen Willen, das römische Reich zu erneuern und diese „renovatio imperii" auch gegenüber Byzanz durchzusetzen. Otto sollte nicht Partner des oströmischen Basileus sein, sondern als allein berechtigter Kaiser gelten, eine Idee, die bereits die utopischen, realitätsfernen Züge seiner Politik erkennen läßt.

Ganz anderer Natur war der Einfluß Adalberts von Prag auf den Kaiser. Adalbert-Vojtech, ein Fürstensohn aus der Nordostböhmen beherrschenden Familie der Slavnikiden, in Magdeburg erzogen und noch von Herzog Boleslav II. zum Prager Bischof erhoben, hatte schon 989 einmal Böhmen verlassen müssen. Er war damals von dem heiligmäßigen Abt Nilus von Rossano nach Rom in das Kloster San Alessio auf dem Aventin geschickt worden. Der Metropolit Sergius von Damaskus hatte diesen Konvent 977 gegründet. Er war zum Asyl für geflüchtete griechische Mönche geworden und hatte sich zur Missionszentrale für den griechischen und slawischen Osten entwickelt. Die Kaiserin Theophanu gehörte ebenso zu den Wohltätern des Klosters wie ihr Sohn, der dieser Pflanzstätte hoher geistlicher Würdenträger für Ostmitteleuropa seinen Krönungsmantel schenkte. Hier knüpften sich freundschaftliche Beziehungen zwischen Adalbert und Otto, und hier wurden später die Vorbereitungen für die Gründung der Erzbistümer Gnesen und Gran getroffen. Allerdings mußte Adalbert auf dringende Vorstellungen seines Metropoliten Willigis wieder in sein Prager Bistum zurückkehren, wo er mit Mönchen von San Alessio das erste Männerkloster Böhmens, Břevnov, gründete. Als jedoch die Přemysliden im September 995 den Herrschersitz der Slavnikiden in Libice eroberten und die gesamte Fürstenfamilie ermordeten, war es für Adalbert Zeit, zum zweitenmal und diesmal endgültig aus Böhmen zu fliehen. Bei Ottos Romaufenthalt 996 kam es zur neuerlichen freundschaftlichen Begegnung zwischen dem Kaiser und Adalbert, der nun ein geistlicher Vater und glühend verehrter Seelenführer Ottos wurde und dessen asketische Neigung wie auch sein christliches Sendungsbewußtsein nachhaltig bestärkte. In ähnlicher Weise wirkten auch Abt Nilus von Rossano und Romuald, der Begründer der Camaldulenserordens, auf den Kaiser ein.

Man würde aber Ottos III. Wesen und Bedeutung nicht gerecht, wollte man ihn nur als Ziel mannigfacher, teilweise auch widersprüchlicher Einflüsse verstehen; denn sowohl in Rom wie bald darauf in Deutschland entfaltete der Kaiser planvolle Energie. Dem Papst gegenüber ließ er keinen Zweifel aufkommen, daß er auch in der Kirche nach konstantinischem Vorbild die Führung beanspruchte. Besonders deutlich und für das Papsttum schmerzlich und überraschend klar wurde dies darin, daß er das große Privileg seines Großvaters für die römische Kirche, das ,,ottonianum" von 962, nicht erneuerte, sondern auch im ,,Kirchenstaat" die kaiserlichen Rechte reaktivierte.

Vorübergehende Rückkehr nach Deutschland. Damit traf er aber nicht nur die Kirche, sondern auch den römischen Adel, dessen Feindschaft er bald zu spüren bekam, als er im Herbst 996 wieder nach Deutschland zog und sich Rom, allen inneren Zwistigkeiten zum Trotz, wieder auf seine eigene stadtherrschaftliche Tradition besann. Crescentius, dessen Begnadigung der Papst bei Otto mit Mühe durchgesetzt hatte, bemächtigte sich erneut mit seiner Anhängerschaft der Stadt, so daß Gregor V. wieder weichen mußte. Mehr noch, es gelang Crescentius, den von der byzantinischen Brautwerbung erfolglos nach Rom zurückkehrenden Erzbischof Johannes Philagathos auf seine Seite zu ziehen, so daß sich dieser sogar als Johannes XVI. zum Gegenpapst erheben ließ. Der mit ihm gekommene byzantinische Gesandte Leo verstand sich darüber hinaus als Wegbereiter einer oströmischen Machtergreifung in der westlichen Hauptstadt, eine bedrohliche Situation, die kaiserliche Gegenmaßnahmen erforderte.

Vorerst jedoch ging Otto III. bei seinem Aufenthalt in Deutschland 996/997 daran, auch hier herrschaftsideologisch wie praktisch neue Wege der Politik zu erproben. Aachen, die Pfalz Karls des Großen, wurde nicht von ungefähr sein Hauptaufenthaltsort, denn die Altersresidenz des größten Karolingers war für ihn zugleich ein Programm imperialer Herrschaft. Römische und Aachener Kaiseridee verbanden sich für Otto zu einer neuen Konzeption, die, falls sie realisiert worden wäre, dem abendländischen Kaisertum in der Tat eine völlig neue Dimension verliehen hätte. Daß dieses gleichsam bipolare, in Rom und in Aachen verankerte Imperium in der praktischen Politik kaum zu verwirklichen war und auch bei kritischen Geistern wie Thietmar von Merseburg wenig Verständnis fand, muß ebenso betont werden. Das Utopische dieser Idee zeigte schon der rasche Umsturz der römischen Verhältnisse durch Crescentius nach Ottos Abzug.

Diesen noch oft zu beobachtenden Umschwung der italienisch-römischen Verhältnisse nach Abzug eines deutschen Königs und Kaisers moralisierend mit zeitgenössischen Quellen aus ,,Wankelmütigkeit" und ,,Unstetheit" der Südländer zu ,,erklären", ist in mehr als einer Hinsicht falsch. Erstens geht eine solche, noch in der Historiographie anzutreffende Auffassung davon aus, daß die italienischen Verhältnisse gleichsam nur Mittel zum Zweck waren, nämlich zum Zwecke einer stabilen, Deutschland und Italien umfassenden Reichsherrschaft. Zweitens werden dabei Phänomene der politischen Selbstfindung und Selbstbestimmung Italiens und Roms, die sich bereits damals im Gewande einer noch zaghaften Rückbesinnung auf das große römische Vorbild äußerten, in unzulässiger Weise nur als „Störfaktoren" der „Reichspolitik" gewertet. Schließlich und endlich sollte man nicht übersehen, daß die wirtschaftliche und soziale Entwicklung Italiens, die wachsende Schriftlichkeit des Rechtsverkehrs, die Zunahme der Geldwirtschaft und des Handels sowie die Nähe zur byzantinischen wie zur islamischen Hochkultur nicht ohne Folgen für das Verhältnis zum Reich bleiben konnten. Ottos III. kühner, aber letztlich vergeblicher Anlauf, Aachen und Rom zu einer neuen Kaiseridee zu vereinen, kann auch als Versuch verstanden werden, der neuen Bedeutung Italiens gerecht zu werden. Die eher hastige Art und Weise, wie der Kaiser die deutschen Verhältnisse fester in den Griff zu bekommen trachtete, ehe er sich ganz dem imperialen Zentrum Rom zuwandte, läßt wiederum das Auseinanderklaffen von Idee und Wirklichkeit erkennen. Die reiche Ausstattung des Aachener Marienstifts mit Reliquien, Besitzungen und religiösen Kunstschätzen und die Verleihung des sonst nur Bischofskirchen zustehenden Kardinalats deuten auf eine neue Mittelpunktsfunktion dieser durch Karl den Großen geheiligten Pfalz hin.

Eher zwiespältig wurde hingegen schon von den Zeitgenossen die Öffnung des Karlsgrabes durch Otto im Jahre 1001 aufgenommen, ein symbolkräftiger Akt der Verehrung für den bislang mächtigsten Kaiser des Abendlandes, dessen kraftvolle Nutzung und effiziente Organisation der Reichskirche dem jungen Herrscher als erstrebenswertes Ziel vorschweben mochte. Entgegen früherer Meinung hat Otto während seiner kurzen Herrschaft in den Bistümern des Reiches eine durchaus zielbewußte Personalpolitik betrieben und mit erfahrenen Beratern auch neue Ideen entwikkelt. So spricht viel dafür, daß er in Aachen das sogenannte Königskanonikat geschaffen hat, d. h. die persönliche Zugehörigkeit des Herrschers zu bestimmten Stifts- und Domkapiteln, in denen er Sitz und Stimme hatte: eine Einrichtung, die dem König zusätzliche Pfründen einbrachte, ihm aber vor allem eine gesteigerte Einflußnahme auf Bischofs- und Abtswahlen ermöglichte. Der religiöse Charakter der Königsherrschaft und des Kaisertums erhielt durch dieses neue Institut eine wirkungsvollere Basis. Sowohl Heinrich II. wie vor allem Kaiser Heinrich III. haben das Königskanonikat dann meisterhaft genutzt und „herrschaftsideologisch" ausgebaut.

Während Ottos Aufenthalt in Deutschland trat auch ein markanter Wechsel unter den engsten Beratern des Herrschers ein. Es war dies wohl zugleich eine Art Emanzipation des jugendlichen Kaisers von den bestimmenden Figuren seiner Kindheit. Willigis von Mainz, der „grand Old Man" einer schwierigen und oft gefahrvollen Übergangszeit, trat merklich in den Hintergrund, Bischof Hildebald von Worms wurde im Kanzleramt Heribert an die Seite gegeben, der schon seit Jahren der engste Vertraute Ottos war und nach dem Tode Hildebalds 998 die Kanzlerschaft in neuer Form weiterführte. War bisher dieses Amt aufgrund seiner historischen

Entwicklung auf die einzelnen Regna des Reiches bezogen gewesen, so galt es jetzt nach dem Willen des Kaisers für das gesamte Imperium. Man hat in dieser Maßnahme einen neuartigen Zentralismus der Reichsverwaltung sehen wollen, doch hielten sich die praktischen Auswirkungen in engen Grenzen. Nützlich war dies aber sicher für den kaiserlichen Hauptratgeber Heribert, in dessen Hand nunmehr alle Fäden zusammenliefen.

Offenbar hielt Otto die Lage im Reich für so gefestigt, daß er seine Tante, die Äbtissin Mathilde von Quedlinburg, als Reichsverweserin mit dem merkwürdigen Titel „matricia" einsetzte, als er Ende 997 zu seinem zweiten Romzug aufbrach. Die italienischen Angelegenheiten waren ihm in der Zwischenzeit weitgehend entglitten. Er war zweifellos fest entschlossen, die Dinge nicht nur in seinem Sinne wieder ins Lot zu bringen, sondern seiner Herrschaft in gesteigerter Form zum Durchbruch zu verhelfen. Daß dabei mit einer fatalen Logik gleichzeitig in den deutschen Verhältnissen Lockerungen eintraten, zeigte der damals ausbrechende Gandersheimer Kirchenstreit zwischen Erzbischof Willigis von Mainz und Bischof Bernward von Hildesheim. Es war dies eine mehr als unerquickliche Auseinandersetzung, die den alternden Mainzer Metropoliten in fragwürdigem Lichte erscheinen läßt, aber auch die Fragilität des nach außen so stabilen und militärisch effizienten Reichskirchensystems offenbarte, sobald die ordnende Hand eines energischen Königs fehlte. Ebenso erwies er auch die Ohnmacht des Herrschers wie des Papstes, von Rom aus diesen im Grunde skurrilen Streit beizulegen, an dem überdies ein Mitglied der kaiserlichen Familie, die Gandersheimer Nonne Sophia, eine Schwester Ottos III., in fragwürdiger Weise beteiligt war.

Ottos III. letzter Romaufenthalt. Dieses Vorkommnis in Deutschland paßte wenig zu den gewaltsamen Maßnahmen, mit denen sich der Herrscher in Rom wieder Geltung verschaffte und eine kaiserlich-päpstliche Doppelherrschaft installierte, die trotz ihrer kurzen Dauer zu den merkwürdigsten Phänomenen der Ottonenzeit gehört. Zunächst schien alles im Sinne des Kaisers zu laufen. Rom wurde rasch eingenommen, der Gegenpapst Johannes Philagathos grausam verstümmelt, auf einer Synode öffentlich seiner päpstlichen Insignien und Gewänder beraubt und anschließend in einem schmählichen Umzug, verkehrt auf einen Esel gebunden, durch die heilige Stadt geführt. Dies geschah gegen die Bitten des von Otto hochverehrten Eremiten Nilus von Rossano, der sich daraufhin tief enttäuscht und entsetzt von Kaiser und Papst zurückzog. Schlimmer noch erging es dem römischen Stadtherrn Crescentius, der bei der Eroberung der Engelsburg gefangen genommen, vor den Augen der Römer hingerichtet und auf dem Monte Mario mit den Füßen an einen Galgen gehängt wurde. Die Familie der Crescentier verlor damit allen Besitz und Einfluß, an ihre Stelle traten deren alte Feinde, die Grafen von Tusculum, die in Zukunft dem Kaisertum eher noch mehr Schwierigkeiten bereiten sollten.

Rom wurde jetzt in bewußter Abwendung vom „Ottonianum“ kaiserliche Residenz. Otto ließ sich auf dem Palatin, dem alten Herrschersitz der Caesaren, einen Kaiserpalast errichten und ordnete seinen Hofstaat nach dem Vorbild des byzantinischen Zeremoniells. Mit dieser römischen Residenz setzte sich der kaiserliche Jüngling auch über die durch die „Konstantinische Schenkung“ autorisierte Vorstellung hinweg, wonach die Heilige Stadt allein den Päpsten vorbehalten bleiben sollte. Er ging noch weiter und lehnte diese berühmte Schenkung als Fälschung ab und damit auch alle Ansprüche, die das Papsttum seit Pippins Zeiten aus diesem gefälschten Dokument abgeleitet hatte. Die byzantinisch beeinflußte Hofordnung mit ihren griechischen Amtstiteln, die der Kaiser in seiner römischen Residenz einführte, sollte den imperialen Charakter seiner Herrschaft nachdrücklich unterstreichen. Allerdings wird man deren ideologisch begründete Nomenklatur nicht überbewerten dürfen. Sie verdeckte die schlichte Tatsache, daß Rom mit seinem wachsenden politischen Eigenbewußtsein wohl der unsicherste Ort für die Festigung einer Kaisermacht war, die letzten Endes doch nur auf dem militärischen Rückhalt der deutschen Königsherrschaft beruhen konnte. An kritischen Stimmen in Deutschland, die an der byzantinischen Absonderung des Kaisers von seiner Umgebung Anstoß nahmen, fehlte es nicht, und daß die Brutalität, mit der sich Otto in Rom wieder durchgesetzt hatte, bei den Römern keinen Anklang fand, war nicht verwunderlich. Der rasche Wechsel zwischen hochoffiziell aufgezogenen Wallfahrten und weltabgewandten leidenschaftlichen Bußübungen einerseits und teilweise hektischen, politisch-militärischen Aktionen andererseits konnte die Ungesichertheit dieser sich teils religiös legitimierenden, teils antikisierenden Caesarenherrschaft nur mühsam verdecken. Wie illusionär Ottos Vorstellungen manchmal sein mochten, läßt sich vielleicht daran ablesen, daß er den Tod seines zuverlässigsten Helfers in Italien, Hugos von Tuszien, als Befreiung empfand. Auch die Tatsache, daß es Otto nach dem Tode Gregors V. aus eigener Machtvollkommenheit gelang, seinen Freund und Lehrer Gerbert von Aurillac als Silvester II. (999–1003) zum Papst zu erheben – nachdem er ihn erst ein Jahr zuvor zum Erzbischof von Ravenna gemacht hatte – kann nicht über die Brüchigkeit seines römischen Kaisertums hinwegtäuschen. Moderne Interpreten sind hier dem Feuerwerk ausgefallener Ideen, zu denen auch der rasche Wechsel der Kaisertitulatur gehörte, schlichtweg aufgesessen.

Ottos „kirchliche Ostpolitik“. Wirksamer war hingegen die Neuordnung der kirchlichen Verhältnisse, die der Kaiser in Ostmitteleuropa anbahnte. Dies zeigte sich als Otto, erschüttert durch den Märtyrertod seines Freundes und Seelenführers Adalbert bei den Preußen, im Jahre 999 zu einer politisch bedeutsamen Wallfahrt nach Gnesen aufbrach, wo der mächtige und ehrgeizige Polenherrscher Boleslav Chrobry den Bischof hatte bestatten lassen. Am Grabe des Freundes gründete Otto in Übereinkunft mit dem neuen Papst Silvester II., aber gegen den ausdrücklichen Willen des Erzbistums Magdeburg, dessen Missionsfeld Polen war, im Jahre 1000 das neue Erzbistum Gnesen. Es war dies eine ungeheure Aufwertung und zugleich eine sakrale Legitimierung der Herrschaft Boleslav Chrobrys, ebenso ein entscheidender Schritt auf dem Wege der Nationswerdung Polens.

Auf ähnliche Weise wirkte sich ein Jahr später die Gründung des ungarischen Erzbistums Gran aus, die Otto zusammen mit Silvester II. in Ravenna vollzog und womit er der Herrschaft Stephans den Rang eines christlich legitimierten und bald vom Reich unabhängigen Königtums verlieh. Zweifellos hat Otto in beiden Fällen der Christianisierung Ostmitteleuropas starken Auftrieb gegeben, weil diese nun mit der Entfaltung selbständiger Nationen Hand in Hand gingen. Aber diese spektakulären Maßnahmen trugen auch nicht unerheblich zu jener wachsenden Entfremdung vom deutschen Reichsteil bei, dessen Unterstützung seinem Kaisertraum, der „renovatio imperii Romanorum", letztlich allein eine gewisse Realität verleihen konnte.

Der Zusammenbruch der Kaiserherrschaft in Italien. Die Brüchigkeit der kaiserlichen Rom-Idee zeigte sich mit erschreckender Konsequenz, als Otto 1001 über Aachen – wo er sich, wie erwähnt, das Grab Karls des Großen öffnen ließ – wieder nach Italien zog, Rom aber wegen eines Aufstandes nicht mehr halten konnte. Mit Silvester II. mußte er fluchtartig die Heilige Stadt verlassen. Vor seinem Abzug hat er mit bitteren Worten sein römisches Volk, das ihn in der Engelsburg belagerte, des Verrats angeklagt. Von einem Turm herab soll er den Römern zugerufen haben: „Seid ihr nicht meine Römer? Euretwegen habe ich mein Vaterland und meine Verwandten verlassen, aus Liebe zu euch habe ich meine Sachsen, und alle Deutschen insgesamt, mein eigenes Blut, verschmäht ... Euch habe ich an Kindes Statt angenommen, euch habe ich allen anderen vorgezogen. Euretwegen habe ich mich bei allen unbeliebt und verhaßt gemacht ... Und dafür habt ihr jetzt euren Vater verstoßen und meine Freunde grausam umgebracht" (Nr. 4, Bd. XXII, S. 318ff.). Es waren vergebliche Worte, aber die Selbstanklage, seine Deutschen und sein Vaterland verlassen zu haben, erwies sich als nur allzu berechtigt. Die Großen des Reiches ließen ihn im Stich, der erhoffte starke Zuzug von Truppen aus Deutschland blieb aus, nur Erzbischof Heribert von Köln erreichte ihn noch mit seiner Mannschaft im Kastell Paterno. Er kam gerade noch rechtzeitig, um am 3. Januar 1002 den kranken kaiserlichen Jüngling, „das Wunder der Welt", inmitten eines Landes sterben zu sehen, das in hellem Aufruhr stand. In Aachen, der Pfalz des verehrten und bewunderten Karl, fand er seine letzte Ruhe. In Rom übernahm Gregor von Tusculum, der Enkel des mächtigen Alberich, vorübergehend die Stadtherrschaft, bis sich Johannes Crescentius, der Sohn des 998 Hingerichteten, als neuer Patricius wieder energisch gegen den Tusculaner durchsetzte. Die enge Verbindung zwischen Kaisertum und Papsttum hatte unweigerlich zur Folge, daß sich auch Silvester II. nicht mehr behaupten konnte; ein baldiger Tod erlöste ihn 1003 aus unhaltbarer Lage.

Ein Fazit seiner Herrschaft. Eine Würdigung Ottos III. ist nicht leicht, da Wollen und Erfolg bei ihm wie bei keinem anderen Herrscher des Mittelalters weit auseinanderklafften. Positiver als bisher wird man seine Kirchenpolitik in Deutschland beurteilen dürfen. Hier blieb er in den erprobten Bahnen ottonischer Tradition. Was seine Politik in Ostmitteleuropa anbelangt, so entsprach seine Idee, durch eine „Familie der Könige" die neuen, der Mission erschlossenen Staaten Polen und Ungarn eher an das Imperium als an das deutsche Regnum zu binden, besser dem Gang der Entwicklung, als die ältere Historiographie wahr haben wollte. Am weitesten entfernte sich Otto III. von der politischen Realität wohl mit seiner antikisierenden, in Rom zentrierten Kaiserherrschaft; hier zeigen sich zweifellos illusionäre Züge, die auch nicht durch den Hinweis auf die Kürze seiner Regierung zu rechtfertigen sind. Die Eigenkräfte Italiens und Roms waren wohl schon zu stark, um einen stets gefährdeten Außenposten der Macht fern von der Basis des ottonischen Königsstaates als dauerhafte kaiserliche Herrschaft etablieren zu können.

Die größte Faszination, die der Jüngling auf Zeitgenossen wie Nachwelt ausübte, liegt sicher im Kulturellen; es war wie das Aufblitzen einer neuen Welt. Tief beeindruckend ist an seiner Persönlichkeit besonders die enge, wenn auch spannungsreiche Verbindung von weitausgreifendem Machtstreben, tiefer, inbrünstiger Religiosität und hoher Bildung. Er personifiziert gleichsam einen allgemeinen Zug der Entfaltung des Hochmittelalters, nämlich die Tatsache, daß die Kultur der Epoche nunmehr das Stadium des Lernens, der Rezeptivität verlassen hatte und selbst schöpferisch aus den Bahnen der Tradition heraustreten konnte. Daß dies nicht allein und auch kaum in erster Linie auf sein byzantinisches Erbe zurückzuführen ist, erweist sich an seinen Lehrern und Freunden: an dem hochgebildeten, künstlerisch begabten Sachsen Bernward von Hildesheim ebenso wie an der geheimnisumwitterten Gelehrtenfigur Gerberts von Aurillac, dessen reiche philosophische wie naturwissenschaftliche Bildung ohne die Berührung dieses Südfranzosen mit der arabischen Kultur Spaniens kaum denkbar ist. Daß Otto III., ein „Genie der Freundschaft", die aufblühende abendländische Kultur wie in einem Brennspiegel an seinem Hofe zu sammeln und durch ein hohes Maß persönlicher und transpersonaler, gleichsam „politischer" Religiosität zu beseelen vermochte, unterscheidet ihn von Kaiser Friedrich II. Manches andere jedoch verbindet die beiden, so etwa, daß sie der europäischen Geschichte eher angehören als der deutschen, desgleichen die enge Verbindung zur Mittelmeerwelt, aber auch ihr letztendliches Scheitern. Ottos glänzender Aufstieg und jäher Sturz, das

Feuerwerk seiner Ideen und Pläne wie sein tragisches Ende hat auf jeden Fall die Phantasie nachfolgender Generationen lebhaft beschäftigt: die meteorhafte Geschichte seines Lebens übertrifft jedoch sicher die Wirkungen seines politischen Handelns.

d) Heinrich II. (1002–1024)

Der schwierige Anlauf zur Königsherrschaft. Wenn es noch irgendeines Beweises bedürfte, daß eine Gliederung der Reichsgeschichte nach den Regierungszeiten der Herrscher nach wie vor sinnvoll und in der Sache selbst begründet ist, dann läßt sich dies am Wechsel des Jahres 1002 zeigen: Die Wahl nach Geblütsrecht war ebenso ungesichert wie eine kontinuierliche politische Entwicklungslinie. Als Sohn Herzog Heinrichs II., des Zänkers, und der Burgunderin Gisela, wurde Heinrich von Bischof Abraham von Freising erzogen und für die geistliche Laufbahn bestimmt, wohl auch wegen seiner schwachen Gesundheit. Später gewann der bedeutende Klosterreformer und Bischof Wolfgang von Regensburg († 994) Einfluß auf seine geistige Entwicklung. In der Domschule von Hildesheim, einem der großen ottonischen Bildungszentren, vollendete er seine Ausbildung. Anders als bei Otto III. hat Heinrichs klerikal-kultureller Hintergrund, der ihn zur kompetenten Mitsprache in kirchlichen Fragen befähigte, niemals sein realpolitisches Kalkül beeinträchtigt. Unter den Herrschern des Früh- und beginnenden Hochmittelalters kann er als hervorragender Pragmatiker gelten, den selbst religiöse Bedenken nicht abhielten, sich im Notfall mit den heidnischen Lutizen gegen christliche Gegner zu verbünden. Seit 995 bayerischer Herzog, hielt er konsequent und treu zu Otto III., den er sehr bewunderte und dem er in gefährlichen Situationen energisch zur Seite sprang. Damit hatte er sich zweifellos eine gute Startposition für die Nachfolge geschaffen; sie wurde durch seine ottonische Herkunft sicherlich noch gestärkt. Dennoch war die Thronfolge offen, und angesehene fürstliche Bewerber meldeten ihren Anspruch an. Heinrich suchte zwar dadurch ein fait accompli zu schaffen, daß er den Trauerzug mit der Leiche Ottos III. in Polling bei Weilheim aufhielt, sich im voraus der kaiserlichen Insignien seines Verwandten bemächtigte und den politischen Hauptberater Ottos, nämlich Erzbischof Heribert von Köln, dazu zwang, die bereits nach Aachen vorausgeschickte Heilige Lanze (Mauritiuslanze) wieder herauszugeben. Aber der Handstreich schlug eher zum Schlechteren aus, denn die zur Beisetzung des Kaisers in Aachen versammelten Großen des Reiches entschieden sich zu Ostern 1002 für den Konradiner Herzog Hermann II. von Schwaben. Hinzu kam, daß der hochbegabte und politisch erfolreiche Markgraf Ekkehard von Meißen in Sachsen, im 10. Jahrhundert das traditionelle Kernland für die Königswahl, für seine eigene Thronkandidatur warb. Nach anfänglichen Erfolgen Ekkehards konnte sich aber Heinrich bei einer neuen Versammlung in der Pfalz Werla gegen ihn durchsetzen. Die heimtückische Ermordung des Markgrafen auf der Heimreise enthob ihn der weiteren Auseinandersetzung mit dem unterlegenen Konkurrenten, der gerade dabei war, sich mit Hermann von Schwaben gegen ihn zu verbünden.

Es kam übrigens Heinrich zustatten, daß Erzbischof Willigis von Mainz, den sein Konkurrent Heribert von Köln unter Otto III. in den Hintergrund gedrängt hatte, sich für die Sache des Bayernherzogs entschied, so daß er am 7. Juni 1002 in Mainz von bayerischen, fränkischen und oberlothringischen Großen gewählt und anschließend von Willigis gesalbt und gekrönt werden konnte. Da die Sachsen, Schwaben und Niederlothringer dieser Wahl ferngeblieben waren, mußte Heinrich II. gewissermaßen durch eine „Stufenwahl" im Zuge seines Königsumrittes die allgemeine Anerkennung als Herrscher erringen. Dies geschah in Merseburg, Aachen und Bruchsal, wo ihm schließlich auch sein Gegenspieler Hermann von Schwaben huldigte. Die sogenannte „Nachwahl" von Merseburg am 25. Juli war für Heinrich insofern von Bedeutung, als es hier um den inzwischen schon gewohnheitsrechtlichen Anspruch der Sachsen ging, das Königshaus zu stellen. Der Erfolg des ehemaligen Bayernherzogs aus liudolfingischem Geblüt kann nicht darüber hinwegtäuschen, daß Sachsen nunmehr aufgehört hatte, die entscheidende Rolle bei der Königswahl zu spielen. So dürfte es auch kein Zufall sein, daß Heinrich dort niemals eine gesicherte Herrschaft auszuüben vermochte, obwohl er Merseburg mit 25 Aufenthalten zu seiner Hauptpfalz machte. Seine Gemahlin, die Lützelburgerin Kunigunde, konnte von Erzbischof Willigis am 10. August in Paderborn zur Königin gekrönt werden. Damit war der langwierige Weg zum Herrscheramt, der Heinrichs Umsicht und Zähigkeit erkennen läßt, abgeschlossen, und der König konnte sich der Politik im Inneren und an den Grenzen des Reiches zuwenden.

In Italien, wo Heinrich II. die hochfliegenden Pläne und imperialen Projekte seines Vorgängers sogleich aufgegeben hatte – seine neue Bullenumschrift „Renovatio regni Francorum" läßt bereits die Rückverlagerung des politischen Schwerpunkts nach Deutschland erkennen – suchte er dennoch mit Nachdruck das entstandene Machtvakuum zu beseitigen. Dort hatte sich Markgraf Arduin von Ivrea schon am 15. Februar 1002 in Pavia zum König Italiens ausrufen lassen; gleichzeitig richtete Johannes Crescentius III. als Patricius Romanorum zeitweilig wieder die Herrschaft seiner Familie über weite Teile Mittelitaliens auf und setzte zwei Päpste ein, Johannes XVIII. (1003–1009) und Sergius IV. (1009–1012). Nach seinem Tode gewannen jedoch die Tuskulanergrafen als alte Gegner der Crescentier in Rom wieder die Oberhand. Papst Benedikt VIII. (1012–1024), ein Mitglied dieser Familie, erlangte mit Gewalt gegen den schon gewählten Gregor, Kandidat der Crescentier, die Papstwürde und baute im Interesse seines Hauses eine neue Territorialherrschaft um Rom auf. Gleichzeitig suchte er im Wettlauf mit dem verdrängten Gregor, der nach Deutschland gereist war, die Gunst

Heinrichs zu erlangen. In der Zwischenzeit hatte der Ottone in Oberitalien fest Fuß gefaßt, sich 1004 in Pavia zum König wählen und vom Mailänder Erzbischof Arnulf krönen lassen, ohne jedoch die faktische Herrschaft Arduins von Ivrea völlig brechen zu können. Nach einem blutig niedergeschlagenen Aufstand in der Krönungsstadt zog sich Heinrich wieder nach Deutschland zurück, doch behielten seine Anhänger unter Führung des reichstreuen Bischofs Leo von Vercelli in Oberitalien gegen Arduin die Oberhand.

Eingriffe in Italien und Rom. Die langwierige Auseinandersetzung mit den ehrgeizigen lützelburgischen Schwägern, die erst 1012 endete, und mehr noch der krisenreiche Kampf mit dem mächtigen Polenfürsten Boleslav Chrobry hinderte den König die nächsten Jahre daran, in Italien wieder aktiv einzugreifen. Erst der Friedensschluß mit Boleslav (1013) gab ihm hier erneut die Hand frei, und zwar gerade zu jenem Zeitpunkt, als in Rom der Streit zwischen Benedikt VIII. und seinem erfolglosen Gegenspieler Gregor heftig entbrannte. Gregor suchte Heinrich für sich zu gewinnen, doch dieser hielt ihn hin, bis er Ende 1013 seinen zweiten Italienzug antreten und mit dem Tuskulanerpapst Benedikt erfolgreiche Verhandlungen über die Kaiserkrönung anknüpfen konnte. Versuche Arduins von Ivrea, mit Heinrich einen Kompromißfrieden bei Anerkennung der deutschen Oberhoheit in Norditalien zu schließen, lehnte dieser ab. Er marschierte so rasch wie möglich nach Rom, wo der Papst ihn und seine Gemahlin Kunigunde am 14. Februar 1014 in der Peterskirche zum Kaiser krönte. Damals überreichte Benedikt VIII. dem Herrscher eine goldene Kugel mit einem Kreuz, d. h. einen Reichsapfel, der wohl seit dieser Zeit zu den kaiserlichen Insignien gehörte.

Es überrascht kaum, daß schon acht Tage nach der Krönung ein Aufstand in Rom ausbrach, den Arduin schürte, der aber vom Kaiser niedergeworfen wurde. Doch trat Heinrich bald den Rückzug an, „beladen mit den Flüchen wie mit den Schätzen italienischer Städte", und nicht ohne viele Grafen Mittel- und Norditaliens als Geiseln festzunehmen. Es spricht für das politische Augenmaß Heinrichs, daß er zwar in Rom noch eine Synode abhielt, dann aber bald die Heilige Stadt verließ und dafür in Oberitalien dazu überging, nach Möglichkeit deutsche Bischöfe einzusetzen, in Ravenna seinen eigenen Halbbruder Arnald. Die römische Territorialherrschaft der Tuskulaner ließ er aber so gut wie unangetastet. Als er sich auf diese Weise Bewegungsfreiheit geschaffen hatte, unterwarf er mit Hilfe des Markgrafen Bonifaz von Canossa endgültig Arduin von Ivrea, der schließlich in sein Eigenkloster Fruttuaria eintrat und bald darauf verstarb.

Aber auch in Oberitalien waren die Regionalgewalten inzwischen so erstarkt, daß es Heinrich unmöglich war, eine wirklich effektive durchgehende Reichsherrschaft aufzurichten. Eine neue Perspektive in der Italienpolitik ergab sich, als Benedikt VIII. zusammen mit Genua und Pisa gegen die islamische Herrschaft in Süditalien und Sardinien vorging. Diese Initiative geriet ins Stocken, als die andere Vormacht des Südens, Byzanz, unter Kaiser Basileios II. nicht nur einen päpstlich-apulischen Angriff abwehrte, sondern ihrerseits nach Norden vorstieß, Capua und Salerno unterwarf und bald auch selbst Rom bedrohte. Benedikt entschloß sich jetzt zu einem ungewöhnlichen Schritt. Er reiste 1020 zu Kaiser Heinrich nach Bamberg, um dessen Hilfe gegen die vordringenden Griechen zu erbitten. Nach der glanzvollen Einweihung der Bamberger Domkirche, der Lieblingsgründung des Herrschers, konnte Benedikt mit der Zusicherung eines weiteren Italienzuges Heinrichs heimkehren. Ebenso wichtig war es, daß ihm der Kaiser das „Ottonianum" von 962 bestätigte und sogar erweiterte, dies sicher in der klaren Einsicht, daß eine dauerhafte kaiserliche Herrschaft über Rom, wie sie sein Vorgänger vergebens erstrebt hatte, ohnehin unmöglich war. Die Lage hatte sich inzwischen in Italien so zugespitzt, daß Heinrich schon im Dezember 1020 mit einem Heer in Verona erschien und am Beginn des nächsten Jahres nach Süditalien vorstieß. Andere kaiserliche Verbände unter Erzbischof Pilgrim von Köln und dem Patriarchen Poppo von Aquileja flankierten den Angriff des Hauptheeres. Die Byzantiner wurden weit zurückgeworfen und Heinrich eroberte wohl auch die griechische Festung Troia in Apulien. Da aber der Kaiser im Sommer 1022 wieder nach Deutschland zurückkehrte, kam es in Süditalien zu keinem entscheidenden Umschwung. Zwar konnte der Ottone in der benediktinischen Urabtei Montecassino einen ihm genehmen Abt einsetzen, in Capua einen neuen Fürsten, Pandulf von Teano, an die Macht bringen und drei Neffen des in Bamberg verstorbenen Meles, der den heroischen Widerstand gegen die Byzantiner in Apulien organisiert hatte, mit einer Grafschaft ausstatten, doch kehrten sich die Verhältnisse bald wieder um; die Eigenkräfte Süditaliens gewannen erneut die Oberhand. Neu war hingegen, daß seit 1017 auf päpstlich-kaiserlicher Seite normannische Ritter gegen die byzantinische Herrschaft kämpften, denen es in den nächsten Jahrzehnten gelingen sollte, unter Ausnützung der byzantinisch-sarazenisch-päpstlichen Gegensätze und der Rivalitäten unteritalienischer Regionalfürsten ein machtvolles Normannenreich zu gründen.

Neuordnung der deutschen Verhältnisse. Nicht minder schwierig wie in Italien ließen sich die Dinge in Deutschland und seinen Nachbarländern an. Die Herzogtümer und die innerhalb ihres ursprünglichen Machtbereichs sich allmählich ausformenden, neuen weltlichen und geistlichen Territorien hatten unter Otto III. ein Ausmaß von zielstrebig erworbener oder einfach usurpierter Eigenständigkeit erlangt, das nur unter großen Anstrengungen wieder eingedämmt werden konnte. Es war schon viel, daß es Heinrich gelang, den Amtscharakter der Herzogtümer und der sich selbständig ausweitenden Markgrafenschaften einigermaßen wieder herzustellen. Echte Herzogtümer im engeren Sinne waren eigentlich nur noch Bayern und Schwaben: Böhmen gehörte niemals im engeren Sinne zum Reich, da es dort weder Reichsgut und königliche Kirchenherrschaft, noch den obligatorischen Königsumritt des Herrschers nach Regierungsantritt gab. Lothringen, seit langem von den latenten und immer wieder aufbrechenden Spannungen zwischen dem ottonischen Königsstaat und dem Westfrankenreich profitierend, gliederte sich damals nicht nur in Nieder- und Oberlothringen auf, die beide eigene Wege zu gehen versuchten, sondern diese einstige karolingische Großlandschaft geriet aufgrund ihrer Lage früher als Deutschland in den Prozeß der feudalen Aufgliederung in Territorien: eine deutliche Parallele zur Entstehung der Fürstentümer der französischen Kronvasallen in frühkapetingischer Zeit. Die Grafen von Hennegau und Löwen aus der Familie der Reginare hatten an dieser Entwicklung ebenso Anteil wie die Grafen von Flandern und Holland. Nach dem Tode des niederlothringischen Herzogs Otto (1006), des letzten Karolingers, konnte Heinrich II. dennoch mit Unterstützung der Ardennengrafen Gottfried (1012–1023) und Dietrich I. (978–1026) die Oberhoheit des Reiches gegen lokale Gewalten wieder herstellen und 1018 auf einem Reichstag in Nymwegen den allgemeinen Frieden wenigstens für Niederlothringen sichern.

In Oberlothringen hingegen vereitelten in der sogenannten lützelburgischen Fehde zwei geistlich gewordene Brüder der Kaiserin Kunigunde jahrelang den Frieden, da sie das Erzbistum Trier und das Bistum Metz im Interesse ihrer Familie an sich reißen wollten. Nach heftigen Kämpfen 1008/9, in denen ein königliches Heer mit lutizischen Truppenverbänden das Trierer Land verwüstete, konnte Heinrich II. endlich auch hier seine königliche Verfügungsgewalt über die Kirche wiederherstellen. Dies gestattete ihm, einem weiteren Schwager, Herzog Heinrich V., den er einst als landfremden Lützelburger in Bayern eingesetzt, aber im Verlauf der Fehde wieder hatte absetzen lassen, sein Amt zurückzugeben.

Es lag offenbar System in Heinrichs Vorgehen, bei sich bietender Gelegenheit Landfremden ein Herzogtum zu verleihen oder es gar selbst in die Verwaltung des Reiches zu übernehmen. Allerdings darf man nicht übersehen, daß sowohl die späteren Ottonen wie auch die frühen Salier es nach Möglichkeit vermieden, den herzoglichen Familien ihren Dukat zu entziehen, solange ein regierungsfähiger Sohn vorhanden war. Dagegen hatten sie einen Ermessensspielraum dort, wo Verwandte des früheren Herzogs Ansprüche anmeldeten. Dies zeigte sich etwa in Schwaben, wo der König nach dem Tode des minderjährigen Konradiners Hermanns III. den Babenberger Ernst einsetzte und nach seinem frühen Tod dessen Sohn Ernst II. unter der Vormundschaft seiner Mutter Gisela. Wie schwierig Nachfolgefragen für den Herrscher selbst werden konnten, erwies sich in dessen eigenem Herzogtum Bayern, das er 1003 dem babenbergischen Markgrafen des bayerischen Nordgaus, Heinrich von Schweinfurt, versprochen, die Erfüllung dieser festen Zusage aber mit dem Hinweis verweigert hatte, „die Bayern hätten von Anfang an die Freiheit der Herzogswahl" (Nr. 4, Bd. IX, Thietmar, Chron. V, 14, S. 206). Der enttäuschte Schweinfurter verbündete sich daraufhin mit Boleslav Chrobry von Polen zu einem gefährlichen Aufstand; innen- und außenpolitische Probleme gingen damit eine bedrohlich enge Verbindung ein.

Heinrich II. und Ostmitteleuropa. Das Verhältnis zum polnischen Fürstenstaat, der während der Regentschaft für Otto III. und mehr noch danach der engeren politischen wie kirchlichen Bindung an das Reich entwachsen war, beanspruchte bald Heinrichs ganze Energie, da Boleslav es verstand, innere Spannungen im Reich offensiv für seine eigene energische Großmachtpolitik zu nutzen. Der schwierige Herrscherwechsel von 1002 hatte ihm schon Gelegenheit zur Besetzung der Mark Meißen gegeben, und auf dem Merseburger Huldigungstag für Heinrich ließ er sich sogar mit zusätzlichen Gebieten in den Elbmarken belehnen. Einen Schritt weiter ging Boleslav 1003 mit der Eroberung Böhmens und der gegen den König gerichteten Verbindung mit dem abgesetzten Nordgaugrafen Heinrich von Schweinfurt. Wie sehr sich der König militärisch von Boleslav Chrobry bedroht fühlte, zeigt sein Kriegsbündnis mit den heidnischen Lutizen, das schon von Zeitgenossen scharf kritisiert wurde. Selbst Thietmar von Merseburg, ansonsten ein Anhänger des Kaisers, dem er schließlich das Bistum Merseburg zu verdanken hatte, kritisierte das Bündnis mit den Heiden, wenn er es auch vermied, in diesem Zusammenhang den Kaiser beim Namen zu nennen (Nr. 4, Bd. IX, S. 270). Scharf und deutlich hingegen war Brun von Querfurt, ein Verwandter Heinrichs, dessen Missionswerk als „Erzbischof für die östlichen Heiden" durch das Bündnis mit den heidnischen Lutizen empfindlich gestört wurde. Brun schrieb aus Polen an den Herrscher: „Möge mir der König seine Gnade nicht entziehen, wenn ich sage: Ist es gut, einen Christen zu verfolgen und mit einem Heidenvolk Freundschaft zu schließen? Wie verträgt sich Christus mit Belial, wie vergleicht sich das Licht der Finsternis? Wie gehen Svarožic, d.h. der Teufel, und der Führer der Heiligen, euer und unser Mauritius, zusammen? In welcher Front vereinigen sich die heilige Lanze und die Feldzeichen des Teufels, die sich mit Menschenblut nähren?" (Nr. 185, R. Holtzmann, S. 498). Man hat vermutet, daß Heinrichs schlechtes Gewissen in der Lutizenfrage ein Motiv für seine Bamberger Bistumsgründung gewesen sein könnte; unbeeindruckt von solchen massiven Vorwürfen blieb der theologisch Gebildete sicher nicht. Brun von Querfurt wirkte dann in Nachfolge seines Vorbildes Adalbert von Prag als Missionar bei den Ungarn sowie im Kiewer Reich und fand 1009 bei den heidnischen Preußen (Pruzzen) den Märtyrertod. In wechselvollen und langwierigen Kämpfen, in denen sich der von den Lutizen bedrohte sächsische Adel zeitweise gegen den König erhob, gelang es Heinrich II., Böhmen wieder an die přemyslidische Familie zu geben und damit auch erneut unter deutsche Oberhoheit zu bringen; ein entscheidender Erfolg gegen Boleslav blieb aber aus. Im Merseburger Frieden von 1013 behielt der königsgleiche Polenfürst die Lausitz und das Milzener Land um Bautzen als Reichslehen. Zwei neuerliche Feldzüge Heinrichs in den Jahren 1015 und 1017 änderten nichts an diesem dürftigen Ergebnis; vielmehr kam 1018 unter Mitwirkung des sächsischen Adels ein neuer Kompromißfrieden zustande, der die Vereinbarungen von 1013 im wesentlichen bestätigte. Als einen gewissen Erfolg konnte es aber Heinrich für sich buchen, daß er nun das wiedergewonnene Böhmen fester ans Reich zu binden vermochte.

Das Reich und Burgund. Wesentlich erfolgreicher als im Osten war der Herrscher im Südwesten, wo es ihm gelang, die Eingliederung Burgunds in das Reich vorzubereiten. Durch seine Mutter Gisela war Heinrich II. ein Neffe des kinderlosen burgundischen Königs, des Welfen Rudolf III. Zwar bestand schon seit langem eine Lehnsbindung Burgunds an das ottonische Reich, jetzt aber sollte diese locker gewordene Verbindung sowohl durch Erbschaft wie auch durch Heimfall des freigewordenen Lehens endgültig konsolidiert werden. Heinrich sicherte sich 1006 bereits Basel und ließ sich 1016 und 1018 feierlich, wenn auch gegen die Opposition eines Teils des burgundischen Adels, die Erbfolge versprechen; zum Ziele kam er aber noch nicht. Zwei Feldzüge gegen den aufständischen Großvasallen Otto-Wilhelm von Besançon brachten ebenfalls keine Lösung, dann vereitelte Heinrichs Tod – er starb vor seinem Oheim Rudolf – die endgültige Gewinnung Burgunds. Das gelang erst 1032 Konrad II., doch wäre dies ohne die zähe vorbereitende Politik seines Vorgängers kaum möglich gewesen.

Heinrich II. und die Kirche. Seine größten Erfolge errang Heinrich II. in der Innenpolitik, und zwar mit Hilfe der Kirche, deren Machtmittel er sich virtuos zu bedienen verstand. Er ist der eigentliche Architekt und Vollender des Reichskirchensystems. Heinrich baute die Hofkapelle, das zentrale Verbindungsstück zwischen weltlicher und geistlicher Königsherrschaft, planmäßig aus und sorgte durch massive Beeinflussung der Wahlen in den Domkapiteln und Konventen dafür, daß seine im politischen Dienst geschulten Hofkapelläne Bischöfe und Reichsäbte wurden und als gefügige Organe der Reichsverwaltung in seinem Sinne wirkten. Desgleichen setzte er systematisch die Institution des Königskanonikats, die schon Otto III. geschaffen hatte, für die materielle Nutzung des Kirchengutes ein. Er war Domkanoniker in Paderborn, Madgeburg, Straßburg und natürlich auch in seiner Lieblingsgründung Bamberg, nahm an den Gebetsgemeinschaften der Domkapitel teil und bezog deren Pfründen, die ein „capellanus“, der seine Interessen in diesem Gremium vertrat, erhielt. Ebenso scheute er sich auch nicht, auf bischöflichen Synoden maßgeblichen Einfluß auf die Beschlüsse auszuüben und bei der Bestätigung alter Privilegien das Recht der

Wahlfreiheit der Domkapitel ersatzlos zu streichen. Taktisch klug war es auch, daß er, wo dies möglich war, landesfremde Bischöfe einsetzte, und zwar nicht nur Deutsche in Italien, sondern beispielsweise auch den Bayern Tagino als Erzbischof im sächsischen Magdeburg. Den reichen Adelssohn Meinwerk aus der Grafenfamilie der Immedinger ließ er wesentlich zur Ausstattung des ihm verliehenen armen Bistums Paderborn beitragen, auf diese Weise das Reichskirchengut durch Personalpolitik mehrend. Reichsherrschaft war damals in eminenter Weise Herrschaft des Königs durch die Institution Kirche.

Daß Heinrich damit allerdings auch Widerstände hervorrief, zeigte sich etwa in Sachsen. Sowohl der Herzog wie die Grafen machten den Erzbischöfen von Magdeburg und Hamburg-Bremen und anderen Bischöfen energisch die umfangreichen Schenkungen des Herrschers streitig, bedeutete dies doch nichts anderes, als daß, vom Adel her gesehen, dessen Möglichkeiten empfindlich beschnitten wurden, eigene dynastische Territorien aufzubauen und zu arrondieren. Hier kündigten sich bereits Entwicklungen an, deren Gefährlichkeit für die Reichsherrschaft unter Heinrich III. voll zutage treten sollte. Zu einer von ihm wohl gewollten Zersetzung der herzoglichen Machtbasis mußten in Bayern auch die großen Besitzübertragungen Heinrichs in Niederbayern an sein neues Bistum Bamberg beitragen.

Es wäre aber sicher falsch, diese weitgehende Instrumentalisierung der Reichskirche für Zwecke der Königsherrschaft isoliert nur als ein Politikum anzusehen, da dieselbe Hand in Hand ging mit den von Heinrich geförderten kirchlich-monastischen Reformen nach dem Vorbild des lothringischen Reformkreises von Gorze und Trier-St. Maximin. Schon früh stand er mit Klosterreformern wie Ramwold von St. Emmeram in Regensburg und auch mit Godehard von Niederalteich in enger Verbindung, dessen Wirksamkeit bis Hersfeld und Hildesheim reichte. Praktische Zwecke, wie das stärkere Verfügungsrecht des Königs über reiche Konvente, waren zwar auch hier mit im Spiel, aber es kann kein Zweifel darüber bestehen, daß es Heinrich mit einer inneren Festigung und Erneuerung der Kirche ernst war. Für ihn, wie später für Kaiser Heinrich III., bestand kein wirklicher Gegensatz zwischen königlich-kaiserlicher Kirchenherrschaft und dem Anliegen einer innerkirchlichen Reform. Allerdings ließ er in keiner Weise an seiner Verfügungsgewalt rütteln. Nur so ist es zu erklären, daß er zwar mit den Häuptern der burgundischen, cluniazensischen Klosterreform, mit Abt Odilo von Cluny und Abt Wilhelm von Dijon, befreundet war, aber dennoch den Bestrebungen der Cluniazenser, ihre Klöster von den Einflüssen weltlicher Herrschaft zu emanzipieren, im Reich nach Möglichkeit keinen Raum gab.

Es waren dies Entscheidungen grundsätzlicher Natur, da die Spannungen und die teilweise scharfen Gegensätze zwischen Gorze und Cluny vornehmlich auf deutschem Boden zum Austrag kamen. Das gorzisch orientierte Reichsmönchtum von Trier-St. Maximin, welches nach seinem Selbstverständis weitgehend mit den Tendenzen des ottonisch-salischen Reichskirchensystems vereinbar war, lehnte die starre Verfassung und Exklusivität des Klerus ab und ebenso das neue, die Laien einbeziehende cluniazensische Konversen-Institut. Die gorzisch beeinflußten Klöster standen grundsätzlich positiv zum Reich und zum König als dem Gesalbten, ja Beauftragten Gottes; man räumte dem Diözesanbischof im Sinne der Benediktregel ein größeres Gewicht vor allem bei Neugründungen ein als das nach Autarkie strebende und stärker zentralisierende Cluny und seine straff organisierten Filialklöster (Priorate). Hingegen war die positive Haltung Gorzes zu den Kultur- und Bildungswerten kein entscheidender Unterschied gegenüber den Cluniazensern, höchstens ein gradueller. Für Heinrich II. war es nur konsequent, wenn er einem Hauptvertreter der lothringischen Reform wie Poppo von Stablo große Wirkungsmöglichkeiten in den Reichsabteien eröffnete, im übrigen aber sehr darauf achtete, daß die bischöfliche Gewalt über Klöster nicht geschmälert wurde.

Die Art und Weise von Heinrichs Umgang mit der Kirche läßt sich exemplarisch an der Wiedererrichtung bzw. Neugründung der Bistümer Merseburg und Bamberg ablesen. Unter Kaiser Otto II. hatte der ehrgeizige Bischof Gisiler von Merseburg, dem der Chronist Thietmar Krämergeist bescheinigt, seine Erhebung zum Magdeburger Metropoliten durchgesetzt, wobei sein altes Bistum aufgehoben wurde. Der Streit um Gisilers unrechtmäßigen Coup flammte unter Otto III. wieder auf, ohne daß eine Entscheidung getroffen wurde. Heinrich II., ursprünglich ein Feind des Magdeburger Erzbischofs, weil dieser die Thronkadidatur Hermanns von Schwaben gegen ihn unterstützt hatte, lernte ihn aber später als zuverlässigen Reichsbischof schätzen, machte ihn zum Vertrauten und übertrug dem tüchtigen Verwaltungsmann sogar die Sorge für die königlichen Hausgüter in Sachsen. Als Gisiler auf dem Sterbebett lag, suchte ihn der König zum Verzicht auf sein Amt zu bewegen, allerdings ohne Erfolg. Sein baldiger Tod gab Heinrich 1004 endlich freie Hand, das Bistum Magdeburg wiederherzustellen. Er ging aber über eine bereits vollzogene kanonische Wahl des Domkapitels hinweg, überredete den gewählten Domprobst Walthard zum Verzicht und setzte den Bayern Tagino, einen Schüler des heiligen Wolfgang von Regensburg, ein. Die ausführliche Schilderung des Magdeburger Bistumsstreites aus der Feder des Zeitgenossen Thietmar, der nun Merseburg erhielt, ist zwar nicht unparteiisch, läßt aber dennoch tiefe Einblicke in die Schattenseiten des Reichskirchensystems wie auch in die Bestechlichkeit und den skrupellosen Pragmatismus vieler Prälaten zu. Die Reformbedürftigkeit dieses Systems im Geiste christlicher Besinnung und kanonischer Regularität stand außer Frage. Es ging nur darum, ob das System aus sich selbst heraus oder durch die Initiative des Herrschers reformfähig war oder ob der entscheidende Anstoß von einer anderen Seite, nämlich aus einer erneuerten Papstkirche kommen mußte.

Die Gründung des Bistums Bamberg. Die wachsenden Schwierigkeiten, im Rahmen des Reichskirchensystems mit seinen festgeschriebenen Rechten und Ansprüchen etwas Neues durchzusetzen, zeigten sich auch bei Heinrichs originärster Neuschöpfung, der Gründung seines Lieblingsbistums Bamberg; sie brachte ihm bei der Nachwelt den Beinamen des „Heiligen" ein, ein Beiname, der für heutiges Empfinden nur schwer mit den widersprüchlichen Charakterzügen des Kaisers in Einklang zu bringen ist. Den äußeren Anstoß zur Gründung Bambergs gab der schon erwähnte Aufstand des Babenbergers Heinrich von Schweinfurt gegen den Herrscher, der mit dem Verlust aller seiner Lehen und Ämter endete. Heinrich II. hatte zuvor dem Schweinfurter das Herzogtum Bayern wohl deshalb versagt, um eine übermäßige, Bayern, Österreich und Ostfranken umfassende Machtstellung der Babenberger an der Südostflanke des Reiches zu verhindern. Bamberg als Bistum schob sich jetzt wie ein Keil zwischen die verbliebenen Schweinfurter Eigengüter am Mittel- und Obermain. Es entfaltete seine Tätigkeit im Grenzraum der Königsherrschaft am Rande der „terra Slavorum", des östlich anschließenden Slawenlandes, als Missionsbistum und entsprach damit auch der Absicht Heinrichs, an strategisch wichtiger Stelle ein dem Reich besonders verbundenes kirchliches Zentrum zu schaffen. Bamberg wurde daher eine Art königliches Eigenbistum, das sowohl in die bayerischen Verhältnisse hineinwirken konnte, wie es auch nach Osten eine Missions- und Siedlungsaufgabe in einem Landstrich hatte, der einen beträchtlichen slawischen Bevölkerungsanteil besaß.

Der neue Bistumssprengel der „ecclesia imperialis" entstand übrigens gegen den Widerstand der benachbarten Bistümer Würzburg und Eichstätt. Ersteres verlor dadurch seine Ausdehnungsmöglichkeit nach dem Osten und mußte mit Besitzungen in Meiningen wenigstens teilweise entschädigt werden; letzteres büßte das Gebiet zwischen Pegnitz und Erlangen-Schwabach ein. Erst nach langwierigen Verhandlungen, bei denen Heinrich II. auch geschickt personelle Veränderungen ausnutzte, konnte dann Jahre nach der offiziellen Bistumsgründung 1007 die materielle Grundausstattung Bambergs gesichert werden: Es übernahm ein völlig ausgebautes Pfarrei- und Zehntsystem von 30 älteren Mutterkirchen. Bezeichnenderweise vergab der König jedoch nicht die großen Grenzforste im Norden und Osten, wo sich bereits weltlich-adelige Besitz- und Herrschaftsrechte ausgebildet hatten, die dann unter Kaiser Heinrich III. in dessen neues Markensystem eingefügt wurden.

Die Sonderstellung Bambergs als Reichsbistum, dessen Erträge zeitweilig der königlichen Hofhaltung auf Reichstagen dienten, erhellt auch aus der Tatsache, daß es infolge seiner engen Verknüpfung mit dem Königtum keines jener Immunitätsprivilegien erhielt, das üblicherweise die Unantastbarkeit von Menschen und Sachen kirchlicher Institutionen garantiert hätte. Die Bamberger Domschule entwickelte sich dessen ungeachtet im 11. Jahrhundert zu einer wichtigen Pflanzstätte für den Reichsklerus der

Hofkanzlei, aber auch zu einem Zentrum der Gelehrsamkeit, ein Beweis dafür, daß das Fehlen von Immunitätsrechten kein Hinderungsgrund für eine gedeihliche Entwicklung der Institution insgesamt sein mußte. Schon bei der Gründung schenkte der Kaiser dem Domkapitel eine bedeutende Bibliothek mit teilweise kostbaren Handschriften, die aus den Schreibschulen vieler europäischer, besonders französischer und italienischer Klöster stammten und wohl zumeist aus dem Besitz seiner beiden Vorgänger kamen. Die ästhetische Qualität vieler Manuskripte läßt auf bibliophile Neigungen der späten Ottonen schließen. Das paßt sehr gut in den Stil der Jahrtausendwende, deren renaissancehafte Züge man immer wieder betont hat.

Erster Bischof der Neugründung wurde Heinrichs enger Vertrauter Eberhard (1007–1040), der auch als Bischof Kanzler für den deutschen Reichsteil geblieben war; 1013 wurde er auch Erzkanzler für Italien. Von seiner Zeit ab datiert die Rolle Bambergs bei der Besetzung von Bischofsstühlen in Italien. Unter Kaiser Heinrich III. wurde dann der Bamberger Bischof Suitger als Clemens II. 1046 zum Papst erhoben.

Seine letzte Ruhestätte fand der Kaiser aus ottonischem und luitpoldingischem Hause im Dom seines Bistums, das sein Andenken auf die mannigfachste Weise bewahrte und pflegte. Die Heinrichsvita des Bamberger Geistlichen Adalbert, ein Werk des 12. Jahrhunderts, läßt allerdings kaum etwas vom politischen Format des Kaisers erkennen, sondern spiegelt eher den Bamberger Heinrichskult wider, der 1146 zur Heiligsprechung des Herrschers durch Papst Eugen III. führte. Kunigunde wurde erst 1200 von Innozenz III. heiliggesprochen. Kirchlich im Sinne seiner späten Vita ist Heinrich II. wohl kaum gewesen, dagegen spricht schon seine virtuose politische und materielle Nutzung der Reichskirche und ebenso der militärische Einsatz der heidnischen Lutizen im Reich wie auch gegen das christliche Polen. Die Art und Weise schließlich, wie er mit Hilfe des Erzbischofs Aribo von Mainz die kirchlich unzulässige Ehe des Konradiners Otto von Hammerstein mit Irmingard dazu benutzte, die Konradiner-Salier, denen er mißtraute, politisch zurückzudrängen, ist in diesem Zusammenhang ebenfalls sehr aufschlußreich. Heinrichs früher Tod am 13. Juli 1024 verhinderte übrigens eine sich anbahnende schwere Konfrontation zwischen dem kaisertreuen Reichsepiskopat und Papst Benedikt VIII., der das eigenmächtige Vorgehen Aribos von Mainz gegen Otto von Hammerstein mit dem Entzug des Palliums bestraft hatte.

Das Bild Heinrichs II. Die allzu starken Vergoldungen, mit denen der spätere Heinrichskult die Gestalt des hochbedeutenden Kaisers überzogen hat, erschweren ein sachliches Urteil über diesen Herrscher. Wenn ihn die Quedlinburger Annalen wegen seiner rücksichtslosen Nutzung des Kirchengutes als „Kirchenräuber“ anklagen, und noch der Chronist Cosmas von Prag († 1125) eine Vision berichtet, wonach der Kaiser nur durch das energische Eingreifen der Gottesmutter und des heiligen Georg, der Titularheiligen Bambergs, vor der Hölle gerettet werden konnte, dann wird man darin vor allem einen verständlichen Widerspruch gegen die konsequente Nutzung der Kirche für die Königsherrschaft sehen müssen. Durch das geschärfte Reformbewußtsein der Kirche tritt zwar die Kritik am Herrscher erst unter Kaiser Konrad II. entschiedener hervor, in der Sache selbst dürften sich aber Heinrich und Konrad in der Ausübung ihrer Herrschaft über die Kirche weniger unterschieden haben, als es auf den ersten Blick erscheint. Nur Konrads hartes Durchgreifen in der italienischen Kirche weicht deutlich von Heinrichs Vorgehen ab, insgesamt jedoch überwiegen die Ähnlichkeiten in der Kirchenpolitik. Selbst ein entschiedenes kirchliches Gebot wie die Androhung schwerer Strafen gegen Priester, welche das Keuschheitsgelübde mißachteten, das Heinrich II. zusammen mit dem Papst 1022 auf einer gemeinsamen Synode in Pavia verkündete, hatte noch eine materielle Seite: Es sollte verhindert werden, daß Söhne eines Geistlichen und einer freien Mutter ihr Erbe der Kirche entziehen konnten. Noch auffälliger ist aber, daß Heinrich II. im deutschen Reichsteil auf ein solch scharfes Vorgehen wohl mit Rücksicht auf die unentbehrliche Stütze durch die Reichsprälaten verzichtete. Auch hier offenbart sich der Pragmatismus des Herrschers, den man bereits zu Beginn seiner Regierung in jener auf Karl den Großen zurückweisenden Devise und Bullenumschrift der „Renovatio regni Francorum" (Erneuerung des Reiches der Franken) entdecken kann. Insgesamt ist es ihm geglückt, die Königsherrschaft dort zu festigen und nach Möglichkeit auszubauen, wo sie allein eine feste Basis haben konnte: im deutschen Reichsteil. Man kann es auch eine Rückholung der Reichsidee in die politische Realität nennen, eine entscheidende Kurskorrektur gegenüber der imperialen, auf Rom konzentrierten Kaiserideologie Ottos III.

Übrigens lassen sich bei Heinrich II. bereits gewisse „moderne" Züge ausmachen, etwa die Schläue, mit der er unter Hinweis auf das angeblich objektive Hindernis des Wahlrechts der bayerischen Großen es verstand, sein Versprechen gegenüber dem Babenberger Heinrich von Schweinfurt zu brechen, wonach dieser bayerischer Herzog werden sollte. Desgleichen finden sich bei ihm Anflüge von Humor: etwa wenn er, selbst hochgebildet, den adeligen Bischof Meinwerk von Paderborn wegen dessen schwachen Lateinkenntnissen aufs Glatteis führte oder ihm mit fingierten „Himmelsbriefen" den Tod ankündigte und ihn dann als „wiedererstandenen Lazarus" verspottete. Auf jeden Fall wird man hinter der hagiographischen Stilisierung eine komplizierte Persönlichkeit vermuten dürfen, deren diffiziles Charakterbild über der Energie und dem Pragmatismus seines politischen Handelns nicht vergessen werden sollte. Bei seinem Tode war die Reichsherrschaft jedenfalls in einer Weise gefestigt, wie dies zuvor eigentlich nur beim Heimgang Ottos des Großen der Fall gewesen war. Man wird es dem letzten, kinderlosen Liudolfinger als sein Verdienst anrechnen dürfen, daß sich, trotz des nun fälligen Dynastiewechsels, der Übergang der Königsherrschaft an das salische Haus ohne gefährliche Erschütterungen im Reich vollzog: Die Basis der Königsherrschaft war wieder fest gefügt, sie konnte jetzt eine echte Wahl und sogar die Loslösung vom ottonisch-sächsischen Reichsvolk vertragen. Bamberg ist ein bleibendes, beredtes Monument seiner Größe; diese seine Bistumsgründung legt nach Art ihrer Entstehung wie auch durch ihre weitere Entwicklung Zeugnis für die Möglichkeit ab, politische Herrschaft und ungebrochene Frömmigkeit nahtlos zu vereinigen, eine Möglichkeit, die dann im gregorianischen Zeitalter grundsätzlich in Frage gestellt worden ist.

5. Die frühen Salier (1024–1056)

a) Konrad II. (1024–1039)

„An Konrads Sattel hängen die Steigbügel Karls." Dieses zeitgenössische Sprichwort, ein ehrender Vergleich des ersten Salierkaisers mit dem größten Karolinger, ist in zweifacher Hinsicht aufschlußreich. Zum einen beweist es, daß seine überragende Größe schon von der Mitwelt erkannt wurde, und zum anderen zeigt der Bezug auf Karl den Großen, sprichwörtlich verdichtet, die Breitenwirkung seiner Persönlichkeit, die offenbar nicht nur der Reflex einer gelehrten und, wie damals üblich, durchwegs kirchlichen Geschichtsschreibung war. Mag der erste Salierkaiser als geistiger Anreger auch hinter Karl zurückbleiben, in der militärischen Tüchtigkeit wie im politischen Kalkül, aber auch in der Sorge um Gerechtigkeit nicht nur für Adel und Prälaten darf er sich wohl mit dem Stifter der europäischen Völkergemeinschaft messen. Beide konnten übrigens auf soliden Grundlagen ihrer Vorgänger aufbauen, ohne daß die Originalität ihres politischen Stils darunter gelitten hätte. Als politische Persönlichkeit ähnelte Konrad in vielem aber auch Heinrich II., vor allem was seinen nüchternen Pragmatismus im politischen Handeln anbetrifft. In einem wesentlichen Punkte jedoch wich er vom letzten Ottonen entschieden ab, nämlich in seinem Streben, trotz Beibehaltung eines kraftvollen und oft strengen Regiments über die Reichskirche, seine Königsherrschaft nicht allein oder zumindest nicht in erster Linie auf diesen inzwischen schon traditionellen Pfeiler königlicher Macht zu stützen. Er wußte darüber hinaus dem Königtum durch Gewinnung der kleineren Herrschaftsträger und durch fördernde Privilegierung des städtischen Wirtschaftslebens wie auch durch Konzentration und Vermehrung des Reichsgutes eine von der Kirche unabhängige Machtbasis zu schaffen.

Damit wurde von Konrad II. erstmalig ein politischer Kurs eingeschlagen, der vom Regieren allein mit dem Hochadel und den ebenfalls zumeist hochadeligen Reichsprälaten Schritt für Schritt in salischer und staufischer Zeit wegführen sollte und neuen gesellschaftlichen Kräften Rechnung trug, die sich zuerst in Italien, bald aber auch in Deutschland energisch zu Wort meldeten. Es waren dies im ersteren Falle das durch Handel und Gewerbe reich gewordene städtische Bürgertum, nördlich der Alpen jedoch vor allem die mit dem Reichsgut ständig wachsende Schicht der königlichen Dienstmannen (servientes, ministeriales); sie wurde später als Reichsministerialität eine politisch einflußreiche Gruppe mit eigenen Standesinteressen. Konrad, dessen Jugend und frühe Mannesjahre von politischen Benachteiligungen und persönlichen Zurücksetzungen erfüllt waren, besaß offenbar ein Gespür für soziale Probleme. Er nahm etwa Anstoß an dem Verkauf von Knechten des Bistums Verden, ,,als wären sie vernunftloses Vieh", und als man ihn bei seinem Mainzer Krönungszug davon abhalten wollte, die Klagen eines Bauern, einer Witwe und einer Waise anzuhören, bestand er auf ,,Gerechtigkeit für jeden, ohne Rücksicht und Verzug". In Italien ließ er einen räuberischen Grafen kurzerhand als gemeinen Verbrecher aufhängen. Sein wichtigster Erzieher war Bischof Burchard von Worms gewesen, Verfasser einer bedeutenden Sammlung kirchlichen Rechts und Urheber eines berühmten ,,Hofrechts", das die Rechtsbeziehungen zwischen Angehörigen der kirchlichen ,,familia" und Grundherrschaft des Bistums Worms regelte. Es liegt nahe anzunehmen, daß der junge Konrad, der damals nicht einmal im Besitz von Grafschaftsrechten war, sein Verständnis für die Lage und Bedürfnisse von Abhängigen bei Burchard erworben hat.

Die Anfänge in Deutschland. Als Konrad am 4. September 1024 in Kamba bei Oppenheim am Rhein gegen seinen gleichnamigen jüngeren Vetter unter maßgeblicher Initiative des Mainzer Metropoliten Aribo zum König gewählt wurde – ein Wahlakt, bei dem List und Klugheit Konrads eine wesentliche Rolle spielten –, konnte dies als eine echte Wahl gelten. Doch wurde dem Erbfolgerecht nach ottonischer Abstammung insofern stattgegeben, als unter den sicher zahlreicheren Bewerbern nur die zwei salischen Vettern, die beide Ururenkel Ottos des Großen waren, in die engste Wahl kamen. Erzbischof Pilgrim von Köln, schon seit Heinrich II. ein Widersacher Aribos, hatte sich mit seinen Suffraganbischöfen und den beiden lothringischen Herzögen für Konrad den Jüngeren eingesetzt, die sächsischen Großen blieben der Wahl fern. Nach dem Wahlakt übergab die Kaiserinwitwe Kunigunde dem neuen König die Reichsinsignien. Der kirchlichen Salbung und Krönung in Mainz folgte im Aachener Münster die Erhebung auf den Thron Karls des Großen und zu Weihnachten in Minden die Huldigung des sächsischen Adels, dies aber erst, nachdem Konrad, wie einst Heinrich II., das Stammesrecht bestätigt hatte. Auf dem anschließenden Königsumritt durch Ostsachsen und Bayern, Ostfranken und Schwaben verflüchtigte sich der letzte Widerstand gegen seine Wahl;

der Salier hatte sich überraschend schnell durchsetzen können. Auch Erzbischof Pilgrim gewann er für sich, der seine Gattin in Köln krönte. Dies war nötig geworden, da Aribo von Mainz wegen Konrads kanonisch offenbar nicht einwandfreier Ehe mit Gisela, der Tochter Herzog Hermanns II. von Schwaben, die Krönung der Königin verweigert hatte.

Wie sicher Konrad nun im Sattel saß, zeigte sich in den Jahren 1025–30, als sein Stiefsohn, Herzog Ernst II. von Schwaben, zusammen mit dem bei der Königswahl unterlegenen Konrad dem Jüngeren, Graf Welf und Herzog Friedrich von Lothringen einen Aufstand wagte. Die schwäbischen Vasallen bewahrten dem König die Treue, Ernst unterwarf sich und wurde auf Bitten Giselas, seiner Mutter, begnadigt und neuerlich zum Herzog eingesetzt. Er erhob sich aber zum zweitenmal, verfiel der Reichsacht und Exkommunikation und fand 1030 im Kampf den Tod. Sein Schicksal ging in die deutsche Volkssage vom Herzog Ernst ein, dort allerdings verschmolz seine Gestalt mit einem anderen aufrührerischen Sohn, nämlich mit Liudolf von Schwaben. Politisch gesehen war das alles nur eine Episode, die aber den König persönlich tief getroffen haben muß, da er dem kinderlosen Toten das bittere Wort nachrief: „Bissige Hunde haben selten Junge." Ohne eigentliche sprachlich-literarische Ausbildung stand ihm doch in vielen Situationen das scharf zupackende Wort, manchmal sogar ein Bonmot zu Gebote. Die neue Situation in Schwaben nach Herzog Ernsts Tod nutzte er nach Kräften. Nachdem er schon 1027 seinem zehnjährigen Sohn Heinrich III. das Herzogtum Bayern übertragen und damit diesen stärksten Dukat faktisch zum Kronland gemacht hatte, tat er 1030 mit Schwaben ein Gleiches. Zwar folgte dort auf Herzog Ernst formell sein unmündiger Bruder Hermann, dessen früher Tod gab aber Konrad II. 1038 die Möglichkeit, dieses zweite süddeutsche Herzogtum nunmehr nicht nur faktisch, sondern auch nominell seinem Sohn Heinrich zu übertragen. Auf einem Bamberger Hoftag gelang es dem Herrscher schließlich, die Absetzung Herzog Adalberos von Kärnten, eines alten Gegners der Salier, unter dramatischen Umständen sogar gegen den Einspruch des eigenen Sohnes zu erzwingen. Dieses Herzogtum, das schon einmal im Besitz der Konradiner-Salier gewesen war, übertrug er Konrad dem Jüngeren und stellte dadurch den Frieden im eigenen Hause endgültig her. Damit hatte er kurz vor seinem Tode einen gewaltigen Block königlicher Macht im Süden des Reiches geschaffen; dies bedeutete zugleich eine Zurückdrängung der herzoglichen Mittelgewalten zugunsten unmittelbarer Machtausübung durch den König.

Als dann 1032 der Erbfall im Königreich Burgund eintrat, gelang es Konrad im Bündnis mit dem Kapetinger Heinrich I. von Frankreich, nach zwei Feldzügen den mächtigen Grafen Odo von der Champagne zurückzuwerfen, der ebenfalls das burgundische Erbe für sich beansprucht hatte. Für das Königreich Burgund setzte er wiederum seinen Sohn Heinrich ein, ob als Unterkönig oder als einen relativ selbständigen Regenten, ist unklar.

Damit war nunmehr endgültig jene Länderdreiheit Deutschland-Italien-Burgund entstanden, die im Mittelalter allgemein als „Römisches Reich" galt. Gleichzeitig war mit der Inbesitznahme der wichtigen, im Mittelalter am meisten benutzten Paßstraßen der Westalpen eine gute militärische Ausgangsbasis für die Erneuerung der Reichsherrschaft in Italien gewonnen.

Konrad II. und Italien. Es gehörte fast schon zu den „normalen" Begleiterscheinungen auch dieses Herrscherwechsels in Deutschland, daß Italien versuchte, eigene Wege zu gehen. Konrad folgte auch hier, wie im Falle Burgunds, der Politik seines Vorgängers, als er die Herrschaft der Tuskulanergrafen im Kirchenstaat, die sich unter dem energischen Papst Benedikt VIII. (1012–1024) ungemein gefestigt hatte, auch unter dessen Bruder und Nachfolger Johannes XIX. (1024–1032) im Grunde nicht antastete. Es störte ihn offenbar kaum, daß dieser zur Entrüstung der bereits sehr lebendigen kirchlichen Reformpartei die Papstwürde nur durch Geld und politischen Druck erlangt hatte. Anders als für seinen Sohn war das Papsttum für Konrad wohl in erster Linie eine politische Frage. Dies bedeutet allerdings nicht, daß der erste Salier der Kirche kalt gegenüberstand oder kirchenfeindlich, wenn nicht sogar irreligiös gewesen ist. Vielmehr fehlte es wohl seinem pragmatischen Verstand an jener leidenschaftlichen, subjektiven Identifikation mit den innersten Anliegen einer reformbedürftigen und allmählich erwachenden Weltkirche, die Heinrich III. in so hohem Maße eignete. Andere Probleme Reichsitaliens traten hinzu: Bedrohlich wurde für den König der Versuch lombardischer Großer, Wilhelm, einen Sohn Herzog Wilhelms V. von Aquitanien, zum König Italiens zu erheben, ein Unterfangen, hinter dem auch Interessen des französischen Königs standen. Zwar scheiterte der Plan an den reichstreuen Bischöfen Italiens und besonders an der überragenden Figur Leos von Vercelli († 1026), aber Konrad entschloß sich nun doch zu einer Romfahrt sowohl zum Erwerb der Kaiserkrone als auch zur Festigung der Reichsherrschaft in Ober- und Mittelitalien. Ob er sich damals in Mailand durch Erzbischof Aribert ohne Wahl zum italienischen König krönen ließ, ist ungewiß; auf jeden Fall warf er einen Aufstand in Ravenna hart nieder, eroberte Pavia und zwang Rainer von Tuszien und andere lombardische Große zur Anerkennung seiner Herrschaft. Schon bei einer anderen Gelegenheit hatte Konrad unmißverständlich auf die Kontinuität der Reichsherrschaft in Italien hingewiesen. Einer Delegation aus Pavia, die sich für die Zerstörung der dortigen Königspfalz nach dem Tode Heinrichs II. mit dem Hinweis entschuldigen wollte, daß es damals keine Herrschaft des Reiches gegeben habe, dieser Akt also nicht als Vergehen gegen den König geahndet werden könne, gab er nämlich folgende markante Antwort: „Wenn der König gestorben ist, so bleibt doch das Reich, wie das Schiff bleibt, dessen Steuermann zugrunde geht" (Nr. 4, Bd. XI, S. 558ff.). Er fügte hinzu, daß es sich um staatliche Gebäude (aedes publicae), nicht um private handle. Man hat diesen klar definierenden Ausspruch für das Entstehen eines transpersonalen Staatsbegriffs in Anspruch genommen, auf jeden Fall ist er ein Zeugnis dafür, daß die Entwicklung in diese Richtung lief, ohne daß man sich dessen bereits in abstrakter Weise bewußt gewesen sein muß.

Es gelang Konrad überraschend schnell, das Reichsregiment in Italien im Sinne seines Vorgängers wiederherzustellen. Er konnte darüber hinaus auch die weltlichen Fürsten durch Begnadigung für sich gewinnen, später stiftete er sogar Ehen zwischen dem italienischen und deutschen Hochadel: Otto von Schweinfurt ehelichte Irmgard von Turin, Markgraf Bonifaz von Canossa Beatrix von Oberlothringen und Azzo von Este Kuniza, die Tochter Welfs II.; aus dieser Ehe ging das für die weitere deutsche Geschichte so bedeutungsvolle Haus der jüngeren Welfen hervor.

Gegenüber den Interessen Venedigs verhielt sich Konrad jedoch abweisend, als er zusammen mit Papst Johannes XIX. den Patriarchen von Aquileja mit Grado belehnte und damit venezianische Ansprüche zurückdrängte. Für den Moment waren jedenfalls die italienischen Verhältnisse in Konrads Sinn geregelt, so daß er sich am 26. März 1027 in Rom durch den Tuskulanerpapst Johannes XIX. zum Kaiser krönen lassen konnte, dies im Beisein des mächtigen Dänenkönigs Knut, seines späteren Schwiegersohns, und König Rudolfs von Burgund sowie siebzig deutscher Prälaten und zahlreicher Fürsten. Daß er sich mit den Tuskulanergrafen als den geistlichen und weltlichen Herren Roms arrangierte, wird man ihm ebensowenig zur Last legen dürfen wie seinem frommen Vorgänger; schließlich brach auch sein kirchenreformerischer Sohn mit dieser mächtigen Papstfamilie erst relativ spät, nämlich 1046. Wenn der Kaiser die Tuskulanerpäpste Johannes und Benedikt IX. (1032–1045) in Rom gewähren ließ, bedeutete dies jedoch nicht, daß er auf den Vollgehalt seines Kaisertums verzichten wollte. Sowohl die neue Legende der kaiserlichen Bullen, wonach Rom als Haupt der Welt den Erdkreis regiere und im Zaum halte (Roma caput mundi regit orbis frena rotundi), als auch seine – allerdings vergebliche – Brautwerbung für den Sohn in Byzanz beweisen die hohe Selbsteinschätzung Konrads und die Bedeutung, die Rom für seine imperiale Würde hatte. In Süditalien huldigten ihm zwar die Fürsten von Salerno, Benevent und Capua, doch verzichtete er dort auf eine aktive Expansionspolitik; vielmehr kehrte er sobald als möglich nach Deutschland zurück. Am Osterfest des Jahres 1028 fand in Aachen die Krönung seines Sohnes Heinrich zum deutschen König statt, die Nachfolge im salischen Hause war damit gesichert. Probleme in der Innenpolitik und gegenüber den östlichen Nachbarn sollten den Herrscher in den folgenden Jahren dennoch ganz in Anspruch nehmen.

Polen, Böhmen, Ungarn. Polen stand damals, begünstigt durch den deutschen Thronwechsel, auf dem ersten Gipfel seiner Macht, und der politisch ebenso wendige wie kriegstüchtige Boleslav Chrobry ließ sich 1025 ohne

Rücksicht auf den deutschen Herrscher selbst zum König krönen. Wipo, der Biograph Konrads II., sah darin einen bewußten Affront gegenüber dem deutschen König (Nr. 4, Bd. XI, S. 562), dem allein solche Rangerhöhungen vorzunehmen zustand. Als Boleslav noch im selben Jahr starb und sein Sohn Mieszko II. ihm in der Herrschaft nachfolgte, wobei aber dessen älterer Stiefbruder Bezprym übergangen wurde, ergab sich für Konrad eine Möglichkeit einzugreifen. Mieszko fiel 1028 in die Mark Meißen ein. Sein Stiefbruder versuchte jetzt mit Hilfe des Fürsten Jaroslav von Kiew seine Herrschaftsrechte in Polen geltend zu machen, während der Přemyslide Udalrich die Gelegenheit wahrnahm, Mähren wieder den Polen zu entreißen. Ein erster Kriegszug Konrads gegen Mieszko scheiterte, aber nach einem neuen polnischen Angriff 1030 gelang es dem deutschen König, Mieszko zur Herausgabe der Lausitz und des Milzener Landes zu zwingen; letzterer mußte nun sogar vor Jaroslav und Bezprym nach Böhmen fliehen. Der Stiefbruder übersandte jetzt Konrad die polnischen Königsinsignien und unterwarf sich. Bezpryms Ermordung gab aber Mieszko II. noch einmal Gelegenheit, zurückzukehren und sich in Merseburg seinerseits der Huld des deutschen Herrschers zu ergeben. Der Kaiser nahm nunmehr eine Dreiteilung Polens vor, wobei Mieszko zwar als „Tetrarch" eine nominelle Oberherrschaft, in Wahrheit aber nur einen Teil als Herrschaftsbereich erhielt. Sein baldiger Tod 1034 beendete die erste Glanzepoche Polens und führte zur Vertreibung seiner Witwe Richenza, einer Enkelin Ottos II. und Tochter des rheinischen Pfalzgrafen Herrmann; sie hatte in ihrer Person den starken deutschen Einfluß verkörpert. Es war dies eine der frühesten Reaktionen gegen den übermächtigen deutschen Nachbarn, unter Herzog Spytihniew (1055–1061) gab es auch in Böhmen eine ähnliche Abwehrhaltung gegenüber dem deutsche Westen.

In Böhmen, dessen Herzöge ihre Macht im Lande vor allem durch Anlehnung an das Reich ausgebaut hatten, gab ein Bruderzwist zwischen Jaromír und Udalrich ebenfalls Konrad II. die Chance des Eingreifens. Als jedoch Udalrichs Sohn Břetislav, das Kind einer Liebesromanze des Herzogs mit einer schönen Bauerntochter, 1034 den Herzogsstuhl bestieg, zeigten sich auch hier erste Anzeichen einer Emanzipation von der deutschen Oberherrschaft. Břetislav hatte nicht nur für seinen Vater Mähren von Polen zurückgewonnen und es damit endgültig der Prager Herrschaft unterworfen, sondern im Gefolge von Konrads Ungarnfeldzug 1031 auch am linken Donauufer weitere Eroberungen gemacht.

Der Feldzug gegen König Stephan von Ungarn wurde vermutlich von dessen Forderung ausgelöst, seinen Sohn Emmerich mit dem Herzogtum Bayern zu belehnen; dieser konnte von seiten seiner Mutter Gisela, einer Schwester Heinrichs II., legitime Ansprüche auf das Herzogtum erheben. Nach dem wenig erfolgreichen Verlauf dieses Unternehmens schloß der Thronfolger Heinrich III. mit Stephan Frieden und trat sogar einen Grenzstreifen zwischen Fischa und Leitha an Ungarn ab. Im Norden hatte der

Erzbischof Unwan von Hamburg-Bremen 1025 einen Vertrag Konrads II. mit König Knut vermittelt, 1035 erfolgte die Verlobung Heinrichs III. mit Knuts Tochter Gunhild, wobei die Grenzmark nördlich der Eider an Dänemark abgetreten wurde.

Neue Wege der Königspolitik. Wichtiger als die außenpolitischen Erfolge des Kaisers waren für die Konsolidierung der Königsherrschaft seine Innovationen im Reich selbst. Mit Konrad II. beginnt eine strukturverändernde Innenpolitik großen Stils, nämlich der Aufbau der Reichsministerialität, und mit ihr erste Ansätze zum Ausbau von Reichsterritorien unter unmittelbarer königlicher Verwaltung. ,,Servientes", d. h. Bedienstete mit Amtsgut aus königlichen Gütern, begegnen seit Konrad II. und Heinrich III. zahlreich in Urkunden und erzählenden Quellen. Aus ihrem Kreise entwickelten sich die großen Ministerialengeschlechter des 12. und 13. Jahrhunderts, die als Dienstadel bald dem älteren Adel Konkurrenz machten. Ihr wachsender Einfluß auf die höhere Reichsverwaltung veranlaßte sogar ärmere Adelige zum Eintritt in die königliche Dienstmannschaft. Neben den Reichsministerialen gab es auch die Ministerialität der Reichskirchen und die der Dynasten, unter denen die welfischen Dienstmannen besonderes Gewicht hatten. Die Rechtsverhältnisse der Ministerialität regelten Dienstmannenrechte, wie das Recht der Weißenburger Ministerialen oder das Recht der Leute des salischen Hausklosters Limburg an der Haardt. Auch das Hofrecht Bischof Burchards von Worms († 1025) kennt bereits diese gehobene Ministerialenschicht. (Nr. 495, K. Bosl S. 228ff.)

Seit der Jahrtausendwende stieg auch die Zahl der Burgen rapide an, sowohl im Bereich der sich ausformenden Dynasten- und Adelsterritorien als auch besonders auf Königsgut, dessen planmäßiger Ausbau jetzt große Fortschritte machte. Heinrichs II. riesige Landschenkungen an sein Bistum Bamberg waren die letzten großen Güterübertragungen an die Reichskirche. Seit Konrad II. – und dies ist ein grundlegender Unterschied zur Innenpolitik des ihm ansonsten in vielen Belangen ähnlichen Vorgängers – wurde das Königsgut planmäßig mit Hilfe der Ministerialität ausgebaut, unmittelbar verwaltet und befestigt, und im Wettlauf mit dem Ausbau der kirchlichen und der Adelsterritorien wurde der Versuch unternommen, ganze Landschaften möglichst geschlossen für das Reich zu organisieren. Königsdienst war für die Ministerialen zugleich eine Chance, in der entstehenden Ämterhierarchie sozial und gesellschaftlich aufzusteigen, mochte auch ihr Dienstlehen jederzeit abrufbar sein und mochten sie selbst als Personen noch lange unfrei bleiben. Auf jeden Fall entstand mit der Reichsministerialität eine neue Herrschafts- und Gebietsstruktur, die sowohl eine effektive Parallele zum älteren Lehnswesen darstellte wie auch eine königliche Organisation gegen dasselbe war.

Aber auch im Bereich des Lehnswesens gelang es Konrad, gegen die Erblichkeit der großen Reichslehen, die die Territorialisierung des Reiches beförderte, ein wirksames Gegengewicht zu schaffen. Den Prozeß der Konsolidierung unmittelbarer Königsherrschaft, den er auf Reichsgut planvoll vorantrieb, suchte er nämlich ebenso konsequent bei der geistlichen und dynastischen Territorienbildung der Fürsten zu bremsen, dies vor allem durch Förderung von deren kleineren ritterlichen Lehnsträgern und Aftervasallen. Die Italienpolitik seiner letzten Jahre bietet hierfür den besten Anschauungsunterricht, wobei der König auch mit großer Härte gegen kirchliche Würdenträger vorging, wenn sie sich den Interessen der Reichsherrschaft zu widersetzen versuchten.

Konrads neuer Ansatz in Italien. Hatten auf dem burgundischen Feldzug 1034 gegen Odo von der Champagne noch Erzbischof Aribert von Mailand und Markgraf Bonifaz von Tuszien gemeinsam als „Leuchten des Reiches" das Heer angeführt, so änderte sich bald danach dieses imponierende Bild der Einheit der geistlichen und weltlichen Großen Italiens im Dienste des Reiches. Aribert, der nach einer zeitgenössischen Urkunde „das Königreich Italien nach eigenem Willen lenkte" (Nr. 33, III, 5, Bd. 5, Nr. 29, S. 31ff.), benutzte sowohl seine weltlichen wie auch seine geistlichen Mittel, um die eigene Machtbasis zu erweitern. Den Bürgern von Lodi etwa hatte er mit Waffengewalt einen Bischof aufgezwungen, und sein Neffe Gariard bedrängte die Kirche in Cremona. Insgesamt läßt sich Ariberts Absicht erkennen, in Konkurrenz mit Rom und Ravenna eine Art Mailänder Kirchenstaat zu schaffen, an dessen Entstehung weder dem Kaiser noch den weltlichen Großen Oberitaliens gelegen sein konnte. Der kirchliche Herrschaftsanspruch, eine fast zwangsläufige Konsequenz des Reichskirchensystems, das vielen Bischöfen immer größere staatliche Kompetenzen übertragen hatte, drohte – vom Standpunkt des Kaisers aus – in vollgültige bischöfliche Territorialpolitik umzuschlagen. Dieser Prozeß wurde zusätzlich durch die wirtschaftlichen und sozialen Eigenkräfte Italiens, vor allem durch das Aufblühen der Städte, vorangetrieben. Solange das Königtum die Kirche noch fest im Griff behielt, konnten die negativen Folgen kirchlicher Machtfülle ausbalanciert werden. Wenn jedoch, wie im Fall Italiens, durch die Ferne der königlichen Zentralgewalt ein Machtvakuum entstand, liefen die großen Bistümer nur zu leicht politisch aus dem Ruder. Allzu verlockend war hier wohl auch das Vorbild der römisch-tuskulanischen Kirchenherrschaft, die aus wohlerwogenen Gründen sowohl von Heinrich II. als auch von Konrad II. toleriert wurde.

Nun aber trat ein neuer wichtiger Faktor hinzu, der die Lage veränderte und dem Kaiser Gelegenheit zum Eingreifen gab. Die oberitalienischen Städte, allen voran das mächtig aufstrebende Mailand, waren durch den Levantehandel reich geworden, ein selbstbewußtes Bürgertum rang um eigene politische Rechte. Es mußte dabei notwendig vor allem mit der bischöflichen Stadtherrschaft in Konflikt geraten, die in den vorausgegangenen Jahrzehnten neben der Gerichtsbarkeit in der Stadt und ihrem Umland, dem ,,contado", zumeist auch wichtige königliche Münz-, Markt- und Zollrechte erhalten hatte. Der Stadtbischof nutzte diese für den Ausbau seiner Stadt wie auch für eine finanziell ergiebige Hoheit über Straßen, schiffbare Flüsse und Häfen. Die Truppen, die der Bischof für den Reichskriegsdienst stellen mußte, dienten zugleich der Sicherung und Erweiterung seiner eigenen weltlichen Herrschaft. Konflikte mit dem Handels- und Gewerbebürgertum waren daher fast unvermeidlich, aber auch in der bischöflichen Verwaltungsorganisation zeigten sich Risse. Die größeren Lehensträger, ,,milites primi", ,,valvassores majores", später allgemein ,,capitanei" genannt, konnten gegen ihre Lehnsherrn, Dynasten wie Bischöfe, die Erblichkeit ihrer Lehen durchsetzen, ein Privileg, das sie aber ihren kleineren Untervasallen, den ,,milites secundi", ,,gregarii", ,,valvassores minores", später gemeinhin als ,,valvassores" bezeichnet, verweigerten. Da ,,capitanei" und ,,valvassores" zumeist in den Städten auftraten und die wichtigeren Städte wiederum Bischofssitze waren, traten die Konflikte vor allem in diesem ohnehin mit sozialen Spannungen aufgeladenen Bereich auf.

Aufstände gegen die Bischofsherrschaft hatte es schon 980 in Mailand gegeben, später in Vercelli, Ivrea, Brescia und Pavia. In Cremona vertrieb eine Erhebung der Bürger 1030 sogar Bischof Landulf aus der Stadt. Konrad II. stellte zwar eine Urkunde über dessen Wiedereinsetzung in die Stadtherrschaft aus, aber der Erfolg dieser Anordnung ist mehr als zweifelhaft. Immerhin hatte der Kaiser damals für den Bischof Partei ergriffen. Als aber 1035 in Mailand ein großer allgemeiner Aufstand gegen Erzbischof Aribert losbrach, entschloß sich Konrad zu einem entschiedenen Kurswechsel. Aribert konnte zwar die Revolte niederschlagen und deren Kerngruppe, die Valvassoren, aus der Stadt vertreiben, doch gelang es diesen, ihre Standesgenossen aus der weiteren Umgebung als Helfer zu gewinnen. In einer Schlacht bei Campo Malo, auf halbem Wege zwischen Mailand und Lodi, vermochten sich die aufständischen ritterlichen Lehnsträger gegen den Erzbischof, seine Suffragane und gegen die großen Lehnsträger, die ,,capitanei", zu behaupten. Offensichtlich haben soziale Spannungen in Mailand, die bald darauf in der Bewegung der ,,Pataria" noch stärker zum Ausbruch kamen, wesentlich dazu beigetragen, daß der Rechtskampf der Valvassoren um die Erblichkeit ihrer Lehen breite Unterstützung bei der Bevölkerung fand, die ansonsten wohl ganz andere soziale Interessen hatte.

Aufgrund dieser Ereignisse entschloß sich Konrad Ende 1036 zu energischem Eingreifen, er ging damit entschieden über die traditionelle reichskirchliche Konzeption hinaus, die noch sein Vorgänger vertreten hatte. Als der Kaiser zu Beginn des Jahres 1037 in Mailand einzog, wurde er zwar noch ehrenvoll von Erzbischof Aribert empfangen, schon am folgenden Tag jedoch sah er sich schweren Anfeindungen einer aufrührerischen Menge ausgesetzt. Er wurde beschuldigt, den Erzbischof an der Ernennung eines neuen Bischofs in Lodi gehindert zu haben. Aber es gab auch Stimmen, die Konrad aufforderten, die bürgerliche Einung (coniuratio) gegen Aribert zu unterstützen; jedenfalls berichtet dies sein Biograph Wipo (Nr. 4, Bd. XI, S. 600). Gegen wen sich nun auch die Mißstimmung der Mailänder vornehmlich gerichtet haben mag und so verschieden auch die Interessenlage der aufrührerischen Gruppen sein mochte: der Kaiser nahm jetzt die Gelegenheit wahr, auf einem Gerichtstag in Pavia vom Metropoliten die Herausgabe allen Gutes zu fordern, das er sich während seiner Amtszeit angeeignet hatte. Aribert wies dies kategorisch zurück, wurde daraufhin festgenommen und als Hochverräter verurteilt und auf Konrads nachdrücklichen Wunsch vom Papst abgesetzt und exkommuniziert. Aribert konnte aber bald darauf der Haft entkommen und nach Mailand entfliehen, dessen Tore sich nun dem Kaiser verschlossen. Eine Einnahme der wohlbefestigten Stadt war nicht möglich, so daß der Kaiser nach verlustreichen Kämpfen im Sommer wegen Seuchengefahr die Belagerung abbrach. Zuvor jedoch, nämlich am 28. Mai 1037, erließ er in feierlicher Form ein berühmtes Gesetz „zur Sicherung des Besitzes aller Lehnsträger gegen willkürliche und rechtswidrige Verdrängung". Gleichzeitig wurde die Erblichkeit aller Lehen ausgesprochen, eine Entscheidung, die die langen vorausgegangenen Kämpfe zwischen den großen Lehnsträgern (capitanei) und ihren Untervasallen (valvassores) beenden sollte (Nr. 33, II, 4, Bd. 1, Nr. 45, S. 89–91). Damit band der Kaiser vor allem die breite und offenbar schon politisch organisierte Schicht der Valvassoren wieder an die Reichsherrschaft. Im Gesamtrahmen seiner Politik bedeutete das Zugeständnis der Erblichkeit aller Lehen zweierlei. Einerseits gewann er durch dieses große Zugeständnis die Herzöge und Fürsten, also die großen Lehnsträger der Krone, zur Kooperation, andererseits begrenzte er deren Macht gleichsam von unten her, wenn er zugleich deren Untervasallen die Erblichkeit ihres Lehnsbesitzes garantierte. Daß Konrads entschiedenes Eintreten für die kleinen Lehnsträger in Deutschland und Italien auch in seiner eigenen Lebensgeschichte begründet war, ist durchaus möglich. Der Nutzen, den er aus der Anhänglichkeit dieser wichtigen neuen Gesellschaftsschicht ziehen konnte, steht in jedem Fall außer Frage. Er hatte sich schon früher bei der Weigerung schwäbischer Vasallen gezeigt, Herzog Ernst bei einem Aufstand gegen jenen König Folge zu leisten, den diese gesellschaftliche Formation mit Recht als den obersten Schirmherrn ihres eigenen Lehnsgutes betrachten mußte.

Konrad benutzte den Schlag gegen Aribert zu weiteren Schritten. Außer dem Erzbischof wurden drei weitere Bischöfe abgesetzt, nämlich Arderich von Vercelli, Hubald von Cremona und Petrus von Piacenza, und zwar wegen Konspiration mit Odo von der Champagne: sie hatten ihm die Krone Italiens angeboten, und der Mailänder Metropolit war auch hieran maßgeblich beteiligt gewesen. Da die Absetzungen durch ein Fürstengericht geschahen, nicht durch eine geistliche Versammlung, distanzierte sich der tief religiöse, kirchenreformerische Sohn des Kaisers, Heinrich III., von diesem Vorgehen. Hier kündigten sich innerhalb der Königsfamilie politische Differenzen an, die ein unterschiedliches Kirchenverständnis bei Vater und Sohn erkennen lassen. Konrads Biograph Wipo berichtet darüber knapp und distanziert, offensichtlich mit Rücksicht auf Heinrich III., dem dieses Lebensbild seines Vaters ja gewidmet war. Konrad ging sogar so weit, daß er durch den Tuskulanerpapst Benedikt IX. (1032–1045) über den abgesetzten und verurteilten Aribert den Bann verhängen ließ. Doch vermochte sich der Erzbischof in Mailand weiter zu behaupten, so daß der Kaiser, dessen Heer im Sommer 1038 wieder von einer Seuche dezimiert wurde, ohne Mailand erobert zu haben in den Norden zurückkehren mußte. Unter den Opfern waren auch die Königin Gunhild, Konrads Schwiegertochter, und sein Stiefsohn Herzog Hermann von Schwaben, dessen Herzogtum jetzt König Heinrich übertragen wurde.

Was die Verhältnisse in Süditalien betraf, so hatte der Kaiser gezögert, hier einzugreifen; die nur allzu berechtigte Furcht vor der Seuchengefahr des Sommers mag ihn vor allem abgehalten haben. Als jedoch Pandulf IV. von Capua, gegen dessen Vordringen die Fürsten von Benevent, Salerno und Neapel trotz normannischer Hilfe erfolglos blieben, auch die Kirche seines Territoriums völlig in seine Gewalt bekam, entschloß sich Konrad nach längeren, aber letztlich erfolglosen Verhandlungen schließlich doch zum Eingreifen. Pandulf hatte seinen Erzbischof Adenulf eingekerkert, Montecassino widerrechtlich in Besitz gebracht und verweigerte nun die Herausgabe. Das kaiserliche Heer drang bis Apulien vor, besetzte Troia und nahm an der Westküste Capua ein. Waimar von Salerno wurde mit diesem Fürstentum belehnt, wobei auf dessen Wunsch der Normanne Rainulf von Aversa seine Herrschaft als Lehen Waimars erhielt. In Montecassino setzte Konrad auf Wunsch der schutzbedürftigen Mönche als Abt den Niederalteicher Mönch Richer ein, den die Kaiserin Gisela vorgeschlagen hatte. Richer, ein Mann der lothringischen Klosterreform, der zuvor als Abt in San Leno bei Brescia gewirkt hatte und ein tüchtiger Gefolgsmann des Kaisers war, leitete die zweite Wiedergeburt Montecassinos ein, dessen erste Erneuerung im frühen 8. Jahrhundert unter Petronax von Brescia und Willibald von Eichstätt begonnen hatte. Mit der Belehnung Rainulfs von Aversa gelang es erstmalig einem Normannen, unter geschickter Ausnutzung der rivalisierenden Mächte Süditaliens eine auch vom Reich legitimierte Gebietsherrschaft zu errichten. Ein neuer und für 150 Jahre entscheidender Faktor der Entwicklung trat damit hervor, dessen Bedeutung für die Reichsgeschichte damals noch nicht abzusehen war.

Konrads Tod – Würdigung seiner Leistung. Nach der Rückkehr aus Italien hielt sich der Kaiser mit seiner Familie in den Pfalzen Sachsens auf, zog dann im Januar 1039 nach Nymwegen, wo er noch das Osterfest feiern konnte. Er starb bei vollem Bewußtsein am 4. Juni in Utrecht und wurde in seiner vornehmsten Gründung, dem Dom zu Speyer, in der damals bereits fertiggestellten Krypta bestattet. Konrad hinterließ ein gefestigtes Reich und einen Erben, der von ihm frühzeitig in alle Regierungsgeschäfte eingewiesen worden war. Wipo vermerkte zu seinem Hingang, ,,daß nie zuvor, soweit wir gesehen und gehört haben, so allgemeines Wehklagen den Tod eines Kaisers begleitet" habe, während der Hildesheimer Annalist, ebenfalls ein Verehrer des Kaisers, über die Hartherzigkeit und Unverständigkeit des Menschengeschlechts klagte, ,,das beim Tode des Mannes, mit dem das Haupt und die Kraft des Erdkreises in die Gruft versenkt sei, kaum eine Träne vergossen habe". Wenn es überhaupt erlaubt ist, sich über die Widersprüchlichkeit beider Nachrufe Gedanken zu machen, dann am ehesten in dem Sinne, daß man einem energischen, militärisch wie politisch gleichermaßen versierten Herrscher, der mancherlei Widerstände mit Gewalt oder mit List gebrochen hatte, nicht überall nachtrauerte.

Das scharfe Vorgehen des Kaisers gegen Erzbischof Aribert und ebenso andere resolute Eingriffe in die Kirche, vor allem aber das Urteil des burgundischen Chronisten Rudolfus Glaber († 1045/47), Konrad sei ,,im Glauben nicht sehr fest" gewesen, haben Anlaß zu der Frage nach der Art seiner Kirchlichkeit gegeben. Es wurde dabei mit Recht gesagt, daß man nicht von seinem Verhältnis *zu*, sondern seinem Verhalten *in* der Kirche sprechen müsse, sonst verfalle man einem modernen, anachronistischen Trennungsdenken, das dem Mittelalter insgesamt und insbesondere der früh- und hochmittelalterlichen Epoche vor dem Investiturstreit fremd war. Schon seine imposanten Kirchenbauten in Limburg und Speyer sprechen gegen den Verdacht, der Kaiser habe eine grundsätzliche Aversion gegen die Kirche gehabt oder sei sogar irreligiös gewesen. Die Selbstverständlichkeit, mit der er wie sein Vorgänger die Kirche lenkte und für das Königtum nutzte, geriet zwar schon in das Kreuzfeuer der Kritik aus den Kreisen der Kirchenreform, entsprach aber durchaus dem kirchenpolitischen Pragmatismus Heinrichs II. Dennoch ist es nicht ausgeschlossen, daß Konrad als wenig gebildeter Laie dem inneren Leben der Kirche ferner stand als der letzte Ottone, daß also nicht alle Unterschiede einfach auf einen Wandel des kirchlichen Selbstbewußtseins zurückgeführt werden können. Auch sollte man nicht übersehen, daß sich der erste Salier eben nicht damit begnügte, auf den eingefahrenen Bahnen des ottonischen Reichskirchensystems fortzufahren, sondern daß er sich mit dem Aufbau der Reichsministerialität, der Vermehrung des Königsgutes und dem beginnenden Ausbau von Reichsterritorien ganz entschieden auf neue Wege begab. Damit löste er sich aber auch bewußt oder unbewußt von der alleinigen Stütze durch die Reichskirche. In Italien ist der Bruch mit der Kirchenpolitik des Vorgängers besonders deutlich, aber auch in Deutschland läßt sich erkennen, daß er insgesamt an geistliche und weltliche Dynasten nicht einmal so viel Land und Leute geschenkt hat wie Heinrich II. allein an die Bistümer Bamberg und Paderborn. Wo klösterliche Reformen der königlichen Kirchenherrschaft förderlich waren, wie im Falle der intensiven Tätigkeit des lothringischen Reformabtes Poppo von Stablo-Malmedy oder Abt Richers von Montecassino, unterstützte sie Konrad nach Kräften. Bei Bischofsernennungen hingegen verfuhr er eher pragmatisch, so daß man unter seinen Kandidaten sowohl eifrige Kirchenreformer wie auch militante Prälaten älteren Stils findet. An einer vielleicht laienhafthausbackenen, aber lebendigen Kirchlichkeit Konrads II. wird man nicht zweifeln müssen; denn sein Handeln vollzog sich, wie schon vermerkt, *in* der Kirche, und noch waren die Zeiten fern, wo ein Papst durch Bannfluch einen Kaiser aus seiner sakralen Würde inmitten der „ecclesia universalis" herausstoßen und damit geistlich wie weltlich isolieren konnte.

b) Heinrich III. (1039–1056)

Die erfolgreichen Anfangsjahre. Sieht man vom hartnäckigen Widerstand Erzbischof Ariberts von Mailand gegen die kaiserliche Herrschaft ab, so hat kein Herrscher seit Otto II. so gesichert und problemlos ein machtvoll erweitertes und gefestigtes Reich übernehmen können wie der junge König Heinrich. Zwar stand er erst im 21. Lebensjahr, aber anders als seinem Vater war ihm eine sorgfältige Erziehung und Ausbildung zuteil geworden und schon früh durfte er an den Regierungsgeschäften teilnehmen. Vom Vater bereits als Zehnjähriger „Hoffnung des Reiches" genannt und nach Ausweis der Urkunden als der „geliebte Sohn, König Heinrich" in der wichtigen Rolle des Fürsprechers tätig, vermochte er schon bald als Herzog von Bayern politische Gehversuche zu unternehmen. Sie führten auch bereits zu ersten, wenn auch rasch verfliegenden Unstimmigkeiten mit dem Vater. Immerhin ließen diese früh einen anderen politischen Stil, eine differierende Grundrichtung seines Denkens und Handelns erkennen. Heinrich III. war also beim Tode seines Vaters durchaus ins politische Leben eingeführt. Die 17 Jahre seiner Regierung, die damit zwei Jahre länger als Konrads Herrschaft währte, dürfen somit nicht einfach unter dem Aspekt des jähen, vorzeitigen Abbruchs einer im Grunde verheißungsvollen Laufbahn gesehen werden, wie dies – vielleicht! – für Otto III. gelten mag. Was der Vater ihm an Lebenserfahrung voraus hatte, konnte sich Heinrich durch Erziehung und frühe Herrschaftspraxis aneignen. Dies festzustellen ist notwendig, will man möglichst vorurteilsfrei für beide Salier ein Fazit ihrer Herrschaft ziehen. Beide sind unerwartet früh gestorben, doch Konrad hinterließ ein gefestigtes Imperium, während sich bei Heinrichs Tod bereits Risse im Bau des Reiches zeigten, die nicht zufälliger Natur waren.

Anders als bei Heinrich II. und Konrad II. diente der Königsumritt des jungen Herrschers kaum mehr der Festigung der Königsherrschaft in den Herzogtümern; dies war nicht mehr nötig. Daher stellte sich der Umritt vor allem als eine glanzvolle Repräsentation gefestigter salischer Macht dar und entsprach sicher der hohen Selbsteinschätzung Heinrichs III.

Erste konkrete Erfolge konnte er erringen, als die Dinge im ostmitteleuropäischen Vorfeld des Reiches in Bewegung gerieten. Seit 1034 herrschte in Böhmen Břetislav I. (1034–1055), einer der bedeutendsten Přemysliden der Frühzeit, der den Zusammenbruch der polnischen Großmacht nach Boleslav Chrobrys Tod (1025) zu nutzen suchte. Nach dem Ableben Konrads II. eroberte Břetislav Gnesen, von wo er im Triumphzug die Gebeine des heiligen Adalbert nach Prag überführte. Heinrich III. war nicht gesonnen, eine machtvolle tschechisch-polnische Staatsbildung, diesmal von Böhmen ausgehend, zu dulden, denn damit hätte wohl die Oberhoheit des Reiches, die in den vergangenen Jahrzehnten labil genug gewesen war, ein Ende gefunden. Břetislav verband sich mit König Peter von Ungarn und konnte 1040 ein Heer Heinrichs, das durch die Further Senke nach Böhmen einfiel, vernichtend schlagen. Ebenso erfolgreich blieb er gegenüber dem zweiten Reichsheer unter Markgraf Ekkehard II. von Meißen, doch suchte er jetzt den Salier auf dem Verhandlungswege zu gewinnen. Heinrich III. ging darauf nicht ein und konnte im folgenden Jahr Břetislav vor Prag völlig besiegen. Der Böhme mußte sich auf Gnade und Ungnade ergeben, erhielt aber in Regensburg nach einem Fußfall vor dem deutschen König und durch Vermittlung der Großen des Reiches sein Herzogtum zurück; doch mußte er alle polnischen Eroberungen bis auf das Breslauer Land wieder herausgeben. Von nun an blieb Břetislav ein zuverlässiger Vasall des Reiches und benutzte die Rückendeckung im Westen konsequent zum systematischen Ausbau seiner eigenen Herrschaft, eine Politik, die sein noch bedeutenderer Sohn Wratislav II. (1061–1092) mit Erfolg fortsetzte; letzterer war zeitweise fast die einzige verläßliche Stütze Heinrichs IV. im Investiturstreit. An der Politik Břetislavs und Wratislavs nach innen wie gegenüber dem Reich läßt sich unschwer dartun, daß die Abhängigkeit Böhmens vom Reich nicht „national", also anachronistisch beurteilt werden darf: beide Seiten, der deutsche wie der böhmische Herrscher, konnten für die Stabilität ihrer Herrschaft große Vorteile aus der wechselseitigen Unterstützung ziehen.

Heinrich III. gelang es im Verlauf dieser Ereignisse, Mieszkos II. Sohn Kasimir in Polen an die Herrschaft zu bringen und damit in diesem Raum das politische Gleichgewicht wieder herzustellen. Schwieriger war dies im Südosten, wo 1041 der Neffe König Stephans, Peter Orseolo, Sohn des gleichnamigen mächtigen Dogen von Venedig, durch Samuel-Aba aus der Königsherrschaft vertrieben wurde. Peter Orseolo hatte als Herrscher Gisela, die Witwe Stephans des Heiligen, eine Schwester Kaiser Heinrichs II., verdrängt und mißhandelt. Jetzt mußte er zu Heinrich III. fliehen und erhielt dessen Verzeihung. Kriegerische Einfälle Samuel-Abas in die bayerische Ostmark forderten Gegenmaßnahmen heraus; nach mehreren, anfangs erfolglosen Zügen konnte Heinrich mit der siegreichen Schlacht von Menfö an der Raab am 5. Juli 1044 Ungarn für wenige Jahre in deutsche Lehnsabhängigkeit bringen und Peter Orseolo wieder als König einsetzen.

Markengründungen entlang der bayerisch-ungarischen Grenze, vor allem die Neumark an Leitha und March, sicherten die hinzugewonnenen Gebiete zwischen Fischa und Leitha, die sein Vater Ungarn hatte überlassen müssen.

Jedoch schon 1046 wurde Peter von dem Arpaden Andreas gestürzt, der sich mit einer sowohl gegen den starken deutschen Einfluß wie gegen das Christentum gerichteten Volksbewegung verbunden hatte. Der neue Herrscher verstand diese Kräfte geschickt für seine eigenen politischen Absichten zu nutzen; als aber seine innere Macht gefestigt war, unterdrückte Andreas die heidnische Reaktion wieder und konnte sich 1052 nach langwierigen Auseinandersetzungen durch Vermittlung Papst Leos IX. schließlich mit Heinrich III. einigen. Der Kaiser zog daraufhin seine Truppen aus Ungarn ab, aber offenbar hielt sich der Arpade nicht an die getroffene Vereinbarung; von einer Lehnsabhängigkeit seines Landes vom Reich kann jedenfalls seither keine Rede sein. Ungarn blieb zwar dem westlichen Christentum verbunden, vermochte jedoch in den folgenden Jahrzehnten politisch eigene Wege zu gehen. Ähnlich liefen die Dinge auch in Böhmen, als Andreas und Jaroslav von Kiew den Herzog Kasimir von Polen unterstützten, sobald dieser seine Ansprüche auf Schlesien gegenüber Herzog Břetislav durchsetzte. Der Kaiser griff zwar 1054 in die polnisch-böhmische Auseinandersetzung ein und konnte auch einen Kompromiß zuwege bringen. Vermutlich bewogen ihn wohl die Erfahrungen mit den östlichen Nachbarn zum planmäßigen Ausbau eines Markengürtels auch gegen Böhmen. Es war dies der Anfang einer „terra imperii", eines Königslandes, dessen Rückhalt die bald nach 1040 erbaute große Reichsburg Nürnberg wurde. Die Lehnsabhängigkeit Böhmens blieb zwar erhalten, doch war sie nur soviel wert, wie dies den beiderseitigen Interessen der Partner jeweils dienlich schien. Das Vorbild des ottonisch-salischen Reichskirchensystems läßt sich auch im přemyslidischen Böhmen erkennen: die Kirche blieb der Herzogsmacht völlig integriert. So verwundert es nicht, daß bereits Břetislav den Plan hegte, Böhmen und seine Nebenländer zu einem Erzbistum erheben zu lassen, um damit nach polnischem und ungarischem Muster politische und kirchliche Organisation zur Deckung zu bringen. Dieser Plan sollte allerdings erst unter Kaiser Karl IV. verwirklicht werden.

Liefen die Dinge im Osten nach längerem Hin und Her auf eine Stabilisierung des bereits unter Konrad II. erreichten Status quo hinaus, nahmen sie im Westen einen anderen Verlauf. Nachdem Heinrichs erste Gattin Gunhild, die Tochter des mächtigen dänisch-englischen Königs Knut, auf dem letzten Italienzug Konrads II. 1038 verstorben war, vermählte sich Heinrich III. 1043 mit Agnes von Poitou, eine Heirat, die auch seine Stellung im Königreich Burgund wesentlich festigte. Agnes war die Tochter Herzog Wilhelms V. von Aquitanien, des Gründers von Cluny und Förderers seiner epochenmachenden Klosterreform. Gleichzeitig war sie aber auch Enkelin jenes Grafen Otto Wilhelm, der unter Heinrich II. am energischsten den Übergang Burgunds an die deutsche Krone bekämpft hatte. Vermutlich spielte auch die tiefe Frömmigkeit der Burgunderin bei der Gattenwahl eine Rolle, denn Heinrich neigte selbst zu einer manchmal ans Schwärmerische grenzenden Religiosität; diese war der Kern seines herrscherlichen Selbstverständnisses und erinnerte in manchen Zügen wiederum an Otto III. Wenn bei der feierlichen Vermählung entgegen altem Brauch die Spielleute und Gaukler vom festlichen Hofe verwiesen wurden, dann entsprach das wohl der strengen Kirchlichkeit beider Gatten. Eventuelle Widerstände Frankreichs gegen diese Ehe wegen der Stellung der aquitanischen Herzöge als Kronvasallen der Kapetinger konnte Heinrich III. offenbar bei einem Treffen mit König Heinrich I. im traditionellen deutsch-französischen Grenz- und Begegnungsort Ivois am Chiers zerstreuen; auch kirchliche Bedenken wegen zu naher Verwandtschaft scheinen ausgeräumt worden zu sein. Auf jeden Fall öffnete sich mit dieser Heirat nun Deutschland, wenn auch vorerst zögernd, dem radikaleren cluniazensischen Reformmönchtum, dessen politische Orientierung zwar nicht im engeren Sinne reichsfeindlich war, aber schon aufgrund seiner landschaftlichen Herkunft als reichsfremd gelten muß.

Erste Schwierigkeiten in Lothringen. War im Falle Burgunds Heinrich III. durchaus im Sinne der Politik seines Vaters weitergeschritten, wich er in Lothringen von dessen Vorgehen ab. Dieses historisch-politische, ethnisch zweigliedrige Herzogtum hatte schon im 10. Jahrhundert seine Eigeninteressen im konkurrierenden Kräftespiel zwischen Deutschland und Frankreich immer wieder zu sichern gewußt. Konrad II. hatte der schwierigen Außenposition Lothringens am Westrand des Reiches insofern Rechnung getragen, als er schließlich Ober- und Niederlothringen in der Hand Herzog Gozelos (1023–1044) vereinigte, wohl in der berechtigten und sich auch bestätigenden Hoffnung, ein solcher Machtzuwachs würde Gozelo von selbst fester an das Reich binden. Heinrich III. wollte nach dessen Tod 1044, offensichtlich in Überschätzung der Möglichkeiten des Reiches in diesem Grenzraum, den Amtscharakter des Herzogtums wieder voll zur Geltung bringen und gab daher nur Oberlothringen an Gozelos Sohn und Mitregenten Gottfried den Bärtigen. Dieser empörte sich mit französischer Rückendeckung; es kam zu einem mehrjährigen Krieg, der mit dem Eingreifen Frankreichs, Englands und Dänemarks zu europäischen Ausmaßen eskalierte, ohne daß der Kaiser bis zu seinem Tode eine endgültige Befriedung Lothringens zu erzwingen vermochte. Allerdings hatte er insoweit Erfolg, als Gottfried das Land verlassen mußte und nach Italien flüchtete. Dort nahmen die Dinge aber eine überraschende Wendung, als der Herzog durch seine Heirat mit Beatrix, der Witwe des 1052 ermordeten Markgrafen Bonifaz I. von Canossa (1030–1052), nicht nur Markgraf von Tuszien, d. h. der Toskana, wurde, sondern auch das reiche Eigengut seiner Gattin in Lothringen in seiner Hand vereinigte. Zwar nötigte des Kaisers zweiter

Italienzug Gottfried 1055 erneut zur Flucht, und Beatrix wurde mit ihrer Tochter, der nachmals so berühmten Markgräfin Mathilde von Tuszien, nach Deutschland in Gewahrsam gebracht. Aber bald darauf, nach dem Tode des Kaisers, hatte Gottfried der Bärtige bis zu seinem Tode 1069 freie Hand in Lothringen wie in Oberitalien; von einer wirklichen Zugehörigkeit Lothringens zum Reich konnte in dieser Zeit kaum die Rede sein.

Der politische Höhepunkt des ersten Italienzuges (1046/47). Wenn man von einem absoluten Gipfel deutscher Königsmacht im Hochmittelalter spricht, dann vor allem im Hinblick auf Heinrichs III. ersten Italienzug 1046/47, der zu der Absetzung dreier Päpste und der Einsetzung eines neuen, deutschen Papstes auf der Synode von Sutri führte. Ausgelöst wurde der Italienaufenthalt sicherlich durch die Notwendigkeit, die deutsche Königsherrschaft südlich der Alpen wieder zu stabilisieren, da diese nicht nur durch Gottfried den Bärtigen, den Markgrafen von Tuszien, sondern auch durch andere Faktoren stark beeinträchtigt war. Das Ziel der Kaiserkrönung stand ebenfalls fest. Die wichtigste Aufgabe aber, die Heinrich dort erwartete, war die Förderung der Kirchenreform in Rom, dem Haupt der westlichen Christenheit. Dabei ist es im einzelnen schwer auszumachen, ob der Salier Italien bereits mit dieser festen Absicht betrat oder ob ihn erst die Verhältnisse in Ober- und Mittelitalien mit innerer Notwendigkeit auf dieses schwierige Problem hinlenkten. Soviel wird man auf jeden Fall sagen können, daß des Königs tief religiöse Natur die beste Voraussetzung für dieses gefahrvolle Unterfangen bot. Es war dies eine Aufgabe, die nicht mehr und nicht weniger bedeutete als den kühnen Zugriff des Herrschers auf die erstarkende Kirchenreform, um, an ihre Spitze tretend, die wechselseitige Verknüpfung von Herrschaft und kirchlicher Erneuerung auch für das salische Königtum und seine sakrale Überhöhung durch die Kaiserkrone nutzbar zu machen. Noch schien dies möglich, noch hatte eine „Reform von oben", also mit Hilfe der Reichsspitze, Aussicht auf Erfolg, und wenn irgendeiner nach seiner Religiosität und persönlichen Integrität dazu geeignet schien, dann war es Heinrich III.

Von sich aus hatte er bereits einen großen Gedanken der religiösen Erneuerung, nämlich den aus Burgund, aus dem Umkreis Clunys stammende Gottesfriedensbewegung aufgegriffen. So konnte er 1043 in Konstanz von der Kanzel herab mit bewegenden Worten zum allgemeinen Frieden aufrufen und in Trier zu Weihnachten dieses Jahres jeden, der sich gegen seine Majestät vergangen hatte, begnadigen, gleichzeitig aber seine Untertanen auffordern, sich auch gegenseitig Verzeihung zu gewähren. Dies war zweifellos gegen die zahlreichen, das Land schädigenden Adelsfehden gerichtet; ob der Appell fruchtete, ist schwer zu sagen. Noch sinnfälliger gab Heinrich seinem Friedensgebot Ausdruck, als er 1044, am Abend der siegreichen Schlacht von Menfö, in wollenem Gewande und barfuß vor einer

Kreuzreliquie niederkniete, worauf die Fürsten und das Heer desgleichen taten. Der König verzieh wiederum allen, die gegen ihn gefehlt hatten und forderte seine Mitstreiter auf, auch untereinander Frieden und Versöhnung walten zu lassen. Daß es einem solchen Herrscher heiliger Ernst mit der Besserung der kirchlichen Verhältnisse war, bedarf keiner weiteren Begründung; ob er dabei jedoch immer die richtigen Mittel einsetzte, ist eine andere Frage. Schon 1040 hatte er die Strafmaßnahmen seines Vaters gegen Erzbischof Aribert von Mailand aufgehoben, ohne daß die tieferen Ursachen des Konfliktes beseitigt waren. Auch nahm es Heinrich im Sommer 1046 hin, daß ihm der neue Erzbischof Halinard von Lyon unter Hinweis auf sein früheres Mönchsgelübde den Treueid verweigerte. Er investierte ihn gegen den Rat der rheinischen Bischöfe dennoch als Metropoliten in einem nicht ungefährdeten Reichsteil.

Offenbar war Heinrich fest davon überzeugt, daß letztlich die königlichen und kirchenreformerischen Interessen übereinstimmten. Denn als er zu Beginn seines Italienzuges im Oktober 1046 in Pavia eine Synode abhielt, nahm er sofort entschieden gegen die „Simonie" Stellung und damit gegen eine weitverbreitete Erscheinung, die ursächlich mit dem Reichskirchensystem zusammenhing. Nun war dieser Begriff eine Kampfformel der kirchlichen Reformpartei, hinter der vor allem der Wille stand, von weltlicher Beeinflussung frei zu sein. Der Begriff selbst bezog sich auf eine Stelle der Apostelgeschichte (8, 18–24), wonach Simon Magus von den Aposteln die Vollmacht der Geistspendung für Geld erwerben wollte. Schon Papst Gregor der Große hatte exakte Vorstellungen über drei Formen von Simonie entwickelt. Jetzt, im 11. Jahrhundert, verstand man darunter auch Gebühren und Dienstleistungen, die ein vom Herrscher eingesetzter Geistlicher diesem zu entrichten hatte. Solche Praxis wurde nun als Ketzerei diskriminiert, wobei sich die „libertas ecclesiae", die Freiheit der Kirche, als Schlagwort sowohl gegen solche Leistungspflicht dem König gegenüber richtete als auch mit innerer Konsequenz gegen den Usus, daß der Herrscher, also ein Laie, die Prälaten der Reichskirche investierte und mit Kirchen- und Reichsgut ausstattete. Der publizistische Kampf gegen die „Simonie", den „Kauf kirchlicher Ämter", wie die Dienstpflicht des Reichsklerus nunmehr polemisch verzerrt gesehen wurde, griff also in seiner Konsequenz das Reichskirchensystem grundsätzlich an. Heinrich glaubte wohl, dieser Gefahr dadurch begegnen zu können, daß er in Pavia in hinreißender Rede feierlich erklärte: Wie Gott ihm die Krone des Reiches aus reinem Erbarmen und ohne Entgelt gegeben habe, so wolle auch er das, was Gottes Verehrung betreffe, umsonst austeilen. Auch die hohen kirchlichen Würdenträger sollten ihrerseits so handeln. Das war allerdings leichter gesagt als getan. Die Machtanhäufung, wie sie etwa Erzbischof Adalbert von Bremen im Kampf mit den Billungern in Sachsen betrieb, zeigte zur Genüge, daß auch hohe kirchliche Würdenträger keineswegs von sich aus bereit waren, herrschaftliche Positionen zu räumen. Das bedeutete unter anderem, daß sie auch nicht auf die im Reichskirchensystem üblichen Abgaben, die nunmehr von den Reformern als „Simonie" kriminalisiert wurden, verzichten wollten. Um wieviel schwieriger mußte es daher sein, die wechselseitigen Verpflichtungen zwischen Königtum und Kirche, wie sie sich als Kern des Reichskirchensystems im Laufe der Zeit fast zwangsläufig ergeben hatten und auf denen seit dem 10. Jahrhundert die staatliche Struktur des Reiches weitgehend beruhte, wieder säuberlich auseinanderzutrennen. Dies war im Grunde unmöglich und bedeutete, falls es dennoch bis zur letzten Konsequenz durchgeführt worden wäre, das Ende des bislang so erfolgreichen Systems kirchlich gestützter und sakral legitimierter Königsmacht.

Wenn überhaupt irgendwo eine Chance bestand, einen Versuch in dieser Richtung zu unternehmen, dann sicherlich in Reichsitalien, wo das deutsche Königtum niemals eine solche feste Machtbasis hatte wie nördlich der Alpen und wo die Zerrüttung der päpstlichen Autorität förmlich dazu einlud, Reformen an Haupt und Gliedern von oben her zu versuchen, ohne das gesamte, für Deutschland entwickelte Reichskirchensystem in Frage zu stellen. Konnte man dabei den Stuhl Petri, das Papsttum in Rom, einer Persönlichkeit nach dem Willen des deutschen Königs übertragen – was an und für sich ein kirchenreformerisches Paradoxon war –, dann bestand die Aussicht, Reformen von oben durchzuführen, ohne den Lebensnerv des Reichskirchensystems völlig zu zerstören. Die Person des Saliers schien Gewähr dafür zu bieten, daß entschiedene Eingriffe von seiner Seite auf keinen Fall gegen die kirchenreformerischen Absichten an sich gerichtet waren. Heinrich III. konnte sich des Beifalls von dieser Seite durchaus sicher sein. In Italien schien somit 1046 die Lage für einschneidende Maßnahmen des Herrschers besonders günstig zu sein. Vom König als dem Stellvertreter Christi, der von Zeitgenossen als neuer Caesar und David, als Inbegriff sakraler Königsherrschaft gefeiert wurde, erwartete man damals die Beendigung eines nachgerade skandalösen Schismas dreier Päpste. Mit dem König stand gleichsam die burgundisch-lothringische Kirchenreform vor den Toren Roms. Damit ergab sich die wohl einmalige Chance, die spektakuläre Absetzung dreier Päpste mit der kanonisch notwendigen Beseitigung eines Schismas zusätzlich zu legitimieren.

Die Synode von Sutri (1046). Die Tuskulanergrafen hatten 1032 zum drittenmal einen der ihren, Theophylakt, als Papst Benedikt IX. durchgesetzt. Er war ein Politiker von großer Entschlußkraft, der zwar die Papstwürde auch als Mittel zur Stabilisierung der Territorialmacht seiner Familie ansah und sich mit Konrad II. in kluger Einschätzung seiner Möglichkeiten politisch arrangiert hatte, aber in kirchlichen Dingen keineswegs so korrupt war, wie ihm die in ihren publizistischen Mitteln durchaus nicht wählerische Reformpartei nachträglich vorwarf. Allerdings geriet seine Stadtherrschaft 1044 ins Wanken, als die Creszentier, die alten Gegner der Tuskulaner, einen Aufstand in Rom wagten und einen der ihren, den Bischof Johannes von Sabina, als Silvester III. zum Papst erhoben. Zwar gelang es Benedikt IX. im März 1045, Rom wieder zurückzugewinnen, er konnte sich aber dort nicht halten. Deshalb legte er die Papstwürde ab und übertrug sie, angeblich gegen eine Ablösungssumme von 2000 Silberpfunden, seinem Taufpaten Johannes Gratianus, Erzpriester an der Kirche S. Giovanni a Porta Latina, einem reichen Römer, der wahrscheinlich mit der einflußreichen jüdisch-römischen Bankiersfamilie der Pierleoni verwandt war. Als Gregor VI. wurde er am 1. Mai 1045 zum Papst geweiht, sicher ein eklatanter Fall von verwerflichem geistlichen Ämterkauf, also von „Simonie“. Das hinderte aber einen eifrigen Reformer wie Petrus Damiani nicht, ihn mit Jubel als Mann der kirchlichen Erneuerung zu begrüßen. Gregor erhoffte die Zustimmung des Saliers zu seiner Wahl und zog ihm bis Piacenza entgegen, sah sich aber in seiner Hoffnung getäuscht. Welche Gründe Heinrich veranlaßt haben mögen, den zur Unterwerfung bereiten Papst dennoch nicht zu bestätigen, bleibt ungewiß. Vielleicht befürchtete er ein sich damals abzeichnendes Bündnis zwischen den Tuskulanern, dem mächtigen Markgrafen Bonifaz von Canossa und dem Fürsten Waimar von Salerno, vielleicht war auch dem König, der mit hochgesteckten Reformvorstellungen nach Italien kam, dieser neue Papst, den die Tuskulaner offenbar stützten, schließlich doch durch die Art und Weise suspekt geworden, in der er die päpstliche Würde erlangt hatte.

Auf jeden Fall bot sich Heinrich die Gelegenheit, mehrere Ziele mit einem Schlag zu erreichen. Auf einer Synode, die am 20. Dezember 1046 in Sutri nördlich Rom abgehalten wurde, setzte der König sowohl Silvester III. wie auch Gregor VI. ab, letzteren wegen Simonie. Heinrich verbannte ihn wegen seines starken politischen Anhanges in Rom nach Deutschland. Ihn begleitete ein junger Kleriker namens Hildebrand ins Exil, es war der spätere Papst Gregor VII., der große Kämpfer des Investiturstreits. Drei Tage nach Sutri bestätigte eine römische Synode die Absetzung Benedikts IX., der sich auf seine Privatbesitzungen zurückgezogen hatte. Exkommunikationen wurden jedoch nicht ausgesprochen. Wäre es nach dem König gegangen, dann hätte Erzbischof Adalbert von Bremen, der Parteigänger und enge Freund Heinrichs, den Stuhl Petri bestiegen, doch weigerte sich dieser ganz entschieden; ihm lag offenbar mehr am Aufbau eines großangelegten Patriarchats über Norddeutschland und Skandinavien. Adalbert schlug seinen Freund, Bischof Suitger von Bamberg vor, der dann auch am Weihnachtstage 1046 als Clemens II. geweiht wurde und am selben Tag an Heinrich und dessen Gemahlin Agnes in der Peterskirche die Kaiserkrönung vollzog. Im Anschluß an diesen feierlichen Akt ließ sich der Salier im Lateranspalast von den Römern zum „Patricius Romanorum“ ausrufen. Er nahm damit einen alten Ehrentitel der Karolingerzeit wieder auf und verband mit diesem vor allem das Recht, bei einer Papstwahl nicht nur die erste, sondern auch die entscheidende Stimme abgeben zu dürfen. Faktisch hatten sowohl Otto der Große wie Otto III. dieses Recht schon ausgeübt, jetzt jedoch wurde es gleichsam institutionalisiert.

Clemens II., der übrigens sein Bistum Bamberg beibehielt und auf diese Weise und sicher im Sinne des Kaisers eine feste Verbindung zwischen Reichskirche und Papsttum herstellte, hielt bald nach Neujahr eine Synode ab, auf der dem Kaiser zur Rechten des Papstes ein Ehrensitz eingeräumt wurde. Diesen nahm der Herrscher aber offenbar nicht ein, denn zwischen den Erzbischöfen von Mailand und Ravenna und dem Patriarchen von Aquileja brach ein erbitterter Streit darüber aus, wer sich in Abwesenheit des Kaisers auf diesen Platz setzen dürfe. Heinrich benutzte den Aufenthalt in Rom auch zur Neubesetzung von Bistümern und Abteien in Italien und Deutschland. Im Februar 1047 berief er die Fürsten Süditaliens zu einem Hoftag nach Capua, wo er außer Waimar von Salerno und Pandulf IV. von Capua auch die Normannen Rainulf von Aversa und Drogo von Apulien zu Vasallen annahm. Für Waimar und Pandulf dürfte diese formelle Vasallität nicht allzuviel bedeutet haben, für die Normannenführer jedoch war dieser Akt die kaiserliche Anerkennung ihrer bereits real existierenden Herrschaft und damit ein diplomatischer Erfolg. Das mächtige Benevent jedoch trotzte der Belagerung durch Kaiser und Papst, und wenn Heinrich vor seinem Rückzug in den Norden, wie wahrscheinlich, den Normannen Herrschaftsrechte über die widerspenstigen Beneventaner gegeben hat, dann war dies eine zusätzliche Ermunterung normannischer Expansionsgelüste. Heinrich blieb damals kaum etwas anderes übrig, als schnell nach Deutschland zurückzukehren, wo sich der große Konflikt mit Gottfried dem Bärtigen schon anbahnte und in Ungarn der Schützling des Kaisers, Peter Orseolo, durch den Arpaden Andreas gestürzt und geblendet worden war.

Betrachtet man Sutri nicht als isoliertes Ereignis, dann wird man diesen vielzitierten Höhepunkt deutscher Königsherrschaft in etwas bescheideneren Dimensionen sehen müssen, vor allem, wenn man auch die weitere Entwicklung in Rom mit einbezieht. Das dreifache Schisma des Jahres 1046 bot zweifellos die günstigste Gelegenheit einzugreifen, und insofern war die Einsetzung Clemens II. sicher ein Erfolg königlicher Initiative. Aber es muß doch nachdenklich stimmen, daß es dem Tuskulanerpapst Benedikt IX. nach dem frühen Tod Clemens II. im Oktober 1047 rasch gelang, sich Roms erneut zu bemächtigen und sich dort als Papst fast ein Dreivierteljahr zu behaupten. Der vom Kaiser bestimmte Nachfolger für Clemens II., Bischof Poppo von Brixen, wurde auf seinem Romzug vom Markgrafen Bonifaz von Tuszien, der auf Benedikts Seite stand, anfangs nicht unterstützt. Erst nach einer scharfen Zurechtweisung durch den Kaiser griff Bonifaz in Rom zugunsten Poppos ein, so daß dieser als Papst Damasus II. inthronisiert werden konnte. Er starb aber schon 23 Tage später. Selbst nach dem Tode des nächsten Papstes, des vom Kaiser eingesetzten Lothringers Leo IX., versuchte Theophylakt-Benedikt 1054 noch einmal, die Papstwürde wieder zu erringen. Wenn dies auch nicht mehr glückte, so zeigt es doch zur Genüge, daß auch ein energischer Kaiser Schwierigkeiten hatte, sich gegen die starken regionalen Kräfte Roms und Italiens auf die Dauer durchzusetzen. Mit anderen Worten: Sutri war sicher ein Erfolg Heinrichs, aber ein von der schwankenden Waage des Schicksals sehr begünstigter und daher unwiederholbar: Er begründete vor allem keine Tradition, sondern schloß eine solche eher spektakulär ab.

Papst Leo IX., die Kirchenreform und Byzanz. Epoche machte hingegen der vom Kaiser designierte Papst Leo IX. (1048–1054), sein entfernter Verwandter aus dem Hause der elsässischen Grafen von Egisheim, der sich als Bischof Bruno von Toul sowohl als Reichsprälat wie als Förderer der kirchlichen Erneuerung seit zwei Jahrzehnten bewährt hatte und jetzt mit 46 Jahren den Stuhl Petri bestieg. Er nahm die kaiserliche Designation nur unter der Bedingung an, daß er vom Klerus und Volk Roms einmütig gewählt werde, womit er im Sinne der Reformer und deren Forderung nach „libertas ecclesiae", nach Freiheit der Kirche, den kirchenrechtlich notwendigen Wahlakt als entscheidend aufwertete. Da der Kaiser seinem theokratischen Sendungsbewußtseins gemäß an der Spitze der kirchlichen Erneuerung stand, stimmte Leos Haltung damals durchaus mit den kaiserlichen wie den reformerischen Zielen überein. Selbst Hildebrand, der spätere Gregor VII., hat im Rückblick nichts Tadelnswertes an den schweren Eingriffen gefunden, die Heinrichs Herrschaft in Rom mit sich brachten. Auch wenn Leo IX. auf dem Reimser Konzil 1049 die Notwendigkeit und entscheidende Bedeutung der kanonisch einwandfreien Wahl allen Prälaten einschärfte, war dies noch keine grundsätzliche Wendung gegen das Reichskirchensystem zugunsten einer Papstkirche oder gar ein Konfrontationskurs gegen das Kaisertum. Daß sich die Kirchenreform dann letzten Endes und wohl auch mit innerer Konsequenz gegen die Herrschaft weltlicher Mächte über die Kirche wandte und dies unter der Kampfparole der „libertas ecclesiae" schließlich ein Hauptanliegen wurde, war eine spätere Entwicklung unter Gregor VII., als wieder einmal die Ereignisgeschichte, nämlich die des Investiturstreits, zur härtesten Konfrontation zwischen Imperium und Sacerdotium führte, damit strukturbildend wurde und Dauerhaftes bewirkte. Aber auch Gregor hat als Papst sehr lange gezögert, ehe er sich auf diese große und grundsätzliche Auseinandersetzung mit der Reichsgewalt einließ.

Leo IX. scharte einen Mitarbeiterstab um sich, der im Rahmen des sich nunmehr verfestigenden Kardinalskollegiums das Räderwerk der Reform in Bewegung setzte. Es waren dies unter anderem Humbert aus dem Kloster Moyenmoutier bei Toul, seit 1050 Kardinalbischof von Silva Candida; Friedrich, der Bruder des Herzogs Gottfried von Lothringen, der aber später wegen dessen Kampf gegen den Kaiser vorübergehend ausscheiden mußte, bis er nach Heinrichs Tod selbst Papst werden konnte; Hugo „der

Weiße" aus dem Kloster Remiremont in den Vogesen, Kardinalpriester, und Hildebrand, den Bruno aus Cluny mit nach Rom nahm, wo er bald eine wichtige Rolle spielte. Wenn diese Kirchenreformer vor allem gegen die Simonie, also gegen die Praxis in der Reichskirche kämpften, die Einsetzung in ein hohes kirchliches Amt nach lehnsrechtlichen Vorstellungen mit materiellen Leistungen des Amtsinhabers für die Königsherrschaft zu verbinden, dann richtete sich das mit einer gewissen Zwangsläufigkeit auch gegen die königliche Personalpolitik bei der Besetzung hoher kirchlicher Ämter; dies trat aber erst in einer späteren Phase klarer zutage. Ferner galt ihr Kampf auch der Priesterehe, die offenbar weit verbreitet war und von der einer der Hauptstreiter der Reform, Petrus Damiani, in seinem „Liber Gomorrhianus" ein erschreckendes, wohl auch denunziatorisches Zerrbild entwarf, vor allem, was den italienischen Klerus betraf. Die Priesterehe wurde mit dem Schlagwort „Nikolaitismus" diskriminiert, was im Sprachgebrauch der Reformer soviel wie Unzucht bedeutete. Nun war die Priesterehe an sich kein Reformhindernis. Das Beispiel der Ostkirche beweist zur Genüge, daß eine lebendige, brüderliche und wahrhaft christliche Kirche keineswegs von der rücksichtslosen Durchsetzung des Zölibats abhängt, vor allem dann nicht, wenn letzterer auch als Politikum mißbraucht wurde, nämlich zur Disziplinierung des Klerus für den Herrschaftsanspruch Roms. Simonie, Priesterehe und der Kampf gegen sie erhielten ihre tiefere Bedeutung aber von theologischer Seite und aus der seelsorgerischen Praxis, nämlich durch die weit verbreitete, in die Seele jedes Einzelnen eingreifende Angst, daß die kirchlichen Sakramente aus der Hand von Simonisten und unkeusch lebenden Priestern nicht nur ungültig, sondern auch verderblich für das Seelenheit des Empfängers seien. Damit wurde aus einer theologischen und gewissermaßen akademischen Frage ein für jeden Christen existenzielles Problem, dessen Gewicht für die nächsten Jahrzehnte gar nicht überschätzt werden kann. Leo steuerte in dieser Frage einen mittleren Kurs, indem er gegenüber dem radikaleren Humbert die Gültigkeit von Weihehandlungen simonistischer Priester durch eine „Reordination", d.h. Wiederweihe, zu sichern suchte. Groteske Formen nahm der Kampf gegen Priesterehe und Simonie erst an, sobald er in unheilvoller Weise als politische Waffe gegen den Kaiser im Investiturstreit mißbraucht wurde.

Leos Wirksamkeit und seine Reformerfolge beruhten nicht zuletzt darauf, daß er der erste „Reisepapst" war, der auf diese Weise in Europa die Präsenz der erneuerten Kirche und des römischen Primats erlebbar machte. Wie schwierig es aber war, außerhalb Roms die harten Zölibatsgebote durchzusetzen, bewies der Tumult auf einer Synode in Mantua im Februar 1053, als die erbitterten lombardischen Prälaten den Papst und sein Gefolge tätlich angriffen, wobei es Tote und Verletzte gab. Wenig erfolgreich war Leo IX. gegenüber den Normannen, deren Einbeziehung in die Herrschaftsverhältnisse Süditaliens er anfangs ganz im Sinne seines kaiserlichen

Freundes gefördert hatte, bis ihn die bitteren Klagen der Bevölkerung über das brutale Joch der Nordmänner zum militärischen Vorgehen gegen sie bewogen. Leo bat den Kaiser um ein Reichsheer für dieses Unternehmen, was ihm jedoch verweigert wurde, so daß er mit einem selbst angeworbenen Aufgebot und in der Hoffnung auf byzantinische Hilfe den Kampf wagte. Er wurde am 18. Juni 1053 bei Civitate am Monte Gargano vernichtend geschlagen und geriet in normannische Hände. Aus der Gefangenschaft entlassen, starb er am 19. April 1054 in Rom, seine letzten Gebete in der deutschen Muttersprache sprechend.

Von ihm ab datiert eine neue, welthistorische Epoche des Papsttums. Deutsche Geschichte und allgemeine Kirchengeschichte, aber auch die Entwicklung Italiens sind durch ihn auf untrennbare Weise verbunden und geprägt worden. Er war auch ein Vollstrecker kaiserlichen Willens; dies konnte er mit seinem entschiedenen Reformeifer durchaus vereinen, weil sich Imperium und Sacerdotium noch als Einheit fühlten. Doch waren die Fundamente dieser Auffassung schon brüchig geworden. Bereits unter Leo IX. begannen sich in Rom antireichskirchliche und reichsfeindliche Strömungen zu artikulieren, die allerdings sehr verschiedene Ursachen und Ziele hatten.

Negativ wirkte sich der Reformkurs der römischen Kirche auch im Verhältnis zu Byzanz und zur Ostkirche aus; dogmatische Unterschiede spielten dabei ebenso eine Rolle wie der verschärfte Kampf gegen die in Byzanz legitime Priesterehe. Eine noch von Leo IX. bestellte Gesandtschaft nach Konstantinopel, an deren Spitze der radikale Humbert von Silva Candida und Kardinal Friedrich von Lothringen standen, erreichte gegen den Willen Kaiser Konstantins IX. das Gegenteil der erstrebten Verständigung, da sich der Patriarch Kerullarios, leidenschaftlich und fanatisch wie Humbert, gegen den Kaiser durchzusetzen wußte. Es kam, teilweise unter skandalösen Umständen, zum Eklat. Die römische Delegation und der Patriarch Kerullarios – Leo IX. war inzwischen gestorben – sprachen im Juni 1054 gegeneinander den Bannfluch aus. West- und Ostkirche trennten sich damit nach einer wechselvollen Geschichte, in der sich Mit- und Gegeneinander immer wieder abgelöst hatten, ohne daß dies zum grundsätzlichen Bruch führen mußte. Das Schisma, die Kirchenspaltung, wurde zwar 1054 von den Zeitgenossen noch nicht in seiner ganzen Schwere und Endgültigkeit empfunden, doch sollte die historische Entwicklung diesen verhängnisvollen Schritt bald zu einer immer fühlbarer werdenden Realität machen.

Derselbe Kardinal Humbert, dessen Schroffheit die Kirchenspaltung mit heraufbeschworen hatte, war auch für die Exkommunikation des Theologen Berengar von Tours im Jahre 1050 verantwortlich, der erstmals in der abendländischen Kirchengeschichte das eucharistische Opfer, die Wandlung von Brot und Wein in den Leib und das Blut Christi, symbolisch zu erklären gewagt hatte. Für Humberts Kampf gegen Simonie und Priesterehe war die Realität der Eucharistie eine unabdingbare Voraussetzung, denn nur der reale Charakter der Transsubstantion rechtfertigte das harte Vorgehen gegen „unwürdige" Priester als theologisch notwendig. Mit Berengar von Tours und ebenso mit Lanfranc von Pavia begann eine „rationalistische" Strömung in der Theologie, die sich in der Schule von Chartres entwickelte und zum Frührationalismus Abaelards und schließlich zur dialektischen Hochscholastik führen sollte. Mitte des 11. Jahrhunderts zeichnete sich dieser geistige Aufbruch aber schon deutlich ab.

Verschlechterung der Lage in Deutschland und zweiter Italienzug. Wenn Kaiser Heinrich trotz Leos dringender Bitte keine militärische Hilfe für dessen Zug gegen die Normannen leistete, dann geschah dies wohl hauptsächlich wegen der Lage in Deutschland. Seit 1053 läßt sich hier eine wachsende Mißstimmung gegen seinen Regierungsstil feststellen. Die Einsetzung des Ezzonen Konrad als Herzog von Bayern erwies sich als Mißgriff. Seine Absetzung auf einem Merseburger Hoftag zu Ostern 1053 hatte Konrads Flucht zu König Andreas von Ungarn zur Folge, mit dessen Hilfe er in Kärnten einfiel. Bayern wurde nun wieder Königsland, doch wäre es falsch, dies in der gegebenen Situation als ein Zeichen besonderer Stärke des Königs zu deuten. Die fürstliche Opposition erhob umso mehr ihr Haupt, je schärfer der Kaiser durch zahlreiche Konfiskationen gegen sie einzuschreiten versuchte. Man warf ihm Abfall von seiner früheren „iustitia" und „pietas" vor, und als Heinrich im Herbst 1053 auf einer Reichsversammlung in Tribur sein dreijähriges Söhnchen zum König wählen ließ, taten dies die Großen des Reiches nur unter dem vielsagenden Vorbehalt, daß dieser „sich als gerechter Herrscher erweisen" müsse („si rector iustus futurus esset"). Auch im Westen zeichneten sich neue Gefahren ab, als der abgesetzte Herzog Gottfried der Bärtige vor dem Kaiser nach Italien auswich und dort, wie bereits erwähnt, Beatrix, die Witwe des Markgrafen Bonifaz von Tuszien, heiratete. Nach der päpstlichen Niederlage in Süditalien geriet damit auch die kaiserliche Herrschaft in Ober- und Mittelitalien wiederum ins Schwanken.

Dies und die Notwendigkeit, nach Leos Tod einen neuen Papst einzusetzen, veranlaßten Heinrichs zweiten Italienzug im Jahre 1055. Zu Ostern wurde sein Kanzler und engster Berater der letzten Jahre, Bischof Gebhard von Eichstätt, als Papst Viktor II. (1055–1057) auf den Stuhl Petri erhoben. Gottfried der Bärtige war aus Tuszien wieder nach Lothringen geflohen und nahm nun zusammen mit Balduin V. von Flandern erneut den Kampf gegen Heinrich auf, bald auch in Verbindung mit einer innerdeutschen Opposition. Die Lage in Italien suchte der Kaiser dadurch zu stabilisieren, daß er die päpstliche Herrschaft um die Mark Fermo und das Herzogtum Spoleto erweiterte und den minderjährigen Thronfolger Heinrich mit Berta, der Tochter des durch kaiserliche Belehnung mächtigen Markgrafen Otto von Savoyen, verlobte. Daß der Salier mit der Vermehrung der päpstlichen Gewalt sich aber keineswegs seiner Rechte im Lande begeben wollte, erhellt aus der Tatsache, daß der Papst in seinen neuen Amtsbereichen in Spoleto und Fermo als missatischer, d. h. ständiger Vertreter des Kaisers fungierte, seine Macht also nur delegiert war. Ebenso hatten neue Privilegien für Mantua und Ferrara unter anderem auch den Zweck, durch Förderung der Stadtbewohner den Einfluß der Dynasten, besonders den Gottfrieds zu schwächen. Dieses städtefreundliche Element salischer Politik ist später von seinem Sohn Heinrich IV. im Investiturstreit zu einer wirksamen Waffe gegen Widerspenstige bischöfliche Stadtherren ausgebaut worden.

Eine Generalsynode, die Papst und Kaiser gemeinsam zu Pfingsten 1055 in Florenz abhielten und auf der 120 Bischöfe aus allen Reichsteilen erschienen, sollte die Reinigung der Kirche von „Simonisten“ und „Nikolaiten“ weiter vorantreiben, doch machte sich jetzt ein gewisser Stilwandel bemerkbar. Die Gruppe der Kirchenreformer, die mit Leo IX. an die Kurie gekommen waren, wirkte zwar weiter, aber es war nicht zu verkennen, daß Viktor II., als früherer Kanzler des Kaisers ein Politiker von hohem Rang, mehr Gewicht auf den Ausbau der päpstlichen Herrschaft auch im weltlichen Bereich legte. In gewisser Weise war dies eine Konsequenz der „Verstaatlichung der Kirche oder Vergeistlichung des Staates“, die für die Regierung Heinrichs insgesamt charakteristisch ist. Kardinal Friedrich von Lothringen mußte sich allerdings als Mönch nach Montecassino flüchten, für den Kaiser war er eben doch in erster Linie der Bruder seines Erzfeindes Gottfried.

Um diesen ging es unter anderem, wenn der Herrscher Italien bald wieder verlassen mußte, denn Gottfrieds und Balduins Kämpfe um Lothringen und Antwerpen uferten jetzt zu einer großen Aufstandsbewegung in Deutschland aus. Deren Häupter waren der abgesetzte Bayernherzog Konrad und Herzog Welf von Kärnten, beides Männer, die Heinrich selbst im Vertrauen auf ihre Treue eingesetzt hatte, sowie Bischof Gebhard von Regensburg, ein Verwandter Papst Viktors II. Ob man die Ermordung des Kaisers geplant und Herzog Konrad als neuen Herrscher vorgesehen hatte, bleibt ungewiß, da die Verschwörung durch den plötzlichen Tod Welfs und Konrads Ende 1055 zusammenbrach und Bischof Gebhard gefangengesetzt werden konnte. Unklar bleibt auch, ob noch zu Lebzeiten des Kaisers eine Aussöhnung mit Gottfried von Lothringen erfolgte, dessen Gattin Beatrix und Tochter Mathilde er gefangen nach Deutschland geführt hatte. Gottfrieds Unterwerfung war jedenfalls nur vorübergehender Natur, da der baldige Tod des Saliers ihm die Wiederherstellung seiner Herrschaft in Lothringen ermöglichte.

Auch Heinrichs Versuch, mit König Heinrich I. von Frankreich zu einer Übereinkunft zu gelangen, endete im Sommer 1056 mit einem Eklat. Es war dabei um die 1052 in Regensburg aufgefundenen angeblichen Dionysius-Reliquien gegangen, die den echten in Saint-Denis bedrohliche kultische Konkurrenz machten, ebenso um die Verbindungen des Kaisers zur innerfranzösischen Opposition gegen die noch instabile Herrschaft der Kapetinger. Im September vernichteten die immer noch heidnischen Lutizen ein sächsisches Heer an der Havelmündung. Auch Hungersnot und Elend scheinen damals um sich gegriffen zu haben. Der Tod des Kaisers in der Pfalz Bodfeld bei Quedlinburg und seine Bestattung am 28. Oktober 1056 im Salierdom zu Speyer vollzogen sich also schon vor einer düsteren Kulisse der Unruhe und Besorgnis. Es war wohl die größte Tragik dieses Lebens, daß Heinrich, wie kaum ein anderer vor oder nach ihm, ein Fürst des religiös legitimierten Friedens sein wollte und daß er mit seinen Indulgenzen d. h. Straferlassen im Geiste der cluniazensisch inspirierten Gottesfriedensbewegung selbst mit gutem Beispiel voranzugehen strebte: Der Geist einer hohen ethischen Friedensgesinnung aus tiefer Kirchlichkeit ist wohl überhaupt der hervorstechendste Zug seiner Persönlichkeit gewesen, die sich uns ansonsten in ihren individuellen Zügen weitgehend entzieht. Seltsam genug, daß von ihm, anders als von seinem Vater, kaum markante Äußerungen über Menschen und Zustände überliefert sind. Sollte es nur der Zufall sein, daß er keinen so lebendig schildernden Biographen gefunden hat wie Konrad II. mit Wipo, oder verbirgt sich hinter diesem Manko etwas, was man positiv die majestätische Ferne eines ganz seiner herrscherlich-religiösen Aufgabe zugewandten Charakters nennen könnte oder kritisch als Nachlassen der lebendigen und unerläßlichen Beziehung zwischen Herrscher und Beherrschten, zwischen König und Volk bezeichnen müßte? Seine Größe wurde von den Zeitgenossen durchaus empfunden, ebenso die Tragik seines plötzlichen Todes. „Kaiser, groß wie die Welt bist du gewesen – nun umfängt dich im Grab einsame Enge“ – so beginnt ganz in cluniazensischem Geiste die rührende Totenklage eines Unbekannten.

Heinrich III.: Pro und Contra. Es fällt schwer, Werk und Wirkung Heinrichs zu würdigen, schon das 11. Jahrhundert war zwiespältiger Meinung. Eine Vision, die der Mönch Otloh von St. Emmeram in Regensburg von seinem Gewährsmann Kardinal Humbert übernommen hat, weiß zu berichten, daß ein Römer in einer Traumvision am Hofe Heinrichs erlebte, wie nacheinander drei Arme vergebens den Kaiser anflehten, ihnen ihr Recht zu verschaffen. Der Herrscher, vertieft in Gespräche mit seinen Großen, habe sie barsch abgewiesen, worauf eine himmlische Stimme harte Strafe im Jenseits verkündete. Als der Schläfer erwachte, kam die Nachricht vom plötzlichen Tode des Kaisers. Ob diese Vision ein bewußtes Gegenbild zu Wipos berühmtem, so ansprechenden Bericht vom Mainzer Krönungszug Konrads II. darstellt, wo dieser gegen das Drängen der Fürsten Recht suchenden Armen sogleich Hilfe angedeihen ließ, bleibe dahingestellt. Wichtig und in gewisser Weise auch korrigierend ist aber ein zweiter Visionsbericht Otlohs, wonach ein Regensburger Bettler bei seinem Gang durch die Unterwelt einen glühenden Metallbehälter erblickte, der für die Gegner von Heinrichs Friedenspolitik bestimmt war. Wegen seiner Habsucht (avaritia) verdiene der Kaiser zwar Tadel und er werde deswegen bald sein Leben verlieren; weil er aber den Frieden förderte, stehe Gott ihm hilfreich bei. Dazu paßt ein Preisgedicht, das wohl zu seiner Kaiserkrönung verfaßt wurde. Es erhofft von dem Salier die Beendigung der Kriege, Frieden für den Weltkreis und das Anbrechen einer Zeit, in der alle „Schwerter zu Pflugscharen" würden. Es war dies eine alte, biblisch begründete Sehnsucht der Menschen, die gerade in unseren Tagen wieder zu neuer Kraft anschwillt. Für die Epoche der Kirchenreform war der Friedenswunsch eine Folge vertiefter Christlichkeit und des allmählichen Heraustretens aus einer archaischen, eher magischen Religiosität, ein Mentalitätswandel, in dessen Verlauf die Friedensbotschaft des Neuen Testaments gegenüber dem Alten Testament entschiedener als bisher ins allgemeine Bewußtsein trat.

Die beiden Visionen enthalten auch Ansatzpunkte für eine Würdigung Heinrichs. Beginnen wir mit den problematischen Elementen: Der Vorwurf der „Habgier" ist kaum aus der Luft gegriffen, wenn auch nicht als Charaktereigenschaft zu verstehen: die zahlreichen Konfiskationen adeligen Besitzes durch den Kaiser sprechen eine deutliche Sprache, wobei wohl für viele Zeitgenossen erschwerend ins Gewicht fiel, daß Heinrich konfiszierte Güter vornehmlich an die Kirche weitergab. Dies lag zwar durchaus in der Linie des ottonisch-salischen Reichskirchensystems, wurde nun aber von den mächtig und selbstbewußt gewordenen Dynasten scharf kritisiert, weil es ihre eigenen territorialen Ambitionen störte.

Musterbeispiel für die wachsende Konfrontation zwischen Reichskirche und Hochadel war der erbitterte Kampf zwischen dem ehrgeizigen Erzbischof Adalbert von Bremen, einem engen Freund des Kaisers, und dem Herzogsgeschlecht der Billunger in Sachsen, die der expansiven Territorialpolitik des Kirchenfürsten im Wege standen. Adalbert, ein thüringischer Grafensohn und somit Landfremder, strebte ein Patriarchat des Nordens an, das Schweden, Dänemark, Norwegen, Island, Finnland, Grönland und die Slawenländer zwischen Peene und Eider, also auch billungischen Einflußbereich, umfassen sollte. Die planmäßige Slawenmission Adalberts, die zur Teilung des Bistums und zur Gründung der Bistümer Mecklenburg, Oldenburg und Ratzeburg führte, diente diesem Ziel, um dessentwillen er wohl auch darauf verzichtet hatte, Papst zu werden. Solchem Streben des ehrgeizigen Erzbischofs gab zwar Leo IX. nur teilweise nach, aber es brachte die Billunger gegen den Kaiser auf, der Adalbert stützte, ihm Grafschaftsrechte verlieh und seinerseits durch reiche Schenkungen an ihn und die Bischöfe von Hildesheim und Halberstadt den billungischen Expansionsdrang empfindlich hemmte. Als es Adalbert gelang, den Abodritenfürsten Gottschalk zum Christentum zu bekehren, dessen ausgedehnte Herrschaft Teil der billungischen Mark war, mußte dies zusätzlich den erbitterten Widerstand dieser aufstrebenden Dynastenfamilie wecken, und zwar nicht nur gegen den Machtpolitiker Adalbert, sondern auch gegen denjenigen, der hinter ihm stand: Heinrich III. In diesem Zusammenhang wird man auch den Anschlag auf dessen Leben sehen müssen, den ein Mitglied der billungischen Familie unternahm; es war wohl kein zufälliger Schlag aus dem Dunkeln. Man sieht, die so oft positiv bewertete enge Verflechtung von Kirche und Staat des Früh- und Hochmittelalters hatte auch ihre negativen Seiten. Auf jeden Fall mobilisierte das gemeinsame Vorgehen von König und Erzbischof den sächsischen Adel zusätzlich gegen die salische Herrschaft.

Hinzu kam der Ausbau des Königsgutes um den Harz, dessen reiche Silbervorkommen dann Heinrich IV. planmäßig durch Reichsburgen sicherte. Goslar selbst baute Heinrich III. zu seiner Hauptpfalz aus, in der er am häufigsten residierte. Das dortige Stift St. Simon und Juda dotierte er reich und gründete damit eine der wichtigsten Ausbildungsstätten für seine Reichsbeamten und Reichsbischöfe. In gewisser Weise trat St. Simon und Juda die Nachfolge von Bamberg an, das seit Heinrich II. dieselbe Funktion innegehabt hatte. Ähnliches gilt für das Pfalzstift Kaiserswerth am Rhein, das in Verbindung mit einem Pfalzneubau entstand; es sollte die 1047 von Gottfried dem Bärtigen zerstörte kaiserliche Pfalz in Nymwegen ersetzen. Kaiserswerth wurde in der Folgezeit nicht nur eine salische Kanzleischule, sondern auch ein wichtiger Stützpunkt des Königtums im Rheinland, war also eine Parallele zu Goslar. Die Zerstörung der Pfalz in Nymwegen läßt aber erkennen, daß auch im Nordwesten die Macht des Reiches gegenüber Lothringen im Rückzug begriffen war.

Es lag also genügend Konfliktstoff bereit, der sich unter Heinrich IV. noch wesentlich vermehren sollte. Der Norden des Reiches, ohnehin nicht so fest mit der Königsherrschaft verbunden wie Süd- und Westdeutschland und besonders das Mittelrheingebiet, wo die ,,vis maxima imperii", die stärkste Kraft des Reiches, lag, entfremdete sich zunehmend der Zentralgewalt; ein konsequenter Aufbau von Königsterritorien war deshalb in Norddeutschland nicht mehr möglich.

Freilich wird man bei der Beurteilung Heinrichs sorgfältig zwischen den objektiven Sachzwängen der Entwicklung und dem politischen Spielraum des Herrschers unterscheiden müssen. Konkret heißt dies, die Frage nach den innenpolitischen Möglichkeiten königlicher ,,Innenpolitik" zu stellen, die dem König angesichts des Anwachsens fürstlicher Macht – der großen Kronvasallen in Frankreich und der Dynasten in Deutschland – und der Intensivierung von Herrschaft und Verwaltung in deren Territorien überhaupt noch verblieben waren. Der Aufbau von Reichsländern war hier für die Zukunft ein gangbarer Weg. Heinrich hat ihn auch beschritten; der wachsende Gegensatz zu den Dynasten ließ ihm wohl keine andere Wahl. Zwangsläufig mußte eine Konfrontation mit den Fürsten jedoch nicht sein, wie die Politik seines Vaters beweist. Konrad II. hatte es noch vermocht, die Dynasten durch Anerkennung ihrer Rechte und der Erblichkeit ihrer Territorien an sich zu binden. Gleichzeitig aber hatte er die Untervasallen an einem starken Königtum zu interessieren verstanden und damit den Vormarsch fürstlicher Macht gleichsam von unten her empfindlich gebremst. Sein Sohn versuchte demgegenüber, den Amtscharakter der Herzogtümer wieder zur Geltung zu bringen, ein Versuch, bei dem er sich politisch übernahm, der damals schon anachronistisch war und zu einer scharfen Opposition der Fürsten in der zweiten Hälfte seiner Regierung führte. Auch die Einsetzung Landfremder in freigewordenen Herzogtümern war zumeist ein Fehlschlag. Heinrich besaß in seiner Personalpolitik keine sehr glückliche Hand, wie die Aufstände im Westen des Reiches und vor allem in Süddeutschland zeigen. So klafft auch ein beklemmender Gegensatz zwischen seinen sicher ernst gemeinten, aber im Effekt doch eher rhetorischen Friedensappellen und der tatsächlichen Lage, die ihn fast ununterbrochen zur Kriegsführung nach innen und außen zwang und in seinen letzten Jahren zu fast bürgerkriegsähnlichen Zuständen führte. Die selbständige Kirchenpolitik Erzbischof Adalberts im Norden, die schon lange nicht mehr nur Kirchenpolitik im Dienste des Reiches war, zeigte ebenso wie der nachfolgende Machtkampf zwischen Adalbert und Erzbischof Anno von Köln um den Einfluß auf das Reichsregiment während der Minderjährigkeit Heinrichs IV., daß jetzt das Reichskirchensystem eine unkontrollierte Eigenkraft zu entwickeln begann, die auch ohne den ideologischen Druck der kirchlichen Erneuerungsbewegung den Interessen der Königsherrschaft zuwiderlaufen konnte.

Dieser Trend zur Auflösung erprobter Befehlsstrukturen ist umso ernster zu nehmen, als Heinrich selbst noch mit den ihm zur Verfügung stehenden Mitteln eine weitere Zentrierung der Herrschaft über die Reichskirche durchzusetzen versuchte. Die Gründung von Pfalzstiften in seiner Lieblingspfalz Goslar und in Kaiserswerth am Rhein bewirkte sicherlich eine noch engere Verbindung von königlichem Herrschaftszentrum und Kirche; damit verbreiterte sich die personelle Basis der königlichen Hofkapelle beträchtlich. Es ist auch kein Zufall, daß unter Heinrich III. besonders viele Kapelläne Bischöfe wurden, nämlich mehr als die Hälfte des deutschen Episkopats. Die Religiosität des Kaisers, sein hervorstechendster Charakterzug, rechtfertigte seine führende Rolle bei der Förderung der Kirchenreform, und das fast einhellige Lob der Reformpartei für ihn beweist, daß die Redlichkeit seines Einsatzes von dieser Seite anerkannt worden ist. So bleibt es unbestreitbar, daß unter ihm und durch ihn das ottonisch-salische Reichskirchensystem seine letzte Steigerung erfuhr, und zwar sowohl organisatorisch durch die wachsende Vernetzung der Kirche mit der Königsherrschaft, etwa durch die Einrichtung von Pfalzkapellen, als auch durch Heinrichs eigenen religiösen Impetus.

Eine andere Frage ist es jedoch, ob sich eine geistlich reformierte Kirche mit ihrem neuen Freiheitsbegriff und ihrem sich im Reformpapsttum manifestierenden hohen weltkirchlichen Selbstbewußtsein überhaupt noch widerspruchslos in den Reichsdienst einfügen ließ. Scheint es nicht vielmehr aus der Gesamtentwicklung heraus folgerichtig gewesen zu sein, daß die Eigendynamik einer sich allumfassend verstehenden und geistig erneuerten abendländischen Papstkirche grundsätzlich die ältere Konzeption des ottonisch-salischen Reichskirchensystems beseitigen mußte, eine Konzeption, die, von Rom her gesehen, ohnehin mehr und mehr als eine „Notlösung" und – wie die Herrschaft des Kaisers in der Kirche und über die Kirche – als obsolet, ja sogar als Unrecht empfunden werden mußte? Die scharfen Worte, die schon 1046 der cluniazensisch beeinflußte Bischof Wazo von Lüttich gegen Heinrichs Kirchenherrschaft fand und die in der provozierenden Feststellung gipfelte, die priesterliche Weihe sei lebensspendend, die Weihe des Königs jedoch habe den Tod im Gefolge (Nr. 33, I, 2, Bd. 7,S. 224), stehen zwar in ihrer Zeit noch vereinzelt da, deuten aber in ihrem provokatorischen Charakter einen entscheidenden Stimmungsumschwung an. Wazos aggressive Abwertung der Königswürde ist umso bemerkenswerter, als er unter Konrad II. niemals solche Worte gewagt, sondern sich widerspruchslos dem Reichsdienst gefügt hatte. Mit anderen Worten: War es nicht von vornherein eine Illusion des Herrschers zu glauben, daß in letzter Konsequenz Kirchenreform und königliche Lenkung der Kirche vereinbar seien? Heinrichs plötzlicher Tod ersparte zwar die Probe aufs Exempel, aber die nachfolgenden Ereignisse, das rasche „Aus-dem-Ruder-Laufen" der Kirche und die Destabilisierung des Reiches insgesamt lassen doch vermuten, daß des Kaisers Forcierung der Kirchenherrschaft unter dem Banner der Kirchenreform bei weitem nicht den positiven Effekt hatte, den seine Maßnahmen eigentlich über seinen Tod hinaus hätten haben müssen.

Unter diesen Umständen kann man wohl kaum seine Herrschaft uneingeschränkt als Höhepunkt der deutschen Königs- und Kaisermacht im Hochmittelalter bezeichnen. Das positive Urteil des staufischen Geschichtsschreibers Otto von Freising über seinen Vorfahren Heinrich III., geschrieben aus einer Distanz von fast hundert Jahren (Nr. 4, Bd. XVI, S. 480), wiegt hier weniger schwer als die kritischen Stimmen der Zeitgenossen gegenüber einer Regierung, die offenbar jeden Hauch von „Volkstümlichkeit" entbehrte. Hier liegt auch ein entscheidender Unterschied zur mindestens ebenso energischen und dennoch „populären" Politik seines Vaters, dessen innovativen Regierungsstil Heinrich doch in wesentlichen Bereichen fortzusetzen und auszubauen bestrebt war. Auf Konrads Spuren schritt Heinrich hingegen erfolgreich weiter, wo es um Markengründungen und deren Erweiterung zu künftigen Reichsterritorien, „terrae imperii", mit Hilfe der Reichsministerialität ging; ferner in den vor allem im wirtschaftlich und sozial fortgeschritteneren Italien erkennbaren Ansätzen zu einer positiven Städtepolitik gegenüber den Sonderinteressen der Dynasten. Der Aufbau königsnaher neuer Marken, die Organisation einer vom König und Kaiser unmittelbar abhängigen Dienstmannschaft und schließlich die Förderung des Städtewesens, oft unter starkem Einsatz der Ministerialität wie im Falle Nürnbergs, dies waren typische Kennzeichen der salischen wie später der staufischen Reichspolitik. Allerdings wird man sich davor hüten müssen, die großen Erfolge der Staufer auf diesem Gebiet schon in die Epoche Heinrichs III. zurückzuprojizieren, vielmehr gewinnen dessen noch bescheidene Ansätze erst vor dem Hintergrund der planvollen staufischen Reichslandpolitik und damit gleichsam erst rückblikkend ihre Bedeutung. Daß aber Ansätze dazu bei Heinrich III., mehr noch bei seinem Vater, vorhanden waren, wird niemand leugnen wollen. Kaiser Heinrich IV. sollte unter den erschwerten Bedingungen des Investiturstreits gerade diese Arkana salischen Regierungsstils verstärkt einsetzen, um sich sowohl gegen Rom wie gegen die Fürstenopposition behaupten zu können. Bewegte er sich damit mehr in den Gleisen der Politik seines Großvaters, so folgte er im konkreten, d. h. politisch-herrschaftlichen Ausbau der Friedenssicherung eher einer Idee seines Vaters, allerdings ohne den religiösen Impetus Heinrichs III., den derselbe aus der burgundischen Friedensbewegung, der ,,Treuga Dei", übernommen hatte.

Ob es dem zweiten Salierkaiser bei längerem Leben gelungen wäre, mit Energie und Beharrlichkeit jene Kräfte noch einmal zu bändigen, die schon zu seinen Lebzeiten ihr Haupt erhoben: nämlich die sächsische und süddeutsche Adelsopposition, die lothringisch-tuszische Allianz unter Gottfried dem Bärtigen, das wachsende Freiheitsverlangen einer sich erneuernden Weltkirche und schließlich die normannische Expansion in Süditalien – dies muß müßige Spekulation bleiben. Seine letzten Regierungsjahre warnen aber eher vor allzu großem Optimismus in dieser Richtung. Auch was man anachronistisch und in Verkennung mittelalterlicher Mentalität seinen ,,hochfliegenden Idealismus" genannt hat, findet in der kargen Sprache zeitgenössischer Quellen kaum eine Stütze. Von der ihm reichlich zuteil gewordenen offiziellen Panegyrik sollte man in diesem Zusammenhang füglich Abstand nehmen: modernistische Fehldeutungen, ja peinliche Mißverständnisse wären fast unvermeidlich. Ernst nehmen muß man aber auf jeden Fall die wichtigste zeitgenössische Stimme, die 1053 bezeugt, daß es gegen Ende der Regierungszeit Heinrichs III. eine offenbar in allen Volksschichten um sich greifende Mißstimmung gab, eine Enttäuschung über dessen Herrschaft, die keineswegs die hohen Erwartungen erfüllt habe, die man anfangs in sie setzte, ja, es ist sogar von Fehlleistung und Verfall die Rede (Nr. 33, I, 3, Bd. 5, S. 132). Damals, so formulierte ein Chronist kühl und distanziert, ,,murrten sowohl die Großen des Reiches wie die Geringen mehr und mehr gegen den Kaiser und klagten, er falle schon längst von der anfänglichen Haltung der Gerechtigkeit, Friedensliebe, Frömmigkeit, Gottesfurcht und vielfältigen Tugenden, in der er täglich hätte Fortschritte machen sollen, allmählich mehr und mehr ab zu Gewinnsucht und einer gewissen Sorglosigkeit und werde bald viel schlechter sein, als er war" (Nr. 4, Bd. XI., S. 702). Dieses harte Urteil stammt keineswegs aus der Feder eines haßerfüllten politischen Gegners, sondern ist die Stimme des wohl bedeutendsten und sachlich objektivsten Chronisten der Zeit, Herrmanns von Reichenau (1018–1054), eines Mannes, der sein persönliches Urteil absichtlich zurückhielt und dem man „Sorgfalt, Umsicht, strenges Maßhalten" bescheinigt, also eine gleichsam wissenschaftliche Arbeitsweise. Angesichts eines solchen, noch zu Lebzeiten des Kaisers formulierten Urteils ist es fragwürdig, Heinrichs spätere Regierungsjahre als eine vorübergehende unglückliche Konstellation zu entschuldigen, die zufällig durch seinen plötzlichen Tod geschichtsmächtig geworden sei. Vielmehr setzte die Krise des ottonisch-salischen Herrschaftssystems bereits unter ihm ein und, wie man hinzufügen muß, auch durch ihn. Ob dabei persönliche Eigenschaften Heinrichs eine Rolle spielten, etwa ein betont autokratischer Regierungsstil, dessen Kehrseite eine gewisse „Volksferne", aber auch Entfernung von der rasch sich wandelnden poltisch-gesellschaftlichen Realität gewesen sein könnte, ist schwer zu entscheiden: Sein Bild als Politiker und Charakter bleibt für uns letztlich im Dunkeln; auch den Bemühungen des Historikers, aus Heinrichs Handeln auf ihn selbst zurückzuschließen, sind enge Grenzen gesetzt. Um wieviel mehr muß dies für seine eindrucksvolle religiöse Friedensrhetorik gelten, die in einem seltsamen Gegensatz zu der wachsenden Unruhe und Friedlosigkeit steht, die sich während Heinrichs Regierungszeit im Reich ausbreitete, eine schlimme Ouvertüre zu noch schlimmeren, bürgerkriegsähnlichen Jahrzehnten unter seinem Sohn.

III. Bauformen des mittelalterlichen Reiches bis 1056

1. Regnum – Imperium – Reich: Wort und Wirklichkeit im Wandel

Wenn der strukturgeschichtliche Teil dieses Bandes mit einer begriffsgeschichtlichen Analyse jener politischen Bauformen beginnt, die Grundlagen des früh- und hochmittelalterlichen Deutschland geworden sind, dann ist dies keine leichte Aufgabe; vor allem deshalb nicht, weil Begriffsgeschichte gleichsam von Natur aus auf einen inneren Zusammenhang jener historischen Erscheinungen abzielt, die mit denselben Worten definiert werden. Im vorliegenden Falle ist das Stichwort „Reich" wohl „das komplizierteste, vielschichtigste und aspektreichste Begriffsfeld älterer Staatssprache" überhaupt (Nr. 74, Bd. 5, P. Moraw, S. 423ff.). Mehr noch: Es liefert den Beweis dafür, daß Wortkontinuität nicht nur keine Sachkontinuität anzeigt, sondern daß jene sogar die mannigfachen Bedeutungswandlungen und Entwicklungsbrüche auf dem Wege, der zur deutschen Geschichte führte, eher verhüllen, manchmal unkenntlich machen und deswegen zu falschen Schlüssen verleiten kann. Ein weiterer methodologischer Fallstrick gerade für den Begriff des mittelalterlichen deutschen Reiches ergibt sich aus der Erkenntnis, daß sich ein Terminus erst am Ende einer langen Entwicklung einstellt, während die Sache selbst schon lange als geschichtliche Struktur, d. h. als dauerhafter und lebensvoller Wirkungszusammenhang vorhanden war. Konkret gesprochen: Es ist falsch, ein deutsches Reich erst für das frühere 11. Jahrhundert anzunehmen, nur weil es vorher noch nicht eindeutig als deutsch bezeichnet worden ist. In Wirklichkeit existierte es aber schon; auch ist es kein Zufall, daß die politische Einheit Mitteleuropas, wie sie von den Ottonen im 10. Jahrhundert begründet worden ist, zuerst von außen her, nämlich von Italien, als „Regnum Teutonicum" erkannt und verstanden worden ist. Schließlich verspürte gerade Italien seit 951 und mehr noch seit 962 mit aller Wucht die politische Realität dieser neuen Einheit, die in so schicksalsbestimmender Weise in die Verhältnisse der Apenninenhalbinsel einzugreifen sich anschickte. Ein anderes Beispiel dafür, daß die Terminologie der historischen Entwicklung nachhinkt und sie gleichsam erst am Schlusse buchstäblich „festschreibt", bietet die europäische Stadtgeschichte, in der die schriftliche Ausformung von Stadtrechten im Normalfall die eigentliche Entwicklung abschloß, nicht aber eröffnete.

Aus der Antike kommend, heißt „imperium" ursprünglich „Befehl" und „Befehlsgewalt", eine Bedeutung, die weit ins Mittelalter hinein lebendig blieb und sich seit Kaiser Augustus mit dem entstehenden römischen Weltreich als Herrschafts- und Befehlsgewalt des römischen Volkes auch über andere Völker ausweitete und räumlich konkretisierte sowie in der Staatsspitze als ,,imperator" personalisierte. In der christlichen Spätantike wurde von Eusebios von Caesarea (ca. 260–339), dem Hofbischof Kaiser Konstantins, die biblische Tradition eines gottgeleiteten Menschenschicksals in der Geschichte mit der heidnischen imperialen Tradition verknüpft und damit die zentrale Bedeutung des Imperium Romanum im Heilsplan verankert: Staat und Kirche verbanden sich dadurch aufs engste. Mit dem Danielkommentar des Kirchenvaters Hieronymus (ca. 348–420) erhält das römische Imperium als letztes irdisches Reich überdies eine heilsgeschichtliche Sonderstellung. Die Chronik desselben Autors entwickelte die Vorstellung von der ,,translatio imperii", der Übertragung des Reiches auf andere Völker, die für das mittelalterliche Selbstverständnis ebenfalls folgenreich wurde.

Dieser positiven Vereinnahmung der imperialen Tradition in der christlichen Spätantike stand aber als ebenso geschichtsmächtig für das Mittelalter die Auffassung des hl. Augustinus (354–430) gegenüber, daß irdische Herrschaft und Gottesreich streng voneinander getrennt, ja unvereinbar seien. Die großen Reiche dieser Welt seien nichts anderes als ,,magna latrocinia" – große Räuberhöhlen. Daher stünden ,,civitas Dei" (Gottesstaat) und ,,civitas terrena" (irdischer Staat) in einem letztlich unauflösbaren Spannungsverhältnis, das nur durch Gottes Ratschluß am Ende der Zeiten aufgehoben werden könne. Aus dem sprachlichen Befund, daß bei Augustin ,,regnum" wie ,,imperium" als Termini für das irdische wie für das Gottesreich verwendet werden, entwickelten am Ende der christlichen Spätantike die Päpste Leo der Große († 461) und Gelasius I. († 496) konkrete kirchenpolitische Vorstellungen für das Verhältnis von Reich–Staat und Kirche, deren vielseitige Verwendbarkeit sich erst im Mittelalter voll auswirken sollte. Es war dies vor allem die Zweigewaltenlehre, in der Gelasius, ,,regnum" und ,,imperium" terminologisch mischend, die päpstliche Autorität, die ,,auctoritas sacrata pontificum", als grundsätzlich überlegen der ,,regalis potestas" des Imperators gegenüberstellte. Es war kein Zufall, daß man aus der Realität der frühmittelalterlichen Welt heraus bis an die Schwelle des kirchlichen Reformzeitalters die gelasianische Lehre von den zwei Schwertern, welche die geistliche und weltliche Gewalt symbolisierten, im allgemeinen als ein gleichberechtigtes Nebeneinander beider verstand. Erst in der Vorgeschichte des Investiturstreites wurde immer stärker die Überlegenheit des geistlichen Schwertes in den Vordergrund gerückt.

Regnum und Imperium scheinen sich nach der Völkerwanderungszeit im neu sich ordnenden Westen wieder von kirchlichen Vorstellungen entfernt zu haben. Das ,,regnum Christi" rückte dementsprechend nach dem Ende des weströmischen Reiches von der Realität der neuen gentilen Staaten ab und wurde zur Bezeichnung für die Kirche in dieser andersartigen und vielgestaltigen romanisch-germanischen Welt des Frühmittelalters. In der folgenreichsten Neubildung des Westens, im merowingischen Großreich der Franken, wurde „regnum“ sowohl für das Gesamtreich wie für die fränkischen Teilreiche als quasi amtlicher Begriff verwendet; ob es sich dabei um die lateinische Form eines gentil-germanischen Begriffs oder um die zeitgemäße Fortsetzung des römischen handelte, ist umstritten. Mit dem Königtum der Karolinger seit 751, besonders mit Karls Kaiserkrönung am Weihnachtstag 800, traten einerseits Regnum, beziehungsweise Imperium, und andererseits Sacerdotium, die Papstkirche, wieder in ein enges, von den beiderseitigen Beziehungen zu Byzanz zusätzlich beeinflußtes Verhältnis, das sich im Verlauf des Mittelalters immer spannungsreicher entfaltete.

Schon die von Karls Hoftheologen, dem Angelsachsen Alkuin formulierte „Ideologie“ eines sich im fränkischen Großreich verwirklichenden „imperiale regnum“ und „imperium christianum“ unterschied sich deutlich von der päpstlich-römischen Reichsidee; diese war sicher nicht mit Karls eigenen Vorstellungen identisch. Andernfalls hätte er kaum bei der Kaiserkrönung seines Sohnes Ludwig 813 in Aachen ein betont reichsfränkisches Zeremoniell bevorzugt. Es gab also eine konkrete karolingische „Aachener“ Reichsidee schon vor 800, die sich auf den Besitz der alten Reichszentren, der „sedes imperii“ in Rom, Mailand, Ravenna, Trier und Arles stützen konnte. Dies warf aber nach innen wie nach außen Probleme auf. Nach innen durch das unklare Verhältnis der karolingischen Teilreiche, der „regna“, zum Gesamtbegriff des „imperium“, nach außen durch die unklare Beziehung zu Byzanz. Karls langatmiger Kaisertitel, der zugleich den Vorrang des fränkischen Elements gegenüber Rom betonte, ist nur als Kompromißformel gegenüber dem östlichen Kaisertum zu verstehen. Die wesentlich knappere westliche Kaisertitulatur des 10. und 11. Jahrhunderts zeigt dagegen zur Genüge, daß weder Ottonen noch Salier bereit waren, um jeden Preis auf Byzanz Rücksicht zu nehmen. Man fühlte sich mindestens gleichrangig, wenn nicht sogar, wie unter Otto III. und Heinrich III., überlegen. Karl selbst hatte in einem Schreiben an Kaiser Michael I. (Nr. 33, IV, Bd. 2, Nr. 37, S. 555f.) 813 die endgültige Abgrenzung der beiderseitigen Interessensphären dadurch in die Wege geleitet, daß er von einem Nebeneinander des „orientale“ und des „occidentale imperium“ ausging, also die spätantike Reichsteilung unter gewandelten Bedingungen terminologisch wieder aufnahm.

Wie wenig substantiell im Grunde die imperiale Reichsideologie war, beweist die Entwicklung seit Ludwigs des Frommen Ordinatio Imperii von 817, als das Kaisertum zu einem Ehrenvorrang wurde, im Kampf der Kaisersöhne zum politischen Spielball herabsank und seit dem Vertrag von Verdun 843 schrittweise zu einem bald inhaltslosen Annex der faktischen oder auch nur erstrebten Herrschaft über Italien verkam. Das theoretisch noch vorhandene fränkische Gesamtimperium war in Wahrheit am Ende des 9. Jahrhunderts kaum etwas anderes als die Summe der spätkarolingischen Teilreiche. Mit einer gewissen geschichtsimmanenten Logik gewannen seit der Mitte dieses Jahrhunderts, besonders seit dem energischen Nikolaus I. (858–867), die päpstlichen Vorstellungen von einem westlichen Imperium genauere Gestalt, und zwar in der beim desolaten Zustand des Karolingerreiches naheliegenden Form, daß die fränkischen Teilreiche (regna) als dem Imperium untergeordnet galten, dieses jedoch von der römischen Kirche zu vergeben sei. Papst Johannes VIII. (872–882) leitete mit dieser 879 formulierten Doktrin die sogenannte Translationslehre ein, die dann Papst Innozenz III. um 1200/01 endgültig definierte. Danach gehe das Imperium „principaliter et finaliter" nach Ursprung und Bestimmung den Papst an, der es bei der Kaiserkrönung Karls des Großen von den Griechen auf das fränkisch-deutsche Reich übertragen habe, und zwar zum Schutz der römischen Kirche. Bei der Machtfülle Innozenz III. und in der konkreten Situation des staufisch-welfischen Thronstreites hatte diese Lehre natürlich ein sehr reales Gewicht. Für das 9. und 10. Jahrhundert jedoch sollte man solche herrschaftsideologischen „Sandkastenspiele" des Papsttums nicht überschätzen. Regino von Prüm († 915), der wohlinformierte Geschichtsschreiber der späten Karolingerzeit, verstand das Imperium als Klammer vieler Regna und Völker rein irdisch und daher der Fortuna, dem wechselhaften Schicksal unterworfen und vergänglich (Nr. 4, Bd. VII, S. 272ff.).

Die vorausgegangenen knappen Bemerkungen gelten auch für die Entstehungsgeschichte des deutschen Reiches im Mittelalter: Auch hier muß davor gewarnt werden, dem luftigen Gewebe der jeweiligen Regnum- und Imperium-Interpretationen allzu großes Gewicht beizulegen; oft wirken sie wie mitgeschleppter und kaum mehr verstandener, fragmentarischer Wissensballast. Im günstigsten Falle waren Regnum und Imperium sehr variable Begriffe, deren Inhalt zumeist von konkreten geschichtlichen Situationen bestimmt wurde und die deshalb auch raschem Wandel und mancherlei Widersprüchlichkeiten unterworfen waren.

Das betrifft auch Begriff und Sache „Reich" im 10. und 11. Jahrhundert, also in der Werdezeit des mittelalterlichen Imperiums. Dieser lange Zeitraum läßt schon seit dem Vertrag von Verdun (843) zögernd und dann immer deutlicher, aber auch mit retardierenden Phasen, Entwicklungen erkennen, die zu einer spezifisch deutschen Geschichte hinführten. Als einen Meilenstein auf diesem Wege hat man die Jahre 887/888 hervorgehoben, als die rechtsrheinischen „deutschen Stämme" in gemeinsamer Aktion Arnulf von Kärnten zum König erhoben. Doch ist es fraglich, ob dieser rein politische Akt schon von einem „deutschen" Sonderbewußtsein ausgelöst wurde. Zweifellos kann aber gemeinsames politisches Handeln auf längere Dauer ein Gemeinschaftsbewußtsein begründen helfen, wenn es überdies durch sprachliche Verwandtschaft und schließlich auch durch den politischen Erfolg gefördert wird. Monokausale Erklärungsversuche helfen bei komplizierten Integrationsprozessen ohnehin nicht weiter, vor allem nicht bei großräumigen Vorgängen wie in diesem Falle.

Man hat ferner bemerkt, daß das karolingische Großreich die alte stämmische Gliederung beseitigte und daß beim Zerfall des Imperiums nun nicht wieder diese ältere gentile Ordnung zum Vorschein kam, sondern die Frühformen der europäischen Nationen. Das ist sicher eine zutreffende Beobachtung, nur darf darüber nicht vergessen werden, daß es um 900 durchaus nicht ausgemacht war, ob die Entwicklung in diese Richtung laufen würde. Wenn 714 das thüringische Herzogtum, 746 das alemannische und 788 das bayerische verschwanden, dann war damit keinesfalls die gentile Gliederung endgültig unter der Decke zuerst des Gesamtreiches und später des Ostfränkischen Reiches verschwunden, obwohl gerade die ungewöhnlich lange und auch erfolgreiche Herrschaft Ludwigs des Deutschen für eine unifizierende Entwicklung die besten Voraussetzungen geboten hätte. Vielmehr tauchen – nach dem letzten großen Anlauf Arnulfs von Kärnten zur Bewahrung der Reichseinheit – im Ostfränkischen Reich um 900 wieder Herzöge (duces) als Repräsentanten einzelner Familien auf, die sich entweder durch markgräfliche Sondervollmachten, wie die Luitpoldinger in Bayern, oder auch durch Erfolge in der Abwehr äußerer Feinde anstelle des hier versagenden Königtums bewährt hatten. Auf jeden Fall waren seit der Wende vom 9. zum 10. Jahrhundert „Stammesherzöge" als intermediäre Gewalten vorhanden, die mehr oder weniger unabhängig vom Königtum handeln und sich in ihrem Selbstverständnis sogar als „reges" in ihren „regna" darstellen konnten. Der erfolglose Kampf König Konrads I. gegen das sogenannte jüngere Stammesherzogtum, nicht zuletzt durch die damalige Schwäche der Reichskirche im Ostfränkischen Reich verursacht, bewies die Kraft dieser neuen Herrschaftsbildungen. Gleichsam die Gegenprobe war der Erfolg, den König Heinrich I. dadurch errang, daß er die neu zutage getretene Realität der Dukate vorsichtig und schrittweise zum Aufbau seiner Königsherrschaft zu nutzen verstand. Dies war keineswegs zwangsläufig, denn das Gegenkönigtum Herzog Arnulfs von Bayern hätte ebensogut zu einer Spaltung des Ostfränkischen Reiches in eine bayerisch-alemannische Südhälfte und in eine sächsisch-fränkische Nordhälfte führen können. Heinrichs I. Überwindung der Doppelwahl von 919/20 ist jedenfalls ein ereignisgeschichtliches Faktum erster Ordnung, weil es zugleich strukturbildend wirkte und die dauerhafte Einheit der mittelalterlichen deutschen Nation wesentlich mitbegründete. Die Kraft der Liudolfinger jedoch beruhte nicht zuletzt auf der Machtentfaltung des sächsischen Stammes, bei dem sich länger als anderswo archaische Rechts- und Sozialverhältnisse erhalten hatten. Bislang eine periphere Außenbastion des Karolingerreiches gegen Normannen, Dänen und Elbslawen, rückte Sachsen in ottonischer Zeit ins Zentrum der Reichsgeschichte. Dies wiederum dürfte eine der Ursachen für den unterschiedlichen Verlauf der fränkisch-deutschen gegenüber der westfränkischen Verfassungsentwicklung gewesen sein. Das sächsische Reichsvolk trat nicht nur ebenbürtig neben das fränkische, sondern löste in gewisser Weise mit einer „translatio imperii ad Saxones" die fränkische Reichstradition ab, so daß Raum für eine neue und bald auch deutsche Reichsidee entstand.

Als einen äußeren Zwang zur Einigung wird man die permanenten madjarischen Invasionen ebenso in Rechnung stellen müssen wie die Konfrontation mit der politisch erstarkenden westslawischen Völkerwelt. Mehr als fraglich ist es jedoch, ob die sogenannte „karolingische Reichsaristokratie", soweit sie überhaupt als besondere politisch-gesellschaftliche Gruppe genauer zu fassen ist, auf längere Zeit hin eine einheitsstiftende oder gar die Einheit bewahrende Rolle bei der Auflösung des Karlsreiches gespielt hat. Bei näherem Hinsehen zeigt sich nämlich, daß großfränkische Reichsaristokraten ebenso oft zentripetale wie zentrifugale Bewegungen im Gesamtreich unterstützten oder letztere sogar anführten. Dies wiederum dürfte darin begründet liegen, daß die schroffe Gegenüberstellung von überregionaler Reichsaristokratie und Regionaladel eine unhaltbare Konstruktion ist, die durch sorgfältige neuere Untersuchungen etwa über die Herrschaftsverhältnisse am Mittelrhein widerlegt wurde: Die sogenannte „Reichsaristokratie" besaß nämlich durchaus ältere regionale und vorkarolingische Wurzeln und war schon aus diesem Grunde nicht automatisch Träger der karolingischen Reichseinheit. Ebenso muß offenbleiben, ob die klar erkennbare Sonderrolle Austriens im späteren Merowingerreich und unter den Frühkarolingern bereits eine Vorstufe jenes gemeinsamen politischen Handelns der Großen (potentes) gewesen ist, das zur Herausbildung der späteren deutschen Nation mit beigetragen hat.

Hingegen war es zweifellos förderlich für die Entstehung des deutschen Reiches, daß das ostfränkische Teilregnum aus dem karolingischen Gesamtimperium einige wichtige Strukturelemente übernahm und weiterentwickelte, die für die Einheit der Nation konstitutiv wurden. Dies war aber weniger die Institution der sogenannten Grafschaftsverfassung, über deren Effizienz man sich oft übertriebene Vorstellungen gemacht hat; die dauernden Ermahnungen Karls des Großen und seiner Nachfolger an die Adresse der Grafen (comites) deuten eher auf deren verwaltungsmäßige Ineffizienz hin. Dagegen erwies sich das von Karl Martell, Pippin und seinem großen Sohn errichtete Reichskirchensystem mit seinen Befehlsstrukturen für den Reichsdienst der Prälaten als die dauerhafteste Säule auch für die spätkarolingischen Teilregna. Was ursprünglich als mehr oder weniger willkürliche und von politisch-militärischen Zufallsergebnissen bestimmte Reichsteilungspraxis der Spätkarolinger den Regna gleichsam von oben aufgezwungen wurde, nämlich die Abnabelung von einem Großreich, bewirkte eine neue Zentrierung von einzelnen „Reichskirchen" auf die jeweiligen Teilreiche. Sichtbar wurde dieser Aufgliederungsvorgang in der Entstehung neuer Hofkapellen, also neuer Zentralorgane der Herrscher für ihre Teilreiche, ebenso in der Neuorientierung der Metropolitankirchen auf die nunmehr gegebenen politischen Einheiten. Die älteren gentilen, teilweise ethnischen Grenzen wurden so durch die Kirchenorganisation und ihre staatlichen Funktionen frühzeitig überwunden, vor allem durch die Verbindung mit dem Königtum: Kirchliche Königsweihe, ostfränkische Hofkapelle, Erzkapellanat, Königskanzlei und Erzkanzleramt sowie insgesamt die Bindung der Reichskirchen vermittels Immunität und Königsschutz an die neue Zentralgewalt haben hier eine gar nicht zu überschätzende Rolle gespielt. Besonders gilt dies für die Befugnis des ostfränkischen, dann deutschen Herrschers, mit der Einsetzung der Reichsprälaten ein überregionales politisches und geistiges Kommunikationsnetz im eigenen Regnum zu installieren, das die tiefergehende politische Einheit institutionell im wesentlichen vorprägte, vielleicht sogar vorprogrammierte. Auch in Frankreich gelang es später den Kapetingern, allerdings unter wesentlich ungünstigeren Bedingungen, die restlichen Stützpunkte der Zentralgewalt in 15 bis 20 ehemaligen Reichsbistümern zum Ausbau ihrer Königsmacht im Gesamtstaat und gegen ihre Kronvasallen zu nützen – eine Parallele, die den institutionellen Vorsprung der lückenlosen königlichen Kirchenherrschaft im Reich während des 10. und 11. Jahrhunderts deutlich macht. Wenn um 1004 Brun von Querfurt, Missionsbischof der „östlichen Heiden", das Erzbistum Magdeburg als die „nova metropolis Theutonorum" bezeichnet, dann belegt dieser Ausdruck unter anderem überzeugend die Rolle der Kirchenorganisation für die Entstehung eines spezifisch deutschen Reichsbewußtseins. Daß aber auch in Deutschland der Prozeß des schrittweisen Zur-Deckung-Bringens von Reichsgebiet und Kirchenorganisation nicht reibungslos vonstatten ging, zeigt etwa das Reichsbistum Cambrai, das als ostfränkisches und später deutsches Bistum dennoch Suffragan der westfränkischen Metropole Reims blieb.

Es gehört zu den größten staatsmännischen Leistungen Heinrichs I., daß er zwar anfangs mit Rücksicht auf die eklatanten Mißerfolge seines Vorgängers die ostfränkische Reichskirche in den Hintergrund treten ließ, daß er sie aber wieder heranzog, als mit den Herzögen eine Konkordanzformel gefunden war und danach die unifizierende Kraft der Reichskirche wieder zur Wirkung kommen konnte. Sein Sohn Otto der Große sollte auf diesem Wege energisch weitergehen und nach mannigfachen Mißerfolgen gegenüber den eigenständigen Kräften in den Herzogtümern die Kirche neuerlich, doch unter gewandelten Bedingungen zur Hauptstütze der Königsherrschaft machen. Der Modellfall für den Erfolg seiner Kirchenpolitik war die Integration Lothringens durch den Königsbruder Brun, der als „archidux" die Bistümer Lothringens planmäßig mit ottonischen Parteigängern besetzte und die mächtige Dynastenfamilie der Reginare entscheidend zurückdrängte. Die Herrscher in ottonisch-salischer Zeit haben als Lenker der Kirche bei der Besetzung von Bistümern und Reichsabteien seither reichlich von der Möglichkeit Gebrauch gemacht, durch Vertrauensleute aus der königlichen Hofkapelle, die sie nach eigenem Gutdünken, wenn auch unter Mitsprache des Hochadels einsetzten, innere Barrieren im Reich zu überwinden und den hohen Klerus zur Verklammerung der einzelnen Landschaften des Reiches zu nützen. Das galt nicht nur für die Kernlandschaften der Königsherrschaft im Viereck Ostsachsen–Nordthüringen, Rheinfranken und Niederlothringen, sondern auch für Gebiete, die man – allerdings in sorgfältiger Abstufung – als ,,Fernzonen der Königsherrschaft" (Nr. 524, E. Müller-Mertens, S. 138ff.) bezeichnen kann. Gerade diese Regionen, zu denen Oberlothringen, Friesland und die Billunger Lande gehörten, in mancher Beziehung aber auch das Elsaß, Schwaben und Bayern, sind durch die ,,Vernetzung" mit der Reichskirche enger an die Königsherrschaft angebunden worden, als dies auf andere Weise möglich gewesen wäre.

Auch an der raschen Ausbreitung der Klosterreform ist dies ersichtlich. Wenn etwa die lothringische Reformbewegung von Trier nach Regensburg und von Regensburg und Niederaltaich an der Donau nach Hildesheim, Hersfeld und anderen kirchlichen Zentren Nord- und Mitteldeutschlands ausgreifen konnte, dann belegt dies die Wirksamkeit des nunmehr die Dukate überlagernden Kommunikationssystems der Kirche. Mit anderen Worten: Die Zuordnung der einzelnen Erzbistümer zu karolingischen Teilregna wurde damit aus einem oktroyierten ,,Verwaltungsakt" der Herrscher im Zuge der Teilungen mehr und mehr zum wohl stärksten Strukturelement der Teilreiche; dies besonders im Ostreich, wo der Aufbau des ottonisch-salischen Reichskirchensystems die Entwicklung ungemein vorantrieb. Es ist daher nicht übertrieben und klingt nur scheinbar paradox, zu sagen, daß die ihrem Wesen nach allgemeine, ,,übernationale" Kirche als herrschaftliche Organisationsform für den König und in der Hand desselben zugleich eine starke Antriebskraft für die Entstehung des mittelalterlichen deutschen Reiches gewesen ist, stärker wohl als Sprache und Stammesbewußtsein und sicherlich entscheidender als ein anachronistisch postuliertes ,,Volksbewußtsein", das angeblich die ,,deutsche Einheit" bewirkt haben soll. Die andernorts dargelegte zentrale Rolle der Kirche sowohl im ,,innenpolitischen" Reichsdienst für den Herrscher wie auch nach außen bei der Stellung der Reichsheere, zeigt zur Genüge, wie eng und ursächlich Kirche und Reichseinheit im ottonisch-salischen Königsstaat verbunden waren. Wenn man schließlich zu Recht darauf verwiesen hat, daß die bedeutenden Sprachbarrieren zwischen Nord- und Süddeutschland einen einheitlichen Reichsverband nicht verhindert haben, dann wird man auch dies zu einem beträchtlichen Teil der vom König ausgeübten Kirchenherrschaft zuschreiben müssen, die zugleich – vom königlichen Haus- und Reichsgut abgesehen – die intensivste Form der zentralisierenden Reichsherrschaft gewesen ist.

Wurde mit der Reichskirche ein bestimmendes Strukturelement des karolingischen Gesamtimperiums für das Werden des hochmittelalterlichen Reiches übernommen und verstärkt eingesetzt, so brach Heinrich I. bei der

Erbfolge mit der langen und immer verhängnisvoller gewordenen Tradition der Reichsteilung. Zwar zeigen die ersten Jahrzehnte der Regierung Ottos des Großen, daß es schwer war, die Unteilbarkeit des Reiches gegen Brüder und Verwandte durchzusetzen, aber der dauerhafte Erfolg des großen Königs in dieser Frage war zugleich ein weiteres wichtiges Moment für die Entstehung des Reiches und einer einheitlichen Nation. Mochten sich in der späteren deutschen Geschichte auch immer wieder Erbrecht und Wahlrecht gegenübertreten, die Reichseinheit wurde nie mehr ernstlich angetastet, ein wahrhaft epochales Ergebnis, dessen Bedeutung noch durch den Kontrast zur westfränkischen Entwicklung bis in die Mitte des 11. Jahrhunderts unterstrichen wird.

Ein weiteres wichtiges Moment bei der Stabilisierung des ostfränkischen wie des ottonischen Königsstaates läßt sich aus der Ereignisgeschichte ableiten: Es war die dauernde Konfrontation zuerst mit der westslawischen Völkerwelt, die seit dem Großmährischen Reich festere Herrschaftsformen anzunehmen begann, und dann mit den madjarischen Invasionen, die für das spätkarolingische Ostreich wie für das frühe liudolfingische Königtum zu einer Existenzfrage wurden. Die Lechfeldschlacht von 955 war nicht nur eine militärische Gemeinschaftsleistung der unter ottonischer Herrschaft vereinten Stämme der Sachsen, Franken, Alemannen, Bayern und Lothringer, sondern sie bewirkte zugleich den endgültigen Zusammenbruch des zweiten Herzogsaufstandes gegen Otto, war also auch ein großes „innenpolitisches" Ereignis. Mehr noch: Nach der Darstellung Widukinds von Corvey wurde Otto nach dem Sieg „von seinem Heer als Vater des Vaterlandes (pater patriae) und Kaiser (imperator) begrüßt" (Nr. 4, Bd. VIII, S. 158). Wichtiger als der Streit darum, ob man es hier mit germanischen Vorstellungen oder mit der Tradition des antiken Heerkaisertums zu tun hat, ist das Faktum des Einheit stiftenden großen Sieges, der die liudolfingische Herrschaft zusätzlich legitimierte und nach innen festigte, gemäß der alten historischen Erfahrung, daß außenpolitische und vor allem militärische Erfolge ein Regime auch innenpolitisch stabilisieren. Im übrigen gilt das kompetente Urteil Ottos von Freising, der im Rückblick des 12. Jahrhunderts feststellte, daß das deutsche Reich (Francorum regnum orientale, quod Teutonicum dicitur) mit den Ottonen begonnen habe. Otto dem Großen schreibt er insofern dabei eine besondere Rolle zu, als dieser 962 das Kaisertum (imperium) an die deutschen Ostfranken (ad Teutonicos orientales Francos) zurückbrachte, das die „Langobarden", die Könige Italiens, usurpiert hatten (Nr. 4, Bd. XVI, S. 456). Damit deutet sich ein enger Zusammenhang zwischen Kaiserwürde und Reichseinheit an: Die deutsche Nation hat also gleichsam auch eine „römische Wurzel". Ebenso wichtig ist aber die Feststellung des Chronisten, daß die Ottonen die rechtmäßigen Nachfolger der Karolinger seien, „wenn sie auch aus anderem Geschlecht stammten und anderer Sprache waren" (ex alia familia seu lingua). Die Herkunft des deutschen Reiches aus dem fränkischen

Großreich bewirkte aber auch, daß sich die neue Benennung von Reich, Land und Volk nur zögernd durchsetzte; die machtvolle fränkische Reichstradition hat lange Zeit den Prozeß der deutschen Nationswerdung gleichsam terminologisch verdeckt, obwohl er schon längst im Gange war. Da aber neben dem neuen Regnum noch die älteren ethnischen und historischen Einheiten fortbestanden, findet sich ein vielfältiges Nebeneinander der lateinischen Bezeichnungen für das Reich: Germania, Francia, Saxonia, Terra Teutonica, Teutonia, Alamannia sowie Regnum Germanicum, Francorum, Saxonum, Teutonicorum, Alamanniae; dies ist zugleich ein sicheres Zeichen für die fortdauernde Kompliziertheit der Reichsstruktur oder – anders und positiv ausgedrückt – für die ,,Polyphonie" deutscher Kultur.

Man hat zeitweise das Faktum der sprachlichen Einheit oder zumindest Verwandtschaft national-romantisch überschätzt. Dagegen wurde mit Recht darauf hingewiesen, daß die sprachlichen Barrieren zwischen dem Norden und Süden beträchtlich waren und daher nicht unbedingt einheitsfördernd sein mußten; ethnische Zusammengehörigkeit ist nur *eine* Schubkraft unter anderen bei der Konstituierung einer Nation. Dennoch kann kein Zweifel darüber bestehen, daß sich seit dem 9. Jahrhundert sowohl zu den Romanen wie auch zu den Westslawen ein sprachlich bedingtes Distanzbewußtsein ausbildete, das zwar noch nicht einheitsstiftend war, aber zumindest die politische Einheit der deutschen Stämme erleichterte. Man könnte vielleicht von einem Parallelvorgang zur politischen Vereinheitlichung sprechen, wobei beide Prozesse von Anfang an in Wechselwirkung traten. So jedenfalls wird man es verstehen müssen, wenn die Germanistik ,,ein zunehmend einheitlicher werdendes Sprachsystem der Deutschen vom 8. bis zum 11. Jahrhundert" feststellt, wodurch Deutsch mehr und mehr ,,die Einheit des Volkssprachlichen nördlich der Alpen, zwischen dem Romanischen im Westen und dem Slawischen im Osten, sowie, in bestimmter Staffelung, südlich der Nord- und Ostsee" geworden ist (Nr. 532, St. Sonderegger, S. 273). Auch das war eine Wirkung der Kirche und der unifizierenden Kraft ihres Bildungssystems, in dessen Schoß, in Kloster- und Domschulen, die althochdeutsche Sprache nicht nur verschriftlicht, sondern auch zugleich im überregionalen klerikalen Kommunikationssystem annähernd vereinheitlicht wurde. Des weiteren dürfte eine Rolle gespielt haben, daß sich seit der Königserhebung Arnulfs von Kärnten 887 im ostfränkischen Reich ein ,,supragentiles Gemeinschaftsbewußtsein der späteren deutschen Stämme auf der Ebene des politischen Handelns bemerkbar" machte, ja, man hat sogar eine zunehmende ,,Entfrankung" in diesem Raum während des 9. Jahrhunderts feststellen wollen. Aufgrund neuer Belege scheint sich Bayern als Ausgangspunkt für die Entstehung der Sprachbezeichnung ,,diutisk – deutsch" anzubieten. Solche gleichsam ,,autogenen" Entwicklungen schließen aber nicht aus, daß sich zugleich mit der politischen Gemeinschaftserfahrung auch ein Kontrastbewußtsein gegenüber den romanischen wie slawischen Nachbarn entfaltete, das sich im Volksnamen „deutsch“ manifestierte und dann seinerseits in den politischen Bereich zurückwirkte. Sprachliches Sonderbewußtsein gegenüber den romanisierten Westfranken kündigte sich etwa in der ersten Hälfte des 9. Jahrhunderts in der Vita S. Goaris des Wandalbert von Prüm an, wie auch in einem Brief des bedeutenden Philologen und Theologen Lupus von Ferrières († nach 862), der väterlicherseits ein Bayer war und enge Beziehungen zu Fulda und zu Hrabanus Maurus, der Leuchte karolingischer Gelehrsamkeit im Ostfränkischen Reich hatte. Lupus wehrte sich in seinem Brief dagegen, daß er ganz „von der Liebe zur deutschen Sprache besessen“ sei (Germanicae linguae captum amore), eine Annahme, die auf Lektüre oder Abschrift deutschsprachiger Texte schließen läßt, für deren genaue Kenntnis Fulda ein hervorragender Platz war. Lupus hat in Fulda eine althochdeutsch glossierte Handschrift der Lex Salica, des fränkischen Stammesrechtes, geschrieben, ebenso ist er für die Erhaltung der deutschen Sprache im Westfrankenreich eingetreten. Auf jeden Fall ist im Bonifatiuskloster „das Vorhandensein eines durchreflektierten Sprachgemeinschaftsbewußtseins“ in den ersten Jahrzehnten des neunten Jahrhunderts gesichert, in dessen zweiter Hälfte Notker von St. Gallen in seinen „Gesta Karoli Magni“ ein sprachliches Zusammengehörigkeitsbewußtsein deutscher Zunge deutlich erkennen läßt: Das Adjektiv theutonicus-teutiscus ist bei ihm bereits zur Volksbezeichnung geworden. Es tritt uns ebenso bei Bischof Salomo III. von Konstanz (890–919) entgegen, Notkers Freund und Schüler, zeitweise Vormund und führender Politiker Ludwigs des Kindes. Damit steht auch die vielumstrittene Nachricht der großen Salzburger Annalen von 919/20, die Bayern hätten Herzog Arnulf die Herrschaft im Reich der Deutschen (in regno teutonicorum) übertragen, nicht mehr isoliert, mag auch die Bezeichnung selbst durch eine einmalige politische Konfrontationssituation ausgelöst worden sein. Daß die Sprachgemeinschaft ein starker Impuls für die Ausbildung eines politischen Gemeinschaftsbewußtseins war, zeigt etwa hundert Jahre später die Lebensbeschreibung Bischof Bernwards von Hildesheim aus der Feder Thankmars (um 1015), in der die wohl fiktive, zornig-enttäuschte Rede Ottos III. an die Römer aus dem Jahre 1002 wiedergegeben ist. Otto, von den Römern seiner Meinung nach schmählich im Stich gelassen, wirft diesen vor, daß er um ihretwillen seine Sachsen und alle Deutschen, sein Blut (Nr. 4, Bd. XXII, S. 320) verlassen habe. Kein Zweifel, sprachliches und politisches Einheitsbewußtsein haben sich am Beginn des 11. Jahrhunderts wechselweise gefördert. Dazu steht keineswegs im Widerspruch, daß das Auftauchen des Volksnamen „deutsch“ nicht den Anfang, sondern eher den Abschluß einer ersten Entstehungsphase bildete, der Prozeß selbst ging seiner schriftlichen Fixierung voran.

Die sprachlich-stammliche Gliederung des deutschen Volkes bestand aber bekanntlich weiter und wurde auch in gewisser Weise immer noch als Barriere empfunden. Das erhellt eine Anekdote, die Arnold von St. Emmeram († vor 1050) aus der Tradition seines Regensburger Klosters berichtet. Beim Besuch Ottos des Großen (um 954) war den bayerischen Mönchen aufgefallen, daß der Kaiser, vom Wein befeuert, aufs heiterste plattdeutsch plauderte (ore iucundo saxonizans, Nr. 33, I, Bd. 4, S. 552). Der große sprachliche Unterschied wurde also durchaus wahrgenommen, aber er löste kein Fremdheitsgefühl, geschweige denn Antipathie aus, sondern war – modern gesprochen – gleichsam zu einer „innerdeutschen" Angelegenheit geworden.

Sprachliche Einheit und politische Organisationsform des Reiches waren allerdings nicht ohne weiteres deckungsgleich, da es sowohl im Westen wie im Süden romanische Reichsangehörige gab. Auch brachte die politisch-militärische und missionarische Expansion nach Osten weite Gebiete mit slawischer Bevölkerung unter deutsche Herrschaft, womit langwährende Assimilationsprozesse, aber auch, wie im Falle des Lutizenbundes, hartnäckige Konfrontationen verbunden waren. Die sich herausbildenden Sprachgrenzen haben sich relativ spät verfestigt; das gilt auch für Nieder- und Oberlothringen. An der mittleren Mosel, im Trierer Raum etwa, wurde wohl noch bis ins 11. Jahrhundert hinein romanisch gesprochen. Die staatliche Nomenklatur ist insofern eigene Wege gegangen, als bei ihrer Fixierung vornehmlich politisch-ideologische Elemente eine Rolle spielten. Man hat zu Recht darauf verwiesen, daß das Regnum Teutonicum als Bezeichnung des Reiches nicht einfach das ältere „Regnum Francorum" oder „Imperium Francorum" ablöste, sondern daß diese Benennungen lange nebeneinander liefen und sogar noch die Formel „Imperium Romanorum" hinzutrat. Letzteres wurde durch Ottos des Großen römische Kaiserkrönung bewirkt, jenes grundlegende Ereignis von 962, das die Italienpolitik deutscher Herrscher für Jahrhunderte vorprägte. Die intensive Wechselwirkung zwischen Ereignis- und Ideengeschichte tritt auch hierbei klar zutage. Denn als seit Konrad II. und mehr noch seit Heinrich III. die Salier wiederum eine faktische Herrschaft über Rom als Trägerin einer durchaus mehrdeutigen antik-christlich-päpstlichen Kaiserideologie auszuüben vermochten – Ottos III. genialisch-utopische Romherrschaft war eher ein kurzes Intermezzo –, da konnte dieser Begriff des Imperiums als offizielle Bezeichnung auf den gesamten salischen Herrschaftsbereich übertragen werden. Dies hatte weiter zur Folge, daß mit der Herrschaft über die Päpste und durch deren Mitwirkung das salische Imperium an der Universalität der Kirche teilhatte und sogar wichtige Funktionen in ihr wahrnahm, die den Beginn der Kirchenreform am römischen Haupt wesentlich mitbewirkten. Weit über den deutschen Kern des Imperiums hinaus entwickelte sich eine Vorstellung desselben, die der Faktizität des kaiserlichen Machtbereichs insofern Rechnung trug, als sich nach Wipo, dem Biographen Konrads II., das Reich in das deutsche, italienische und burgundische Regnum untergliederte und gleichzeitig diese Trias durch den Kaisertitel überwölbt und zusammengehalten wurde.

Auf einem anderen Blatt steht, daß etwa für Frankreich mit seiner eigenen karolingischen Tradition der Kaiser zwar eine besondere Würde verkörperte, aber im übrigen lediglich der Beherrscher eines Reiches war wie der kapetingische König auch. Diese aus offenkundigen Rivalitätsgefühlen heraus erfolgte Reduktion des Imperium-Begriffs in Westeuropa darf aber nicht darüber hinwegtäuschen, daß – so paradox dies auch klingen mag – das universale Kaisertum wesentlich zur Konsolidierung des Regnum, der späteren deutschen Nation, beigetragen hat. Mit dem Nomen imperatoris, dem Kaisertitel, erhielt der König für Heidenkrieg und Ostmission die höchste religiöse Legitimation durch die Kirche. Mag dies auch schon seit dem Ende des 10. Jahrhunderts Gegenkräfte in Polen, Böhmen und Ungarn mobilisiert haben – Kräfte, die verschiedentlich auch von päpstlicher Seite gestützt wurden! –, für die Erweiterung des Reiches und die weitausgreifende Wirkung deutscher Erzbistümer in Nord- und Ostmitteleuropa bot der kirchliche Universalismus zweifellos effektiven Schutz. Die Gegenprobe liefert das Beispiel Polens und Ungarns: Als diese Länder um 1000 eigene Erzbistümer erhielten und damit vom Reich kirchlich unabhängig wurden, setzte dies auch weitgehend dem Einfluß des ottonischen Reiches ein Ende; ein Ergebnis, das auch durch die spätere deutsche Ostsiedlung nicht mehr revidiert worden ist. Ähnliches gilt für die kraftvolle Ausübung der Kirchenherrschaft durch die Přemysliden in Böhmen, deren Faktizität die Unterordnung des Bistums Prag unter die Metropole Mainz (973) mehr und mehr auf die Formalität der Weihe des Prager Bischofs durch den Metropoliten reduzierte.

Die vorausgegangenen Überlegungen lassen sich vielleicht in folgender Weise zusammenfassen: Die deutsche Nation des Mittelalters ist insofern Ergebnis einer langen Geschichte, als eine Vielfalt von Ereignissen und Wirkkräften schließlich zu einer relativ festen, wenn auch komplizierten Struktur geworden sind, eine Struktur, die allerdings auch wieder durch historische Entwicklungen aufgelöst oder gravierend verändert werden kann, wie die jüngere Geschichte der Deutschen schmerzhaft genug zeigt.

2. Die Reichsgrenzen: Problemzonen der Reichsverfassung

Die Entstehung, der politische Zustand und die zonenweise Auffächerung der Reichsgrenze sind wohl das beste Indiz für die Kompliziertheit der Reichsverfassung. Anders ausgedrückt: Grenzprobleme des werdenden Reiches waren zumeist auch dessen Organisationsprobleme; die Komplexität des Reichsganzen schlug sich auch in der Ausprägung der jeweiligen Grenzverläufe in mannigfacher Weise nieder. Hinzu kommt als verfassungsgeschichtlicher Aspekt die Erkenntnis, daß das hohe Mittelalter wegen der Vielschichtigkeit herrschaftlicher Rechte und Beziehungen ohnehin keine scharfen Grenzen kannte. Es bildeten sich eher Grenzräume mit wechselnden politischen Zuordnungen aus, die kartographisch genau zu fassen oft unmöglich ist. Dennoch soll nachfolgend versucht werden, den Umfang und die Grenzzonen des Reiches bis zur Mitte des 11. Jahrhunderts zu skizzieren. Mit der Verdichtung von Siedlungen und Verkehrswegen seit karolingischer Zeit werden auch Grenzen deutlicher, ein Vorgang, der sich mit dem bereits damals einsetzenden inneren Landesausbau intensivierte: Aus breiten, durch Wälder, Ödländereien und Gebirge oft recht undeutlich umschriebenen Grenzräumen wurden zuerst klarere Grenzzonen und schließlich, mit der Territorienbildung, genauer fixierte, lineare Grenzen, ein Prozeß, der im 11. Jahrhundert in vollem Gange, aber noch lange nicht abgeschlossen war. Ferner ist festzuhalten, daß während des gesamten Mittelalters Deutschland nördlich des Harzes, trotz der stammesmäßigen Verankerung der Liudolfinger in Sachsen, nicht so stark mit der Reichsherrschaft verbunden war wie die übrigen Teile. Das Fehlen von Reichsgut in diesem Raum ist hierfür ein deutliches Indiz, ebenso die Tatsache, daß auch Friesland im Nordwesten nie zum Intensivbereich der Reichsherrschaft gehörte. So wird man für Jütland nur vorsichtig sagen dürfen, daß nördlich der Schlei dänische Siedlung und Herrschaft begann; letztere erstreckte sich in akuten Vorstößen, die von den deutschen Herrschern immer wieder militärisch zurückgewiesen werden mußten, zeitweise weit in den norddeutschen Raum hinein. Die Vorsicht, mit der Konrad II. den mächtigen Dänenkönig Knut behandelte, spricht hier eine deutliche Sprache. Das Reich hatte im Norden gewissermaßen ein ständiges, autochthones „Normannenproblem“.

Noch unübersichtlicher war die Grenzfrage im Westen, und zwar aus mehreren Gründen. Das reiche Flandern, durch sein Textilgewerbe schon seit der Karolingerzeit eine der ersten „Industriegroßlandschaften“ des Mittelalters, profitierte politisch auch von seiner Lage zwischen Deutschland und Frankreich. Später drückte sich dies rechtlich in einer Doppelvasallität aus: Für das sogenannte Reichsflandern östlich der Schelde mit der Mark Antwerpen war etwa Graf Balduin V. (1037–1067) Vasall des Kaisers, westlich davon in Kronflandern war der französische König Lehnsherr Balduins. Wie wenig dies im Grunde für die Grenzfrage besagt, geht daraus hervor, daß die Grafen von Flandern und besonders Balduin V. es verstanden, ein gut funktionierendes Verwaltungs- und Rechtssystem für ihre Gesamtherrschaft auszubauen; damit war die durch die jeweilige Lehnsabhängigkeit fixierte „Reichsgrenze“ für das Land selbst, zumindest zeitweise, von geringer Bedeutung.

Wie irreführend manchmal Grenzziehungen der historischen Kartographie sein können, läßt sich noch mehr an der Stellung Lothringens erweisen. Ursprünglich ein zusammengeschmolzener Rest des lotharingischen Mittelreiches, erlangte es im 10. Jahrhundert unter den Reginaren, trotz seiner offiziellen Zugehörigkeit zum Reich seit 921, in den Spannungen zwischen Deutschland und Frankreich großen politischen Spielraum. Dieser wurde allerdings zeitweise von der Seite des Reiches, so unter Erzbischof Brun von Köln († 965), empfindlich eingeschränkt oder vorübergehend sogar beseitigt, konnte aber immer wieder in einer Art von „Gratwanderung“ zwischen den großen Flügelmächten erneuert werden. Höhepunkte in dieser Richtung waren die Herrschaft der Ardennengrafen (seit 1012) und danach besonders die Aufstände Herzog Gottfrieds des Bärtigen gegen Kaiser Heinrich III., die es fast fraglich erscheinen lassen, ob man damals von einer Zugehörigkeit Lothringens zum Reich im strikten Sinne sprechen konnte. Wieweit die Zweisprachigkeit des Landes bei seinen politischen Frontwechseln eine Rolle spielte, bleibe dahingestellt.

Was nun Hochburgund, die spätere Freigrafschaft Burgund (Franche-Comté) und das südlich anschließende Niederburgund mit Vienne, Lyon, Besançon, Genf und Lausanne sowie Basel anbetrifft, so darf die sich seit der Salierzeit einbürgernde „staatsrechtliche“ Terminologie von den drei „regna“ des Reiches – Deutschland, Italien, Burgund – nicht darüber hinwegtäuschen, daß vor allem im Südwesten dieser Großregion die Zuordnung zum Reich zumeist sehr locker blieb. Die typisch mittelalterliche, vielschichtige Verflechtung und das Neben-, Mit- und Gegeneinander von Herrschaftsrechten in ein- und derselben Region erschwerten es hier besonders, eine exakte Grenze gegenüber Frankreich festzulegen. Auch die damals noch große politische Sondermacht mächtiger Kronvasallen des französischen Königs, etwa der Herzöge von Aquitanien, ließ die Grenze zu einem nach dem jeweiligen Kräfteverhältnis sehr schwankenden Phänomen werden. Vielleicht ist für solche Zustände der Begriff der Grenze überhaupt anachronistisch. Wenn Wipo, der Hofkapellan und Biograph Konrads II., in seinem „Tetralogus“, einem Herrscherspiegel für Heinrich III., den letzteren mahnte, er möge doch bald in die eben unterworfene Burgundia kommen, „denn allzu oft ist die Treue der neuen Untertanen dem Wankelmut ausgesetzt, wenn der Herr zu lange fern bleibt“, dann war dies weniger ein moralisches Urteil über die Burgunder als eine realistische politische Lagebeschreibung, die nur allzu genau den vorausgegangenen Ereignissen entsprach. Das fast permanente Eingreifen burgundischer Großer in die italienischen Verhältnisse, und zwar in Konkurrenz und scharfem Gegensatz zur Italienpolitik der deutschen Könige, spricht eher für eine offene Flanke des Reiches. Auch nach der endgültigen Gewinnung Burgunds durch Konrad II. blieb vieles in der Schwebe.

Das galt in anderer Weise auch für Italien, dessen Zuordnung zum Reich seit der Mitte des 10. Jahrhunderts, wie im ereignisgeschichtlichen Teil dieses Buches dargelegt worden ist, immer wieder Probleme auf den verschiedensten Ebenen aufwarf. Auch wenn man die Bindungen Ober- und Mittelitaliens an das ottonisch-salische König- und Kaisertum für sehr stark hält, sollte man die italienischen Verhältnisse nicht in strikter Analogie zum Reichskirchensystem sehen. Eine feste, auf die Bistümer gestützte Reichsherrschaft in Italien war kaum der Regelfall. Die Ottonen setzten hier viel stärker, als bisher angenommen, karolingische Traditionen fort. Relativ wenige Bistümer waren mit Deutschen besetzt, dafür sicherlich mehr als ein Drittel mit Einheimischen aus der näheren Umgebung der jeweiligen Bischofsstadt. In Wirklichkeit dürfte der Prozentsatz einheimischer Bischöfe noch wesentlich höher liegen. Die Ottonen tolerierten also nach Möglichkeit die örtlichen Gewalten, die sie auf Dauer ohnehin nicht zu beseitigen vermochten. Das galt auch für die weltlichen Kräfte, weshalb man sogar von einer ottonischen „balance-of-power-Politik" im entstehenden Reichsitalien gesprochen hat. In der Tat konzentrierte sich die Italienpolitik der sächsischen Herrscher weitgehend auf die Beziehungen zum päpstlichen Rom und erst in zweiter Linie auf die großen Metropolitansitze Mailand, Ravenna und Aquileja. Eine Persönlichkeit wie der dem Reiche ergebene Leo von Vercelli war eher untypisch. Ebensowenig ist aber zu verkennen, daß seit Heinrich II. und besonders unter den ersten Saliern verstärkt die Tendenz bestand, personalpolitisch sowohl in die Bistümer wie in die entstehenden weltlichen Territorien in der Toskana-Emilia und in Piemont einzugreifen, aber auch hier mit der generellen Absicht, einen Gleichgewichtszustand zwischen kirchlicher und weltlicher Herrschaft herbeizuführen oder zu erhalten.

Es ist des weiteren illusorisch, angesichts der Verflochtenheit des Herrschaftsgefüges etwa nach festen Reichsgrenzen gegenüber dem werdenden Kirchenstaat zu suchen oder die nach Zeit und Umständen sehr schwankenden Einflußmöglichkeiten des Königs auf Bistümer und Frühterritorien zuverlässig definieren zu wollen. Noch problematischer erscheint es, die Lehnsabhängigkeit der süditalienischen Fürstentümer Spoleto, Benevent, Capua und Salerno vom Reich in ihrer Bedeutung genauer einzuschätzen; sie wurde ohnehin nur bei Anwesenheit deutscher Herrscher und Heere in Süditalien für eine begrenzte Zeit zum Leben erweckt. Ansonsten führten die Fürsten dieser Region im Spannungsfeld zwischen Rom, Kaisertum, Byzanz und der islamischen, später auch der normannischen Welt weitgehend ein selbständiges Dasein. Immerhin trugen die kaiserlichen Eingriffe im Süden dazu bei, eine Machtkonzentration bei den Fürsten von Salerno zu verhindern, was letzten Endes darauf hinauslief, daß Süditalien politisch-militärisch noch weiter destabilisiert und schließlich dem harten normannischen Zugriff preisgegeben wurde.

Die Südost- und Ostgrenze des Reiches bildete sich hingegen in anderer Weise aus. Sie war letztlich ein Ergebnis der militärisch-missionarischen Ostverschiebung desselben, aber auch der dadurch herausgeforderten Gegenkräfte, die im Widerstand gegen die Reichsherrschaft zu eigener politischer Gestalt fanden. Ein erster Versuch in dieser Richtung war das Großmährische Reich, das in permanenter Auseinandersetzung mit dem Ostfränkischen Reich Ludwigs des Deutschen eine stabile Herrschaft ausbilden konnte, die erst unter den Schlägen madjarischer Reiterheere am Beginn des 10. Jahrhunderts zusammenbrach. Auf karolingischen Grundlagen entwickelten sich damals auch die Markgrafschaften Verona und Istrien; erstere kam 952 an Bayern, 976 an das neue Herzogtum Kärnten. Der Markgrafschaft Verona wie dem zeitweise mächtigen Patriarchat von Aquileja vorgelagert, konnte sich Venedig in der Pufferzone zwischen westlichem und östlichem Kaisertum schon in karolingischer Zeit selbständig entfalten und seit der Jahrtausendwende unter dem großen Dogen Pietro Orseolo II. (991–1009) und Otto Orseolo (1009–1026) eigene Politik gegenüber den Großmächten und in Italien betreiben. Auch hier, wie im Falle Lothringens, war es die Lage im wechselnden Spannungsfeld zwischen grundsätzlich stärkeren Rivalen, die der eigenen Macht eine zwar stets gefährdete, aber fast immer geschickt genutzte Chance gab. Im Falle der „Biberrepublik" Venedig (Goethe) trat schon früh die eigene wirtschaftliche Potenz als stützender Faktor wie als Antriebsmotor expansiver Politik hinzu. Ein weiteres wichtiges Moment war im Großraum um Venedig das Zusammentreffen und besonders die komplizierte „Gemengelage" romanischen, germanischen und slawischen Volkstums; das hatte auch Folgen für die politische Entwicklung; die Lagunenstadt war hier seit der Karolingerzeit immer wieder auch Gegenspieler des Reiches. Was Kärnten betrifft, so war dies eine ursprünglich slawische Herrschaftsbildung, die mit Tassilos III. Sieg über die Karantanen 772 dem agilolfingischen Herzogtum und nach dessen endgültiger Beseitigung 788 dem karolingischen Großreich eingegliedert wurde.

Ein neuer Markengürtel baute sich am ostwärts wandernden Saum des bayerischen Siedlungsgebietes schrittweise auf. Er bildete sich nach der Lechfeldschlacht im 10. und 11. Jahrhundert von der Mark Krain über die Kärntner Mark, die Steiermark und die babenbergische Ostmark (976/85) sowohl gegen Byzanz und die Balkanslawen wie auch vor allem gegen die madjarische Herrschaft an Donau und Theiß. Hier kann man relativ klare Grenzzonen identifizieren. Erst der Beginn der deutschen Ostsiedlung im späteren 11. und 12. Jahrhundert brachte wieder Bewegung in die Grenzverhältnisse. Im übrigen tritt hier die Donau als geographische Leitlinie einer planmäßigen Ostexpansion wie auch einer frühen Ansiedlung aus dem altbayerischen Kernraum klar in Erscheinung. Auch konnte Otto der Große verschiedentlich und vor allem für den Kirchenbesitz an die Verhältnisse vor den madjarischen Invasionen anknüpfen. Politisch gesehen konsolidierte sich die ungarische Herrschaft nach Seßhaftwerdung und Christianisierung unter Stephan dem Heiligen (997–1038) erstaunlich rasch. Im Gegenzug entstanden durch die Markengründungen der frühen Salier an Leitha und March bald einigermaßen stabile Grenzen. Die Lehnsabhängigkeit der ungarischen Arpaden vom Reich begann sich aber schon seit Otto III., mehr noch seit Heinrich III. trotz dessen Schlachtensieg bei Menfö (1044) zu verflüchtigen.

Für die nördlich anschließende Přemyslidenherrschaft in Böhmen und Mähren bestand zwar in wechselnder Intensität eine Lehnsbindung an das

Reich. Sie begründete aber keine feste Zugehörigkeit zum Regnum Teutonicum wie bei den deutschen Kernherzogtümern, da es in Böhmen und Mähren weder Reichsgut noch Königsumritt noch eine unmittelbare Verfügungsgewalt des Königs über das Prager Bistum gab. Daß überdies die Bindung der Přemysliden an das Reich nicht nur Abhängigkeit bedeutete, sondern auch die Stabilisierung der eigenen Herrschaft im Lande gegenüber inneren Feinden ermöglichte, wurde schon in anderem Zusammenhang betont. Für die Grenzfrage bedeutet dies, daß man eher von einer graduellen Abstufung politischer Abhängigkeiten verschiedenster Art sprechen muß; der Vergleich mit den burgundischen Bindungen ans Reich im früheren 11. Jahrhundert liegt hier – mutatis mutandis – sehr nahe.

Hingegen ähnelt die Entwicklung der Grenze zu Polen derjenigen gegenüber Ungarn. Auch hier bildete sich, etwa gleichzeitig mit Stephans ungarischer Königsherrschaft, unter Boleslav Chrobry († 1025) eine königsgleiche Großherrschaft, die zeitweise auch Böhmen und Mähren mit umfaßte und für die erstmals der Name Polonia bezeugt ist. In beiden Fällen stabilisierte die Gründung der Erzbistümer Gnesen und Gran die politische Entfaltung und ebenso die schrittweise Emanzipation vom übermächtigen Einfluß des Reiches in Kirche und Politik; in beiden Fällen entstanden in der breiten Grenzzone im Gegenzug Markengürtel. Gegen den werdenden polnischen Staat entwickelten sich die Marken Meißen und Lausitz, ferner die Nordmark und, an diese wiederum nördlich anschließend, seit etwa 936 die Mark der Billunger; letztere ein Sprungbrett späterer billungischer Herzogsmacht. Dieser ausbaufähigen Mark im königsfernen Norden des Reiches entsprach im Südosten funktional wie in den langzeitlichen Wirkungen die babenbergische Mark beiderseits der Donau. Auch sie war der Ausgangspunkt einer erfolgreichen Ostausdehnung und eines zielbewußten inneren Herrschaftsausbaus dieser Dynastenfamilie, aus dem schließlich 1156 das Herzogtum Österreich entstand.

In einem anderen, wesentlichen Punkte jedoch unterschieden sich die nördlichen Grenzlandschaften gegenüber dem piastischen Polen völlig von der Entwicklung Österreichs entlang der Donau und gegenüber dem arpadischen Ungarn: Sie umschlossen nämlich weite slawische Gebiete mit eigenen politischen Organisationsformen, die an ältere Phasen der deutschen Stammesentwicklung erinnern. Da der Raum zwischen Elbe und Oder im weiteren Verlauf des Mittelalters ein fester Bestandteil des Reiches wurde, muß hier auf die elbslawischen Grundlagen dieser Großregion näher eingegangen werden. Während im 10. Jahrhundert westlich der Elbe das mittelalterliche Reich und östlich der Oder wie der böhmischen Gebirgszüge Polen und Böhmen als lebenskräftige christliche Staaten entstanden, findet sich dazwischen eine Zone, die politisch-genetisch dem älteren Typus der kultisch-pagan geprägten Stammesherrschaft angehörte und deswegen nur in geringem Maße zentrale herrscherliche Gewalt und Verwaltung kannte. Die germanische Parallele dieser Entwicklungsstufe war der sächsische Stammesbund des 8. Jahrhunderts. Sowohl zwischen Saale und Erzgebirge bei den Sorben, wie auch nördlich des Fläming im Siedlungsgebiet der Elbslawen (Polaben) fanden sich kleinräumige Herrschaften dieser Art, etwa bei den Hevellern oder Stodoranen, die ein erbliches Fürstentum kannten. Größere politische Verbände bildeten in Ostmecklenburg und Vorpommern die Wilzen und deren stärkster Einzelstamm, die Redarier um Neustrelitz, sowie, westlich davon, in Westmecklenburg und Ostholstein die herrschaftlich wohlorganisierten Obodriten unter dem Fürstengeschlecht der Nakoniden.

Diese vielfältige slawische Völkerwelt zwischen Elbe, Saale und Oder wurde im frühen 10. Jahrhundert doppelt bedroht: Einerseits vom entstehenden ottonischen Königsstaat mit seinem sich immer weiter vorschiebenden Markensystem und den missionarischen Aktivitäten der Reichskirche; andererseits im Osten durch die relativ großräumige polnische Staatsbildung der Piasten, die sich früher als die heidnischen Kultbünde der Elbslawen dem Christentum geöffnet hatten. Die madjarischen Dauerinvasionen bis zur Lechfeldschlacht (955) machten aber gerade diese Region zu einem militärisch zu sichernden, tiefgestaffelten Vorfeld des Reiches. Heinrichs I. Slawenkriege waren gleichsam Vorstadien des entscheidenden Kampfes gegen das gefährliche östliche Reitervolk. Wenn der Chronist Adam von Bremen im 11. Jahrhundert von Otto dem Großen rückblikkend berichtet, er habe die Slawen so kriegsgewaltig bezwungen, daß „sie dem Sieger Tribute und Bekehrung zum Christentum dargebracht" hätten (Nr. 4, Bd. XI, S. 238), dann läßt diese Methode des „indirekten Missionskrieges" die Bedrohung erkennen, die den Elbslawen militärisch wie kultisch und damit auch politisch erwachsen war. Dem entsprach im Westen die Überzeugung Ottos des Großen, daß Eroberung und Mission nur zwei Seiten derselben Sache seien: „Wir glauben – so formulierte der Kaiser 968 in einem Brief an die sächsischen Großen – daß die Mehrung der Verehrung Gottes gleichbedeutend ist mit Heil und Bestand unserer Königs- und Kaiserherrschaft" (Nr. 33, III, 5, Bd. 1, Nr. 366, S. 502).

Ebenso bedrohlich für die elbslawische Völkerwelt wurde aber die Westexpansion der polnischen Piasten, die Ende des 10. Jahrhunderts im Süden die Sudeten und Karpaten erreichten, im Osten eine jenseits der Weichsel verlaufende Linie, im Westen jedoch die Oder; damit rief Polen bald den erbitterten Widerstand elbslawischer Gruppen hervor. Nimmt man die Stabilisierung der přemyslidischen Herrschaft im böhmisch-mährischen Raum hinzu, dann sind im 9. und 10. Jahrhundert zwei bedeutende westslawische Staaten entstanden, die herrschaftlich straff organisiert und in wesentlichen Bereichen auch bereits christianisiert waren. Beide drückten von Osten und Süden auf das politisch schwächer organisierte Slawentum zwischen Elbe und Oder. Nachdem es dort schon 929 und 955 zu schweren Aufständen gegen das Reich und dessen durch Marken und Burgwardeien gesichertes Herrschaftssystem gekommen war, führte der große Slawenaufstand von 983, dem sich im Nordwesten der Obodritenfürst anschloß, zu einem Zusammenbruch der deutschen Herrschaft wie auch der Mission in diesem Raum. Aktiver Kern dieses Großkrieges gegen das ottonische Reich war der Lutizenbund, ein Kultbund, der sich um das zentrale Heiligtum des Gottes Svarožic in Rethre/Rethra im Gebiet der Redarier gebildet hatte. Der Aufstand richtete sich gleichermaßen gegen die politische Herrschaft des liudolfingischen Königs wie gegen die christliche Kirchenorganisation und ihren Abgabendruck. Christus erschien offenbar den Elbslawen nicht als universaler Gott, sondern als „deus Theutonicus“, als gentiler „deutscher“ Gott.

Wichtiger noch als die augenblicklichen militärischen Erfolge des Lutizenbundes war jedoch die Tatsache, daß sich dessen Organisationsform und sein heidnischer Kult noch bis ins 12. Jahrhundert behaupten konnte. Dies führte zuerst zu einem politischen Zusammenspiel zwischen den Ottonen und den polnischen Piasten, wobei sich die Lutizen mit gleicher Kraft gegen den christlichen Herrschaftsstaat deutscher wie polnischer Prägung zur Wehr setzten: es gab ebensowenig ein gemeinslawisches Bewußtsein, wie es früher ein gemeingermanisches gegeben hatte. Es war dann Kaiser Heinrichs II. vielgetadeltes Zusammengehen mit den Lutizen gegen Polen in den Jahren 1003–1018, das nun wiederum dem elbslawischen Stammesbund politischen Spielraum, gesicherte Kultausübung und bessere Überlebenschancen gewährte. Gegen Zusicherung ihrer Kultfreiheit und Regionalherrschaft unter nomineller Oberhoheit des Reiches wurden sie zuverlässige Verbündete des Kaisers. Erst seit der Mitte des 11. Jahrhunderts begann die Macht der Lutizen wegen innerer Auseinandersetzungen wie auch wegen des neuerlichen Machtanstiegs des obodritischen Fürstentums zu schwinden. Die weitgehende Eindeutschung der elbslawischen Völkerwelt war aber noch ein langer Integrations- und Assimilationsprozeß, der sich über die Schwelle des Spätmittelalters hinaus vollzog.

Die Tatsache, daß sich die Elbslawen bis ins 12. Jahrhundert und sogar über den berüchtigten Wendenkreuzzug von 1147 hinaus noch politisch und kultisch zu halten vermochten, bedeutet aber für die Grenzfrage, daß man noch bis in diese Zeit hinein die wirkliche Grenze der Macht des Reiches an der Elbe zwischen Magdeburg, Havelberg und Ratzeburg-Hamburg suchen muß. Es ist anzunehmen, daß die zähe Selbstbehauptung slawischer Stämme in diesem Raum auch ursächlich mit der Schwäche der ottonischen und salischen Königsherrschaft in der Norddeutschen Tiefebene zusammenhängt. Der ehrgeizige Versuch Erzbischof Adalberts I. von Hamburg-Bremen, dieses Vakuum in Auseinandersetzung mit den Billungern zu einer weiträumigen kirchlichen Herrschaft aufzufüllen, führte ebenfalls nicht zum Ziel. Adalberts Sturz aus seiner herzogsähnlichen Stellung (1066) bewirkte aber einen neuen Höhepunkt lutizischer und obodritischer Macht an der unteren Elbe. Auch in diesem Bereich ist somit der enge Zusammenhang zwischen der regional höchst unterschiedlichen Reichsstruktur und der Entwicklung der faktischen wie der postulierten Grenzen des Regnum Teutonicum mit Händen zu greifen.

3. Zwischen Königtum und Volk: Die intermediären Gewalten

a) Das Herzogtum

Für die ältere Forschung war es ausgemacht, daß es ein älteres Stammesherzogtum der Merowingerzeit gegeben hat und ein ,,jüngeres", das sich im späten 9. Jahrhundert bildete, unter Ludwig dem Kind († 911), Konrad I. und auch noch unter Heinrich I. einen Höhepunkt seiner Bedeutung erreichte, bis es seit Otto dem Großen mehr und mehr in den liudolfingischen Königsstaat einbezogen und schließlich wieder entmachtet wurde. Dabei stand fest, daß der Stamm und damit die stämmische Gliederung des sich damals ausformenden deutschen Volkes das ethnische Substrat der neuen Herzogtümer darstellte, obwohl weder Franken noch Lothringen Stammesherzogtümer im Sinne der älteren Forschung gewesen sein konnten. Diese Ansicht hat sich lange gehalten, selbst dann noch, als neuere Untersuchungen den alten, quasi ,,national-romantischen" Stammesbegriff längst aufgegeben hatten, wonach der Stamm eine relativ homogene Einheit ethnischer, sprachlicher und kultureller Natur war. Geht man jedoch von einem ethnosoziologisch orientierten Stammesbegriff aus, dann stellt sich dieser scheinbar solide Baustein des fränkischen Großreiches wie des früh- und hochmittelalterlichen deutschen Reiches, den man gemeinhin ,,Stamm" nennt, als ein äußerst heterogenes, wandelbares und vielfältiges Gebilde dar, dessen genaue Beschreibung und Analyse Schwierigkeiten bereiten. Schon durch diesen Wandel des Stammesbegriffs mußte es fragwürdig erscheinen, sowohl von einem älteren und jüngeren Stammesherzogtum zu sprechen wie auch zwischen einem ,,Amtsherzogtum" und einem ,,Stammesherzogtum" klar zu unterscheiden. Auch die Gleichsetzung von ,,dux" und ,,Herzog" (heritogo) erwies sich als problematisch, die Vielfalt und Vieldeutigkeit des Wortfeldes ,,dux" von der Spätantike bis ins 11. Jahrhundert verbietet von selbst eine normierende Verwendung dieses Begriffs. ,,Dux" gibt es als spätantiken Amtstitel sowie als Bezeichnung für den Anführer einer Völkerschaft am Rande oder außerhalb des Orbis Romanus und Orbis Christianus. Es kann einen militärischen Befehlshaber bezeichnen und den Verwalter einer größeren Region, ja, man hat diesen Titel sogar für den karolingischen Reichsadel des 9. Jahrhunderts reklamiert. In der Endphase des Merowingerreiches findet er sich als Bezeichnung für langobardische und aquitanische Regionalherrscher, für die bayerischen Agilolfinger und selbst für die karolingischen Hausmeier, ehe ihnen der Sprung zur faktischen wie dann auch zur formellen Königsherrschaft gelang. Die vereinheitlichende Kraft der karolingischen Reichsreformen brachte den Dukat vorläufig zum Verschwinden, er hielt sich noch am längsten in den Außenbastionen Aquitanien und Bayern.

Für die Frühphase der deutschen Geschichte wurde bedeutungsvoll, daß mit den rechtsrheinischen Dukaten zugleich germanische Großgruppen in das Frankenreich eingegliedert wurden, deren Entstehung – wie bereits dargelegt – ein komplizierter Vorgang gewesen ist und die durch die organisatorische Verbindung mit dem Großreich feste Gestalt gewonnen hatten. In der zweiten Hälfte des 7. Jahrhunderts genossen diese Herzogtümer eine relative Selbständigkeit.

Die Ausscheidungskämpfe der Frühkarolinger gegen die alemannischen (746) und bayerischen (788) „duces" im Zuge des planmäßigen Aufbaus der karolingischen Reichsverwaltung, durchgeführt mit Hilfe der „Reichsaristokratie" und der Reichskirche, brachten dann für mehr als ein Jahrhundert die Dukate als eigenständige Glieder des Großreiches zum Erlöschen. Der Zerfall der karolingischen Gesamtherrschaft und die permanente Bedrohung ihrer Grenzen durch Normannen, Sarazenen und Madjaren begünstigte aber wiederum den Aufstieg einzelner Familien, vor allem in den gefährdeten Grenzregionen. Sowohl die politisch-militärische Vollgewalt des Markgrafenamtes wie die Akkumulation von Amtstiteln für weitere Grafschaften ermöglichten es jetzt in Bayern, Alemannien und Sachsen herausragenden Adelsgeschlechtern, aufgrund ihres großen Eigenbesitzes wie ihrer militärischen Erfolge zeitweise zu königsgleichen Positionen aufzusteigen und sich in ihrem Machtbereich sogar der Herrschaft über die Reichskirche zu bemächtigen. Wahrscheinlich hat es auch die Ausformulierung und Anwendung der sogenannten Stammesrechte in karolingischer Zeit diesen neuen, aus sehr verschiedenen Wurzeln entstandenen Regionalherrschaften erleichtert, politische Ansprüche auf den gesamten Geltungsbereich dieser Rechtskodifikationen zu stellen und damit Herzöge in königsgleicher Position sein zu wollen. Am ehesten erreichte dies wohl noch Herzog Arnulf (907–937) in Bayern. Doch wäre es irrig, Ansprüche solcher Art schon als politisch-verfassungsmäßige Realität zu betrachten. Bereits die Tatsache, daß sowohl in spätkarolingischer wie in frühottonischer Zeit diese „duces" (Herzöge) von seiten des Königs oft nur als „comites" (Grafen) tituliert wurden, spricht dagegen; ebenso das Faktum, daß etwa Heinrich von Sachsen, der erste König aus liudolfingischem Hause, erst durch zwei wichtige Heiraten mit reichem Besitzerbe seine Position in Sachsen als „dux" endgültig festigte.

Überhaupt verstellt der leider eingebürgerte, aber in mancher Hinsicht irreführende Terminus „jüngeres Stammesherzogtum" die Einsicht in die wirklichen Strukturen politischer Macht unterhalb des Königstums. Grundsätzlich ist es schon fragwürdig, den Begriff des „Stammesherzogtums" generell zu verwenden, denn, wie schon gesagt, waren weder Franken noch Lothringen Herzogtümer von „Stämmen". Damit suggeriert man ein ethnisches Substrat als Grundlage der Herrschaft von „duces", das in dieser Form gar nicht existierte. Hilfreich ist es hingegen, die rechtsrheinische Entwicklung mit der linksrheinisch-westfränkischen in Parallele zu sehen und im einen wie im anderen Falle von der Entstehung eines frühen Fürstentums zu sprechen. Dabei wird vor allem der funktionale Charakter dieser neuen Dukate des späten 9. und 10. Jahrhunderts klar: Ihre Entstehung geht zurück auf eine Schwächephase der Königsherrschaft; Fürstentümer waren ein teilweiser Ersatz des Königtums bei der Abwehr gefährlicher Invasionen von außen. Königliche Förderung spätkarolingischer Adelsfamilien und Schwäche der Zentralgewalt widersprechen einander nicht, sondern bedingen sich sogar in den meisten Fällen. Militärischer Auftrag, Sonderrechte aufgrund der bedrohten Grenzlage, ganz gleich, ob dieselben verliehen oder usurpiert waren, schließlich großer Besitz aus Reichsgut und eine aus der Schutzfunktion sich fast zwangsläufig entwikkelnde Herrschaft über die Kirche und das Kirchengut waren die Plattform für den Aufstieg der Herzöge. In Bayern ebnete der Vernichtungskampf zwischen Wilhelminern und Aribonen, selbst ein Symptom königlicher Schwäche, den Luitpoldingern zusätzlich den Weg zu herzogsgleicher Stellung. Hält man sich diese Funktionen vor Augen, die zugleich wesentliche Entstehungsursachen sowohl des französischen Fürstentums wie der Herzogtümer im werdenden Reich waren, dann ergibt sich von selbst, daß man den „Amtscharakter" der letzteren nicht überschätzen darf; er beschränkte sich im wesentlichen auf die Tatsache, daß etwa das Markgrafenamt Ausgangspunkt für eine herzogliche und in Bayern sogar für eine königsgleiche Stellung war. Dabei soll nicht geleugnet werden, daß größere sprachliche Unterschiede diese frühen Fürstentümer in Deutschland stärker prägten und stabilisierten, als dies in Frankreich, vom Midi abgesehen, der Fall gewesen ist.

Es würde der realen Entwicklung kaum entsprechen, pauschal das königliche Amt als Ausgangspunkt für die Entstehung der Herzogtümer anzunehmen, da es für die „Inkubationszeit" der Herzogtümer, nämlich für die Epoche zwischen Arnulf von Kärnten und Ludwig dem Kind, oft gar nicht genau auszumachen ist, ob ein Amt noch legal vom König delegiert worden ist oder ob es sich eher um autogene Machtpositionen handelt, die dann mehr oder weniger berechtigt mit karolingischen Titulaturen belegt worden sind. Hier legalistisch „amtsrechtliche" Kontinuitäten zu vermuten, erscheint fragwürdig und widerspricht dem Charakter des frühmittelalterlichen Staates als Personenverbandsstaat. Erst die erfolgreiche Abwehr schwerer äußerer Bedrohung ließ aus einer „Amtsbefugnis" eine echte herrschaftliche Position werden, weil deren realer Schutz im Interesse aller Landesbewohner war. Das sächsische und das bayerische Herzogtum des frühen 10. Jahrhunderts sind aus diesem Grunde die ausgeprägtesten Machtkonzentrationen dieser Art geworden, während umgekehrt Alemannien und Franken, als weniger von außen bedrohte Regionen, sich den Luxus einer „mehrteiligen“ Herrschaftsstruktur leisten konnten: nämlich den harten Konkurrenzkampf zwischen älteren Babenbergern und Konradinern in Franken und zwischen Hunfridingern und Burchardingern in Schwaben; ein Umstand übrigens, der den zeitweiligen Erfolg König Konrads I. gerade in letzterer Region erklärt.

Was Franken und später Lothringen anbetrifft, so zeigt deren Entstehung aus dem alten fränkischen Kernraum zur Genüge, daß hier die Bezeichnung „Stammesherzogtum“ in besonders hohem Maße abwegig ist. Vor allem Franken war „Königsland“, in dem trotz der Rivalität zwischen Babenbergern und Konradinern die Reichsinteressen überwogen. Überhaupt wird man in der Umbruchsituation des frühen 10. Jahrhunderts viel mehr die rasch wechselnden konkreten politisch-herrschaftlichen Situationen in Rechnung stellen müssen. Das verbietet von selbst, eine gerade Entwicklungslinie zu suchen, die zu den hochmittelalterlichen Herzogtümern führte: Jeder Dukat hatte andere, auch regionale Ursachen seiner Entstehung, die sich in den Rahmenbedingungen der politisch-militärischen Gesamtsituation auswirkten. Genauso wie bei der Entstehung des Reiches haben wir es mit einem zeitlich gestreckten, regional differenzierten Vorgang zu tun, bei dem es schwer fällt, eine immanente, gemeinsame Gesetzmäßigkeit zu finden. Deshalb ist die Einheit des „Stammes“ weniger der Grund als bestenfalls das Ergebnis der Entstehung der Herzogtümer. König Heinrich I. hat zwar seine erfolgreiche Politik auf der Basis der Herzogtümer entwickelt, diese aus der Opposition gegen das Königtum herausgeführt und sie zu Bausteinen des liudolfingischen Königsstaates gemacht. Aber er hat auch – um im Bilde zu bleiben – diese Bausteine zugleich behauen, indem er im weiteren Verlauf seiner Regierung wiederum die Reichskirche stärker heranzog und sich ihrer nach wie vor unifizierenden Kraft bediente, eine Politik, die sein Sohn mit größter Konsequenz und Energie fortsetzte, als er die Herrschaft der Zwischengewalten über Bistümer und große Klöster beseitigte. Damit verhinderte Otto I. den Aufstieg der Herzogtümer zu selbständigen politischen Einheiten des Reiches. Der Entzug der Verfügungsgewalt über die Kirche schob der herzoglichen Vollgewalt für immer einen Riegel vor. Anders als beim frühen französischen Fürstentum, das die Kirchenhoheit für lange Zeit behalten und sich damit auch innerlich stabilisieren konnte, war der Höhepunkt herzoglicher Macht im Grunde schon 936/38 überschritten, die konsequente Aushöhlung der Herzogsgewalt setzte bereits damals ein. Sie erreichte unter Heinrich II. und den frühen Saliern mit reichen Schenkungen an die Kirche und mit der Förderung neuer Dynasten einen deutlichen Höhepunkt. Es ist also nur scheinbar ein Widerspruch, wenn das Herzogtum im 10. und 11. Jahrhundert immer klarer definiert und in die Reichsstruktur eingeordnet erscheint, aber in Wahrheit einem Prozeß der Auszehrung seiner politisch-herrschaftlichen Substanz unterworfen war. Der Versuch Ottos des

Großen, Brüder und Verwandte für die Unteilbarkeit des Reiches mit der Übertragung von Herzogtümern zu entschädigen, wie auch die langen Perioden unmittelbarer Königsherrschaft in den Herzogtümern in frühsalischer Zeit lassen erkennen, wie rasch die Entmachtung der Dukate zu ,,Apanagen" der Königsfamilie voranschritt. Wenn Brüder und Verwandte diese Entschädigungsversuche mit Rebellionen beantworteten, dann wohl auch deshalb, weil sie sich sehr bald der schrittweisen Entleerung der Herzogsmacht bewußt wurden.

Der Prozeß der Aushöhlung herzoglicher Positionen ist jedoch räumlich wie zeitlich zu differenzieren. Bayern und Alemannien haben bis zur Jahrtausendwende eine gewisse Sonderstellung im Reichsverband bewahrt; dies war wohl eine Spätfolge der Doppelwahl von 918/19 und lag in der Vergangenheit dieser Herzogtümer als karolingische Teilregna begründet. Das Königtum reagierte darauf in zweierlei Weise: Erstens suchten Liudolfinger und Konradiner selbst nach Möglichkeit die Hand auf diese beiden politischen Einheiten zu legen. Das führte dazu, daß alle im Reich lebenden Söhne, Enkel und Urenkel König Heinrichs I., die nicht selbst Könige wurden oder in den geistlichen Stand eintraten, Herzogtümer innehatten. Neben den Mitgliedern der liudolfingischen Familie kamen für die süddeutschen Herzogtümer und für Franken nur noch Verwandte König Konrads I. oder Personen, die mit dem Königshaus verschwägert waren, in Frage. Die ottonische ,,Familienpolitik" war also mit den Herzogsaufständen nur teilweise gescheitert, auch der Aufbau des Reichskirchensystems hat deren vorsichtigere Fortsetzung nicht verhindert. Das sächsische Stammland blieb allerdings der ottonischen Familie vorenthalten, hier herrschte der König unmittelbar. Die Tendenz, die Königsmacht personell fester in den süddeutschen Herzogtümern zu verankern, verstärkte sich im 11. Jahrhundert noch, als Bayern 53 Jahre lang von Königen, Königinnen und Königssöhnen als ,,Herzögen" verwaltet, also faktisch als Königsprovinz beherrscht wurde. Kaiser Heinrich III. hat dort nacheinander sieben Herzöge erhoben; daß sich diese Politik aus personellen Gründen nicht positiver für ihn auswirkte, steht auf einem anderen Blatt. Auch Alemannien stand unter den ersten Saliern nur wenige Jahre unter der Regierung selbständiger, volljähriger Herzöge, ehe Heinrich III. dort ebenfalls das Herzogsamt übernahm.

Eine Stärkung der Königsmacht war es auch, daß der Königsumritt eines neuen Herrschers, der seit Heinrich II. üblich wurde, sich zu einer planmäßigen Bereisung aller Stammesgebiete ausweitete, die wiederum zur periodischen Präsenz des Hofes in allen Reichsteilen führte. Bis dahin hatten die Herrscher nur selten – vom Durchmarsch bei den Italienzügen abgesehen – die Zentralräume Franken und Sachsen verlassen. Daß diese regionale Ausweitung der Königspräsenz und damit der Königsherrschaft in die süddeutschen Herzogtümer hinein möglich wurde, hing sowohl mit Heinrichs II. Herkunft aus Bayern zusammen, ebenso aber damit, daß unter ihm, als Folge des Ausbaus des Reichskirchensystems, die Bischofsstädte insgesamt als Aufenthaltsorte des Königshofes die größte Bedeutung gewannen. Die Verflechtung der Reichskirche insgesamt, nicht nur einzelner dem Königtum nahestehender Stifte mit der Hofkapelle, die Bischofseinsetzungen in den süddeutschen Herzogtümern und die verstärkte Inanspruchnahme der Bistümer für die Königsgastung waren somit Mittel und Wege, der Königsherrschaft über ältere lehnsrechtliche Bindungen hinaus in Bayern und Schwaben zu wirksamer Präsenz zu verhelfen. Hand in Hand ging damit eine Reaktivierung königlicher Rechtspositionen in diesen Regionen und seit Konrad II. eine planmäßige Mehrung des Reichsgutes, das soweit als möglich in unmittelbare Verwaltung durch Reichsministerialen genommen wurde.

Die Krise des Herzogtums, besonders seit Heinrich II., wurde aber nicht nur von der Zentralgewalt, also von oben her bewirkt, sondern ebenso durch einen generellen Strukturwandel der Herrschaftsverhältnisse. In erster Linie wurde die Herzogsmacht durch das Aufstreben zahlreicher Dynasten unterminiert, die ihre Eigenherrschaft durch Kirchenvogtei und Kirchenlehen zu Territorien mit eigenen Burgen und Familienklöstern arrondierten und diese verwaltungsmäßig durch Ministerialen ausbauten; damit stiegen sie zu Herzögen neuer Art mit zwar kleinerer, aber festerer Machtbasis auf. Schwaben-Alemannien etwa löste sich im 11. Jahrhundert in die Machtsphären dreier herzoglicher Geschlechter auf. In Bayern bauten die Grafen von Andechs-Meranien eine fürstliche Stellung auf, und im Norden wuchs sich die Herrschaft der Billunger zu herzoglicher Macht aus. Mit dem herrschaftlich-politischen Machtgewinn dieser nächsten Führungsschicht unterhalb des König- und Herzogtums hängt es auch zusammen, daß der „Stamm", d. h. die mächtigen Adeligen (optimates, potentes) des Herzogtums, politisch als dessen Repräsentanten in den Vordergrund traten, während der Herzog selbst an Macht und Ansehen verlor. Wenn auch die Führung des nunmehr in die Reichsherrschaft als „Verwaltungseinheit" integrierten Dukats weiterhin dem Herzog zukam und sich beispielsweise in dessen Landtagen manifestierte, so bedeutete dies keineswegs die Ausübung einer gleichmäßig wirksamen Gebietsherrschaft des Herzogs: Seine Macht war von oben und unten eingeschränkt.

Vor allem das seit der Salierzeit wieder wachsende Königsgut, das eigens organisiert war, fiel aus der Zuständigkeit des Herzogs heraus, ebenso das Kirchengut, ferner die Markengebiete, die Kaiser Heinrich III. neu schuf oder reorganisierte. Die Reduzierung der Herzogsgewalt zeigte sich schon relativ früh in einem bislang typisch herzoglichen Befugnisbereich, wenn 955 das Heeresaufgebot noch nach Herzogtümern, aber bereits 981 nach Lehnsträgern erfolgte, wobei die kirchlichen Kontingente ein Mehrfaches der herzoglichen betrugen. Wie sehr sich im Verlauf des 11. und 12. Jahrhunderts die Herzogsmacht umfangmäßig wie institutionell vermindert hatte, läßt etwa ein Vergleich zwischen der Machtfülle des luitpoldingischen Herzogtums mit dem welfischen Dukat des 11./12. Jahrhunderts erkennen: Ersteres umschloß in königsgleicher Weise Gerichtshoheit, Heerbann, Friedenswahrung und Kirchenherrschaft als die vier Grundäußerungen herzoglicher Gewalt, während letzteres sich auf bayerischem Boden neben Reichsherrschaft und reichskirchlichen sowie dynastischen Frühterritorien konkurrierend behaupten mußte. Hinzu kam die Präsenz des Pfalzgrafen als eines unmittelbaren Vertreters der Reichsgewalt.

Der ,,Amtscharakter", den das Herzogtum in späterer ottonischer und dann in salischer Zeit gewann, bedeutete also keineswegs mehr Macht und nicht einmal mehr Prestige, sondern er war, wie der rasche Austausch von Herzögen zeigt, eher die Festschreibung einer geminderten Position dieser einstmals fast das Reich sprengenden intermediären Gewalt: Sie ist sowohl von oben zurückgeschnitten wie von unten und innen immer mehr reduziert worden. Nur dort, wo sich später das Herzogtum im Wettlauf mit den aufstrebenden Dynasten selbst als ein verwaltungsmäßig ,,modernes" Territorium zu organisieren vermochte, wie Lothringen unter den Ardennergrafen und Sachsen unter den Welfen, konnte es einen neuerlichen Machtanstieg erleben. Wenn aber Lampert von Hersfeld noch im 11. Jahrhundert das bayerische Herzogtum die glänzendste, angesehenste Würde im Reich nannte (Nr. 4, Bd. XIII, S. 132), dann hatte er zweifellos weniger eine relativ geschlossene, politische Einheit dieses Dukats vor Augen, wie sie einst unter Herzog Arnulf bestanden haben mag, sondern er charakterisierte damit Bayerns Rolle als Kronland, die es bis zum Investiturstreit innehatte.

Insgesamt kann man feststellen, daß die Grenze zwischen den traditionellen Herzogtümern Bayern, Kärnten, Alemannien, Franken, Sachsen und Lothringen gegenüber den inzwischen entstandenen dynamischen Frühterritorien im späteren 10. und im 11. Jahrhundert fließend wurde und daher kaum genauer zu bestimmen ist; vor allem deshalb nicht, weil die alten Herzogtümer sich zumeist im Zustande der Aufgliederung oder gar Auflösung befanden und die dynastischen Großherrschaften zusehends an Substanz gewannen. Letzteres gilt etwa für die Herrschaft der Babenberger in der Ostmark, der Andechser in Bayern, der Markgrafen von Meißen, der Billunger in Ostsachsen und der Balduine in Flandern. Den Welfen gelang eine Revitalisierung der herzoglichen Gewalt in Sachsen, jedoch kaum in Bayern; die Ardennergrafen vermochten es in Lothringen, die Herzogsmacht mit neuen, ,,dynastischen" Mitteln zu festigen. Das Herzogtum Franken hingegen zerfiel seit Otto dem Großen mehr und mehr in königliche und vor allem reichskirchliche Machtsphären. Dieser Wandel der Reichsstruktur sollte sich im Investiturstreit noch verstärken und beschleunigen.

b) Die Grafschaft und ihre Weiterentwicklung

Faßt man das Herzogtum nicht als politische Spitze ethnisch begründeter Stammesherrschaft auf, sondern sieht seine Entstehung funktional, das heißt durch langzeitliche Entwicklungen wie durch äußere Ursachen (die Normannen- und Madjareneinfälle) bedingt, dann wird deutlich, daß es keine klare Grenze zwischen Graf und Herzog, comes und dux geben konnte. Markgräfliche Sondervollmachten und Akkumulation von Grafschaften zumal in Schwächeperioden des Königtums, haben wesentlich zum Übergang vom Comitat zum Dukat beigetragen. Wie beim Dux-Titel muß man sich auch davor hüten, aufgrund einer falsch verstandenen Wortgeschichte bei den Begriffen „comes", „comitatus", „Graf" und „Grafschaft" Bedeutungskontinuität anzunehmen. Ebenso wie die Gleichung „dux" = „heritogo" nicht aufgeht, ist es auch fraglich, ob der im salischen Recht, in der „Lex Salica", auftauchende „grafio" mit „comes" oder „iudex" gleichgesetzt werden darf. Ursprünglich war „comes" ein spätrömischer Amtstitel, der auf richterliche und militärische Funktionen hinwies und im 5. Jahrhundert in Trier sogar die Regionalherrschaft Arbogasts, eines germanischen Truppenführers im römischen Heer, bezeichnete. Im 6. und 7. Jahrhundert verschwand dieser Titel aus den Quellen, je mehr sich im Bereich der spätantiken Stadtkultur die Bischofsherrschaft in den Civitates ausbildete. Dafür erschien der „comes" als merowingischer Amtsträger bei Hofe und in vorwiegend ländlichen Gebieten und zwar als Vertreter königlicher Gewalt, dessen Aufgaben Friedenswahrung, Führung des militärischen Aufgebots, Unterdrückung von Räuberei und Schutz von Witwen und Waisen waren. Ob und in welcher Weise die Kompetenz des merowingischen und später des karolingischen „comes" über die Verwaltung des Königsguts und die generelle Aufgabe der Friedenswahrung hinausgriff, bleibt unklar. Am ehesten wird man in ihm, wie im nordgallischen „grafio", einen lokalen militärischen Befehlshaber in königlichen Diensten sehen, der häufig in der Umgebung des Herrschers erschien.

Deutlicher prägte sich das Grafenamt unter den Karolingern aus, und zwar als regionale Vertretung der königlichen Gewalt, die sich auf die Zentren des Königsguts stützte und für die Aufbietung der zur Heerfolge Verpflichteten verantwortlich war. Als Amtslehen aus der Hand des Königs war die Grafschaft auch Bestandteil des Lehnswesens, mit dessen Hilfe die Karolinger den aus mehreren Gründen unzulänglichen Versuch unternahmen, ihrem Reich eine Art Zentralverwaltung zu geben. Seit der Antike war dies der erste Anlauf zu einer generellen, politisch-administrativen Raumerfassung, und als solcher hat er in der Forschung reges Interesse gefunden. Geplant war wohl eine völlige Durchgliederung des Karolingerreiches in Grafschaften; der Graf (comes) sollte als Vertreter des Königs und diesem unmittelbar verantwortlich staatlich-hoheitliche Funktionen ausüben. Dazu gehörten neben der Verwaltung des Königsguts in seinem Amtssprengel und der allgemeinen Friedenswahrung vor allem die Rekrutierung und Führung des Heeresaufgebotes, verbunden mit dem Recht, vom Militärdienst zu befreien; ferner Aufsicht über Straßen, Märkte, Brücken, der Einzug der daraus stammenden Abgaben und Zölle sowie in Stellvertretung des Königs der Vorsitz bei Gericht; daraus standen dem Grafen wiederum Einkünfte zu. Wenn auch der Graf im Prinzip jederzeit seines Amtes entsetzt werden konnte, waren in der Realität dem Herrscher gerade in diesem Punkt Grenzen gesetzt. Ursache hierfür war der bereits erwähnte Tatbestand, daß mit dem Grafenamt zumeist Adelige mit eigenen immunen Grundherrschaften betraut wurden, also gerade und wohl unvermeidlicherweise jene gesellschaftliche Gruppe, die am meisten der Domestizierung durch die Zentralgewalt bedurft hätte. Man hatte damit gleichsam „den Bock zum Gärtner machen" müssen. Die ständigen Klagen Karls des Großen und seiner Nachfolger über die massive Bedrückung und Ausbeutung der Abhängigen durch die Grafen wie durch die Inhaber kirchlicher Immunitäten (Äbte, Bischöfe) haben in diesem letztlich unaufhebbaren Antagonismus zwischen autogener Adelsmacht und königlichem Amtsauftrag ihren Ursprung.

Unhaltbar ist die ältere Auffassung, das gesamte Karolingerreich sei von einem lückenlosen Netz von Grafschaften nach Art moderner Verwaltungsbezirke überzogen gewesen. In Wahrheit läßt sich nur im Kerngebiet fränkischer Königsmacht zwischen Loire und Rhein mit einiger Gewißheit eine „Grafschaftsverfassung" feststellen; östlich davon war sie eher sporadisch, ebenso in Aquitanien. Wenn zwischen Loire und Maas und vor allem im Seine-Becken die Grafschaft als fränkisch-merowingische Verwaltungseinheit deutlicher greifbar ist, dann hing dies wohl mit dem ursprünglichen Okkupationscharakter des galloromischen Westens zusammen. Diesen gab es nicht im Rechtsrheinischen, wo autogene Herrschaftsrechte der germanischen Oberschicht, die diese niemals eingebüßt hat, keinen größeren Spielraum für umfassende Kompetenzen eines Grafen offen ließen. Alemannien bildete hier wegen der brutalen Beseitigung seiner Führungsschichten im „Blutbad von Cannstatt" 746 wohl eine Ausnahme, aber selbst dort kam es zu keiner durchgängigen „Grafschaftsverfassung". Regional- und personengeschichtliche Untersuchungen über die Grafschaften Alemanniens in fränkischer Zeit haben das von Anfang an vorhandene Nebeneinander königlicher, durch Grafen ausgeübter Herrschaft und autogener Adelsherrschaft schlüssig erwiesen. Es ist damit auch mehr als fraglich, ob man eine chronologische Abfolge von „Amtsgrafschaft" zur „Allodialgrafschaft" annehmen darf, wenn sich schon in frühkarolingischer Zeit Tendenzen zur „Allodialisierung" zeigen, also zur eigenmächtigen Aufteilung und Vererbung der Amtsgewalt in ein und derselben Familie. Davon unberührt bleibt die Tatsache, daß die Invasionen des 9. und 10. Jahrhunderts in bedrohten Regionen eine raschere Verschmelzung von Amtsgewalt und adeliger Eigenherrschaft bewirkten.

Hinzu kommt, daß auch die gräflichen Amtsbezirke durch die Immunitätsbezirke adeliger Eigenherrschaft gleichsam durchlöchert waren, in denen der „comes" weder Zutritt bei der Verfolgung von Delinquenten noch das Recht zur Steuereintreibung besaß. War der Graf vom König zusätzlich mit Lehnsgut ausgestattet – eine Möglichkeit, die sicherlich das Grafenamt für den Adel attraktiv machte – dann bestand zumindest die Chance, daß der „comes" auch das Interesse des Herrschers im „comitatus" wahrnahm, da er nun lehnsrechtlich zur Verantwortung gezogen werden konnte. Von Anfang an läßt sich feststellen, daß die Mächtigen im Reich, die „potentes", oft mehrere Grafschaften in ihrer Hand vereinigten und daß sie als königliche Kommissare in weit voneinander entfernten Gebieten zusätzlich große Besitzungen zu erwerben vermochten. Das galt vor allem für die Mitglieder der „Reichsaristokratie", die im Dienst der Hausmeier und Könige zu mächtigen Familien mit weitgestreuten Gütern aufstiegen und dadurch die spätkarolingische wie die nachkarolingische politische Entwicklung maßgeblich mitgestalteten.

So finden sich die aus der Gegend um Metz stammenden Welfen seit dem 9. Jahrhundert gleichzeitig in Nordfrankreich, Burgund, Rätien und Alemannien, wohin sie wahrscheinlich schon nach dem „Blutbad von Cannstatt" 746, der Vernichtung des alemannischen Herzogtums, als Vertrauensleute der Hausmeier Karlmann und Pippin gekommen waren. Die für die Geschichte Italiens so bedeutungsvollen Widonen traten zugleich in der Bretagne und in Lothringen auf. Die Robertiner, Ahnen der Kapetinger, stammten von der unteren Maas und waren sowohl in den mittleren Rheinlanden wie zwischen Seine und Loire politisch einflußreich und begütert.

Wenn schon die Häufung von Grafschaftsrechten in der Hand einer Person oder Familie dem Amtscharakter des „comitatus" ebenso widersprach wie die Doppel- und Mehrfachvasallität dem zentralisierenden Zweck des Lehnswesens; wenn darüber hinaus die Verknüpfung von Grafenamt, Lehnsbindung und autogener Adelsherrschaft bestenfalls eine schwierige Balance zwischen Zentralgewalt und regionalen Machtverhältnissen bewirken konnte, dann ist die Frage berechtigt, welche allgemeine gesellschaftliche Grundkraft die reichsfränkische wie die frühdeutsche Geschichte wohl am nachhaltigsten bestimmte, strukturell ausformte und sowohl die Grafschaft wie den vom Herrscher ausgehenden Lehnsverband – als die Urform überregionaler Raumerfassung – in ihrer weiteren Entwicklung maßgeblich bestimmte. Komparatistische Methoden und personengeschichtliche Forschungen erweisen, daß dies in der vergleichsweise archaischen Gesellschaft des Früh- und früheren Hochmittelalters der Adel gewesen ist, dessen schlechthin entscheidende Rolle noch zu erörtern sein wird.

Die ,,Kapitulariengesetzgebung" der Karolinger, der man den gräflichen Aufgabenbereich entnehmen kann, läßt deutlich erkennen, wie schwer sich Karl und seine Nachfolger darin taten, die adeligen Grafen (und ebenso die adeligen Prälaten der Reichskirche) zu ihren vom Herrscher delegierten amtlichen Aufgaben anzuhalten. Die sogenannte Verwaltungsreform Karls des Großen von 802/3 bewirkte hier keinen erkennbaren Wandel, denn Königsboten (missi dominici) als Kontrollorgane der Zentralverwaltung hat es in dieser Funktion nämlich schon früher gegeben. Seit dem ,,Edictum Chlotarii" von 614 kennt man auch das Phänomen, daß nur solche Personen als Grafen eingesetzt wurden, die in der fraglichen Region einheimisch und damit auch begütert und mächtig waren. Damit war von Anfang an die unaufhebbare Spannung zwischen autogener Adelsherrschaft einerseits und vom König delegierter Amtsgewalt (bannum) andererseits gegeben; die Institution des ,,comes" war bereits als Anlauf zur Einstaatung der Adelsherrschaft ein fragiler Kompromiß mit räumlich und zeitlich wechselnden Kräfteverhältnissen. Räumlich insofern, als im Ostfränkischen Reich die ,,Grafschaftsverfassung" ohnehin schwächer ausgebildet war als im Westen; zeitlich durch die Krise und nachfolgende Schwäche des karolingischen Imperiums, die unter dem zusätzlichen Druck der Invasionen die machtvolle Zusammenballung von Markgrafschaften und Grafschaften in adeliger Hand und damit die Entstehung neuer und größerer politischer Einheiten erleichterten.

Die im späten 9. und im 10. Jahrhundert sich vollziehende ,,Territorialisierung" der Grafschaft, die nichts anderes war als die Verschmelzung von Adelsherrschaft und Amtsbefugnis samt Amtsgut, äußerte sich darin, daß nun nicht mehr der Name des Inhabers der Grafschaft zu deren Bezeichnung verwendet wurde, sondern mehr und mehr Landschafts- und Gaubezeichnungen auftraten. Dieser Art von zunehmender Territorialisierung suchte der König seit ottonischer Zeit dadurch entgegenzuwirken, daß er ganze Grafschaften mit Gericht und Bann an Bistümer und Klöster verlieh. Das war im allgemeinen nur dort möglich, wo sich die Allodialisierung noch nicht völlig durchgesetzt hatte, also vornehmlich in den Gebieten östlich des Rheins. Schon in Lothringen und Flandern war dies kaum mehr zu verwirklichen. Je geschlossener eine Adelsfamilie ihren Herrschaftsbereich aufbauen konnte, umso früher wandelten sich Grafschaften in Adelsterritorien. Dies führte zum eigenen Burgenbau, zum Familienkloster und zur Benennung der Familie nach einer Stammburg, ein Prozeß, der sich während des 11. und 12. Jahrhunderts vollzog und vom Westen ausging. Am folgenreichsten war zweifellos die Sonderform der mit verstärkten Hoheitsrechten ausgestatteten Markgrafschaft, die eine besonders günstige Startposition für den Aufstieg zu herzoglicher Macht darstellte, wie der Erfolg der Luitpoldinger in Bayern, der Billunger in Sachsen und später auch der Babenberger in Österreich zeigt. Wie schon bei der ,,karolingischen Reichsaristokratie" förderten der königliche Auftrag und die Königsnähe den eigenen territorialen Herrschaftsaufbau; sicherlich war es auch kein Zufall, daß sich gerade aus den Familien der Reichsaristokratie dann in West und Ost das frühe Fürstentum entwickelte.

c) Das Lehnswesen

Geht man davon aus, daß das Lehnswesen letztlich der auf verschiedenen Stufen der Gesellschaft immer wieder unternommene Versuch der „Einstaatung" von Adelsherrschaft war, dann nimmt es nicht wunder, wenn man diesem Phänomen in ausgeprägter Form erst in der frühen Karolingerzeit begegnet. Damit suchten die austrasischen Hausmeier in mehreren Anläufen ihrer Macht ein möglichst breites Fundament zu geben. Zwei Vorformen wurden hier von Karl Martell und wohl auch schon von seinem Vater Pippin miteinander verbunden: Erstens die Vasallität, eine Erscheinung aus dem älteren galloromischen Rechtskreis, wonach sich ein bedürftiger Freier gegen Unterhalt und Schutz mit seiner Person für jede Art von Dienst in die Gewalt eines mächtigeren Herren begeben konnte. Zweitens die seit der Merowingerzeit bekannte Vergabe von Land gegen einen Zins, der gelegentlich erlassen wurde, weshalb sich für diese königliche Landleihe an Männer, die dem Herrscher wertvolle Dienste geleistet hatten, der Begriff „beneficium" (Wohltat) einbürgerte, der dann aber bald das Lehen im Vollsinn bezeichnete, nämlich Besitz von Land und Leuten oder ein wichtiges und einträgliches Amt.

Bei der Verbindung von Vasallität und Beneficium zum funktionsfähigen Lehnswesen spielte die „Precaria verbo regis", die Zwangsausleihe von Land und Leuten bei der Kirche, eine entscheidende Rolle. Für den Hausmeier und später für den karolingischen König war es ein doppelter Vorteil, wenn das zwangsentliehene Kirchengut weiterhin als kirchliches Eigentum galt und vom Inhaber des Kirchenlehens mit einem jährlichen Zins abgegolten werden mußte. Es blieb der Kirche erhalten; der Herrscher hatte deshalb immer einen plausiblen Grund, einem untauglichen oder treulosen Vasallen das Kirchengut wieder zu nehmen, um es entweder einem anderen Vasallen zu übertragen oder der Kirche zurückzugeben. Je nach Lage der Dinge wurde damit Hausmeier oder König gegenüber dem Vasallen wie auch gegenüber der Kirche politisch manövrierfähig, weil er nach beiden Seiten die Verfügungsgewalt über das Kirchengut ausübte. Die Notwendigkeit – besonders unter Karl Martell – gegen die Sarazenen möglichst viele, mit Kirchenlehen materiell ausgestattete Vasallen als Panzerreiter aufbieten zu können, war sicher ein wichtiges auslösendes Moment der Ereignisgeschichte und eine erfolgreiche Antwort auf die Herausforderung einer militärischen Zwangssituation. Doch erkannten die Karolinger zugleich die Chance des inneren Machtgewinns, die das Lehnswesen bot, da sie damit über eine durch ihr Lehnsgut wirtschaftlich gesicherte Berufskriegerschicht verfügen konnten, die mehr und mehr das ältere Volksaufgebot ersetzte. Sie erscheint in den Quellen als „militia“, und damit als eine Vorform des Ritterstandes. Deshalb gingen die Karolinger auch bald dazu über, Reichsgut nicht mehr zu Eigen zu verschenken, sondern ebenfalls wie Kirchengut als Lehen zu vergeben und den Belehnten damit zu militärischen und anderen Diensten fest an sich zu binden. Die Möglichkeit, durch Lehen aus der Hand des Königs die eigenen materiellen Herrschaftsgrundlagen wesentlich zu erweitern, brachte auch große Adelige, Inhaber von umfangreichem Allod dazu, sich in königliche Lehnsabhängigkeit zu begeben. Mit anderen Worten: Es entstand über das gesamte Karolingerreich ein Netz von Lehnsbindungen mit dem bereits erwähnten Effekt der – zumindest zum Teil gelungenen – Einstaatung der Adelsherrschaften ins Karolingerreich; das Lehnsgut war gleichsam der Anreiz, die „Lockspeise“ für die feste Unterordnung unter den Herrscher.

Nachdem schon seit Karl Martell durch die „Precaria verbo regis“ Kirchengut als Lehen in die unmittelbare Nutzung des Herrschers gekommen war, hat Karl der Große 799 mit dem Kapitulare von Heristal (Nr. 33, II, 2, Bd. 1, Nr. 20, S. 47) auch mittelbar das Kirchengut für Dienstleistungen, besonders für den Kriegsdienst herangezogen, zweifellos eine der für das weitere Mittelalter folgenreichsten Entscheidungen karolingischer Kirchenpolitik. Von nun an sollten auch Prälaten, Bischöfe und Äbte Vasallen haben dürfen, die der Kirche und damit dem Herrscher als Oberherrn der Kirche zu dienen hätten. Diese „Stiftsvasallität“ konnten Karl der Große und seine Nachfolger vermöge ihrer fest etablierten Herrschaft über die Reichskirche genauso für ihre Kriegszüge aufbieten wie die auf „säkularisiertem“ Kirchengut sitzenden Vasallen des Herrschers. Man hat für Karl den Großen etwa 2000 direkte Vasallen und rund 30000 Untervasallen errechnet, letztere waren hauptsächlich Mitglieder der Stiftsvasallität. Damals bildeten sich auch für die anfangs oft willkürliche Kombination von Vasallität und Benefizium besondere Rechtsgrundsätze aus, die aber nicht eindeutig waren. So blieb umstritten, ob beim Tode des Herren die Vasallität erlosch oder ob es eine aktive Vererblichkeit des vasallitischen Verhältnisses über den Tod des Herren hinaus gab. Felonie, Treuebruch gegenüber dem Lehnsherrn (senior), führte zum Verlust des Lehens. Ein Markstein der Entwicklung des Lehnswesens, das im Westfrankenreich am frühesten und deutlichsten ausgebildet war, wurde Karls des Kahlen Kapitulare von Quierzy (877), das er in einer militärischen Notlage erlassen mußte. Um seinen Vasallen die Teilnahme am Italienfeldzug schmackhafter zu machen – schon dies ein Zeichen geschwächter Königsherrschaft –, bestimmte Karl, daß im Falle des Todes eines Vasallen während der Heerfahrt dessen Sohn mit den Lehen oder Ämtern des Vaters ausgestattet werden sollte. Bedeutete dies zwar noch keine generelle Erblichkeit der Lehen, so war damit doch in entscheidender Weise die Weiche in dieser Richtung gestellt. Welche weittragende Folgen über das Lehnssystem hinaus die schrittweise Anerkennung der Vererbbarkeit von Lehnsbesitz hatte, läßt sich daran ermessen, daß „comites" oder „duces" als Adelige meist Inhaber eigener immuner Grundherrschaften waren. Die fortschreitende Verschmelzung von adeligem Eigenbesitz (Allod) und Lehen (beneficium, feudum) führte also folgerichtig zu frühen Adelsterritorien eigenen Rechts, in denen sich der Leihecharakter eines Teils des Adelsbesitzes zusehends verflüchtigte. Daß äußere Umstände, nämlich die karolingischen Bruderkriege und die Invasionen von Normannen, Sarazenen und Madjaren im 9. und 10. Jahrhundert diesen Allodialisierungsprozeß nachhaltig förderten, wurde schon in anderem Zusammenhang erwähnt.

Man könnte nun meinen, daß der Versuch des Königtums, den Gegensatz zwischen Adelsherrschaft und Zentralgewalt durch die Lehnsbindung des Adels an die Krone zu überwinden, damit gescheitert sei. Jedoch wäre dies eine einseitige, weil allzu vereinfachende Sicht der Dinge; hinter einer solchen Auffassung steht wohl die prinzipielle Überschätzung der realen Möglichkeiten des Königs, mit Hilfe der vasallitischen Bindung eine Organisation des Frankenreiches wie später des deutschen Reiches mit Hilfe von Ämtern durchzusetzen. Nicht einmal mit der sogenannten Grafschaftsverfassung, bei der sich noch am ehesten – zumindest im 8. und frühen 9. Jahrhundert – ein gewisser Amtscharakter feststellen läßt, ist es den Karolingern gelungen, ein stabiles Element im Reichsaufbau zu schaffen. Denn selbst als Amtsträger und Besitzer von Amtsgut war der Graf zugleich adeliger Grundherr und damit Inhaber einer für die königliche Gewalt immunen Grundherrschaft eigenen Rechts, die ihn in gewisser Weise vom König unabhängig machte. Insofern war der adelige Lehnsträger, rechtlich gesehen, gleichsam eine Doppelperson: Ob Amtspflicht oder Eigenmacht sein Handeln bestimmte, hing weitgehend von den Umständen ab, konkret gesprochen von der Stärke und oft auch der räumlichen Nähe der Zentralgewalt. Das Lehnswesen war demnach von Anfang an ambivalent, es ermöglichte Zentralisation wie Dezentralisation. In Deutschland trug es wesentlich zur Regionalisierung der politischen Gewalt bei, während es für den kapetingischen Königsstaat ein Mittel der monarchischen Zentralisierung geworden ist.

Die vorübergehenden Erfolge der Karolinger bei der Zentrierung der Reichsgewalt durch die Bindekräfte des Lehnswesens lassen sich hinsichtlich ihrer Effizienz und Dauer aber in keiner Weise mit den Herrschaftsmöglichkeiten vergleichen, die eine instrumentalisierte Reichskirche und deren Vollzugsorgane dem König und Kaiser bieten konnten und bis zum Investiturstreit auch boten. Weil der Adel im Mittelalter zu den Grundelementen der gesellschaftlichen Organisation in all ihren historischen Formen gehörte, ist es auch unrichtig, dem Lehnswesen die Regionalisierung der Herrschaft in nachkarolingischer Zeit quasi als „historische Schuld" anzulasten: Die Regionalgewalt, also im Kern die Adelsherrschaft, bestand sowohl vor als nach der Auflösung des Karolingerreiches, sie war kein Phänomen der politischen Verfassung, sondern ein Grundmuster der mittelalterlichen Gesellschaft. Auf dem Verordnungswege ließ sich jedenfalls der Prozeß der neuerlichen Regionalisierung und räumlichen Ausdehnung adeliger Eigenherrschaft ebensowenig aufhalten, wie das Aufkommen der sogenannten Doppel- oder Mehrfachvasallität. Was Karl der Große in der „Divisio regnorum" von 806 und Ludwig der Fromme in der „Ordinatio imperii" von 817 noch ausdrücklich bestimmt hatten, nämlich daß ein Vasall nur von einem einzigen Lehnsherrn Benefizien empfangen dürfe, erwies sich bald als unhaltbar. Im westfränkischen und frühkapetingischen Königsstaat breitete sich die Doppelvasallität, bei der es in erster Linie um adelige Besitzerweiterung ging, seit dem Ende des 9. Jahrhunderts aus, in Deutschland erst im 11. Jahrhundert.

Für den Aufbau des Karolingerreiches und später der deutschen Königsherrschaft wird man aber für viele Bereiche, für Lehnswesen wie Ämterstruktur, mehr als bisher das machtvolle Vorbild der Kirchenorganisation in Rechnung stellen müssen. Das gilt etwa für die rationale Nutzung von Arbeitskraft und Boden in der mittelalterlichen Grundherrschaft, worin die Kirche Königtum und Adel vorangegangen ist; es gilt ebenso für das Verhältnis des Herrschers zu seinen adeligen Amtsträgern, das mit den Begriffen „Rat und Hilfe" und „consensus fidelium" umschrieben wird. Gerade hier hat das kirchliche Vorbild stärker und nachhaltiger gewirkt als eine angebliche „germanische Treue", die man als Kitt des Lehnswesens ansah, obwohl die Quellen darüber schweigen: „Fidelitas" – Treue war keine ethische Norm, sondern ein Terminus technicus für die Gehorsamspflicht des Vasallen.

Mit dem Herrschaftsantritt der Liudolfinger im Ostfränkischen Reich und der damit verbundenen Verschiebung der königlichen Machtgrundlagen in das kaum feudalisierte Sachsen änderte sich auch die Lehnsherrschaft. Sie dürfte anfangs schwach entwickelt gewesen sein – man denke nur an die Hilflosigkeit Konrads I. gegenüber dem wechselseitigen Ausrottungskrieg zwischen älteren Babenbergern und Konradinern in Franken. Heinrich I. stützte zwar seine vorsichtig aufgerichtete Herrschaft auf den oberlehnsherrlichen Anspruch gegenüber den Herzögen. Die späteren Ottonen sind jedoch nicht auf diesem Wege fortgeschritten. Sie reduzierten die Position der Herzöge im Sinne amtsrechtlicher Verfügung des Königs über die Dukate; mehr noch aber bauten sie die Reichskirche auf Kosten der alten, brüchig gewordenen lehnsrechtlichen Bindungen an die Krone aus.

Erst unter Konrad II., der auch auf diesem Gebiete ein Neuerer war, versuchte sich das Königtum in die verworrenen Verhältnisse zwischen den großen und kleinen Vasallen Italiens zugunsten der letzteren, damit auch zugunsten königlicher Eingriffsrechte einzuschalten. Konrads berühmtes Lehnsgesetz von 1037, das erste Kaisergesetz dieser Art, stärkte die Untervasallen (Valvassoren) gegenüber ihren Lehnsherren: Es bestimmte unter anderem, daß kein Herr seinem Vasallen das Lehen ohne

Gerichtsurteil entziehen dürfe und daß eine Berufung vom Lehnsgericht an den Kaiser möglich sei. Ebenso sollten Sohn, Bruder und Enkel eines verstorbenen Valvassoren ein Anrecht auf Wiederverleihung des Lehens haben. Diese wichtigen Bestimmungen, die das materielle Interesse der kleinen Vasallen an den König banden, waren nicht nur für Italien bedeutsam, sondern fanden auch in Deutschland Anwendung: Wipo weiß in Zusammenhang mit Konrads Königsumritt zu berichten, daß er die „milites“ durch das Verbot für sich gewann, keinem Nachfahren die überkommenen Lehen seiner Ahnen zu entziehen (Nr. 4, Bd. XI, c. 6, S. 556). Diese Bestimmung, die eindeutig gegen die großen, übermächtigen Vasallen gerichtet war und dem Gesetz von 1037 für Italien entsprach, zielte auf eine Stärkung der Königsmacht mit Hilfe neuer gesellschaftlicher Gruppen, deren Aufstieg die etablierten intermediären Gewalten ebenso behinderten wie sie auch dem Königtum zunehmend dessen Rechte streitig machten. Konrads Sohn Heinrich III. ist allerdings auf diesem Wege nicht gefolgt, jedenfalls nicht im Sinne aktiver, vorandrängender Königspolitik zugunsten der Untervasallen.

Was schließlich die Rolle des Lehnswesens als Instrument auswärtiger Politik mittelalterlicher Herrscher anbetrifft, so wird man diese nicht überschätzen dürfen. Sowohl die Lehnsbindung Lothringens an das Reich wie auch die nominelle Lehnsabhängigkeit Polens, Böhmens und Ungarns vom Reich im 10. und 11. Jahrhundert zeigen zur Genüge, wie lose solche Beziehungen waren und wie rasch sie zur Bedeutungslosigkeit verkümmerten oder völlig abgestreift werden konnten, sofern es die Lage einigermaßen erlaubte. Entscheidend war jedesmal die machtpolitische Situation, kaum jedoch das formale Lehnsband.

IV. Gesellschaft und Wirtschaft

1. Adel und Herrschaft als Grundformen frühmittelalterlicher Gesellschaftsorganisation

Entkleidet man den Begriff „Adel“ seiner späteren Ethisierung und Ästhetisierung und geht bis auf seine etymologische Wurzel zurück, dann kommt man zu der ursprünglichen Bedeutung „odal“; das meint soviel wie „ererbter Grundbesitz“ und auch „Wohnsitz“. Die älteste und dauerhafteste Grundlage des „Adelsstandes“ war also Grundbesitz im Vollsinn des Wortes, nämlich Verfügungs- und Herrenrecht über Land und Leute. Noch im 10. Jahrhundert kannte Gerhard, der Biograph des heiligen Ulrich von Augsburg, den ursprünglichen Sinn des Wortes „odal“, das im Namen Ulrich (Oudalricus) enthalten ist. „In der deutschen Sprache – so sagt er – heißt ein von den Vorvätern überkommenes Erbe ‚alt – odal‘ und ‚rich‘ heißt ‚reich‘. Demnach kann ‚Oudalricus‘ recht zutreffend als ‚reich an väterlichem Erbe‘ gedeutet werden“ (Nr. 4, Bd. XXII, S. 48). Zwar wurde dieses „reiche Erbe“ vom Biographen Ulrichs im selben Atemzug spirituell-kirchlich als „gesegnet an Erbe des himmlischen Vaters“ uminterpretiert, aber der Autor bezog es dann doch auch auf die handfesten irdischen Güter des Bischofs aus väterlichem Erbe, die seiner hochadeligen Herkunft entsprachen.

Wenn man ganz allgemein Adelsherrschaft und Adelsführung als eine zentrale Organisationsform wenig entwickelter Gesellschaften versteht, dann wird man ihr im Früh- und Hochmittelalter in den mannigfachsten institutionellen Ausformungen begegnen: Als erbliche Teilhabe an der Macht infolge der Verfügungsgewalt über Menschen, als autogenes Herrenrecht in der allodialen Grundherrschaft, aber auch als Anspruch und Berechtigungsnachweis für ein Amt aus der Hand des Königs. Adelsherrschaft war in ihrer ausgeprägtesten Form ein Phänomen vorwiegend agrarischer Gesellschaften und bedeutete im europäischen Frühmittelalter zugleich das politische Monopol einer bestimmten, durch Erbe und Amt legitimierten Gesellschaftsgruppe. Nicht selten trat eine sakrale Legitimierung der Adelsherrschaft durch einen halbmythischen Spitzenahn hinzu, wie dies Tacitus (Germania c. 2) für die Germanen berichtet. Funde von Jagdwaffen in reich ausgestatteten Grablegen, die wohl Adelsgräber waren, lassen vermuten, daß die Jagd als militärisches Training in Friedenszeiten schon in der Völkerwanderungsepoche und in der Merowingerzeit eine charakteristische Adelsbeschäftigung gewesen ist. Adelsburgen scheint es bei den Germanen kaum gegeben zu haben, jedenfalls läßt sich keine Kontinuität zur Dynastenburg des 10. und 11. Jahrhunderts nachweisen. Eine andere Frage hingegen ist, ob der Adel nicht in Parallele zur Allodialisierung von königlichen Lehen auch Befestigungen des Königs in spät- und nachkarolingischer Zeit in Besitz nehmen konnte. Auf jeden Fall ist die Entstehung adeliger Macht kein einmaliger Vorgang, sondern läßt sich von germanischer Zeit an durch schriftliche Quellen wie durch archäologische Befunde bis ins Hochmittelalter hinein immer wieder feststellen. Sozialer Aufstieg über den Königsdienst ist ebenfalls seit taciteischer Zeit bezeugt: die Wurt Feddersen Wierde bei Bremerhaven, ein archäologisch erschlossener Siedlungskomplex, läßt nach den Funden erkennen, daß sich im 3. und 4. Jahrhundert eine Familie durch einen befestigten Herrenhof mit Getreidespeichern, benachbarter Festhalle, Metallwerkstätten und römischer Importware schon von der übrigen Bevölkerung abgesondert hatte.

Die Völkerwanderung bot mit der kriegerischen Inbesitznahme weiter Landstriche die günstigste Gelegenheit, als Gefolgsmann eines Heerkönigs zur Herrschaft über Land und Leute zu gelangen. Selbst wenig begüterte Freie oder gar ursprünglich Unfreie konnten im Königsdienst aufsteigen und sich materielle Mittel verschaffen, die zur wirtschaftlichen Grundlage politischer Adelsmacht wurden. Die reichen, in die Tausende gehenden Güterschenkungen, die Adelssippen seit dem 7. Jahrhundert im Wettstreit mit dem Königtum als Stifter zahlreicher Klöster tätigen konnten und die in der Regel Landbesitz und Hörige umfaßten, beweisen allein schon die Existenz adeliger Macht. Es waren die „nobiles“, „potentes“ und „optimates“, die als Schenker in solchen Traditionsurkunden für Klöster auftauchen. Wenn es sich auch noch nicht um eine bereits ständisch organisierte Aristokratie handelte, besteht doch kein Zweifel, daß wir es schon mit Adel im oben beschriebenen Sinne zu tun haben. Wenn man aus den frühesten fränkischen Rechtsaufzeichnungen, die kein spezielles Wehrgeld für einen Adel kennen, auf dessen Nichtexistenz geschlossen hat und sogar eine völlige Ausrottung des alten völkerwanderungszeitlichen Adels durch Chlodwig annahm, dann ist dem zweierlei entgegen zu halten: Erstens der archäologische Befund, daß es vom 5. bis zum 8. Jahrhundert reich ausgestattete Gräber gibt, die wohl nur als Grablegen einer mächtigen, über Land und Leute gebietenden Oberschicht zu deuten sind. Die rheinischen Fürstengräber von Morken, Krefeld-Gellep und Köln sowie das alemannische Fürstengrab von Wittislingen beweisen durch ihre hochwertigen, z. T. aus dem Mittelmeerraum stammenden Beigaben die Existenz einer Herrenschicht, die sich internationale Luxusware leisten konnte. Im Testament des dux Adalgisel-Grimo von 643 können wir schon sehr früh in einer schriftlichen Quelle den weitreichenden Besitz von Land und Leuten, städtisches Eigentum sowie ein adeliges Eigenkloster im Raum von Metz, Tholey und Verdun feststellen. (Nr. 193, W. Levison, S. 118ff.)

Zweitens wäre es ein Mißverständnis, wenn man aus der Frankengeschichte Gregors von Tours ableiten wollte, daß es im 6. Jahrhundert keinen fränkischen Adel gegeben habe. Zwar reservierte Gregor als Abkömmling gallorömischer Senatorenfamilien mit aristokratischem Stolz die römische Adelsbezeichnung (nobilitas) für diese mächtige Traditionsgruppe des Merowingerreiches, ließ aber durch seine Begriffsbildung klar erkennen, daß es auch eine germanisch-fränkische Entsprechung gegeben hat, die er als „maiores natu“, „potentes“ und „leudes“, als mächtige Leute von vornehmer Geburt bezeichnete. Es waren die fränkischen Großen der Reichsteile, deren Macht neben und gegenüber dem Königtum in Gregors grellbuntem Geschichtswerk immer wieder zutage tritt. Auch die bei ihm häufig genannten „Franci“ meinen selten alle Franken, sondern meist nur einen kleinen Kreis politisch führender Personen. Auf diese adelige Schicht war der Merowingerkönig bei der Ausbreitung und Organisation der fränkischen Reichsherrschaft angewiesen, sie wirkte bei allen wichtigen politischen Entscheidungen mit, etwa beim Beschluß von Kriegszügen und bei Friedens- und Bündnisverträgen. Wie sehr sich die Könige auf den Adel stützten, zeigt ferner die Tatsache, daß sie auch abtrünnige Gefolgsleute häufig schon nach kurzer Zeit wieder in Gnaden aufnahmen. Schriftliche Quellen und archäologische Ergebnisse stimmen also in ihren Aussagen über die Existenz eines frühen merowingerzeitlichen Adels überein, wenn es natürlich auch noch keinen „Adelsstand“ als feste Institution gab.

Adel war überdies nichts spezifisch Germanisches. Mit Gregor von Tours selbst und seinen zahlreichen Standesgenossen aus der gallorömischen Senatorenaristokratie faßt man den zweiten Entwicklungsstrang der mittelalterlichen Adelsgesellschaft und Adelsherrschaft, der an Bedeutung kaum hinter dem germanisch-fränkischen zurücksteht. Die fränkische Herrschaft in Gallien hatte wohl nur kurze Zeit, wenn überhaupt, Okkupationscharakter; vielmehr setzte schon mit Chlodwig I. die planmäßige Integration der gallorömischen Oberschicht ein. Diese konnte seit dem gesellschaftlichen Strukturwandel der Spätantike in nachdiokletianischer Zeit ihren teilweise riesigen Domanialbesitz durch Immunität und eine zahlreiche Klientelschaft sichern, die oft Tausende von Abhängigen umfaßte. Diese Aristokratie behauptete ihren Besitz, ebenso beherrschte sie die Städte. Vor allem die bischöfliche Stadtherrschaft war eine Domäne der gallorömischen Aristokratie, und so dürfte es kaum eine Übertreibung gewesen sein, wenn König Chilperich I. († 584) die Machtverhältnisse in seinem Reiche folgendermaßen darstellte: „Siehe, unser Staatsschatz ist arm und unser Reichtum ist an die Kirche gefallen; keiner herrscht jetzt überhaupt als allein die Bischöfe; unsere (königliche) Macht ist dahin und an die Bischöfe der Städte übergegangen“ (Nr. 4, Bd. III, S. 84). Solche Klage bezog sich nicht lediglich auf königliche Schenkungen von Land und Leuten an den damals noch gallorömischen Episkopat, sondern es wurde die faktische, politisch-rechtlich ungemein angereicherte und stabilisierte bischöfliche Stadtherrschaft als Ursache königlicher Machtminderung angeprangert. Sie war, vom König aus gesehen, in der Tat ein wohl unvermeidliches Grundübel, da sie zugleich machtvolle Regionalherrschaft des gallorömischen Adels bedeutete. Dieser konnte ihm in einer Krisensituation, nämlich bei offener Feindschaft der Bischöfe gegenüber dem Königtum, die romanisch-städtische Grundlage seiner Königsmacht und damit auch deren reiche finanzielle Ressourcen entziehen. Das Frankenreich des 6. und auch des 7. Jahrhunderts war vor allem südlich der Loire ein Nebeneinander solcher regionaler bischöflicher und zugleich aristokratischer Stadtherrschaften, in die der König kaum hineinregieren konnte. Nicht nur in Gallien, sondern auch in Rätien und Noricum südlich der Donau sind Teile einer regional herrschenden, romanischen Oberschicht in den fränkischen Reichsverband eingegliedert worden, so die Herrschaft der Viktoriden um Chur, aber auch die Land und Leute besitzenden ,,Genealogia de Albina" im Salzburger Land, die um 700 als Bestandteil des agilolfingischen Herzogtums erscheint.

Im Nordosten des Merowingerreiches hingegen trat der austrasische, überwiegend germanische Adel unter der Führung von Arnulfingern, Pippiniden und den mit ihnen verbundenen Familien als politische Kraft schon früh hervor; deutlicher faßt man ihn am Beginn des 7. Jahrhunderts. Beide Oberschichten, die gallorömische wie die fränkische, begannen im Verlaufe dieses Jahrhunderts zu verschmelzen. Dies geschah nicht zuletzt unter dem Einfluß der großen mönchischen Bewegung von Luxeuil und ihrer Filialklöster, in denen beide Adelsformationen im Zeichen einer neuen, radikalen Christlichkeit zusammenfanden. In der Hagiographie dieser Epoche tritt uns denn auch eine neue christliche Legitimation dieser nunmehr entstehenden reichsfränkischen Adelsgesellschaft entgegen. Adelige Herkunft wird gleichsam zur natürlichen Voraussetzung von Heiligkeit. Die gängige Formel für adelige Bischöfe, Äbte und Mönche lautet in den Quellen der Epoche, vornehmlich in den Heiligenlegenden, jetzt: ,,Genere nobilis, sed fide nobilior – adeliger Herkunft, aber noch edler durch den Glauben". War das Bischofsamt im 6. Jahrhundert noch vorwiegend ein Reservat der eingesessenen Senatorenfamilien, so bildete es jetzt mehr und mehr den normalen Abschluß einer Karriere germanisch-romanischer Großer im kirchlichen Königsdienst. Des weiteren war es für das Prestige der Frühkarolinger sicherlich ein großer Gewinn, daß diese bedeutendste austrasische Adelsfamilie schon im 7. Jahrhundert zwei Heilige zu den ihren zählen durfte: Bischof Arnulf von Metz und Gertrud von Nivelles.

Die gallorömische Oberschicht Galliens, die auch in fränkischer Zeit eine machtvolle Herrschaft in den Civitates und auf ihren Latifundien ausübte, hatte nicht nur entscheidenden Anteil an der Christianisierung der Franken, sie brachte auch ihre eigenen aristokratisch-senatorischen Ideale sowie ihre Vorurteile in die merowingische Gesellschaft ein. Das bedeutete zugleich, daß diese gallorömische wie keltoromanische Oberschicht mit ihren riesigen Eigengütern und einer zahlreichen Klientelschaft auch für die Entstehung einer christlichen Adelsethik wesentlich mitverantwortlich wurde. Adel und Christentum gingen hier eine neuartige, das gesamte

Mittelalter bestimmende Verbindung ein. Die Herrschaft der Aristokratie in der Kirche hat somit schon in spätantiker und merowingischer Zeit begonnen. Die germanische Oberschicht schlüpfte seit dem 7. Jahrhundert gleichsam in diese schon bestehenden kirchlichen und politischen Strukturen hinein.

Die „karolingische Reichsaristokratie". Über der naturgemäß zentralisierenden Kraft der Königsherrschaft darf demnach nicht vergessen werden, daß sich gerade die Realität adeliger Regionalherrschaft, ganz gleich ob sie weltlicher oder geistlicher Art war, immer wieder entscheidend durchsetzen konnte. Dabei hatten gerade die Karolinger bei ihrem politischen Aufstieg einen energischen Anlauf unternommen, den Adel der Reichsverwaltung dienstbar zu machen. Eine zahlenmäßig schwer zu bestimmende Gruppe von Familien, die mit dem Sieg der Karolinger im 7. und 8. Jahrhundert als deren Mitkämpfer und Verwandte aus dem Maas-Moselraum in hohe Positionen gelangt war, bildete seither eine neue Trägerschicht der karolingischen Gesamtherrschaft. Dieser Adelsgruppe, die sich bald auch aus anderen Landschaften rekrutierte und in der sicher auch der ältere merowingische Adel vertreten war, eröffnete sich die eifrig genutzte Chance, mit der Expansion karolingischer Macht über Alemannien, Bayern, Ostfranken, Sachsen, Thüringen und über das wiedereroberte westgotische Aquitanien-Septimanien als Grafen und „Regierungskommissare" der Karolinger in den neu angegliederten Räumen selbst besitzmäßig Fuß zu fassen. So kamen die Vorfahren der Welfen nach 746 als Nutznießer einer teilweise brutalen Ausrottungspolitik der Karolinger nach Alemannien. Ähnliches vollzog sich im agilolfingischen Bayern und in Sachsen sowie nach dem letzten langobardischen Aufstand des Hrodgaut (775/76) gegen die karolingische Herrschaft auch in Oberitalien. Anstelle der langobardischen „duces" setzten sich dort Mitglieder der fränkischen Reichsverwaltung fest, deren Familien dann im späten 9. und im 10. Jahrhundert vielfach Regionalherrschaft auf eigene Rechnung ausübten. Sicher haben sich die Karolinger dabei auch einheimischer Adelsgruppen bedient, in Bayern etwa der in der Lex Baiuvariorum mit doppeltem Wehrgeld geschützten fünf Sippen (genealogiae) der Huosi, Fagana, Hahilinga, Droazza und Anniona. Auch in Sachsen mit seiner archaischen Gesellschaftsordnung dürfte die adelige Oberschicht bis ins Hochmittelalter hinein trotz verwandtschaftlicher Verknüpfung mit dem karolingischen Reichsadel eine von diesem unabhängige Sonderstellung eingenommen haben. Wesentlich blieb aber dabei, daß sich aus dieser regional ergänzten Reichsaristokratie kraft karolingischer Amtsgewalt nach und nach durch Versippung mit der Königsfamilie wie auch untereinander ein engerer Kreis nunmehr genealogisch faßbarer Familien aussonderte, die in zunehmendem Maße Anspruch auf die wichtigsten Ämter im Reich erhob: auf das Herzogs- und Markgrafenamt ebenso wie auf Hofämter in Königsnähe. Das ursprüngliche Kausalverhältnis von Amt und Adel kehrte sich damit gleichsam um: Adel befähigte nunmehr in erster Linie zum herausragenden Amt. Damit war die anfänglich vorhandene soziale Mobilität des Aufstiegs in den Adel vorerst gebremst. Thegan hat in seiner Lebensbeschreibung Ludwigs des Frommen Erzbischof Ebbo von Reims als einen Emporkömmling unfreier Herkunft geschmäht und nachdrücklich erklärt: ,,Er (der Kaiser) hat dich frei (liber) gemacht aber nicht adelig (nobilis), was unmöglich ist" (Nr. 4, Bd. V, S. 240). Dies belegt die Tendenz zur rechtlichen Abschließung des Adels gegenüber anderen Schichten, ebenso aber die Bedeutung der Königsnähe für die immer noch mögliche Durchbrechung dieser Barriere, wenn auch nur als spektakuläre Ausnahme. Auch in der Namensgebung und im Heiratsverhalten läßt sich die Neigung der karolingischen Führungsschicht erkennen, sich nach unten abzuschließen; völlig durchgesetzt hat sich dies allerdings noch nicht; das gelang erst im späteren Mittelalter.

Reichsadel und nachkarolingische Fürsten und Dynasten. Aus der obersten Gruppe des spätkarolingischen Adels kamen zumeist auch jene Familien, die im Westfränkischen und Ostfränkischen Reich die Karolinger ablösten und ebenso jene frühen bedeutenden Fürstenhäuser und Herzogsfamilien in Frankreich und Deutschland, die zusammen mit dem Königtum lange Zeit die Geschicke ihrer Länder bestimmten. Für die weitere Entwicklung der Adelsherrschaft in Lothringen und rechts des Rheins erwies es sich dabei als folgenreich, daß die adelige Vogtei über Kirchen ein Mittel dynastischer Territorienbildung wurde. Der Vogt, der als Inhaber der königlichen Banngewalt und Jurisdiktion innerhalb der ausgedehnten kirchlichen Immunitätsbezirke Gerichts- und Hoheitsrechte für die nicht voll rechtsfähigen Kleriker und Mönche ausübte, war auch in der Lage, eigene Vasallen mit Kirchengut auszustatten. Durch Akkumulation von gräflichem Amtsgut, Kirchenlehen und Kirchenvogteien über Klöster, Stifts- und Domkirchen bauten die Dynasten räumlich klarer umgrenzte und herrschaftlich intensiver erfaßte Bereiche über ihr Eigengut hinaus auf. Die extensive und oft rücksichtslose Ausnutzung der Vogteirechte verursachte schier endlose Klagen der Kirchen über Räuberei und Erpressung der Vögte: Diese sind die ,,invasores ecclesiarum", die das der Kirche Christi für Arme, Witwen und Waisen anvertraute Gut an sich rissen. Der von Kaiser Heinrich III. im bayerischen Nordgau zum Schaden des Bistums Bamberg auch als Kirchenvogt tätige Reichsministeriale Otnand war für den Bistumsklerus schlechtweg ein ,,Höllenhund".

Ausnutzung von Vogteirechten war nicht die einzige Möglichkeit zum Aufbau von Adelsterritorien. Eine andere Chance hierfür war die Besetzung von Bistümern und Abteien mit einem Angehörigen der eigenen Familie – für den Adel ein probates Mittel, sich dann von diesem verwandten Prälaten Kirchenlehen und Vogteirechte zum Ausbau der eigenen Herrschaft übertragen zu lassen. Der erbitterte Kampf um hohe kirchliche

Ämter war demnach nicht nur eine Prestige-Frage, sondern auch von großem materiellen Interesse. Der König hatte bei der Vergabe von Bistümern und Reichsabteien auf Adelsinteressen immer wieder Rücksicht zu nehmen. Es versteht sich von selbst, daß Adelsfamilien, die ihren eigenen Herrschaftsbereich und Vasallitätsverband über Amts- und Kirchengut wesentlich erweitern konnten, damit weit über ihre Standesgenossen aufstiegen.

Wandel der adeligen Familie. Hand in Hand mit dem Ausbau der Adelsterritorien und teilweise mit ihm ursächlich verbunden, vollzog sich ein Strukturwandel der Adelsfamilie selbst. In der Merowinger- und Karolingerzeit und noch bis ins 10. Jahrhundert hinein bestand der Adel aus „horizontal" strukturierten, gleichsam synchronen Sippen, sogenannten kognatischen Verbänden. In diesen hatte oft die Bindung zu den Verwandten der Mutter eine größere Bedeutung als zum Vaterstamm, vor allem, wenn man etwa mütterlicherseits mit dem Königshaus verwandt war. Das Zusammengehörigkeitsgefühl dieser Sippen erkennen wir in den zwei bis drei Generationen umfassenden Totengedenkbucheinträgen der Klöster, mit denen sich zumeist adelige Wohltäter der Mönchskonvente buchstäblich namentlich der göttlichen Barmherzigkeit zu versichern suchten. Auf diese Weise können wir etwa im Kloster Reichenau, in Remiremont, Fulda oder Salzburg einzelne Adelsgruppen durch Leitnamen einigermaßen umreißen und in Verbindung mit ihren Besitzschenkungen an die Kirche auch landschaftlich lokalisieren. Dies gestattet Einblicke in frühe adelige Machtkonzentrationen. Deutlicher treten im 10. Jahrhundert Udalrichinger, Luitpoldinger, Welfen, Babenberger-Popponen, Konradiner, Billunger und Liudolfinger entgegen, und je mehr sie sich um ein hohes Amt gruppierten, um so klarer sind sie für uns erkennbar. Das gilt für das Herzogs- oder Königsamt wie für geistliche Ämter, so daß man von spätmerowingisch-karolingischen Bischofssippen in Trier und Freising (Huosi) sprechen kann oder später, im 9. Jahrhundert, von der Bischofsfamilie der Salomone in Konstanz.

Die Struktur des Adels ändert sich im 11. Jahrhundert grundlegend, so daß es oft schwer ist, die unbezweifelbare biologische Kontinuität von Adelssippen zwischen dem 9. und 11. Jahrhundert exakt nachzuweisen. Der idealtypischen Entwicklung vom früh- und hochmittelalterlichen Personenverbandsstaat zum spätmittelalterlich-frühneuzeitlichen institutionellen Flächenstaat vergleichbar, läßt sich vom 11. Jahrhundert an eine genauere räumliche Bindung des Adels feststellen, die schließlich zum dynastischen Territorium mit Burgenbau und adeligem Eigenkloster führte. Es liegt nahe, diese Entwicklung zur „agnatischen" Adelsfamilie, für die jetzt diachron, durch die Generationen hindurch, der Mannesstamm entscheidend wurde, mit dem Lehnswesen in Verbindung zu bringen. Es war wohl das vitale Interesse des Adels an der Erblichkeit des Lehnsgutes, das hier die neue agnatische Adelsfamilie erzwang, denn die Vererblichkeit von Gütern und Ämtern als Lehen war in der Regel nur im Mannesstamm möglich. Der Besitz von Amtsgut als Lehen und die Vogtei über Kirchengut erforderten und förderten auch eine schärfere räumliche Fixierung des Adelsbesitzes, ebenso dessen Sicherung durch Burgenbau. Dieser Trend setzte sich in der zweiten Hälfte des 9. Jahrhunderts als Folge der Schwäche des Königtums und wegen des nunmehr notwendig gewordenen regionalen Schutzes vor Invasionen von außen sehr rasch durch. Die Burg als Adelssitz konstituierte jetzt das Adelshaus, der Adelige nannte sich seither nach einer Stammburg, an die sein Adel als „praedium libertatis" – „Hantgemal" auch rechtlich gebunden war. Siegel und Wappen vollendeten dann später formal diesen komplizierten Umwandlungsprozeß, an dessen Ende trotz großer besitzmäßiger Unterschiede der nach seinen Existenzbedingungen und Verhaltensnormen wie nach seinem Selbstverständnis relativ einheitliche Adel des Hochmittelalters stand. Im „Ruodlieb", der wohl am Hofe Kaiser Heinrichs III. entstand und vielleicht sogar in dessen Auftrag geschrieben wurde, spiegelt sich bereits diese neue adelige und in vielen Zügen schon ritterliche Lebensform und Mentalität wider.

Damit war die Entwicklung der adeligen Welt aber keineswegs abgeschlossen, vielmehr bot seit dem 10. Jahrhundert wiederum der Dienst für König oder Dynasten neue Möglichkeiten gesellschaftlichen Aufstiegs: Zuerst den kleineren Vasallen im Rahmen des Lehnswesens und dann, seit Beginn der Salierzeit, die neue, aus der persönlichen Unfreiheit emporsteigende Formation der Ministerialität. Beschleunigt wurde dieser Vorgang durch die Attraktivität ministerialischen Dienstes, der in Königsnähe oft in hohe Reichsämter führte, reiches Amtsgut einbrachte und deshalb bald auch manche Adelige zum Eintritt in die königliche oder herzogliche Dienstmannschaft veranlaßte. Ein neuer Dienstadel entstand, der die Gesellschaftsentwicklung der folgenden Jahrhunderte und der frühen Neuzeit maßgeblich mitbestimmen sollte.

Berufskriegertum und Dienstadel. Eine wichtige Voraussetzung für die Entstehung einer neuen Art von Adel waren Wandlungen in der Militärtechnik, die bereits in der Karolingerzeit einsetzten und ein Berufskriegertum hervorbrachten, die Voraussetzung neuer ständischer Differenzierung. Am Beispiel des Klosters Prüm in der Eifel läßt sich beobachten, wie ehemals Freie, die als Vasallen ein Lehen innehatten, für Kriegsdienste ausgebildet und bereitgestellt wurden und nunmehr, zusammen mit den „nobiles", als „milites" in der „militia", dem militärischen Aufgebot des Klosters, zusammengeschlossen waren. Damit hoben sie sich deutlich von der bäuerlichen Unterschicht ab und wurden als Berufskrieger im Rahmen der militärischen Expansion des Karolingerreiches bald unentbehrlich. Sie lösten mehr und mehr das alte Volksheer ab. In den Kapitularien treten sie uns als „militia", das heißt als vasallitische Kriegerschicht und als Panzerreiter (loricati) entgegen. Die militärische Funktion brachte es mit sich, daß eine kostspielige Spezialausrüstung auch eine angemessene materielle Ausstattung der ,,milites" mit drei, vier, später sogar zwölf Bauernstellen (Hufen) und darüber hinaus erforderte. Die Inhaber größerer Lehen konnten sich dabei sicher noch besser ausstatten und wurden damit für den Herrscher noch wertvoller; als Vasallen waren sie auf Abruf zum Kriegsdienst verpflichtet. Ihr Vorhandensein auch in Friedenszeiten wirkte sich dann auch vor allem gegenüber der breiten Schicht bäuerlicher Abhängiger, herrschaftsstabilisierend aus. Schon um die Mitte des 9. Jahrhunderts überwog das Aufgebot der vasallitischen ,,militia" eindeutig die alte ständische Heeresgliederung. Der Eintritt Adeliger in die Vasallität trug dazu bei, das soziale Prestige und die politische Bedeutung dieser neuen Schicht unterhalb des Reichsadels zu heben. Sie entwickelte sogar schon ein adeliges Selbstverständnis; ,,milites" und Bauernkrieger waren jetzt zwei klar voneinander unterschiedene Gesellschaftsformationen. Dem berühmten Ersatzaufgebot Ottos II. vom Jahre 981 zufolge bestand schon damals das kaiserliche Heer ausschließlich aus Panzerreitern, die als Vasallen von Bischöfen, Äbten und weltlichen Großen angefordert wurden: Die Vasallität war nun mit der Kriegerschaft, der ,,militia", identisch, in welcher Adel, Freie und ehemals Unfreie als Berufsstand und als neue gesellschaftliche und bald auch politisch relevante Gruppe zusammengeschlossen erschienen. Kriegs- und Herrendienst brachten dann im Hochmittelalter ein neues Standesbewußtsein hervor, dessen ritterliches Ethos die erste laikale Literatur des Mittelalters, die maßgeblich von Ministerialen getragene mittelhochdeutsche Dichtung, in ihrer Mentalität bestimmte.

Ansätze von Adelskritik. Neben dem adeligen Standesbewußtsein gab es schon früh auch die Kritik am Adel. Wenn für das Frühmittelalter festgestellt wurde, daß in der Hagiographie adelige Herkunft gleichsam als natürliche Voraussetzung von Heiligkeit galt; wenn ferner die bereits erwähnte Formel ,,genere nobilis sed fide nobilior" (aus adeliger Familie, aber edler durch den Glauben) gleichsam den archimedischen Punkt bezeichnet, von dem aus sich der Adel nicht nur eine neue christliche Legitimität schuf, sondern auch den Adelsbegriff ansatzweise spiritualisierte und ethisierte, dann mußten sich aristokratische Wertvorstellungen immer wieder auch kritisch an diesem hochgetriebenen Selbstverständnis messen lassen. Es ist wohl kein Zufall, daß aus monastischen Reformkreisen schon früh harscher Tadel am adeligen Hochmut laut wurde: Abt Odo von Cluny (926–942) etwa sah den Adel nicht von der Natur, sondern vom Ehrgeiz hervorgebracht (Nr. 41, Bd. 133, Sp. 613). Nach Bischof Rather von Verona († 968) haben Adelige unedel, viele Nichtadelige jedoch edel gehandelt (Nr. 41, Bd. 141, Sp. 1000); desgleichen weist er einen Grafensohn, offenbar einen Emporkömmling, ironisch auf dessen Herkunft von Wahrsagern, Bäckern, Masseuren, Vogelstellern, Fischverkäufern, Töpfern, Geflügelmästern oder Mauleseltreibern hin (Nr. 41, Bd. 136, Sp. 137). Johannes von St. Arnulf in Metz († 980) spricht voll asketischer Strenge von der fleischlichen Vergänglichkeit der „nobilitas“ (Nr. 33, I, 2, Bd. 4, S. 339). Wipo, der Biograph jenes Kaisers, der die kleinen Vasallen förderte und den Abhängigen und Geringen zu ihrem Recht verhalf, sagt im Vorwort zu seiner Lebensbeschreibung Konrads II.: „Oft adelt Tüchtigkeit den gemeinen Mann, aber ebenso macht immer wieder Adel ohne Tüchtigkeit (virtutes) Edle gemein“ (Nr. 4, Bd. XI, S. 524). Virtutes – Tugenden, das bezog sich nicht mehr auf die altrömische „virtus“ als umfassende Mannestugend, sondern hier waren schon die christlichen Tugenden und übernatürlichen Seelenkräfte gemeint, wie sie in den frühmittelalterlichen Heiligenleben immer wieder genannt wurden. Der aus der klassischen Antike stammende Begriff des „Seelenadels“, für dessen Übernahme in die Welt der germanisch bestimmten Nachfolgestaaten der westlichen Reichshälfte die spätantike Aristokratie verantwortlich war, wurde jetzt in christlicher Umbildung erneut geschichtsmächtig: Er trug wesentlich dazu bei, den politisch-funktionalen Begriff des Adels – der „nobilitas“ – zu ethisieren und zu spiritualisieren. Solch religiös geläuterter Adelsbegriff bot aber zugleich die Möglichkeit, im Sinne christlicher Tugenden permanente Kritik am konkreten Adel zu üben. Die angeführten Beispiele zeigen dies ebenso wie der herbe Tadel, den Karl der Große und seine Nachfolger in den Kapitularien an der Unterdrückungs- und Ausbeutungspraxis des Adels im weltlichen wie im geistlichen Gewande übten. Die Karolinger konnten sich eine solche christlich beeinflußte Adelskritik umso mehr erlauben, als sie selbst durch die kirchliche Weihe und Legitimation ihrer Herrschaft den Maßstab christlicher Herrschertugenden für sich anerkannten, dies taten auch ihre Nachfolger im West- und Ostfrankenreich. Nicht umsonst thematisierte die Fürstenspiegelliteratur eindringlich Pflichten und Aufgaben des König- und Kaisertums im Zeichen christlicher Verantwortung. Damit hat die Kirche, ungeachtet ihres in den obersten Rängen weitgehend adeligen Charakters, durch einen Katalog christlicher Herrschertugenden Königtum und Adelsgesellschaft zu domestizieren und damit auch zu humanisieren gesucht: Ethos und Herrschaft sollten übereinstimmen.

Umgekehrt drangen aber auch aristokratische Wertvorstellungen in kirchliche Urteile über Persönlichkeiten ein. Der Adelige-Edle ist jetzt zumeist schön, von eleganter Statur, weise im Rate, unterhaltsam im geselligen Kreise, freundlich, heiter und freigebig. In vielen Bischofsviten des Hochmittelalters tauchen diese Standestugenden neben der christlichen Vorbildlichkeit und dem Amtscharisma auf, allerdings auch die weniger vortrefflichen Eigenschaften adeligen Herrschaftsbewußtseins. Wenn der hochadelige Bischof Meinwerk von Paderborn (1009–1036) einen seiner Geistlichen einfach auspeitschen ließ, weil ihn Kaiser Heinrich II. zu einem üblen Scherz auf Kosten des Bischofs angestiftet hatte, dann enthüllt dies bestimmte Verhaltensweisen der Oberschicht, die sie auch im geistlichen

Gewande offenbar nicht immer abzulegen bereit war (Nr. 33, I, 4, Bd. 59, S. 106f.).

Da sich Wesen und Auftrag der Kirche aber grundsätzlich nicht in der Adelsherrschaft über sie erschöpfte, konnte die Kirche dennoch kritische Distanz bewahren und formulieren; sie war ihrem tiefsten Selbstverständnis nach stets erneuerungsfähig und vermochte daher die mit dem Übergewicht des Adels nun einmal gegebene gesellschaftliche Beschränkung ihres Blickfeldes immer wieder zu transzendieren. Die Spannung zwischen dem realen Verhalten des Erb- und Dienstadels einerseits und den kirchlich sanktionierten Normen eines ethisch und geistig fundierten Adelsbegriffs andererseits wurde daher ein Dauerthema der mittelalterlichen und frühneuzeitlichen Gesellschaftslehren; das blieb im Grunde so bis zum Untergang des Ancien Régime.

Kirchliche Kritik am Adel machte auch vor den Königen nicht halt, sie konnte aber auch zum politischen Kampfmittel verkommen: So schrieb Erzbischof Hinkmar von Reims, der wichtigste Ratgeber Karls des Kahlen, einen Drohbrief an dessen Hauptgegner, den ostfränkischen König Ludwig den Deutschen; er verband dabei seinen Tadel mit der Schilderung der Qualen, die den Herrscher – aller Macht und allen Reichtums entkleidet und ohne Trost und Hilfe der Freunde und Untergebenen – in seiner Todesstunde erwarteten. Dennoch hat die Kirche insgesamt bewirkt, daß der Adel die Maßstäbe christlicher Ethik verinnerlichte und damit den Adelsbegriff selbst spiritualisierte. Dhuoda, die Witwe Graf Bernhards von Septimanien, schrieb 841/43 für ihren sechzehnjährigen Sohn Wilhelm, der sich eben als Lehnsmann in den Dienst Karls des Kahlen begab, ein Handbüchlein mit Lebensregeln und praktischen Anweisungen, den „Liber manualis", zugleich ein Lobpreis der Familie Wilhelms und Dhuodas sowie ein Tugendspiegel adeligen Lebens in der Karolingerzeit. Besonders aufschlußreich sind die mütterlichen Ratschläge, wie sich der Sohn am Hofe verhalten solle. Da heißt es unter anderem: „Wenn du zusammen mit deinen Waffengefährten ein brauchbarer Helfer am königlichen und kaiserlichen Hofe sein willst, dann fürchte, liebe, verehre und schätze die berühmten Eltern und die Nächsten deines Herrn, des Königs. Dabei macht es keinen Unterschied, ob sie ihren Adel den Vorfahren verdanken oder durch Heirat erworben haben. Suche ihren Vorteil bei jeder Tätigkeit und führe ihre Anordnungen unter Einsatz von Gedanken und Taten aus." Wilhelm sollte dieses Handbuch immer wieder lesen und als Anleitung dafür betrachten, „wie er mitten in allen weltlichen Geschäften sein Seelenheil sichern könne" (Nr. 17, Dhuoda, S. 117, 352). Neben der adeligen Verfeinerung, die aus Dhuodas Schriftchen spricht, ist bemerkenswert, daß sie als Angehörige des karolingischen Adels dennoch dem Sohn nahelegt, die Männer der Umgebung des Königs ohne Rücksicht auf ihre Herkunft zu achten und zu ehren; Adel bedeutete demnach noch keinen hermetisch nach unten abgeschlossenen Stand, sondern war wesentlich von der Funktion, hier von der Königsnähe und -gunst bestimmt. Noch aufschlußreicher ist Dhuodas Rat, im Dienste für den Herrscher und seine Umgebung aufmerksam und tätig zu sein. Mit anderen Worten: Adeliges Leben bedeutete nicht Freiheit von jeglicher Verpflichtung, sondern war pflichtmäßig an Dienst und auch an Gehorsam gebunden. Diese Feststellung gilt ungeachtet des großen Abstandes zwischen Adel und Volk auch für die Basisgesellschaft der Abhängigen, in der man ebenfalls ein geradezu dialektisches Zusammenspiel von Dienst und Herrschaft feststellen kann: dialektisch insofern, als nach Hegels ,,Phänomenologie des Geistes" der Knecht durch Dienst sich selbst bilden und damit seine ursprüngliche Unfreiheit durch Arbeit überwinden könne. Spezielle Dienste in Verwaltung, Kirche, Krieg und Handel sowie Unentbehrlichkeit durch theoretisches Wissen, durch erworbene Herrschaftstechniken und durch Sachkunde haben auch im Mittelalter immer wieder dazu beigetragen, die Standesschranken zu durchbrechen.

2. Die mittelalterliche Grundherrschaft

Ihre gesellschaftliche Bedeutung. Die tiefgreifende Wirkung der Adelsherrschaft hat wesentlich ihren Grund darin, daß sie auf der materiellen Basis der Grundherrschaft beruhte; in deren Verband war fast die gesamte Bevölkerung des Frankenreiches wie seiner Nachfolgestaaten eingegliedert, und zwar wirtschaftlich wie politisch und rechtlich. Wenn Adelsherrschaft Verfügungsgewalt über Land und Leute bis zum Recht über Leben und Tod der Unfreien war, dann bildete die Grundherrschaft ihren dichtesten Kern, ohne den der Adel keine selbständige Kraft der frühen europäischen und deutschen Geschichte geworden wäre. Aus der grundherrlichen Organisation leiteten sich sowohl der materielle Status als auch die Lebensformen des Adels und besonders auch des Königs her, dessen Pfalzen Mittelpunkte von Großgrundherrschaften waren. Auf der festen Basis kirchlicher und klösterlicher Grundherrschaften entwickelte sich dann vor allem das geistige Leben, weil in diesen Großverbänden Menschen für Erziehung, Studium, Buchproduktion und künstlerische Arbeit freigestellt und trainiert werden konnten. Zwar ist der Terminus ,,Grundherrschaft" bzw. ,,Villikation" ein ,,modern-historisch-juristischer Ordnungsbegriff" für eine Vielzahl von Phänomenen, aber er erfaßt dennoch ein reales gesellschaftliches Ordnungsgefüge mittelalterlichen Lebens, hat also idealtypischen Charakter im Sinne Max Webers. Für die konkrete Analyse der Grundherrschaft besteht die Mißlichkeit, daß wir zwar relativ viel über die klösterliche und auch über die königliche Grundherrschaft wissen, jedoch nur wenig über die adelige, da deren Quellen erst später reichlicher fließen; Rückschlüsse von klösterlichen auf adelige Grundherrschaften sind nur bedingt möglich. Letztere waren vermutlich besitzmäßig geschlossener als die klösterlichen, doch wird man die großen, oft weit auseinanderliegenden

Besitzkomplexe des karolingischen Reichsadels in verschiedenen Reichsteilen als eine Sonderform adeliger Herrschaft auffassen müssen. Das ausführliche Testament Eberhards, eines mächtigen karolingischen Grafen in Friaul, nennt etwa Besitzungen in Flandern, Alemannien und Oberitalien. Typisch für kirchliche Großgrundherrschaft, die sich im Lauf der Jahrhunderte mosaikartig aus Einzelschenkungen des Königs und des Adels zusammensetzte, war der weite Streubesitz, der, wie im Falle von Fulda, von Friesland bis zu den Alpen reichen konnte. Das erforderte besondere Organisationsformen, um das entfernte Klostergut überhaupt nutzen zu können.

Wichtig für das Verständnis der Grundherrschaft ist schließlich die Tatsache, daß der hohe Adel nicht deshalb grundherrliche Rechte erwarb, weil er Grund und Boden besaß, sondern dieselben kraft adeligen Eigenrechts ausübte. Daraus folgt wieder, daß Grundherrschaft nicht nur eine Wirtschafts-, sondern auch eine Rechts- und Herrschaftsform war. Damit entfällt auch die einst vieldiskutierte, heute als anachronistisch erkannte Frage, ob die Grundherrschaft eher privatrechtlicher oder öffentlich-rechtlicher Natur sei; mittelalterliche Herrschaft kennt diese moderne Trennung beider Rechtssphären nicht. Die gerichtliche Gewalt des Grundherrn über die Angehörigen der gesamten Grundherrschaft, die zumeist im Begriff ,,familia" zusammengefaßt war, entstand vermutlich aus der umfassenden Hausherrschaft germanischen Ursprungs. Sie kann aber auch in gallorömischen Vorbildern wurzeln, nämlich in der Herrschaft der senatorischen Aristokratie über ihre Latifundien. In jedem Falle handelt es sich um eigenständiges Herrenrecht, das keiner Privilegierung durch den König bedurfte. Man spricht daher auch von ,,autogener Immunität", die eher neben als unter der königlichen Rechtssprechung stand. Aus diesem Nebeneinander beider Rechtskreise ergaben sich immer wieder Konflikte.

Die Entstehung der Grundherrschaft. Die räumliche Massierung oder Streuung der Grundherrschaft innerhalb des fränkischen Großreiches im Pariser Becken, zwischen Maas und Rhein, am Mittelrhein, am Main und zwischen Regensburg und Reichenhall läßt Rückschlüsse auf ihre Entstehung zu. Das gilt vor allem für die Merowingerzeit, als die Könige zwischen Loire und Rhein, also im Kernland Neustrien, kaiserliches Fiskalland okkupierten und damit die größten Grundbesitzer wurden. Erwerb durch Inbesitznahme verlassenen Gutes dürfte für die ausgedehnten Domänen geflüchteter gallorömischer Grundherren in Nordgallien gelten. Unzerstört aufgegebene große Landhäuser in der Eifel lassen darauf schließen, daß sich deren reiche Besitzer im 5. Jahrhundert nach Südgallien oder Italien abgesetzt hatten und daß ihre Landgüter dann unmittelbar in königlichen oder Adelsbesitz übergegangen waren. Allerdings verließen nicht alle römischen Adelsfamilien Nordgallien, denn noch im 7. Jahrhundert fand sich in Trier senatorischer Adel, der in enger Beziehung zum Königshof stand. Die Merowinger gaben aber schon bald aus diesem umfangreichen Eroberungsgut beträchtliche Teile als Allod oder Lehen in die Hände des Adels oder statteten damit großzügig Bistümer und Klöster aus. Da der gallorömische Senatorenadel südlich der Loire und in Burgund so gut wie unangetastet im Besitz seiner Großdomänen blieb, dürften auch deren Nutzungsformen und Organisation Vorbilder für die fränkische Grundherrschaft gewesen sein, vor allem was die Schriftlichkeit der Verwaltung betrifft. Arnulfinger und Pippiniden, also die Frühkarolinger, konnten als Hausmeier und dann als Könige ihren umfangreichen grundherrlichen Hausbesitz in Austrien mit dem von ihnen übernommenen merowingischen Krongut vereinigen und zudem durch die Niederwerfung der rechtsrheinischen Herzogtümer, vor allem in Alemannien und Bayern, große herzogliche Güterkomplexe an sich bringen.

Für die kirchliche Grundherrschaft wurde es bedeutungsvoll, daß sie wegen des besonderen Rechtsstandes des Klerus weitgehend der Verfügungsgewalt des als Vogt fungierenden Eigenkirchenherren unterstand. Darin lag auch der Rechtsgrund der sogenannten Säkularisation von Kirchengut durch die ,,precaria verbo regis" der Frühkarolinger. Technisch stand wohl die geistliche Grundherrschaft mit ihrer relativ rationalen, zumeist schriftlich fixierten Organisation an der Spitze der Entwicklung, und zwar nicht nur hinsichtlich der Verwaltung. In den klösterlichen Bibliotheken besaß man die römische Spezialliteratur über Landwirtschaft und Tiermedizin, über Wasserleitungsbau und Vermessungskunde; man konnte schon früh rationaler wirtschaften als die adeligen Grundherren. Da im Frühmittelalter mehr als 90% der Bevölkerung grundherrschaftlich gebunden war, wurde diese Institution die wichtigste Sozialstruktur überhaupt, man hat daher wohl mit Recht von einem ,,Zeitalter der Grundherrschaft" gesprochen.

Das ,,Capitulare de villis" und andere Quellen. Erst die Quellen der Karolingerzeit erlauben aber nähere Einblicke in die Struktur der Grundherrschaft, vor allem das berühmte ,,Capitulare de villis" von 792/93, eine ausführliche Anweisung des Königs – entweder Karls des Großen oder seines Sohnes Ludwig – über die Verwaltung, Wirtschaft und Rechtsordnung karolingischer Domänen (Nr. 33, II, 2, Bd. 1, Nr. 32, S. 82ff.). Adressaten dieses Dokuments waren die Amtmänner (iudices) des Königsguts, das sich in Ober- und Unterhöfe gliederte, also in Fronhöfe der Großgrundherrschaft in den jeweiligen Dichtezentren unmittelbarer und uneingeschränkter königlicher Gewalt. Diese Höfe betrieben Eigenwirtschaft auf Salland (terra salica, terra indominicata), es wurde mit hörigem Hofgesinde und abhängigen, dienstpflichtigen Bauern bearbeitet. Über den Fronhof hinaus, der zugleich die Sammelstelle für alle Natural- und Geldabgaben bildete, gehörten zur grundherrschaftlichen ,,familia" zahlreiche Bauernstellen (Hufen), die zu genau registrierten Leistungen verpflichtet waren. Man bezeichnet diese Organisationsform als Villikation, Fronhofsverfassung oder Betriebsgrundherrschaft; letzteres im Gegensatz zur Rentengrundherrschaft, die sich mit dem Anstieg des Geldumlaufs entwickelte und bei der die Herrenhöfe zu Sammelpunkten für alle Abgaben wurden. Betriebs- und Rentengrundherrschaft ergänzten sich oft insofern, als geschlossener Besitz vom Eigentümer meist selbst genutzt wurde, während bei Streubesitz, wie ihn vor allem die Klöster hatten, die Fronhöfe die fälligen Geld- und Sachleistungen einzogen und dann teilweise an das Hauptzentrum, den Adelssitz, die Königspfalz oder das Kloster weiterleiteten. Die Besitzungen der Klöster Fulda oder Werden an der Ruhr, die im fernen Friesland lagen, waren vorzugsweise zu Abgaben in Geld und Tuch verpflichtet, wobei offen ist, ob dieses Tuch Eigenproduktion oder wiederum aus Flandern, der großen Textilproduktionslandschaft des Mittelalters importiert war.

Die grundherrschaftliche Organisation, wie sie im ,,Capitulare de villis" aufscheint, dürfte mehr oder weniger auch für andere Domänen gegolten haben. Die königlichen Amtmänner hatten danach nicht nur für den Wirtschaftsbetrieb im engeren Sinne zu sorgen, sondern auch die Einkünfte aus der Landwirtschaft, den grundherrlichen Handwerken und dem Karawanenhandel des Grundherren zu verwalten. Ferner hatten sie die Rechtsordnung zu wahren und ihre Unterverwalter, die Meier (maiores), zu kontrollieren, denen wiederum Förster, Pferdeknechte, Kellermeister, Vögte, Zöllner und alles Gesinde unterstanden. Die Meier leiteten die Unterhöfe, deren Bereich nicht größer sein sollte, ,,als sie diese an einem Tage umgehen oder besichtigen konnten". Zu den Dienstobliegenheiten des grundherrschaftlichen Verwaltungspersonals gehörte auch die gute Versorgung der Arbeitsleute und deren Beaufsichtigung, die Sorge für ordnungsgemäße Feldbestellung, für die Instandhaltung von Gebäuden, Zäunen, Wegen und Brücken, ebenso die Vorsorge für das Saatgut und eine geordnete Viehhaltung; ferner die Eintreibung der nötigen Hand- und Spanndienste durch die hörigen Bauern, die hierfür ihr eigenes Vieh, Pferde und Rinder, einsetzen mußten. Da die Grundherrschaft, von Luxusartikeln abgesehen, weitgehend ein Selbstversorgungsbetrieb war, verwundert es nicht, daß im ,,Capitulare de villis" wie in den ,,Brevium exempla" (Nr. 33, II, 2, Bd. 1, Nr. 128, S. 250ff.) Karls des Großen zahlreiche Handwerker auf seinen Königshöfen erwähnt sind, unter anderem Eisen-, Gold- und Silberschmiede, Schuhmacher, Drechsler, Wagenbauer, Schildmacher und andere Waffenhandwerker sowie Brauer, Imker, Bäcker und Fischer. Über die vielfältigen Einkünfte hatten die Amtmänner jährlich zu berichten. Die Reichhaltigkeit dessen, was der König abforderte, setzt in Erstaunen: Gemeldet soll werden, wieviel die Ochsen, die in der Obhut der Rinderhirten standen, einbrachten, welche Leistungen von den Bauernstellen einkamen, was an Schweinezins und anderen Zinsen sich ansammelte, wie hoch sich die Abgaben der grundherrlichen Mühlen, Weiden, Wälder beliefen und ebenso was an Marktgebühren und an Bußen wegen Treu- und Friedensbruch erhoben wurde. Weinzinse werden genannt und Naturalabgaben wie Heu, Brennholz, Bauholz, Kienspan, Schindeln, Hülsenfrüchte, Hirse, Wolle, Flachs, Hanf, Obst und Nüsse; auch gepfropfte Bäume sind erwähnt, dann Gärten, Rübenäcker und Fischteiche, ferner Häute, Felle, Hörner, Talg, Wachs, Fett, Seife, Honig sowie Wein, Bier, Met, Most, Hühner und Gänse, Handwerkszeug, Eisen- und Bleigruben. Natürlich gab es nicht alles, was in diesem allgemeinen Verzeichnis genannt wird, in jeder Grundherrschaft, aber ein Bild des Systems der königlichen, adeligen und kirchlichen Villikationsverfassung läßt sich daraus doch gewinnen.

Das ,,Capitulare de villis" gab auch Anweisung für die Verwendung der Einkünfte. Ein Teil sollte für das Haus des Königs aufbewahrt und auf eine gute Ausstattung der Räume mit Gerät und Möbeln, aber auch mit Waffen und reichlichen, einzeln aufgeführten Lebensmittelvorräten geachtet werden, und zwar für den Aufenthalt des Königs oder für den Besuch des Grafen als seines Vertreters. Andere Leute hingegen waren nur auf ausdrücklichen Befehl des Herrschers zu beherbergen und zu verpflegen. Ein weiterer Teil der Einkünfte ging ans königliche Hoflager und in die Pfalzen, ein dritter sollte für die Kriegsführung gehortet werden. Schließlich durfte der Amtmann nach eigenem Ermessen Überschüsse verkaufen. Die Grundherrschaft war somit die allgemeine Versorgungsbasis für das staatliche, wirtschaftliche und kulturelle Leben in all seinen Äußerungen.

Umfang und Ertrag klösterlicher Grundherrschaften. So gut auch für die königliche wie für die Klostergrundherrschaft die Quellenlage sein mag, es erhebt sich doch die Frage, ob eine normative Quelle wie das ,,Capitulare de villis" als Wirtschafts- und Lebensordnung wirklich gegriffen, ob sie die Realität grundherrschaftlicher Existenz tief geprägt hat? Vorsicht ist gewiß am Platze. Immerhin sind in den ,,Brevium exempla" von etwa 800 für Königshöfe in Staffelsee bei Murnau, Weißenburg im Elsaß und in Nordfrankreich (bei Lille) solche vom Herrscher angeforderten Inventare erhalten, in denen die landwirtschaftlichen Geräte, der Hausrat, die Werkzeuge, gemäß den Anweisungen des ,,Capitulare de villis" die Ernteerträge des laufenden Jahres, der Tierbestand und anderes mehr festgehalten wurden. Auch die ,,Statuta" des Abtes Adalhard von Corbie (812), allerdings wieder eine Schrift normativen Charakters, lassen erkennen, daß man sich doch einigermaßen an die Vorschriften des Herrschers hielt. Ein Jahr danach veranlaßte Irmino, der Abt des Großklosters Saint Germain-des-Prés bei Paris, eine Aufzeichnung des ungewöhnlich großen Besitzstandes seines Klosters. Hier sind ,,villa" für ,,villa", das heißt für alle Zentralorte und Hebestellen der Abtei, die genaue Zahl der vergebenen Bauernstellen, ihre Anbaufläche, die Namen der Bauern und ihrer Kinder sowie die von jeder Hufe zu entrichtenden Natural- und Geldabgaben genau vermerkt. Saint Germain-des-Prés besaß demnach etwa 23 000 Hektar bebautes Land und gebot über 4710 Familienoberhäupter mit 5316 Kindern ,,und sonstigen Verwandten". Allerdings wurden die sicher vorhandenen Leibeigenen (servi) nicht mitgezählt, so daß insgesamt mit etwa 16000 bis 20000 Angehörigen dieser riesigen Klostergrundherrschaft zu rechnen ist. Da dieses Kloster in der am dichtesten besiedelten Ile-de-France lag, ist aber Vorsicht bei einer Übertragung dieser Werte auf andere, weniger volkreiche Gebiete geboten; doch gab es auch dort beträchtliche Güterkomplexe. Die Abtei Prüm etwa hatte ihren Besitz 893 in den drei Oberhöfen Prüm, Münstereifel und St. Goar organisiert. Zu Prüm gehörten 1277 zinspflichtige Bauernstellen verschiedener Größe, ferner 30 Klostergüter mit etwa 720 Hektar Ackerland, dazu ungefähr 38 Hektar Wiesen, 100 Weinberge, 3630 Schweine in Waldmast, 16 Mühlen und 2 Salzhütten. Der Oberhof Münstereifel, dessen Bereich sich bis nach Holland erstreckte, besaß 623 Bauern- und 12 Klostergüter mit 931 Hektar Ackerland, ferner 50 Hektar Wiesen, 161 Weinberge, 6110 Schweine und 17 Mühlen, wohingegen der Oberhof St. Goar nur 218 Bauernhufen und 4 Mühlen hatte. Die Angaben für die jeweiligen Flächengrößen beruhen auf Schätzungen, genaue Daten sind nicht zu ermitteln. Jedenfalls konnte Prüm um 893 von seinen rund 2000 zinspflichtigen Hufen folgende Einkünfte erwarten: 2000 Doppelzentner Getreide, 1800 Schweine und Ferkel, 4000 Hühner, 20000 Eier, etwa 250 Bündel Flachs, 4 Seidel Honig, 4000 Eimer Wein und 1500 Schilling an Geld, was einem Betrag von 18000 Silbermünzen (Denaren) karolingischer Währung entsprach. Dazu kamen an bäuerlichen Dienstleistungen 70000 Frontage und über 4000 Fronfuhren für das Kloster. Rechts des Rheins besaß das Hochstift Salzburg 788 insgesamt 1613 Bauernstellen und 17 Fronhöfe, darunter 855 Hufen und 10 Fronhöfe aus Schenkungen agilolfingischer Herzöge und weitere 162 Hufen als Stiftungen des Adels. Das Bistum Augsburg verfügte nach Ausweis der „Brevium exempla" um 800 über 1507 Bauernstellen und damit über etwa 15000 Hektar Kulturland. Dieselbe Quelle vermittelt auch einen genauen Einblick in den Besitz, die Ausstattung mit Vieh und Geräten und ebenso in die Betriebsform des Klosters Staffelsee bei Murnau. Dieses Güterverzeichnis und die ihm angeschlossenen fragmentarischen Inventare des Bistums Augsburg, ferner Auszüge aus einem Weißenburger Traditions- und Prekarieverzeichnis sowie die genaue Beschreibung einer Reihe von Königshöfen (fisci) entstanden im Zuge einer durch Königsboten (missi dominici) vorgenommenen Bestandsaufnahme des Reichsgutes und waren Vorbild für andere Inventarisierungen, wie die Ähnlichkeiten zwischen dem Staffelseer Güterbeschrieb, dem Lorscher Urbar und den im „Codex Eberhardi" überlieferten Fuldaer Güterverzeichnissen von 820/39 nahelegen. Danach hatte das Bonifatiuskloster mit seinem weiten Einzugsgebiet von Missionskirchen und adeligen Schenker-Familien einen Landbesitz von etwa 15000 Hektar, für rechtsrheinische Verhältnisse eine ausnehmend große Grundherrschaft. Aus Aachener Synodalbeschlüssen von 816 hat man ermittelt, daß die großen Reichsabteien durchschnittlich zwischen 3000 bis 8000 Bauernstellen (Hufen) hatten; die untere Grenze für kleine Kirchen und Klöster lag zwischen 300 und 400 Hufen.

Die Grundherrschaft als Kultverband. Schutz und Schirm, die der Grundherr gewährte und die sein Herrentum legitimierten, bezogen sich nicht nur auf die materiellen Dinge oder auf die Abwehr äußerer Bedrohungen – diese funktionierte nach Ausweis der zeitgenössischen Chronistik ohnehin mehr schlecht als recht. Auch die geistliche Betreuung der Grundholden oblag dem klösterlichen Grundherrn wie dem adeligen als Eigenkirchenherren innerhalb seiner Villikation. Die zahlreichen Klostergründungen des Königs wie des Adels bewirkten, daß der grundherrschaftliche Verband zu einem Kultverband wurde, innerhalb dessen der Adelige als Bischof, Abt und Mönch die Seelen zu beherrschen und zu lenken vermochte. Gerade bei adeligen Klostergründungen kam es oft vor, daß ein Mitglied der Gründerfamilie als Abt die geistlichen Funktionen für den gesamten Familienbesitz wie für die eigentliche Klostergrundherrschaft übernahm. Man kann daher von einer weltlich-geistlichen Doppelherrschaft über Land und Leute sprechen, die zur religiösen Sanktionierung der grundherrschaftlichen Ordnung an sich wesentlich beitrug. Max Weber hat in diesem Zusammenhang von der legitimierenden Kraft des Hierokratischen „zur Domestikation der Beherrschten" gesprochen (Nr. 235, M. Weber, S. 790ff.), ein scharf formulierter, aber nicht unbegründeter Gesichtspunkt für die Analyse mittelalterlicher Herrschaft. Man könnte es auch harmonischer sehen. In dem berühmten karolingischen Fresko der Kirche St. Benedikt in Mals im Tiroler Vintschgau ist die Doppelherrschaft von Adeligem und – ebenfalls adeligem – Priester sehr anschaulich dargestellt; und wenn im 11. Jahrhundert Kaiser Heinrich II. den Bischof Meinwerk von Paderborn veranlaßte, sein reiches gräfliches Erbe an Land und Leuten in das bislang arme Bistum einzubringen, ergab sich auch in diesem Falle eine typisch mittelalterliche Verschränkung geistlicher und grundherrschaftlicher Gewalt. Die hochmittelalterlichen Dynasten intensivierten dann durch Burgenbau und klösterliches Kultzentrum mit Familiengrablege ihre Grundherrschaft und sicherten ihre durch Vogtei und Gericht gestützte Gebietsherrschaft militärisch wie jurisdiktionell, aber auch charismatisch: Hausklöster und Stammburgen wurden die Zentren religiös legitimierter Macht.

Es konnte nicht ausbleiben, daß weltlich-adeliges Standesbewußtsein und christlich-asketische Vorbildlichkeit in diesem umfassenden herrschaftlichen Kosmos einander nicht immer ideal ergänzten und durchdrangen. Seit der Merowingerzeit und mehr noch unter den Karolingern wollten daher die Klagen über unkirchliches Verhalten und Wohlleben von Bischöfen, Äbten und „Laienäbten", also der geistlichen Grundherren, nicht abreißen. Macht über Menschen scheint offenbar zu allen Zeiten die Gefahr der Korrumpierung in sich zu tragen; Jakob Burckhardts Pessimismus in dieser Beziehung scheint nur allzu berechtigt. Notker von St. Gallen (um 850–912) schilderte einen Bischof, der in kostbare Seide gekleidet auf weichen Daunenkissen dasaß und sich die besten Sänger und Musikanten kommen ließ (Nr. 4, Bd. VII, S. 346). Bischof Jonas von Orléans tadelte seine Amtsbrüder, „die nach Lust und Laune Speisen verschiedenster Art verlangen und das Können der Köche bei der Zubereitung der delikatesten Gerichte preisen, die den Bauch voll haben vom Wohlleben und getränkt sind von den feinsten Weinen, aber den Mund nicht zum Lobe Gottes, sondern nur zu lautem Gelächter aufmachen". Alkuin, der gelehrte Abt und Freund Karls des Großen, klagte über die Anwesenheit von Possenreißern und Zitherspielern bei den Mahlzeiten von Bischöfen und Äbten und ermahnte sie, die Schriften der Kirchenväter höher zu schätzen als germanische Heldenlieder (Nr. 33, IV, Bd. 4, Nr. 124, S. 181ff.). Man sieht, daß der adelige Lebensstandard, den die Erträgnisse der Grundherrschaft ermöglichten, vor Kirchen- und Klostertüren nicht haltmachte, schließlich entstammten die Prälaten selbst fast durchwegs dem Adel.

Wandlungen der Grundherrschaft. Für die weitere Entwicklung der Grundherrschaft als wirtschaftliche Organisationsform lassen sich folgende Tendenzen erkennen: Mit dem Strukturwandel der Oberschicht vom überregional begüterten kognatischen Reichsadel der Karolingerzeit zu den regional zentrierten und agnatisch organisierten Dynastenfamilien des Hochmittelalters wandelte sich auch die Adelsgrundherrschaft. Sie wurde kleiner, vermehrte sich zahlenmäßig, intensivierte ihre Verwaltung, splitterte sich aber auch oft in eine Vielzahl von Herrenrechten an Grund und Boden auf, die ursprünglich in einer Hand gelegen hatten. Dies bot einer mittleren Schicht innerhalb der Grundherrschaft Möglichkeiten, ihren rechtlichen und wirtschaftlichen Status zu verbessern und auszubauen. Das galt etwa für den sozialen Aufstieg der Meier (maiores) und der „milites" innerhalb des alten Fronhofverbandes. Um 1040 beklagte etwa Ekkehard von St. Gallen für sein Kloster, daß die Meier geglättete Schilde und Waffen besäßen, Hundemeuten hielten und sich ein herrenmäßiges Leben leisteten. Ihren Untergebenen, den cellerarii, überließen sie die Sorge um Hof und Acker: „Wir wollen unsere Lehnsgüter besorgen und der Jagd, wie es Männern geziemt, nachgehen", – so verteidigen sie ihr vermeintliches Herrenrecht. Im Kloster Stablo und in Fulda beschwerten sich um dieselbe Zeit die Äbte, daß ihre Ministerialen das Richter- und Meieramt als Lehen und nach Erbrecht besitzen wollten. Dies führte zum Niedergang der alten benediktinischen Großgrundherrschaften wie zu wachsender Macht der Vögte über das Klostergut, so daß die hochmittelalterlichen Reformorden auf ihren wesentlich kleineren Grundherrschaften straffere Formen der Bewirtschaftung und Nutzung zu entwickeln gezwungen wurden.

Äußere Ursachen für den generellen Wandel der Grundherrschaft kamen hinzu. War die ältere karolingische Villikationsverfassung im wesentlichen eine geschlossene Haus- und Tauschwirtschaft, so löste sich dieser enge Verbund schon durch die wachsende Verrentung der Leistungen, mehr noch aber durch die Entfaltung des Städtewesens seit dem 11. Jahrhundert. Selbst kleinere städtische Siedlungen bedurften eines weiten ländlichen Einzugsgebiets, um ihren wachsenden Bedarf an Lebensmitteln und Rohstoffen zu decken. Die allgemeine Intensivierung des Lebens seit dem 11. und wahrscheinlich schon seit dem späteren 10. Jahrhundert, das Ansteigen der Bevölkerungszahlen, die neuerliche Zunahme der Bautätigkeit seit der Jahrtausendwende, ebenso die Ausweitung der Geldwirtschaft führten auch auf dem Lande zu rationaleren Wirtschaftsformen. Diese äußerten sich etwa in der planmäßigen Organisation des Landesausbaus im Altsiedelland, der sogenannten Binnenkolonisation, und bald auch in der großen, nach Osten ausgreifenden Siedlungsbewegung des Hochmittelalters, die Deutschland insgesamt verwandeln sollte.

Wandel der Rechtsordnung und soziale Mobilität. Schwieriger als die Rekonstruktion der grundherrschaftlichen Wirtschafts- und Produktionsweise ist es, genauere Einblicke in die Rechtsordnung und gesellschaftliche Organisation der Grundherrschaft und deren Wandlungen bis zum Hochmittelalter zu gewinnen. Einig ist man sich wohl darüber, daß die Villikationsverfassung schrittweise zu einer Angleichung des Rechtsstandes der Angehörigen der „familia“ führte. Die ehemals Freien, die Abhängigen auf eigenen Bauernstellen (servi casati) und schließlich auch die zu ungemessenen Diensten verpflichteten leibeigenen Knechte und Mägde im Herrenhaus, die ebenfalls auf Bauernstellen (Hufen) gelangen konnten, näherten sich in ihrem Sozialstatus einander mehr und mehr. Im Hofrecht des Bischofs Burchard von Worms († 1025), das die Rechtsbeziehungen der bischöflichen „familia“ nach innen und nach außen regelte, fassen wir bereits in Anfängen diesen neuen Bauernstand, so sehr er auch noch in sich differenziert sein mochte. Gleichzeitig erkennt man dort auch die neuen sozialen Gruppen der Vasallen und Ministerialen, die sich zwischen Herrschaft und Bauern herausgebildet hatten und seit dem 11. Jahrhundert eine eigene gesellschaftliche Dynamik entwickelten (Nr. 4, Bd. XXXII, S. 88ff.).

Die im Hofrecht zusammengefaßte „familia“, ein mehr und mehr genossenschaftlicher Personenverband, gliederte sich nach den wirtschaftlichen Gegebenheiten in einen engeren und weiteren Bereich. Zum engeren gehörten die Leibeigenen (servi, mancipia), die dem Hofrecht ohne Einschränkung unterworfen waren, während für freie Hintersassen, die auf den Freihufen (mansi ingenuiles) saßen, das Hofrecht nur für ihren grundherrlich gebundenen Besitz galt, den sie vom Herrn zu Lehen trugen. Diese ältere soziale Differenzierung trat aber im Verlauf des schon erwähnten Vereinheitlichungsprozesses allmählich zurück, an dessen Ende die generelle Hofhörigkeit und Schollengebundenheit von „Grundholden" stand. Ohne Einwilligung des Grundherrn durfte kein Grundholde seine Arbeitsstelle verlassen, ebensowenig durften dies seine Kinder, ein Zustand, der in Deutschland teilweise bis zur Revolution von 1848 dauerte, als die letzten Abhängigkeitsverhältnisse aufgehoben wurden. Die spätere bäuerliche Gemeinde mit ihren genossenschaftlichen Nutzungsformen war somit keineswegs, wie man früher meinte, die Fortsetzung einer altgermanischen Markgenossenschaft, sondern erst Ergebnis der mittelalterlichen Grundherrschaft. Auf welche Weise allerdings die anfangs wohl zahlreich vorhandenen Freien, die nicht nur „Königsfreie" waren, in die Grundherrschaft einbezogen wurden, ist umstritten. Sicher haben die Bedrückungen der freien Bauern durch weltliche und geistliche Grundherren, wie sie immer wieder in den karolingischen Kapitularien bezeugt sind, dazu beigetragen, daß sich diese Gruppe in grundherrliche Abhängigkeit begab; insofern ist die ältere sogenannte „Depressionstheorie" nicht aus der Luft gegriffen, schon weil sie sich auf ein überwältigendes Tatsachenmaterial stützen kann. Das Auftauchen solcher Mißstände in karolingischer Zeit muß allerdings nicht bedeuten, daß diese erst damals entstanden. Vielmehr ist anzunehmen, daß die zunehmende Verchristlichung des Königtums und seiner Herrscherpflichten zu einer stärkeren Kriminalisierung des bislang „normalen" Verhaltens der adeligen Oberschicht gegenüber ihren Hörigen und den noch vorhandenen freien Bauern führte: Christliche Maximen rückten die archaische Beziehung zwischen Herr und Knecht, „potens" und „pauper", in den Lichtkegel nur allzu berechtigter Kritik. Hier wurzeln auch die Anfänge einer generellen Sozialkritik, die das gesamte Mittelalter begleiten sollte.

Schließlich spielten auch wirtschaftliche Motive beim Eintritt von Freien in die grundherrliche „familia" eine Rolle, so etwa die Chance der Mehrung des Besitzes durch zusätzliche Lehen aus der Hand des Grundherrn. Auch war die Villikationsverfassung in sich kein starres System, denn man kann trotz der Schollenbindung der Grundholden nicht von gesellschaftlichem Immobilismus sprechen. Vielmehr bot die differenzierte Arbeits- und Leistungsorganisation gerade den am Herrenhof lebenden Hörigen und Minderfreien durch die Spezialisierung ihrer Tätigkeiten als Handwerker, Kriegsknechte und Verwalter im Auftrage des Herrn soziale Aufstiegsmöglichkeiten gegenüber der sich vereinheitlichenden, breiten bäuerlichen Schicht. Die berufliche Differenzierung auf dem Herrenhof oder in den Klosterwerkstätten führte zur Freilassung oder zur sich ebenfalls genossenschaftlich organisierenden Ministerialität – eine Entwicklung, die man im Hofrecht Bischof Burchards von Worms feststellen kann. Ob die in den verschiedenen Hofrechten dieser Zeit vorgenommene schriftliche Fixierung der Rechte und Pflichten der „familia" ein Festschreiben lange geltenden Brauchs war oder eher der Versuch, gerade durch die Verschriftlichung der Rechtsordnung einen dynamischen Emanzipationsdrang der Unterschichten nach Möglichkeit zu bremsen, sei dahingestellt. Es liegt aber nahe, solche Texte auch mit der zunehmenden Bedeutung von Schriftlichkeit überhaupt in Verbindung zu bringen und mit der gerade im Falle Bischof Burchards von Worms verständlichen Übernahme kirchlich-kanonistischer Ordnungsvorstellungen in die Laiengesellschaft zu verknüpfen; auch hier war die Kirche Modell für eine bessere, nämlich innovative gesellschaftliche Organisation der „familia“. Schließlich dürfte sich auch der Beginn oder die Intensivierung städtischen Lebens seit dem 11. Jahrhundert auf die Rechtsordnung des flachen Landes positiv ausgewirkt haben, ebenso wie dies beim Vordringen der Geldwirtschaft der Fall gewesen war.

Die Rolle der Grundherrschaft beim Landesausbau. Führend war die Grundherrschaft auch als Hauptträgerin des bereits in karolingischer Zeit beginnenden inneren Landesausbaus, der grundherrschaftlich geleiteten Rodungsbewegung, die sich dann im Hochmittelalter zur mittel- und ostdeutschen Siedlung und Kolonisation auf Neuland ausweitete. Rodungen erfolgten zumeist auf grundherrlichem Besitz der Fürsten und Großklöster. Nur Großgrundherrschaften brachten durch ihre Arbeitsteiligkeit und die Möglichkeit der Vorratswirtschaft die nötigen Mittel auf, um siedlungswilligen Bauern, meist nachgeborenen Söhnen mit ihren Familien, auf Jahre hinaus den Unterhalt zu sichern, bis das neu gewonnene Ackerland selbst Erträge brachte. Materieller Anreiz war dabei die Besserstellung der Siedler bei geringeren Abgaben an die Herrschaft. Auch großflächige Meliorationen, wie sie dann später durch Dammbau und Entwässerungssysteme im niederdeutschen und ostdeutschen Raum von niederländischen und friesischen Spezialisten vorgenommen wurden, erfolgten durch grundherrliche Initiative, ebenso die Einführung von Spezialkulturen und die Verbesserung der Viehzucht wie auch der Arbeitsgeräte. Hier standen die Klöster sicher an der Spitze der Entwicklung. Schließlich hat man auch die Hufenverfassung und die dörfliche Gewannflur, d.h. die geordnete Fruchtfolge auf einer großflächig gegliederten Flur, sowie die Durchsetzung der Dreifelderwirtschaft mit der grundherrschaftlichen Organisation in Verbindung gebracht. In vielen Gebieten dürften sich diese grundlegenden und für die Lebensmittelversorgung entscheidenden Verbesserungen allerdings erst im Hochmittelalter durchgesetzt haben, das Linkrheinische Reichsgebiet erreichten sie aber wohl schon im 11. Jahrhundert.

3. Die Basisgesellschaft: Das Volk und seine Gliederungen

Der Unterbau der Grundherrschaft. Da der staatliche und kulturelle „Überbau“ der königlichen, adeligen und kirchlichen Grundherrschaft ohne die breite Basis der abhängigen, zumeist bäuerlichen Bevölkerung nicht denkbar ist, muß dieser sozialen Großgruppe um so mehr Aufmerksamkeit zugewendet werden, ohne deren Arbeit weder weltliche noch geistliche Herrschaft möglich war.

Man hat diese „Basis" mit der unglücklichen Bezeichnung „Unterschichten" belegt – ein Begriff, der dem ständigen Auf und Ab der realen Entwicklung gesellschaftlicher Gruppen nicht gerecht wird und zudem eine Statik im sozialen Prozeß suggeriert, die es auch im Frühmittelalter nie gegeben hat. Besser wäre es, von einer in sich differenzierten Basisgesellschaft zu sprechen oder schlechthin vom „Volk", dem mehr als 90 Prozent der Bevölkerung angehörten. Dieses „Volk" ist freilich nicht der in den frühmittelalterlichen Quellen genannte „populus", der im allgemeinen die politisch handlungsfähige Oberschicht – Adel, Grafen und Prälaten – meinte, sondern hier handelt es sich in der Tat um die überwältigende, wenn auch zumeist in strenger Bindung an den Herrn lebende Masse, deren schrittweise soziale Befreiung ein wesentlicher Inhalt der europäischen Geschichte geworden ist. Aber auch im Volk gab es Elemente von Herrschaft, etwa in der Stellung des Bauern innerhalb seines Hauses: sein Verfügungsrecht über Frau, Kinder und Knechte weist manche Analogie zum adeligen Herrenrecht auf; beides als „Repression" abzutun wäre abwegig.

Jede Beschäftigung mit dem breiten Spektrum der abhängigen oder gar unfreien, hörigen Teile der Gesellschaft im Frühmittelalter muß von der Tatsache ausgehen, daß wir – abgesehen von den karolingischen Kapitularien – vor allem durch grundherrschaftliche Quellen, also durch Güter- und Leistungsverzeichnisse, Urbare, Hofrechte und ähnliches über diesen Personenkreis informiert sind. Die systematische Auswertung erzählender Quellen, der Annalistik, Chronistik und der umfangreichen Hagiographie, steckt zwar noch in den Anfängen, dürfte jedoch das bisher gewonnene, teilweise recht schematische Bild in wesentlichen Punkten korrigieren und differenzieren. Fest steht, daß diese produzierende und dienende Basisgesellschaft vorläufig nur im Rahmen der Grundherrschaft genauer zu erkennen und in ihren konkreten Existenzbedingungen zu erfassen ist und daß diese vor allem durch die „autogene Immunität" der grundherrlichen Rechtsordnung, die auch die Hofrechte ausbildete, weitgehend vom Herrscher abgeschnürt war. Es gab keine unmittelbare Rechtsbeziehung zwischen König und Grundholden, es sei denn, der König war selbst unmittelbarer Grundherr. Zwischen Herrscher und Volk standen die „priores", „proceres", „potentes", „optimates", kurz, der Adel, und selbst der Graf oder der Landrichter als Vertreter des Königs konnte in die adelige Haus- und Grundherrschaft kaum eingreifen; hier endete die obrigkeitliche Banngewalt. Von außen war die Immunität der Grundherrschaft schwer aufzubrechen; dafür bildeten sich mit den Hofrechten von innen heraus Formen von Teilhabe der Abhängigen bei der Gestaltung ihrer Rechts- und Lebensverhältnisse. Soziale Aufstiegsmöglichkeiten aus der Unfreiheit boten dabei sowohl die Ministerialität als neue Verwaltungselite wie auch die beginnende städtische Lebensform, die auf die Villikationsverfassung in rechtlicher wie in wirtschaftlich-sozialer Beziehung auflösend wirkte. Die ursprüngliche Einheit von ,,Munt", der Herrschaft über Personen, und ,,Gewere", der Verfügungsgewalt über Sachen und Rechtstitel, die der Kern des grundherrschaftlichen Verhältnisses war, bildete eine Lebensordnung, in der sich obrigkeitliche Verwaltung, Recht und Schutz der Abhängigen nach außen fast ununterscheidbar verbanden. Für den Schutz waren die Grundholden zu Hilfe und Rat verpflichtet, die sie als Abgaben, Dienstleistungen und Waffenhilfe bei ,,êhafter not" (legitima necessitas) dem Herren zu erbringen hatten. Die Grundstruktur von Herrschaft gliederte sich seit dem Hochmittelalter in die Formen der Grundobrigkeit und Dorfobrigkeit mit Niedergerichtsbarkeit des Herren, ferner in die Leibherrschaft (servitus) über die Unfreien auf; hier gab es jedoch beträchtliche regionale Unterschiede. Vor allem in geistlichen Grundherrschaften konnten die Dynasten schon bald durch Straffung und Zentrierung ihrer Vogteirechte die gerichtliche Oberhoheit über den Verband der kirchlichen und klösterlichen Untertanen erlangen: Landesherrschaft hat somit eine starke Wurzel in der älteren Adelsvogtei.

Das Problem der Freien. Schwierig ist es, Umfang und Eigenart jener freien Mittelschichten in und vor allem außerhalb der Grundherrschaften zu erkennen, die zwar keine homogene Gruppe von ,,ingenui" und ,,liberi homines" bildeten, jedoch in größerer Zahl vorhanden waren, als man bisher aufgrund der ,,Königsfreien"-Theorie annahm. Die ,,Freien" der sogenannten Stammesrechte des 8. Jahrhunderts wie der Schenkungsurkunden waren weder ,,Gemeinfreie" im Sinne der klassischen deutschen Rechtsgeschichte, noch lassen sie sich auf die ,,Königsfreien" reduzieren, also auf jene Gruppe, die durch Königsdienst einen besonderen, mit bestimmten Freiheiten ausgestatteten Rechtsstatus erhalten hatte, aber ansonsten völlig in der Verfügungsgewalt des Herrschers verblieb. Die ,,Königsfreien" waren zwar von anderen Abhängigkeiten befreit, jedoch nur zum Zwecke des ausschließlichen Dienstes für den Herrscher, ihre ,,libertas" war somit rein funktionaler Art. Die Quellen lassen aber darüber hinaus Freie sehr verschiedenen Rechtsstandes erkennen. ,,Liberi" finden sich sowohl als kleinere Grundherren als auch als Allodbauern, daneben gab es ,,liberi", die sich als Vasallen dem König oder Herzog, königlichen oder herzoglichen ,,vassi", Äbten oder Bischöfen übergeben hatten. Sie konnten sehr verschiedenartige Aufgaben ausüben. Außerdem lassen die Quellen auch Freie – ,,liberi" – erkennen, die auf Fiskalland siedelten oder vom Herrscher im Bedarfsfall umgesiedelt werden konnten; ferner solche, die Prekarien besaßen, also kleinere Lehen, und in Grundherrschaften eingegliedert waren. Freie konnten schließlich Militärkolonisten sein, landlose Leute oder gar Flüchtlinge, beispielsweise aus dem maurischen Spanien, die vom König als ,,Aprisionäre" im Grenzgebiet der spanischen Mark angesiedelt wurden.

Der Begriff der „Freien" besaß also im früheren Mittelalter eine breitgefächerte Bedeutungsskala, bis hin zum Freigelassenen. In den Kapitularien erscheinen die Freien als Objekte besonderen königlichen Schutzes gegen die Unterdrückung durch weltliche und geistliche Große; ob die Maßnahmen der Herrscher Erfolg hatten, ist jedoch fraglich. Für die Rechtspraxis seit Karl dem Großen war es zwar wichtig, den Sammelbegriff des „Freien" generell gegen den „Unfreien" abzusetzen, doch verbarg sich hinter dieser Schematisierung eine sehr differenzierte soziale Wirklichkeit, die nur bruchstückweise zu rekonstruieren ist.

Schon aus der Vielfalt der Bezeichnungen innerhalb der Gruppe der „Freien" kann man auf eine beträchtliche soziale Mobilität der Basisgesellschaft schließen, ebenso aus der Tatsache der häufig vorgenommenen Freilassungen, also der teilweisen oder gänzlichen Aufhebung von Herrschaftsrechten von Menschen über Menschen minderen Rechts. Sowohl kirchliche als auch weltliche Herren nahmen Freilassungen von Hörigen in großer Zahl vor. Dabei verblieb der Freigelassene oft weiterhin im Schutz der Kirche, etwa als sogenannter „Wachszinser" (cerocensualis); als solcher hatte er einen finanziellen Beitrag zur Beleuchtung der Kirche mit Wachskerzen zu leisten.

Hörige, Knechte, Schollengebundene konnten aber auch von der völligen Unfreiheit oder Minderfreiheit in einen wesentlich besseren Rechtsstand aufsteigen, wenn auch nicht zu völliger Freiheit im modernen Sinn. Wichtig ist, daß solche Freilassungen im allgemeinen mit Geld erkauft wurden, der Unfreie also schon zuvor die Möglichkeit gehabt haben muß, dieses zu erwerben. Für die weitere Entwicklung der Abhängigen wurde es bedeutungsvoll, daß mit der Freilassung die volle Verfügung über den eigenen Arbeitsertrag verbunden und somit eine Kapitalakkumulation möglich war. Dies trug wesentlich zur Ausbildung einer gewerblich tätigen, frühbürgerlichen Schicht vor allem in den entstehenden Städten bei. Vermögensbildung unter dem Schutz des geistlichen oder weltlichen Stadtherrn wurde eine entscheidende ökonomische Voraussetzung der hochmittelalterlichen bürgerlichen Freiheitsbewegungen, die seit dem 11. Jahrhundert ein neues bestimmendes, nämlich städtisch-gewerbebürgerliches Element in die deutsche Gesellschaftsentwicklung einbrachten. Mit anderen Worten: Geld mobilisierte die mittelalterliche, immer noch überwiegend agrarisch-grundherrliche Gesellschaft Deutschlands von unten her, wie es auch Grund und Boden mobilisierte und später auf der dynastischen Ebene den Kauf und die Arrondierung von Territorien ermöglichte. Die Stadt förderte somit insgesamt, wenn auch mittelbar die Auflösung des ursprünglich einheitlichen, durch Immunität geschlossenen grundherrlichen Verbandes. Konkret bedeutete dies etwa, daß der Stadtherr nach Kräften alle schützte, die dem Zwang und der Schollenbindung in der Grundherrschaft entflohen, um sich in der Stadt eine neue Existenz zu schaffen.

So stark auch die Bindungen und Pflichten eines Stadtbewohners nach wie vor blieben, sie müssen immer noch wesentlich erträglicher gewesen sein als diejenigen in der Grundherrschaft. Die Stadt wurde damit durch größere Freiheiten und bessere Erwerbsmöglichkeiten attraktiv. Nur so läßt sich der Zustrom Abhängiger in die entstehenden Städte erklären, die ansonsten schon wegen der schlechten sanitären Verhältnisse und der daraus resultierenden hohen Sterblichkeit sicher kein idealer Aufenthaltsort gewesen sind.

Unfreiheit – Leibeigenschaft. Der wachsende Zug zur Stadt, die durchaus noch keine egalitäre Gesellschaft entwickelte, sondern ebenfalls eine starke soziale Gliederung aufwies, wird noch mehr verständlich, wenn man sich der untersten Gruppe innerhalb der Grundherrschaft zuwendet: den Unfreien, die in den Quellen als „servi" oder als „mancipia", das heißt als Knechte bezeichnet werden und die gleichsam als Zubehör und lebendes Inventar einer Hufe (mansus) verschenkt oder veräußert werden konnten. Der unbehauste Knecht mußte seine volle Arbeitskraft in den Dienst des Herrn stellen, selbst dann, wenn dieser Herr, was häufig geschah, selbst nur ein behauster Unfreier (servus casatus) war. Oft war ein gemeinsamer Schlafsaal aller Knechte, die Werkstatt oder der Stall sein Quartier. Aus dem Reservoir der unbehausten Knechte und Mägde rekrutierten sich auch die Handwerker und Handwerkerinnen; letztere fanden besonders in der Hausweberei Verwendung. Nachgeborene Kinder von behausten Knechten kamen auf den Herrenhof und konnten dort je nach Bedarf eingesetzt werden. Man versteht, daß gerade unter dieser Gruppe die Neigung groß war, in die Stadt zu gehen, entweder mit Erlaubnis des Herrn, oft wohl auch gegen dessen Willen. Dies dürfte die Grundherren veranlaßt haben, ihnen, wo es nötig war, einen besseren Rechtsstand zu gewähren. Jedenfalls gab es in Bayern im 10. Jahrhundert leibeigene Knechte (servi proprii), die nicht nur Urkundenzeugen sein durften, sondern die auch ein Zustimmungsrecht für die Rechtsgeschäfte ihres Bischofs hatten, weshalb man hier schon von einem gleitenden Übergang in den Rechtsstatus der Ministerialen sprechen kann. Der Anteil der Knechte am Personal der Grundherrschaft ist schwer zu bestimmen; in Prüm beispielsweise war er Ende des 9. Jahrhunderts, gemessen an der Zahl der auf Hufen lebenden Bauernhaushalte, relativ gering. Am ehesten lassen sie sich in den Urbaren, den Güter- und Abgabenverzeichnissen erfassen, wenn sie als Inhaber einer kleinen eigenen Wohnstätte ohne Ochsen und Pflug, aber mit Garten und Nutzungsrechten an Wald und Weide genannt werden. Dabei dürfte es sich wohl um eine bessergestellte Gruppe von Knechten gehandelt haben, die auch in freiwerdende Bauernstellen einrücken konnte.

Kloster Prüm – ein Beispiel. Die gesellschaftliche Ordnung der Prümer Domänen, die sich nicht allzusehr von derjenigen anderer Grundherrschaften unterschieden haben dürfte, läßt sich etwa folgendermaßen beschreiben: Es überwogen die wirtschaftlich und rechtlich zwar gestaffelten, aber generell minderfreien Bauernfamilien, die Frondienste zu leisten hatten und in deren Haushalten die unbehausten Knechte nur eine untergeordnete Rolle spielten. Die Verwalter der Villikation, die Meier und „ministri", hatten selbst einen oder mehrere Bauernhöfe inne, standen aber ebenfalls unter der Kontrolle des Grundherrn. Eine weitere Gruppe war die um das Kloster oder um den Herrenhof konzentrierte Dienerschaft, die administrative und gewerbliche Aufgaben erfüllte; ferner die mit mehreren Bauernhufen ausgestatteten Vasallen, die als persönlich Freie mit dem Grundherrn, hier mit dem Kloster Prüm, einen beidseitig kündbaren Vertrag abgeschlossen hatten und dafür verschiedenartige Leistungen verwaltungsmäßiger, militärischer und jurisdiktioneller Art erbringen mußten. Die Grenzen zwischen diesen Gruppen waren naturgemäß fließend. Die zweifellos vorhandene soziale Dynamik innerhalb dieses, als domaniler „Patrimonialismus" (Nr. 235, M. Weber, S. 744) zu charakterisierenden Systems kann durch die „Momentaufnahme" eines Urbars zwar nicht unmittelbar sichtbar gemacht werden, doch läßt sie sich aus den Hofrechten des 11. Jahrhunderts für die Abhängigen einigermaßen erschließen.

Die Sklaven. Vom grundherrschaftlich gebundenen, leibeigenen Knecht unterschied sich der sogenannte Kaufsklave, meist ein Kriegsgefangener oder ein von Sklavenhändlern aus Osteuropa oder aus den muslimischen Randländern Südeuropas Verschleppter. Er war im eigentlichen Sinne rechtlos, wenn er nicht mit dem Übertritt zum Christentum seinen Status als Kaufobjekt abstreifen und dadurch einen besseren Rechtsstand erlangen konnte. Christliche Sklaven zu kaufen oder zu verkaufen war aus religiösen Gründen verboten, vorgekommen ist es trotzdem. Kaiser Konrad II. empörte sich etwa darüber, daß das Bistum Verden „mancipia" wie rohes Vieh verhökerte (Nr. 33, II, 2, Bd. 1, Nr. 39, S. 85). Auch die Tötung von Sklaven war verboten, aber eine Beichtfrage im Römisch-Deutschen Pontifikale von 950/62 (Nr. 42, Vogel/Elze, Nr. 13, S. 237), ob nämlich das Beichtkind einen Sklaven getötet habe, weist darauf hin, daß es wohl oft genug vorkam; schließlich bedeutete die archaische Hausherrschaft auch Verfügungsrecht über Leben und Tod der Sklaven. Umschlagplätze für den Sklavenhandel waren beispielsweise Verdun, Dinant und Huy an der Maas; in Italien, wo ihn die Nähe islamischer Länder und die fortgeschrittene Geldwirtschaft begünstigte, Venedig, Genua und Bari. Selbst Klöster kauften in Süditalien Sklaven. Die Bürger von Narbonne konnten sich nach erfolgreicher Abwehr eines sarazenischen Angriffs mit versklavten Kriegsgefangenen eindecken. Nach dem Bericht Ademars von Chabannes († 1034) nahmen sie einen Teil selbst in Dienst, einen anderen verkauften sie und zwanzig Sarazenen „von riesigem Körperbau" sandten sie als Geschenk an das Kloster St. Martial in Limoges (Nr. 162, H. Fichtenau,

S. 488). Christliche, jüdische und arabische Fernhändler nahmen bei den Westslawen als Gegenwert für westeuropäische Waffen und Luxuswaren Sklaven in Kauf. Auch im friesischen Fernhandelsnetz spielten sie seit dem 7. Jahrhundert eine wichtige Rolle, vielleicht waren sie sogar der „Hauptartikel" dieser Regionen. Karl der Große ließ nach der Niederwerfung der Sachsen zahlreiche Gefangene deportieren und in West- und Süddeutschland geschlossen ansiedeln, wovon noch heute Ortsnamen wie Sachsenhausen (Frankfurt am Main) und Sachsenkam bei Holzkirchen in Oberbayern Zeugnis ablegen.

Das Bild der Abhängigen in zeitgenössischen Quellen. Bäuerlichen Widerstand gegen Bedrückung, Ausbeutung und Einführung neuer Abgaben hat es seit der Karolingerzeit gegeben; die Kapitulariengesetzgebung ist voll von erbitterten Klagen der Herrscher über die Habsucht und das rücksichtslose „Bauernlegen" des weltlichen und geistlichen Adels. Es kam auch immer wieder zu Leistungsverweigerungen und Landflucht. Sogar von Aufständen der Hörigen (coniurationes servorum) ist die Rede; das führte zum Verbot des Waffentragens für abhängige Bauern und für Knechte. Die Einstellung der Mächtigen und Gebildeten gegenüber der bäuerlichen Welt kann man zumindest als zwiespältig bezeichnen. Bischof Gerhard von Cambrai (1012–1051), Oberhirte des am weitesten nach Westen vorgeschobenen Reichsbistums, eher konservativ und mißtrauisch gegenüber neuen Entwicklungen wie der Gottesfriedensbewegung, griff das frühmittelalterliche Deutungsschema der Dreiteilung der Gesellschaft in Beter, Krieger und Arbeiter (oratores, pugnatores, laboratores) wieder auf, aber es bekam nunmehr, im 11. Jahrhundert, einen neuen, „funktionalen" Sinn, den man wohl mit Recht als kühn und der Zeit vorauseilend bezeichnet hat. Noch deutlicher wird die Neuinterpretation der Dreiteilung der Gesellschaft bei Bischof Adalbero von Laon († nach 1030): sie war eine Antwort auf den beginnenden starken sozialen Wandel. Adalbero, erbitterter Feind Gerberts von Aurillac, war zeitweise Kanzler des westfränkischen Königs Lothar (954–986) und durch einen Akt des Verrats maßgeblich am Übergang der Königsherrschaft an Hugo Capet beteiligt. Er ist wohl eine der farbigsten, profiliertesten und in ihrer Art modernsten Figuren an der Jahrtausendwende, voller Kritik, angriffslustig und hochgebildet. Ihm verdanken wir eine satirisch überspitzte Gesellschaftslehre in Gedichtform, die zwar vom cluniazensischen Geist geprägt war, aber zugleich in scharfer Form den Aristokratismus, die Machtgier und das militante Gebaren des konkreten Cluniazensertums anprangerte. Auch Adalberos Konzeption ging von den drei Ständen der Kleriker, der Krieger und der körperlich Arbeitenden aus, zugleich gab er aber ein realistisches Bild bäuerlicher Existenz: Er wußte um die Wichtigkeit des Bauern für den Lebensstandard der Herren und hatte auch Mitleid mit den geplagten Abhängigen. So kritisierte er den Hochmut der Mächtigen, höhnte aber auch den Bauern als faul, ungestalt und schimpflich (turpis) – ein Widerspruch, der schwer aufzulösen ist, aber vielleicht den wirklichen Antagonismen zwischen den Mächtigen und der tiefgestaffelten Basisgesellschaft entsprach, auf deren Arbeitskraft letztlich die Gesamtgesellschaft beruhte. Bemerkenswert für das frühe 11. Jahrhundert sind folgende Sätze Adalberos: „Geld, Kleidung, Nahrung, all das beschaffen die Hörigen für alle Welt; kein freier Mann könnte ohne die Hörigen sein Leben fristen ... Der Herr wird vom Hörigen ernährt, er, der vorgibt, ihn zu ernähren. Und der Tränen und Seufzer des Hörigen ist kein Ende abzusehen. Das Haus Gottes, das man für eins hält, ist also in drei geteilt: Die einen beten, die anderen kämpfen, die dritten schließlich arbeiten (Nr. 190, J. LeGoff, S. 425). Soziale Gegensätze deuten sich an, die hier noch in ein System gebracht, aber nicht mehr verschleiert werden.

Vom Hörigen zum Bauern. „Otto der Große und Innozenz III., Kaiser und Päpste, prägten im Mittelalter die Dorfentwicklung weit weniger als das Aufkommen der Dreifelderwirtschaft, die Rodungsbewegung und das Vordringen der Pferdeanspannung ..." (Nr. 210, W. Rösener, S. 12). In der Tat war es so, daß sich im großen und ganzen die bäuerliche Welt innerhalb der Grundherrschaft entfaltete und damit von der Welt der „Haupt- und Staatsaktionen" abgekoppelt blieb; diese wirkte zumeist nur als gesteigerter Abgabendruck, Brandschatzung und Verheerung von außen auf sie ein. Unberührt blieb die Ackerbau treibende Bevölkerung auch von der Beurteilung des Adels und der Prälaten, wobei in solchen oft hochmütigen Ständelehren der Oberschicht häufig nach Vorbildern des Alten Testaments Zustände der Gesellschaft kirchlich legitimiert und die Schicksalslose einer ständisch gegliederten Gesellschaft kühl ausgeteilt wurden. Ab und zu – etwa bei Adalbero von Laon – fanden sich auch nachdenklichere und verständnisvollere Meinungen über Nutzen und Wert der bäuerlichen Existenz. Dabei dämmerte auch die Einsicht auf, daß die Unterschiede der Stände nicht durch göttliches Recht gesetzt, sondern menschliche Satzung waren. Diese folgenreiche Idee tauchte im früheren Mittelalter nur vereinzelt auf, denn im allgemeinen wurde die ständische Gliederung der Gesellschaft doch als gottgewollt und überzeitlich angesehen. Der sogenannte „Ordo-Gedanke", mit dem eine geistesgeschichtlich verengte Forschung aufgrund einer rein normativen, kirchlichen Traktat-Literatur die gesellschaftliche Entwicklung des Großteils der Bevölkerung entweder völlig übersah oder unkritisch harmonisierte, trägt zur Kenntnis bäuerlicher Existenz kaum etwas bei. Das Denkmuster einer übernatürlich gestifteten Ordnung der Gesellschaft, das zugleich die straffe Unterordnung der bäuerlichen Schichten beinhaltete, war bestenfalls ein Meinungsbild der Land und Leute beherrschenden Oberschicht über diejenigen, die ihnen zeitlebens unterworfen blieben, eine Art selbstbestätigender Unterhaltung der Herrschenden über die Beherrschten. Nur aus der einseitigen, ja „einäugigen" Sicht normativer Quellen konnte es zu dem Fehlurteil kommen, daß der Bauer eigentlich keine Geschichte habe und gleichsam eine unveränderliche Konstante des historischen Prozesses sei. Davon kann jedoch keine Rede sein.

Vor solcher statischen Sicht der bäuerlichen Welt sollte allein schon die Tatsache warnen, daß erst seit dem 11. Jahrhundert das Wort „Bauer" (rusticus) im Sinne von Landwirt als Standesbezeichnung auftaucht. In Frankreich ist es seit 989 belegt, in Deutschland seit 1030. Vorher bezeichnete Bauer (gebure) meistens den Mitbewohner des Hauses (bur), den Siedlungsgenossen und das Mitglied einer Nachbarschaft (burschap). Gesellschaftliche Gruppierungen im Bereich der Grundherrschaft, des Gesamtrahmens bäuerlichen Lebens, wurden hingegen mit Ausdrücken wie liberi (Freie), liti (Halbfreie) oder servi – mancipia (Hörige, Unfreie) benannt. Es gab demnach vor dem 11. Jahrhundert keinen Bauernstand, sondern nur eine rechtlich-funktional definierte, Ackerbau treibende ländliche Bevölkerung.

Welche Ursachen kann man für die Herausbildung eines relativ einheitlichen Bauernstandes namhaft machen? Eine wesentliche Voraussetzung war sicherlich die schrittweise Abschichtung eines Berufskriegertums von der Landbevölkerung, die später zur Differenzierung zwischen Bauer und Ritter führte. Beschleunigt wurde dieser Vorgang durch die quantitative wie qualitative Steigerung des Getreideanbaus, der die intensive Mitarbeit des Mannes erforderte und seine ständige Anwesenheit am Bauernhof unentbehrlich machte: der Bauer wurde „schollenfest". Aus dem einstigen Bauernkrieger entwickelte sich der „Ackersmann", das heißt „ein überwiegend wirtschaftlich ausgerichteter abendländischer Bauerntyp", dessen Hauptmerkmal die friedliche Arbeit in Haus und Feld war (Nr. 152, O. Brunner, S. 25). Der agrartechnische Wandel von der eher extensiven frühmittelalterlichen Landwirtschaft zur intensiveren Bodennutzung des Hochmittelalters hatte auch weitreichende gesellschaftliche Folgen. Bessere Nutzung der Anbauflächen durch technisch wirkungsvollere Pflüge und die allmähliche Ausdehnung des Getreidebaus in der ertragreicheren Form der Dreifelderwirtschaft förderten die „Spezialisierung" der Ackerbau treibenden Landbevölkerung zum Bauerntum. Eine eher fluktuierende Siedlungsweise im Frühmittelalter wandelte sich seit dem 10./11. Jahrhundert zur örtlichen Stabilität von Dorfgemeinschaften, die auch archäologisch feststellbar ist, und zur dauerhaften „Bodenverwurzelung" des Bauerntums. Diese war das Ergebnis einer langen Entwicklung im schützenden, aber auch reglementierenden Gefüge der Grundherrschaft, keineswegs ein „ewiges" Merkmal bäuerlicher Existenz. Die älteren, geburtsständischen Unterschiede zwischen dem „Freien" und dem „Unfreien" ebneten sich an der Wende des 10.–11. Jahrhunderts und von Westen nach Osten fortschreitend immer mehr ein. An ihre Stelle trat eine funktionsständische Unterscheidung zwischen Bauer und Berufskrieger. Parallel dazu konnte die adelige Oberschicht ihre wirtschaftliche und soziale Stellung gegenüber der bäuerlichen Bevölkerung besser ausbauen, vornehmlich mit rechtlichen Mitteln. Im Zuge der allgemeinen Intensivierung von Herrschaft, vor allem durch die Ausdehnung jurisdiktioneller Rechte über die Abhängigen in den adeligen Bannbezirken, wurden alle Bauern, unbeschadet ihres früheren Rechtsstandes, vor das Gericht des Grundherrn gezwungen. Damit konnte sowohl der Zusammenhalt der Grundherrschaft gestärkt wie auch eine Steigerung der grundherrlichen Einnahmen durchgesetzt werden. Das galt vor allem für die „Monopolbetriebe" der Villikation, für Mühlen, Schenken, Weinpressen und Backöfen, die von den Bauern des grundherrlichen Bannbezirks gegen eine Abgabe genutzt werden mußten. Die Vereinheitlichung des Rechtsstatus der Landbevölkerung zum „Bauernstand" im eigentlichen Sinne hatte im weiteren Verlauf des Mittelalters zur Folge, daß sich innerhalb von Dorfgenossenschaft und Dorfgemeinde auch Formen der Mitsprache und sogar des Widerstandes gegenüber der weltlichen und geistlichen Herrschaft ausbildeten. Es waren dies auf unterer Ebene Parallelen zur Institutionalisierung der Beziehungen zwischen „Land und Herrschaft", wie sie der Adel mit der ständischen Organisation der Territorialfürstentümer fast überall durchsetzen konnte.

Armut. Bis in unsere Gegenwart ist Armut in den verschiedensten Formen und unter sich wandelnden Bedingungen ein Phänomen wohl aller menschlichen Gesellschaften, auch solcher, die sich aus ideologischen Gründen als radikal egalitär verstehen. Gemeinsames Merkmal von Armut ist sowohl der Mangel an notwendigem Lebensunterhalt wie auch erniedrigende Abhängigkeit in jeglicher Form (Nr. 91, Bd. 1, Sp. 984ff.). Arm ist derjenige, der sich nicht selbst versorgen und über den daher verfügt werden kann. Damit wird bereits die große Bandbreite des Begriffs „Armut" angedeutet, da neben dem materiell Armen (pauper) und dem rechtlich wie sozial Abhängigen auch der noch erwerbsunfähige Jugendliche sowie der altersschwache Bauer, Berufskrieger und Handwerker mit einbegriffen sein konnte. Für die mittelalterliche christliche Welt gewann die Armut aus religiösen Gründen eine völlig neue Bedeutung, ja sogar Aufwertung, da ihr im Heilsgeschehen eine besondere Funktion zukam. In der Legende des heiligen Martin, der seinen Mantel mit einem Armen, nämlich Christus, teilte, hat diese religiöse Sublimierung der Armut wohl den sinnfälligsten Ausdruck gefunden. Durch die versprochene Erhöhung der Armen im Jenseits wurden sie nicht nur Objekte kirchlicher Fürsorge, sondern als „Brüder Christi" vor allem in den Lebensordnungen der Klöster besonderer, sogar liturgisch geregelter Aufmerksamkeit gewürdigt, beispielsweise durch Fußwaschung, Bruderkuß, gemeinsames Gebet und Mahl. Auch der christliche Herrscher hatte pflichtmäßig für Arme, Witwen und Waisen zu sorgen. Die Bischöfe im Frankenreich waren schon seit Chlodwigs erstem Reichskonzil (511) nach spätantik-christlichem Vorbild angehalten, ein

Viertel der Einkünfte ihres Bistums und ein Drittel der Spenden den Armen zuzuwenden. Der Bischof verstand sich als ,,Vater der Armen", vom 6. Jahrhundert an gab es fast in jedem größeren Ort Armenmatrikel, das heißt Listen bedürftiger Personen, die Anrecht auf Nahrung und Behausung hatten. Auf später deutschem Boden erwähnt das Testament des Adalgisel-Grimo erstmals ,,matricularii" als kirchlich anerkannte Arme. In der Lebensbeschreibung des heiligmäßigen Bischofs Eligius von Noyon aus dem 7. Jahrhundert, die in einer Überarbeitung des 8. Jahrhunderts vorliegt, findet sich ein wichtiges Motiv für die Armenfürsorge und ebenso für die ungezählten Schenkungen des Adels an die Kirche: ,,Gott hätte alle Menschen reich erschaffen können, aber er wollte, daß es auf dieser Welt Arme gibt, damit die Reichen Gelegenheit erhalten, sich von ihren Sünden freizukaufen" (Nr. 41, Bd. 87, Sp. 533).

Ungeachtet dieser klaren Stellungnahme der Kirche zur Armut finden sich auch schwankende und sogar negative Meinungen über Arme, und zwar ebenfalls aus dem kirchlichen Bereich. Von der ,,ehrenhaften" unterschied man die ,,sündige" Armut, Not und Krankheit erschienen dabei als Folge eigener Verfehlungen oder als Strafe für solche der Vorfahren. Immer wieder bezeugen die Quellen Mißtrauen gegen umherziehende Arme, Synoden mußten Bischöfen ausdrücklich verbieten, gegen Bettlerscharen vor den Kirchen mit Hundemeuten vorzugehen; und die Furcht vor Bettlern, die Krankheiten in die Pilgerhospize und Klosterherbergen einschleppten, war groß, ebenso die Sorge vor Dieben. Wie sehr die realen Verhältnisse der früh- und hochmittelalterlichen Gesellschaft klare kirchliche Normen abwandeln oder gar unterlaufen konnten, läßt sich etwa dem adeligen Chronisten Thietmar von Merseburg entnehmen, der von der Mutter des Erzbischofs Willigis von Mainz zu berichten wußte, sie sei zwar ,,arm ..., aber dennoch gut" gewesen (Nr. 4, Bd. IX, c. 5, S. 90); ,,arm" hat an dieser Stelle offensichtlich einen negativen Beigeschmack, da die verwendete Diminutivform ,,paupercula" für die Mutter des Kirchenfürsten Herablassung ausdrückte. Selbst die allgemeine Beherbergungspflicht der Klöster, die in der Benediktregel festgelegt worden war, erfuhr in der Praxis aufschlußreiche Modifikationen. Im St. Galler Klosterplan war die Pilger- und Armenherberge (domus peregrinorum et pauperum) deutlich von dem üppiger ausgestatteten Gästehaus für vornehme Gäste getrennt. Für diese sorgte ein Gästewart (custos hostium), für jene der für Almosen zuständige Mönch (elemosynarius). So blieb die Armut trotz ihres religiösen Hintergrundes auch in kirchlichen Kreisen bewußtseinsmäßig oft im Abseits, vor allem dann, wenn sie nicht als freiwillige mönchische Armut in Verbindung mit Keuschheit und Demut als verdienstlich anerkannt wurde. Die Schwäche des Armen ,,rückt ihn in die Nähe des Vulgären und Gewöhnlichen (ignobilis, vilis oder gar vilissimus). Schmutzig, zerlumpt, übelriechend und bedeckt mit Geschwüren wirkt der Arme abstoßend." (Nr. 583, G. Mollat, S. 11).

Wenn es so schwierig ist, die widersprechenden Reaktionen auf das Phänomen der Armut in Einklang zu bringen oder zumindest deren Unterschiedlichkeit zu verstehen, dann hängt dies nicht zuletzt mit dem Umfang und der Vielfalt des Wortfeldes „Armut" zusammen. Im weitesten Sinne bezeichnet das Wort die Tatsache, daß jemand im Vergleich zum Sozialstatus seiner Gruppe erheblich benachteiligt erscheint; auch ein Adeliger konnte „arm" sein, wenn er sich auch immer noch himmelweit von der wirklichen materiellen Armut unterschieden haben mochte. Im quellenmäßig faßbaren Gegensatzpaar „potens" und „pauper" – dem Mächtigen und Herrschaftsträger einerseits und dem Machtlosen, Abhängigen, Schutzbedürftigen andererseits – deutet sich wiederum ein anderer spezifisch politisch-gesellschaftlicher Begriff von „Armut" an, der als ein wesentliches Signum des Frühmittelalters gelten kann: „pauper war der impotens, der keine Macht hatte und an der Herrschaftsausübung nicht teilnahm, auch wenn er nicht mittellos oder arm in unserem modernen Sinne war." (Nr. 495, K. Bosl, S. 142f.).

Wie es allerdings um den Schutz dieser Armen vor der Willkür der Mächtigen aussah, geht aus der Ohnmacht des Königtums hervor, hier Wandel zu schaffen. Seit Ludwig dem Frommen empfahlen die Herrscher immer wieder, die „pauperes" sollten sich – auch im Hinblick auf die Normannengefahr – in den Schutz der Mächtigen begeben; womit in gewisser Weise das Königtum vor einer essentiellen Aufgabe kapitulierte und „der Bock zum Gärtner gemacht" wurde.

Oft waren die Armen in Zeiten der häufigen Mißernten den Wucherern ausgeliefert, ein Faktum, das wiederum zum Kern der Armutsfrage zurückführt. Denn so weitgespannt auch das Wortfeld der „paupertas" sein mag und so sehr man auch die Relativität des Armutsbegriffs betonen muß, es bleibt die Tatsache bestehen, daß er im unteren Bereich der sozialen Hierarchie anzusiedeln ist. Das gilt insbesondere für die bäuerliche Welt, wo trotz einer besitzmäßigen Differenzierung des Bauerntums ein enger Zusammenhang zwischen sozialer Abhängigkeit und materieller Eingeschränktheit nicht zu leugnen ist. Wenn auf einem Konzil in Charroux 989 die Armen mit den Bauern gleichgesetzt wurden (pauperes, id est agricultores), dann ist dies ebenso eindeutig wie die Not vieler Witwen oder von ihren Männern verlassenen Frauen, denen oft Beraubung und Vergewaltigung drohte und die sicherlich der materiellen Hilfe und des rechtlichen Schutzes durch Kirche und Königtum in besonderem Maße bedürftig waren. Das galt auch für die ungeheure Masse von Flüchtlingen vor den Normanneninvasionen und Ungarneinfällen, denen in der Fremde Verknechtung bevorstehen mochte. Untersuchungen von Skeletten frühmittelalterlicher Friedhöfe haben den hohen Anteil von Mangelkrankheiten, vor allem das Fehlen vitamin- und eiweißhaltiger Nahrungsmittel erwiesen; dies ist für die arme Bevölkerung auch in schriftlichen Quellen bezeugt. Was den Anteil der materiell Armen an der Gesamtbevölkerung anbelangt, so ist man auf unsichere Schätzungen angewiesen. Der verschiedentlich genannte Richtwert von zehn Prozent dürfte – falls er der Wirklichkeit entsprechen sollte – zeitlich und regional starken Schwankungen unterworfen gewesen sein. Ein kollektives Selbstbewußtsein haben die Armen des Früh- und Hochmittelalters kaum entwickelt, auch wenn ihr Protest manchmal Wirkungen zeitigte. Als etwa Heinrich II. 1002 die herzoglichen Höfe seines Widersachers Hermann von Schwaben verwüsten ließ, brach er diese Racheaktion „besiegt durch die Klagen der Armen" (Nr. 4, Bd. IX, S. 206) ab. Ebenso fanden sich im Zuge der Gottesfriedensbewegung an der Wende vom 10. zum 11. Jahrhundert in Frankreich Bischöfe und Arme zusammen, um den Gewalttätigkeiten des Adels gegen die Waffenlosen Einhalt zu gebieten. Noch empfanden sich die Armen aus den verschiedensten Schichten nicht als eigene Kraft, noch waren ihre Erhebungen vereinzelte und eher spontane Aktionen. Gegenseitige Hilfeleistung der Armen und Abhängigen in Form von Gilden und „collectae" hat es aber schon seit der Karolingerzeit gegeben; sie wurden auch sehr bald von den Mächtigen beargwöhnt. Erst mit der Welle der Kirchenreform und der sie mittragenden religiösen Volksbewegungen Europas entwickelten sich die „pauperes Christi" zu einer eigenen Kraft. Ihr Ausgangspunkt war dann vor allem das Milieu der aufblühenden Städte. Religion und soziale Frage traten hier in ein neues Verhältnis, beflügelten die allgemeine Aufbruchsepoche des Hochmittelalters in markanter Weise und führten später sogar mit der Parole von der evangelischen Armut zu neuen Konzeptionen gesellschaftlicher Ordnung. Mit der Armut als einer Massenerscheinung stand auch die wachsende Mobilität von Randgruppen insgesamt in Zusammenhang.

Bevölkerungsfluktuation. Näheres über Art und zahlenmäßige Bedeutung der Bevölkerungsfluktuation im früheren Mittelalter in Erfahrung zu bringen, ist schwierig. Daß es Mobilität im größeren Umfang gegeben hat, steht aufgrund von Nachrichten in den karolingischen Kapitularien außer Frage, denen zufolge Flüchtige, Bettler und Räuber in großer Zahl durch das Reich zogen, ebenso wie Kleriker und Mönche. Während bei diesen die Motive dunkel bleiben, kann man für die weltlichen Angehörigen mobiler Gruppen den Kapitularien entnehmen, daß Unterdrückung durch Mächtige, Furcht vor Schuldknechtschaft, Kriminalität, aber auch Hunger und Not die Ursachen waren. Nach Möglichkeit suchte man auf den königlichen Grundherrschaften Arbeitswillige und Arbeitsfähige aus dieser Gruppe anzusiedeln und auf freigewordene Hufen zu setzen. Gleichzeitig wurden Strafen für diejenigen angedroht, die Flüchtigen und Bettlern Unterschlupf, aber keine feste Arbeit gewährten. Wer wissentlich einen Räuber beherbergte, sollte selbst wie ein solcher behandelt werden, da er damit treulos gegen den Herrscher handele. Sicher spielten bei der Entstehung des Räuberunwesens wirtschaftliche Momente eine ausschlaggebende Rolle; Karl der Große wies ausdrücklich auf habgierige Prälaten hin, die Sterbende durch Schilderung der Höllenqualen zu großen Schenkungen an die Kirche veranlaßten, so daß deren Kinder leer ausgingen und sich deshalb Räuberbanden anschlossen (Nr. 33, II, 2, Bd. 1, Nr. 72, S. 162f.). Aber auch Knechte entliefen ihren Herren, und lange Kriegszeiten mit Verwüstungen ganzer Landstriche, besonders infolge von Einfällen der Normannen und Madjaren im 9. und 10. Jahrhundert, begünstigten das Ausbrechen aus der grundherrlichen Bindung. So gelang es beispielsweise um die Jahrtausendwende einem Knecht aus Fleury an der Loire, nach Burgund zu fliehen. Dort stieg er im Kriegsdienst auf und führte ein „adeliges" Landleben mit Reitpferden, Jagdhunden und Falken, bis er entdeckt und nach einem gerichtlichen Zweikampf, den er verlor, in die Knechtschaft zurückgeführt wurde. Ein Edikt des Bayernherzogs Heinrich II. (985–995) befaßte sich ebenfalls mit dem Problem der flüchtigen Unfreien und mit deren Unterstützung durch die Bevölkerung. Die Strafen hierfür war genau abgestuft: Der „nobilis" hatte zwei Pfund Bußgeld zu leisten, ein Kleriker oder ein Ministeriale mußte ein Pfund entrichten oder 40 Stockschläge ertragen, ein Knappe sollte sogleich ins Gefängnis geworfen werden; eine Person niedrigen Ranges, frei oder unfrei, empfing ihre Strafe „an Haut und Haaren", die Bastonade, und den bleibenden Verlust des Haupthaars (Nr. 33, II, 1, Bd. 3, S. 484). Offensichtlich waren flüchtige Knechte eine weitverbreitete Erscheinung, der mit Härte begegnet wurde. Man hat schließlich auch religiöse Gründe für Bevölkerungsfluktuationen angeführt, doch bestand sicherlich ein großer Unterschied zwischen einem wohlorganisierten Wallfahrtswesen, wie es etwa Cluny seit dem 11. Jahrhundert für die Straßen nach Santiago di Compostela und zu anderen Pilgerstätten organisierte, und jener ungeordneten Fluktuation, die mittelbar die grundherrliche Ordnung zu gefährden drohte.

Insgesamt ist seit dem späten 10. und vor allem seit dem 11. Jahrhundert eine wachsende horizontale Mobilität festzustellen, die ihre Entsprechung in der stärkeren vertikalen, nämlich sozialen Mobilität von Gruppen und Einzelpersonen hatte. Ein kräftigeres, durch bessere Agrarwirtschaft gefördertes Bevölkerungswachstum, der Beginn städtischen Lebens und damit verbunden das allgemeine Ansteigen von Handel, handwerklicher Produktion und Verkehr bewirkten sowohl einen Anstieg des Lebensniveaus wie auch eine Verdichtung der geistigen Kommunikation von Ort zu Ort; diese sollte weitreichende Folgen haben. Was den Anstieg der Bevölkerung Westeuropas anbetrifft, so differieren die Schätzungen: Man nimmt für die Zeit um 600 etwa 15 Millionen an, für 950 etwa 22–23 Millionen. Nach anderen Berechnungen für ganz Europa gab es um 650 18 Millionen Menschen, um das Jahr 1000 etwa 38,5 Millionen. Der Trend zu beträchtlichem Wachstum ist auf jeden Fall gesichert.

4. Die wirtschaftliche Entwicklung

Kontinuitäten und Neuansätze. Ausgangssituation für die Entfaltung von Handel, Verkehr und Gewerbe im früheren Mittelalter war das fränkische Großreich. Dessen Ausdehnung von den Pyrenäen bis zur Elbe, später bis zu Oder, March und Theiß brachte es mit sich, daß weite Gebiete einer noch relativ intakten städtischen Zivilisation, vor allem in Südgallien, Burgund und Italien, mit Regionen rein agrarischer Struktur politisch vereinigt wurden. Die alte kulturelle Limesgrenze an Rhein und Donau wirkte zwar noch fort, besonders durch die Fortdauer der alten Bischofsstädte, die mit der merowingischen Kirchenorganisation zu neuer Bedeutung gelangten. Aber die Germanisierung und damit Reagrarisierung großer linksrheinischer Regionen bis ins Seinebecken hinein beschleunigte eine neue Großgliederung des gesamten Raumes, die schrittweise die scharfen antiken Grenzlinien, die zugleich politisch-militärische Frontlinien gewesen waren, zum Verschwinden brachte. Man kann dies am Vordringen des Steinbaus ins Rechtsrheinische beobachten, etwa bei Pfalzen und Kirchen. Eine Vorbild- und Vermittlerrolle spielten hierbei die zu Bischofsstädten gewordenen, in ihrem Areal allerdings oft stark geschrumpften, ehemaligen Römerstädte wie Köln, Mainz, Trier, Straßburg, Augsburg und Regensburg. Von ihnen ging auch seit der Karolingerzeit die Welle neuer Großbauten für Domkirchen und Klöster aus, die dann um 1000 die Blüte romanischer Sakralarchitektur auf deutschem Boden mit bewirkte.

Für die Rheinlande ist die Fortdauer römerzeitlicher Handwerkskunst bezeugt. Dies gilt etwa für die Mayener Keramik nördlich der Moselmündung und für die ebenfalls dort hergestellten Mühlsteine aus Basalt; sie wurden im Frühmittelalter bis Friesland, England und Skandinavien exportiert. Ebenso gab es Bronzeschmuck-Werkstätten in Mainz, Andernach und Köln, die ihre Produkte rheinabwärts transportierten und an der Westküste Galliens und in England absetzten. Ähnliches nimmt man für die Keramik der Kölner Bucht an. Die wirtschaftlichen Beziehungen zu den angelsächsischen Königreichen scheinen besonders intensiv gewesen zu sein: Die Verbreitung der ursprünglich angelsächsischen, dann von den Friesen übernommenen Sceatta-Münzen legt das nahe. Es handelte sich dabei um eine Silberwährung, die um 700 einsetzte, den gesamten nordwesteuropäischen Raum umfaßte, aber auch in südfranzösischen Münzfunden vorkommt. Ein west-östliches wirtschaftliches „Kulturgefälle“ läßt sich für die Merowingerzeit daran ablesen, daß sich nach den Grabfunden eine südwestliche „Monetarlandschaft“ südlich der Seine abzeichnet, in der mit gemünztem Geld gezahlt wurde. Rechts des Rheins gliederte sich ihr eine „Feinwaagenlandschaft“ an, in der ungemünztes Edelmetall, das gewogen wurde, als Zahlungsmittel diente. Dazwischen gab es eine Übergangszone in Nordostfrankreich, die beide „Währungen“ kannte.

Die Friesen spielten seit der Mitte des 7. Jahrhunderts eine maßgebliche Rolle im Wirtschaftsverkehr Nordwesteuropas; sie finden sich neben angelsächsischen Kaufleuten im Frankenreich und als Handelspartner in Skandinavien. An der Ost- und Nordseeküste entstanden friesische Handelsemporien, das heißt Plätze zur Warenlagerung, wo die Fernhändler, wie später auf den Messeplätzen der Champagne, ihre Waren umschlagen konnten. Auch im Seeküstenbereich westslawischer Völker entwickelten sich solche Fernhandelsplätze. Hier konnten bei günstigen Umständen aus zeitweiligen Niederlassungen mittelalterliche Städte entstehen, wie etwa am alten karolingischen Handelsplatz Emden. Entgegen früheren Annahmen ist heute archäologisch erwiesen, daß diese Emporien meist auch Handwerkersiedlungen umschlossen; man muß sie deshalb als Frühformen städtischen Lebens ansehen. So gab es etwa in Haithabu bei Schleswig Bronzegießer und Kammacher, die für den Handel produzierten. Die Normannenstürme seit dem späteren 9. Jahrhundert machten diesen Plätzen allerdings oft ein Ende, der Fernhandel zog sich dann in die Nähe und in den Schutz der Bischofsstädte und der damals wegen der Normannen wie Pilze aus dem Boden schießenden Burganlagen der Niederlande und Nordfrankreichs. Bis dahin jedoch hatten diese kaum befestigten Emporien eine wichtige Funktion im europäischen Fernhandel: Birka bei Stockholm war Endpunkt eines der wichtigsten Handelswege über Alt-Ladoga, Nowgorod und Kiew in den Orient. Haithabu und Dorestad/Duurstede an der Gabelung von Rhein und Lek wurden für den Skandinavienverkehr ebenso bedeutsam wie für den fränkischen entlang der Rheinlinie, aber auch für die Verbindung nach England. Angelsächsische Tuche waren ein wichtiges Importprodukt, doch entwickelte sich seit der Karolingerzeit in Friesland und Flandern selbst ein hochwertiges Tuchgewerbe.

Die karolingische Silberwährung. König Pippin (751–768) und Karl der Große setzten eine umfassende, das weitere Mittelalter bestimmende Münzreform ins Werk. Es wurden reichseinheitlich Silberdenare geprägt, die endgültig die an Byzanz orientierte merowingische Gold-Soliduswährung ablösten; diese existierte aber in schriftlichen Quellen als Zählwährung weiter. Ein Solidus entsprach 12 Silberdenaren, ein Umrechnungskurs, der für den Handel mit Byzanz und dem Orient Bedeutung hatte. Seit Ludwig dem Frommen durchbrach die Verleihung von Münzprivilegien an Bischöfe die Zentralisierung der Währung an den Münzen der Königspfalzen, ein Trend, der sich im ottonisch-salischen Reichskirchensystem durch zahlreiche Münzrechtsverleihungen an geistliche und weltliche Große verstärkte. Herzöge und Grafen münzten neben dem König kraft ihres Amtes, Bischöfe und Äbte infolge neuer Privilegien. Der Münzumlauf nahm jetzt drastisch zu. Ebenso brachte seit dem 11. Jahrhundert die Flut von Markt- und Stadtgründungen eine Vermehrung der Prägestätten, desgleichen der jetzt einsetzende, ertragreiche Silberbergbau im Harz und im Schwarzwald. Vororte der frühen mittelalterlichen Münzprägung waren wiederum die rheinischen Bischofsstädte, vorab Köln, aber auch Regensburg seit Ludwig dem Deutschen. Später gab es im Nordwesten die sogenannten „Sachsenpfennige“. Sie wurden in Anlehnung an karolingische „Christiana-Religio“-Denare Ludwigs des Frommen unter König Heinrich I. und Otto dem Großen vermutlich in Magdeburg, Merseburg, Halle und Naumburg geprägt. Eine Leitfunktion hatte wohl auch der anläßlich der Vermählung Ottos des Großen mit Adelheid 962 geschlagene Otto-Adelheid-Pfennig. Die Münzstätten der sächsisch-salischen Epoche konzentrierten sich zwischen Maas und Elbe, mit besonderen Dichtezentren um Lüttich und Maastricht, am Mittelrhein, an der oberen Mosel um Toul, Metz und Verdun und im Bereich der alten ottonischen Königslandschaft zwischen Niederrhein und Magdeburg. Erst in deutlichem Abstand folgt die Donaulinie zwischen Ulm, Regensburg und Krems, während Niederdeutschland nördlich der Linie Utrecht, Osnabrück, Minden mit wenigen wichtigen Münzplätzen nur in der Bischofsstadt Bremen, in Lüneburg, Bardowiek und an der Elbmündung (Stada) vertreten ist. Für die Ausweitung des Fernhandels seit dem 10. Jahrhundert sprechen die zahlreichen orientalischen Geldsorten in Münzfunden, vor allem die begehrten silbernen Dirhems der islamischen Dynastien der Omaijaden, Abbasiden und Samaniden, ebenso byzantinische Geldstücke.

Handelswaren und Händler. Die für mittelalterliche Verhältnisse lange relative Friedenszeit des Karolingerreiches von der Mitte des 8. bis zur Mitte des 9. Jahrhunderts hat zweifellos die wirtschaftliche Entwicklung in diesem Großraum vorangetrieben, dessen monetäre Einheit den Handel begünstigte. Vom friesischen Qualitätstuch war schon die Rede, fränkische Schwerter, die wohl in den Schmieden des rheinischen Schiefergebirges erzeugt wurden und einem Waffenembargo unterlagen, galten als weiterer „Markenartikel“, ebenso Gläser aus der Eifel und den Ardennen. Letztere waren vermutlich die Fortsetzung der spätantiken Kölner Glasproduktion auf dem flachen Lande. Schließlich ist die rheinische Exportkeramik von Badorf und Pingsdorf bis nach Birka in Schweden nachweisbar. Steigende Bedeutung hatte das Klosterhandwerk, das sich in monastischen präurbanen Siedlungskernen, die dann oft zu wirklichen Städten wurden, sehr bald spezialisierte. Nach Ausweis des St. Gallener Klosterplans (um 820) gab es im engeren, umfriedeten Klosterhof Werkstätten für Schuster, Sattler, Schwertpolierer, Weber und Böttcher. In Fulda sicherte man den Unterhalt der Klosterhandwerker mit 55 Bauernstellen. Das läßt auf eine stattliche Zahl von Handwerkern und auf beträchtliche Spezialisierung der Kunstfertigkeiten schließen. Notker von St. Gallen († 912) erwähnte in seinen „Gesta Karoli“ einen Mönch namens Tanko, der wegen seiner Erz- und Glasarbeiten so berühmt war, daß er für den Herrscher eine Glocke gießen sollte. Er tat dies zwar, doch verfälschte er das ihm für diesen

Zweck anvertraute Silber mit Zinn; Gott aber ließ ihm die Glocke zur Strafe auf den Kopf fallen (Nr. 4, Bd. VII, S. 364ff.). Technologisches Wissen der Antike wurde in klösterlichen Handschriften überliefert, im Elsaß beispielsweise im 10. Jahrhundert durch einen Traktat über die Herstellung von Farben, das Kolorieren von Leder, die Metallvergoldung und Legierung.

Bauwerke und Buchproduktion. Die Baukunst erlebte in karolingischer Zeit einen bedeutenden Aufschwung, vor allem was den Kloster- und Pfalzenbau anbetraf, während die meisten Kathedralkirchen bereits in der Spätantike oder in merowingischer Zeit entstanden waren. Insgesamt hat man 544 karolingische Großbauten von König Pippin bis Lothar I. (855) erschlossen, nämlich 27 Domkirchen, 417 Klöster und etwa 100 Königspfalzen. Einhard, der Biograph Karls des Großen, war auch zugleich dessen Hofbaumeister. Für die Aachener Pfalz und deren Münster, ein Meisterwerk des Architekten Eudo von Metz, wurde nicht nur die Reiterstatue Theoderichs des Großen aus Ravenna nach Aachen transportiert, man schaffte auch antike Säulen aus Trier herbei, beides bemerkenswerte technische Leistungen. Herrscher und Prälaten fanden am ehesten Gelegenheit, sich Spezialisten für jede Kunstfertigkeit aus allen Teilen des Reiches kommen zu lassen. Die ehemaligen Römer- und jetzigen Bischofsstädte an Rhein und Donau spielten dabei eine wichtige Rolle und zwar als Auftraggeber ebenso wie als Vermittler technischer Kenntnisse. Hauptzentren künstlerischer Produktion waren aber wohl die reichen Reichsklöster mit ihren ausgedehnten Grundherrschaften. Dort konnten im Rahmen einer fortschreitenden Arbeitsteilung viele Dinge für den Handel hergestellt werden, auch Kunstwerke, sowie aufgrund der eigenen Schafzucht Pergamenthandschriften, die in den monastischen Schreibschulen geschrieben, bebildert und teilweise auch kommerziell vertrieben wurden. Die reiche Bücherwelt der karolingischen Renaissance ist dieser Spezialproduktion zu verdanken. Ihre Abnehmer waren Domkirchen und Königspfalzen, aber auch Adelssitze, wie Karls des Großen Hofbibliothek und die Erwähnung von Büchern im Testament des Grafen Eberhard von Friaul beweisen.

Märkte und Handelswege. Es versteht sich von selbst, daß die karolingische Friedensepoche auch den Handel begünstigte, den lokalen wie den Fernhandel; die Herrscher selbst zeigten ein erstaunliches Interesse an der Ordnung des Warenverkehrs. Noch als Hausmeier ordnete Pippin 744 an, daß die Bischöfe öffentliche Märkte (legitima fora) für den staatlich beaufsichtigten Warenhandel einrichteten, der durch Preisvorschriften reguliert werden sollte; ob mit Erfolg, ist schwer festzustellen. Die Zahl der Märkte stieg jedenfalls stark an und damit auch die königlichen und bischöflichen Einnahmen aus der Marktaufsicht. Die Klöster Corvey und Prüm etwa erhielten 833 und 861 Markt- und Münzprivilegien, weil es in jener Gegend noch an Märkten fehlte. Auch Jahrmärkte gab es bereits in größerer Zahl, sowohl in Norditalien als auch, der fortgeschrittenen Entwicklung im Westen folgend, im Ostreich seit dem 9. und vor allem im 10. Jahrhundert; so etwa in Verdun, Mainz, Bonn, Magdeburg und Regensburg. Besonderen Schutzes erfreuten sich die Fernhändler, die den Hof mit Luxusgütern versorgten. In einer Verordnung zugunsten der Kaufleute vom Jahre 818 wurden diese vom Kriegsdienst, von der Requirierung ihrer Zugtiere und Schiffe sowie von allen Binnenzöllen im Reich befreit, bis auf die zehnprozentigen Abgaben in den Seehäfen und auf den Gebirgspässen. Bischöfe, Klöster und mächtige Adelige hatten ihre eigenen Kaufleute, so der Passauer Bischof und das Kloster St. Emmeram in Regensburg. Rhein und Donau waren schon damals belebte Handelsstraßen, für letztere gibt die Raffelstetter Zollordnung (um 904) hinreichend Auskunft; in ihr ist von „Juden und den übrigen Kaufleuten" die Rede.

Es scheinen sich zwei Großregionen des Handels abzuzeichnen, die von Händlern verschiedener Herkunft versorgt wurden: Friesen und Skandinavier beherrschten die Handelswege von Nord- und Ostsee. Ihre mit Tuch, Pelzwerk, Bernstein oder Meersalz beladenen Schiffe gingen von Haithabu, Birka und anderen Küstenorten nach Hamburg, Bremen und Dorestad sowie rheinaufwärts bis Köln, Mainz und Straßburg. Der Orienthandel hingegen gelangte auf verschiedenen Wegen nach Mitteleuropa. Eine wichtige Route führte von Süden über den Dnjepr, Kiew, Nowgorod nach Birka am Mälarsee oder über den Dnjestr und die Weichsel an die Ostsee. Ein weiterer Handelsweg zweigte von Kiew nach Westen ab und führte über Krakau und Prag bis Regensburg. Noch wichtiger war wohl die Verbindung zum Orient über das Mittelmeer. Die Arabereinfälle scheinen auf dieser Südroute keine dauernde Unterbrechung des Warenstroms in beiden Richtungen bewirkt zu haben. Für diesen Bereich erlangten die jüdischen und arabischen Fernhändler eine Art Monopolstellung. Jüdische Kaufleute reisten ins Frankenreich, um Eunuchen, Sklaven, Textilien, Felle und Schwerter zu erwerben, und brachten ihrerseits Duftstoffe wie Moschus, Aloe, Kampfer und Zimt in den Westen. Ihre Landeskenntnisse waren begehrt, so daß der „Hofjude" Karls des Großen, Isaak, die Gesandtschaft des Kaisers an den Kalifen Harun-al-Raschid begleiten durfte. Schon im 9. Jahrhundert begann Venedigs Aufstieg als Vermittlerin des Orienthandels. Die Handelsfamilie Partecipazio, im Seehandel reich geworden, lenkte fast 70 Jahre lang die Geschicke der Stadt. Kaiser Lothar I. schloß 840 einen Vertrag mit den Venezianern, der die Einfuhr von Orientwaren über Comacchio und Pavia regelte. Pavia spielte auch eine wichtige Rolle bei der Weiterverbreitung orientalischer Waren, besonders von Gewürzen und Seidenstoffen. Bischof Theodulf von Orléans († 821) verdanken wir die Nachricht, daß auf dem Markt in Arles Seidenstoffe, Weihrauch aus Saba, indisches Elfenbein, syrischer Balsam, Leder aus Cordoba und viele andere Luxusgüter zu kaufen waren. (Nr. 33, V, 1, Bd. 1, S. 500)

Die Rolle der Juden in Handel und Gewerbe. Das einträglichste Geschäft dürfte aber der Sklavenhandel gewesen sein. Die zahlreichen Kriegszüge der Karolinger gegen westslawische Völker scheinen ein großes „Warenangebot" bewirkt zu haben, denn jüdische wie christliche Sklavenhändler brachten aufgekaufte Gefangene quer durchs Reich über Raffelstetten, Regensburg, Mainz und Verdun nach Marseille, Venedig oder Rom, meist zum Weiterverkauf in die arabische Welt. Ein westfränkischer Mönch sah 870 in Tarent sechs Schiffe, mit 9000 Sklaven beladen, die nach Nordafrika gingen; aber auch an den Emir von Cordoba, Al Hakam I., gingen 822 etwa 5000 Sklaven für dessen Heer, Leibgarde und Harem. Die Karolinger unternahmen nichts zur Eindämmung dieses Menschenhandels, sie verboten nur den Kauf oder Verkauf von Christen an Heiden und suchten eine gewisse Ordnung in diesen Geschäftszweig zu bringen: Grafen oder Bischöfe hatten die Sklavenmärkte zu beaufsichtigen. Obwohl es Fernhändler aus allen Nationen gab, treten uns in den Quellen schon früh Juden als Objekte besonderer Aufmerksamkeit hervor. Erzbischof Agobard von Lyon (816–840) etwa beschuldigte die Juden seiner Stadt, Knaben zu stehlen, um sie nach Kastration als Eunuchen nach Spanien zu verkaufen; ein ähnlicher Vorwurf ist auch für den Handelsplatz Verdun bezeugt.

Eine generelle Judenfeindlichkeit kannte das frühe Mittelalter bis ins 11. Jahrhundert hinein jedoch nicht. Juden waren Kaufleute, Steuereinnehmer, Goldschmiede, Ärzte und konnten sogar, im Gegensatz zu späteren Zeiten, Grund und Boden erwerben. Letzteres war allerdings nicht unangefochten, denn Papst Stephan III. (768–772) beklagte in einem Brief, daß die Juden von Narbonne Güter besitzen und christliche Landarbeiter beschäftigen dürften. Auch die Gettoisierung gab es noch nicht; an den Höfen spielten Juden als Leibärzte, Beschaffer von Luxuswaren und als länderkundige Ratgeber eine gewisse Rolle. Ludwig der Fromme hat sie unter Königsschutz gestellt und dafür einen „Magister Judaeorum" ernannt, mußte sich allerdings deswegen heftige Angriffe Agobards von Lyon gefallen lassen. Durch die Nähe der mosaischen Religion zum Islam konnten sich Juden ungehindert in der arabischen Welt bewegen, wodurch ihnen allein schon eine Schlüsselrolle für den Orienthandel zufiel. Als im frühen 8. Jahrhundert die angelsächsischen Mönche Willibald und Wunibald, die später Eichstätt gründeten, auf ihrer Pilgerfahrt ins Heilige Land in arabische Gefangenschaft gerieten, befreite sie ein jüdischer Kaufmann, der offenbar das Frankenreich kannte, durch seine Fürsprache aus der Gefangenschaft. Exzessive Judenverfolgungen gab es in karolingischer Zeit nicht, hingegen beschwerte sich Agobard darüber, daß kaum Juden zum Christentum übertreten würden, umgekehrt aber Christen zum Judentum.

Der eklatanteste Fall dieser Art war der des Diakons Bodo, der am Kaiserhof aufwuchs und mit kaiserlicher Erlaubnis 833 eine Pilgerreise nach Rom antrat. Während dieser Fahrt verkaufte er alle Begleiter außer seinem Neffen in die Sklaverei, trat zum mosaischen Glauben über und heiratete eine Jüdin. Seither haßte er das Christentum als einen „Glauben, der verdammt und niederträchtig, lügnerisch und verflucht, schrecklich und verabscheuungswürdig, ekelhaft und gemein" sei. Überdies beklagte sich Bodo, jetzt Eleazar, über die sittliche Verworfenheit des katholischen Klerus und die sich widersprechenden christlichen Glaubenslehren, von denen er bei Hofe allein vierzehn kennengelernt habe (Nr. 721, P. Riché, S. 153f.). Es gab Talmud-Schulen in Italien und in den Rheinlanden, und wir erfahren von Streitgesprächen zwischen Rabbinern und christlichen Theologen. Wenn man nicht zu Unrecht vom heimlichen Einfluß des Judentums auf das frühmittelalterliche Christentum gesprochen hat, so mag dies unter anderem auch in der sozialstrukturellen und geistigen Verwandtschaft der archaischen Welt der Karolinger mit dem ebenso urtümlichen Priesterkönigtum des Alten Testaments begründet sein; das David-Königtum Karls des Großen deutet ebenfalls in diese Richtung.

Diese im allgemeinen positive Entwicklung scheint sich bis in ottonisch-frühsalische Zeit fortgesetzt zu haben. Aus rabbinischen Rechtsgutachten kann man eine Vermehrung und bessere Organisation des jüdischen Handels erschließen und die Rolle der Juden als Geldverleiher in den rheinischen Bischofsstädten zwischen Köln und Worms nachweisen. Bischof Adalbero II. von Metz († 1005) wurde in seiner Lebensbeschreibung lobend als den Juden freundlich gesinnt geschildert, während Erzbischof Friedrich von Mainz († 954) an eine Zwangstaufe der Mainzer Juden dachte, wogegen sich der Priester Gerhard in einem Brief wandte. Man sieht, daß das Meinungsspektrum noch relativ breit war und von Animosität bis zu wohlwollender Duldung reichte, letzteres wohl vor allem im Hinblick auf den Nutzen dieser Randgruppe als Händler und Ärzte. Kaiserprivilegien für Juden in Speyer und Worms aus dem ausgehenden 11. Jahrhundert standen bereits im Zeichen des Investiturstreits, dessen Radikalisierung zu jener Kreuzzugsstimmung überleitete, deren erste Opfer die europäischen und deutschen Judengemeinden werden sollten.

Beginn der Rodungen. Eines der wichtigsten Momente des Aufbaus der mittelalterlichen Gesellschaft, nämlich der Landesausbau, die Rodung, war nicht erst eine Erscheinung des Hochmittelalters, sondern setzte schon früh und kontinuierlich ein. Bezeugt ist planmäßige Rodung bereits in den klösterlichen Grundherrschaften des 7. und 8. Jahrhunderts, die Hagiographie dieser Zeit pries die Urbarmachung von Wald und Wildnis als gottgefälliges Werk. Karl der Große wies seine grundherrschaftlichen Verwalter verschiedentlich an, geeignete Areale roden zu lassen, fügte aber hinzu, daß die Felder nicht zu sehr auf Kosten des Waldes ausgedehnt werden dürften, ein indirekter Beweis dafür, daß fleißig gerodet und gesiedelt wurde und daß die arbeitsteilige Grundherrschaft die geeignete Organisationsform für königliche wie adelige Kolonisation gewesen ist. Die Abtei Fulda kaufte damals Land, das Bauern gemeinschaftlich urbar gemacht hatten. Fremde

Kolonisten wurden angesetzt, und neue Gutshöfe entstanden auf Rodungsland. Die Bischöfe von Salzburg und Passau ließen schon in der Karolingerzeit östlich der alten Ennsgrenze roden, ebenso drang die Binnenkolonisation in der Oberpfalz und im Böhmerwald vor, sie erschloß die Ebenen des Voralpenlandes und die Alpenländer. Inwiefern die Normannen- und Ungarneinfälle eine generelle Unterbrechung der Kolonisation bewirkten, ist schwer abzuschätzen, man wird hier von Landschaft zu Landschaft unterscheiden müssen. Wenn die Nachrichten über Rodungsarbeiten damals spärlicher wurden, dann muß dies keinen objektiven Rückgang anzeigen; man wird auch die Änderung der Quellengrundlage nach dem Wegfall des reichen Fundus der karolingischen Kapitularien und der umfassenden Güterbeschriebe derselben Epoche in Rechnung zu stellen haben.

Werkstätten, Silberbergbau und Marktorte. Ähnliches gilt für die Kenntnis von Handwerk und Technik, die jetzt oft der wachsenden Zahl lokaler Quellen entstammt. So erfahren wir für das 10. Jahrhundert von Werkstätten (officinae) am Trierer Dom und bei St. Emmeram in Regensburg. Aus der Lebensbeschreibung Bernwards von Hildesheim wissen wir Genaueres über die Bedeutung dieser Bischofsstadt als Zentrum des Metallgroßgusses. Eine wichtige materielle Basis der ottonisch-salischen Königsherrschaft war die Silbergewinnung vor allem im Harz, die durch königlichen Burgenbau gesichert wurde. Königlicher Initiative entsprangen auch die meisten Marktprivilegien; sie waren die sichersten Indikatoren für den Anstieg des Handels wie insgesamt der horizontalen Mobilität. Die Zahl der Marktorte stieg im 10. Jahrhundert von 40 auf 90, im 11. Jahrhundert auf 140. Die Mehrzahl der Privilegien für Märkte wurde für Neugründungen ausgestellt, sie waren mit entsprechendem Münzprägerecht verbunden. Die Marktorte selbst, die man als präurbane Siedlungen bezeichnen kann, entwickelten sehr oft ein eigenes kommunales und kirchliches Leben, Marktkirchen für die Ansässigen wie für die Fernhändler sind zahlreich bezeugt. Es gab eine interne, halbautonome Gerichtsbarkeit und vielleicht auch schon eine von den Kaufmannsgilden getragene Selbstverwaltung, eine Vorform jener städtischen Autonomie, die später für die Entwicklung der mittelalterlichen Gewerbebürgerstadt bedeutsam wurde. Die Kirche scheint diesen mit Marktrecht ausgestatteten Kaufmannssiedlungen manchmal mißtrauisch gegenüber gestanden zu sein; jedenfalls berichtet der Chronist Alpert von Metz († um 1025) mit Befremden von den freien Lebensgewohnheiten und Trinksitten der Gildekaufleute im Handelsemporium Thiel bei Geldern. Bevölkerungsgruppen, die von Berufs wegen mobil waren, entzogen sich eben weitgehend der starken herrschaftlichen und gesellschaftlichen Kontrolle, wie sie in der geistlichen und weltlichen Grundherrschaft möglich und üblich war, und setzten sich dadurch rasch Verdächtigungen aus.

V. Burg, Stadt, Innovationen

1. Burgenbau und Herrschaftsentwicklung

Ursprünge der Burg. Daß Burgen- und generell Befestigungsbau seit den Ringwällen und Höhenburgen prähistorischer und frühgeschichtlicher Zeit ein wichtiger Indikator für Entwicklung und Wandel herrschaftlicher Verhältnisse ist, bedarf keiner näheren Erläuterung. Schon der Tatbestand, daß es starker Befehlsgewalt bedurfte, um viele Menschen über längere Zeit zum Befestigungsbau anhalten zu können, erweist den Kausalzusammenhang zwischen Burg und Herrschaft. Die Burg, generell „ein bewohnbarer Wehrbau, den eine Person oder eine Gemeinschaft zu ihrem Schutz als ständigen oder zeitweiligen Wohnsitz errichtet" (Nr. 91, Bd. 2, Sp. 958), ist in Nord- und Osteuropa aus der Fluchtburg für eine größere Bevölkerungszahl hervorgegangen. Als „Kultburgen" waren Befestigungen oft auch religiöse Mittelpunkte der westslawischen Welt und wurden in christlicher Zeit als Bischofs- und Herrschaftssitze weiterbenutzt; so in Ratzeburg, Mecklenburg und Schwerin. In Gallien und Italien hingegen sind Burgen auf die Vorformen des römischen Kastells (castrum, castellum) zurückzuführen. Auch im Althochdeutschen bedeutet „burg" noch Volks- und Fluchtburg. Als präurbane Siedlung stand sie auch am Beginn der eigentlichen Stadtwerdung im Hochmittelalter. Auch die zur Bischofsstadt gewordene alte Römerstadt (civitas, urbs) wurde oft als Burg bezeichnet. Das Recht, Burgen zu errichten, war ursprünglich wohl ein Regal, also Recht des Königs. Die Belege für dieses Königsrecht sind allerdings spärlich und nicht älter als die Nachweise für adeligen und dynastischen Burgenbau, der seit dem 9. Jahrhundert belegt ist.

Äußere wie innere Ursachen lassen sich für Burgenbau anführen. Zu den ersteren gehörte die Notwendigkeit, Grenzgebiete und gefährdete Landschaften besonders zu sichern. Dies galt für die fränkischen Reichsburgen des 8. Jahrhunderts, die zwischen Main, Harz und Saale entstanden, etwa Würzburg und Hammelburg zur Zeit Herzog Hedens; ferner für die Büraburg bei Fritzlar, vielleicht auch für die sogenannte Wittekindsburg bei Osnabrück. Das wesentliche dieser fränkischen festen Plätze war ihre Schutzfunktion. Verwaltungsaufgaben kamen, wenn überhaupt, erst später hinzu. In Würzburg wie in Hammelburg und in dem castellum Karlsburg, das Pippin um 750 an Würzburg schenkte, befanden sich königliche Eigenkirchen mit dem Patrozinium des fränkischen Reichsheiligen Martin. Dasselbe gilt für die Stöckenburg bei Vellberg in Südwestdeutschland. Das Martinspatrozinium unterstreicht die fränkisch-karolingische Herkunft dieser Festungsanlagen. Denselben Ursprung hatte wohl auch der Christenberg bei Marburg. Ebenso dürften unter den fränkischen Königshöfen (curtes) des 8. Jahrhunderts schon Burgen gewesen sein. Über eine Burganlage Karls des Großen, die Burg Esesfeld bei Itzehoe im dänischen Grenzgebiet, wissen wir aus den Reichsannalen besser Bescheid. Ihr Bau wurde von Karl 809 einem Grafen Egbert übertragen, der dafür Leute in Gallien und Germanien zusammenbrachte, die offenbar als ständige Besatzung dieser Festung dienen sollten (Nr. 4, Bd. V, S. 92). Als Reichsburgen der Karolingerzeit sind auch Merseburg, Magdeburg und Hamburg zu erschließen sowie Burgen im südöstlichen Markengebiet. Insgesamt bestätigt sich der Eindruck, daß der frühe fränkische Burgenbau gehäuft in den bedrohten Grenzgebieten des Reiches auftrat, ein Moment, das seit der späteren Karolingerzeit immer bedeutsamer wurde.

Weitere Intensivierung des Burgenbaus. Zu den äußeren Ursachen, die den Burgenbau dann sehr vorantrieben, gehören die normannischen und die madjarischen Invasionen. In dem Kapitulare von Pîtres (bei Rouen) ging es 864 um den Bau von Verteidigungsanlagen gegen die Normannen. Es mutet fast grotest an, daß das Königtum, das selbst keine wirksame Abwehr gegen die Eindringliche organisieren konnte, dennoch die Niederlegung der ohne königliche Erlaubnis errichteten Burgen und Befestigungen forderte. Dieses Kapitulare ist zugleich ein sicherer Beleg dafür, daß der regionale Adel durch Burgenbau die Verteidigung des Landes selbst in die Hand genommen hatte; dies als Usurpation eines Regals zu bezeichnen, mag zwar formal richtig sein, geht aber am eigentlichen Sachverhalt, der allgemeinen Landesnot, vorbei, die regionale Selbsthilfe geradezu herausforderte.

Die Normannengefahr löste auch eine ,,innenpolitische" Entwicklung aus und beschleunigte sie: Adelig-dynastischer Burgenbau diente eben nicht nur der Abwehr der Wikinger, sondern führte mit innerer Konsequenz zum Aufbau und zur militärisch gesicherten Festigung frühdynastischer Territorien. Der Burgenbau Nordfrankreichs und Flanderns war ein wesentlicher Bestandteil und Promotor der Territorialherrschaft, die Dynastenburg diente bald auch als Stützpunkt der Landesverwaltung. Wie schon in anderem Zusammenhang erwähnt, ging dies Hand in Hand mit dem Streben des Regionaladels, auch die Bistumssitze innerhalb seines jeweiligen Machtbereichs, also in der Regel ebenfalls stark befestigte Siedlungen, durch Einsetzung von Verwandten fest in die Hand zu bekommen, eine Entwicklung, die Erzbischof Brun von Köln in Lothringen nur mit großer Anstrengung wenigstens teilweise wieder zugunsten der Reichsgewalt rückgängig machen konnte.

Burgen im Ostfränkischen und ottonischen Reich. Anders verliefen die Dinge im Ostfränkischen Reich, wo der Burgenbau stärker als im Westen in der Hand des Königs blieb und dann sogar ein wichtiges Instrument nicht nur der Landesverteidigung, sondern auch der Reichsbildung wurde. Schon am Ende des 9. Jahrhunderts wurden einzelne Burgen zur Abwehr der Madjaren in der Ostmark erbaut, etwa die Ennsburg über Lorch an der Donau und die Styraburg (Steyr), die spätere Stammburg der Otachare. Von entscheidender Bedeutung war dann der Burgenbau König Heinrichs I., der sowohl ältere fränkische Befestigungen erneuerte als auch neue feste Plätze errichtete. Die Verpflichtung der umwohnenden Bevölkerung, zum Bau und auch zur Erhaltung von Burgen sowie zum Unterhalt der Burgbesatzungen beizutragen, stabilisierte die Herrschaft des Königs; das vermittels des ,,Burgbanns" eingeforderte sogenannte ,,Burgwerk", die verpflichtende Arbeits- und Dienstleistung aller Umwohner für die Burg, erhöhte aber auch die Sicherheit der Landesbewohner beträchtlich. Ob dies allerdings, wie man gemeint hat, dazu beitrug, die Bevölkerung ,,an den Reichsgedanken" zu binden, ist fraglich.

Eine Fortsetzung und Intensivierung dieser Sicherheitsmaßnahmen war der konsequente Ausbau der Königsherrschaft an der Ostflanke des Reiches durch die Burgwardei-Verfassung Ottos des Großen. Vorbilder der ostfränkischen Militärkolonisation, wie sie sich schon um 800 in der Königsprovinz Franken nachweisen läßt, liegen vermutlich diesem neuen ottonischen Netz von Burgbezirken zugrunde, denen jeweils 10 bis 20 Siedlungen zugeordnet waren. Die Burgwardeien Magdeburg und Merseburg waren wohl die wichtigsten; sie dienten nicht nur als militärische Sprengel, sondern hatten auch wirtschaftliche und Verwaltungsfunktionen. Vielfach wurden alte Reichsburgen als Zentralorte in das Burgwardeisystem eingefügt. Man hat in diesem Zusammenhang sogar von einer ,,durchgehenden Landeseinteilung" vermittels der ,,Burgwardeiverfassung" gesprochen, doch sind die quellenmäßigen Indizien dafür wohl zu schwach. ,,Burgwardeiverfassung" und ,,Kastellaneiverfassung" in Flandern bleiben historiographische Hilfskonstruktionen, die eher eine Entwicklungstendenz als ein durchgängiges politisch-militärisches System kennzeichnen. Der Trend zu intensiverer politischer Organisation einer Region ist aber in jedem Fall festzustellen.

Ein Beweis für die herrschaftsbildende Funktion des ottonischen Burgenbaus ist schließlich die Tatsache, daß die Pfalzen der sächsischen Herrscher zumeist aus Burgen hervorgegangen sind. Das gilt für Grone, Werla, Allstedt, Tilleda, Merseburg und Magdeburg. Sie entstanden auf liudolfingischem Herzogsgut, das wohl ursprünglich karolingisches Reichsgut gewesen ist. In Pöhlde und Quedlinburg hingegen scheinen Burg und Pfalz räumlich getrennt gewesen zu sein, was aber einen inneren herrschaftsgeschichtlichen Zusammenhang zwischen beiden Zentren nicht ausschließt. Die ottonischen Burgbezirke in den östlichen Grenzregionen schlossen auf jeden Fall schon slawisches Siedlungsgebiet mit ein, denn nach Ausweis der Königsurkunden dieses Raums werden auch Slawen genannt.

Im deutschen Altsiedelland übernahmen hingegen die seit der Normannenzeit neu ummauerten Bischofsstädte und präurbanen Siedlungen wie Trier, Speyer, Worms, Weißenburg, Mainz, Bingen, Koblenz und Köln die Aufgabe der Burgen. Hier übertrug der König den Burgbann an Bischofskirchen und Klöster, in deren Umkreis die Bevölkerung zum Bau und zur Erhaltung der Mauern verpflichtet wurde; dafür erhielt sie das Recht, sich in Notzeiten dorthin zu flüchten. Auch zwischen Bodensee und Schwarzwald war bis zur Mitte des 11. Jahrhunderts königlicher und herzoglicher Burgenbau vorherrschend. Ob daneben die archäologisch erschließbaren zahlreichen Befestigungsanlagen, die in keiner schriftlichen Quelle bezeugt sind, Adelsburgen waren, ist ungewiß. Als feste Plätze in der Hand des Königtums treten der Hohentwiel, die Meersburg und Engen im Hegau hervor. Der Hohentwiel ist durch mehrfache Aufenthalte Ottos III. als königliches Palatium belegt, ebenso die Meersburg, die Brückenkopf einer wichtigen Fährverbindung über den Bodensee war. Insgesamt geht man nicht fehl mit der Annahme, daß die Ottonenzeit ein Höhepunkt königlichen Burgenbaus gewesen ist, auch wenn in zahlreichen Fällen Herzöge, Markgrafen oder Bischöfe für den Herrscher das Recht zur Errichtung von Befestigungen wahrnahmen. Dieser rechtliche Zustand konnte bei Lockerung der Zentralgewalt allerdings bald zur Vereinnahmung der Burgen durch regionale Kräfte führen.

Salische Reichsburgen. Bei der weiteren Entwicklung der Reichsburgen in frühsalischer Zeit ist ein Funktionswandel festzustellen. Zwar stand auch jetzt noch die Aufgabe der Grenzsicherung im Vordergrund, als neues Element trat aber die Mittelpunktsfunktion für das umliegende, zum Teil neu organisierte und damit enger an den König gebundene Reichsgut hinzu. Wenn Heinrich III. 1050 auf einem Hoftag in Nürnberg mehrere Reichsfürsten damit beauftragte, die zerstörte Hainburg an der Donau als Rückgrat der gegen die Ungarn errichteten Neumark wieder aufzubauen, dann wurde Hainburg damit sowohl Grenzsicherungsfestung wie auch Zentralort der neugeschaffenen Mark. Ähnliches galt wohl auch für Heinrichs Burgenbau in Cham und Nabburg im Grenzgebiet gegen Böhmen. Beide Burgen bestanden allerdings schon in ottonischer Zeit, doch konnte wahrscheinlich gemacht werden, daß sie unter dem Salier Zentren von Reichsgutsbezirken in ministerialischer Verwaltung wurden. Unklar ist hingegen, ob die Reichsburg Nürnberg schon auf diesen Kaiser zurückgeht.

Burgen und Dynasten. Eng mit der Verfassungsentwicklung des Hochmittelalters verbunden war der Burgenbau der intermediären Gewalten, der Dynasten und des Adels. Musterbeispiele für das Überwechseln des ursprünglichen Befestigungsrechts des Königs in die Hände von Dynasten, Grafengeschlechtern und Adelsfamilien waren Flandern und die babenbergische Ostmark; in beiden Fällen ist der Burgenbau meist die Vorstufe späterer Städte gewesen. Die Grafen von Flandern haben es verstanden, eine Anzahl von Befestigungen, die in der Zeit der Normanneneinfälle gebaut wurden, entweder selbst zu übernehmen und auszubauen oder zumindest als Lehnsgut unter ihre Kontrolle zu bringen; diese Entwicklung war im wesentlichen unter Graf Balduin V. (1035–1067) abgeschlossen. Arras, Gent, Brügge und Douai bildeten das Rückgrat dieser flandrischen Burgenverfassung des Hochmittelalters. Als Verwaltungs- und bald auch als Handels- und Produktionszentren boten solche Plätze schon früh die Chance der Entwicklung zu mittelalterlichen Gewerbebürgerstädten; dieser Typus hat wohl gerade dort seine klassische Ausprägung erfahren.

Auf kleiner räumlicher Basis haben auch die Konradiner an der Lahn zu Beginn des 10. Jahrhunderts hoch über dem Fluß an verkehrsgünstigen Stellen drei Burgen mit Stiften erbaut, nämlich Limburg, Weilburg und Wetzlar; doch hat es das weitere Schicksal der Familie mit sich gebracht, daß sie erst im 11. Jahrhundert ihren territorialen Ausbau erfolgreich fortsetzen konnte. Die Verbindung von Burg und Kloster war damals für viele dynastische und adelige Burganlagen charakteristisch und drückte auf sichtbare Weise den engen Zusammenhang von Adel und Christentum, Herrschaft und Religion aus. Er fand sich in dieser Form schon seit dem 8. Jahrhundert in den fränkischen Reichsburgen.

Vollzog sich der Burgenbau und damit auch der Verwaltungsausbau in Flandern im Rahmen einer oft nur lockeren Lehnsbindung der Grafen an ihre königlichen Herren, so läßt sich für die babenbergische Ostmark eher ein schrittweises Herausgleiten des Befestigungswesens aus der Hand des Königs in die der Markgrafen feststellen. Vereinzelte Adelsburgen lassen sich schon am Ende des 9. und im frühen 10. Jahrhundert nachweisen, so die bereits erwähnte Stammburg der Otachare in Steyr. Entscheidende Impulse brachte nach der Lechfeldschlacht von 955 der neue Markengürtel, dessen Wehrverfassung unter der starken Kontrolle der babenbergischen Markgrafen als den Beauftragten des Königs stand. Die frühen großen Burganlagen der Babenberger wie Melk, Krems, Tulln entwickelten sich organisch zu Städten oder stadtähnlichen Märkten. Der königliche Ursprung der Mark ist später noch in städtischen Reichsrechten erkennbar, die sich etwa in Krems lange erhielten. Ein relativ rascher Übergang von königlicher Befestigungsinitiative zu dynastischer Eigenherrschaft findet sich früh auch in Meißen. Der ottonische Burgenbau an strategisch wichtiger Stelle zur Abwehr eines polnischen Ausgriffs nach Westen ging bald an die Markgrafen über, die dann ihrerseits, gestützt auf diese bedeutende Feste auf dem Burgberg, eigene Territorialpolitik betrieben. Die Intensivierung seiner Herrschaft ermöglichte es dem Meißener Markgrafen Ekkehard († 1002) schon bald als ernsthafter Bewerber um die Krone aufzutreten. Ähnlich herrschaftsstabilisierend wirkte sich der Burgenbau der Grafen von Schweinfurt aus, die sich 1003 gegen König Heinrich II. erhoben.

Eine ihrer Hauptburgen, Creußen, hatte die beträchtliche Ausdehnung von 130 m zu 140 m und war mit Burgmannen besetzt, die im engeren Burgbereich ihre Häuser und Güter besaßen. Wie in Flandern und später im staufischen Südwesten war die burggeschützte Stadt oder präurbane Siedlung hier das Rückgrat einer sich intensivierenden Landesverwaltung.

Adelsburgen. Der ältere Gegensatz zwischen königlichem Befestigungsrecht und dynastischem Burgenbau wiederholte sich später zwischen Dynasten und Adelsgeschlechtern. Die Entstehung von Adelsburgen hatte verschiedene Gründe. Es mag sicherlich Burgenbau aus eigenem Recht oder auch als Usurpation gegeben haben. Der „Normalfall" war aber wohl doch, daß auf dem ursprünglich sehr umfangreichen Reichsgut, das in Lehns- oder Eigenbesitz des Adels übergegangen war, Burgen entstanden; ob noch in königlichem Auftrag oder aus eigener Initiative der intermediären Gewalten, ist oft nicht mehr festzustellen. Auf jeden Fall bedeutete eine Burg für den hohen wie später für den niederen Adel eine Chance, die bisherige Herrschaft über Personen in Herrschaft über Land umzuwandeln und damit politisch-militärische Gewalt räumlich genauer zu fixieren. Das galt auch für den Burgenbau adeliger Vögte auf Kirchengut und für die Schirmburgen auf Rodungsherrschaften, die die Erweiterung des Kulturlandes strategisch absicherten.

Die Hauptwelle adeligen Burgenbaus begann in Deutschland in der zweiten Hälfte des 11. Jahrhunderts. Anstöße kamen auch von der Ereignisgeschichte, denn im Investiturstreit verband der süddeutsche, gregorianisch gesinnte Adel seinen Burgenbau mit zahlreichen Klostergründungen für die Reformorden. Die Kombination von Dynastenburg und Hauskloster mit Erbbegräbnis wurde eine weitverbreitete Erscheinung, ebenso die Umwandlung älterer Burgen in Hausklöster. Die Welfengründung Altdorf-Weingarten, 935 von Heinrich mit dem Goldenen Wagen gegründet, war ein Musterbeispiel für diesen Trend, der auch, wie schon erwähnt, weitreichende Folgen für den Strukturwandel und das Selbstverständnis des Adels im Hochmittelalter zeitigte. Der auf eine Stammburg bezogene Herkunftsname eines Adeligen, also „der über Generationen im Namen fortdauernde Bezug auf eine steinerne, verteidigungsfähige, Macht verleihende Burg, hat für das Sippen-, Selbst- und Geschichtsbewußtsein adeliger Familien ... eine eminente Bedeutung" (Nr. 103, XIX, H. Patze, Bd. II, S. 429). Durch die namengebende Burg trennte sich der Adelige von der restlichen Bevölkerung, ein Moment, das ihn auch noch absonderte, wenn er verarmt war. Freilich, die Adelsburg hatte innerhalb der Gesamtgesellschaft auch negative Begleiterscheinungen, denn durch sein Fehderecht störte der burgenbesitzende Adel die Bestrebungen der Salier aufs empfindlichste, einen allgemeinen Landfrieden und damit eine großflächige Friedensordnung durchzusetzen. Erst durch den Aufbau relativ homogener Reichsterritorien seit staufischer Zeit und, parallel dazu, durch eine kräftige Landesherrschaft, gelang es, die Adelsburgen entweder mit Gewalt oder auf dem Vertragswege ,,einzustaaten".

Reichs-, Dynasten- und Adelsburgen standen aber auch mit am Beginn des europäischen und deutschen Städtewesens, womit – von den Städten aus römischer Wurzel an Rhein, Mosel und Donau abgesehen – ein neuer und wesentlicher Faktor in der Entfaltung mittelalterlicher Lebensformen zur Geltung kam.

2. Wurzeln und Frühformen der mittelalterlichen Stadt

Wohl die wichtigste Neuentwicklung innerhalb des europäischen und deutschen Mittelalters war die frühbürgerliche Gesellschaft und ihr Städtewesen. Anders als die antike ,,Polis" oder ,,Civitas", die religiöser Herrschaftsmittelpunkt, Konsumentenzentrum und Vorort eines oft sehr großen ländlichen Bezirks war – weshalb sie im wesentlichen auch einen agrarisch-aristokratischen Charakter hatte – entwickelte sich die mittelalterliche Stadt als besondere, aus Handel und Gewerbe erwachsene Sozialstruktur mit eigenen gesellschaftlichen Normen. Entgegen einer älteren Meinung, daß in allen Hochkulturen, die durchwegs herrschaftlich organisierte Stadtkulturen waren, eine gleichsam zwangsläufige Tendenz zur Ausbildung ,,bürgerlicher" Lebensformen bestanden habe, ist man seit Max Weber der Auffassung, daß dieser durch eine entwickelte Verkehrswirtschaft entstandene Trend zur Entfaltung einer im engeren Sinne ,,bürgerlichen" Mentalität nur in Europa gänzlich zum Durchbruch gekommen ist. Hegels dialektisches Fortschrittsschema und ebenso Marx' historischer Materialismus, die an der dynamischen europäischen Kulturentwicklung demonstriert wurden, setzen Mentalität und Verhaltensnormen voraus, die in der mittelalterlichen Gewerbebürgerstadt erstmalig ausgebildet und erprobt worden sind. Das Gegenbild der außereuropäischen Gesellschaftsformationen, das Marx mit dem Begriff der ,,asiatischen Produktionsweise" umschrieb und in der er einen starken Immobilismus der Gesellschaftsstrukturen entdeckte, macht den grundlegenden Unterschied zu Europa und die welthistorische Bedeutung der Anfänge einer bürgerlichen Welt sehr deutlich. Für die hier zu behandelnde Epoche bedeutet dies, daß seit dem 10. und 11. Jahrhundert der von König und Adel repräsentierten agrarischen Welt allmählich die autonome Stadt als Bürgergemeinde entgegentritt, am reinsten in der Gewerbebürgerstadt, die ihre eigene, nichtfeudale Oberschicht auf der Grundlage von Handel und Gewerbe ausbildete. Mögen sich im Mittelmeerraum manche Züge der antiken Stadt als Herrschaftssitz und Verwaltungszentrum für das flache Land erhalten haben und mag auch der italienische Adel politisch wie wirtschaftlich in den Städten eine wichtige Rolle gespielt haben: die Entfaltung einer spezifisch bürgerlichen Kultur hat dies auch dort nicht aufzuhalten vermocht.

Die Ansatzpunkte. Liegt der eigentliche Aufbau der frühbürgerlichen städtischen Welt mit ihren sowohl genossenschaftlichen wie auch herrschaftlichen Lebens- und Rechtsformen im wesentlichen jenseits der uns gesteckten Zeitgrenze, so muß man doch den recht verschiedenartigen Wurzeln und Triebkräften nachgehen, aus denen sie sich entwickelte. Mit anderen Worten, es geht um die Vorformen des europäischen und deutschen Städtewesens, für deren Erkenntnis in den letzten Jahrzehnten sowohl Forschungen zur spätantiken Stadt und ihrer Topographie wie auch die Mittelalter-Archäologie Wesentliches beigetragen haben.

Eine lebenskräftige Wurzel des mittelalterlichen Städtewesens wurde schon im Zusammenhang mit der Burg berührt. Herrschaftsburgen sind oft Kristallisationskerne städtischen Lebens gewesen; in ihrem Schutz entfaltete sich Handel und berufsmäßiges Handwerk. Die Bürgergemeinde entwickelte sich dann teils in Opposition zum Burg- und Stadtherrn, teils mit dessen tatkräftiger Hilfe. Klassische Musterlandschaft wurde Flandern, dessen Burgen, Kastelle und Klöster unter der Herrschaft der einheimischen Grafen Zentren ihrer relativ modernen Landesverwaltung und zugleich erste „moderne“ Stadtgebilde geworden sind; Gent und Brügge waren echte Residenzen, aber zugleich frühe Kristallisationspunkte bürgerlicher Gemeinden. Schon hier prägte sich ein sehr typischer topographischer und sozialstruktureller Dualismus zwischen Herrenburg (Grafenkastell) und Kaufmanns- oder Handwerkersiedlung aus, ein Dualismus, der sich auch in den rheinischen Bischofsstädten römischer Herkunft und den genossenschaftlich organisierten Handelsniederlassungen der Fernhändler vor den Toren der befestigten Domburgen findet.

Auch im thüringisch-sächsischen Raum entstanden aus Burgen vorkarolingischer und karolingischer Zeit Städte. In Erfurt, nach dem Zeugnis des Bonifatius ein heidnisches Zentrum der Thüringer (Nr. 4, Bd. IVb, S. 140) und ebenso ein Kreuzungspunkt alter Fernstraßen, war ein burgartiger Königshof mit Kloster ein Kern der Stadtentwicklung. Als Grenzhandelsplatz gegenüber den Slawen im Diedenhofener Capitulare von 805 (Nr. 33, II, 2, Bd. 1, Nr. 47, S. 122ff.) erwähnt, besaß es schon früh eine Kaufmannskolonie unterhalb des befestigten Petersbergs und eine weitere am anderen Ufer der Gera. Ähnlich lagen die Dinge in Würzburg, wo die alte Burg Hedens am Beginn des 8. Jahrhunderts sowohl Ausgangspunkt für die Entwicklung des Bistums wie der Stadt wurde. In Magdeburg ließ Karl der Große auf einer älteren Burganlage eine Befestigung bauen, an die sich schon in karolingischer Zeit eine Kaufleutesiedlung anschloß. Der große Aufschwung der „civitas Magathaburg“ (Nr. 4, Bd. VIII, S. 182) zu einer Art Residenz ist aber Otto dem Großen zu verdanken, der seit 936 für eine großzügige Ummauerung und die reiche Ausstattung des Moritzklosters sorgte. Unter Otto und seinem Sohn sind christliche und jüdische Kaufleute bezeugt, die eine Sonderstellung im Vergleich zu den übrigen Einwohnern – Liten, Servi, Coloni und andere deutsche und slawische Hörige –

besaßen. Sie siedelten zwar nicht zusammen, sondern verteilten sich auf die Burg, die Vorstadt (suburbium) und die Marktsiedlung, bildeten aber einen eigenen rechtlichen Personenverband, der auch bald seine eigene Kaufmannskirche hatte.

Insgesamt war für die städtischen Frühformen zwischen Rhein und Elbe die Verbindung von Burg und Kaufmannssiedlung typisch. Als drittes Element kam oft ein Kloster, Stift oder Bistum hinzu. Eine genossenschaftliche Organisation der Händler ist noch nicht nachweisbar. Die festen nichtagrarischen Siedlungen in Magdeburg, Merseburg, Gandersheim, Halberstadt, Erfurt und Würzburg waren mit großer Wahrscheinlichkeit von der jeweiligen Herrenburg abhängig.

Die spätantike Wurzel. Nicht jede Burg ist Kristallisationskern für eine Stadt geworden, es mußten noch andere Faktoren hinzutreten, um auf die Dauer einen zentralen Ort zu konstituieren. Dabei spielte für Lothringen und die Rheinlande wie für die Regionen südlich der Donau das Erbe der antiken Stadt eine wesentliche Rolle. Wenn auch die spätantike Stadt vor, während und nach der Völkerwanderung keine ausgeprägte Selbstverwaltungsorganisation mehr besaß und zumeist die Bischöfe in diesen Notzeiten die Stadtherrschaft übernehmen mußten, blieben doch Elemente der römischen Verwaltungs- und Rechtspraxis erhalten und mit ihnen die städtische Lebensform. Die Bischöfe, die mit ihren bedrängten Gemeinden an den Grabkirchen der Märtyrer und Heiligen in den von Franken und Alemannen bestürmten und eroberten Civitates aushielten, sorgten auch für den Bau von Schutzmauern und Wasserleitungen. Sie übernahmen notgedrungen die Lebensmittelversorgung ihrer Städte, verhandelten mit den Barbaren über glimpfliche Behandlung der Bevölkerung, kümmerten sich um den Freikauf christlicher Gefangener und um vieles andere mehr. Dieser Funktionswechsel, in den die Kirche notgedrungen mit hineingezogen worden war, bewirkte aber auch eine räumliche Umpolung der Städte. Die alten Mittelpunkte: Forum, Badeanlagen, Tempel und Amphitheater verödeten, dafür entstanden neue städtische Siedlungskerne um Kirchen, Märtyrergräber und Domklöster innerhalb und außerhalb der spätantiken Stadtmauern. Die geistlichen Zentren wurden damit topographisch, politisch und kulturell lebendige Kristallisationspunkte für die Neubildung städtischen Lebens im Frühmittelalter. Die Bischofsstadt aus römischer Wurzel ist geradezu bahnbrechend für die Entfaltung der mittelalterlichen Stadt geworden.

Trier zwischen Antike und Mittelalter. Klassisches Beispiel der Umbildung einer antiken „Civitas" zu einer mittelalterlichen kirchlichen Metropole ist im deutschen Sprachraum Trier. Abgesehen vom Dombau innerhalb des antiken Kaiserpalastes, der noch in der Stadt lag, entwickelten sich die spätantik-christlichen und frühmittelalterlichen Kultstätten wie St. Paulin,

St. Maximin, St. Eucharius-St. Matthias und St. Martin eher an der Peripherie des alten Stadtareals. Innerhalb der antiken Stadtmauern scheinen St. Laurentius als Palastkirche und St. Gervasius und Protasius als Kirche der Kaiserthermen noch in römische Zeit zurückzureichen. Die meisten dieser Kirchen haben die Völkerwanderungszeit überstanden und sind in merowingischer Zeit zu Inseln städtischen Lebens auf dem Areal der Kaiserstadt geworden. Trotz vier Zerstörungen durch die Franken (bis 440) ging die Bevölkerung nicht zugrunde. Unter Bischof Nicetius (525/26–561/85) setzte bereits eine kirchliche und bauliche Restauration ein. Auch die provinzialrömische Oberschicht scheint nicht völlig aus der Moselstadt abgewandert zu sein, denn noch im 7. Jahrhundert ist dort eine römische Senatorenfamilie bezeugt.

Ob schon unter Bischof Milo (717/23–757/60) ein Marktviertel vor der Moselbrücke entstand, ist ungewiß; doch wurde nach der normannischen Stadtzerstörung von 882 beim Wiederaufbau der Hauptmarkt vor der Kathedrale eingerichtet. Zentrum Triers war jetzt endgültig der Dombereich. Erzbischof Heinrich vollendete die topograpische Umpolung 958 mit der Errichtung des noch heute stehenden Gerichts- und Friedenskreuzes auf dem Markt. Um die Jahrtausendwende ließ Erzbischof Ludolf den engeren Dombezirk befestigen. Es entstand eine eigene geistliche Stadt, in die auch die erzbischöfliche Burg in der einstigen kaiserlichen Palastaula einbezogen wurde. Gegenüber diesem machtvollen kirchlichen Herrschaftszentrum entwickelte sich um den Markt mit der Pfarrkirche St. Gangolf die Bürgergemeinde, zu der auch die am selben Platz angesiedelten Juden gehörten.

Die Bedeutung der Kirche für das Aufblühen städtischen Lebens geht ebenso aus dem Aufstieg des Reichsklosters St. Maximin außerhalb der römischen Stadtmauer hervor. Dessen Grundherrschaft übertraf an Größe und Reichtum die des Erzbischofs, um das Kloster entstand eine eigene Marktsiedlung. Als ein Hauptort der lothringischen Klosterreform, die weit ins Reich hineinwirkte, erlebte St. Maximin schon im 10. Jahrhundert einen kulturellen Höhepunkt.

Unter den Erzbischöfen Egbert (977–993) und Poppo (1016–1047) – letzterer führte den imposanten Domumbau durch – erhob Trier Ansprüche auf den Primat für Gallien und Germanien. Diese stützten sich auf eine angebliche Gründung des Bistums durch Schüler des Apostels Petrus. Die Reliquien dieser apostolischen Tradition – den heiligen Kreuznagel, den Petrusstab, die Sohle des Apostels Andreas und den Euchariusschrein – ließ Egbert in kunstvolle Behälter fassen, die zu den Gipfelleistungen mittelalterlicher Goldschmiedekunst zählen. Papst Leo IX., einst Bischof des Trierer Suffraganbistums Toul, bestätigte im wesentlichen die Primatansprüche der Metropolitanstadt, als er sich 1049 in Trier aufhielt, doch konnten dieselben schließlich doch nicht realisiert werden.

„*Sancta Colonia*" – *Köln.* Auch für Köln ist nach dem Stande der archäologischen Forschung ein beträchtliches Maß von Kulturkontinuität zwischen christlicher Spätantike und Frühmittelalter anzunehmen. Ein Teil der Bevölkerung überstand die Völkerwanderungszeit im Schutze ihrer Heiligtümer. Es waren dies die vorstädtischen Basiliken St. Severin, St. Gereon, St. Ursula und ebenso der spätrömische Vorgängerbau des Doms. Auch das römische Praetorium dürfte als Verwaltungsbau Sitz der fränkischen Teilkönige und ihrer Nachfolger geworden sein. In Köln vollzog sich dann wie in Trier und Mainz eine Verlagerung des Siedlungsschwerpunktes zum kirchlichen Zentrum hin; dies entsprach der neuen politischen Situation. In St. Gereon, einer Märtyrerkirche, die in der Merowingerzeit wegen ihrer prachtvollen Mosaiken „Zu den Goldenen Heiligen" genannt wurde, fand 612 eine Huldigung für einen austrasischen Merowingerkönig statt. Schon dem 6. Jahrhundert gehört ein mit reichen Beigaben ausgestattetes Frauen- und Kindergrab unter dem Dom an. Vermutlich handelt es sich um Angehörige der Königsfamilie, deren Residenz Köln nachweislich gewesen ist. Mit der Erhebung Bischof Hildebolds zum Erzbischof leitete Karl der Große 795 den Aufstieg der Stadt zur kirchlichen Metropole Nordwestdeutschlands ein. Suffraganbistümer wurden Lüttich und Utrecht sowie die bald danach neu gegründeten sächsischen Bistümer Münster, Minden und Osnabrück. Nach der Zäsur des Normannensturms von 881 erlebte Köln einen zweiten Höhepunkt unter Erzbischof Brun († 965). Auf ihn gehen bedeutende Kirchengründungen wie St. Andreas, Groß-St. Martin und vor allem St. Pantaleon zurück, deren Ruhm wesentlich dazu beitrug, daß Köln seit 1052 auf Münzen den Ehrentitel „Sancta Colonia" tragen konnte. Brun bezog auch die östlich der Römermauer rheinwärts gelegene Kaufmannssiedlung und Marktvorstadt in den Schutz der Stadtmauer ein. Es war dies ein für die weitere Entwicklung folgenreicher Vorgang, denn damit ergab sich jener schon erwähnte topographische Dualismus zwischen herrschaftlicher Domburg und genossenschaftlich organisierter Ansiedlung der Fernkaufleute, der seit dem späten 11. Jahrhundert ein wesentliches Kennzeichen der weiteren Geschichte des erzbischöflichen wie des gewerbebürgerlichen Köln werden sollte.

Der Dualismus zwischen altstädtischem Kern und früher Kaufmanns- oder Marktsiedlung erwies sich aber auch als typisch für die gesamte Region zwischen Loire und Rhein. Die Struktur der antiken Civitas war hier zwar durch die Völkerwanderung erschüttert, aber nicht ausgelöscht. In der gewandelten Form der Bischofsstadt aus antiker Wurzel prägte dieser Stadttypus auch die weitere deutsche Entwicklung und fügte ihr durch das Vorbild steinerner Großbauten ein wesentliches neues Element hinzu.

Augsburg und Regensburg. Christliche Kultstätten und Klöster waren ebenfalls Kristallisationskerne mittelalterlicher Städte, es kam sogar oft vor, daß von ihnen die Revitalisierung des antiken Stadtkerns mit ausging. Das gilt für das St. Afrakloster in Augsburg wie für das Reichskloster

St. Emmeram in Regensburg, doch traten in beiden Fällen andere wichtige Antriebskräfte der Stadtenwicklung hinzu.

In Augsburg war es vor allem der Kult der spätantiken Märtyrerin Afra, an deren Grabstätte eine christliche Gemeinde die Völkerwanderungszeit überleben konnte. Den Afra-Kult bezeugt um 565 ein Gedicht des spätlateinischen Dichters Venantius Fortunatus. Seit dem ersten Drittel des 7. Jahrhunderts ließen sich alemannische und fränkische Adelige in der Nähe ihrer Gedenkstätte bestatten, und im 8. Jahrhundert baute Bischof Sintpert (778?–807?) über Afras Grab eine neue Kirche. Gleichzeitig errichtete er den ersten Dom an der heutigen Stelle. Nach dem Stande der archäologischen Erkenntnisse ist es nicht mehr unwahrscheinlich, daß auch dieser Dom spätantike und merowingische Vorgängerbauten hatte, so daß sich erneut die oft gestellte, aber bislang kaum zu beantwortende Frage erhebt, ob nicht in der alten Hauptstadt Rätiens doch schon ein antikes Bistum bestand. Unter dem heiligmäßigen Bischof Ulrich (923–973) erhielt Augsburg eine schützende Stadtmauer, die 955 die Eroberung durch die Ungarn verhütete. Das bei dieser Gelegenheit zerstörte Afraheiligtum außerhalb der Mauer ließ Ulrich ebenso neu erbauen wie den eingestürzten Sintpert-Dom. Desgleichen gründete er bei der Kirche St. Stephan ein Kanonissenstift. Bis in die frühe Salierzeit war Augsburg in der Hauptsache eine bischöfliche und klösterliche Stadt; erst unter Kaiser Konrad II. ist 1030 ein Markt bezeugt. Die eigentliche Entwicklung der auch kulturell bedeutenden Bürger- und Gewerbestadt gehört einer späteren Epoche an.

Komplizierter liegen die Dinge in Regensburg, dem alten agilolfingischen Herzogssitz, der danach, seit Ludwig dem Deutschen, ostfränkische Karolingerresidenz wurde. Als Bischofsstadt, politisches Herrschaftszentrum und kultischer Mittelpunkt (St. Emmeram) spielte Regensburg schon seit dem 9. Jahrhundert auch wirtschaftlich eine bedeutende Rolle im Osthandel donauabwärts und ebenso nach Böhmen hinein. In welchem Zustand Regensburg die Völkerwanderungszeit überdauert hatte, ist ungewiß, ebenso, ob die Georgskirche, in der Emmeram nach seinem Martyrium (vor 700) bestattet wurde, noch spätantiken Ursprungs war. Um 770 schildert Bischof Arbeo von Freising Regensburg; es ist die erste genauere Beschreibung einer deutschen Stadt. Dabei rühmt er die ,,Quadermauern und die himmelhoch ragenden Türme“ sowie die Brunnen der Stadt, so daß die Annahme naheliegt, daß die Agilolfinger noch viel an städtischer Substanz vorgefunden haben, als sie das alte Castra Regina als Herrschaftssitz wählten.

Ein Regensburger Markt ist erstmals 934 erwähnt, er lag an der Nordwestecke der römischen Kastellmauer. Die Handelsbeziehungen zu Italien bildeten sich wohl am frühesten aus, dann folgte der Osthandel über Prag, Krakau und Lemberg bis nach Kiew. Eine Judenkolonie hatte die Stadt schon um 970. Unter den seit 983 bezeugten Kaufleuten (mercatores, negotiatores) befinden sich Freie, aber auch Eigenleute des Klosters St. Emmeram. Als Wachszinser (cerocensuales) waren diese zwar nicht frei, doch gewannen sie durch ihre relativ geringe, regelmäßige Abgabe an das Kloster, die sie von anderen Lasten befreite, etwas sehr Wesentliches: die freie Verfügung über ihren Handelsertrag, die ihren sozialen Aufstieg als Bürger begründete. Seit 1020/28 erscheinen dann in den Quellen auch Regensburger Bürger (cives). In luitpoldingischer Zeit wurde durch Herzog Arnulf die bis dahin ungeschützte Stadterweiterung um St. Emmeram, welche mit einem Pfalzbau Kaiser Arnulfs verbunden war, in den Bau einer Stadtmauer einbezogen; diese diente dem Schutze gegen Angriffe König Heinrichs I. In ottonischer Zeit war Regensburg sowohl herzogliche wie königliche Stadt, darüber hinaus auch bischöfliche und klösterliche Metropole, letzteres vor allem durch die Reichsstifte St. Emmeram, Niedermünster sowie Ober- und Mittelmünster (St. Paul). In der Intensität königlicher oder herzoglicher Herrschaft einerseits und kirchlicher Herrschaft andererseits ist die alte bayerische Hauptstadt im 10. und 11. Jahrhundert wohl nur mit Köln und Mainz zu vergleichen. Als weiteres vergleichbares und nach seiner Bedeutung rasch aufholendes herrschaftliches und kirchliches Zentrum ist Magdeburg zu erwähnen, dessen Stadtrecht europäische Bedeutung erlangte.

Die bischöfliche „Sakralstadt“. Unter kirchlichem Aspekt läßt sich für die ottonisch-frühsalische Zeit ein bischöflicher Stadttypus erkennen, den man als Sakralstadt bezeichnen könnte, weil sich hier eine Planmäßigkeit der kirchlichen Zentren im Stadtbereich nachweisen läßt, die kein Zufall sein kann. Bamberg als neue Bistumsgründung verkörpert diesen Typus wohl am reinsten, aber auch Magdeburg, Hildesheim, Paderborn und Augsburg sind hier zu nennen. Die Einheit von Kirche und Reich kommt in diesen Städten architektonisch besonders klar zum Ausdruck. Als königliche Bauherren traten Heinrich I. in Quedlinburg und Merseburg, Otto der Große in Magdeburg, Heinrich II. in Bamberg und Basel sowie der Bruder Ottos des Großen, Erzbischof Brun, in Köln und Soest hervor. Kaiser Konrad II. und sein Sohn Heinrich III. sind die Erbauer des monumentalen Speyerer Doms, der auch architekturgeschichtlich ein außergewöhnliches Bauwerk wurde. Als bischöfliche Bauherren treten Notker von Lüttich, Meinwerk von Paderborn, Willigis von Mainz, Burchard von Worms, Werner von Straßburg, Ulrich von Augsburg, Bernward von Hildesheim, Thietmar von Merseburg und Poppo von Trier in Erscheinung. Die königliche und kirchliche Wurzel der mittelalterlichen Stadt war es denn auch, die symbolisch wie ästhetisch deren bauliche Höhepunkte bestimmte: Daß Kirche damals mehr war als nur geistliche Anstalt zur Erlangung des Seelenheils, läßt sich unmittelbar durch den optischen Eindruck erleben, den die ottonisch-salische Sakralstadt auch heute noch vermittelt. Die Bischofsstadt hatte schließlich auch fortifikatorische und damit reichspolitische Bedeutung, war doch der Stadtbischof zugleich Herr einer

„Großburg", die er dem Herrscher zur Verfügung stellen konnte oder auch nicht; letzeres im Falle des Konflikts zwischen Otto dem Großen und Erzbischof Friedrich von Mainz oder bei der erbitterten Auseinandersetzung zwischen dem Mailänder Metropoliten Aribert und Konrad II. Durch das Reichskirchensystem vermochte der König die Domburgen der Bistümer als Stützpunkte der eigenen Herrschaft zu benutzen. Die steigende Zahl königlicher Aufenthalte in Bischofsstädten beweist, daß sich Ottonen und Salier dieses herrschaftlichen Potentials durchaus zu bedienen wußten. Hier zeigen sich wesentliche Unterschiede zu Italien und Frankreich, wo der Adel in den Bischofsstädten schon früh dem geistlichen Stadtherrn politische Konkurrenz machte, während in Deutschland bis in die Epoche des Investiturstreits der Bischof und damit – im Normalfall – der König als dessen Herr das Sagen hatte.

Wirtschaftliche Antriebskräfte der Stadtentwicklung. So prägend die antike Civitas und danach die kirchlichen und herrschaftlichen Elemente für die Entfaltung des mittelalterlichen Städtewesens auch gewesen sein mögen, es trat noch ein wesentliches, ja entscheidendes Moment hinzu: die wirtschaftliche Komponente. Zwar ist es übertrieben, von einer „agrarischen Revolution" zu sprechen, die der städtischen vorausging und sie mit auslöste. Aber die technischen und organisatorischen Innovationen im landwirtschaftlichen Bereich – verbesserte Anbaumethoden und planmäßige Rodungsarbeit im Rahmen der Villikationsverfassung – waren der Ausbildung einer städtischen Markt- und Verkehrswirtschaft sicherlich von Nutzen. Der Anstieg der Bevölkerung ermöglichte es, Menschen an die Stadt abzugeben: Ohne den ständigen Zuzug vom Land wären die städtischen Zentren bald wieder verödet. Seit dem 10. Jahrhundert wurde auch das Land zum Abnehmer gewerblicher Produkte. Der frühmittelalterliche Groß- und Fernhandel mit Luxusartikeln für eine reiche adelige und kirchliche Oberschicht erweiterte sich mehr und mehr zum Handel mit Konsumgütern und Massenartikeln; es kam zu einem intensiven Austausch zwischen Stadt und Land, der bald zu einer beträchtlichen Vermehrung der Marktsiedlungen führte. Die zielbewußte königliche Marktpolitik des 10. und 11. Jahrhunderts wirkte sich zwischen Rhein, Elbe und Donau auch insofern verkehrsfördernd aus, als Marktbesucher und Marktort unter dauerhaftem Friedensschutz standen. Die fast überall auftretende Verbindung von Markt- und Münzprivileg ließ den vom Herrscher geschützten Marktort zu einem Bezirk besonderen Rechts werden, für dessen Rechtsnormen alte und etablierte Märkte wie Mainz, Köln, Dortmund, Zürich, Konstanz und Regensburg Vorbild wurden. Wenn auch die königliche Initiative bei der Gründung von Märkten im 11. Jahrhundert zurücktrat, so ging doch die Entwicklung nunmehr aus eigener Antriebskraft weiter. Es entstanden neue Marktsiedlungen vorwiegend in geistlichen Zentren wie in Hamburg, Osnabrück, Minden, Münster, Paderborn, Hildesheim,

Goslar, Quedlinburg, Halberstadt, aber auch in Stade, Bardowiek und Braunschweig. Es gab in diesen Orten bald Marktkirchen für die Kaufleute, die ihnen oft auch als sichere Stapelplätze dienten.

Fernhändler und Handwerker. Eine wichtige Rolle für die Entstehung von Handelssiedlungen bei kirchlichen oder herrschaftlichen Zentren spielten die genossenschaftlich organisierten Fernhändler. Friesische und skandinavische Händler waren seit dem 7.–8. Jahrhundert Träger des Handelsverkehrs über weite Strecken, aber auch jüdische und orientalische Karawanenhändler. Über deren Organisationsform ist jedoch wenig bekannt, doch hatten sie sicher einigen Rückhalt in den alten Judengemeinden der Bischofsstädte Europas und den islamischen Zentren des vorderen Orients.

Die Aktivitäten der Fernhändler erklären aber noch nicht das Aufblühen von Markt- und Handelsorten. Es traten die nichtagrarischen spezialisierten Handwerkersiedlungen hinzu, die seit dem 6. Jahrhundert in Mittel- und Nordeuropa entstanden, und zwar meist in Verbindung mit Fernhandelsplätzen: so etwa in Dorestad/Duurstede, Hamburg, Haithabu, Helgö und Birka. Sie waren anfangs unbefestigt, doch übernahm ihren Schutz oft eine Fluchtburg des jeweiligen Herrschers. Als weitere Elemente städtischen Lebens kamen Münzprägung und seit dem 10. Jahrhundert auch Umwallungen und Schutzmauern hinzu. Meist am nördlichen Rande des Reiches gelegen, wurden sie zugleich Zentren der kirchlichen Mission in Skandinavien.

Die große horizontale Mobilität der Händler in diesen Siedlungen neuen Typs und deren innerer Zusammenhalt durch Gilde und genossenschaftliche Organisation haben gegenüber den kirchlichen, königlichen oder dynastischen Herrschaftszentren der älteren ,,gewachsenen" Städte mit ihrer rechtlich streng an den Herrensitz gebundenen Bevölkerung ein grundsätzlich neues Element in die Stadtentwicklung eingebracht. Man könnte es als Freiheit in ursprünglicher Form bezeichnen. Es sollte dies später für das städtische Bürgertum auch politisch-gesellschaftliche Folgen haben. Allerdings muß man sich davor hüten, in allzu schematischer Weise ein quasi dialektisches Gegenüber oder gar Gegeneinander herrschaftlicher Kräfte (im altstädtischen Siedlungskern) und genossenschaftlich-fernhändlerischer Kräfte (in der Kaufleute-Siedlung) zu konstruieren; das würde dem breiten Spektrum möglicher Entwicklungen städtischer Rechts- und Sozialverhältnisse in keiner Weise gerecht. Der Stadtherr konnte eine positive Rolle gegenüber den Wirtschaftskräften der Kaufmannssiedlung spielen und hat sie zumeist auch gespielt. Desgleichen entwickelte sich die Ministerialität des Stadtherrn oft zu einem wesentlichen Element der im engeren Sinne städtischen Kommune; ein ursprüngliches Verwaltungspatriziat stieg damit nachträglich in Handel und Gewerbe ein. Im 10. und in der ersten Hälfte des 11. Jahrhunderts lagen – zumindest in Deutschland – die sehr unterschiedlichen Wurzeln der Stadtentwicklung gleichsam noch unverbunden nebeneinander. Ihr dynamisches, Innovation bewirkendes Zusammenspiel, das zur typisch mittelalterlichen Handels- und Gewerbebürgerstadt führen sollte, war aber erst eine Leistung der folgenden Jahrhunderte.

3. Innovationen und Mentalitäten

Nach der Jahrtausendwende, als die Verheerungen der großen Invasionen einigermaßen überwunden waren, breitete sich in Europa das Empfinden aus, vor einem Neuanfang zu stehen. Niemand hat diese Stimmung besser ausgedrückt als der burgundische Chronist Rodulfus Glaber (980–1050) ein unsteter, umgetriebener Mönch, in dem sich der unruhige Geist der Epoche gleichsam widerspiegelte. „Als das dritte Jahr nach dem Jahrtausend ins Land zog", so schrieb er, „wurden fast auf der ganzen Erde, vornehmlich aber in Italien und Gallien, die Kirchen umgebaut; nicht etwa wegen Baufälligkeit – die meisten waren sogar recht gut erhalten –, sondern weil jede christliche Gemeinde, von glühendem Wetteifer erfaßt, eine noch prächtigere besitzen wollte als die Nachbargemeinden. Es war geradezu, als schüttle die Welt ihr Alter ab und legte allenthalben einen weißen Mantel von Kirchen an. Damals wurden fast sämtliche Kirchen der Bischofssitze, die den verschiedenen Heiligen geweihten Klosterkirchen, ja selbst die Dorfkirchlein von den Gläubigen schöner wiederaufgebaut" (Nr. 40, Rodulfus Glaber, Hist. III, 4, Sp. 651).

Man wird nicht fehlgehen in der Annahme, daß dieser Impuls einer auch architekturgeschichtlich nachweisbaren Baulust eine Folge der Kloster- und Kirchenreformbewegungen des späten 10. und 11. Jahrhunderts gewesen ist. Natürlich beschränkte sich diese Freude an kirchlichen Großbauten nicht auf Italien und Westeuropa, sondern hatte ihre Entsprechung in den gewaltigen romanischen Kirchen der ottonisch-salischen Epoche links und rechts des Rheins. Von deren Bedeutung als Zeichen der Einheit von Kirche und Reich war bereits die Rede; hier sei nur auf die Tatsache verwiesen, daß die Sakralbaukunst lange Zeit wohl das einzige Großgewerbe des Mittelalters war. Es regte die Wirtschaft und den Geldumlauf ebenso an wie die Entwicklung neuer Techniken beim Transport sperriger Materialien und beim Bau selbst. Das hatte auch Folgen für den Profanbau, für die Errichtung steinerner Brücken, wirkungsvoller Befestigungsanlagen (Burgen) und für die Baukunst der frühen Städte.

Wenn hier der Begriff der Innovation, des Neuansatzes der Entwicklung auf vielen Gebieten, bereits auf die ottonisch-frühsalische Epoche angewendet wird, dann bedarf dies – will man sich nicht dem Vorwurf anachronistischer Frühdatierung aussetzen – einer Begründung. Sie liegt vor allem im gesamteuropäischen Aspekt der hier vertretenen Geschichtsauffassung. Diese erfordert, daß große kulturelle Bewegungen wie wirtschaftliche und gesellschaftliche Entwicklungen auch dann mit einbezogen werden müssen, wenn ihr Beginn und sogar ihre Schwerpunkte ursprünglich außerhalb des mittelalterlichen Reiches lagen und Deutschland erst später von ihnen ergriffen und geprägt worden ist. Das gilt in besonderem Maße für westeuropäische Neubildungen, die in der konservativeren Mentalität der ottonisch-frühsalischen Epoche manchmal nur zögernd Eingang fanden oder, wenn sie aufgenommen wurden, noch keine grundlegenden Veränderungen bewirkten. Dennoch sind auch hier schon wichtige Innovationen spürbar, die zwar die großen gesellschaftlichen Wandlungen und Umbrüche des späteren 11. und dann des 12. und 13. Jahrhunderts in manchen Bereichen wesentlich mit vorbereiteten und trugen, selbst aber zumeist noch unter der Decke traditioneller Formen blieben. Man könnte von einer Inkubationszeit sprechen, in der sehr disparate Dinge in Bewegung gerieten, ohne sich schon zum Gesamtbild eines grundlegenden Umbruchs zusammenzufügen. Das gilt für die schon erwähnten Veränderungen in der Grundherrschaft ebenso wie für das frühe Einsetzen von Rodungsvorgängen innerhalb derselben, aber auch für die zögernden Anfänge eines im engeren Sinne städtischen Lebens. Darin folgte Deutschland der italienischen wie der westeuropäischen Entwicklung mehr oder weniger nach, ohne daß man deswegen – um ein gängiges Schlagwort zu verwenden – von einem „Sonderweg der deutschen Geschichte" sprechen müßte. Vielmehr ist das rechtsrheinische Deutschland bis zur Elbe und Saale durchaus im Trend der west- und südeuropäischen Akkulturation, wenn auch mit zeitlicher Phasenverschiebung.

Dies kann man auch an der bereits an anderer Stelle beschriebenen starken Vermehrung von Burgen und kleineren Burgbezirken erkennen, die sehr früh in Flandern und Nordfrankreich auftrat, aber auch in Mittel- und Oberitalien, wo das als „incastellamento" bezeichnete Phänomen gut untersucht und als Verstädterungsvorgang mit neuen Zentralorten auf dem flachen Lande gedeutet worden ist. Daß der Anstoß zu dieser Entwicklung allein von den normannischen, sarazenischen und madjarischen Dauerangriffen auf Europa ausging, ist kaum anzunehmen. Eine verstärkende Wirkung werden diese Ereignisse aber sicher besessen haben, denn auch die erneute Ummauerung der Bischofsstädte (civitates) und Herrschersitze, die als ein wesentliches Moment für die Entstehung der mittelalterlichen Stadt gilt, wurde von den jahrzehntelangen Invasionen mitverursacht.

Mit wachsendem Holzbedarf für den Burgen- und Städtebau wie für die Metallgewinnung hängt zusammen, daß sich spätestens seit dem 11. Jahrhundert das Flächenverhältnis zwischen Wald- und Weidewirtschaft einerseits und dem Getreide- und Gartenbau andererseits zugunsten der letzteren, intensiveren Nutzungsformen veränderte. Nunmehr tauchten herrschaftliche Bestimmungen gegen übermäßigen Waldschlag auf; für die adelige Jagd, das traditionelle Vergnügen und Kriegstraining der Oberschicht, wurden eigene Bannforste als unantastbar ausgegrenzt, ein indirektes Zeichen für den Anstieg der Rodungstätigkeit.

Technische Neuerungen. Bevölkerungsanstieg und Siedlungskonzentration waren mit technischen Verbesserungen vornehmlich für die Landwirtschaft eng verknüpft. Eine neuartige Bespannung der Arbeitstiere brachte bessere Nutzung ihrer Kraft. Für Rinder kam das Stirnjoch auf, für Pferde das Kummet, das über dem Nacken lag und die antike Bespannung ablöste, das heißt, die um den Hals geschlungenen Riemen, die das Pferd bei starker Beanspruchung beträchtlich beengten und keine volle Ausnutzung seiner Kraft zuließen. Seit dem Ende des 9. Jahrhunderts kam das Hufeisen in Gebrauch, das sich aber erst allmählich durchsetzte, weil Eisen rar und kostbar war. Noch am Ende des 11. Jahrhunderts kostete ein Pferd mit Hufbeschlag doppelt so viel wie ein unbeschlagenes (Nr. 92, H. Fichtenau, S. 443).

Für eine intensivere Bodennutzung waren neue Pflüge erforderlich. Anstelle des alten Schälpflugs, der die Erde nur ritzte, bei leichten Böden aber nach wie vor Verwendung fand, wurde seit dem 11. Jahrhundert der schwere Räderpflug eingesetzt. Zwar hatten die Römer schon Formen dieses schweren Pfluges gekannt und in der fruchtbaren Po-Ebene verwender, jetzt aber breitete sich dieses technisch verbesserte Ackergerät in Mitteleuropa rasch aus. Es hatte drei Metallteile: Das aufrecht stehende, den Boden aufschneidende Messer (Sech), die waagrecht schneidende Pflugschar und das Streichbrett, das die abgeschnittene Scholle zur Seite schob. Damit konnten auch lehmige Böden genutzt und höhere Erträge erzielt werden. Einen technischen Fortschritt bedeutete ferner die Erfindung der Egge, da die feiner geglättete Krume eine bessere Nutzung des Saatgetreides mit sich brachte; auch wurde durch Eggen der Verunkrautung entgegengewirkt.

Bessere Nahrungsmittel. Man hat für die Epoche seit dem 10. Jahrhundert von einer „landwirtschaftlichen Revolution" gesprochen und zwar sowohl im Hinblick auf die sich durchsetzende Dreifelderwirtschaft als auch wegen des stark ansteigenden Anbaus von Hülsenfrüchten, der mit dem Fruchtwechsel der Dreifelderwirtschaft aufkam. Eiweißhaltige Hülsenfrüchte verbesserten qualitativ die Nahrung und dürften daher die feststellbare Bevölkerungsvermehrung, den merklichen Rückgang der Hungerperioden, die Intensivierung städtischen Lebens und damit auch des geistigen Potentials wesentlich mitverursacht haben. Die Einführung des schweren Pflugs und der Dreifelderwirtschaft samt dem Anbau proteinhaltiger Pflanzen war zweifellos eine wichtige Neuerung in der europäischen Geschichte; ob sich allerdings, wie man weiter gefolgert hat, dadurch „das Zentrum der europäischen Kultur von den Küsten des Mittelmeeres in die großen Ebenen des Nordens verlagerte" (Nr. 654, L. White jr., S. 93), bedarf noch genauerer Untersuchungen; monokausale Erklärungen werden dem komplizierten Phänomen des Aufstiegs Europas wohl kaum gerecht.

Über die Durchschnittserträge in der Agrarwirtschaft ist man sich sehr im unklaren, das vielfach angenommene Verhältnis von 1 zu 3 zwischen Saatgutmenge und Ernteertrag ist keineswegs gesichert. Man darf aber einen generellen Anstieg der Anbauerträge voraussetzen, vor allem aufgrund der Tatsache, daß zwischen dem 9. und 12. Jahrhundert fast überall die bäuerlichen Hufen geteilt und sogar oft geviertelt wurden. Dies ging sowohl auf Produktionssteigerung zurück, aber vor allem auch auf die Vermehrung der Anbauflächen durch Urbarmachung; eine Teilung der Hofstellen wurde dadurch möglich und von den Bauern auch ohne Widerstand hingenommen. Für das Hochmittelalter insgesamt hat man von einer „Vergetreidung" Europas gesprochen, welche die bis etwa 1033 immer wieder bezeugten großen Hungersnöte für mehr als zwei Jahrhunderte entschieden zurückdrängte.

Was die Getreidearten anbetrifft, so war Südwestdeutschland das Hauptanbaugebiet des Dinkels (Triticum spelta), der zwar hinsichtlich des Klimas und Bodens anspruchsvoller als der Roggen, aber weniger empfindlich als der von Westeuropa her sich ausbreitende Weizen war. Roggen blieb das wichtigste Getreide im Norden und Osten Deutschlands, hinzu kam als Sommerfrucht und im Gebirge der Hafer; die Gerste läßt sich überall nachweisen. Die Weinrebe, schon seit der Antike bekannt und zunächst nur im Tale gepflanzt, breitete sich im 11. Jahrhundert durch technische Verbesserungen und Terassenbau auch an Berghängen aus. Einer der frühesten Belege hierfür ist der Weinbau am Rüdesheimer Berg. Weidehöfe für Almwirtschaft (Schwaigen) sind im Alpengebiet seit derselben Zeit belegt, obwohl es sie schon früher gegeben haben wird. Dagegen ist die Imkerei (Zeidlerei) bereits in Quellen des 8. Jahrhunderts vielfach als Spezialberuf bezeugt.

Die Mühlen. Schon im Testament des Diakons Adalgisel-Grimo von 634 sind mehrere Wassermühlen genannt, die zum Kornmahlen verwendet wurden. Im St. Emmeramer Urbar von 1031 sind nicht weniger als 46 Mühlen mit jeweils mehreren Rädern erwähnt; es handelte sich meist um Getreidemühlen. Man hat wohl erst seit dem 10. Jahrhundert die Wasserkraft in großem Umfang und für sehr verschiedene Zwecke verwendet. Da der Bau einer Wassermühle eine nicht unbedeutende Investition war, scheint die Grundherrschaft die Entwicklung vorangetrieben zu haben, konnte sie doch die Bauern durch ihre Zwing- und Banngewalt dazu anhalten, gegen eine Gebühr – meist in Form von Getreide – ihren Weizen und Roggen in der herrschaftlichen Bannmühle mahlen zu lassen. Der Müller war, wie auch der Waldheger und Förster, vom Grundherrn abhängig, konnte aber bis zu einem gewissen Grade Kapital ansammeln und damit zu größerer Selbständigkeit aufsteigen. Ähnliches galt für die Handwerker, weniger jedoch für die Köhler, die zwar einen steigenden Bedarf an Brennstoff zu decken hatten, aber eher eine Existenz am Rande der Gesellschaft führten. Seit dem 11. Jahrhundert setzte man die Wassermühle auch als Walkmühle im Textilgewerbe und als wassergetriebenes Hammerwerk für die Eisenverarbeitung ein. In der Oberpfalz, die später ein Zentrum der Eisenindustrie wurde, ist bereits 1010 der Ortsname Schmidmühle bezeugt, der auf Eisenverarbeitung hinweist.

Der allgemeine Wandel. Sicher verhielt es sich insgesamt so, daß die meisten dieser Techniken schon vor dem 10. und 11. Jahrhundert im lokalen Bereich bekannt waren und eingesetzt wurden, aber das Charakteristische dieses Zeitalters bestand in der raschen Verbreitung der neuen Produktionsweisen in weiten Teilen Europas. Dies läßt darauf schließen, daß sich damals durch den intensiveren Handels- und Wirtschaftsverkehr ein umfassendes Kommunikationsnetz gebildet hatte, innerhalb dessen sich neue Techniken, aber auch neue Ideen wirksamer und schneller als bisher verbreiteten, ein für die materielle wie für die geistige Kultur entscheidender Vorgang. Wachsende horizontale Mobilität blieb kein Phänomen im Bereich der Ökonomie, sondern bewirkte zugleich einen qualitativen Entwicklungssprung. Er läßt sich auf vielen Gebieten feststellen und führte mit der Ausbildung des Städtewesens einen tiefen Wandel der politischen Kultur wie des religiösen Bewußtseins herbei, der weit über die Grenzen des hier zu behandelnden Zeitraums anhielt und sich intensivierte. Wie so oft in der Geschichte trat das Neue eher beiläufig, ,,auf Taubenfüßen" in die Welt. Noch hielten sich die Veränderungen auf den verschiedensten Gebieten im Rahmen traditioneller Herrschaft, noch konnte ein Kaiser wie Heinrich III. die Überzeugung hegen, daß die Erneuerung der westlichen Kirche innerhalb des lange abgesteckten Rahmens des Reichskirchensystems möglich sei; noch konnten frühe soziale Bewegungen, wie sie in Mailand unter Erzbischof Aribert hervortraten, einigermaßen, wenn auch bereits mit großer Mühe, unter Kontrolle gehalten und für politische Zwecke eingesetzt werden. Aber die späte Ottonen- und die frühe Salierzeit war mehr als ein letztes, fast klassisches Reifestadium archaischer Herrschaft. Sie war zugleich eine Inkubationsepoche, in der das deutsche Kernland des Reiches, das heißt aus späterer Perspektive sein Westteil, das Altsiedelland, rasch und entschieden in die neuen, herandrängenden gesellschaftlichen und geistigen Probleme Frankreichs und Italiens mit hineingezogen wurde. Die Anfänge hochmittelalterlichen Städtewesens, die dann innerhalb eines Jahrhunderts zur Ausprägung des Typs der Handels- und Gewerbebürgerstadt führen sollten, die Entwicklung einer reformfreudigen, kämpferischen Theologie, die Ausbildung neuer gesellschaftlicher Kräfte innerhalb der Grundherrschaft und im Rahmen ministerialisch gestützter Königsherrschaft, schließlich die neuen Agrar- und Kulturtechniken – dies alles gehört zur notwendigen Vorgeschichte jenes schöpferischen Aufbruchs, der im allgemeinen als Signum des 12. und 13. Jahrhunderts gilt. Für Deutschland trat als auslösende Krisensituation der Investiturstreit hinzu als eine Epoche, in der sich die einzelnen, bereits vorhandenen Entwicklungsstränge verknüpften und extreme Gegensätze auftaten – eine Zerreißprobe für den Königsstaat und die Gesamtgesellschaft, die anderen Ländern damals weitgehend erspart blieb.

Wenn eben von Inkubationszeit die Rede war, dann mag dies nicht als eine nachträglich konstruierte historische Retrospektive verstanden werden. Es gibt genügend zeitgenössische Belege dafür, daß man sich mit vollem Bewußtsein Schritt für Schritt aus den vorgezeichneten Bahnen der Tradition zu lösen und neue Denkwege zu beschreiten versuchte.

Das „Alte“ und das „Neue“. In spätottonischer und frühsalischer Zeit lief die lange währende Periode der schrittweisen Rezeption des überkommenen Traditionsgutes antiker, vor allem spätantik-christlicher Bildung und Väterliteratur allmählich aus. Man gewann Distanz zur Überlieferung, die Auslegung der Kirchenväter vollzog sich mehr und mehr in Formen der Interpretation, die Neuartiges an vorgegebenen Gedankenmodellen entfaltete. Ruotger weiß in seiner Lebensbeschreibung Erzbischof Bruns von Köln von seinem Helden zu berichten, daß er zusammen mit Gelehrten aller Sprachen aufs sorgsamste alles untersuchte, „was immer Geschichtsschreiber, Redner, Dichter und Philosophen Neues und Wichtiges aufbrachten“ (Nr. 4, Bd. XXII, S. 188). Unangefochten blieb eine solche Einstellung nicht, denn Bruns Biograph und Schüler mußte dessen Neigung für heidnische Autoren verteidigen, die er selbst teilte und in der Fülle klassischer Zitate auch zu erkennen gab. Rather von Verona († 974), aus der Gegend von Lüttich stammend und ein streitbarer Politiker und Theologe, war in der klassischen Literatur besser zuhause als in den Schriften der Kirchenväter; er wurde Bischof auch wegen seiner Kenntnisse in den sieben freien Künsten. Sein scharfzüngiges Literatentum paßte besser in eine neue Zeit, er floh, wie er selbst schrieb, zu den Büchern und Bibliotheksschränken und bewies ein deutliches Distanzbewußtsein zu seiner Umgebung, wenn er sich selbst halb scherzhaft einen Narren nannte. Und geradezu programmatisch klang es, wenn Bischof Adalbold von Utrecht († 1026), ein Schüler der berühmten Domschule von Lüttich, bedeutender Mathematiker und Freund Gerberts von Aurillac, in seiner Lebensbeschreibung Kaiser Heinrichs II. gegen starren Traditionalismus folgendermaßen polemisierte: „Man verehrt allgemein das Alte in der Literatur und weist das Neue zurück. Aber auch das Alte war einmal neu, und darum geht das Neue dem Alten voran. Daher ist es dumm, das zu verachten, was vorangeht und anzunehmen, was nachfolgt.“ Im gleichen Atemzug beteuerte Adalbold jedoch, daß er sich nicht gegen das Alte wenden, sondern nur dem Neuen neben dem Alten einen gleichberechtigten Platz sichern wolle (Nr. 33, I, 2, Bd. IV, S. 683).

Eine Schlüsselfigur im Kreise der Neuerer war zweifellos der Leiter der Reimser Domschule, Gerbert von Aurillac († 1003), der Freund Ottos III.

Er war der Prototyp des ehrgeizigen sozialen Aufsteigers. Sein geistiges Format, seine überlegene Bildung bedeutete offenbar schon eine Chance für eine kometenhafte Karriere. Eine Einzelerscheinung und daher eher untypisch war er aber gerade nicht, denn das Niveau der Domschulen von Lüttich, Köln, Speyer, Bamberg und Magdeburg konnte sich durchaus mit Reims messen. Magdeburgs Domscholaster Ohtrich († 981) galt als eine der größten Leuchten der Zeit und focht vor Kaiser Otto II. mit Gerbert einen gelehrten Streit über die Einteilung der Wissenschaften und über Kausalität aus. Aus der Auvergne stammend hatte Gerbert lange in der Spanischen Mark zwischen Pyrenäen und Ebro gelebt und war dort, in der Übergangszone zwischen Christentum und Islam, mit der in Hochblüte stehenden arabischen Wissenschaft bekannt geworden. Gerbert spielte daher nicht zufällig eine wichtige Rolle bei der Wiederentdeckung der exakten Wissenschaften, vor allem der Mathematik. Er wurde auch wichtig für die Neuverbreitung der aristotelischen Dialektik; dies war ein entscheidender Schritt in Richtung auf die mittelalterliche Scholastik, die man treffend das erste Zeitalter des europäischen Rationalismus genannt hat. Gerbert wirkte auch durch seine Schüler wie Bischof Fulbert von Chartres auf die Entfaltung eines neuen, im strengen Sinne philosophischen Denkens ein. Mit anderen Worten: Seine Persönlichkeit signalisierte für Europa den Beginn einer geistig schöpferischen Epoche.

Kritische Zeitstimmen. Unter solchen Umständen verwundert es nicht, daß sich schon bald auch intellektueller Hochmut einstellte wie bei jenen Lütticher Domherren, die in Gelächter ausbrachen, als eine in schlichtem Latein gehaltene Heiligenlegende verlesen wurde. Mit dem Wiederaufleben der Dialektik trat überdies ein neues kämpferisches Element in den geistigen Auseinandersetzungen der Zeit hervor und ebenso das Vergnügen am scharfen Disput. Wie weit entfernte man sich damit von der alten monastischen „Erweckungserziehung" (Nr. 235, M. Weber, Bd. I, S. 185), in der traditionelle Elemente antiker Literatur und Wissensvermittlung in einen strengen geistlich-asketischen Kontext mönchischer Lebenspraxis eingeordnet und sorgfältig nach ihrem Nutzen für die Seele des Christen ausgewählt waren.

Es blieb dann nicht aus, daß sich Kritik an der Neuerungssucht ebenso meldete wie die Sorge um das Seelenheil derjenigen, die allzu tief in die wiederentdeckte Welt der antiken Bildung eintauchten, eine Sorge, die auch schon die Mönche und Kleriker der Spätantike gekannt hatten. Noch regte sich die Aversion gegen Neues nur vereinzelt wie das Neue selbst, jedoch sie war unverkennbar da. Um 1000 meldeten sich mißbilligende Stimmen gegen eine „neue Musik". Die von den Arabern übernommene Astronomie, der Gerbert huldigte, konnte schon durch ihre enge Verbindung mit der Astrologie den Glauben an die göttliche Allmacht gefährden. In der Domschule von Rouen entstand – ebenfalls um die Jahrtausendwende – eine obszöne Satire, die von Jupiters Amouren angeregt war; in Italien lebte nach dem Bericht des burgundischen Chronisten Rodulfus Glaber ein Kleriker Vilgard, der die antiken Dichter höher als das Christentum schätzte und deshalb vom Erzbischof von Ravenna als Ketzer verurteilt wurde. Nach demselben Gewährsmann gab es südlich der Alpen noch mehr Leute dieser Art, die „durch Schwert und Feuer ihr Ende fanden" (Nr. 41, Bd. 142, Sp. 644). In Burgund warnten die Äbte Odo und Maiolus von Cluny vor den verderblichen Lehren der heidnischen Poeten, und der schon erwähnte Bischof Rather von Verona, selbst ein Mann auf der Höhe der Bildung seiner Zeit, schrieb tadelnd über die „Trugschlüsse der Weisheitslehrer". Dafür lobte er in kunstvollen rhetorischen Wendungen die Einfachheit der galiläischen Fischer, die Christus gefolgt waren; sicher ein Paradoxon, aber offenbar wohnten „zwei Seelen in seiner Brust". Und ähnlich, wie sich der hl. Hieronymus einst selbst in einem Traum als „Ciceronianer", d. h. als „Intellektueller", bezichtigt und deshalb vor Gottes gerechtem Zorn gefürchtet hatte, so erhoben sich auch jetzt wieder Warnungen, daß literarische Bildung zu jener Dummheit anleite, die in eitler Ruhmsucht bestehe, und daß Beredsamkeit und Philosophie zu Arroganz verführe. Nur: die Situation, in der solche Kritik geäußert wurde, war jetzt völlig anderer Art. Der große Kirchenvater hatte in der Spätantike den Weg von der Bildung zum Glauben gefunden, die Scholaster des 10. und 11. Jahrhunderts kamen aus einer Welt des Glaubens und sahen sich nun dem unwiderstehlichen, religiös gefährlichen Reiz und Ansturm einer wiederentdeckten Hochkultur von hoher Rationalität und ästhetischer Kraft ausgesetzt.

Skepsis und Unglauben. Äußerungen von Skepsis oder gar von Unglauben gegenüber kirchlichem Lehrgut finden sich nicht nur in der klerikalen Bildungsschicht. Sie tauchen, wie die Ketzerbewegung, seit dem 10. Jahrhundert überall auf. Da die uns überlieferte Literatur fast durchwegs von Klerikern stammt, wird man solchen Nachrichten, auch wenn sie noch sporadisch auftauchen, doch Glauben schenken müssen. Nach einer militärischen Niederlage Balderichs von Lüttich († 1018) wurde in seiner Bischofsstadt ganz offen die Meinung vertreten, nicht die göttliche Vorsehung, sondern der Zufall regiere die Welt (Nr. 33, I, 2, Bd. 4, S. 729). In der Diözese Utrecht antwortete ein Dorfältester auf die Mahnung des Priesters, zur Kommunion zu gehen, ihm sei ein Krug voll Bier lieber als der Kelch des Herrn; offenbar war dies auch die Meinung der übrigen Dorfbewohner (Nr. 33, I, 2, Bd. 7, S. 472). Der hochgebildete Bischof Otto von Vercelli († vor 964), ein scharfer Gesellschaftskritiker, ließ den Teufel auf folgende Weise die Menschen fangen: Die Mächtigen verführt er zum Raub, die Schlauen zum Betrug, die Starken verleitet er zum Hochmut und den „Dummen und Bäurischen (rusticis) stärkt er ihren Unglauben" (Nr. 162, H. Fichtenau, S. 403). Bischof Gerhard von Cambrai († 1051) ging so weit zu behaupten, daß es Menschen gebe, die von frühester Kindheit bis an ihr Lebensende gegen die Kirche wüteten, so daß auch die Exkommunikation nichts nütze (Nr. 33, I, 2, Bd. 7, S. 474). Der Mönch Alpert von Metz († nach 1021/25) wußte schließlich von den Lästerungen der Wirtshausgänger über den asketischen Grafen Ansfried von Brabant zu berichten, die in der ketzerischen Behauptung gipfelten, die menschliche Seele sei nichts und verschwinde mit dem letzten Atemzug (Nr. 33, I, 2, Bd. 4, S. 709). Man hat in diesem Zusammenhang mit Recht bemerkt, daß die zahlreichen Hinweise auf das Walten der Fortuna, die sich bei mittelalterlichen Autoren und besonders bei Gerbert von Aurillac finden, wohl doch nicht nur „als ‚rhetorisches Element' oder als Weiterwirken germanischen Denkens" anzusehen seien, sondern eher als Äußerungen eines neu aufkommenden Unglaubens (Nr. 162, H. Fichtenau, S. 520). Es scheint schließlich kein Zufall zu sein, daß solche antikirchlichen Auffassungen besonders in wirtschaftlich und sozial entwickelten Regionen auftraten und erst von dort her ins rechtsrheinische Deutschland einsickerten.

Ketzertum. Noch größeres Gewicht gewinnen solche Meinungen des 10. und 11. Jahrhunderts angesichts des gleichzeitigen Anschwellens des Ketzertums. Erstmalig tauchten damals in West- und Mitteleuropa Ketzergruppen auf: 1012 in Mainz, wenige Jahre später in Aquitanien, 1022 in Orléans, 1025 im flandrischen Arras, 1042/48 im Bistum Châlon-sur-Marne und 1051 in Goslar. Östlicher Einfluß über den Balkan, etwa durch die Bewegung der Bogumilen, scheint möglich, ebenso Import durch italienische Kaufleute aus dem Orient. Doch waren die Ursprünge der einzelnen Gruppen zu verschiedenartig, ihre Glaubensvorstellungen zu unklar überliefert, als daß man Formen und Wege der Häresien und des Ketzertums insgesamt genauer verfolgen könnte. Es gab Gemeinschaften bäuerlicher Herkunft wie in Arras, hochgebildete klerikale Ketzerkreise wie in Orléans und exklusive Zirkel wie in Monteforte bei Turin, wo sich etwa dreißig „Edelleute im Geiste spiritueller Erneuerung" zusammenfanden (Nr. 162, H. Fichtenau, S. 525). Die wichtigste Ursache dürfte in der geistigen Entwicklung Europas selbst liegen. Die Kloster- und Kirchenreform hatte mit einer vertieften Auffassung vom christlichen Leben strenge Maßstäbe gesetzt und mußte sich nun selbst als Amtskirche von einem religiös erweckten Laientum an hohen christlich-ethischen Normen messen lassen. Es konnte nicht ausbleiben, daß die äußeren Formen von Kirchlichkeit, wie sie sich historisch entwickelt hatten, ins Kreuzfeuer der Kritik gerieten. Dabei rückten die radikalen Armuts- und Demutsforderungen vor allem des Neuen Testaments in den Vordergrund, bald aber ging man auch darüber hinaus: Man hörte von Ablehnung der Ehe, des Fleischgenusses, der Taufe, der Kommunion, der Beichte und Buße sowie der Priesterweihe und des Reliquienkults. Ein Bibelverständnis aus Inspiration löste die Verbindlichkeit kirchlicher Normen völlig auf und gab den Weg für extremen religiösen Individualismus frei, der sich nicht mehr, wie in früheren Jahrhunderten, monastischer Zügelung unterwerfen wollte. Der ,,Zug zur Entfaltung und Differenzierung, der den Wandel vom Früh- zum Hochmittelalter überhaupt kennzeichnet" (Nr. 82, Th. Schieffer, S. 48), machte sich allenthalben bemerkbar. Mit einem Wort: Man stand an der Schwelle einer neuen Zeit und Mentalität; schöpferische, aber auch kritische Unruhe breitete sich aus, die sich bald nicht mehr auf das religiöse Leben beschränkte.

Die Gottesfriedensbewegung. Man gab sich auch nicht mehr mit Ideen zufrieden, sondern wollte sie wirksam ins Leben umsetzen; dies war ebenfalls etwas Neues. Das zeigte sich besonders an der im Süden Frankreichs entstandenen Gottesfriedensbewegung, der ,,Treuga Dei", die dem um sich greifenden, verheerenden Fehdewesen des Adels Einhalt gebieten wollte. Die Kirche stellte sich zusammen mit dem Königtum und den Fürsten an die Spitze dieser religiös inspirierten Massenbewegung, die adelige Friedensbrecher zum Gewaltverzicht zwang. Das eigentlich Neue an der Gottesfriedensbewegung war die Tatsache, daß die hierfür einberufenen Friedenssynoden der Amtskirche von enthusiastischen Massendemonstrationen begleitet und getragen wurden. Die allgemeine Friedensforderung und die Parole ,,Krieg dem Kriege", die seit der zweiten Hälfte des 11. Jahrhunderts auf Deutschland übersprang, hatte auch sehr konkrete Ursachen: Es ging jetzt nicht mehr nur um den Schutz und Frieden der Kirchen und des Klerus, sondern um Schutz für Leib und Gut des Bauern und um die Sicherheit der Kaufleute auf den Straßen. Um dies durchzusetzen, verhängte die Kirche über adelige und dynastische Friedensbrecher den Kirchenbann, das Interdikt, das alle sakramentalen Handlungen im Machtbereich des Gebannten verbot: eine schwere Strafe in einem religiösen Zeitalter, und umso wirksamer, als damit die Untertanen des Friedensstörers gegen diesen mobilisiert werden konnten; mußten sie doch jetzt um ihr eigenes Seelenheil bangen.

So verschiedenartig auch die Innovationen im materiellen wie im geistigen Bereich waren, sie zeigten doch insgesamt an, daß Europa und das Reich in frühsalischer Zeit das ,,für Frühkulturen typische Stadium der Kohärenz" (Nr. 85, F. Kempf, Bd. III, 1, S. 398) hinter sich ließ, in dem sich geistliche und weltliche Lebensformen noch fast nahtlos durchdrungen hatten. Es folgte ein Zeitalter der ,,Diastase" – schöpferisch, gefahrvoll und auch widersprüchlich; man könnte von einem ,,dialektischen Prozeß" sprechen; schließlich war die Dialektik nicht zufällig eine Entdeckung beziehungsweise Wiederentdeckung dieser Epoche.

VI. Kirche und Welt

1. Aufbau und Organisation der Kirche

Da die enge Verflechtung von Kirche, Staat und Gesellschaft zur Grundkonzeption dieses Buches gehört und die Kirche deshalb sowohl in den ereignisgeschichtlichen wie in den strukturgeschichtlichen Abschnitten immer wieder als Haupt und Basis mittelalterlichen Lebens in Erscheinung tritt, kann das folgende Kapitel nur ergänzenden Charakter haben. Kirche – dies sei ausdrücklich wiederholt! – gehört zum Wesenskern des Mittelalters, daher gibt es kaum einen Lebensbereich dieser Epoche, der nicht zugleich Kirchengeschichte wäre: Die Reichskirche war eine zentrale, im wahrsten Sinne des Wortes tragende Säule des Reiches; infolge des „Medien- und Erziehungsmonopols" der Kirche in Literatur und Kunst blieben bis zum Hochmittelalter kirchliche Kultur und Kultur überhaupt auf weiten Strecken identisch. Und auch das, was man aus kirchlichen Quellen über die Welt der Laien erfährt, ist durch den Filter klerikalen und monastischen Interesses gegangen. Das gilt selbst für die klösterlichen Güterverzeichnisse, denen wir wichtige Informationen über den Stand der materiellen Kultur wie der Rechtsverhältnisse verdanken. Mag auch die aufblühende Mittelalterarchäologie diesen Zustand künftig beträchtlich verbessern, an der grundsätzlich vorhandenen Situation wird dies wenig ändern, daß kirchliche Institutionen unsere wichtigsten Informanten für das Früh- und frühere Hochmittelalter waren.

Mit diesen inhaltlichen wie methodischen Vorbehalten mag nachfolgend das allmähliche Einströmen des spätantiken Christentums in den mitteleuropäischen Raum wenigstens in den Grundzügen skizziert werden, wobei vornehmlich die „internationalen" Züge der Entwicklung – wenn dieser modernistische Ausdruck gestattet ist – hervortreten sollen. Sie äußern sich im Aufbau der Bistumsorganisation wie in den oft weiträumigen Beziehungen der entstehenden Klosterkultur und der Völker und Reiche übergreifenden Mission in Nord- und Osteuropa. Es war ein weiter Weg, der die Kirche, einst Abbild spätrömischer Reichsverwaltung, zur wesentlichen Mitträgerin des fränkischen Imperiums wie des mittelalterlichen Reiches werden ließ. In Bistümern und Klöstern entfaltete sich die Kirchenorganisation als treibende Kraft der Kulturentwicklung. Deshalb sollen im folgenden diese beiden Organisationsformen christlichen Lebens bis zu Karl dem Großen, der sie enger verband, einzeln betrachtet werden.

a) Die Bistümer

Das Netz der Bistümer Galliens und des Frankenreiches baute sich seit dem 2. Jahrhundert im Zuge des großen und alten Kulturstromes vom Mittelmeer her und rhôneaufwärts ins Landesinnere hinein auf. Für die Frühzeit ist es naturgemäß problematisch, zwischen der Entstehung einer christlichen Gemeinde und einer Bistumsgründung zu unterscheiden, erst mit den identifizierbaren Bischöfen, die Synodalbeschlüsse unterzeichnen, steht man auf relativ gesichertem Boden. Lyon scheint ein erster kirchlicher Stützpunkt seit etwa 170 gewesen zu sein, um 200 weiß Bischof Irenäus von Lyon schon von Kirchen in der Germania superior, also in Obergermanien, zu berichten. Da sich jedoch diese römische Provinz bis in die Nähe von Lyon erstreckte, wird man daraus keine allzu weitreichenden Schlüsse für eine frühe Berührung des Christentums mit der germanischen Welt ziehen dürfen. Der Rhôneraum, die alte römische Gallia Narbonnensis, wies wahrscheinlich schon im 2. Jahrhundert drei Bistumsgründungen auf: neben Lyon waren dies Marseille und Vienne. Im 3. Jahrhundert folgten Arles, Toulouse und Narbonne, in Aquitanien Poitiers, Bordeaux, Saintes, Limoges und Clermont, in der Gallia Lugdunensis Tours, Autun, Auxerre, Rouen und Paris, in der Provincia Belgica Reims und Trier; in den beiden germanischen Reichsprovinzen am Rhein entstanden im 4. Jahrhundert Tongern, Köln und Mainz. Die Bedeutung der Trierer Kirchengemeinde, deren Bischofsliste von Eucharius und Valerius angeführt wird, ergab sich aus der Stellung der Moselstadt als spätantiker Kaiserresidenz. In Köln ist 313 Maternus als Bischof nachweisbar, in Tongern um die Mitte des 4. Jahrhunderts der Bischof Servatius. Bischof Hilarius von Poitiers widmete 358/59 seine Schrift über die Synoden unter anderem den Bischöfen der Germania secunda, deren Hauptstadt Mainz war.

Seit der Zeit Konstantins des Großen entwickelte auch das Christentum Galliens als Staatskirche eine feste Organisation, die sich eng an die nachdiokletianische Reichseinteilung anschloß. Der Einfluß der gallischen Bistümer erhellt auch aus den kirchlichen Lehrstreitigkeiten des 4. Jahrhunderts. In der folgenden Periode dogmatischer Auseinandersetzungen um die Lehre des Arius stand beispielsweise Bischof Maximin von Trier auf Seiten der Konzilsbeschlüsse von Nicäa; er veranlaßte bei Kaiser Konstans die Berufung der Synode von Sardica (343/44). Nicänisch waren auch Bischof Euphrates von Köln und Bischof Servatius von Tongern. Die Verfolgung der gnostisch-mystischen Sekte Priscillians, die sich besonders in Westgallien und Spanien ausgebreitet hatte, nahm 389, gegen den Widerstand des bedeutenden Mönchbischofs und späteren fränkischen Reichsheiligen Martin von Tours, von der kaiserlichen Residenz und Bischofsstadt Trier ihren Ausgang.

Die fränkische Eroberung und Reichsgründung brachte Gallien tiefgreifende Veränderungen, wobei die Kirche sowohl in ihrer Substanz wie in ihrer Organisation beträchtliche Einbußen durch das heidnische Frankentum erlitt. Diese waren um so schwerwiegender, als sich der Paganismus in gallorömischer, vorfränkischer Zeit außerhalb der Städte noch am Leben gehalten hatte, wie gerade auch die Missionsarbeit Martins von Tours zeigt. Zwar begann mit der Taufe des ersten Merowingerkönigs Chlodwig (496) die Christianisierung der Franken zwischen Loire und Rhein, aber dieser von der adligen Führungsschicht ausgehende Vorgang erstreckte sich bis tief ins 7. Jahrhundert und konnte vorerst die erlittenen Verluste und Rückschläge in der kirchlichen Entwicklung Galliens nicht ausgleichen. Kennzeichnend für diesen krisenhaften Übergang des Christentums in eine überwiegend germanisch bestimmte Herrschaftsbildung sind die Bistumsverlegungen des 6. Jahrhunderts. Der Bischofssitz von Tournai wurde nach Noyon, der von Tongern nach Maastricht zurückgezogen; das Bistum Arras vereinigte sich mit dem von Cambrai. Im alemannischen Einflußbereich und an dessen Grenzen wanderte das Zentrum der kirchlichen Verwaltung von Vindonissa (Windisch) über Aventicum (Avenches) bis nach Lausanne zurück, ebenso von Augst nach dem geschützteren Basel und von Octodurum auf den Burgfelsen von Sitten (Sion) im Wallis. In den Donaulanden scheinen Lorch und Salzburg als Bischofssitze, aber nicht als Zentren christlicher Gemeinden aufgegeben worden zu sein. Fraglich ist, ob es in der Spätantike ein Augsburger Bistum gegeben und ob sich dasselbe im 5. Jahrhundert nach Säben-Brixen zurückgezogen hat. Die alte Kultstätte Sankt Afra, von der zuletzt Venantius Fortunatus 565 berichtet, hat in Augsburg fortbestanden, denn um 630 lassen sich an dem Heiligtum reich ausgestattete Grablegen feststellen, in denen Angehörige einer neuen adligen Oberschicht bestattet worden sind. Ob sich in Regensburg aus der Spätantike her eine christliche Gemeinde halten konnte, wie man im Zusammenhang mit der in Arbeos Emmeramsvita erwähnten Georgskirche vermutet hat, muß vorläufig offenbleiben.

Mit der räumlichen Ausdehnung des Merowingerreiches und seinem Ausgreifen nach dem Nordosten ging dann seit dem 6. Jahrhundert der Neuaufbau und die Erweiterung der Kirchenorganisation Hand in Hand. Die Könige statteten ihre großen Bischofskirchen zwischen Loire und Rhein (Reims, Metz, Paris, Verdun, Köln, Trier, vermutlich auch Cambrai) mit reichem Fiskalgut aus, vielfach mit Besitzungen in Aquitanien. Es gingen aber auch Geistliche, Priester wie Bischöfe, aus der von der Völkerwanderung relativ wenig berührten und daher intakt gebliebenen Kirche Südgalliens in den Norden und Osten, also in die Kerngebiete fränkischer Macht und Besiedlung zwischen Loire und Rhein; so etwa Bischof Nicetius von Trier und Bischof Sidonius von Mainz. Der Stillstand und Rückgang des 5. Jahrhunderts war damit überwunden, und die Gebietserweiterungen der Bistümer Verdun, Metz, Trier und Mainz nach Osten hin zeigen die große Rolle an, die der fränkischen Reichsgewalt beim Ausbau der Diözesen und ihrer materiellen Sicherung durch königliche Landschenkungen zukam. Wenn auch oft bis ins 8. Jahrhundert hinein die Bekehrung zum Christentum sehr äußerlich blieb und heidnische Kulte und Sitten weiterlebten, ja sogar Mischformen zwischen Christentum und Heidentum auftraten, so stellten doch die Bistümer das Rückgrat eines kirchlichen Ausbaus dar, der mit Hilfe einer regen, von Königtum und Adel geförderten Mission zunehmend in die Tiefe und Breite ging. Allmählich schloß sich ein Netz von Pfarreien an, das an der mittleren Mosel schon sehr früh nachweisbar ist. Die Mission, die vor allem seit dem 7. Jahrhundert einen ungeahnten Aufschwung nahm, war vornehmlich vom Mönchtum getragen und griff mit bedeutenden gallischen Mönchsmissionaren und Bischöfen wie Eligius, Amandus, Filibert, Emmeram und Corbinian in den Norden und Osten aus. Infolge der engen Verknüpfung kirchlicher und staatlicher Interessen wurde die Kirche fränkische Landeskirche; ihre Bischöfe wirkten oft im königlichen Dienst als Berater, Verwaltungsbeamte und Finanzleute, so etwa im 7. Jahrhundert Arnulf von Metz, der Ahnherr der Karolinger, Audoenus von Rouen und Eligius von Noyon, der Schatzmeister König Dagoberts I.

Mit der am Ende des Jahrhunderts auf dem Festlande beginnenden angelsächsischen Mission unter Willibrord, Bonifatius und anderen bedeutenden Kirchenmännern und mit dem Bündnis zwischen Papsttum und Karolingern setzte eine neue Phase von Bistumsgründungen rechts des Rheins ein. Es entstanden Utrecht, Würzburg, Eichstätt, Büraburg und Erfurt; die beiden letztgenannten gingen jedoch bald wieder ein. Dem Christentum des agilolfingischen Bayern, durch fränkische Mission und Neubelebung antik-christlicher Relikte wiedererstarkt, sollte der von Herzog Theodo anläßlich seiner Romfahrt (716) mit Papst Gregor II. vereinbarte Organisationsplan den festen Rahmen einer bayerischen Landeskirche geben. Inwieweit dieser Plan damals verwirklicht wurde, ist umstritten, erst der hl. Bonifatius organisierte 739 mit Zustimmung Herzog Odilos endgültig die „romverbundene Landeskirche" Bayerns und setzte in Salzburg, Freising und Regensburg Bischöfe seiner Wahl ein; in Passau blieb der von Papst Gregor II. schon früher ordinierte Vivilo Bischof. Bonifatius war im agilolfingischen Herzogtum vornehmlich kirchlicher Organisator und Erneuerer, weniger jedoch Missionar.

Die Reorganisation der fränkischen Reichskirche, die sich Bonifatius von der Hilfe Pippins und Karlmanns erhofft hatte, verlief infolge der fränkischen kirchlichen Opposition gegen die Angelsachsen nicht in den von ihm vorgesehenen Bahnen. Wenn daher Winfrid-Bonifatius und seine Helfer nicht in dem Maße die fränkische Kirche reformieren konnten, wie es ihren Vorstellungen entsprach, so blieben ihre reformerischen Initiativen dennoch in der erneuerten Reichskirche und besonders in den bonifatianischen Bistümern lebendig. Kirchenfürsten wie Erzbischof Chrodegang von Metz und Abt Fulrad von Saint Denis griffen auf ihre Weise die angelsächsischen Vorbilder auf. Beim Tode König Pippins im Jahre 768 war der systematische Aufbau der Reichsbistümer so gut wie abgeschlossen, und in den

Diözesen an Rhein, Main und Donau standen die Kräfte bereit, die nach den Sachsen- und Awarenkriegen Karls des Großen das Christentum in die eroberten Länder trugen und vor allem in Sachsen binnen kurzem die Errichtung von Bistümern, Klöstern und Missionsstationen ermöglichten.

b) Die Klöster

Der Aufbau eines immer fester werdenden Gefüges von Bistümern und Kathedralkirchen seit dem 2./3. Jahrhundert wäre nicht so günstig verlaufen, wenn er nicht seit dem 4. Jahrhundert von einem Parallelvorgang begleitet und unterstützt worden wäre, nämlich von der Entfaltung des Klosterwesens Galliens und des Frankenreiches. Ohne die ständig erneuerten und erneuernden Impulse, die die Kirche vom Mönchtum durch dessen intensive Mission und durch ein dichtes Netz von Klöstern erhielt, wäre weder die Christianisierung in den noch städtelosen östlichen Ausbauräumen des Frankenreiches so rasch gelungen, noch hätten die Domkirchen für ihre Aufgaben und besonders für die Mission genügend Personal zur Verfügung gehabt.

Auf dem Wege aus seiner orientalischen Heimat durch die Mittelmeerwelt und bis in die fränkische Reichsbildung auf gallischem Boden hinein hat das Mönchtum, bei aller Bewahrung typischer Züge seines Ursprungs, doch wesentliche Wandlungen in seiner Organisation und Aufgabenstellung erfahren. Die Ausbreitung der monastischen Kultur in Gallien und im Frankenreich, die auf alten Kult- und Kulturstraßen rhôneaufwärts erfolgte, bedeutete eine zweite Phase und zugleich eine Vertiefung der Christianisierung. Nach dem Verlöschen des spätantiken laikalen Bildungswesens wurden schließlich die fränkischen und bayerischen Klöster, wie der Bestand und die Wanderung alter Handschriften zeigen, die Träger antiken und christlichen Bildungsgutes, das in der „karolingischen Renaissance" des 8. und 9. Jahrhunderts einen ersten neuen Höhepunkt von Wissenschaft und Kunst ermöglichte. Wie die Bistumsgründungen nahmen auch die Klöster vom Mittelmeerraum her ihren Ausgang und erfaßten seit dem 4. Jahrhundert das Innere Galliens. Drei Phasen monastischer Entwicklung lassen sich deutlich voneinander unterscheiden: Die altgallisch-spätantike Phase, die irofränkische, die der hl. Columban mit seiner Klostergründung Luxeuil in den Vogesen einleitete (etwa 590–690), und schließlich die angelsächsische Missions- und Klostergründungswelle der Frühkarolingerzeit (etwa 690–768). Sie wurde von Männern wie Willibrord, dem Gründer von Utrecht und Echternach, und Bonifatius, auf den das Kloster Fulda zurückgeht, maßgeblich bestimmt. Bis zur Mitte des 8. Jahrhunderts entstanden in Westeuropa bis zur Elbe und mittleren Donau etwa 1000 Klöster.

Das altgallische Klosterwesen. Die erste Epoche, bis etwa 590 reichend, umfaßt die Klostergründungen vom ersten Auftreten des Mönchtums im

Westen bis zum Beginn der irischen Mission. Gesamthistorisch gesehen entfaltete sich also das spätantike Mönchtum innerhalb eines Zeitraums, der den Zusammenbruch des römischen Imperiums in Gallien und die Gründung und Vergrößerung des Merowingerreiches unter Chlodwigs Söhnen und Enkeln umschließt. Das Frankenreich wuchs dabei mehr und mehr in den Hauptbereich des altchristlichen Klosterwesens in Südgallien hinein. Dieses Mönchtum ist im wesentlichen nicht über eine Nordgrenze hinausgedrungen, die von Trier westlich bis zur Somme verläuft. Das Moselgebiet selbst war schon eine vorgeschobene Insel der Romania, gallorömische Kulturkontinuität und Verbreitung des frühen Mönchtums fallen hier zusammen.

Die Champagne und das Pariser Becken waren die bedeutendsten Ausläufer altgallisch-mediterraner Klosterkultur im Norden, sehr wahrscheinlich auch Reims. Östlich der Mosel sind die frühen monastischen Spuren undeutlich, erst das irofränkische Mönchtum des 7. Jahrhunderts nahm von der Rheingrenze Besitz. Hauptzentren dieses spätantik-frühmerowingischen Mönchtums waren die Klöster des heiligen Martin in der Touraine und die stark orientalisch beeinflußten Klöster des Rhônegebietes, allen voran Lérins bei Cannes, Cassians Klöster in Marseille und die von Lérins und Marseille geprägten Klöster in Arles, Vienne, Lyon. Saint-Maurice d'Agaune, Autun, Troyes und Poitiers, auch Sens und Paris, ja sogar Trier wurden von dieser provençalischen Welle erreicht. Lérins Aufblühen stand in ursächlichem Zusammenhang mit der Räumung Nordgalliens durch die Römer am Beginn des 5. Jahrhunderts. Dieses Großkloster an der Côte d'Azur war eine mittelbare Folge der Verlegung der römischen Zentralverwaltung Galliens (Praefectura Galliarum) von Trier nach Arles, und Vertreter der nordgallischen, in den Süden geflüchteten gallorömischen Aristokratie bestimmten seinen Charakter. Repräsentanten dieses Mönchtums waren Honoratus und Hilarius von Arles, Faustus von Riez und Salvian von Marseille, Eucherius von Lyon, Lupus von Troyes und Caesarius von Arles. Kulturell gehörte dieses „Rhônemönchtum“ noch völlig der Spätantike an; die führende Schicht gallischer Aristokraten in Lérins macht dies ebenso klar wie etwa die Verschwägerung des aus Lérins kommenden Bichofs Eucherius von Lyon mit Kaiser Avitus (455–456). Das martinische Mönchtum der Touraine dagegen zeigte schon bald infolge seiner Nähe zum merowingischen Kerngebiet zwischen Loire und Maas erste Spuren germanischen Einflusses.

Die irofränkische Klosterkultur. Die zweite, irofränkische Phase mönchischer Kultur entwickelte sich seit 590 schon ganz innerhalb der Machtsphäre des Merowingerreiches. Sie wurde ihrerseits am Ende des 7. Jahrhunderts von der angelsächsischen Mission überlagert beziehungsweise abgelöst, wenn auch die irofränkischen Klostergründungen noch mit Ausläufern bis ins 8. Jahrhundert hineinreichten. Klostergründer wie Amandus, Audoenus, Remaclus, Filibert, Wandregisel, Romarich, Arnulf von Metz, Gertrud von Nivelles und Pirmin, Persönlichkeiten, die teilweise schon im Zusammenhang mit der fränkischen Bistumsorganisation zu nennen waren, und vor allem der irische Mönchsvater Columban († 615) und seine unmittelbaren Schüler prägten diese Epoche. Durch die Verbindung mit dem Adel und dem Königtum der Franken gewann das ursprünglich irische Mönchtum Columbans neue Energien, Hilfsmittel und Wirkungsmöglichkeiten. Es drang – oft an führender Stelle – in die von den Franken neubesiedelten oder politisch neuerschlossenen Räume vor und nahm an der Urbarmachung weiter Sumpf- und Waldgebiete in Belgien, in den Ardennen und Vogesen, später auch rechts des Rheins in Alemannien und in Bayern teil. Die Klostergründungen hatten sich nun meist aus dem Bannkreis relativ intakter städtischer Kultur entfernt und drangen in Gebiete vor, in denen seit der Völkerwanderung die städtische Zivilisation gänzlich oder zumindest in ihren höheren Lebensäußerungen erloschen war. Der fränkische Adel, der inzwischen die Mitglieder der immer noch einflußreichen, gallorömischen, teilweise senatorischen Oberschicht in seine Reihen aufgenommen hatte, war sowohl als Klostergründer wie auch mit zahlreichen Klostereintritten an der monastischen Lebensform beteiligt. Im Gefolge der weiteren Ostexpansion des Frankenreiches breitete sich das Mönchtum als Mitträger und Wegbereiter einer germanisch-romanischen Mischkultur weiter aus, erreichte und überschritt den Rhein und gewann durch die Übernahme der Benedikt-Regel an innerer Kraft wie an organisatorischer Straffheit. Man kann von einem Zeitalter der Mischregeln sprechen, in dem irische, orientalische und altgallische Klosterordnungen mit derjenigen Benedikts, des Gründers von Montecassino, verbunden und praktiziert wurden. Da der fränkische Adel die obersten Ränge der kirchlichen Hierarchie in der Hand hatte und zumeist die Bistümer wie die Klöster leitete, verschwand die unter irischem Einfluß anfangs eingetretene Lockerung des Diözesanverbandes durch die Klöster und ihre Privilegien relativ rasch. Aus demselben Grunde bedeutete auch das Eigenkirchenwesen keine wirkliche Bedrohung für die Diözesangewalt. Einige Klöster der irofränkischen Welle sollen hier wenigstens genannt werden; die Klöster der Brie: Rebais, Farmoutiers, Jouarre, dann Chelles bei Paris, Fleury-sur-Loire, ferner Jumièges und Saint-Wandrille am Unterlauf der Seine, Péronne und Corbie in der Picardie, Saint-Amand-Elnone an der Schelde, das Pippinidenkloster Nivelles, Laon, Noyon, Saint-Trond, Lobbes, Stablo-Malmedy in den Ardennnen, Sankt Martin und Sankt Arnulf in Metz, St. Symphorian in Trier und das Nonnenkloster Oeren vor der Stadt, die Vogesenklöster mit Luxeuil, Remiremont, Saint-Dié, schließlich Granfelden im Sornegau und Sankt Gallen, das aber erst im 8. Jahrhundert ein wirkliches Kloster wurde. Das Verbreitungsgebiet des irofränkischen Mönchtums, das sich sowohl nach seiner inneren Organisation (Benedikt-Columban-Regel) wie nach seiner ethnischen Zusammensetzung stark vom altgallischen Klosterwesen unterschied, deckte sich nur zum geringen Teil mit dem Raum, den das antik-gallische Mönchtum erfaßt hatte. Vielmehr schließen sich die Hauptzentren dieses neuen Mönchtums von Luxeuil an die Nordflanke des spätantiken Klosterwesens an. Seine Zentren sind das Pariser Becken, der Unterlauf der Seine, das nördliche Burgund, die Vogesen, der Oberrhein und der weitere Bodenseeraum.

Der politische Umschwung von 613/614, als die „merowingische Zentralistin" Brunichilde beseitigt wurde und das neustrische Königtum nur durch große politisch-herrschaftliche Konzessionen an die austrische Führungsschicht unter Leitung von Arnulfingern und Pippiniden die Gesamtherrschaft im Merowingerreich erlangte, spiegelte sich auch in der klösterlichen Entwicklung wider. Sicher war es kein Zufall, daß die austrische Hauptstadt Metz im Verlaufe des 7. Jahrhunderts sechs neue Klöster erhielt, davon vier in den ersten Jahrzehnten (Sankt Symphorian, Sankt Felix-Clemens, Sankt Glossindis, Saint-Pierre-aux-Nonnaines). Auch das Vordringen des Luxeuiler Mönchtums ins Bodenseegebiet und in die Gebiete östlich des Rheins wäre ohne die wachsende politische Bedeutung Austriens undenkbar. Das stärkere Hervortreten germanischer Namen in den Bischofslisten, das seit 613 festzustellen ist, signalisierte ebenfalls den Aufstieg des fränkisch-germanischen Ostens im Gesamtreich.

Die durch Columban verbreitete irische, bald jedoch irofränkische Klosterkultur erhielt ihre epochale Bedeutung durch die enge Verbindung dieses rigorosen Mönchsvaters und seiner Nachfolger mit dem merowingischen Königtum von Paris und mit dem Hofbeamtentum der Pariser Reichszentrale. Daher kam es auch, daß die wichtigsten Klostergründungen im Geiste Columbans und des neuen irofränkischen Mönchtums im Pariser Becken zu finden sind, während die unmittelbaren Filiationen von Luxeuil demgegenüber an Wichtigkeit zurückstehen. Die Streuung und Gruppierung der merowingischen und frühkarolingischen Klostergründungen sowie der von Merowingern und Frühkarolingern dotierten und privilegierten Königs- und Adelsklöster zeigt ferner, daß es schon früh im 7. Jahrhundert einen kirchenpolitischen und damit auch herrschaftlich-politischen Kernraum karolingischer Macht in Austrien gegeben haben muß, der für die merowingische Herrschaft mehr oder weniger undurchdringlich war. Die Ausbreitung der in Luxeuil kombinierten benediktinisch-columbanischen Mischregel im 7. Jahrhundert, später der Benediktregel allein, erhellt zugleich die Wege, auf denen das fränkische Mönchtum sich organisatorisch entfaltete, ältere monastische Zentren reformierte und missionierend in die Ausbaugebiete fränkischer Macht im Nordosten vordrang, teils Hand in Hand mit der herrschaftlich-politischen Organisation des Landes, teils ihr vorauseilend.

Die karolingisch-angelsächsische Phase. Die dritte und letzte Welle monastischen Lebens im Frankenreich vor Karl dem Großen – ausgelöst und großenteils repräsentiert durch die angelsächsische Mission auf dem Kontinent – wurde von dem Angelsachsen Willibrord eingeleitet. Auf ihren Höhepunkt geführt und bis zu einem gewissen Grade auch abgeschlossen hat sie dann sein Landsmann Winfrid-Bonifatius. Am Oberrhein war der Vertreter dieser dritten monastischen Phase Perminius-Pirmin, der Gründer von Murbach und der Reichenau. Seine Herkunft ist nach wie vor ungewiß. Organisatorisch unterschieden sich die Träger dieser Phase von der vorhergehenden irofränkischen dadurch, daß sie nun nachdrücklicher die Benediktregel gegenüber der columbanisch-benediktinischen Mischregel durchsetzten. Doch hielt sich letztere vielfach noch bis zur Reform des Reichsmönchtums unter Benedikt von Aniane (779–821). Politisch waren die angelsächsischen Missionare eng an die aufsteigenden Karolinger gebunden, so daß sie, wie beispielsweise Willibrord, durch ihre Mission wichtige Helfer karolingischer „Ostpolitik" wurden. Utrecht, Kaiserswerth, Prüm, Echternach, Fritzlar, Fulda, die etichonischen, herzoglichen Klöster des Elsaß, Murbach und die Reichenau – letztere bis nach Niederbayern (Niederalteich) und Rätien (Pfäfers) ausstrahlend –, alle diese Klöster lagerten sich an den militärisch wie kirchlich gefährdeten Nord- und Ostrand des Frankenreiches. Sie waren bald auch missionarische Stützpunkte für Sachsen, Thüringen, Alemannien und Bayern. Demgegenüber sind die Neugründungen im Inneren des Frankenreiches weniger zahlreich und meist von zweitrangiger Bedeutung, auch dies ein indirekter Hinweis auf die missionarische Funktion, die den Klostergründungen jener Zeit außer ihrem asketischen Hauptzweck zukam. Sorge um das eigene Seelenheil erfüllte Stifter wie Mönche; sie äußerte sich im mönchischen Gebet für die Lebenden und die Toten, dessen sich König und Adel durch reiche Schenkungen an ihre Klöster zu versichern suchten. Unter Karl Martell und König Pippin lagen die Zentren kirchlichen und monastischen Aufbaus in Austrien und in den Austrien zugeordneten Gebieten rechts des Rheins, man könnte fast von einer karolingischen Klosterregion zwischen Maas, Mosel, Rhein, Main und fränkischer Saale sprechen. Hier waren vor allem jene fränkischen Kräfte am Werk, die sich die angelsächsischen Reformbestrebungen zu eigen machten, aber dieselben – wie bei der Bistumsorganisation – ohne angelsächsische Hilfe verwirklichten: so Chrodegang von Metz mit seiner adlig-monastischen Kanonikerregel und den bedeutenden Klöstern Lorsch und Gorze sowie Fulrad von Saint-Denis mit Klöstern und Zellen im Elsaß und in Alemannien. Fulrad gehörte als Schöpfer der karolingischen Hofkapelle in die engste Umgebung des Herrschers, er war sowohl Kirchenmann wie Politiker. Aus der Tätigkeit Willibrords und Bonifatius' ist besonders klar ersichtlich, wie eng jeder Erfolg bei Mission und Klostergründung mit der tatkräftigen Hilfe des Königtums und des fränkischen Adels verknüpft war. Willibrord ist hier mit seiner politischen Anpassungsfähigkeit besser gefahren als sein größerer Landsmann, dem Hemmnisse seiner Arbeit durch die Hausmeier und die fränkische Aristokratie nicht erspart blieben. Der angelsächsische Bonifatiusschüler Burchard konnte in dem politisch und kirchlich so bedeutsamen Würzburg nur deshalb so erfolgreich wirken, weil er sich rückhaltlos der fränkischen Interessen annahm und von kirchlicher Seite her das Seine zum Aufbau einer karolingischen Königsprovinz Mainfranken beitrug. Über diese regionale Zusammenarbeit hinaus zeigte sich Burchards willige Einfügung in die fränkische Reichskirche auch an der wichtigen Rolle, die der Würzburger Bischof angelsächsischer Abkunft bei den römischen Verhandlungen spielte, die der Königserhebung Pippins vorausgingen.

Anders als in Hessen und Thüringen ist in Bayern und Alemannien mit spätantiken Wurzeln des Christentums und vielleicht auch des Mönchtums zu rechnen. Das Salzburger Land, ein stark romanisch besiedeltes Gebiet, das jedoch – im Gegensatz zu Churrätien – kein politisches Eigenleben bewahren konnte, dürfte ältere kirchliche und monastische Relikte in die Agilolfingerzeit hinübergerettet haben. Die Anknüpfung an den spätantikchristlichen Afra-Kult in Augsburg kann als gesichert gelten, auch in Regensburg, Salzburg und Lorch ist christliche Kontinuität seit der Spätantike anzunehmen. Der Einfluß Italiens, der etwa im Bestand alter Patrozinien faßbar wird, riß mit der Entstehung des bayerischen Herzogtums nicht ab, sondern wirkte unter dem Schutze des politischen Zusammengehens von Bajuwaren und Langobarden noch weiter. Die Spuren oberitalienischer Schriftkultur in Bayern machen einen wesentlichen Unterschied zur gesamtfränkischen Entwicklung deutlich, mag auch der Einfluß der fränkischen Mission seit dem Ende des 7. Jahrhunderts immer mehr zugenommen haben. Im 8. Jahrhundert gliederte sich Bayern in zwei monastische und politisch-herrschaftliche Zonen: Da war einmal die westbayerische Zone der Klostergründungen eines fränkisch versippten und karolingisch orientierten Adels, der sich kultisch durch das Merkmal des Imports römischer und reichsfränkischer Reliquien für seine Klöster erfassen läßt; seine Stiftungen waren etwa Scharnitz-Schlehdorf, Benediktbeuern, Tegernsee, Schäftlarn. Östlich der Inn-Salzach-Linie entfaltete sich dagegen die monastische Initiative der Agilolfinger, dort konnte sich die herzogliche Gebietsherrschaft voll entwickeln; der von den Herzögen Odilo und Tassilo III. schon früh vorangetriebene Landesausbau im karolingerfernen Osten des Herzogtums brachte eine agilolfingische monastische Landschaft hervor, in der sich bedeutende Klöster fanden wie St. Emmeram in Regensburg, Niederalteich an der Donau, das herzogliche Missionskloster Chiemsee sowie Mondsee, Mattsee und als letzte Stiftung Tassilos III. Kremsmünster.

c) Karl der Große und die Kirche

Beim Regierungsantritt Karls und seines Bruders Karlmann war die fränkische Kirche ein vitaler Organismus mit starker religiöser Ausstrahlung, der sich auf zweifache Weise in die Königsherrschaft einordnete: Erstens durch die Leistungen der Domstifte und Klöster innerhalb der Reichsverwaltung und in der Mission; zweitens durch die Identität der adeligen Führungsschicht im geistlichen und weltlichen Bereich. Karl der Große hat die romverbundene Kirchenorganisation mit der Einbeziehung der Sachsen nicht nur räumlich erweitert, sondern auch in entscheidender Weise gestrafft und zentriert; durch ihn erst wurde sie im eigentlichen Sinne Reichskirche. Das gilt in besonderem Maße für Karls Reorganisation und teilweise Neuschöpfung der Metropolitanverfassung in seinem Imperium. Neu war vor allem die nach angelsächsischem Vorbild durchgeführte Verbindung der erzbischöflichen Würde mit dem Amt des Metropoliten, dessen Erzbistum die anderen Bistümer seiner Kirchenprovinz nunmehr strikt untergeordnet wurden. Auf diese Weise entstand ein Instanzenzug vom Hofe über die Metropoliten zu den Bistümern und Reichsklöstern, der politisch wie kirchlich gleichermaßen wichtig war und die Kirche zum „Reichskirchensystem" machte. Wenn sich die Erzbischöfe das Pallium – eine wollene Binde, ursprünglich eine vom Kaiser verliehene Beamtenschärpe, jetzt Zeichen ihrer Metropolitangewalt – in Rom nach Ablegung eines Glaubensbekenntnisses holen mußten, dann war damit auch dem römischen Primatsanspruch Genüge getan. Wie die mittelalterliche Entwicklung der kirchlichen Metropolen Aquileja, Ravenna und Mailand aber zeigt, lebte die altkirchliche Vorstellung von der Eigenständigkeit der Patriarchate unterschwellig weiter und konnte bei offensichtlicher Schwäche Roms wieder zutage treten. Für den Osten, den späteren Reichsteil Ludwigs des Deutschen, wurden Trier sowie Mainz und Köln Metropolitansitze; letztere mit weiträumigen kirchlichen Ausbaugebieten in Friesland, Westfalen, Franken, Thüringen und später auch in Böhmen. Bayern erhielt 798 mit der Erhebung Salzburgs zum Metropolitansitz eine eigene, tief in den Donauraum ausgreifende Kirchenprovinz, deren Existenz die politische Sonderstellung des bayerischen Stammesgebietes nicht unwesentlich stabilisierte. Diese neue Reichsprovinz hatte aber schon in agilolfingischer Zeit missionarische Fortschritte im Südosten erzielt, vor allem seit Tassilos III. Karantanensieg im Jahre 772, als das Kloster Chiemsee eine Ausbildungsstätte für karantanische Fürstensöhne wurde. Ebenso dienten Innichen und Kremsmünster der Slawenmission.

Karolingische Mission. Karl der Große führte die Missionsarbeit nach der Niederwerfung der Awaren energisch weiter. Wie sehr sich auch hier politisch-militärisches Kalkül mit kirchlichen Anliegen verband, geht aus der offiziellen karolingischen Propaganda hervor, „den Awarenkrieg als Heidenkrieg gegen grausame Christenfeinde hinzustellen" (Nr. 148, Bd. I, J. Deér, S. 787). An der Awarenmission beteiligten sich von kirchlicher Seite Erzbischof Arn von Salzburg, der Patriarch Paulinus von Aquileja und als Ratgeber auch Alkuin, der schon früher an den brutalen Methoden der Christianisierung Sachsens Anstoß genommen hatte. Dennoch scheint es erst nach 840 zu einer planmäßigen Missionierung der Awaren gekommen zu sein. Die zweite Hälfte des 9. Jahrhunderts war dann im Donauraum von der langen Auseinandersetzung zwischen der fränkisch-salzburgischen Kirche und der ostkirchlich orientierten Mission der „Slawenapostel“ Kyrill und Method im Großmährischen Reich bestimmt.

Die räumliche Ausdehnung der Reichskirche beschränkte sich keineswegs auf die an Bayern angrenzenden Gebiete. Sie vollzog sich unter Karl und Ludwig dem Frommen auch im Südwesten des Reiches seit der Errichtung der „Spanischen Mark“ südlich des Pyrenäenkammes. Mit der Eroberung Barcelonas 801 wurde eine neue Grenzlinie erreicht, die dem Christentum in diesem gesicherten Bereich neue Entfaltungsmöglichkeiten gab. Am schwierigsten, wenn auch für die Dauer am erfolgreichsten erwies sich die Missionierung Sachsens seit dem Paderborner Reichstag von 777. Missionare aus dem Bistum Köln wirkten in Westfalen, Echternacher Mönche im Münsterland. Aus Corbie in der Picardie gingen Geistliche nach Meppen und Visbeck, das Bistum Lüttich trug die Mission in den Raum Osnabrück, aus Utrecht kam der Friese Liudger († 809); er wirkte ebenfalls im Münsterischen. Der Angelsachse Willehad († 789) missionierte an der unteren Weser. Die neu entstandenen Bistümer Münster, Osnabrück, Minden und Bremen unterstellte Karl der Metropole Köln. Auch aus der karolingischen Königsprovinz Franken brachten Kleriker und Mönche das Christentum ins Sachsenland: Würzburg und Fulda missionierten im Bereich des 799 entstandenen Bistums Paderborn; das Bonifatiuskloster errichtete Tochtergründungen in Hameln und Brunshausen und arbeitete damit der Gründung des Bistums Minden (803/07) vor. Kloster Hersfeld und das Erzbistum Mainz trieben die Christianisierung zwischen Unstrut und Saale sowie im Eichsfeld und an der Leine voran. Als Frucht dieser Tätigkeit bekam die Metropole Mainz später als neue Suffraganbistümer Paderborn, Verden, Hildesheim und Halberstadt.

Insgesamt verlief die Bekehrung Sachsens unter mancherlei Rückschlägen. Das hing zum einen mit den Methoden der Gewaltmission und Zwangstaufe zusammen, die sofort auf kirchliche Kritik stießen. Zum anderen aber dürfte sich die Einführung des Kirchenzehnts negativ ausgewirkt haben; er wurde wohl als eine entehrende Last empfunden. Jedenfalls hatte Alkuin, der schärfste Kritiker dieser Art der Sachsenmission, den Eindruck, daß der Kirchenzehnt den Glauben der Sachsen zerstört habe (Nr. 33, IV, Bd. 4, S. 154 u. 158). Die „Kongruenz von staatlicher und religiöser Ordnung“ (Nr. 212, Th. Schieffer, S. 281) konnte eben auch eine schwere Belastung für beide Seiten sein, weshalb vor verklärender Harmonisierung zu warnen ist.

Reliquientranslationen. Da die neuen Kirchen im bekehrten sächsischen Gebiet für ihre Altäre dringend Heiligenreliquien benötigten, holte man sich möglichst berühmte, wunderwirkende Reliquien aus dem gesamten Reich ins Land. Man kann aus diesem „Reliquienimport" auf den großen Anteil der gesamtfränkischen Kirche an der Mission schließen: Karl selbst ließ aus Soissons die Gebeine der Heiligen Crispin und Crispinian nach Osnabrück bringen; Corvey an der Weser erhielt den Leib des heiligen Vitus von Saint-Denis. Die Reliquien der Heiligen Liborius von Le Mans und Landolinus von Cambrai kamen nach Paderborn, diejenigen der heiligen Pusinna von Châtillon-sur-Marne in das hochadelige Nonnenkloster Herford. Aus Rom wurden die Gebeine der heiligen Felicitas 837 nach Verden überführt, 851 erfolgte die Translation des heiligen Märtyrers Alexander in das sächsische Adelskloster Wildeshausen, und 855 vermittelte Kaiser Lothar I. Reliquien der römischen Heiligen Cosmas und Damian nach Prüm, Aachen und in das adelige Damenstift Essen.

Auch in Bayern kam es im 8. und 9. Jahrhundert zu zahlreichen Reliquientranslationen aus dem westlichen Frankenreich und aus Italien; besonders römische Katakombenheilige und Märtyrer fanden sich seit dem Bündnis Pippins mit dem Papsttum in bayerischen Klöstern; sie waren ein Zeichen der religiösen und politischen Verbundenheit des westbayerischen Adels mit den Karolingern. Dionysius-Reliquien kamen aus Saint-Denis nach Schäftlarn, desgleichen die römischen Märtyrer Hippolitus, Arsatius, Tertullinus und Candidus nach Tegernsee, Ilmmünster, Scharnitz-Schlehdorf und Innichen im Pustertal; Benediktbeuern besaß eine Armreliquie des großen Mönchsvaters, Schliersee und Moosburg-St. Castulus erwarben ebenfalls Gebeine römischer Heiliger. Seinen kirchlich-monastischen Frühling hatte Bayern allerdings schon 788 bei der Eingliederung ins Karlsreich überschritten.

Dieser Verbund weit voneinander entfernter Kirchen, Klöster und Heiligtümer zeigt wohl am sinnfälligsten das Zusammenwachsen der fränkischen Reichskirche im Geiste der Heiligenverehrung; die Einheit im Politischen wurde durch dieses überregionale kirchlich-kultische Netz gestärkt und religiös verklammert; man kann von einer damals entstehenden europäischen Kultlandschaft sprechen, in die auch die Frühgeschichte Deutschlands eingebunden war.

d) Die kirchliche Entwicklung bis zu Heinrich III.

Bei den Klostergründungen in Sachsen fällt die große Zahl von Nonnenklöstern auf. Im 9. Jahrhundert entstanden unter anderem die Frauenstifte Nottuln, Liesborn, Herdecke, Herford, Böddeken, Vreden, Freckenhorst, Neuenheerse und Essen (852), wobei vor allem die Karolingerstiftung Herford adeligen Mädchen als Erziehungsstätte diente. Im 10. Jahrhundert spielten Essen und Gandersheim wegen ihrer Familienverbindung zum ottonischen Hause eine hervorragende Rolle. Als große Mönchsklöster entstanden Werden an der Ruhr, eine Familienstiftung Liudgers (um 800), und vor allem Corvey an der Weser (822), ein Tochterkloster von Corbie an der Somme. Seine Gründer, Adalhard und Wala, waren Vettern Karls des Großen und Männer der hohen Politik. Corvey wurde das bedeutendste geistige Zentrum Sachsens, seine Klosterschule und Bibliothek konnten sich mit Fulda, Lorsch, St. Gallen, der Reichenau und mit St. Emmeram in Regensburg messen; schon früh besaß es auch Tacitus- und Cicero-Texte. In Corvey schrieb der „Poeta Saxo" um 890 ein Epos zum Lobpreise Karls des Großen, und der Mönch Agius verfaßte eine Vita Hatumods, der ersten Äbtissin von Gandersheim, einer Adeligen aus liudolfingischem Hause. Den Bildungsstand dieser ältesten Reichsabtei des Sachsenlandes kann man auch der Belesenheit seines großen Geschichtsschreibers Widukind entnehmen. Von Corvey zog Ansgar († 865) zur Dänenmission aus. Er war aus dem Mutterkloster Corbie an die Weser gekommen; später vermochte er nach schwierigen Auseinandersetzungen mit Köln selbst Begründer und erster Metropolit des Erzbistums Hamburg-Bremen zu werden (847/48). Seine wertvolle Lebensbeschreibung läßt eine energische, charismatische Persönlichkeit erkennen, in der sich visionäre Fähigkeiten mit hohem diplomatischen Geschick verbanden. Ansgars Werk wurde bald ein Opfer der Normannenstürme, erst seit dem 10. Jahrhundert konnte die Missionierung wieder mit Erfolg vorangetragen werden, und wiederum war der Metropolitansitz Hamburg-Bremen Ausgangspunkt einer nunmehr dauerhaften Christianisierung Skandinaviens.

Die Errichtung des Erzbistums Magdeburg durch Otto den Großen (968), dessen politische Bedeutung bereits dargelegt wurde, eröffnete der organisierten Slawenmission für Jahrzehnte ein weites, wenn auch nicht unbegrenztes Feld. Schon beim schwierigen Gründungsvorgang gingen die kaiserlichen und päpstlichen Pläne auseinander, denn Johannes XIII. wollte den Wirkungsbereich der neuen Metropolitankirche für den Osten auf jene slawischen Völkerschaften begrenzt sehen, die bereits der Herrschaft Ottos unterworfen und bekehrt waren. Wie sich bald zeigen sollte, blieb dabei Polen als Missionsgebiet und als werdende politische Einheit ausgespart. Mit der Errichtung des polnischen Erzbistums Gnesen trug der Enkel des alten Kaisers, Otto III., dieser päpstlichen Absicht schließlich Rechnung. Magdeburgs geistige Bedeutung setzte schon mit dem ersten Erzbischof Adalbert ein, dem kritisch distanzierten Fortsetzer der Chronik Reginos von Prüm. Er hat dieses Werk aber noch als Abt von Weißenburg im Elsaß verfaßt. Adalbert war auch der Begründer der bald sehr berühmten Domschule, deren Leiter der Scholaster Ohtrich wurde. Die Mönche des Domklosters St. Moritz kamen aus dem bedeutenden lothringischen Reformzentrum St. Maximin in Trier. Als Ohtrich wegen seines letztlich vergeblichen Kampfes um den Magdeburger Erzstuhl 978 die Leitung der Domschule aufgab, blieb deren hoher Rang dennoch erhalten; ihr berühmtester Schüler wurde der spätere Bischof Thietmar von Merseburg († 1018), dessen Geschichtswerk den Höhepunkt ottonischer Historiographie darstellt.

Wenn auch die von Gorze und Trier ausgehende lothringische Klosterreform kirchenpolitisch das Feld beherrschte, darf doch nicht übersehen werden, daß die Vermittlung der Kaiserin Adelheid auch zu einer frühen Beziehung zwischen Cluny und dem ottonischen Hof führte. Von dort kam das Angebot an Abt Majolus (954–994), Generalabt über alle Klöster Deutschlands und Italiens zu werden. Er schlug dies aus, aber seit dieser Zeit riß die Verbindung zwischen Cluny und den Ottonen nicht ab. Grundlegenden Wandel bewirkte dies aber nicht, vor allem was die Ausbreitung cluniazensischer Filiationen bis zum Tode Heinrichs III. anbetraf.

Ähnliche Schwierigkeiten, wie sie bei der Gründung Magdeburgs auftraten, hatte Kaiser Heinrich II. 1007 bei seiner Stiftung Bamberg zu überwinden; auch hier gab es Herrschaftsansprüche älterer Bistümer. Bamberg war in noch höherem Maße ein königliches Bistum als Magdeburg, man kann es als ganz persönliche Schöpfung und fast als ,,Eigenbistum" des Herrschers bezeichnen. Es wurde eine wichtige Ausbildungsstätte für den hohen, in der Reichsverwaltung tätigen Klerus und zugleich ein Ort der Gelehrsamkeit und des Kunstschaffens. So ließ sich Heinrich als Mann der Bildung und als Bücherfreund in der offensichtlich leistungsfähigen Bamberger Schreibschule Abschriften von Manuskripten anfertigen. Für die Domschule wurde der gelehrte Mönch Durandus aus Lüttich gewonnen, und vielleicht erhielt auch Williram von Ebersberg, Autor einer rheinfränkischen Übersetzung und Paraphrasierung des ,,Hohen Liedes", in Bamberg seine geistige Schulung.

Heinrichs Stellung in der Kirche war im übrigen weitaus differenzierter, als es auf den ersten Blick scheinen mag. Wenn er bei der Gründung Bambergs dem Bistum auch Klöster übertrug, dann kann man dies noch aus dem Bestreben erklären, seinen Einfluß im kirchlichen Bereich auszubauen. Es war aber wohl mehr und sicher auch Persönlicheres im Spiel, wenn er den heiligen Benedikt in besonderer Weise verehrte. Bei seinem Besuch in Montecassino (1022) fühlte er sich von einem schmerzhaften Steinleiden geheilt; dies war offenbar ein Schlüsselerlebnis, das ihn von einer innigen Verehrung des abendländischen Mönchsvaters zu einer starken Teilnahme am blühenden monastischen Leben seiner Zeit führte. Dabei kam es auch zu engeren Kontakten mit Cluny und dem Kreise jener Klöster, die von der burgundischen Großabtei beeinflußt oder reformiert worden sind. Insbesondere galten Heinrichs Sympathien den Äbten Wilhelm von Dijon (990–1031) und Richard von St. Vanne (1004–1046) in Verdun. Der Kaiser wurde sogar in die Gebetsverbrüderung Clunys aufgenommen. Dennoch kam es unter ihm nicht zu einer Ausbreitung cluniazensischer Tochtergründungen im Reich. Vermutlich hielt ihn die größere politisch-herrschaftliche Unabhängigkeit des cluniazensischen Klosterverbandes davon ab, dessen hohes geistliches Prestige unmittelbar für die Reichskirche nutzbar zu machen. Das galt wohl auch für Heinrich III., denn erst nach dessen Tod, während der Regentschaft der Kaiserin Agnes, verstärkte sich der Einfluß Clunys. Das hatte auch persönliche Gründe, denn schließlich stammte die Witwe Heinrichs aus der Stifterfamilie der burgundischen Abtei.

Das „geistige Netz" der Reichskirche. Über die vorrangigen kirchlich-religiösen Aufgaben der Bistümer hinaus bildete sich im Rahmen der ottonisch-frühsalischen Kirchenherrschaft ein überregionales geistiges Verbundsystem aus, in dem Italien, Burgund und Lothringen eine große Rolle spielten. Dessen Schwerpunkte lagen bald auch im rechtsrheinischen Bereich, in Hamburg-Bremen, Magdeburg, Bamberg und Salzburg, aber auch in Hildesheim, Merseburg, Konstanz und Regensburg, desgleichen in den großen Reichsklöstern aus karolingischer Zeit. Lothringen wirkte mit Gorze und Trier-St. Maximin nachhaltig auf die Klosterreform des Reiches ein. Der gebürtige Lothringer Rather von Verona († 974), den Brun von Köln vorübergehend zum Bischof von Lüttich machte, gehörte nach seinen literarischen Leistungen wie nach seinem bewegten Lebensgang zu den farbigsten Figuren der „ottonischen Renaissance", noch bevor mit Theophanu der byzantinische Einfluß einen völlig neuen Akzent in das Geistesleben der Zeit brachte. Das Erzbistum Köln mit seiner berühmten Domschule und den Kathedralschulen der Suffraganbistümer Utrecht und Lüttich beeinflußte seit Brun in entscheidendem Maße die kirchliche wie die allgemeine geistige Entwicklung. Landschaften und kirchliche Zentren wurden in steigendem Maße verbunden, neue Ideen formuliert und verbreitet. Der Kaiserbruder, die Leitfigur dieser aufbrechenden geistigen Bewegung, geriet wegen des Reichtums seiner geistigen Interessen sogar ins Kreuzfeuer kirchlicher Kritik: Bald nach seinem Tode erzählte man sich eine Vision des Klerikers Poppo, wonach Brun wegen „nichtiger Anwendung der Philosophie" von Christus angeklagt, aber vom Apostel Paulus verteidigt und wieder eingesetzt worden sei (Nr. 4, Bd. IX, Thietmar, Chron. II, c. 16, S. 50). Die lange Phase schulmeisterlicher, rezeptiver Aneignung von Bildung neigte sich in der zweiten Hälfte des 10. Jahrhunderts ganz offensichtlich dem Ende zu; und doch war es gerade diese „lange Lernzeit" des frühen Mittelalters, die unentbehrliche Grundlagen für den späteren schöpferischen Aufbruch schuf. Dieser Zeit des Empfangens und Verarbeitens eines reichen spätantik-christlichen Kulturerbes soll nunmehr unsere Aufmerksamkeit gelten.

2. Kirchliche Kultur zwischen antikem Erbe und Neubeginn

a) Kritik und teilweise Annahme antiker Kultur

Wenn die Formen und Inhalte der fränkischen und frühdeutschen Geschichte dauerhaft von der älteren heidnischen wie christlich-religiösen Kultur des Mittelmeerraumes geprägt worden sind, dann war es die Kirche, die Art und Ausmaß des kulturellen Erbes bestimmte und jenen jahrhundertelangen Lernprozeß lenkte, den man mittelalterliche Bildungsgeschichte zu nennen pflegt. Bei diesem Werk haben sich Kirche und Mönchtum auch selbst gewandelt. Nach charismatisch beflügelten Frühstadien, in denen vor allem das spätantike Mönchtum deutliche Züge einer asketischen und manchmal auch militanten „Gegenkultur" – bis zu radikaler Kulturfeindlichkeit – entwickelte, erhob sich immer wieder die brennende Frage nach der Vereinbarkeit oder Nichtvereinbarkeit antiker, vor allem heidnischer Kulturwerte mit christlichen Grundüberzeugungen. Das im Grunde überzeitliche Problem des Verhältnisses von Religion und Kultur stellte sich in den Jahrhunderten des Übergangs von der Antike zum Mittelalter in besonders zugespitzter Weise; alle sogenannten „Renaissancen" sahen sich damit konfrontiert.

Schon die christliche Antike entwickelte ein breites Spektrum möglicher Haltungen gegenüber einer nach ihren Ursprüngen andersartigen, polytheistischen Hochkultur und „pluralistischen" Großstadtzivilisation. Es waren dies von berechtigtem Mißtrauen geprägte Verhaltensweisen, die nach Ort, Zeit und aktuellem Anlaß stark variieren konnten. Sogar überragende Gestalten der Kirche wie Gregor von Nazianz, Hieronymus und Augustin revidierten in diesem wichtigen Punkt öfter ihre Meinungen. Für das Mönchtum, den Hauptträger künstlerischer und schriftlicher Kultur im Mittelalter, stellte sich die Herausforderung eines vielstimmigen und für Christen oft sogar zwielichtigen kulturellen Erbes in besonders krasser Weise, denn schließlich war seine eigene radikale Form der Selbstverwirklichung durch das unblutige Martyrium der Askese wohl der schroffste Gegenentwurf zur sinnlichen antiken Hochzivilisation. Der berühmte Angsttraum des heiligen Hieronymus, in dem Christus ihn als „Ciceronianer", das heißt als allseitig gebildeten „Intellektuellen" hart tadelte, kehrte in Variationen bei Mönchen und Klerikern der folgenden Jahrhunderte immer wieder, bis hin zur Jenseitsvision über das Schicksal Erzbischof Bruns von Köln, dem vor Gottes Richterstuhl ähnliches wie dem Kirchenvater angelastet wurde. In der zeitgenössischen Lebensbeschreibung des späteren fränkischen Reichsheiligen Martin von Tours, einem für das Mittelalter richtungweisenden Werk über vorbildliches christlich-asketisches Leben, lehnte der Autor Sulpitius Severus – selbst ein Mann von beträchtlicher Bildung – ausdrücklich die alten, klassischen Ideale ab: Nutzlos, wahnwitzig und verderblich sei es, „dem kämpfenden Hektor und dem philosophierenden Sokrates nachzustreben, seine Hoffnungen auf Fabeleien zu setzen und die Seele dem Grabe, also dem ewigen Tode zu überantworten" (Nr. 32, Vita Martini c. 1, S. 17ff.). Andererseits gibt es im gebildeten Mönchtum Südgalliens auch die versöhnlichere Formel vom „monachus" als dem wahren „philosophus".

Faßt man die monastischen Selbstzeugnisse in der Streitfrage Bildung und Glaube zusammen, dann läßt sich für die frühe Merowingerzeit sagen, daß es in den großen Klöstern des lateinischen Westens viele Gebildete gab, daß diese sich aber alle mehr oder weniger entschieden von ihrer, zuvor in den Rhetorenschulen erworbenen Erziehung inhaltlich distanzierten; in ihren Schriften jedoch wirkte die außerhalb der Klostermauern genossene formale Schulung weiter. Literarische Kultur war also kein genuin klösterliches und daher tradierbares Gut, sondern meistens ein als geistige Hypothek empfundenes Erbe aus der Zeit vor dem Eintritt ins Mönchsleben. Selbst noch gebildet, haben daher kirchliche Schriftsteller wie Augustin, Salvian von Marseille, Caesarius von Arles, Isidor von Sevilla und viele andere aus christlich-asketischer Überzeugung dennoch dazu beigetragen, antike Bildungstraditionen für sich, aber mehr noch für nachfolgende Generationen entschlossen zu beenden. Deshalb sind auch die Klöster der Epoche zwischen dem 5. und 7. Jahrhundert hinsichtlich der Weitergabe hochkultureller Traditionen und literarischer Kenntnisse eher negativ zu beurteilen: Man stellte sich aus religiösen Gründen bewußt auf Diskontinuität ein; was an Bildung im traditionellen Sinne dennoch ins Kloster kam, hing vom Niveau der laikalen Kultur außerhalb der Klostermauern ab. Bestes Beispiel hierfür war das Kloster Vivarium, eine Gründung Cassiodors († um 583), des ehemaligen Kanzlers Theoderichs des Großen; dort suchte der glänzende Staatsmann und gewandte Schriftsteller Bildung und Mönchtum eng zu verbinden, ein Unternehmen, das damals jedoch keine Nachfolge fand und auch nicht finden konnte. Außerhalb des strengen kirchlich-monastischen Bereiches muß es aber noch Möglichkeiten gegeben haben, traditionelle Bildung und rhetorische Schulung zu erhalten: Die immer wiederkehrenden eindringlichen Warnungen vor den schweren Gefahren heidnischer Literatur für das Seelenheil hatten schließlich nur dann Sinn, wenn diese noch lebendig weiterwirkten. Ein beispielhafter Versuch, christliche und heidnische Bildung gegeneinander abzugrenzen, die formal brauchbaren Elemente der letzteren ideologisch zu entschärfen und für eine wahrhaft religiöse Erziehung nutzbar zu machen, war Augustins Schrift „De doctrina christiana"; sie wurde für die Zukunft ein Wegweiser christlichen Kulturbewußtseins.

Allerdings, lösen konnte der große Kirchenvater die letztlich unaufhebbare Spannung zwischen echter Religiosität und hochkultureller Tradition nicht, zumindest nicht für seine Zeit. Es gab keine wirkliche pädagogische und geistige Kontinuität zwischen dem auslaufenden heidnisch-antiken Schulwesen und der mönchischen Ausbildung. Die monastische Schulung zielte als „Erweckungserziehung" (im Sinne Max Webers) auf eine systematische Loslösung von der „Welt", deren Normen in hohem Maße tabuisiert wurden. Abgesehen von der Vermittlung philologisch-grammatikalischer Mindestkenntnisse zum Verständnis der Bibel und der Schriften der Kirchenväter, richtete sich seit dem Frühmittelalter die Unterweisung in Kloster und Domstift vornehmlich auf das Einüben einer neuen Lebensform: Nicht Grammatik oder Rhetorik, sondern der Psalter stand im Mittelpunkt. Er war religiöses Dokument, Geschichtsschreibung, Grammatik, Lexikon und große Dichtung in einem und zugleich Leitfaden des asketischen Tagesablaufs. Auch der zentrale Begriff der Lesung (lectio) bedeutete keine organisierte Tradierung von Wissen, sondern in erster Linie gemeinschaftliches Gebet und Gebetsunterweisung im belehrenden Gespräch. Man kann für die christliche Spätantike und für das Mönchtum bis zum 7. Jahrhundert vom „Spoliencharakter" monastischer Bildung sprechen, so wie man den Begriff der Spolie in der bildenden Kunst verwendet: Nämlich mit Bezug auf ein Kunstwerk oder einen Bauteil aus einer älteren Kultur, die – wie beispielsweise antike Gemmen in mittelalterlichen Kreuzen und Buchdeckeln – in einem völlig neuen Bedeutungszusammenhang wiederverwendet wurden. Für eine christliche Bildung heißt dies, daß viele traditionelle Elemente und erlernbare Fähigkeiten aus dem Bereich antiker Literatur und Wissenschaft im geistlich-asketischen Kontext mönchischer Lebensform (conversatio) einen ganz anderen Stellenwert bekamen. Die relativ reichlich aus klösterlichen Schreibschulen (Skriptorien) überlieferten Handschriften grammatischer Lehrtexte des Donatus und Priscian wurden im Frühmittelalter nach Möglichkeit von ihrem ursprünglichen heidnisch-mythologischen Hintergrund abgelöst und zu dem gemacht, was Grammatik bis heute ist: technisches Mittel zur Aneignung einer Schriftsprache. Grammatik und Rhetorik im alten, umfassenden Sinne von „Geisteswissenschaften" blieben jedoch weiterhin der Kirche verdächtig, weil sie zumindest indirekt, mit dem „Spielmaterial" ihrer Übungstexte, die ideologischen und ästhetischen Werte einer nichtchristlichen Hochkultur mitvermittelten. Antikes Erbe machte sich gleichsam durch ein Hintertürchen wieder geltend – als Verführung zum Schönen.

b) Die „karolingische Renaissance"

Wie läßt es sich nun erklären, daß der kirchlichen und insbesondere der monastischen Kultur zwar ein berechtigtes Mißtrauen gegen die Bildungsnormen und -formen der „pluralistischen" Weltzivilisation nachgesagt werden kann, gleichzeitig aber die Schätze antiker Literatur fast ausschließlich durch die Schreibschulen der frühmittelalterlichen Klöster und Domstifte auf uns gekommen sind? Zum einen war es wohl die schlichte psychologische Tatsache, daß man auf die Dauer nicht mit Schultexten umgehen konnte, ohne auch von deren Inhalten, so fragmentarisch dieselben auch oft waren, beeinflußt zu werden: Form und Inhalt sind in ihrem Einfluß auf die Psyche nicht zu trennen. Zum anderen jedoch – und dies scheint die entscheidende Ursache gewesen zu sein – wirkten sich die völlig neuartigen Lebensumstände von Kirche und Mönchtum in den mehr und mehr stadtfernen Missionsgebieten des fränkischen Großreichs günstig auf die Wertschätzung literarischer Kultur aus, und zwar in vielfacher Weise: Erst im Frühmittelalter, das heißt in einer Zeit, die den geistigen Zusammenhang mit der spätantiken Stadtkultur verloren hatte und in der daher auch Kirche und Kloster keine rigoristische Abwehrhaltung gegen eine immer noch mächtige, nichtchristliche Bildungstradition einnehmen mußten, lernte man den Wert klarer lateinischer Begrifflichkeit in Dogma und Kirchenrecht für alle Formen der Unterweisung schätzen. Weil es nunmehr ein gesichertes, kirchliches „Bildungsmonopol“ gab, konnte es wieder zu einer unbefangeneren Zuwendung zur antiken Kultur und ihren schriftlichen Zeugnissen kommen: Die heidnische Geisteswelt war für den Gläubigen keine aktuelle Versuchung oder gar Bedrohung. Mehr noch: In einer vorwiegend oder gar ausschließlich agrarisch-grundherrschaftlich geprägten Umwelt, wo der Kleriker und Mönch der einzige Träger und Vermittler literarischer Kultur war und das Christentum – eine Buchreligion – ein Minimum an Schriftverständnis und Exegese erforderte, mußte die Welt der Bücher gleichsam von selbst eine ganz andere und nunmehr entschieden positive Bedeutung erlangen.

Nur so ist das neuerliche Aufblühen einer literarischen Kultur im 8. und 9. Jahrhundert zu erklären, nur so die Hegung, Vervielfältigung und Kommentierung christlich-spätantiker wie dann auch heidnisch-antiker Texte zu verstehen. Es war eine neu aufbrechende Geistesbewegung, die geradezu nach klassischen Texten auf die Jagd ging, und der man vor allem deshalb den Namen „karolingische Renaissance“ gegeben hat. Sicherlich war dabei das von Karl dem Großen artikulierte dringende Bedürfnis nach einer besseren Ausbildung von Klerikern und Mönchen ein wichtiges Motiv und auslösendes Moment der karolingischen Bildungserneuerung. Aber zugleich erzeugte Ausbildung auch Bildung, und das Zeitalter selbst hatte das Gefühl, auf einem neuen Höhepunkt geistigen Lebens zu stehen. Mag sich der literarische Freundeskreis um Karl, die sogenannte „Hofakademie“, auch geistig sehr überschätzt haben und mögen die angestrengten Bemühungen um Aneignung eines großen kulturellen Erbes bis ins 10. Jahrhundert hinein vornehmlich ein Lernen und damit eher rezeptiver als kreativer Art gewesen sein – ohne diese langen Mühen der kulturellen Rezeption, die in Lothringen und rechts des Rheins überdies eine Sprachbarriere überwinden mußten, hätte das Hochmittelalter keine eigenständige Kultur hervorbringen können. Das Lernen, Erklären und oft pedantische Kommentieren von Texten war eine unabdingbare Vorbedingung eigener kultureller Kreativität.

Ursprünge und Zentren. Neuere Forschungen zur Kloster- und Bibliotheksgeschichte haben gezeigt, daß die „karolingische Renaissance“ schon seit dem 7. Jahrhundert frühe, regionale Vorläufer hatte, so etwa im Kloster Corbie, wo die wichtigsten Vorstufen der karolingischen Minuskel – der Weltschrift des Mittelalters – entwickelt wurden. Ferner ist das Martinskloster in Tours zu nennen, dessen Abt Alkuin der große Gelehrte am Hofe Karls, war; desgleichen St. Gallen, die Reichenau, Lorsch, Fulda, Freising, Regensburg und Salzburg. Erstaunlich ist, daß die deutschen

Gebiete sich sehr bald an der karolingischen Bücherherrlichkeit beteiligten. Schon zu Karls Zeit zeigt sich, „daß die Überlieferung (von Handschriften) nördlich der Alpen fast gänzlich auf einen Raum beschränkt ist, der sich durch die Verbindungslinien folgender Orte begrenzen läßt: Werden, Fulda, Regensburg, Salzburg, Lyon, Tours, Saint-Omer und wiederum Werden" (Nr. 142, Bd. III., B. Bischoff, S. 37).

Der Zufluß von wichtigen Handschriften, die dann in fränkischen Klöstern und Domstiften abgeschrieben und oft auch philologisch verbessert wurden, kam aus den verschiedensten Richtungen. Die reiche Bücherwelt Englands erreichte mit den angelsächsischen Missionaren den Kontinent; Südgallien spielte mit Lyon, Auxerre und Autun eine wichtige Rolle, und vor allem Italiens Handschriftenschätze bereicherten die Skriptorien des Nordens. Das verstärkte sich noch, als Karl das Langobardenreich mit wichtigen kulturellen Zentren wie Verona, Pavia und Ravenna unterwarf und italienische Gelehrte wie Petrus von Pisa, Paulus Diaconus und Paulinus von Aquileja an seinen Hof zog. Die Aachener Hofbibliothek des Kaisers, von der wir durch Einhards Karls-Vita wissen, wurde nach der Qualität ihrer Texte und ihrer künstlerischen Ausstattung stilbildend für das 9. Jahrhundert. Da sie nach dem Tode des Herrschers nach dessen Willen aufgeteilt wurde, vermag man aus dem erhaltenen Handschriftenbestand aber nur wenige Exemplare dieser berühmten Bibliothek eindeutig zu identifizieren.

Karls Ziele. Karls Bestreben, Kirche, Bildung und Wissen sowohl zu normieren als auch qualitätsmäßig zu heben, äußerte sich auf den verschiedensten Gebieten: im Recht etwa durch die schriftliche Ausarbeitung der verschiedenen Stammesrechte und deren Anpassung an die allgemeine Rechtsordnung des Reiches; im kirchlichen Bereich durch Verbesserung der Klerikerausbildung, aber auch durch die Anweisung, aus einem vermeintlichen Urexemplar der Benedikt-Regel einen einheitlichen und daher für alle fränkischen Klöster verbindlichen Regeltext herzustellen. Mit Karls Sorge um die Hebung der Bildung hängt wohl auch der umfangreiche „Liber Glossarum" zusammen, eine imposante alphabetische Enzyklopädie, die zur Zeit Adalhards in Corbie entstand. In dieses große Werk waren neben dem Lexikon Isidors von Sevilla (†636) – den „Etymologiae" – zahlreiche grammatische und medizinische Texte eingearbeitet, aber auch Werke der Kirchenväter. Weitere große Textsammlungen wurden in Angriff genommen, aber wohl kaum vollendet; doch erinnern diese umfassenden, von Karl und Ludwig dem Frommen angeregten Bestrebungen schon an die gewaltigen Wissenskompilationen des 12. Jahrhunderts. Zweck war hier wie dort eine solide Schulbildung. Dabei ging es um die Reform der lateinischen Sprache, die vom volkssprachlichen Latein der Romania bedroht war; ferner um eine Standardisierung der Schrift, die in der Tat für ganz Europa erreicht wurde, und schließlich um Normen der allgemeinen

Bildung, deren erfolgreiche Durchsetzung ein weiträumiges geistiges Verbundsystem und damit entscheidende Ansätze zu einer kulturellen Einheit zwischen Ebro und Elbe ermöglichten.

Anfänge deutscher Literatur. Es spricht für den vorurteilsfreien Weitblick des Kaisers, daß er über den dringenden Erfordernissen der Vereinheitlichung nicht die ebenso berechtigten Bedürfnisse seines vielsprachigen Imperiums vergaß. Auf dem Konzil von Tours ermahnte er 813 seine Bischöfe ausdrücklich, sie sollten sich der besseren Verständlichkeit wegen um die Erklärung der Heiligen Schrift „in romanischer oder germanischer Volkssprache" (in rusticam Romanam linguam aut Thiotiscam) bemühen. Sorge um eine gründliche religiöse Unterweisung des Volkes war sein Motiv, und letztere war nur im Medium der Volkssprachen möglich. Darüber hinaus läßt sich bei ihm auch ein lebhaftes Interesse an den germanischen Sprachen und ihrer Kulturtradition erkennen. Das gilt auch für die von ihm eingeleitete Sammlung alter germanischer Heldenlieder, von denen uns leider nur das kostbare Bruchstück des Hildebrandliedes erhalten blieb. Es gilt mehr noch für seine Anteilnahme an der Entstehung einer althochdeutschen Schriftsprache und Literatur. Allerdings wird man nicht so weit gehen dürfen, ihm die Absicht zu unterstellen, „eine der germanischen Volkssprachen in den Rang einer Hofsprache, Kirchensprache oder gar Literatursprache zu erheben" (Nr. 680, D. Geuenich, S. 128) oder sie gar als verbindlich für das gesamte Reich vorzuschreiben.

Größere Werke in althochdeutscher Sprache wurden erst unter Karls Nachfolgern geschrieben; dabei scheint Ludwig der Deutsche eine wichtige Rolle gespielt zu haben. Otfrid von Weißenburg († nach 868) widmete ihm seine Evangelienübersetzung, und auch der „Heliand", eine altsächsische Stabreimdichtung über das Leben Jesu, dürfte als Auftragsarbeit für diesen bedeutendsten ostfränkischen Karolinger entstanden sein. Nimmt man hinzu, daß das Stabreimgedicht „Muspilli", ein altbayerisches Werk über das Weltende und das Jüngste Gericht, von Erzbischof Adalram von Salzburg um 825 dem jungen Ludwig gewidmet wurde und sich in dessen Besitz befand, dann muß man die Bedeutung dieses Königs für die Entstehung einer deutschen Literatursprache höher veranschlagen als bisher. Dazu paßt die schon erwähnte Tatsache, daß unter ihm im Ostfränkischen Reich eine gewisse Vereinheitlichung der althochdeutschen Literatursprache festzustellen ist, die wiederum Reflex und gleichzeitig förderndes Moment eines wachsenden politischen Gemeinschaftsbewußtseins der rechtsrheinischen Stämme war.

Bibliotheken und Lehrer. Für moderne Begriffe war der Bücherbestand frühmittelalterlicher Bibliotheken bescheiden: Der St. Galler Bücherkatalog etwa umfaßte im 9. Jahrhundert 428 Nummern, der von Murbach 335 Bände. Doch dürften in großen Reichsklöstern wie St. Martin in Tours, in Saint-Denis, Lorsch, Fulda und in St. Emmeram in Regensburg größere

Buchbestände vorhanden gewesen sein. Streitigkeiten um ausgeliehene und nicht zurückgegebene Bücher waren zwischen den Klöstern an der Tagesordnung, gewissermaßen als ärgerliche Begleiterscheinungen der Tatsache, daß sich im 9. Jahrhundert zwischen den Kloster- und Dombibliotheken ein weitgespanntes Netz geistigen Austausches und intellektueller Kommunikation von Gelehrten und Schriftstellern aufbaute. Dieses wurde die organisatorische Voraussetzung der ,,karolingischen Renaissance", und hier gab es auch schon ausgesprochene Bücherfreunde im humanistischen Sinne. Herausragende Gestalt war Abt Lupus von Ferrières († nach 862), bayerisch-fränkischer Abstammung, Philologe, Büchersammler und auch ,,Handschriftenjäger", berühmt durch seine lebendige Korrespondenz mit Karl dem Kahlen und Kaiser Lothar I., mit Einhard, mit Hrabanus Maurus in Fulda, mit Gottschalk, dem höchst eigenwilligen Theologen, sowie mit vielen anderen wichtigen Persönlichkeiten seiner Zeit. Er ließ sich aus Prüm, Tours und Fulda Handschriften antiker Prosa schicken, deren Rückgabe nach sorgfältiger Abschrift er jedesmal fest versprach; seine Methode des sorgfältigen Textvergleichs mutet schon modern an.

Fuldas kulturelle Ausstrahlung und die Dezentralisierung der Bildung. Lupus hatte eine achtjährige Ausbildung in Fulda erhalten, dem bedeutendsten geistigen Zentrum rechts des Rheins; sein Lehrer war dort Hrabanus Maurus († 856), den man einen ,,Praeceptor Germaniae" genannt hat. Hrabanus verdankte seine Gelehrsamkeit wiederum Alkuin, dessen Martinskloster in Tours der ,,Verlagsort" philologisch gereinigter und verbesserter Bibeleditionen war, deren Standard weit über den römischen Versionen der Heiligen Schrift lag. Als Abt von Fulda entwickelte Hrabanus eine breitgefächerte wissenschaftlich-theologische, im wesentlichen didaktische Tätigkeit, bis ihn Ludwig der Deutsche 897 zum Erzbischof seiner Heimatstadt Mainz erhob. Sein Hauptwerk in 22 Büchern, ,,de rerum naturis" oder ,,de universo", war eine teilweise nach antiken Vorlagen illustrierte Realenzyklopädie der Wissenschaften unter theologischem Aspekt. Unter ihm wurde in Fulda die deutsche Übersetzung der Evangelienharmonie Tatians geschaffen; auch an der Entstehung des ,,Heliand" und der Evangelienübersetzung Otfrids von Weißenburg scheint er regen Anteil genommen zu haben. Man kann geradezu von einer ,,Wissenschaftler-Familie" sprechen, die von Alkuin und anderen Mitgliedern der ,,Hofakademie" Karls ausging und die eine Generation danach in Fulda einen sehr lebendigen Mittelpunkt hatte.

Hier ging es wirklich um eine ,,Wiederbelebung der Studien". Deren Programm hatte der große Angelsachse Alkuin schon 799 in einem Brief an Karl knapp und präzis folgendermaßen umrissen: ,,Wenn viele Eurem Fleiß und Eifer folgen, dann mag in Aachen ein neues Athen im Frankenreich entstehen, das durch den Dienst am Herrn Jesus Christus alle Weisheit der Akademie übertreffen wird. Jenes Athen glänzte nur durch die

Lehren Platons und durch die sieben freien Künste (artes liberales); das neue Athen aber überbietet, durch die Fülle des heiligen Geistes bereichert, das gesamte Verdienst der weltlichen Weisheit" (Nr. 191, P. Lehmann, Bd. II, S. 111). Mag dabei auch Selbstüberschätzung und sogar Übertreibung mit im Spiele sein, ein renaissancehafter Zug ist unverkennbar, denn selbst in der Renaissance des 15. und 16. Jahrhunderts finden sich ähnlich exaltierte Meinungen über die eigene Leistung und Bedeutung.

Starkes Selbstbewußtsein läßt sich auch bei Bischof Theodulf von Orléans († 821) feststellen, einem von Karl wegen seiner Originalität und Selbständigkeit hochgeschätzten Gelehrten der Hofakademie. In seinem Bischofspalast ließ er ein Fresko mit den sieben freien Künsten anbringen, dem Kanon antiker Bildung: Unter einem Baum sitzt die ,,Grammatik" als der Ursprung aller Wissenschaft, ein Radiermesser in der Hand, um alle Fehler kritisch zu tilgen. Ihr zur Seite thronen – ganz im humanistischen Sinn – ,,gesunder Menschenverstand" und ,,Empfindung". Auf den Ästen darüber befinden sich rechts ,,Rhetorik" und ,,Dialektik", letztere mit einer Schlange, weil sie die Wahrheit von der Lüge unterscheidet. Links im Geäst ist die ,,Moral" mit den vier Kardinaltugenden der Stoa, die das Christentum übernommen hat, abgebildet: Es sind dies Weisheit, Tapferkeit, Mäßigkeit und Gerechtigkeit. Der Dreiheit (trivium) von Grammatik, Rhetorik und Dialektik steht die im Wipfel des Baumes erscheinende Vierzahl (quadrivium) der übrigen freien Künste gegenüber: Arithmetik, Musik, Geometrie und Astronomie-Astrologie. Diese bildliche Darstellung ist zwar nicht erhalten, wir kennen sie aber aus Theodulfs poetischer Beschreibung.

Auch bei den Gebildeten der Karolingerzeit gab es den Zwiespalt zwischen Liebe zur Antike, zu ihrem Schönheitskult und dem religiösen Rigorismus ihrer geistlichen Erziehung. Theodulf hielt seinen Schülern zugute, ihre Begeisterung für antike Poesie und Sprachkunst seien ,,ihrer Jugend gemäße Kinderspiele". Alkuin, der als Jüngling für Vergil geschwärmt hatte, warnte im Alter seine Mönche vor dieser Lektüre (Nr. 721, P. Riché, S. 267), aber wohl kaum mit Erfolg, wie der Aufschwung des geistigen Lebens um die Jahrhundertmitte zeigte.

Wenn nach Karls Tod Aachen und die ,,Hofakademie" verblaßten und dafür Klöster und Bischofsstädte als Zentren der Bildung hervortraten, dann hatte dies nicht nur mit der politischen Dezentralisierung des Reiches seit 817 zu tun; es war auch die natürliche Frucht der kulturellen Erneuerung. In mancher Hinsicht entwickelte sich Fulda jetzt zu einem überragenden Mittelpunkt geistigen Lebens, und zwar nicht nur für die rechtsrheinischen Lande. Einhard, Karls Biograph und Freund, hatte dort seine erste Ausbildung erhalten, Hrabanus Maurus wurde die Zentralfigur einer ganzen Epoche – im Guten wie im Problematischen. Letzteres zeigte sich an dem Sachsen Gottschalk († 869), der als Knabe nach Fulda kam und dann – von Hrabanus geradezu verfolgt – als erster deutschsprachiger

Denker originelle, wenn auch häretische Auffassungen zur Prädestinationslehre entwickelte. Der leidenschaftliche Gottsucher endete im Kerker; er war wohl die tragischste Figur der karolingischen Geistesgeschichte.

Glücklicher verlief das Leben seines Fuldaer Freundes Walafrid Strabo († 849). Er wurde als Kind armer Eltern ins Kloster Reichenau gegeben und kam um 825 zu gründlicher Ausbildung zu Hrabanus, an dessen literarischer Produktion er sich beteiligte. Seine Gönnerin, die Kaiserin Judith, holte ihn als Erzieher für ihren Sohn Karl an den Hof. Als Dank für diese Tätigkeit erhielt er 838 die Abtei Reichenau. Neben ausgesprochener Hofdichtung schrieb Walafrid Heiligenleben und ein Poem über die religionspsychologisch wie politisch aufschlußreichen Jenseitsvisionen seines Lehrers Wetti. Sein Hexametergedicht über die Heilpflanzen des Reichenauer Klostergartens, die er liebevoll botanisch-medizinisch, ästhetisch-symbolisch und theologisch beschrieb, gilt als eine der schönsten Früchte frühmittelalterlicher Klosterliteratur. Wie stark Lupus von Ferrières durch Fulda, seine Schule und Bibliothek geprägt wurde, kam schon in anderem Zusammenhang zur Sprache. Mit Hrabanus befreundet war aber auch Bischof Baturich von Regensburg († 847); er schickte wahrscheinlich St. Emmeramer Mönche zur Ausbildung nach Fulda, und unter ihm blühte die Regensburger Schreibschule auf.

Regensburg und Ludwig der Deutsche. Regensburg spielte im Ostfrankenreich eine ähnlich herausragende Rolle wie im Westen der Hof Karls des Kahlen, wenn sich auch Ludwigs „Residenz" bei weitem nicht mit der fast hybrid-ästhetischen Buchkultur unter Karl vergleichen konnte. Neben dem ausgeprägten theologischen Interesse des Herrschers – sowohl Hrabanus Maurus wie der westfränkische Erzbischof und Politiker Hinkmar von Reims widmeten ihm theologische Schriften und Kommentare – läßt sich auch aus der königlichen Bibliothek rege Anteilnahme am althochdeutschen Schrifttum und an historischen Werken erkennen. In Regensburg finden sich Spuren der hohen Buchkultur Fuldas, der Reichenau und St. Gallens. Die Verbindung des Gallusklosters zur „Residenz" Ludwigs wurde durch Grimalt geknüpft, den Kanzler des Herrschers, in dessen Gestalt sich Politik und Bildung der karolingischen Reichsaristokratie in geradezu klassischer Weise verbanden. Aus rheinfränkischem Adel stammend, an der Aachener Hofschule erzogen, dann Mönch und Lehrer auf der Reichenau, kam er um 829 als Kapellan an den Hof Ludwigs des Frommen, wo Walafrid Strabo sein Schüler war. Dieser dedizierte ihm sein hübsches Gartengedicht (Hortulus). Über das Amt des Abtes von Weißenburg führte Grimalts Weg zu Ludwig dem Deutschen, dessen einflußreicher Kanzler er 833 wurde; dies blieb er mit Unterbrechungen bis 870. Seit 841 auch Abt von St. Gallen, zog er sich am Abend seines Lebens dorthin zurück und starb 872. Wenn in den noch erkennbaren Buchbeständen Ludwigs des Deutschen und Grimalts wichtige historische Werke und das antike Standardwerk des Vegetius über die Kriegskunst vorhanden waren, dann dürfte dies mit dem politischen Rang des Kanzlers zusammenhängen, der dem erfolgreichsten ostfränkischen Karolinger zur Seite stand. Grimalts „Vademecum", eine Sammelhandschrift für den täglichen Gebrauch, enthält Eintragungen über die Liturgie am Hofe, Notizen über Sterbedaten politisch wichtiger Personen, ein Verzeichnis der fränkischen Metropolitankirchen mit ihren Suffraganbistümern und anderes mehr; es vermittelt gute Einblicke in die verschiedenen Tätigkeitsbereiche eines großen Reichsprälaten und in dessen kulturelle Interessen.

In Grimalts Lebensgang treffen wir auf zwei weitere Mittelpunkte karolingischer Geisteskultur im Südwesten des ostfränkischen Reiches: St. Gallen und die Reichenau. Im Galluskloster waren es insbesondere Notker Balbulus, „der Stammler" (840–912), mit seinen beiden Freunden Ratpert und Tuotilo, deren religiöse Lyrik vor allem durch die neuen Formen der Sequenzen und Tropen über antike Vorbilder hinausging. Damit prägten Notker und sein Freundeskreis die Weiterentwicklung der mittelalterlichen, geistlichen und weltlichen Dichtung und Musik in entscheidender Weise – bis hin zur Kunstform des mittelhochdeutschen „Leich". Ekkehard IV. von St. Gallen († nach 1097) hat den drei Unzertrennlichen nach der lebendigen Klostertradition in seiner Chronik ein überaus ansprechendes Denkmal gesetzt. Neben religiösen und didaktischen Schriften verfaßte Notker, den Ekkehard „dürr an Leib, aber nicht an Seele, stammelnd in der Rede, aber nicht im Geiste" nennt, ein Werk über „die Taten Karls des Großen" (Nr. 4, Bd. VII., S. 322ff.). Es entstand auf Wunsch König Karls III. als anekdotenhaftes Buch von hohem erzählerischen Reiz, sarkastisch und humorvoll, eines der schönsten Denkmäler karolingischer Spätblüte. Neben Fulda und Freising sind St. Gallen, Murbach und die Reichenau eng mit den mühsamen Anfängen der deutschen Literatur verbunden, wie sie sich in althochdeutschen Glossen und Interlinearversionen kirchenlateinischer Texte als notwendige Behelfe kirchlicher Unterweisung entwikkelten. Im Bodenseekloster entstand auch eine interlineare, d. h. zwischen die lateinischen Textzeilen geschriebene deutsche Übersetzung der Benediktinerregel aus dem frühen 9. Jahrhundert. Der Bücherkatalog erwähnt ferner zwei Handschriften mit Liedern „zur Lehre der deutschen Sprache".

Umstritten ist die Herkunft des mittellateinischen „Waltharius-Epos", dessen Stoff aus dem Umkreis der Nibelungensage stammt. Am wahrscheinlichsten, weil durch mittelalterliche Zeugnisse belegt, bleibt immer noch die Autorschaft Ekkehards I. von St. Gallen (um 930). Nach Geist und Gehalt paßt dieses erste deutsche Heldenepos zum weltoffenen Humanismus dieses Klosters, wie ihn dessen Chronist Ekkehard IV. in so anschaulicher Weise schilderte. Realistisch und plastisch in der Darstellung – etwa des Katzenjammers, den König Etzel nach einem Gelage hat – steht es zwischen Hildebrandslied und Nibelungenlied als „das einzige Denkmal der lateinischen Literatur Deutschlands, in dem deutsche Heldensage enthalten ist"

(Nr. 700, K. Langosch, S. 368). Zwar noch in lateinischem Sprachgewande, tritt uns im „Waltharius“ – wie mehr als hundert Jahre später im „Ruodlieb“ – die adelig-ritterliche Laienwelt als neues Thema künstlerischer Gestaltung entgegen. Beide Werke waren gleichsam Brückenpfeiler eines Entwicklungsbogens, der vom ersten Vorklang ritterlicher Kultur in spätkarolingischer Zeit zum Beginn höfischen Lebens in frühsalischer Zeit überleitet. Beide Werke entstanden im Umkreis einer aufgeschlossenen, bildungsfreundlichen Klosterkultur, beide sind Widerspiegelungen eines fast renaissancehaften Lebensgefühls diesseits wie jenseits der Klostermauern.

Karolingische Geschichtsschreibung. Politisches Interesse und kirchliche Gelehrsamkeit verbinden sich schließlich auch im Aufblühen der karolingischen Historiographie. Einhards Lebensbild Karls des Großen eröffnete hier mit einem von Sueton inspirierten, aber nach seinem Gehalt reichsfränkischen Meisterwerk der Menschendarstellung den Reigen. Völlig anderer Art waren die beiden Lebensbeschreibungen Ludwigs des Frommen und vor allem das Geschichtswerk Nithards, eines Enkels Karls des Großen. Es ist das zeitgeschichtliche Dokument eines leidenschaftlich Anteilnehmenden, der am Schluß seiner Darstellung die Zeitgenossen eindringlich zum Frieden ermahnte. Leider umsonst, denn er selbst wurde 844 in einem Kampf zwischen Pippin und Karl getötet, ein Opfer karolingischer Zwietracht. Parallel zu diesen biographisch-historischen Darstellungen entstanden als offiziöse Quellen die Reichsannalen und die Jahrbücher bedeutender Reichsklöster in Fulda, St. Bertin, St. Vaast und Xanten.

Als ein gedankenreicher, pessimistischer Abgesang auf die Größe des Karlsreiches stellt sich die Chronik des Abtes Regino von Prüm († 915) dar. Unverkennbar schlagen in seiner historischen Argumentation antike Denkmuster durch. Dort, wo er nicht andere Meinungen aus mittelalterlich-christlichen Textvorlagen übernahm, sondern selbständig urteilte, legte er an die berichteten Ereignisse weniger den Maßstab göttlichen Rechts und christlicher Moral, sondern zeigte ein erstaunlich distanziertes Verständnis für die Eigengesetzlichkeit geschichtlichen Lebens. Dieses war der „Fortuna“ unterworfen und auch von menschlicher Tüchtigkeit (virtus) bestimmt; eine durchaus renaissancehafte Vorstellung mit skeptischen Zügen, die bei einem Abt überraschen mag. Ein eher verklärender Nachklang der humanistisch gestimmten karolingischen Geisteswelt waren hingegen Notkers „Taten Karls des Großen“, ein Werk, das leider nur unvollständig überliefert wurde. Es ist eher für die Mentalität seiner Entstehungszeit aufschlußreich als für ein zuverlässiges historisches Bild des großen Kaisers, der einer ganzen Epoche Europas den Namen gab.

c) Die „ottonische Renaissance“

Die Unterschiede zur Karolingerzeit. Gegenüber dem stürmischen Aufbruch der karolingischen Geistesbewegung, ihrer vieles Spätere vorwegnehmenden Kraft, die sich etwa im Aufblühen der althochdeutschen Literatur zeigte, erweist sich die „ottonische Renaissance" insgesamt als bedächtiger und vom intellektuellen Niveau her anfangs auch bescheidener. Anders stellen sich die Dinge jedoch in der bildenden Kunst dar, vor allem in der Bronzeplastik und in der Buchmalerei, wo die Ottonenzeit bald Höchstleistungen hervorbrachte. Dabei fällt auf, daß im Süden und Westen die Übergänge von der karolingischen zur ottonischen Bildungserneuerung sehr fließend, teilweise sogar ausgesprochen kontinuierlich waren; so etwa auf der Reichenau, in St. Gallen und in Trier-St. Maximin. Erst im weiteren Verlauf des 10. Jahrhunderts traten im ottonischen Kernraum Corvey und Gandersheim entschieden in den Vordergrund, sicherlich aufgrund der Förderung durch das Königshaus; desgleichen Hildesheim und Fulda. Dann, seit den 80er Jahren, erreichten unter dem Einfluß der von Kaiserin Theophanu vermittelten byzantinischen Kultur die Reichenau und Trier seit Egbert (977–993) einen absoluten Gipfel der Buchkunst. Um die Jahrtausendwende folgte Regensburg, im ersten Drittel des 11. Jahrhunderts Salzburg und Echternach.

Den großen Leistungen der karolingischen Theologie gegenüber – man spricht hier sogar von einem „karolingischen Rationalismus" – erscheint das frühere 10. Jahrhundert eher schlicht. Man beschränkte sich lange auf das Bewahren, Sichten und Verarbeiten des karolingischen Geisteserbes, ehe mit Brun von Köln ein neuer schöpferischer Anstoß zu umfassender Bildung kam, der einen „ottonischen Humanismus" heraufführte. Neues zeigte sich aber in der Liturgie bei der Ausgestaltung der Gottesdienste; für diesen Zweck entstanden besonders kunstvoll gestaltete liturgische Handschriften, so vor allem das prachtvoll geschmückte „ottonische Pontifikale". Es wurde zwischen 950 und 962 in Mainz geschrieben und enthält Zeremonien und Gebete für die Herrscherweihe, weshalb man es wohl zu Recht als eine repräsentative Selbstdarstellung des ottonischen Reichskirchensystems ansieht. Andere Texte aus der Reichenau, St. Emmeram in Regensburg, aus Fulda und Echternach zeigen Otto III. und Heinrich II. in der Mandorla, jener mandelförmigen Glorie, die bislang nur Christus vorbehalten war – ein theologisch kühner Verweis auf die zentrale Rolle des Herrschers innerhalb der Kirche.

Wenn Otto der Große schon von seinem ersten Italienzug den Diakon Gunzo und Stephan von Novara, zwei Lehrer der Grammatik, nach Deutschland mitnahm, dann erinnerte dies an Karls Einladung italienischer Gelehrter nach Aachen. Otto stiftete aber keine Hofschule, sondern ließ die Grammatiker an Bischofskirchen wirken. Überhaupt begannen seit den fünfziger Jahren die Domschulen den klösterlichen Bildungszentren den Rang abzulaufen, auch dies eine Folge der Neuorganisation des Reichskirchensystems. Köln unter Erzbischof Brun und die Lütticher Domschule gingen voran; es folgte Ottos des Großen Stiftung und Lieblingssitz Magdeburg. Sowohl in der alten rheinischen wie in der neuen ostsächsischen

Metropole war die enge Verbindung zum Herrscherhaus ausschlaggebend. Würzburg entfaltete sich seit Stephan von Novara und die Wormser Domschule unter Bischof Anno, dem ersten Abt des Moritzklosters in Magdeburg. Es folgten Augsburg unter Bischof Ulrich († 973), Regensburg zur Zeit des heiligen Wolfgang († 994), Hildesheim mit dem Künstler und Kunstförderer Bernward († 1022) und während des Episkopats Godehards († 1038), Paderborn unter dem tatkräftigen Meinwerk († 1036) und schließlich Bamberg, dessen Schule auf den gelehrten Lütticher Kleriker Durandus zurückging. In Süddeutschland scheinen die Klöster ihre kulturelle Vorrangstellung weitgehend beibehalten zu haben, wie die weitere Entwicklung von Regensburg-St. Emmeram, Niederalteich, Tegernsee sowie von St. Gallen und der Reichenau nahelegt.

Geschichtsschreibung und Literatur. In der Historiographie kann sich die Ottonen- und frühe Salierzeit mit den karolingischen Höchstleistungen messen. Das gilt bereits für den Fortsetzer der Chronik Reginos von Prüm, den St. Maximiner Mönch, Weißenburger Abt, königlichen Kapellan und Russenmissionar Adalbert († 981); er wurde später wegen seiner Erfahrungen in der Slawenmission der erste Erzbischof Magdeburgs. Seine Tätigkeit in der Kanzlei Ottos des Großen und überhaupt die enge Verbindung zum Hofe gab seinem bis 967 geführten Geschichtswerk Souveränität und geistige Weite. Anders als der eher von Pessimismus erfüllte Regino läßt Adalberts Chronikteil etwas von der Aufbruchstimmung der frühen Ottonenzeit spüren.

Noch stärker prägte sich diese optimistische Tendenz in der Sachsengeschichte Widukinds von Corvey aus; sie ist vom Stolz auf seinen nunmehr das Reich tragenden Stamm und dessen Herrscherhaus erfüllt. Sein Name wie seine hochadelige Herkunft läßt Verwandtschaft mit dem berühmten Sachsenherzog und Gegenspieler Karls des Großen vermuten. Die Eigenständigkeit seiner Geschichtsauffassung zeigte sich auch darin, daß er das universale Kaisertum Ottos ablehnte und weder dessen römische Krönung von 962 noch seine durch die Gründung des Erzbistums Magdeburg inaugurierte Kirchen- und Missionspolitik gegenüber den Slawen erwähnte. Von dezidiert politischem Gehalt ist auch die Lebensbeschreibung Erzbischof Bruns von Köln aus der Feder seines Schülers Ruotger, eine ebenso polemische wie programmatische Vita; sie entwickelte am Leben des Königsbruders den Idealtypus eines ottonischen Reichsbischofs.

Aus hochadeliger Familie stammte auch Bischof Thietmar von Merseburg (975–1018), dessen „Chronicon" zum Genre der Bistumsgeschichten gehört, wie sie im 11. Jahrhundert in Cambrai, Lüttich und Halberstadt entstanden. Allerdings gab Thietmar seiner Geschichte des Bistums Merseburg eine sehr eigenwillige Prägung; sie weitet sich immer wieder zur Reichsgeschichte oder sächsischen Geschichte, besticht durch exakte Beobachtungen einzelner Menschen wie auch der mißtrauisch verfolgten slawischen Welt. Thietmar weiß die Mittel seiner in der Magdeburger Domschule erworbenen Bildung wohl einzusetzen und hält mit parteiischer Leidenschaftlichkeit und schroffen Urteilen nicht hinterm Berg.

Zum Bereich adelig-geistlicher Literatur gehört auch das auf der Reichenau entstandene Werk Hermanns des Lahmen (1013–1054). Seine Chronik ist ein Meisterwerk frühsalischer Historiographie. Durch kritische Distanz und abwägendes Urteil, ebenso aber durch sein formal gewandtes Latein, das ohne den überflüssigen Zierat von Klassikerzitaten auskommt, erweist sich der schwäbische Grafensohn aus dem Saulgau auf der Höhe seiner Zeit. Als Repräsentant eines schöpferischen Neubeginns des Mittelalters in spätottonischer und frühsalischer Zeit ist Hermann, dem seine Schüler große Güte nachsagten, auch in anderer Beziehung eine Schlüsselfigur: Ähnlich wie Gerbert von Aurillac war er ein begnadeter Lehrer von umfassender, produktiver Gelehrsamkeit, dabei ohne jede Eitelkeit und voll Selbstironie über seine körperlichen Gebrechen. Er verfaßte mathematische und astronomische Schriften, baute musikalische und mechanische Instrumente und entwickelte, etwa gleichzeitig mit Guido von Arezzo (992–1050), eine verbesserte Notenschrift, in der sowohl die relativen Tonhöhen genau bezeichnet als auch durch Buchstaben die Intervalle angegeben wurden. Vermutlich gehen auf Hermann auch die große, individuell-religiöses Gefühl verströmende Mariensequenz „Ave praeclara maris stella“ und die Antiphone „Salve Regina“ zurück. Wegen seiner Berühmtheit besuchten ihn Kaiser Heinrich III. und Papst Leo III. auf der Reichenau. Mit ihm erhob sich der deutsche Kulturkreis endgültig zu europäischer Bedeutung: Kirchlich diszipliniertes und verfeinertes Lebensgefühl adeligen Charakters kündigten eine neue Welt von Bildung und Gelehrsamkeit an, die später dem standesgleichen ritterlichen Laien die Schätze des Geistes eröffnete.

In den Lebensbereich höfischer Laienkultur führt schließlich der „Ruodlieb“, ein leider nur bruchstückhaft erhaltenes, lateinisches Epos von hoher literarischer Qualität und treffender Schilderungskunst, zugleich Ausdruck einer neuen weltlichen Sittlichkeit, die „christlich-demütige Mäßigung und Humanität“ mit Freude an Luxus und Galanterie verband: Das Werk war inhaltlich – es geht unter anderem um eine „edle Rache“ – ein Vorläufer der großen mittelhochdeutschen Epik. Obwohl im Kloster Tegernsee um die Mitte des 11. Jahrhunderts geschrieben, gehört diese Dichtung doch dem Hofkreis um Heinrich III. an, vielleicht war der Kaiser sogar der Auftraggeber. Diesem Kreis, der uns den streng kirchlich-religiösen Herrscher in einem völlig anderen, weltfreudig-heiteren Lichte erscheinen läßt, ist neben dem Kapellan Wipo wohl auch der Dichter des satirischen Tierepos „Ecbasis captivi“ (Flucht eines Gefangenen) und der Sammler der sogenannten „Cambridger Lieder“ zuzurechnen. Letztere – genannt nach dem Fundort der einzigen Handschrift – enthalten Preislieder auf die Ottonen, auf Heinrich III. und andere deutsche Fürsten, aber auch derbe und naiv-schlaue Schwänke sowie zarte antikisierende Liebeslyrik, bis hin zu dem homoerotischen Lied auf einen Knaben mit der sprechenden Anfangszeile: „Du Ebenbild der Venus, ach so bewundernswert/Der du mit keinem Makel an deinem Leib beschwert ..." (O admirabile Veneris idolum ...). Geistige Welten scheinen zwischen solcher intimen Lyrik und dem „Sutri-Lied" zu liegen, einem Stück politischer Dichtung vom Hofe Heinrichs III., das mit scharfem Tadel die Mißwirtschaft am päpstlichen Hofe geißelt. Der Herrscher wird aufgerufen, in diesem Hort aller Übel anstelle des Allmächtigen Ordnung zu schaffen – ein früher Vorklang auf manche Texte der aggressiven Publizistik des Investiturstreits und auf die antipäpstliche Kampflyrik Walters von der Vogelweide.

3. Lebensnormen – Lebensformen

a) Die Volkskultur und ihre Verchristlichung

Wenn auch die Literatur bis ins 11. Jahrhundert fast ausschließlich eine Sache der Kleriker blieb, spiegelte sie doch mehr und mehr auch die Welt der Laien wieder. Diese war von der kirchlichen Ordnung und ihrem Wertekanon tief geprägt, stellte aber dennoch einen eigenen weiten Bereich dar: Letzteren zu durchdringen, war nicht leicht, denn die Mentalität der Laien prägte auch die kirchlichen Normen um. Deshalb finden sich Mischformen zwischen archaisch-magischer Volkskultur und christlichen Vorstellungen. Wenn zur Zeit Karls des Großen drakonische Strafen gegen heidnische Kulthandlungen, gegen die Verehrung von Quellen, Bäumen oder Hainen erlassen wurden, dann mag dies am Beginn einer gewaltsamen Christianisierung kaum verwundern. Aber noch im 11. Jahrhundert stellte Bischof Burchard von Worms fest, daß Leute bei Bäumen, Quellen und Steinen beteten und daß sie Lichter und Fackeln opferten. Arnold von St. Emmeram († vor 1050) wußte von Bauern, die in ihrer Dummheit glaubten, es sei sündhaft, Bäume zu fällen, „bei denen die Heiden die Wahrsagerei pflegten" (Nr. 162, H. Fichtenau, S. 414). Heidnischer Volksglaube findet sich auch in gewissen Formen der Totenwache, womit man eine Wiederkehr des Verstorbenen verhindern wollte. Erzbischof Agobard von Lyon († 840), ein kirchlicher Vorkämpfer gegen Aberglauben, verfaßte eine Schrift „Gegen die törichte Volksmeinung über die Entstehung von Unwettern"; er wandte sich auch entschieden gegen die Furcht vor Hexen. Doch war die Überzeugung von deren Existenz so fest verwurzelt, daß karolingische Kapitularien die Hinrichtung überführter Hexen anordneten. Da oft schon eine Anschuldigung genügte, wurden viele Menschen, vor allem Frauen, Opfer sogenannter Gottesurteile. Weit verbreitet war dabei die Wasserprobe, bei der es zumeist auf ein Ertränken der Angeklagten hinauslief. Regino von Prüm erwähnt Ausritte von Hexen und Frauen, die imstande seien, durch Zauberpraktiken die Gefühle eines Menschen von Haß zu Liebe und umgekehrt wandeln zu können; er selbst verurteilte aber solchen Irrglauben. Immer wieder ist auch von Liebestränken aus Sperma und Menstruationsblut, von Viehverhexung und Talismanen die Rede, ferner von Wahrsagerei, an die sogar viele Geistliche glaubten. Desgleichen spielte die Astrologie eine große Rolle. Daß Kometen Seuchen, Hungersnöte und Kriege ankündigen, war auch die Überzeugung eines so hochgebildeten Mannes wie Lupus von Ferrières, und Jenseitsvisionen von schauerlicher Eindringlichkeit wurden in vielen Heiligenleben und Chroniken aufgezeichnet.

Es gab keine einheitliche kirchliche Meinung zu diesen Fragen, Weissagungen waren offenbar geduldet, wenn man sie als „freiwillige" Zeichen Gottes ansehen konnte; doch durften sie nicht durch magische Praktiken ermöglicht werden. Die alten heidnischen Gottheiten lebten als Dämonen gleichsam in den „Kellerräumen" der Volksmentalität weiter, und immer wieder finden sich Formen von Synkretismus: Widukind von Corvey berichtete von den Dänen, daß sie seit alter Zeit Christen seien, „aber nichtsdestoweniger den Götzen nach heidnischer Weise" dienten (Nr. 4, Bd. VIII, c. 65, S. 168). Erst als ein Priester, ohne sich zu verbrennen, glühendes Eisen in den Händen trug, glaubte auch König Harald († 985) an Christus als den alleinigen Gott.

Am engsten verbanden sich wohl christliche Glaubensformen und alte magische Vorstellungen in der Heiligenverehrung und im Reliquienkult. Der Heilige war Vermittler der Gnade des majestätisch entfernten Gottes, ihm durfte man sich mit menschlichen Anliegen nahen; seine Gebeine brachten Schutz und Segen; die Wallfahrt an sein Grab blieb ein sehnsüchtig erstrebtes Ziel für Millionen Menschen. Das Berühren von Reliquien war sowohl religiöser Akt wie Heilmittel, Kontaktreliquien dienten als Amulette, Glücksbringer und Schutz vor bösen Mächten. Die burgundische Großabtei Cluny wurde reich und mächtig durch die Organisation der Wallfahrt nach Santiago di Compostella. Überall in Europa hatte das Kloster an den Pilgerwegen zum Grabe des Apostels Jakob seine Priorate und Hospize.

Mit dem Wallfahrtswesen erkämpfte die Kirche aber auch für alle Bevölkerungsschichten – und vor allem für die an Grund und Boden gebundene abhängige Basisgesellschaft – einen Freiraum und eine Möglichkeit, wenigstens vorübergehend, um des Seelenheils willen, das eintönige Leben von Zwang und Arbeit hinter sich zu lassen. Ähnliches gilt für die Heiligung der Sonn- und Feiertage. So wird absichtsvoll in vielen Legenden berichtet, wie Gott oder ein Heiliger einen Bauern oder Grundherrn schwer bestrafte, weil er selbst das Feiertagsgebot mißachtete oder seine Untergebenen dazu zwang. Für die Abhängigen blieb die kirchlich sanktionierte Arbeitsruhe wohl die einzige Möglichkeit, dem ungemessenen Herrendienst zu entrinnen. Das war – modern gesprochen – der Anfang dessen, was man heute Freizeit nennt. Diese wiederum wurde eingebettet in den Jahreskreis kirchlicher Feste und Feiern. Damit entstand eine immer reicher ausgestaltete, das gesamte Leben umfassende, christliche Festkultur, die erst durch die Reformation und dann besonders durch eine ideologisch radikalisierte Aufklärung abgebaut oder gar völlig zerstört worden ist.

Mit anderen Worten: So sehr die Kirche auch immer wieder in Gefahr geriet, selbst von der suggestiven Kraft magisch-archaischer Kultformen angesteckt zu werden – etwa im Bereich des Hexenglaubens – veränderte sie doch letztlich langsam und unaufhaltsam nach ihren Maßstäben alle Lebensformen. Sie leistete damit aus christlicher Überzeugung auch ein gutes Stück ,,Aufklärung", sie veränderte tief eingewurzelte Verhaltensweisen älterer Kulturstufen und setzte an deren Stelle neue Werte und Normen. Ebenso wie sie den auf bloßer Macht und Herrschaft gegründeten alten Adelsbegriff ethisierte und damit humanisierte und mit der Grundüberzeugung von der Gleichheit aller Menschen vor Gott die Gesellschaft insgesamt veränderte, führten kirchliche und monastische Vorbilder und Lehren in anderen zentralen Lebensbereichen zu einem grundlegenden Wandel. Als Beispiele hierfür seien abschließend die veränderte Stellung der Frau in der Gesellschaft und die Neuwertung der Arbeit im Christentum behandelt.

b) Die Frau in der Gesellschaft

Ehe und Liebe. ,,In der Geschichte der Frau im Mittelalter gibt es Konstanten und Wandlungen – und Dauer im Wandel. Die stärkste Konstante: Die Frau ist die reiche Erbtochter, die Frau gebiert den Nachfolger und Erben. Das gilt für König und Bauer, Adel und Bürger" (Nr. 673, E. Ennen, S. 230). In der Tat ist diese ,,biologische" Funktion der Frau ein dauerhaftes Element und gleichsam ein Grundakkord der Wertschätzung der Frau bis zur drohenden Auflösung der Familie in unseren Tagen. Die ,,Variablen" für die Einschätzung der Frau und ihrer spezifischen Leistungen sind aber im Laufe der Geschichte ebenso bedeutsam geworden; gerade im früheren Mittelalter haben sie die Entwicklung wesentlich mitbestimmt. Die römische Gesetzgebung seit Augustus sicherte der Frau als ,,mater familias" eine relativ günstige Stellung, vor allem im Verfügungsrecht über ihr Eigenvermögen (dos) als Gattin. Es versteht sich von selbst, daß davon nur Frauen der oberen und mittleren Schichten betroffen waren, die ererbtes Gut und damit auch die materielle Basis für eine gewisse Selbständigkeit in der ehelichen Gemeinschaft besaßen. Für die Abhängigen, besonders für die Sklaven, stellten sich solche Fragen nicht, vor allem deshalb nicht, weil es erst sehr spät unter christlichem Einfluß zaghafte Ansätze zu einer legitimen Sklavenehe gab. Die sogenannten germanischen Stammesrechte des 6. bis 9. Jahrhunderts enthielten dann zwar eine Fülle von Bußen für Mord, Verletzung und Kränkung der Frau, ließen aber deren minderen Rechtsstand klar erkennen: Die Frau stand auch in Vermögenssachen in der Schutz- und Fürsorgegewalt (Munt) des Mannes oder seiner Familie. Sie war zwar nicht rechtlos, aber vor Gericht handlungsunfähig; dort mußten sie Vater, Bruder oder Gatte vertreten. Die erwähnte Konstante bei der Wertschätzung der Frau trat ebenfalls im Recht zutage: die Tötung einer Gebärfähigen wurde wesentlich strenger geahndet als ein Verbrechen an einer älteren Frau, am strengsten jedoch der Mord an einer Schwangeren.

Ob die „Friedelehe“, das heißt die freie Verbindung von Mann und Frau, der legitimen, mit Eigenvermögen (dos) für die Frau ausgestatteten Muntehe gleichgestellt war, ist unklar. Doch spricht die Erbfähigkeit der Kinder aus Friedelehen dafür, daß sie im germanischen Bereich weitgehend anerkannt war. Erst die Kirche hat sie zugunsten der Einehe als „Konkubinat“ kriminalisiert, bei Herrschern und Dynasten jedoch meist stillschweigend toleriert. Die Eheprobleme König Lothars II. zeigten aber auch die Chance der Kirche, mit schwierigen Ehefragen „große Politik“ zu machen. Die Haltung der Kirche war durchaus nicht eindeutig, sie wurde vor allem in der Praxis von Vorstellungen unterlaufen, die im Widerspruch zur Lehre der Kirchenväter und zu kanonischen Bestimmungen stehen konnten. Mit der christlichen Auffassung, daß eine Ehe durch den freien Konsens von Mann und Frau zustandekomme, wurde aber zweifellos das Persönlichkeitsrecht der Frau gestärkt, ebenso durch die prinzipielle Gleichheit der Geschlechter im Heilsgeschehen. Auch die Unauflöslichkeit der Ehe und die Durchsetzung der Monogamie stärkte die Position der Frau, mochten die Kirchenväter auch grundsätzlich der Jungfräulichkeit und Enthaltsamkeit den Vorrang vor dem Ehestand geben. Andererseits blieb in der Ehe der Mann das Haupt, die Frau als das schwächere Geschlecht und als „sündige Eva“ unter der männlichen Autorität und damit – in konsequenter Fortführung paulinischer Gedanken – auch vom Priesteramt ausgeschlossen. Noch im 10. Jahrhundert durfte keine Frau an den Altar herantreten und den Kelch des Herrn berühren. Nimmt man hinzu, daß nach den Rechtsordnungen des früheren Mittelalters der Ehebruch der Frau oft drakonisch geahndet wurde, die männliche Untreue hingegen wesentlich nachsichtiger, dann erkennt man, wie stark grundsätzliche kirchliche Positionen von der Realität gesellschaftlicher Verhältnisse modifiziert wurden.

Dies gilt besonders für unterschiedliche soziale Ebenen. Während sich in der adeligen Oberschicht die Stellung der Frau in Ehe und Gesellschaft unter kirchlichem Einfluß zu festigen begann und adelige Frauen als Stellvertreter ihrer abwesenden oder verstorbenen Gatten und als Burgherrinnen vollgültige Herrschaftsrechte über Land und Leute ausüben konnten, war es für die breite Schicht der Hörigen und Leibeigenen meist unmöglich, überhaupt den Status der Ehefähigkeit zu erlangen. Das Bestreben der Kirche, geschlechtliche Verbindungen von Unfreien als ehelich zu sanktionieren, war zwar unverkennbar, konnte sich aber in der realen Welt grundherrlicher Abhängigkeit nur schwer durchsetzen. Unfreie gehörten zu den

„beweglichen Gütern"; in kirchlichen Güterverzeichnissen und Urkunden wurden Leibeigene, wenn man sie verschenkte oder an anderem Ort zur Arbeit einsetzte, so gut wie nie familienweise aufgeführt, sondern zuerst die Männer und – getrennt davon – die Frauen mit ihren Kindern. Es ist dies ein Beweis dafür, daß selbst die Klostergrundherrschaft wenig Interesse hatte, bestehende sexuelle Beziehungen zu legalisieren, wenn man auch andererseits deren „natürliche Ergebnisse" – die Kinder – als positiven Zugewinn für die Villikation ansah und sie nüchtern und pragmatisch in den Arbeitsprozeß eingliederte. Klösterliches Dienstpersonal wurde gewöhnlich in Massenquartieren und Schlafsälen untergebracht, die Männer getrennt von Frauen und Kindern. Familiengründung – ganz gleich ob kirchlich erlaubt oder nicht – war am ehesten den „servi casati" möglich, den bäuerlichen Hörigen mit eigenem Haus, wobei die Familie zugleich engste Arbeitsgemeinschaft unter der Gewalt des Mannes war.

Ehe und damit Ehefähigkeit blieben also lange Zeit eine Frage des Besitzes und der wirtschaftlichen Verhältnisse und damit meist weit entfernt von kirchlich-kanonischen Zielvorstellungen. Erst im Gefolge der hochmittelalterlichen Kirchenreform wurde das Recht, sich von der Gattin zu trennen, ein schwieriger Sonderfall und damit eine Sache des Kirchenrechts. Seit dem 12. Jahrhundert setzte sich dann die kirchliche Eheschließung durch. Auf einer Synode in Tribur wurde 895 den Bischöfen aufgetragen, Ehebrecherinnen vor der Tötung durch den Gatten zu schützen und diesen darauf hinzuweisen, daß die eheliche Treue auch für ihn gelte (Nr. 33, II, 2, Bd. 2, S. 239f.). Aber noch hundert Jahre später beklagte es Thietmar von Merseburg bitter, daß Ehebrecherinnen nicht verstümmelt, gesteinigt oder enthauptet würden, sondern überall „die Freiheit zur Sünde" herrsche (Nr. 4, Bd. IX, S. 44). Dennoch scheint es unter kirchlichem Einfluß Fortschritte gegeben zu haben: Im „Ruodlieb" (um 1050), einem mittellateinischen ritterlichen Lehrgedicht, antwortet die Dame auf die Vorhaltungen ihres Bräutigams, daß eheliche Untreue sie den Kopf kosten könne, mit dem Bemerken, die Treuepflicht gelte auch für ihn. „Sag, warum soll ich dir eine bessere Treue bewahren als du mir?" Wenn darauf der künftige Gatte verspricht, die Frau dürfe ihm im Falle ehelicher Untreue ihrerseits den Kopf abschlagen, dann war dies wohl kaum ernst gemeint. Immerhin versuchte der geistliche Verfasser, „die Einseitigkeit der Treuepflicht zur Diskussion" zu stellen und damit „erzieherisch zu wirken"(Nr. 162, H. Fichtenau, S. 141), ein modern anmutendes Motiv. Allerdings gab es diese weitgehende „Gleichberechtigung" der Frau wohl ausschließlich in der Sphäre der adeligen Oberschicht; doch dürften im Haushalt des bäuerlichen Abhängigen die Unentbehrlichkeit der Frau und ihre Herrschaft im Haus über Gesinde und Kinder ebenfalls eine positive Wirkung auf ihre Stellung insgesamt gehabt haben. Auch traten die Frauen in schweren Notzeiten aus ihrem häuslichen Arbeitsbereich heraus, um den Männern zu helfen: So war es etwa während der Normanneneinfälle, als sich Frauen an der Verteidigung der Städte beteiligten, und ebenso bei der Belagerung von Merseburg durch ein polnisches Heer im Jahre 1015.

Am schwierigsten war es für die Kirche, den Bereich des Erotischen einigermaßen zu domestizieren, da hier der Klerus selbst existentiell betroffen war. Jede Form der Geburtenverhütung wurde strikt verboten, da nach kirchlicher Vorstellung der Geschlechtsverkehr nur zum Zwecke der Fortpflanzung erlaubt war, eine rigoristische Auffassung, der sich schon in der Karolingerzeit die Laien widersetzten. Sie behaupteten: „Die Geschlechtsorgane wurden von Gott geschaffen, damit die Gatten Beziehungen zueinander haben. Es ist nicht einzusehen, warum es ein Fehler sein soll, wenn diese Beziehungen aus Vergnügen zustandekommen" (Nr. 41, Bd. 106, Sp. 172f. u. 184f.). Unter diesen Umständen war es wohl fraglich, ob die langen Zeiten kirchlich verordneter Enthaltsamkeit vor Weihnachten, vor und nach Ostern und nach Pfingsten sowie vor hohen Feiertagen und mittwochs und freitags eingehalten wurden. Die Kirche kam dem insofern entgegen, als sie Übertretungen unter Alkoholeinfluß milder ahndete. Ähnliches galt für Frauen, die aus Armut abgetrieben hatten. Verhütungsmittel aus Kräutern waren durch die einschlägigen Werke römischer und byzantinischer Ärzte vor allem den Gebildeten bekannt, auch die mittelalterlichen Beichtspiegel fragen danach. Kindstötung scheint nicht selten gewesen zu sein; schwangere Frauen wurden vom Klerus ermutigt, die Ungeborenen, vor allem wenn sie im Ehebruch gezeugt waren, in kirchliche und klösterliche Findelhäuser zu bringen.

Das kirchliche Einschreiten gegen Polygamie, die durch die germanische Sitte der Friedelehe gefördert wurde, stieß vor allem dort auf hartnäckigen Widerstand, wo die adelige Oberschicht betroffen war. Karl der Große hatte bis ins Alter zahlreiche Friedelfrauen, und sexuelle Beziehungen zwischen den Grundherren und weiblichen Leibeigenen waren an der Tagesordnung; hier gewann der Begriff der Leibeigenschaft eine besonders schwerwiegende Bedeutung. Prostitution ist vielfach bezeugt, besonders an volkreichen Wallfahrtsorten, aber auch in Königspfalzen und auf dem flachen Lande. Die kirchlich geförderte Wallfahrt war wohl auch hier eine der wenigen Chancen für alle Abhängigen, Freizügigkeit, vorübergehende Freiheit vom Arbeitszwang und eine gewisse Ungebundenheit zu erfahren; sie war religiös legitimierter Tourismus, worin sich Heilsbedürfnis und Lebenslust auf unnachahmliche Weise verbanden. Ob die in den Beichtspiegeln aufgezählten geschlechtlichen Verirrungen: Geschwisterliebe, Homosexualität und Sodomie tatsächlich sehr verbreitet waren, darf bezweifelt werden. Bischof Theodulf von Orléans († 821) warnte jedenfalls seinen Klerus davor, die Beichtkinder erst durch Aufzählen von Perversionen auf dieselben aufmerksam zu machen (Nr. 41, Bd. 105, Sp. 219).

Wenn die Kirche auch grundsätzlich auf der Unauflöslichkeit der Ehe bestand, fielen doch die Entscheidungen jeweils recht verschieden aus; auch hier dürfte der Sozialstatus der Betroffenen eine Rolle gespielt haben.

Während Papst Gregor II. (715–731) auf Anfrage des Bonifatius die Trennung eines Paares gestattete, das offenbar keiner sexuellen Beziehung fähig war, schärften die „Dicta Pirmini", eine dem heiligen Pirmin zugeschriebene kirchliche Sentenzensammlung des 8. Jahrhunderts, nachdrücklich ein, der Mann müsse seine Ehefrau behalten, auch „wenn sie unfruchtbar, verkrüppelt und alt, selbst wenn sie schmutzig und trunksüchtig sei, keinen Anstand habe, wollüstig, eitel, gefräßig, wankelmütig, streitsüchtig und schnell beleidigend werde ..., denn der Mann habe aus freiem Ermessen gehandelt, als er sich mit ihr verband" (Nr. 41, Bd. 89, Sp. 103). Es liegt nahe, diese rigoristische Auffassung auch mit der monastischen Strenge des Verfassers zu erklären. Allgemeine kirchliche Praxis scheint es kaum gewesen zu sein, vor allem nicht während des früheren Mittelalters, als die Ehe noch nicht mit klaren Bestimmungen ins kanonische Recht eingebunden war.

Frauen in Politik und klösterlicher Bildung. Mag es auch sicherlich übertrieben sein, die Frauenklöster des Früh- und Hochmittelalters vornehmlich unter dem Aspekt emanzipatorischen Fortschritts zu sehen, so kann doch kein Zweifel bestehen, daß in diesem Bereich Entwicklungen weiblicher Bildung und fraulichen Selbstbewußtseins begannen, die weit über den monastischen Bereich hinauswirkten. Man wird sich dabei weniger an die stolzen Nonnen aus merowingischem Königshaus erinnern, die zur Zeit Gregors von Tours im Heiligkreuzkloster zu Poitiers einen wilden Aufstand inszenierten und mit ihren Dienern eine eigens deswegen einberufene Bischofssynode mit handfesten Prügeln auseinandertrieben (Nr. 4, Bd. III, 2, c. 39ff., S. 296ff.). Eher ist an die Äbtissin Gertrud von Nivelles († 659), eine Vorfahrin der Karolinger, zu denken oder an jene gebildeten angelsächsischen Nonnen wie die heilige Lioba, die von Bonifatius nach Mainfranken gerufen wurde. Nach ihrem Biographen Rudolf von Fulda († 838) war Lioba „in den Schriften sehr gelehrt und klug im Rat". Ähnliches galt für die Äbtissinnen Adelheid von Vilich bei Bonn († nach 1009) und für Liutgard von Elten († vor 996), von der Alpert von Metz († 1021/25) zu berichten weiß, daß wegen ihrer Klugheit nicht nur vom Königshof, sondern von weither viele Leute kamen, um ihren Rat einzuholen (Nr. 33, I, 2, Bd. 4, S. 703). Liutgards Damenstift, eine von Otto dem Großen privilegierte, reich ausgestattete Gründung ihres Vaters Wichmann († nach 973), war allerdings kein wirkliches Nonnenkloster; die Konventualinnen führten kein asketisches Leben, und die heilige Liutgard selbst wurde traurig, wenn sie keine Besucher hatte: Ihr Haus „war für sie die Fortsetzung einer adeligen Haushaltung mit Gesinde, ritterlichem Gefolge und Gästen". Ihre jüngere Schwester Adela, die Mutter des berühmten Bischofs Meinwerk von Paderborn, soll Liutgard vergiftet haben, jedenfalls riß sie den Eltener Klosterbesitz an sich. Ob sie auch, wie ihr nachgesagt wurde, ihren eigenen Sohn Dietrich ermordete und während ihrer Witwenschaft „sich keinem versagte“, bleibe dahingestellt; von einer rechtlichen Minderstellung der adeligen Frau kann in ihrem Fall zumindest nicht die Rede sein.

An die merowingischen Prinzessinnen und Nonnen erinnert auch Sophie von Gandersheim, die Tochter Kaiser Ottos II., die nur von einem Erzbischof den Schleier nehmen wollte und deshalb ihr Kloster Willigis von Mainz unterstellte, nicht dem zuständigen Diözesanbischof Bernward von Hildesheim. Diesem verwehrte sie den Eintritt ins Kloster, wo sich die stolze, streitbare Ottonin mit Bewaffneten verschanzt hatte (Nr. 33, I, 2, Bd. 4, S. 772). Das Ideal der gebildeten klösterlichen Frau war hingegen die Dichterin Hrotsvith von Gandersheim († 975), die Ottos des Großen Taten und ihr Kloster in Hexametern verherrlichte und Heiligenlegenden schrieb, wohl die ansprechendste und bedeutendste geistliche Frau des 10. Jahrhunderts in Deutschland. Frauenbildung war aber keine interne Sache der Klöster, denn auch viele adelige Mädchen erhielten in Nonnenkonventen eine literarische Erziehung: so etwa Mathilde, die zweite Gattin Ottos des Großen, im Kloster Herford. Sie hat sich später als Witwe weiter in den Wissenschaften unterrichtet. Hadwig († 994), die Tochter Herzog Heinrichs I. von Bayern, konnte sich schon als Braut eines byzantinischen Prinzen griechische Bildung aneignen und gehörte somit in den Umkreis der hochbedeutenden Byzantinerin Theophanu. Mit 15 Jahren heiratete Hadwig Burchard III. von Schwaben († 973); als dessen Witwe spielte die mächtige Frau auf dem Herzogsitz am Hohentwiel eine große Rolle. Sie war mit dem St. Galler Gelehrten Ekkehard II. († 990) befreundet, der sie in den lateinischen Klassikern unterwies. Sie bereitete ihm aber durch ihre „strengen und wilden Gewohnheiten“ auch viele Verlegenheiten. Ob zwischen beiden zartere Beziehungen bestanden, bewegte im romantischen 19. Jahrhundert manche Gemüter; auszuschließen ist es wohl nicht.

Ein besonderes Maß von Freiheit bis zur aktiven politischen Einflußnahme zeichnete eine Reihe von Herrscherinnen aus. Die schöne Welfin Judith hat am Hofe Ludwigs des Frommen wiederholt und schicksalhaft in die karolingische Geschichte eingegriffen. Noch bewegter war das Leben ihrer gleichnamigen Enkelin, die durch ihre dritte Ehe mit dem Ritter Balduin, der sie heimlich entführte – es war eine modern anmutende Liebesheirat – die Stammutter der mächtigen Grafen von Flandern wurde. Von Adelheid, der zweiten Gemahlin Ottos des Großen, die als Mitregentin (consors regni, particeps imperii) und Erbin begehrter Herrschaftsansprüche in Italien und Burgund eine wichtige politische Rolle spielte, reicht die Kette einflußreicher Königinnen, Kaiserinnen und Fürstinnen zur Kaiserin Theophanu, der Gemahlin Ottos II., und über Kunigunde, die Gattin Heinrichs II., bis zu Gisela, der geistig bedeutenden Gemahlin Konrads II. Gisela, die Konrads Biograph Wipo die „unentbehrliche Gefährtin“ des Kaisers nannte, weil „sie alle an klugem Rat übertraf“ (Nr. 4, Bd. XI, Gesta Chuonradi, c. 4, S. 553), hatte starken Anteil an den Regierungsgeschäften und begleitete den Herrscher auf dessen vielen Reisen im Reich.

Die Verbindung der ungewöhnlich schönen, gebildeten und ehrgeizigen Frau mit dem ersten Salier scheint ebenfalls eine Liebesheirat gewesen zu sein.

Die Möglichkeit zur Selbstbestimmung einer Frau hing somit weitgehend von ihrem sozialen Rang ab, wobei die politische Stellung an der Seite des Gatten ebenso wichtig sein konnte wie Umfang und Bedeutung ihres Erbes; dies galt selbst noch hinter Klostermauern.

Die normativen Vorstellungen der kirchlichen Autoritäten von der Rolle der Frau sind sicherlich nicht ohne Einfluß auf deren allgemeine Besserstellung geblieben; so dürfte das Anwachsen und die Intensivierung der Verehrung Marias als der Gottesgebärerin und neuen, erlösten Eva seit dem Frühmittelalter viel zur höheren Wertschätzung der Frau beigetragen haben, ebenso der wachsende Anteil von Nonnen an der klösterlichen Bildung. Doch zieht sich seit dem rigiden Antifeminismus des heiligen Hieronymus auch die negative Sicht der Frau als „Gefäß der Sünde" und „Teufelspforte" (ianua diaboli) durch die Traktatliteratur kirchlicher Autoren. Den wirklichen Rang und die reale Funktion der Frauen auf den verschiedenen Stufen der Gesellschaft genauer zu bestimmen, bleibt vor allem deshalb so schwierig, weil fast alle schriftlichen Äußerungen aus kirchlicher Feder stammen und selbst literarisch tätige Frauen sich den von Klerikern und Zölibatären geprägten Aspekt weiblicher Existenz weitgehend zu eigen gemacht haben. Das spröde Material sozial- und wirtschaftsgeschichtlicher Quellen führt oft nur zu fragmentarischen Erkenntnissen. Dennoch bleibt deren Auswertung für die Geschichte der Frau ein dringendes Erfordernis, will man nicht über mehr als die Hälfte historisch geformter, menschlicher Existenz im unklaren bleiben.

Wie stark mittelalterliche Gedanken über Wesen und Aufgabe der Frau bis in die Gegenwart hineinwirken, kann im einzelnen nicht dargelegt werden: Auch Mentalitäten haben, weil sie transpersonaler Art sind, eine lange Lebensdauer, selbst dann noch, wenn sie nicht mehr als kirchlich geprägt empfunden werden. Am ehesten noch gewinnt man ein plastisches, wenn auch einseitiges und sogar suggestiv überhöhtes Bild weiblichen Daseins aus den Heiligenleben vorbildlicher Frauen. Man ist versucht, in diesem Fall von einem religiös motivierten emanzipatorischen Vorgang zu sprechen: Die Heilige löst sich asketisch aus Zeit und Gesellschaft und findet zu einer neuen Lebenswirklichkeit. Von der thüringischen Königstochter Radegunde († 587), einer vom Schicksal schwer heimgesuchten Frau, über die heiligmäßigen angelsächsischen Nonnen, die mit Bonifatius auf den Kontinent kamen, bis zu den großen weiblichen Heiligen des Zeitalters der Kirchenreform spannt sich der Bogen einer besonderen, genuin christlichen Form der Selbstverwirklichung fraulicher Existenz. Dabei fällt auf, daß Anfang und Endpunkt der hier behandelten Epoche besonders akzentuiert erscheinen: Die bewegte Zeit des großen, religiösen und ethnisch-gesellschaftlichen Umbruchs an der Wende der Spätantike zum missionierenden Frühmittelalter und dann der ganz Europa erfassende Aufbruch des Reformzeitalters im 11./12. Jahrhundert. Dazwischen, in den relativ stabilen Phasen der Karolinger- und Ottonenzeit, tritt die Frau als Heilige weniger deutlich in Erscheinung. Sollte dies ein Zufall sein, oder begünstigen ,,extreme Epochen" auch das Heraustreten der Frau aus den traditionellen Bindungen von Haus und Kloster?

c) Das neue christliche Arbeitsethos

Eine der welthistorischen Leistungen des Christentums mit weitreichenden Folgen für die gesamte europäische Kulturentwicklung ist die Idee vom sittlichen Wert der Arbeit, gerade auch der bislang in der Antike verachteten körperlichen Arbeit. Ein Blick auf die Philosophie und die Soziallehren des klassischen Altertums zeigt, daß von Platon und Aristoteles bis zu Cicero der arbeitende, wirtschaftende Mensch wenig Achtung genossen hat. Dies galt besonders für die körperliche Arbeit – den ,,labor improbus" Vergils – die ja für ein aristokratisch orientiertes Lebensideal sozial deklassierend und im wesentlichen ein Zeichen der Unfreiheit (,,opus servile") gewesen ist. Erst im Christentum, und hier wiederum besonders in den praktizierten monastischen Lebensordnungen, gewinnt die Arbeit als positiver Wert eine theologische Begründung und Dignität, hier hat die christliche Soziallehre und deren radikale Verwirklichung in der asketischen Lebenspraxis gleichsam wider Willen, aber dafür um so nachhaltiger Wirkungen gezeitigt.

Für den Kirchenvater Augustinus war Arbeit keine unausweichliche Folge des Sündenfalls, sondern ,,Fortsetzung des göttlichen Schöpfungswerkes" durch den Menschen. Ein großartiger Gedanke: ,,Mit ihm erhielt die Arbeit metaphysische Würde, der Mensch selbst heiligte sich durch sie. Durch Arbeit wird das Lob des Schöpfers vermehrt, sie ist dem Menschen vor aller Sünde als Naturtrieb eingegeben ... Der erlöste Mensch wird daher bemüht sein, der Arbeit vom Geiste her das Maß zu setzen" (Nr. 224, F. Steinbach, S. 751f.). Daher sah Augustinus in der Aufteilung des Tages in Arbeit und Lesung ein Charakteristikum wohlgeordneter Klöster. Cassian von Marseille handelte in seinen Schriften ausführlich von den Gefahren des Müßigganges und vom Wert der Arbeit als eines asketischen Heilmittels. Benedikt, der ja in seiner Regel die Lektüre Cassians empfahl, hatte sicherlich diese eindringlichen Darlegungen des großen monastischen Lehrers vor Augen, als er die ,,otiositas" – den Müßiggang – als Feind der Seele bezeichnete. Man hat vielfach in der Literatur, von solchen ethischen und asketischen Postulaten der Mönchs- und Väterschriften ausgehend, eine allzu geradlinige Entwicklung vom benediktinischen – erst viel später bezeugten! – ,,ora et labora" zu einer wirklich allgemein anerkannten christlichen Arbeitswertung angenommen. Von einer bewußten Aufwertung der Arbeit durch Benedikt kann keine Rede sein. Auch wäre es falsch und würde der Theorie einen zu tiefreichenden Einfluß auf die Lebenswirklichkeit zubilligen, wenn man von exegetischen Überlegungen und monastischen Vorschriften bereits einen grundlegenden Wandel des spätantiken Menschen hinsichtlich seiner Einstellung zur Arbeit erwarten wollte. In der Regula Benedicti, die je nach den Erfordernissen fünf bis acht Stunden täglicher Handarbeit für die Mönche vorsieht, offenbart sich eine im Grunde sehr nüchterne Einschätzung körperlicher Arbeit, wenn im 48. Kapitel den Mönchen ärmerer Klöster die Notwendigkeit der Feldarbeit mit dem tröstenden Hinweis auf das Vorbild der Mönchsväter und Apostel empfohlen wird. Maßhalten und Rücksicht auf die Kleinmütigen wird dabei ausdrücklich eingeschärft. Wenn die Mönche Benedikts aber nur ausnahmsweise zu schweren Erntearbeiten herangezogen wurden und mit wachsendem Grundbesitz durch Schenkungen immer mehr Hörige – „coloni" und „mancipia" – für die Bewirtschaftung zur Verfügung standen, dann war die körperliche Arbeit noch weit davon entfernt, im Bereich des frühen Benediktinertums ein Wert an sich zu sein. Sie besaß lediglich ihren „Stellenwert" in der asketischen Praxis. Immerhin darf dabei nicht außer acht gelassen werden, daß hier zum erstenmal Arbeit als ein Mittel geistig-geistlicher Bildung betrachtet und aus der wertneutralen oder gar negativen Sphäre des reinen „labor", der Mühsal, herausgenommen und in positive Zusammenhänge eingeordnet wurde.

Eine ähnliche Nüchternheit in der Einschätzung körperlicher Arbeit wie bei Benedikt offenbart sich etwa gleichzeitig in einer Bestimmung des Konzils von Epaon 517; danach durften Sklaven, die dem Kloster geschenkt worden waren, vom Abt nicht freigelassen werden, denn – so lautet die Begründung dieses Verbots – die Konzilsteilnehmer hielten es für ungerecht, daß von den Mönchen die tägliche Feldarbeit geleistet würde, während ihre Sklaven sich dem Müßiggang hingäben. Aus dieser wie aus anderen Belegstellen geht hervor, daß die alte Sozialordnung des weltlichen Bereichs im Kloster keineswegs aufgehoben war. Auch die staatliche Gesetzgebung seit Justinian sorgte dafür, daß die Klöster keine Zufluchtstätten für Unfreie wurden, wozu offenbar anfangs eine Tendenz bestanden hatte. In der Merowingerzeit jedoch war dieser „antistaatliche", unterschichtenfreundliche Zug des Klosterwesens offenbar verschwunden, hier zeigte sich vielmehr der herrschaftlich-aristokratische Charakter der merowingisch-frühkarolingischen Klöster und Kirchen: Sie ließen sogar ihre flüchtigen Unfreien verfolgen.

Die Bedeutung des aristokratischen Elements in den Klöstern bedarf nach den vorausgegangenen Kapiteln keines Nachweises mehr. Um so bemerkenswerter ist innerhalb des monastischen Bereichs die Auseinandersetzung mit der neuen christlichen Wertschätzung der Arbeit, die nur mit Hilfe der Vorstellung, daß der Arbeit ein hoher asketischer und seelischer Nutzen innewohne, in einer von Kampf und Politik geprägten aristokratischen Welt Fuß zu fassen vermochte. Als „Dienst an der Seele" erhält die Arbeit nun religiös-sittliche Würde, während gleichzeitig die Muße (otium), das Lebenselixier antiker Oberschichtenbildung und Geistigkeit, in der pejorativen Form der „otiositas“ bei Benedikt zum Feind der Seele erklärt wird. Damit ist die Arbeit zumindest programmatisch als ein wesentliches Mittel in das christliche Streben nach dem Heil der Seele einbezogen, und zwar als asketische Übung, nicht jedoch als harte Kasteiung im Sinne orientalischer Mönchstradition; denn im Vermeiden aller rigoristischen Extreme liegt ja ein Hauptmerkmal benediktinischer Lebenspraxis. Auf diese Weise wurde die körperliche Arbeit zum Bindeglied zwischen Welt und Askese; sie verhinderte, daß der asketische Eifer zur Weltflucht erstarrte.

Mit Recht hat man betont, daß die wirkliche Bedeutung der Arbeit für den monastischen Alltag weniger aus den programmatischen Bestimmungen der Mönchsregeln zu entnehmen sei, die im Orient wie im Okzident vornehmlich den asketischen Wert der Arbeit hervorhoben, sondern daß hierfür wesentlich aufschlußreicher die Heiligenleben seien; besonders in Viten der Merowingerzeit trat die Arbeitsamkeit als praktiziertes neues Ideal hervor. Nicht zuletzt die Erfordernisse der Rodung bei den zahlreichen merowingischen Klostergründungen in Wald und Wildnis geben der Heiligung der Arbeit in christlicher Sicht einen starken Auftrieb, der in merkwürdiger Spannung zur Adelsherrschaft im und über das Kloster stand. So sind es denn auch vornehmlich die durch Rodung groß gewordenen Klöster, in denen man organisierte Arbeitsformen und eine ausgeprägte Arbeitsgesinnung findet. Ähnlich wie später in der hoch- und spätmittelalterlichen Armutsbewegung vielfach der Adel selbst voranging und einem ihm im Grunde wesensfremden Prinzip zur Entfaltung verhalf, so erfüllte auch der Adelige im merowingischen, herrschaftlich organisierten Kloster seiner Familie durch sein Vorbild die Arbeit mit neuem geistigen Gehalt. Dabei kam es weniger darauf an, daß der adelige Abt oder der gebildete Mönch immer selbst und auf die Dauer mit Hand anlegte; er kehrte wohl bald zu seiner mehr dirigierenden Rolle im monastischen Kosmos zurück. Entscheidend war aber, daß in der Alltagspraxis der merowingisch-frühkarolingischen Rodungsklöster die körperliche Arbeit als vorgeschriebenes Mönchswerk und als asketisches Mittel einen spirituellen Sinn erhalten hatte, den sie vorher nicht besaß, daß sie grundsätzlich das Odium des Sklavendienstes (opus servile) verlor und ihren festen Platz im Heilsstreben des Christen einnahm. Der religiöse Sinn der Arbeit konnte sich in einer gefestigten, aristokratisch-feudalistischen Gesellschaftsordnung – etwa im philosophischen Denken des Thomas von Aquin († 1274) – zeitweise wieder verflüchtigen, ganz verloren ging er aber nicht mehr.

Arbeit und Rodungsklöster. Voll ausgeprägt tritt uns der Typ des wohlorganisierten, gutswirtschaftlichen Rodungsklosters in den Gründungen Columbans und seiner irofränkischen Schüler und Nachfolger entgegen. Aus den vereinzelten Ackerarbeiten in den alten Eremitenkolonien, in denen es lediglich um die Sicherung eines Existenzminimums ging, ist bei Columban geradezu ein „landwirtschaftlicher Großbetrieb“ geworden, den der Abt selbst leitete. Dieser Klostertyp, der aus seiner Alltagspraxis heraus schon für die Ausbildung einer Arbeitsethik prädestiniert sein mußte, war seit dem 7. Jahrhundert in den Gebieten nördlich der Loire, in Austrien und dann vor allem in den stadtfernen Gebieten rechts des Rheins bestimmend geworden. Der Großteil der irofränkischen, frühbenediktinischen Klostergründungen entwickelte sich im Zusammenhang mit Rodungswerk und frühem fränkischen Landesausbau. Landarbeit, Roden und Bauen sind nun fest mit dem mönchischen Tageslauf verbunden; durch die Erfordernisse grundherrschaftlicher Organisation greifen Mönchsarbeit und Arbeit der „servi“ und Hufenbesitzer des Klosters eng ineinander. Erst seit der irofränkischen Klostergründungsepoche nimmt die Zahl der Klöster auf dem flachen Lande, im Walde, in Sumpfgebieten und weit von den Zentren städtischer Zivilisation sprunghaft zu: das Mönchtum wird landsässig wie der fränkische Adel, der diese Klöster trägt. In waldigen Landschaften entstanden Luxeuil und Remiremont in den Vogesen, Murbach im Elsaß und St. Gallen im Steinachtal, Nivelles und Stablo-Malmedy, Prüm in der Eifel, Fulda, Benediktbeuern und Kremsmünster; in sumpfigen Flußniederungen Corbie, Corvey, Werden an der Ruhr, Niederalteich und Metten.

Die Unterstützung von Klostergründungen durch König und grundbesitzenden Adel, die sich besonders in den stadtfernen nordöstlichen Ausbaugebieten fränkischer Macht auswirkte, diente sowohl der allmählich fortschreitenden Verchristlichung des flachen Landes wie auch dem Landesausbau. Der christlich gewordene Adel stellte, wie wir gesehen haben, den Boden und die materiellen Mittel für die Missionsklöster, die nun die Masse der seiner Herrschaft untergeordneten Grundholden verchristlichen sollten. Es ist sehr fraglich, ob der gewaltige Impetus, der hinter dem mittelalterlichen Landesausbau seit dem 8./9. Jahrundert spürbar wird, ohne das Beispiel rodender und zugleich missionierender Mönche möglich gewesen wäre. Die christliche Neubewertung der Arbeit, praktiziert am Beispiel der klösterlichen Rodungsgrundherrschaften, war damit ein Teil der weiter in die Tiefe gehenden Christianisierung; das christlich-monastische Arbeitsethos wirkte sich unmittelbar als kulturelle Pionierleistung aus. Diese zivilisatorische Leistung konnte sich in den Ausbauräumen fränkischer Macht rechts des Rheins und nördlich der Donau um so ungehinderter vollziehen, als seit dem 7. Jahrhundert das Mönchtum den Bannkreis der alten gallorömischen Städte verlassen und dabei auch seinen ursprünglichen antizivilisatorischen Affekt gegen die Stadt als Zentrum von Luxus und „luxuria“ weitgehend abgestreift hatte. Jetzt, im Missions- und Rodungsland Austriens, Alemanniens, Bayerns, Thüringens und Sachsens, wurde der Mönch bei der Bodenmelioration, als Gärtner, Arzt und Schriftkundiger selbst der erste und oft einzige Träger kulturellen Fortschritts, eine Wandlung, die wohl kaum in der bewußten Absicht monastischer Gesetzgeber gelegen hatte, sich aber infolge der andersartigen Lebensumstände und durch die materiellen Konsequenzen der christlichen Arbeitsethik gleichsam von selbst einstellte. Sobald daher das antizivilisatorische Ressentiment des spätantiken Stadtmönchtums im städtearmen Norden gegenstandslos wurde, traten auch die Heiligenviten dem, was durch Arbeit an Schönem, Nützlichem und Angenehmem geschaffen wurde, unbefangener entgegen. Nicht mehr die Häßlichkeit der Behausungen, die Ärmlichkeit und Primitivität der Kleider und Geräte wurden als rechtes Milieu monastischer Askese ausführlich dargestellt, vielmehr ergingen die Hagiographen sich jetzt oft umgekehrt in begeisterten Schilderungen des Reichtums und der künstlerischen Ausgestaltung der Klöster, der Schönheit und Fruchtbarkeit der sie umgebenden Landschaft. Der St. Galler Klosterplan des frühen 9. Jahrhunderts dokumentiert Art und Lebensform dieses neuen Kulturmönchtums ebenso wie Hrotsviths poetische Schilderung ihres Klosters Gandersheim, und besonders taten dies die eindrucksvollen Kirchenbauten der Epoche.

Die Früchte der Arbeit, die aus der Einbeziehung des heidnischen „labor improbus" – der Mühsal körperlicher Tätigkeit – in das monastische Leben erwuchsen, bildeten somit die materiellen, aber auch die geistigen Voraussetzungen, auf denen sich dann seit der zweiten Hälfte des 8. Jahrhunderts und vor allem im 9. und 10. Jahrhundert die kulturelle Blüte der karolingischen wie der ottonischen Renaissance entfalten konnte. Mit der christlichen Sinngebung der Arbeit hat das frühe europäische Mönchtum jedoch erstmalig einen geistigen Trend in der westlichen Kulturentwicklung freigesetzt, der – über die Trennungslinie Spätantike-Mittelalter hinweggleitend – unbeabsichtigt weitreichende Wirkungen hervorrief, die in ihrer säkularisierten und manchmal mißverstandenen Form noch heute zu den unentbehrlichen Wesensmerkmalen unserer Arbeitswelt gehören.

VII. Rückblick und Ausblick

Wir stehen am Ende einer langen Entwicklung, die von der Ausgliederung germanischer Nachfolgeherrschaften des „Imperium Romanum" bis zum mitteleuropäischen Kaisertum der Ottonen und Salier führte und von einer spätantiken fränkischen „Randkultur" zu einer politischen Vormachtstellung Deutschlands in Europa. Damit vollzog sich zugleich der Ausbau und die Stabilisierung eines politisch-gesellschaftlichen Gesamtsystems, das für das Mittelalter bestimmend blieb. Gleichzeitig wurde der Großraum zwischen Maas und Elbe „Drehbühne" und „Umschlagplatz" der Kulturentwicklung: Vom Westen und Süden Vorbilder zu nehmen und diese weiterentwickelt und umgestaltet an Ostmitteleuropa und Skandinavien weiterzugeben: dies wurde eine schicksalhafte Signatur deutscher Geschichte über Jahrhunderte hinweg.

Die Kirche wirkte von der Merowingerzeit bis an die Schwelle des Reformzeitalters gleichsam als schöpferische Unruhe im festen Gehäuse der europäischen Kulturentwicklung, allerdings auf wechselnden Feldern. Während sie im Westen – vor allem in Frankreich – seit spätkarolingischer Zeit und besonders im 10. und 11. Jahrhundert politisch mediatisiert, das heißt mehr und mehr dem Fürstentum eingeordnet wurde und damit an politischer Kraft verlor, entwickelte sie sich dennoch zur geistig führenden Macht. Östlich des Rheins hingegen entfaltete sie sich im Reichskirchensystem vor allem zur staatstragenden Institution. Der Missionsauftrag der Reichskirche in Ostmitteleuropa hat sicher wesentlich zu diesem Vorrang des herrschaftlich-institutionellen Bereichs beigetragen. Eine gewisse Ausnahme bildete vielleicht Fuldas geistige Rolle in der Mitte des 9. Jahrhunderts, der europäischer Rang zukommt.

Die im Verlauf unserer Darstellung immer wieder aufgezeigte Wechselwirkung zwischen Struktur- und Ereignisgeschichte ist auch an der Schwelle zum Hochmittelalter erkennbar. Außergewöhnliche Ereignisse beschleunigten bereits lange angelegte Tendenzen; vieles, was bisher unverbunden oder sogar isoliert nebeneinander lief, schloß sich zu neuen und dauerhaften Konstellationen zusammen. Das sollte dann insbesondere für das Zeitalter der Kirchenreform und des Investiturstreits gelten. Unter dem gewaltigen Eindruck dieser großen europäischen Auseinandersetzung um das Selbstverständnis der Kirche und um die Rolle des heilsbedürftigen Menschen in ihr entstand damals erstmalig eine umfassende Diskussion um Grundfragen des Daseins. Damit entfaltete sich in Ansätzen jenes „dialektische" Denken, das im 12. und 13. Jahrhundert systematisch zum scholastischen Frührationalismus ausgebaut wurde. Der gelehrte große Theologe

Berengar von Tours (ca. 1000–1088) leitete mit seinem symbolischen Verständnis des Abendmahls eine Wende europäischen Denkens ein, gleichzeitig bildete sich jetzt in Europa und Deutschland durch die alle Grenzen überschreitende kirchenpolitisch-theologische Streitschriftenliteratur eine „öffentliche Meinung", ein Novum im mittelalterlichen Europa.

Der spätere, jahrzehntelange militärische Austrag des Kampfes zwischen dem Papst einerseits und dem deutschen König und Kaiser andererseits darf aber nicht vergessen machen, daß es schon um die Mitte des 11. Jahrhunderts auch innerhalb der traditionellen Reichskirche reformfreudige Bischöfe und Äbte gab; man würde einer polemischen, leicht durchschaubaren Zweckbehauptung der gregorianischen Partei aufsitzen und Schwarz-Weiß-Malerei betreiben, wollte man „Reformkräfte" nur im päpstlichen Lager suchen. Überhaupt ist vor einem inflationären Gebrauch des Begriffs „Kloster- und Kirchenreform" zu warnen, denn die jeweiligen Initiativen der Dynasten und des Adels, die später vor allem in Süddeutschland zur Gründung hirsauischer, also cluniazensischer Reformklöster führten, entsprangen sehr verschiedenartigen Motiven. Der starke religiöse Impuls, der das ganze 11. Jahrhundert ergriffen hatte, soll dabei keineswegs in Frage gestellt werden, aber es waren auch dynastische, gegen die königliche Zentralgewalt und damit gegen das Reichskirchensystem gerichtete Interessen mit im Spiel; ebenso überregionale Herrschaftsansprüche der neuen Klosterverbände. Diese äußerten sich etwa in der Konkurrenz von Cluny und seinem Filiationsnetz gegenüber dem Klosterverband von St. Victor in Marseille, wobei es unter anderem auch um die wirtschaftliche Nutzung der kirchlich kanalisierten Pilgerströme nach Santiago di Compostela ging. Ebenso fällt es auf, daß sich sehr oft auf deutschem Boden klösterliche Reformkreise gegenseitig bekämpften und zum Auszug aus ihren Klöstern zwangen. Man muß sich auch vergegenwärtigen, daß nicht jede personelle Veränderung in Bistum oder Kloster eine „Reform" bedeutet; bekanntlich neigen neue Gruppen oder Amtsinhaber leicht dazu, die vorgefundenen Zustände möglichst negativ darzustellen. Schon die bonifatianische Reform war von solchen Tendenzen positiver Selbstdarstellung auf Kosten der vorausgegangenen Entwicklungen nicht völlig frei, um wieviel mehr mußte dies später für den Kampf um eine grundsätzliche Umorientierung der Reichskirche ins päpstliche Lager gelten, als um jedes einzelne Bistum mit fast allen Waffen gekämpft wurde. Papst Gregor VII. gab in der Endphase seines erbitterten Kampfes gegen Kaiser Heinrich IV. selbst ein dubioses Beispiel durch sein Bündnis mit politischen Kräften, denen alles andere wichtiger war als Erneuerung und Reinigung der Kirche; hier verkam der reformerische Impetus nicht selten zum bloßen politischen Machtkampf.

Insgesamt jedoch zeigte die europäische Kulturentwicklung eine aufsteigende Tendenz. Neue gesellschaftliche Mächte kamen jetzt schneller zum Zug. In Deutschland wurde die Stadt, die sich auf sehr verschiedenen

Grundlagen entwickelt hatte, durch die Parteibildung des Investiturstreites plötzlich ein begehrter Bündnispartner und damit eine eigene politische Kraft, deren sich die Salier wie später die Staufer erfolgreich zu bedienen wußten. Ähnliches galt für die technisch-ökonomischen Innovationen: Neue, effektivere Anbaumethoden und, daraus resultierend, bessere Ernährung und allgemeiner Bevölkerungsanstieg, Verdichtung von Handel und Verkehr trugen das ihre zu einer verstärkten, alle Grenzen und geographischen Barrieren überschreitenden geistigen Kommunikation bei, die mit der Kirchenreform ein großes, alle bewegendes Thema bekam. In wirtschaftlich und sozial entwickelten Regionen wie in Mailand gab es ein erstes Aufflackern religiöser Volksbewegungen, sehr bald schon begleitet von harscher Kritik an der reichen Prälatenkirche. Auch dies war eine tiefgreifende Folge der Kirchenreform und ihrer Grundsatzdiskussionen und ebenso eine Wechselwirkung zwischen gesellschaftlichem Strukturwandel und konkreter geistesgeschichtlicher Konstellation. Was schon unter dem Aspekt der „Innovationen" oben angedeutet wurde, trifft auf die Epoche insgesamt zu: Das 10. und frühe 11. Jahrhundert war noch kein „Aufbruch auf der ganzen Linie", aber es bildeten sich schon einzelne Kraftlinien desselben deutlich aus. Man könnte diesen Zustand vielleicht mit einer Stimmprobe im Orchester vergleichen, bevor der Dirigent ans Pult tritt: Noch sind es einzelne Tonfolgen und Entwicklungsläufe, die hörbar werden, aber charakteristische, noch unverbundene „Leitmelodien" vermag man schon zu erkennen, die bald darauf das manchmal harmonisch zusammenklingende, manchmal schon dissonante „Orchester" des 12. und 13. Jahrhunderts bestimmen sollten.

Nach einem langen Anlauf der mühsamen, obendrein kirchlich kontrollierten Aneignung der antiken Geisteskultur – ein Vorgang, der sich in den umfangreichen Kompendien und enzyklopädischen Zusammenfassungen der „karolingischen Renaissance" niederschlug – kam es seit dem späteren 10. Jahrhundert zu eigener geistiger Produktivität. Das bedeutete zugleich eine anfangs noch zögernde, bald aber deutlicher sich artikulierende, kritische Distanz zum überkommenen kirchlichen Erbe. Wechselwirkungen mit der islamischen Hochkultur spielten dabei ebenfalls eine nicht unerhebliche Rolle.

In diesem Zeitraum trat auch Europa als unverwechselbare Einheit und als weitgespanntes kirchlich-geistiges Verbundsystem immer stärker in Erscheinung: Zu Beginn wohl nur als gewaltsam erzwungene Einheit im fränkischen Großreich, das von manchen Völkern an der Peripherie auch als „Zwangsjacke" empfunden worden ist. Bald jedoch entfaltete sich unter dem schützenden Dach eine karolingische Reichskultur, deren dichtes, von der Kirchenorganisation bewirktes Kommunikationsnetz dafür sorgte, daß sich die kulturellen Niveauunterschiede zwischen den Regionen links und rechts des Rheins und südlich und nördlich der Alpen überraschend schnell ausglichen. In der späteren Karolinger- und frühen Ottonenzeit gab es dann wieder retardierende Momente, die nicht nur mit den Fakten der Reichsteilungen und der großen Invasionen zusammenhingen. Vielmehr kam es zu einer gewissen Sammlung und auch zur Entwicklung genuin deutscher Kräfte. Doch gingen die übergreifenden karolingischen Grundlagen nicht verloren, sie bildeten vor allem an Rhein und Main die kulturelle Ausgangsbasis der ottonisch-salischen Kulturblüte. Die Sonderentwicklung der früheren liudolfingischen Epoche, deren bleibende Monumente die mächtigen Sakralbauten Westfalens und Ostsachsens waren, mündete aber schon seit 962 mit der Kaiserkrönung und den längeren Italienaufenthalten Ottos des Großen wieder in größere europäische Zusammenhänge. Diese zeigten sich besonders in den weitreichenden Wirkungen der Klosterreformen von Gorze und Cluny auf Deutschland, später, im 12. Jahrhundert, vor allem bei der Ausbreitung der neuen Reformorden der Zisterzienser und Prämonstratenser im Reich und darüber hinaus in den ostmitteleuropäischen Missions- und Rodungsgebieten.

Seit der Wende vom 10. zum 11. Jahrhundert kann man im eigentlichen Sinne von west- und südeuropäischen Verflechtungen des Reiches sprechen, die über politisch-herrschaftliche Grenzen hinweg wirkten. Byzantinische und islamische Einflüsse kamen hinzu, und seit der Jahrhundertmitte brachten die normannischen Reichsgründungen ein neues Element in die europäische Völkerwelt. Es war vor allem ihre straff organisierte Staatlichkeit und Finanzverwaltung, die Schule machte. Die erfolgreichen Anläufe der ersten Salierkaiser, durch konzentrierte Herrschaft über die Reichskirche und durch den Aufbau einer vom Adel unabhängigen ministerialischen Reichsverwaltung an der Spitze der Entwicklung zu einer effizienteren Staatsorganisation zu bleiben, wurden allerdings durch den Rückschlag des langen, bürgerkriegsähnlichen Investiturstreits gebremst: Das kapetingische Frankreich wie die Normannenstaaten überflügelten jetzt Mitteleuropa. Das galt auch für die kulturelle Entfaltung, wo der Westen eindeutig die Führung behielt und weiter ausbaute. Von dort kam mit dem Rittertum die erste Laienkultur Europas, kamen die neuen Orden und die Anfänge des Universitätslebens in den Schulen von Chartres und Paris. Vermehrte Geldschöpfung durch Silberbergbau und Handelsverkehr brachte schließlich auch eine neue, bislang unbekannte Beweglichkeit politischer Herrschaft mit sich: Man konnte jetzt Territorien und Heere kaufen, Möglichkeiten, deren sich Friedrich Barbarossa schon meisterhaft bediente.

Ungebrochen blieb dagegen die räumliche Ausdehnung Europas im ostmitteleuropäischen Bereich, sie intensivierte sich sogar durch Landesausbau und Ostkolonisation. Hier war das Reich der große Vermittler religiöser und kultureller Werte, aber auch technischer und sozialer Neuerungen: Es war „Entwicklungsland" und zugleich „Entwicklungshelfer", eifriger Schüler und herrischer Lehrer – auch dies eine Signatur der deutschen Geschichte, die erstaunlich lang weiterwirkte und sogar ihre neuzeitlichen Parallelen hatte. Vielleicht liegt darin auch eine gewisse Jugendlichkeit,

Kreativität und überraschende Regenerationsfähigkeit deutscher Kultur begründet, möglicherweise auch der Hang zu infantiler Irrationalität und zu jenen jähen Brüchen und Abstürzen, von denen unsere Geschichte mehr als genug aufzuweisen hat.

VIII. Bibliographie

Vorbemerkung

Die bibliographischen Hinweise erfassen nach Möglichkeit neuere wissenschaftliche Quelleneditionen und Fachliteratur. Einem ersten Abschnitt ,,Quellen und allgemeine Literatur", der das grundlegende und übergreifende Titelmaterial bereitstellt, folgen speziellere Literaturangaben, die den einzelnen Kapiteln bzw. Unterkapiteln zugeordnet sind. Einmal genannte Titel werden grundsätzlich nicht wiederholt. Ebenso entfallen Quer- und Rückverweise, so daß es sich empfiehlt, die Literaturangaben des allgemeinen Teils und der einzelnen Kapitel zu kombinieren. Nur in einzelnen Fällen werden Aufsätze aus den im allgemeinen Teil enthaltenen Sammelbänden/Sammelwerken gesondert aufgeführt. Bei den Quellenhinweisen wurden Sammlungen, die deutsche Übersetzungen enthalten, bevorzugt aufgenommen.

Die bibliographische Zitierweise muß dem knappen zur Verfügung stehenden Raum angepaßt, d.h. auf das zur Beschaffung Notwendige beschränkt werden. Bei bekannteren Quellensammlungen und Festschriften scheint es vertretbar, Herausgeber gänzlich wegzulassen. Die – in der Regel unveränderten – Nachdrucke bzw. Neudrucke werden meist nicht vermerkt.

Die Bibliographie ist laufend durchnumeriert. Dieser Numerus currens dient als Orientierungshilfe für die Quellen- und Literaturnachweise im Text. Mit Rücksicht auf die besonderen Erfordernisse dieses mit der Spätantike einsetzenden ersten Bandes der ,,Neuen Deutschen Geschichte" wurden die Literaturangaben des zentralen Anfangsabschnitts (,,Voraussetzungen, Grundlagen und Hauptprobleme einer fränkisch-deutschen Frühgeschichte") möglichst ausführlich gehalten.

Abkürzungen

Abh. Akad. ..... Abhandlung(en) der Akademie der Wissenschaften
AUF .... Archiv für Urkundenforschung
Aufl. .... Auflage
Bibl. .... Bibliothèque
BDLG .... Blätter für deutsche Landesgeschichte
DA .... Deutsches Archiv für Erforschung des Mittelalters
FMSt .... Frühmittelalterliche Studien
FS .... Festschrift
Ges. .... Gesellschaft
HJb .... Historisches Jahrbuch der Görres-Gesellschaft
HRG .... Handwörterbuch zur deutschen Rechtsgeschichte, hrsg. v. A. Erler und E. Kaufmann, Berlin 1971 ff.
HZ .... Historische Zeitschrift
Jb. .... Jahrbuch
MG(H) .... Monomenta Germaniae Historica
MGM .... Monographien zur Geschichte des Mittelalters
MIÖG .... Mitteilungen des Instituts für österreichische Geschichtsforschung
ND .... Neudruck
NF .... Neue Folge
QFIAB .... Quellen und Forschungen aus italienischen Archiven und Bibliotheken
Rhein. Vjbll. ..... Rheinische Vierteljahrsblätter
Sbb. .... Sitzungsberichte
Sch .... Sources Chrétiennes
WdF .... Wege der Forschung
VSWG .... Vierteljahrsschrift für Sozial- und Wirtschaftsgeschichte
VuF .... Vorträge und Forschungen
ZBLG .... Zeitschrift für bayerische Landesgeschichte
ZGORh .... Zeitschrift für die Geschichte des Oberrheins
ZKiG .... Zeitschrift für Kirchengeschichte
ZRG .... Zeitschrift der Savigny-Stiftung für Rechtsgeschichte; GA = Germanistische Abteilung, KA = Kanonische Abteilung

Quellen und allgemeine Literatur

Quellen

1. Acta Sanctorum quotquot toto orbe coluntur ... hg. v. Jean Bolland, ab Bd. 6 hg. v. d. Société des Bollandistes, 67 Bde., Antwerpen, Brüssel 1643–1940
2. Adalbero von Laon, Carmen ad Rotbertum, hg. u. übers. von G. A. Hückel, in: Bibl. de la Faculté des Lettres de Paris 13, Paris 1901, S. 129–167
3. Les Annales de Flodoard, hg. v. Philippe Lauer (Collection de Textes 39), Paris 1905
4. Ausgewählte Quellen zur deutschen Geschichte des Mittelalters, Freiherr – vom – Stein – Gedächtnisausgabe, hg. v. Rudolf Buchner u. a.

Bd. II: Gregor von Tours. Zehn Bücher Geschichten, Bd. 1: Buch 1–5, Darmstadt ^{5}1977

Bd. III: Gregor von Tours. Zehn Bücher Geschichten, Bd. 2: Buch 6–10, Darmstadt ^{6}1974

Bd. IVa: Quellen zur Geschichte des 7. und 8. Jahrhunderts, Darmstadt 1982

Bd. IVb: Briefe des Bonifatius. Willibalds Leben des Bonifatius nebst einigen zeitgenössischen Dokumenten, Darmstadt 1968

Bd. V: Quellen zur karolingischen Reichsgeschichte. Erster Teil: Die Reichsannalen. Einhard, Leben Karls des Großen. Zwei „Leben" Ludwigs. Nithard, Geschichten, Darmstadt 1955

Bd. VI: Quellen zur karolingischen Reichsgeschichte. Zweiter Teil: Jahrbücher von St. Bertin. Jahrbücher von St. Vaast. Xantener Jahrbücher, Darmstadt 1958

Bd. VII: Quellen zur karolingischen Reichsgeschichte. Dritter Teil: Jahrbücher von Fulda. Regino, Chronik. Notker, Taten Karls des Großen, Darmstadt 1960

Bd. VIII: Quellen zur Geschichte der sächsischen Kaiserzeit. Widukinds Sachsengeschichte. Adalberts Fortsetzung der Chronik Reginos. Liudprands Werke, Darmstadt ^{2}1977

Bd. IX: Thietmar von Merseburg, Chronik, Darmstadt ^{5}1974

Bd. X: Ekkehard IV., St. Galler Klostergeschichten, Darmstadt 1980

Bd. XI: Quellen des 9. und 11. Jahrhunderts zur Geschichte der hamburgischen Kirche und des Reiches. Rimbert, Leben Ansgars. Adam von Bremen, Bischofsgeschichte der Hamburger Kirche. Wipo, Taten Kaiser Konrads II., Hermann von Reichenau, Chronik, Darmstadt ^{5}1978

Bd. XVI: Otto Bischof von Freising, Chronik, Darmstadt ^{4}1980

Bd. XXII: Lebensbeschreibungen einiger Bischöfe des 10.–12. Jahrhunderts, Darmstadt 1973

Bd. XXXI: Quellen zur Geschichte des deutschen Bauernstandes im Mittelalter, gesammelt u. hg. von Günther Franz, Darmstadt ^{2}1974

Bd. XXXII: Quellen zur deutschen Verfassungs-, Wirtschafts- und Sozialgeschichte bis 1250, Darmstadt 1977

5. Bede's ecclesiastical history of the English people, hg. u. übers. v. Bertram Colgrave u. Roger Aubrey Baskerville Mynors (Oxford medieval texts), Oxford 1969
6. Böhmer, Johann Friedrich, Acta imperii selecta. Urkunden deutscher Könige und Kaiser mit einem Anhang von Reichssachen, hg. v. Julius Ficker, 2 Bde., Innsbruck 1868
7. Böhmer, Johann Friedrich, Fontes rerum Germanicarum. Geschichtsquellen Deutschlands, 4 Bde., Stuttgart 1843–1868
8. Böhner, Kurt/Joachim Werner (Hg.), Germanische Denkmäler der Völkerwanderungszeit. Serie B: Die fränkischen Altertümer des Rheinlandes, Berlin 1958ff.
9. Bouquet, Martin, Receuil des historiens des Gaules et de la France. Rerum Gallicarum et Franciarum Scriptores, 8 Bde., Paris 1738–1752, Neuausgabe 24 Bde., Paris 1869–1904
10. Les classiques de l'histoire de France au moyen-âge, hg. v. Louis Halphen u. a., Paris 1923ff.
11. Collection de documents inédits sur l'histoire de France, Paris 1965ff.
12. Collection de textes pour servir à l'étude et à l'enseignement de l'histoire, 51 Bde., Paris 1886–1929
13. Sancti Columbani opera, hg. v. George Stuart Murdoch Walker (Scriptores Latini Hiberniae 2), Dublin 1957
14. Concilia Galliae, A. 511–A. 695 (Corpus Christianorum, Series latina 148 A), Turnhout 1963
15. Corpus Christianorum. Series latina, hg. v. d. Abtei Steenbrügge, Fürnhoff 1953ff.
16. Desiderii episcopi Cadurcensis Epistulae. Vita Sancti Desiderii episcopi Cadurcensis. Epistulae Austrasicae, hg. v. W. Arndt u. a. (Corpus Christianorum, Series latina 117), Turnhout 1957, S. 309–470
17. Dhuoda: Manuel pour mon fils (Liber manualis Dhuodane quem ad filium suum transmisit Wilhelmum), lat.-franz., bearb. u hg. v. Pierre Riché, übers. v. Bernard de Vregille/Claude Mondésert (Sources chrétiennes 225), Paris 1975
18. Dirlmeier, Camilla/Gottlieb, Gunther (Bearbeiter), Quellen zur Geschichte der Alamannen I–IV (Heidelberger Akademie d. Wiss., Kommission f. Alamannische Altertumskunde; Schriften 1, 3, 5, 6), Heidelberg, Sigmaringen 1976–1980
19. Epistulae S. Desiderii Cadurcensis, hg. v. Dag Norberg (Studia lat. Stockholmiensia 6), Stockholm 1961
20. Eugippius, Das Leben des heiligen Severin, lat.-dt., Einführung, Übersetzung und Erläuterungen von Rudolf Noll (Schriften und Quellen d. alten Welt 11) Berlin [2]1963
21. Fonti per la storia d'Italia, hg. v. Istituto storico Italiano, Rom 1887ff.
22. Fredegarii Chronicorum liber quartus cum continuationibus, hg. v. John Michael Wallace-Hadrill (Medieval Classics 7), London 1960
23. Gerhard von Cambrai, Gesta episcoporum Cameracensium, hg. v. Ludwig C. Bethmann, in: MGH SS 7, Hannover 1846, S. 393–525
24. Germanische Denkmäler der Völkerwanderungszeit, Serie A, hg. v. d. Rö-

misch-Germanischen Kommission des Deutschen Archäologischen Instituts, Berlin, Leipzig 1931ff.
25. Hallinger, Kassius (Hg.), Corpus consuetudinum monasticarum, 10 Bde., Siegburg 1963–1980
26. Jonas, Vita Columbani et discipulorum eius, hg. v. Michele Tosi, versione ital. di E. Cremona e M. Paramidani, Plaisance 1965
27. Die Kaiserkrönung Karls des Großen, hg. v. Kurt Reindel (Historische Texte. Mittelalter 4), Göttingen ²1970
28. Karolus Magnus et Leo papa (lat.-dt.). Ein Paderborner Epos vom Jahre 799, hg. u. übers. v. Joseph Brockmann (Studien und Quellen zur Westfälischen Geschichte 8), Paderborn 1966
29. Le liber pontificalis, Bd. 1 u. 2 hg. v. Louis Duchesne, Paris 1886/92, Bd. 3 hg. v. Cyrille Vogel, Paris 1957
30. Loup de Ferrières. Correspondance, lat.-franz., übers. u. hg. v. Léon Levillain (Les classiques de l'histoire de France au moyen âge 10), Paris ²1964
31. Mansi, Joannes Dominicus, Sacrorum conciliorum nova et amplissima collectio, 31 Bde., Florenz-Venedig 1759–1798
32. Vie de Saint Martin (Sulpice Sévère), hg. v. Jacques Fontaine, SCh 133–135, Paris 1967–1969
33. Monumenta Germaniae Historica
I. Scriptores:
1. Scriptores rerum Merovingicarum
Bd. 1, Teil 1, Hannover 1937–1951
Teil 2, Hannover 1885
Bd. 2, Hannover 1888
2. Scriptores (in Folio)
Bde. 1–4, Hannover 1826–1841
Bd. 13, Hannover 1881
Bd. 15, Hannover 1887/88
Bd. 30,2, Hannover 1926–1934
3. Scriptores rerum Germanicarum. Nova Series: Bd. 9, Berlin 1935
Bd. 10, Weimar 1951
4. Scriptores rerum Germanicarum in usum scholarum separatim editi:
Bd. 6, Hannover 1895
Bd. 25, Hannover 1911
Bd. 37, Hannover–Leipzig 1905
Bd. 50, Hannover 1890
Bd. 60, Hannover 1935
II. Leges:
1. Leges nationum Germanicarum
Bd. 3,2, Hannover 1954
Bd. 4,1 u. 4,2, Hannover 1962, 1969
Bd. 5,1, u. 5,2 Hannover 1888, 1920
2. Capitularia regum Francorum
Bd. 1, Hannover 1883
Bd. 2, 3 Teile, Hannover 1890–1897
3. Concilia
Bd. 1, Hannover–Leipzig 1893

Bd. 2, Hannover–Leipzig 1906, 1908
Bd. 3, Hannover 1984
4. Constitutiones et acta publica imperatorum et regum, Bd. 1, Hannover 1893
5. Formulae, Hannover 1882–1886
6. Fontes iuris Germanici antiqui in usum scholarum separatim editi, Bd. 7, 2 Teile, Hannover 1932/1933

III. Diplomata
1. Diplomata regum Francorum e stirpe Merovingica, Hannover 1872
2. Diplomata Karolinorum
Bd. 1, Hannover 1906
Bd. 3, Berlin, Zürich 1966
3. Die Urkunden der burgundischen Rudolfinger, München 1977
4. Die Urkunden der deutschen Karolinger
Bd. 1, Berlin 1932–34
Bd. 2, Berlin 1936/37
Bd. 3, Berlin 1940
Bd. 4, Berlin 1960
5. Die Urkunden der deutschen Könige und Kaiser
Bd. 1, Hannover 1879–1884
Bd. 2,1, Hannover 1888
Bd. 2,2, Hannover 1893
Bd. 3, Hannover-Leipzig 1903–1906
Bd. 4, Hannover–Leipzig 1909
Bd. 5, Berlin 1926–1931

IV. Epistolae
1. Epistolae in 4°
Bd. 1, Berlin 1887–1891
Bd. 2, Berlin 1892–1899
Bd. 3, Berlin 1892
Bd. 4, Berlin 1895
Bd. 5, Berlin 1898/99
Bd. 6, Berlin 1902–1925
Bd. 7, Berlin 1912–1928
Bd. 8, Berlin 1939
2. Die Briefe der deutschen Kaiserzeit
Bd. 1, Weimar 1949
Bd. 2, Berlin, Zürich, Dublin 1966
3. Epistolae selectae
Bd. 1, Berlin 1916

V. Antiquitates
1. Poetae Latini medii aevi
Bd. 1, Berlin 1881
Bd. 2, Berlin 1884
Bd. 3, Berlin 1886–1896
Bd. 4, Teil 1–3, Berlin 1899–1923

Bd. 5, Teil 1 u. 2, Leipzig 1937–1939
Teil 3, München 1979
Bd. 6, Teil 1, Weimar 1951
2. Necrologia Germaniae
Bd. 1, Berlin 1886–1888
Bd. 2, Berlin 1890–1904
Bd. 3, Berlin 1905
Bd. 4, Berlin 1920
Bd. 5, Berlin 1913
Supplementband, Berlin 1884
3. Libri memoriales
Bd. 1, Dublin, Zürich 1970

34. Muratori, Ludovico Antonio, Antiquitates Italicae medii aevi, 6 Bde., Mailand 1738–1741, Bd. 7: Indices chronologici, Turin 1896
35. Muratori, Ludovico Antonio, Rerum Italicarum scriptores, 25 Bde., Mailand 1723–1738, Bologna ²1900ff.
36. I placiti del „Regnum Italiae", 3 Bde., hg. v. Cesare Manaresi, in: Fonti per la storia d'Italia 92, 96, 97, Rom 1955–1960
37. Prokop (Procopius Caesariensis), Werke, Bd. 2: Gotenkriege, hg. v. Otto Veh, München 1966
38. Quellen zur Entstehung des Kirchenstaats, hg. v. Horst Fuhrmann (Historische Texte. Mittelalter 7), Göttingen 1968
39. Rerum Britannicarum medii aevi scriptores or Chronicles and Memorials of Great Britain and Ireland during the Middle Ages, Rolls Series 99 Bde., London 1858–1896
40. Rodulfus Glaber, Rodulfi Glabri historiarum sui temporis libri quinque, in: Migne, Patrologia, Series Latina 142, Paris 1880, Sp. 611–698
41. Migne, Jacques Paul (Hg.), Patrologiae cursus completus. Series Latina, Bde. 82, 87, 105, 106, 142, Paris 1850, 1851, 1864, 1880
42. Vogel, Cyrille/Elze, Reinhard, Le pontifical Romano-Germanique du dixième siècle: Le texte, 3 Bde. (Studi e testi 226, 227, 269), Città del Vaticano 1963–1972

Regesten

43. Böhmer, Johann Friedrich, Regesta imperii.
Bd. I: Die Regesten des Kaiserreichs unter den Karolingern 715–918, bearb. v. Engelbert Mühlbacher u. Johann Lechner, Innsbruck ²1908, Nachdruck mit Ergänzungen v. Carlrichard Brühl und Hans H. Kaminsky, Hildesheim 1966
Bd. II, 1: Regesten Ottos I., bearb. v. Emil v. Ottenthal, Innsbruck, Neudruck mit Ergänzungen v. Hans H. Kaminsky, Hildesheim 1967
Bd. II, 2: Regesten Ottos II., bearb. v. Hanns Leo Mikoletzky, Innsbruck 1950
Bd. II, 3: Regesten Ottos III., bearb. v. Mathilde Uhlirz, Köln, Graz 1956/57
Bd. II, 4: Regesten Heinrichs II., bearb. v. Theodor Graff, Wien, Köln, Graz 1971

Bd. II, 5: Papstregesten 911–1024, bearb. v. Harald Zimmermann, Wien, Köln, Graz 1969
Bd. III, 1: Regesten Konrads II., bearb. v. Heinrich Appelt, Graz 1951
44. Dölger, Franz, Regesten der Kaiserurkunden des oströmischen Reiches von 565–1453 (Corpus d. griech. Urkunden d. Mittelalters u. d. neueren Zeit, Reihe 1, Abt. I)
Teil 1: 565–1025, München-Berlin 1924
Teil 2: 1025–1204, München 1925
45. Germania pontificia,
Bd. 1–3 hg. v. Albert Brackmann, Berlin 1910–1935
Bd. 4 hg. v. Hermann Jakobs/Heinrich Büttner, Göttingen 1978
Bd. 6 hg. v. Wolfgang Seegrün/Theodor Schieffer, Göttingen 1981
46. Jaffé, Philipp, Regesta pontificum Romanorum ab condita ecclesia ad annum 1198, 2. Aufl. hg. v. Samuel Löwenfeld u. a., 2 Bde., Leipzig 1885/88
47. Kehr, Paul F. (Hg.), Regesta pontificum Romanorum I: Italia pontificia,
Bd. 1–8 hg. v. Paul F. Kehr, Berlin 1906–1935,
Bd. 9 hg. v. Walther Holtzmann, Berlin 1962,
Bd. 10 hg. v. Dieter Girgensohn/Walther Holtzmann, Zürich 1975
48. Stumpf-Brentano, Karl Friedrich, Die Reichskanzler vornehmlich des X., XI. und XII. Jahrhunderts, Bd. 2, Innsbruck 1879

Quellenbibliographien, Quellenkunden

49. Génicot, Léopold (Hg.), Typologie des sources du Moyen Age occidental, Turnhout 1972ff.
50. Jacob, Carl, Quellenkunde der Deutschen Geschichte im Mittelalter (bis zur Mitte des 15. Jahrhunderts)
Bd. 1: Einleitung. Allgemeiner Teil. Die Zeit der Karolinger, Berlin ^{6}1959
Bd. 2: Die Kaiserzeit (911–1250), Berlin ^{6}1968
51. Lhotsky, Alphons, Quellenkunde zur mittelalterlichen Geschichte Österreichs (MIÖG Erg.-Bd. 19), Graz, Köln 1963
52. Potthast, August, Bibliotheca historica medii aevi. Wegweiser durch die Geschichtsquellen des europäischen Mittelalters bis 1500, 2 Bde., Berlin ^{2}1896
53. Repertorium fontium historiae medii aevi ... hg. v. Istituto Storico Italiano per il medio evo, Rom 1962ff.
Bd 1: Series collectionum, 1962
Bd 2ff.: Fontes Aff., 1967ff.
54. Wattenbach, Wilhelm/Levison, Wilhelm/Löwe, Heinz, Deutschlands Geschichtsquellen im Mittelalter. Vorzeit und Karolinger,
H. 1: Die Vorzeit von den Anfängen bis zur Herrschaft der Karolinger, Weimar 1952
H. 2: Die Karolinger vom Anfang des 8. Jahrhunderts bis zum Tode Karls des Großen, Weimar 1953
H. 3: Die Karolinger vom Tode Karls des Großen bis zum Vertrag von Verdun, Weimar 1957
H. 4: Die Karolinger vom Vertrag von Verdun bis zum Herrschaftsantritt der

Herrscher aus dem sächsischen Hause. Italien und das Papsttum, Weimar 1963
H. 5: Die Karolinger vom Vertrag von Verdun bis zum Herrschaftsantritt der Herrscher aus dem sächsischen Hause. Das westfränkische Reich, Weimar 1973
H. 6: Beiheft. Die Rechtsquellen, Weimar 1953
55. Wattenbach, Wilhelm/Levison, Wilhelm/Schmale, Franz Joseph, Deutschlands Geschichtsquellen im Mittelalter. Die Zeit der Sachsen und Salier, 3 Teile, Darmstadt 1967–1971

Bibliographien, Literaturberichte

56. Dahlmann-Waitz, Quellenkunde der deutschen Geschichte. Bibliographie der Quellen und der Literatur zur deutschen Geschichte, hg. v. Hermann Heimpel u. Herbert Geuss, 10. Aufl. 5 Bde. (noch nicht vollständig), Stuttgart 1969ff.
57. Ehlers, Joachim, Frankreich im Mittelalter. Neuerscheinungen 1961–1979 (HZ Sonderheft 11), München 1982
58. Haverkamp, Alfred/Enzensberger, Horst, Italien im Mittelalter. Neuerscheinungen von 1959–1975 (HZ Sonderheft 7), München 1980
59. Keyser, Erich (Hg.), Bibliographie zur Städtegeschichte Deutschlands (Veröffentlichung d. intern. Komm. f. Städtegeschichte), Köln/Wien 1969
60. Revue d'Histoire Ecclésiastique. Bibliographie, 1 (1900) – 79 (1984), Löwen 1900–1984

Atlanten, Handbücher, Nachschlagewerke

61. Allgemeine deutsche Biographie, hg. durch d. hist. Commission bei d. Königl. Akademie d. Wissenschaften, 56 Bde., Leipzig 1875–1912
62. Atlas zur Kirchengeschichte. Die christlichen Kirchen in Geschichte und Gegenwart, hg. v. Hubert Jedin u. a., Freiburg i. Br. 1970
63. Biographisches Wörterbuch zur deutschen Geschichte, begr. v. Hellmuth Rössler u. Günther Franz, 2. Aufl. bearb. v. Karl Bosl, Günther Franz u. Hanns Hubert Hofmann, 3 Bde., München 1973–1975
64. The Cambridge Economic History of Europe, hg. v. Michael Postan u. a., Bd. 1 u. 3, Cambridge ²1966, ²1971
65. The Cambridge Medieval History, hg. von Henry M. Gwatkin u. a., 8 Bde., Cambridge 1911–1967
66. Deutsche Agrargeschichte, hg. v. Günther Franz.
Bd. 2: Wilhelm Abel, Geschichte der Deutschen Landwirtschaft, Stuttgart ²1967
Bd. 3: Friedrich Lütge, Geschichte der deutschen Agrarverfassung, Stuttgart ²1967
Bd. 4: Günther Franz, Geschichte des deutschen Bauernstandes, Stuttgart 1970
67. Deutsche Geschichte im Überblick. Hg. v. Peter Rassow (3. Auflage hg. v. Theodor Schieffer), Stuttgart ³1973

68. Europäische Wirtschaftsgeschichte, hg. v. Carlo M. Cipolla/Knut Borchardt, Bd. 1: Mittelalter, Stuttgart 1978
69. Fischer Weltgeschichte.
Bd. 9: Franz G. Maier, Die Verwandlung der Mittelmeerwelt, Frankfurt a. M. 1968
Bd. 10: Jan Dhondt, Das Frühe Mittelalter, Frankfurt a. M. 1968
Bd. 13: Franz G. Maier (Hg.), Byzanz, Frankfurt a. M. 1973
Bd. 14: Claude Cahen, Der Islam. I: Vom Ursprung bis zu den Anfängen des Osmanenreiches, Frankfurt a. M. 1968
70. Bruno Gebhardt, Handbuch der deutschen Geschichte, hg. von Herbert Grundmann, Bd. 1, Stuttgart ^{9}1970
71. Geschichte der deutschen Länder. „Territorien-Ploetz" Band 1, Würzburg 1964
72. Geschichte Salzburgs, hg. v. Heinz Dopsch Bd I. 1, Salzburg 1981
73. Geschichte Thüringens, hg. v. Hans Patze u. Walter Schlesinger, Bd. I, Köln, Graz 1968, Bd. II. 1 u. 2, Köln, Wien 1973, 1974
74. Geschichtliche Grundbegriffe. Historisches Lexikon zur politisch-sozialen Sprache in Deutschland, hg. v. Otto Brunner, Werner Conze u. Reinhart Koselleck, Stuttgart 1972 ff.
75. Der große Ploetz. Auszug aus der Geschichte, Freiburg i. Br. ^{29}1980
76. Die großen Deutschen. Deutsche Biographie, hg. v. Herrmann Heimpel u. a., 5 Bde., Berlin 1956–57
77. Großer Historischer Weltatlas. Teil 2: Mittelalter, hg. v. Bayerischen Schulbuch-Verlag, München ^{2}1979. Erläuterungen, hg. v. Ernst Walter Zeeden, München 1983
78. Handbuch der Altertumswissenschaft, 12. Abt. 1. Teil: Georg Ostrogorsky, Geschichte des Byzantinischen Staates (Byzantinisches Handbuch 1 u. 2), München ^{3}1963
79. Handbuch der Bayerischen Geschichte, hg. v. Max Spindler, Bd. 1, München ^{2}1981
Bd. 3,1, München 1971
80. Handbuch der deutschen Geschichte. Neu herausgegeben von Leo Just Bd. I: Deutsche Geschichte bis zum Ausgang des Mittelalters, Konstanz 1957
81. Handbuch der deutschen Wirtschafts- und Sozialgeschichte, hg. v. Hermann Aubin u. Wolfgang Zorn. Bd. 1, Stuttgart 1971
82. Handbuch der europäischen Geschichte, hg. v. Theodor Schieder. Bd. 1: Theodor Schieffer (Hg.), Europa im Wandel von der Antike zum Mittelalter, Stuttgart 1976
83. Handbuch der europäischen Wirtschafts- und Sozialgeschichte, hg. v. Herrmann Kellenbenz, Bd. 2, Stuttgart 1980
84. Handbuch der Geschichte der böhmischen Länder, hg. v. Karl Bosl, Bd. 1, Stuttgart 1967
85. Handbuch der Kirchengeschichte, hg. v. Hubert Jedin, Bd. II, 1 u. 2, Freiburg i. B. etc. 1973, 1975
86. Handbuch der Quellen und Literatur der neueren europäischen Privatrechtsgeschichte, hg. v. Helmut Coing, Bd. 1, München 1973
87. Handwörterbuch zur deutschen Rechtsgeschichte, hg. v. Adalbert Erler u. Ekkehard Kaufmann, bisher 3 Bde., Berlin 1971–1984

88. Historia Mundi, Bd. V: Frühes Mittelalter, Bern 1956, Bd. VI: Hohes und spätes Mittelalter, Bern 1958
89. Die Kirche in ihrer Geschichte. Ein Handbuch, begr. v. Kurt Dietrich Schmidt u. Ernst Wolf, hg. v. Bernd Moeller, Göttingen-Zürich 1961 ff.
Bd. I: Lorenz, Rudolf, Das vierte und sechste Jahrhundert (Westen), Lfg. C 1, 1970
Bd. II: Haendler, Gert, Geschichte des Frühmittelalters und der Gemanenmission, Lfg. E, S. 1–73; und Stökl, Günther, Geschichte der Slavenmission, Lfg. E, S. 75–91, 1961
90. Kirchengeschichte als Missionsgeschichte, hg. v. Heinzgünter Frohnes u. a., München 1974 ff. Bd. II, 1: Die Kirche des frühen Mittelalters, hg. v. Kurt Schäferdiek, 1978
91. Lexikon des Mittelalters, hg. v. Robert Auty, Robert-Henri Bautier u. a., München, Zürich, Bd. 1 ff. 1980 ff.
92. Lexikon für Theologie und Kirche, 2. völlig neubearb. Aufl., hg. v. Josef Höfer u. Karl Rahner, 11 Bde., Freiburg 1957–1967
93. Neue Deutsche Biographie, hg. v. d. Hist. Kommission bei der Bayerischen Akademie der Wissenschaften, bisher 14 Bde. (bis Locher-Freuler), Berlin 1953 ff.
94. Raum und Bevölkerung in der Weltgeschichte. Bevölkerungs-Ploetz, Bd. 1 u. 2, Würzburg 1965, 1968
95. Reallexikon der germanischen Altertumskunde, 2. neubearb. Aufl. hg. v. Heinrich Beck/Herbert Jankuhn u. a., 4 Bde., Berlin-New York 1973–1981
96. Rheinische Geschichte, hg. v. Franz Petri u. Georg Droege.
Bd. I, 2: Eugen Ewig, Frühes Mittelalter, Düsseldorf 1980
Bd. I, 3: Egon Boshof, Ottonen- und Frühe Salierzeit (919–1056), Düsseldorf 1983
97. Sachwörterbuch zur deutschen Geschichte, von Hellmuth Rössler u. a., München 1958
98. Saeculum Weltgeschichte, Bd. IV: Die Hochkulturen im Zeichen der Weltreligionen (2), Freiburg i. Br. etc. 1967
99. Storia d'Italia, hg. von Nino Valeri, 5 Bde., Turin [2]1965
100. Storia d'Italia (Einaudi), hg. v. Giulio Einaudi, 6 Bde., Turin 1972–1976

Gesamtdarstellungen, Sammelbände

101. Jahrbücher der Deutschen Geschichte, hg. v. d. Historischen Kommission bei der Bayerischen Akademie der Wissenschaften, 21 Bde, Leipzig–Berlin 1862–1954
Bd. I: Bonnel, Heinrich Eduard, Die Anfänge des karolingischen Hauses (–714), Berlin 1866
Bd. II: Breysig, Theodor, Jahrbücher des fränkischen Reiches. 714–741. Die Zeit Karl Martells, Leipzig 1869
Bd. III: Hahn, Heinrich, Jahrbücher des fränkischen Reichs. 741–752, Berlin 1863
Bd. IV: Oelsner, Ludwig, Jahrbücher des fränkischen Reiches unter König Pippin, Leipzig 1871

Bd. V, 1.2: Abel, Sigurd, Jahrbücher des Fränkischen Reiches unter Karl dem Großen,
Bd. 1: 768–788, Berlin 1865; 2. Aufl. besorgt v. Bernhard Simson, Leipzig 1888
Bd. 2: 789–814, fortgesetzt v. Bernhard Simson, Leipzig 1883
Bd. VI, 1.2: Simson, Bernhard, Jahrbücher des Fränkischen Reich unter Ludwig dem Frommen,
Bd. 1: 814–830, Leipzig 1874
Bd. 2: 831–840, Leipzig 1876
Bd. VII, 1.2.3: Dümmler, Ernst, Geschichte des Ostfränkischen Reiches.
Bd. 1: Ludwig der Deutsche bis zum Frieden von Koblenz 860, Leipzig ^{2}1887
Bd. 2: Ludwig der Deutsche vom Koblenzer Frieden bis zu seinem Tode (860–876), Leipzig ^{2}1887
Bd. 3: Die letzten Karolinger, Konrad I., Leipzig ^{2}1882
Bd. VIII: Waitz, Georg, Jahrbücher des Deutschen Reichs unter König Heinrich I. 919–936, Leipzig ^{3}1885
Bd. IX: Köpke, Rudolf, Kaiser Otto der Große, vollendet v. Ernst Dümmler, Leipzig 1876
Bd. X, 1.2: Uhlirz, Karl, Jahrbücher des Deutschen Reiches unter Otto II. und Otto III.,
Bd. 1: Otto II. 973–983, Leipzig 1902
Bd. 2: Otto III. 983–1002, bearb. v. Mathilde Uhlirz, Berlin 1954
Bd. XI, 1.2.3: Hirsch, Siegfried, Jahrbücher des Deutschen Reichs unter Heinrich II., 1002–1024, 3 Bde,
Bd. 1: Berlin 1862
Bd. 2: vollendet v. Hermann Pabst, Berlin 1864
Bd. 3: vollendet u. hg. v. Harry Bresslau, Leipzig 1875
Bd. XII, 1.2: Bresslau, Harry, Jahrbücher des Deutschen Reichs unter Konrad II.
Bd. 1: 1024–1031, Leipzig 1879
Bd. 2: 1032–1039, Leipzig 1884
Bd. XIII, 1.2: Steindorff, Ernst, Jahrbücher des Deutschen Reichs unter Heinrich III., 2 Bde, Leipzig 1874, 1881

102. Settimane di Studio del Centro Italiano di studi sull'alto Medioevo, Spoleto 1954ff.
Bd. I: I problemi della civiltà Carolingia, 1954
Bd. II: I problemi comuni dell'Europa Post-Carolingia, 1955
Bd. III: I goti in occidente. Problemi, 1956
Bd. IV: Il monachesimo nell'Alto Medioevo e la formazione della civiltà occidentale, 1957
Bd. V: Caratteri del secolo VII in occidente, 2 Bde, 1958
Bd. VI: La città nell'alto Medioevo, 1959
Bd. VII: Le chiese nei regni dell'Europa occidentale e i loro rapporti con Roma sino all' 800, 2 Bde, 1960
Bd. VIII: Moneta e scambi nell'alto medioevo, 1961
Bd. IX: Il passaggio dall'antichità al medioevo in occidente, 1962
Bd. X: La bibbia nell'alto medioevo, 1963
Bd. XI: Centri e vie di irradiazione della civiltà nell'alto medioevo, 1964

Bd. XII: L'occidente e l'Islam nell'alto medioevo, 2 Bde., 1965
Bd. XIII: Agricoltura e mondo rurale in occidente nell'alto medioevo, 1966
Bd. XIV: La conversione al cristianesimo nell'Europa dell'alto medioevo, 1967
Bd. XV: Ordinamenti militari in occidente nell'alto medioevo, 2 Bde, 1968
Bd. XVI: I normanni e la loro espansione in Europa nell'alto medioevo, 1969
Bd. XVII: La storiografia altomedievale, 2 Bde, 1970
Bd. XVIII: Artigianato e tecnica nella società dell'alto medioevo occidentale, 2 Bde, 1971
Bd. XIX: La scuola nell'occidente latino dell'alto medioevo, 2 Bde, 1972
Bd. XX: I problemi dell'occidente nel secolo VIII, 2 Bde, 1973
Bd. XXI: Topografia urbana e vita cittadina nell'alto medioevo in occidente, 2 Bde, 1974
Bd. XXII: La cultura antica nell'occidente latino dal VII all' XI secolo, 2 Bde, 1975
Bd. XXIII: Simboli e simbologia nell'alto medioevo, 2 Bde, 1976
Bd. XXIV: Il matrimonio nella società altomedievale, 2 Bde, 1977
Bd. XXV: La navigazione mediterranea nell'alto medioevo, 2 Bde, 1978
Bd. XXVI: Gli ebrei nell'alto medioevo, 2 Bde, 1980
Bd. XXVII: Nascita dell'Europa ed Europa Carlingia: Un' equazione da verificare, 2 Bde, 1981
Bd. XXVIII: Cristianizzazione ed organizzazione ecclesiastica delle campagne nell'alto medio evo: Espansione e restistenze, 2 Bde, 1982
Bd. XXIX: Popoli e paesi nella cultura altomedievale, 2 Bde, 1983

103. Vorträge und Forschungen, hg. v. Konstanzer Arbeitskreis für mittelalterliche Geschichte, Konstanz 1955ff.
Bd. I: Grundlagen der alemannischen Geschichte, Lindau, Konstanz 1955
Bd. III: Das Königtum. Seine geistigen und rechtlichen Grundlagen, Lindau, Konstanz 1956
Bd. IV: Studien zu den Anfängen des europäischen Städtewesens, Lindau, Konstanz 1958
Bd. V: Studien zum mittelalterlichen Lehenswesen, Lindau, Konstanz 1960
Bd. VI: Gerhard Baaken, Königtum, Burgen und Königsfreie, und Roderich Schmidt, Königsumritt und Huldigung in ottonisch-salischer Zeit, Konstanz, Stuttgart 1961
Bd. XI: Untersuchungen zur gesellschaftlichen Struktur der mittelalterlichen Städte in Europa, Konstanz, Stuttgart 1966
Bd. XIX: Die Burgen im deutschen Sprachraum, hg. v. Hans Patze, 2 Bde, Sigmaringen 1976
Bd. XX: Mönchtum, Episkopat und Adel zur Gründungszeit des Klosters Reichenau, hg. v. Arno Borst, Sigmaringen 1974
Bd. XXII: Geschichtswissenschaft und Archäologie, hg. v. Herbert Jankuhn u. Reinhard Wenskus, Sigmaringen 1979

Bd. XXIV: Die Gründungsurkunden der Reichenau, hg. v. Peter Classen, Sigmaringen 1977
Bd. XXV: Von der Spätantike zum frühen Mittelalter, hg. v. Joachim Werner u. Eugen Ewig, Sigmaringen 1979
Bd. XXVIII: Ausgewählte Aufsätze von Peter Classen, hg. v. Josef Fleckenstein, Sigmaringen 1983
Bd. XXIX: Gilden und Zünfte, hg. v. Berent Swineköper, Sigmaringen 1985

Wege der Forschung, hg. v. d. Wissenschaftlichen Buchgesellschaft Darmstadt 1956ff.

104. Beumann, Helmut (Hg.), Heidenmission und Kreuzzugsgedanke in der deutschen Ostpolitik des Mittelalters (WdF 7), Darmstadt 1963
105. Bosl, Karl (Hg.), Zur Geschichte der Bayern (WdF 60), Darmstadt 1965
106. Christ, Karl (Hg.), Der Untergang des römischen Reiches (WdF 269), Darmstadt 1970
107. Eggers, Hans (Hg.), Der Volksname „Deutsch" (WdF 156), Darmstadt 1970
108. Franz, Günther (Hg.), Deutsches Bauerntum im Mittelalter (WdF 416), Darmstadt 1976
109. Fried, Pankraz (Hg.), Probleme und Methoden der Landesgeschichte (WdF 492), Darmstadt 1978
110. Haase, Carl (Hg.), Die Stadt des Mittelalters, I–III (WdF 243, 244, 245), Darmstadt ³1978, ²1976, ³1984
111. Hlawitschka, Eduard (Hg.), Königswahl und Thronfolge in ottonisch-frühdeutscher Zeit (WdF 178), Darmstadt 1971
113. Hübinger, Paul Egon (Hg.), Bedeutung und Rolle des Islam beim Übergang vom Altertum zum Mittelalter (WdF 202), Darmstadt 1968
114. Ders. (Hg.), Kulturbruch oder Kulturkontinuität im Übergang von der Antike zum Mittelalter (WdF 201), Darmstadt 1968
115. Ders. (Hg.), Zur Frage der Periodengrenze zwischen Altertum und Mittelalter (WdF 51), Darmstadt 1969
116. Kämpf, Hellmut (Hg.), Herrschaft und Staat im Mittelalter (WdF 2), Darmstadt 1956
117. Ders. (Hg.), Die Entstehung des Deutschen Reiches. Deutschland um 900. ⁵1980
118. Kerner, Max (Hg.), Ideologie und Herrschaft im Mittelalter (WdF 530), Darmstadt 1982
119. Lammers, Walther (Hg.), Entstehung und Verfassung des Sachsenstammes (WdF 50), Darmstadt 1967
120. Ders. (Hg.), Die Eingliederung der Sachsen in das Frankenreich (WdF 185), Darmstadt 1970
121. Ders. (Hg.), Geschichtsdenken und Geschichtsbild im Mittelalter (WdF 21), Darmstadt 1961
122. Müller, Wolfgang (Hg.), Zur Geschichte der Alemannen (WdF 100), Darmstadt 1975
123. Petri, Franz (Hg.), Siedlung, Sprache und Bevölkerungsstruktur im Frankenreich (WdF 49), Darmstadt 1973
124. Prinz, Friedrich (Hg.), Mönchtum und Gesellschaft im Frühmittelalter (WdF 312), Darmstadt 1976

125. Richter, Helmut (Hg.), Cluny (WdF 241), Darmstadt 1975
126. Wolf, Gunther (Hg.), Zum Kaisertum Karls des Großen (WdF 38), Darmstadt 1972
127. Zimmermann, Harald (Hg.), Otto der Große (WdF 450) Darmstadt 1976

Universum der Kunst, hg. v. André Malraux, Georges Salles u. André Parrot, Berater f. d. dt. Ausg. Kurt Martin, München 1960ff.
128. Grabar, André, Die Kunst des frühen Christentums (Universum der Kunst 9), München 1967
129. Ders., Die Kunst im Zeitalter Justinians (Universum der Kunst 10), München 1967
130. Hubert, Jean/Porcher, Jean/Volbach, Wolfgang Fritz, Frühzeit des Mittelalters (Universum der Kunst 12), München 1968
131. Hubert, Jean/Porcher, Jean/Volbach, Wolfgang Fritz, Die Kunst der Karolinger (Universum der Kunst 13), München 1969
132. Grodecki, Louis/Mütherich, Florentine/Wormald, Francis, Die Zeit der Ottonen und Salier (Universum der Kunst 20), München 1973

I. Voraussetzungen, Grundlagen und Hauptprobleme einer fränkisch-deutschen Frühgeschichte

133. Ament, Hermann, Der Rhein und die Ethnogenese der Germanen, in: Praehistorische Zeitschrift 59 (1984), S. 37–47
134. Amira, Karl von/Eckhardt, Karl August,
Germanisches Recht 1: Rechtsdenkmäler, Berlin [4]1960
Germanisches Recht 2: Rechtsaltertümer, Berlin [4]1967
135. Aubin, Hermann, Grundlagen und Perspektiven geschichtlicher Kulturraumforschung und Kulturmorphologie, Bonn 1965
136. Barni, Gian Luigi/Fasoli, Gina, L'Italia nell'alto medioevo (Società e costume 3), Torino 1971
137. Beck, Hans-Georg, Das byzantinische Jahrtausend, München 1978
138. San Benedetto nel suo tempo, in: Atti del 7° congresso internazionale di studi sull'alto medioevo hg. v. Centro Italiano di studi sull'alto Medioevo, 2 Bde., Spoleto 1982
139. Beumann, Helmut, Ideengeschichtliche Studien zu Einhard und anderen Geschichtsschreibern des früheren Mittelalters, Darmstadt 1962
140. Ders., Wissenschaft vom Mittelalter. Ausgewählte Aufsätze, Köln, Wien 1972
141. Ders. (Hg.), Kaisergestalten des Mittelalters, München 1984
142. Bischoff, Bernhard, Mittelalterliche Studien. Ausgewählte Aufsätze zur Schriftenkunde und Literaturgeschichte, 3 Bde., Stuttgart 1966, 1967, 1981
143. Bloch, Marc, La société féodale, 2 Bde. (L'Evolution de l'humanité 34, 1.2.), Paris 1939/40 (Deutsch: Die Feudalgesellschaft, Zürich 1982)
144. Böhner, Kurt u. a. (Hg.), Das erste Jahrtausend. Kultur und Kunst im werdenden Abendland an Rhein und Ruhr, 3 Bde., Düsseldorf 1962/64
145. Borst, Arno, Lebensformen im Mittelalter, Frankfurt a. M. 1973
146. Bosl, Karl, Die Grundlagen der modernen Gesellschaft im Mittelalter. Eine deutsche Gesellschaftsgeschichte des Mittelalters, 2 Teile, Stuttgart 1972
147. Brackmann, Albert, Gesammelte Aufsätze, Darmstadt [2]1967
148. Braunfels, Wolfgang (Hg.), Karl der Große. Lebenswerk und Nachleben, 5 Bde., Düsseldorf 1965–1968
149. Bresslau, Harry, Handbuch der Urkundenlehre für Deutschland und Italien, 2 Bde., Leipzig 1912–31 (Registerband Berlin 1960)
150. Brunner, Heinrich, Deutsche Rechtsgeschichte, 2 Bde., München, Leipzig [2]1906/1928
151. Brunner, Otto, Neue Wege der Verfassungs- und Sozialgeschichte, Göttingen [2]1968
152. Ders., Sozialgeschichte Europas im Mittelalter, Göttingen 1978
153. Caspar, Erich, Das Papsttum unter fränkischer Herrschaft, Darmstadt 1956
154. Conrad, Hermann, Deutsche Rechtsgeschichte, Bd. 1, Karlsruhe [2]1962
155. Dannenbauer, Heinrich, Die Entstehung Europas. Von der Spätantike zum Frühmittelalter, 2 Bde., Stuttgart 1959

156. Ennen, Edith, Die europäische Stadt des Mittelalters, Göttingen ^{3}1979
157. Erdmann, Carl, Forschungen zur politischen Ideenwelt des Frühmittelalters, Berlin 1951
158. Ewig, Eugen, Zum christlichen Königsgedanken im Frühmittelalter, in: VuF III, 1956, S. 7–73
159. Ders., Spätantikes und fränkisches Gallien. Gesammelte Schriften (1952–1973), hg. von Helmut Atsma, 2 Bde. (Beihefte der Francia 3, 1.2.), Zürich-München 1976, 1979
160. Fasoli, Gina/Manselli, Raoul/Tabacco, Giovanni, La struttura sociale delle città italiane dal V al VII secolo, in: VuF XI, 1966, S. 291–320
161. Fichtenau, Heinrich, Beiträge zur Mediävistik. Ausgewählte Aufsätze, 2 Bde., Stuttgart 1975/77
162. Ders., Lebensordnungen des 10. Jahrhunderts. Studien über Denkart und Existenz im einstigen Karolingerreich, 2 Teile (MGM, Bd. 30, 1–2), Stuttgart 1984
163. Fleckenstein, Josef, Grundlagen und Beginn der deutschen Geschichte, Göttingen ^{2}1980
164. Folz, Robert, De l'antiquité au monde médieval (Peuples et civilisations 5), Paris 1972
165. Fournier, Gabriel, L'Occident de la fin du Ve siècle à la fin du IXe siècle (Coll. U., Sér. Histoire médiévale), Paris 1970
166. Fritze, Wolfgang H., Frühzeit zwischen Ostsee und Donau. Ausgewählte Beiträge zum geschichtlichen Werden im östlichen Mitteleuropa vom 6.–13. Jh., hg. v. Ludolf Kuchenbuch und Winfried Schich (Berliner hist. Studien. 6, Germania Slavica III), Berlin 1982
167. Fuhrmann, Horst, Deutsche Geschichte im hohen Mittelalter, Göttingen 1978
168. Giesebrecht, Wilhelm von, Geschichte der deutschen Kaiserzeit, 6 Bde., Braunschweig-Leipzig, 4. Aufl. 1863–1880
169. Goetz, Walter, Italien im Mittelalter, 2 Bde., Leipzig 1942
170. Graus, František, Lebendige Vergangenheit. Überlieferung im Mittelalter und in den Vorstellungen vom Mittelalter, Köln, Wien 1975
171. Gregorovius, Ferdinand, Geschichte der Stadt Rom im Mittelalter. 8 Bde., Stuttgart 1859–1872, zuletzt in 3 Bden., Darmstadt 1953–1957
172. Grönbech, Wilhelm, Kultur und Religion der Germanen, 2 Bde., hg. von Otto Höfler, Darmstadt ^{6}1961
173. Grundmann, Herbert, Ausgewählte Aufsätze, 3 Bde. (Schriften der MGH 25), Stuttgart 1976, 1977, 1978
174. Grunebaum, Gustave Edmund von, Der Islam im Mittelalter, Zürich/Stuttgart 1963
175. Hampe, Karl, Deutsche Kaisergeschichte in der Zeit der Salier und Staufer, Heidelberg ^{10}1949
176. Hartmann, Ludo Moritz, Geschichte Italiens im Mittelalter, 4 Bde., Leipzig, Gotha 1897–1915
177. Hauck, Albert, Kirchengeschichte Deutschlands, 5 Bde., Berlin–Leipzig ^{8}1954
178. Hauck, Karl, Von einer spätantiken Randkultur zum karolingischen Europa, in: FMSt 1 (1967), S. 3–93
179. Havighurst, Alfred Freeman (Hg.), The Pirenne Thesis. Analysis, criticism and revision, Lexington/Mass. usw. 1976
180. Heimpel, Hermann, Deutsches Mittelalter, Leipzig 1941

181. Ders., Der Mensch in seiner Gegenwart, Göttingen [2]1957
182. Hellmann, Siegfried, Das Mittelalter bis zum Ausgang der Kreuzzüge, Gotha-Stuttgart [2]1924
183. Hensel, Witold, Die Slawen im frühen Mittelalter, Berlin 1965
184. Herrmann, Joachim (Hg.), Die Slawen in Deutschland. Geschichte und Kultur der slawischen Stämme westlich von Oder und Neiße vom 6.–12. Jahrhundert. Ein Handbuch, Berlin (Ost) 1970
185. Holtzmann, Robert, Geschichte der sächsischen Kaiserzeit (900–1024), Darmstadt [4]1961
186. Jordan, Karl, Ausgewählte Aufsätze zur Geschichte des Mittelalters (Kieler historische Studien 29), Stuttgart 1980
187. Kienast, Walther, Deutschland und Frankreich in der Kaiserzeit (900–1250). Weltkaiser und Einzelkönige, 3 Bde., Stuttgart [2]1974/75
188. Krüger, Bruno (Hg.), Die Germanen. Geschichte und Kultur der germanischen Stämme in Mitteleuropa. Ein Handbuch in 2 Bänden, Bd. 1 (Veröffentlichungen d. Zentralinst. f. Alte Gesch. u. Archäologie d. Akademie d. Wiss. d. DDR), Berlin (Ost) 1976
189. Lechner, Karl, Die Babenberger. Markgrafen und Herzöge von Österreich 976–1246 (Veröff. d. Inst. f. österr. Geschichtsforschung 23), Wien-Köln-Graz 1976
190. Le Goff, Jacques, Kultur des europäischen Mittelalters, München–Zürich 1970
191. Lehmann, Paul, Erforschung des Mittelalters. Ausgewählte Abhandlungen und Aufsätze, 5 Bde., Stuttgart 1959–62
192. Levison, Wilhelm, Vom Ende der Römerherrschaft bis zum Interregnum (450–1250), in: Geschichte des Rheinlandes von der ältesten Zeit bis zur Gegenwart, Bd. 1, Essen 1922, S. 45–168
193. Ders., Aus rheinischer und fränkischer Frühzeit, Düsseldorf 1948
194. Lintzel, Martin, Ausgewählte Schriften, 2 Bde., Berlin 1961
195. Löwe, Heinz, Von Cassiodor zu Dante. Berlin-New York 1973
196. Löwe, Heinz (Hg.), Die Iren und Europa im früheren Mittelalter, 2 Bde. (Veröffentl. d. Europa-Zentrums Tübingen. Kulturwissenschaftl. Reihe), Stuttgart 1982
197. Lot, Ferdinand, La fin du monde antique et le début du Moyen Age, Paris [2]1951
198. Mitteis, Heinrich, Die Rechtsidee in der Geschichte. Gesammelte Abhandlungen und Vorträge, Weimar 1957
199. Ders., Der Staat des hohen Mittelalters, Darmstadt-Weimar [8]1968
200. Monumenta Judaica. 2000 Jahre Geschichte und Kultur der Juden am Rhein, I, Handbuch, Köln 1963
201. Mor, Carlo Guido, L'età feudale, 2 Bde. (Storia politica d'Italia dalle origini ai giorni nostri 11/12), Milano 1952/53
202. Musset, Lucien, Les Invasions, 2 Bde. (Nouvelle Clio 12, 1/2), Paris 1965 (Bd. 1 [2]1969)
203. Nationes. Historische und philologische Untersuchungen zur Entstehung der europäischen Nationen im Mittelalter.
Bd. 1: Helmut Beumann u. W. Schröder (Hg.), Aspekte der Nationenbildung im Mittelalter, Sigmaringen 1978
Bd. 2: Walter Schlesinger (Hg.), Althessen im Frankenreich, Sigmaringen 1975

Bd. 3: František Graus, Die Nationsbildung der Westslawen im Mittelalter, Sigmaringen 1980

Bd. 4: Helmut Beumann (Hg.), Beiträge zur Bildung der Französischen Nation im Früh- und Hochmittelalter, Sigmaringen 1983

204. Norwich, John Julius, Die Wikinger im Mittelmeer, Wiesbaden 1968
205. Passagio dal mondo antico al medioevo. Da Teodosio a San Gregorio Magno (Atti dei convegni Lincei Bd. 45), Rom 1980
206. Pirenne, Henri, Mahomet et Charlemagne, Brüssel 1937 (deutsch: Geburt des Abendlandes, Stuttgart 1939)
207. Prinz, Friedrich, Klerus und Krieg im früheren Mittelalter: Untersuchungen zur Rolle der Kirche beim Aufbau der Königsherrschaft (MGM Bd. 2), Stuttgart 1971
208. Ders., Böhmen im mittelalterlichen Europa: Frühzeit, Hochmittelalter, Kolonisationsepoche, München 1984
209. Riezler, Sigmund, Geschichte Baierns, 8 Bde., Gotha 1878–1914 (Bd. 1 ^{2}1927)
210. Rösener, Werner, Bauern im Mittelalter, München 1985
211. Rosenthal, Franz, Das Fortleben der Antike im Islam, Zürich-Stuttgart 1965
212. Schieffer, Theodor, Winfrid-Bonifatius und die christliche Grundlegung Europas, Freiburg i. Br. 1954
213. Schlesinger, Walter, Kirchengeschichte Sachsens im Mittelalter, 2 Bde. (Mitteldt. Forsch. 27/I–II), Köln-Graz 1962
214. Ders., Beiträge zur deutschen Verfassungsgeschichte des Mittelalters, 2 Bde., Göttingen 1963
215. Schmidt, Ludwig, Geschichte der deutschen Stämme bis zum Ausgang der Völkerwanderung, 2 Bde., München ^{2}1938–1941
216. Schneider, Fedor, Die Reichsverwaltung in Toscana. Von der Gründung des Langobardenreiches bis zum Ausgang der Staufer (568–1268), I: Die Grundlagen (Bibliothek des Kgl. Preussischen Historischen Instituts in Rom, Bd. 11), Rom 1914
217. Schneider, Reinhard, Das Frankenreich (Oldenbourg Grundriß der Geschichte Bd. 5), München-Wien 1982
218. Schramm, Gottfried, Eroberer und Eingesessene. Geographische Lehnnamen als Zeugen der Geschichte Südosteuropas im ersten Jahrtausend nach Christus, Stuttgart 1981
219. Schramm, Percy Ernst, Herrschaftszeichen und Staatssymbolik (Schriften der MGH 13, 1–3), Stuttgart 1954–1956
220. Schubert, Hans von, Geschichte der christlichen Kirche im Frühmittelalter, Tübingen 1921
221. Schulte, Aloys, Der Adel und die deutsche Kirche im Mittelalter (Kirchenrechtliche Abhandlungen 63/64), Stuttgart ^{2}1922
222. Sestan, Ernesto, Stato e nazione nell'alto medioevo (Biblioteca storica 2), Napoli 1952
223. Sproemberg, Heinrich, Mittelalter und demokratische Geschichtsschreibung (Forschungen zur mittelalterlichen Geschichte 18), Berlin (Ost) 1971
224. Steinbach, Franz, Collectanea – Aufsätze und Abhandlungen, hg. v. Franz Petri u. Georg Droege, Bonn 1967
225. Stroheker, Karl Friedrich, Germanentum und Spätantike, hg. v. Olaf Gigon, Stuttgart 1965

226. Störmer, Wilhelm, Früher Adel. Studien zur politischen Führungsschicht im fränkisch-deutschen Reich vom 8. bis 11. Jahrhundert, 2 Teile (MGM Bd. 6, 1–2), Stuttgart 1973
227. Struve, Tilman, Art. Deutschland, Teile B u. C, in: Lexikon d. Mittelalters, Bd. 3, München 1985, Sp. 790–815
228. Tabacco, Giovanni, Egemonie sociali e strutture del potere nel medioevo italiano, Turin 1979
229. Ders., Il Regno Italico nei secoli IX–XI, in: Settimane di studio 15, 2., Spoleto 1968, S. 763–790
230. Tellenbach, Gerd, Libertas. Kirche und Weltordnung im Zeitalter des Investiturstreites (Forschungen zur Kirchen- und Geistesgeschichte, Bd. 7), Stuttgart 1936
231. Ders., Die Entstehung des deutschen Reiches, München [3]1947
232. Ullmann, Walter, The Growth of Papal Government in the Middle Ages, London [3]1970
233. Váňa, Zdeněk, Einführung in die Frühgeschichte der Slawen, Neumünster 1970
234. Waitz, Georg, Deutsche Verfassungsgeschichte, Bde. 1–4, Berlin [3]1880–1885
235. Weber, Max, Wirtschaft und Gesellschaft (Studienausgabe), hg. von J. Winckelmann, Köln-Berlin 1964
236. Wenskus, Reinhard, Stammesbildung und Verfassung. Das Werden der frühmittelalterlichen gentes, Köln–Graz 1961
237. Werner, Karl Ferdinand, Structures politiques du monde franc (VIe–XIIe siècles), London 1979
238. Ders., Vom Frankenreich zur Entfaltung Deutschlands und Frankreichs, Sigmaringen 1984
239. Wolfram, Herwig, Geschichte der Goten, München 1979
240. Zimmermann, Harald, Das dunkle Jahrhundert, Graz–Wien–Köln 1971
241. Ders., Das Mittelalter, Teil I: Von den Anfängen bis zum Ende des Investiturstreites, Braunschweig 1975
242. Zöllner, Erich, Geschichte Österreichs, Wien [5]1974

II. Die Ereignisgeschichte

II.1. Das Frankenreich unter den Merowingern (482–714)

243. Die Alemannen in der Frühzeit (Veröffentlichungen des Alemannischen Instituts Freiburg, Bd. 34), Freiburg i. Br. 1974
244. Bachrach, Bernard S., Merovingian military organization 481–751, Minneapolis 1972
245. Barroux, Robert, Dagobert, roi des Francs (Bibliothèque historique 227), Paris 1938
246. Böhme, Horst Wolfgang, Germanische Grabfunde des 4. bis 5. Jahrhunderts zwischen unterer Elbe und Loire, 2 Bde. (Münchner Beiträge zur Vor- und Frühgeschichte 19, 1.2.), München 1974
247. Böhner, Kurt, Die fränkischen Altertümer des Trierer Landes, 2 Bde. (Germanische Denkmäler der Völkerwanderungszeit. Serie B 1, 1.2.), Berlin 1958
248. Buchner, Rudolf, Die Provence in merowingischer Zeit, Stuttgart 1933
249. Christlein, Rainer, Die Alamannen, Stuttgart [2]1979
250. La civiltà dei Longobardi in Europa, hg. v. d. Accademia Nazionale dei Lincei (Problemi attuali di scienza e di cultura 189), Rom 1974
251. Claude, Dietrich, Die Bestellung der Bischöfe im merowingischen Reiche, in: ZRG KA 80 (1963), S. 1–75
252. Doppelfeld, Otto/Pirling, Renate, Fränkische Fürsten im Rheinland. Die Gräber aus dem Kölner Dom, von Krefeld-Gellep und Morken (Schriften d. Rhein. Landesmuseums Bonn 2), Düsseldorf [2]1966
253. Dupraz, Louis, Le royaume des Francs et l'ascension politique des maires du palais au déclin du VIIe siècle (656–680). (Contribution à l'histoire du Regnum Francorum pendant le troisième quart du VIIe siècle), Fribourg en Suisse 1948
254. Essen, Léon van der, Etude critique et littéraire sur les Vitae des saints mérovingiens, Lovain-Paris 1907
255. Ewig, Eugen, Trier im Merowingerreich (Trierer Zeitschrift für Geschichte und Kunst 21, 1.2.), Trier 1954
256. Fischer, Johannes, Der Hausmeier Ebroin, Diss. Bonn 1954
257. Fritze, Wolfgang H., Universalis gentium confessio, in: FMSt 3 (1969), S. 78–130
258. Die Germanen. Geschichte und Kultur der germanischen Stämme in Mitteleuropa, hg. v. Bruno Krüger u. a. (Veröffentl. d. Zentralinstituts f. Alte Geschichte u. Archäologie d. Akademie d. Wissenschaften d. DDR 4, 1.2.), Berlin (Ost), Bd. 1: 1976 [[4]1983], Bd 2: 1983
259. Grahn-Hoeck, Heike, Die fränkische Oberschicht im 6. Jahrhundert (VuF Sonderband 21), Sigmaringen 1976
260. Graus, František, Volk, Herrscher und Heiliger im Reich der Merowinger, Prag 1965
261. Grünert, Heinz (Hg.), Römer und Germanen in Mitteleuropa, Berlin [2]1976

262. Hartung, Wolfgang, Süddeutschland in der frühen Merowingerzeit (VSWG, Beihefte 73), Wiesbaden 1983
263. Hauck, Karl, Goldbrakteakten aus Sievern, München 1970
264. Heinzelmann, Martin, Bischofsherrschaft in Gallien (Beihefte der Francia 5), Zürich-München 1976
265. Hlawitschka, Eduard, Studien zur Genealogie und Geschichte der Merowinger und der frühen Karolinger, in: Rhein. Vjbll. 43 (1979), S. 1–99
266. Alberts, Wybe Jappe, Friesland und die Friesen im ersten Jahrtausend, in: Elbern, Victor H. (Hg.), Das erste Jahrtausend, Bd. 2, Düsseldorf 1964, S. 634–652
267. Jarnut, Jörg, Geschichte der Langobarden, Stuttgart 1982
268. Krüger, Karl Heinrich, Königsgrabkirchen der Franken, Angelsachsen und Langobarden bis zur Mitte des 8. Jahrhunderts. Ein historischer Katalog (Münstersche Mittelalter-Schriften 4), München 1971
269. Kurth, Godefroid, Clovis, 2 Bde., Paris ²1901
270. Lotter, Friedrich, Severinus von Noricum, Stuttgart 1976
271. Mayerthaler, Willi, Woher stammt der Name „Baiern"?, in: Messner, Dieter (Hg.), Das Romanische in den Ostalpen, Wien 1984, S. 7–72
272. Petri, Franz, Die fränkische Landnahme und die Entstehung der germanisch-romanischen Sprachgrenze in der interdisziplinären Diskussion. Bericht I: 1926–1953. Bericht II: 1953–1976, Darmstadt 1977
273. Prinz, Friedrich, Heiligenkult und Adelsherrschaft im Spiegel merowingischer Hagiographie, in: HZ 204 (1967), S. 529–544
274. Ders., Die bischöfliche Stadtherrschaft im Frankenreich vom 5. bis zum 7. Jahrhundert, in: HZ 217 (1974), S. 1–35
275. Scheibelreiter, Georg, Der Bischof in merowingischer Zeit, Wien-Köln-Graz 1983
276. Schneider, Reinhard, Königswahl und Königserhebung im Frühmittelalter, (MGM 3), Stuttgart 1972
277. Sprandel, Rolf, Struktur und Geschichte des merowingischen Adels, in: HZ 193 (1961), S. 33–71
278. Ders., Der merowingische Adel und die Gebiete östlich des Rheins (Forsch. zur oberrhein. Landesgesch. 5), Freiburg i. Br. 1957
279. Stein, Frauke, Adelsgräber des achten Jahrhunderts in Deutschland. Mit einem Beitrag von Friedrich Prinz, Berlin 1967
280. Dies., Franken und Romanen in Lothringen, in: Studien zur vor- und frühgeschichtlichen Archäologie. FS Joachim Werner, hg. von Georg Kossack u. a., Bd. 2 (Münchner Beiträge zur Vor- und Frühgeschichte, Erg. Bd. 1,2.), München 1974, S. 579–589
281. Steinbach, Franz/Petri Franz, Zur Grundlegung der europäischen Einheit durch die Franken, Leipzig 1939
282. Steinen, Wolfram von den, Chlodwigs Übergang zum Christentum (Libelli 103), Darmstadt ³1969
283. Stroheker, Karl Friedrich, Der senatorische Adel im spätantiken Gallien, Tübingen 1948
284. Tessier, Georges, Le baptême de Clovis, 25. décembre ... (Trente journées qui ont fait la France 1), Paris 1964
285. Verhulst, Adriaan, Der Handel im Merowingerreich: Gesamtdarstellung nach

schriftlichen Quellen. Quellenanhang, in: Early medieval studies 2, Stockholm 1970, S. 2–54
286. Vierck, Hayo, Werke des Eligius, in: Studien zur vor- und frühgeschichtlichen Archäologie. FS Joachim Werner, hg. v. Georg Kossack u. a. Bd 2. (Münchner Beiträge zur Vor- und Frühgeschichte, Erg.Bd. 1,2), München 1974, S. 309–380
287. Wallace-Hadrill, John Michael, The Long-Haired Kings and other studies in Frankish history, London 1962
288. Ders., The Frankish Church, Oxford 1983
289. Zöllner, Erich, Die politische Stellung der Völker im Frankenreich (Veröffentlichungen des Instituts für österreichische Geschichtsforschung 13), Wien 1950
290. Ders., Geschichte der Franken bis zur Mitte des sechsten Jahrhunderts. Auf der Grundlage des Werkes von Ludwig Schmidt unter Mitwirkung von Joachim Werner, München 1970

II.2 Das Karolingerreich als Einheit (714–843)

291. Affeldt, Werner, Untersuchungen zur Königserhebung Pippins, in: FMSt 14 (1980), S. 95–187
292. Anton, Hans Hubert, Fürstenspiegel und Herrscherethos in der Karolingerzeit (Bonner hist. Forschungen 32), Bonn 1966
293. Beumann, Helmut, Nomen imperatoris, in: HZ 185 (1958), S. 515–549
294. Ders., Unitas ecclesiae – unitas imperii – unitas regni, in: Settimane di studio 27,2, Spoleto 1981, S. 531–571
295. Bischoff, Bernhard, Die südostdeutschen Schreibschulen und Bibliotheken in der Karolingerzeit, 2 Bde., Wiesbaden [2]1960, 1980
296. Borgolte, Michael, Der Gesandtenaustausch der Karolinger mit den Abbasiden und mit dem Patriarchen von Jerusalem, (Diss.) Münster 1976
297. Ders., Geschichte der Grafschaften Alemanniens in fränkischer Zeit (VuF Sonderband 31), Sigmaringen 1984
298. Boshof, Egon, Erzbischof Agobard von Lyon (Kölner hist. Abh. 17), Köln-Wien 1969
299. Bosl, Karl, Franken um 800. Strukturanalyse einer fränkischen Königsprovinz, München [2]1969
300. Devisse, Jean, Pauperes et paupertas dans le monde carolingien. Ce qu'en dit Hincmar de Reims, in: Revue du Nord (1966), S. 273–287
301. Dopsch, Alfons, Die Wirtschaftsentwicklung der Karolingerzeit vornehmlich in Deutschland, 2 Bde., Darmstadt [3]1962
302. Epperlein, Siegfried, Karl der Große, Berlin (Ost) 1971
303. Felten, Franz, Äbte und Laienäbte im Frankenreich (MGM 20), Stuttgart 1980
304. Ders., Laienäbte in der Karolingerzeit, in: VuF XX, Sigmaringen 1974, S. 397–431
305. Fichtenau, Heinrich, Das Karolingische Imperium, Zürich 1949
306. Ders., Karl der Große und das Kaisertum, in: MIÖG 61 (1953), S. 257–334
307. Fischer, Bonifatius, Bibeltext und Bibelreform unter Karl dem Großen, in: Bernhard Bischoff (Hg.), Karl der Große, Bd. 2: Das geistige Leben, Düsseldorf 1965, S. 156–216

308. Fleckenstein, Josef, Die Hofkapelle der deutschen Könige, Bd. 1: Grundlegung. Die Karolingische Hofkapelle (Schriften der MGH 16,1), Stuttgart 1959
309. Ders., Karl der Große, Göttingen 1962
310. Ders., Die Bildungsreform Karls des Großen als Verwirklichung der norma rectitudinis, Freiburg i. Br. 1953
311. Ders., Adel und Kriegertum und ihre Wandlung im Karolingerreich, in: Settimane di studio 27,1., Spoleto 1981, S. 67–94
312. Folz, Robert, Le couronnement impérial de Charlemagne, 25 décembre 800, Paris 1964
313. Fritze, Wolfgang H., Papst und Frankenkönig (VuF Sonderband 10), Sigmaringen 1973
314. Fuhrmann, Horst, Das Papsttum und das kirchliche Leben im Frankenreich, in: Settimane di studio 27,1., Spoleto 1981, S. 419–456
315. Ders., Konstantinische Schenkung und abendländisches Kaisertum, in: DA 22 (1966), S. 63–178
316. Ganshof, François Louis, The Carolingians and the Frankish Monarchy, London 1971
317. Geuenich, Dieter, Die volkssprachige Überlieferung der Karolingerzeit aus der Sicht des Historikers, in: DA (1983), S. 104–130
318. Gockel, Michael, Karolingische Königshöfe am Mittelrhein (Veröff. d. Max-Planck-Instituts f. Geschichte 31), Göttingen 1970
319. Halphen, Louis, Charlemagne et l'Empire carolingien, Neuilly-sur-Seine ²1974
320. Hannig, Jürgen, Consensus fidelium. Frühfeudale Interpretationen des Verhältnisses von Königtum und Adel am Beispiel des Frankenreiches (MGM 27), Stuttgart 1982
321. Ders., Pauperiores vassi de infra palatio? Zur Entstehung der karolingischen Königsbotenorganisation, in: MIÖG 91 (1983), S. 309–374
322. Haselbach, Irene, Aufstieg und Herrschaft der Karlinger in der Darstellung der sogenannten Annales Mettenses priores, Lübeck, Hamburg 1970
323. Hauck, Karl, Paderborn, das Zentrum von Karls Sachsenmission, in: Adel und Kirche. FS Gerd Tellenbach, Freiburg-Basel-Wien 1968, S. 92–140
324. Hlawitschka, Eduard, Franken, Alemannen, Bayern und Burgunder in Oberitalien (774–962), Freiburg i. Br. 1960
325. Ders., Zur landschaftlichen Herkunft der Karolinger, in: Rhein.Vjbll. 27 (1962), S. 1–17
326. Jarnut, Jörg, Quiercy und Rom. Bemerkungen zu den „promissiones donationis" Pippins und Karls, in: HZ 220 (1975), S. 265–297
327. Koller, Heinrich (Hg.), Salzburg im 8. Jahrhundert (Mitteilungen d. Ges. f. Salzburger Landeskunde 115), Salzburg 1975
328. Levison, Wilhelm, England and the Continent in the Eighth Century, Oxford 1946
329. Metz, Wolfgang, Das karolingische Reichsgut, Berlin 1960
330. Mitterauer, Michael, Karolingische Markgrafen im Südosten (Archiv f. österr. Geschichte 123), Graz-Köln 1963
331. Mühlbacher, Engelbert, Deutsche Geschichte unter den Karolingern, Stuttgart 1896
332. Nonn, Ulrich, Das Bild Karl Martells in den lateinischen Quellen vornehmlich des 8. u. 9. Jahrhunderts, in: FMSt 4 (1970), S. 70–137

333. Oexle, Otto Gerhard, Die Karolinger und die Stadt des heiligen Arnulf, in: FMSt 1 (1967), S. 250–364
334. Patzelt, Erna, Die karolingische Renaissance, Wien 1924
335. Prinz, Friedrich, Herzog und Adel im agilulfingischen Bayern. Herzogsgut und Konsensschenkungen vor 788, in: ZBLG 25 (1962), S. 283–311
336. Ders., Frühes Mönchtum in Südwestdeutschland und die Anfänge der Reichenau, in: VuF 20, Sigmaringen 1974, S. 37–76
337. Ders., Bayerns agilolfingische Kloster- und Adelsgeschichte und die Gründung Kremsmünsters, in: Die Anfänge des Klosters Kremsmünster, Linz 1978 S. 25–50
338. Ders., Der fränkische Episkopat zwischen Merowinger- und Karolingerzeit, in: Settimane di studio 27,1, Spoleto 1981, S. 101–133
339. Sasse, Barbara, Die Sozialstruktur Böhmens in der Frühzeit (Germania Slavica IV), Berlin 1982
340. Schieffer, Theodor, Angelsachsen und Franken, Wiesbaden 1950
341. Schlesinger, Walter, Kaisertum und Reichsteilung. Zur Divisio regnorum von 806, in: Forschungen zu Staat und Verfassung. FS Fritz Hartung, Berlin 1958, S. 9–51
342. Ders., Karlingische Königswahlen, in: Zur Geschichte und Problematik der Demokratie. FS Hans Herzfeld, Berlin 1958, S. 207–264
343. Ders., Die Auflösung des Karlsreiches, in: Helmut Beumann (Hg.): Karl der Große I (Persönlichkeit und Geschichte), Düsseldorf 1965, S. 792–857
344. Semmler, Josef, Episcopi potestas und karolingische Klosterpolitik, in: VuF XX, Sigmaringen 1974, S. 305–395
345. Ders., Zur pippinidisch-karolingischen Sukzessionskrise 714–723, in: DA 33 (1977), S. 1–36
346. Staab, Franz, Untersuchungen zur Gesellschaft am Mittelrhein in der Karolingerzeit (Geschichtliche Landeskunde 11), Wiesbaden 1975
347. Tabacco, Giovanni, Der Zusammenhang von Macht und Besitz im fränkischen und langobardischen Reich, in: Saeculum 24 (1973), S. 220–240
348. Ders., I processi di formazione dell'Europa Carolingia, in: Settimane di studio 27,1, Spoleto 1981, S. 15–43
349. Tellenbach, Gerd, Die geistigen und politischen Grundlagen der karolingischen Thronfolge, in: FMSt 13 (1979) S. 184–302
350. Turek, Rudolf, Böhmen im Morgengrauen der Geschichte, Wiesbaden 1974
351. Ullmann, Walter, The carolingian Renaissance and the idea of Kingship, London 1969
352. Wallach, Luitpold, Alcuin and Charlemagne, Ithaca/N.Y., 1959
353. Wampach, Camille, Sankt Willibrord, Luxemburg 1953
354. Werner, Karl Ferdinand, Bedeutende Adelsfamilien im Reich Karls des Großen, in: Helmut Beumann (Hg.), Karl d. Große Bd. I: Persönlichkeit und Geschichte, Düsseldorf 1965, S. 83–142
355. Werner, Matthias, Adelsfamilien im Umkreis der frühen Karolinger (VuF Sonderbd. 28), Sigmaringen 1982
356. Weinrich, Lorenz, Wala, Graf, Mönch und Rebell, Lübeck-Hamburg 1963
357. Wieruszowski, Helene, Die Zusammensetzung des gallischen und fränkischen Episkopats bis zum Vertrag von Verdun (Bonner Jahrbücher 127), Bonn 1922

II.3. Die Ausgliederung der karolingischen Teilreiche

358. Brühl, Carlrichard, Die Anfänge der deutschen Geschichte (SB d. Wiss. Ges. d. J. W. Goethe-Universität Frankfurt a. M., 10, 5), Wiesbaden 1972, S. 147–181
359. Brunner, Karl, Oppositionelle Gruppen im Karolingerreich (Veröffentlichungen d. Inst. f. Österr. Geschichtsforschung 25), Wien-Köln 1979
360. Classen, Peter, Die Verträge von Verdun und Coulaines 843 als politische Grundlagen des westfränkischen Reiches, in: HZ 196 (1963), S. 1–35
361. Devisse, Jean, Hinkmar von Reims, archevêque de Reims, 845–882, 3 Bde. (Traveaux d'histoire éthico-politique 29, 1–3), Genf 1975–1976
362. Dietrich, Irmgard, Das Haus der Konradiner, Ms. Diss. Marburg 1952
363. Fasoli, Gina, I re d'Italia 888–962, Florenz 1949
364. Fischer, Joachim, Königtum, Adel und Kirche im Königreich Italien (774–875) (Habelts Dissertationsdrucke. Reihe Mittelalterliche Geschichte 1), Bonn 1965
365. Goetz, Hans-Werner, Dux und Dukatus. Begriffs- und verfassungsgeschichtliche Untersuchungen zur Entstehung des sogenannten „jüngeren" Stammesherzogtums an der Wende vom 9. zum 10. Jahrhundert, Bochum 1977
366. Graus, František, Die Entstehung der mittelalterlichen Staaten in Mitteleuropa, in: Historica 10 (Prag 1965), S. 5–65
367. Hellmann, Manfred, Die Synode von Hohenaltheim (916), in: H. Kämpf (Hg.), Die Entstehung des deutschen Reiches (WdF 1), Darmstadt [5]1980, S. 289–312
368. Hlawitschka, Eduard, Die Widonen im Dukat von Spoleto, in: QFIAB 63 (1983), S. 20–92
369. Hofmeister, Adolf, Deutschland und Burgund im früheren Mittelalter, Leipzig 1914
370. Jakobs, Hermann, Der Volksbegriff in den historischen Deutungen des Namens Deutsch, in: Rhein. Vjbll. 32 (1968), S. 86–104
371. Joachimsen, Paul, Vom deutschen Volk zum deutschen Staat, Göttingen [3]1956
372. Keller, Hagen, Zur Struktur der Königsherrschaft im karolingischen und nachkarolingischen Italien, in QFIAB 47 (1967), S. 123–223
373. Kienast, Walter, Der Herzogstitel in Frankreich und Deutschland (9. bis 12. Jahrhundert), Wien-München 1968
374. Krüger, Sabine, Studien zur sächsischen Grafschaftsverfassung im 9. Jahrhundert (Veröff. d. Histor. Kommission f. Bremen, Hannover, Oldenburg, Braunschweig u. Schaumburg-Lippe Bd. II, 19), Göttingen 1950
375. Lintzel, Martin, Die Anfänge des deutschen Reiches, München-Berlin 1942
376. Lot, Ferdinand/Halphen, Louis, Annales de l'histoire de France à l'époque carolingienne. Le Règne de Charles le Chauvre, I (840–851), Paris 1909.
377. Mayer, Theodor (Hg.), Der Vertrag von Verdun 843, Leipzig 1943
378. Schlesinger, Walter, Kaiser Arnulf und die Entstehung des deutschen Staates und Volkes, in: HZ 163 (1941), S. 457–470
379. Schneider, Reinhard, Brüdergemeine und Schwurfreundschaft (Historische Studien 388), Lübeck-Hamburg 1964
380. Schrörs, Heinrich, Hinkmar, Erzbischof von Reims, Freiburg i. Br. 1884
381. Tabacco, Giovanni, I liberi del re nell'Italia carolingia e postcarolingia (Biblioteca degli „Studi medievali" 2), Spoleto 1966

382. Tellenbach, Gerd, Königtum und Stämme in der Werdezeit des Deutschen Reiches (Quellen und Studien zur Verfassungsgeschichte des Deutschen Reiches im Mittelalter und Neuzeit 7,4), Weimar 1939
383. Vajay, Szabolos, Der Eintritt des ungarischen Stämmebundes in die europäische Geschichte 862–933 (Studia Hungarica 4), Mainz 1968
384. Vogel, Walter, Die Normannen und das fränkische Reich (799–911) (Heidelberger Abhandlungen zur mittleren und neueren Geschichte, 14), Heidelberg 1906
385. Waitz, Georg, Gesammelte Abhandlungen 1: Abhandlungen zur deutschen Verfassungs- und Rechtsgeschichte, Göttingen 1896
386. Werner, Karl Ferdinand, Untersuchungen zur Frühzeit des französischen Fürstentums, in: Die Welt als Geschichte 18 (1958), S. 256–289 und 19 (1959), S. 146–193
387. Zimmermann, Gerd, Vergebliche Ansätze zu Stammes- und Territorialherzogtum in Franken, in: Jb. f. fränk. Landesforschung 23 (1963), S. 379–408

II.4. Das Reich der Ottonen

388. Althoff, Gerd, Zur Frage nach der Organisation sächsischer coniurationes in der Ottonenzeit, in: FMSt 16 (1982) S. 129–142
389. Auer, Leopold, Der Kriegsdienst des Klerus unter den sächsischen Kaisern, in: MIÖG 79 (1971), S. 316–407 und 80 (1972), S. 48–70
390. Bartmuss, Hans-Joachim, Die Geburt des ersten deutschen Staates (Schriftenreihe des Instituts für deutsche Geschichte an der Martin Luther-Universität Halle-Wittenberg 2), Berlin 1966
391. Beumann, Helmut, Widukind von Korvei (Abhandlungen über Corveyer Geschichtsschreibung 3), Weimar 1950
392. Ders.,/Schlesinger, Walter, Urkundenstudien zur deutschen Ostpolitik unter Otto III., in: Archiv für Diplomatik 1 (1955), S. 132–250
393. Beumann, Helmut, Das Kaisertum Ottos des Großen, Sigmaringen 1975
394. Bogyay, Thomas, Lechfeld. Ende und Anfang. München 1955
395. Brüske, Wolfgang, Untersuchungen zur Geschichte des Lutizenbundes (Mitteldt. Forschungen 3), Münster-Köln 1955
396. Boehm, Laetitia, Geschichte Burgunds. Politik, Staatsbildungen, Kultur, Stuttgart 1979
397. Büttner, Heinrich, Heinrichs I. Südwest- und Westpolitik (VuF Sonderband 2), Konstanz-Stuttgart 1964
398. Ders., Zur Burgenbauordnung Heinrichs I., in: BDGL 92 (1952), S. 1–17
399. Decker-Hauff, Hansmartin, Die „Reichskrone", angefertigt für Kaiser Otto I., in: Percy Ernst Schramm, Herrschaftszeichen und Staatssymbolik Bd. II (Schriften der MGH Bd. 13/II), Stuttgart 1955, S. 560–637
400. Deér, Josef, Die Entstehung des ungarischen Königtums (Ostmitteleuropäische Bibliothek 38), Budapest 1942
401. Dvornik, Francis, Byzanz und der römische Primat, Stuttgart 1966
402. Eggert, Wolfgang, Das ostfränkisch-deutsche Reich in der Auffassung seiner Zeitgenossen (Forschungen zur mittelalterlichen Geschichte 21), Berlin (Ost) 1973

403. Erdmann, Carl, Ottonische Studien, Darmstadt 1968
404. Faussner, Hans Constantin, Zum Regnum Bavariae (907–938), in: Sbb. d. bayer. Akad. d. Wiss., phil.-hist. Kl. 426 (1984), S. 1–33
405. Festschrift zur Jahrtausendfeier der Kaiserkrönung Ottos des Großen (MIÖG Erg.-Bd. 20), Graz-Köln 1962
406. Ficker, Julius, Forschungen zur Reichs- und Rechtsgeschichte Italiens, 4 Bde., Innsbruck 1868–1874
407. Fischer, Friedrich Martin, Politiker um Otto den Großen (Historische Studien, 329), Berlin 1938
408. Fleckenstein, Josef, Die Hofkapelle der deutschen Könige. Bd. 2: Die Hofkapelle im Rahmen der ottonisch-salischen Reichskirche (Schriften der MGH 16,2), Stuttgart 1966
409. Ders., Otto der Große in seinem Jahrhundert, in: FMSt 9 (1975), S. 253–267
410. Fumagalli, Vito, Vescovi e conti nell'Emilia Occidentale da Berengario I. a Ottone I. in: Studi medievali, seria terza 14 (1973), S. 137–204
411. Ders., Le origini di una grande dinastia feudale. Adalberto – Atto di Canossa, Tübingen 1971
412. Giese, Wolfgang, Der Stamm der Sachsen und das Reich in ottonischer und salischer Zeit, Wiesbaden 1979
413. Görlitz, Siegfried, Beiträge zur Geschichte der königlichen Hofkapelle im Zeitalter der Ottonen und Salier bis zum Beginn des Investiturstreites (Historisch-diplomatische Forschungen 1), Weimar 1936
414. Hauck, Karl, Die Ottonen und Aachen 876–936, in: Braunfels, Wolfgang u. Percy Ernst Schramm (Hg.), Karl der Große Bd. IV: Das Nachleben, Düsseldorf 1968, S. 39–53
415. Herrmann, Klaus-Jürgen, Das Tuskulanerpapsttum (1012–1046). Benedikt VIII., Johannes XIX., Benedikt IX. (Päpste u. Papsttum 4), Stuttgart 1973
416. Heusinger, Bruno, Servitium regis in der deutschen Kaiserzeit, in: AUF 8 (1923), S. 26–159
417. Hiestand, Rudolf, Byzanz und das Regnum Italicum im 10. Jahrhundert, (Diss.) Zürich 1964
418. Hilsch, Peter, Der Bischof von Prag und das Reich in sächsischer Zeit, in: DA 28 (1972), S. 1–41
419. Hlawitschka, Eduard, Lotharingien und das Reich an der Schwelle der deutschen Geschichte (Schriften der MGH 21), Stuttgart 1968
420. Hoerschelmann, Ernst, Bischof Wazo von Lüttich und seine Bedeutung für den Beginn des Investiturstreites, Düsseldorf 1955
421. Hoffmann, Hartmut, Politik und Kultur im ottonischen Reichskirchensystem, in: Rhein.Vjbll. 22 (1957), S. 31–55
422. Ders., Zur Geschichte Ottos des Großen, in: DA 28 (1972), S. 42–73
423. Jantzen, Hans, Ottonische Kunst (Rowohlts deutsche Enzyklopädie 89), Hamburg 1959
424. Johrendt, Johann, ‚Milites' und ‚militia' im 11. Jahrhundert, (Diss.) Erlangen 1971
425. Keller, Hagen, Das Kaisertum Ottos des Großen im Verständnis seiner Zeit, in: DA 20 (1964), S. 325–388
426. Klewitz, Hans Walter, Königtum, Hofkapelle und Domkapitel im 10. und 11. Jahrhundert, in: AUF 16 (1939), S. 102–156

427. Köhler, Oskar, Die ottonische Reichskirche. Ein Forschungsbericht, in: Adel und Kirche. FS Gerd Tellenbach, Freiburg-Basel-Wien 1968, S. 141–204
428. Kölmel, Willi, Rom und der Kirchenstaat im 10. und 11. Jahrhundert bis in die Anfänge der Reform (Abh. z. mittl. und neueren Geschichte 78), Berlin-Leipzig 1935
429. Leyser, Karl, Henry I and the Beginnings of the Saxon Empire, in: English Historical Review 83 (1968), S. 1–32
430. Ders., Rule and conflict in an early medieval society. Ottonian Saxony, London 1979
431. Lintzel, Martin, Die Beschlüsse der deutschen Hoftage 911–1056, Berlin 1924
432. Lippelt, Helmut, Thietmar von Merseburg (Mitteldt. Forschungen 72), Köln-Wien 1973
433. Löwe, Heinz, Kaisertum und Abendland in ottonischer und frühsalischer Zeit, in: HZ 196 (1963), S. 529–562
434. Lotter, Friedrich, Die Vita Brunonis des Ruotger (Bonner histor. Forschungen 9), Bonn 1958
435. Ludat, Herbert, An Elbe und Oder um das Jahr 1000, Köln-Wien 1971
436. Ders., Slaven und Deutsche im Mittelalter (Mitteldt. Forschungen 86), Köln u. a. 1982
437. Mayer, Theodor, Mittelalterliche Studien, Lindau-Konstanz 1959
438. Moehs, Teta E., Gregorius V. 996–999 (Päpste und Papsttum 2), Stuttgart 1972
439. Mor, Carlo Guido/Schmiedinger, Heinrich (Hg.), I poteri temporali dei Vescovi in Italia e in Germania nel Medioevo (Annali dell'Istituto storico italo-germanico 3), Bologna 1979
440. Müller, Heribert, Heribert, Kanzler Ottos III. und Erzbischof von Köln (Veröffentlichungen des Kölnischen Geschichtsvereins 33), Köln 1977
441. Ohnsorge, Werner, Abendland und Byzanz, Darmstadt 1958
442. Ders., Die Heirat Kaiser Ottos II. mit der Byzantinerin Theophanu (972), in: Braunschweigisches Jahrbuch 54 (1973), S. 24–60
443. Pätzold, Barbara, „Francia et Saxonia" – Vorstufe einer sächsischen Reichsauffassung, in: Jb. f. Gesch. d. Feudalismus 3 (1979) S. 19–49
444. Pauler, Roland, Die Bistumspolitik der Ottonen in Oberitalien im Rahmen ihrer Grafschafts- und Markgrafschaftspolitik (Bibliothek d. Dt. Hist. Inst. Rom 54), München 1980
445. Poupardin, René, Le royaume de Bourgogne (888–1038), Paris 1907
446. Reuter, Timothy, The Imperial Church System of the Ottonian and Salian Rulers, in: Journal of Ecclesiastical History 33 (1982), S. 347–374
447. Santifaller, Leo, Zur Geschichte des ottonisch-salischen Reichskirchensystems (Sbb. d. österr. Akad. d. Wiss., phil-hist. Kl. 229,1), Wien [2]1964
448. Schieffer, Theodor, Heinrich II. und Konrad II., in: DA 8 (1951), S. 384–437
449. Schlesinger, Walter, Die sogenannte Nachwahl Heinrichs II. in Merseburg, in: Geschichte in der Gesellschaft. FS Karl Bosl, Stuttgart 1974, S. 350–369
450. Ders., Die Königserhebung Heinrichs I., der Beginn der deutschen Geschichte und die deutsche Geschichtswissenschaft, in: HZ 221 (1975), S. 529–552
451. Schmid, Karl, Die Thronfolge Ottos des Großen, in: ZRG GA 81 (1964), S. 80–163
452. Schneidmüller, Bernd, Französische Lothringenpolitik im 10. Jahrhundert, in: Jb. f. westdeutsche Landesgeschichte 5 (1979), S. 1–31

453. Schnitger, Heinrich, Die deutschen Bischöfe aus den Königssippen von Otto I. bis Heinrich V., Würzburg 1938
454. Schramm, Percy Ernst, Kaiser, Könige, Päpste. Gesammelte Aufsätze zur Geschichte des Mittelalters. 2 Bde., Stuttgart 1968
455. Schroers, Heinrich, Erzbischof Brun von Köln, in: Annalen des historischen Vereins f. d. Niederrhein 100 (1917), S. 1–42
456. Schulte, Aloys, Deutsche Könige, Kaiser, Päpste als Kanoniker an deutschen und römischen Kirchen, in: HJb 54 (1934), S. 137–177
457. Schwartz, Gerhard, Die Besetzung der Bistümer Reichsitaliens unter den sächsischen und salischen Kaisern mit den Listen der Bischöfe 951–1122, Leipzig-Berlin 1913
458. Smidt, Wilhelm, Deutsches Königtum und deutscher Staat des Hochmittelalters während und unter dem Einfluß der italienischen Heerfahrten, Wiesbaden 1964
459. Swineköper, Berent, „Cum aquis aquarumque decursibus". Zu den Pertinenzformeln der Herrscherurkunden bis zur Zeit Ottos I., in: FS Helmut Beumann, Sigmaringen 1977, S. 22–56
460. Sproemberg, Heinrich, Beiträge zur belgisch-niederländischen Geschichte (Forschungen zur mittelalterl. Geschichte 3), Berlin (Ost) 1959
461. Staats, Reinhart, Theologie der Reichskrone. Ottonische „Renovatio Imperii" im Spiegel einer Insignie (MGM 13), Stuttgart 1976
462. Thümmler, Hans, Karolingische und ottonische Baukunst in Sachsen, in: Das erste Jahrtausend. Kultur und Kunst im werdenden Abendland an Rhein und Ruhr, Bd 2. Düsseldorf 1964, S. 867–897
463. Uhlirz, Mathilde, Die italienische Kirchenpolitik der Ottonen, in: MIÖG 48 (1934), S. 201–321
464. Werner, Karl Ferdinand, Das hochmittelalterliche Imperium im politischen Bewußtsein Frankreichs (10.–12. Jahrhundert), in: HZ 200 (1965), S. 1–60
465. Willigis und sein Dom. Festschrift zur Jahrtausendfeier des Mainzer Domes 975–1975, hg. v. Anton Philipp Brück (Quellen u. Abh. zur mittelrhein. Kirchengeschichte 24), Mainz 1975
466. Wolf, Gunther, Über die Hintergründe der Erhebung Liudolfs von Schwaben, in: ZRG GA 80 (1963), S. 315–325
467. Zimmermann, Harald, Frankreich und Reims in der Ottonenzeit, in: MIÖG Erg.-Bd. 20 (1962/63), S. 122–146
468. Ders., Papstabsetzungen des Mittelalters, Graz–Wien–Köln 1968

II. 5. Die frühen Salier

469. Anton, Hans Hubert, Bonifaz von Canossa, Markgraf von Tuszien, und die Italienpolitik der frühen Salier, in: HZ 214 (1972), S. 529–556
470. Baaken, Gerhard, Königtum, Burgen und Königsfreie, in: VuF VI, Konstanz-Stuttgart 1961, S. 9–95
471. Beumann, Helmut, Reformpäpste als Reichsbischöfe in der Zeit Heinrichs III., in: FS F. Hausmann, Graz 1977, S. 21–37
472. Boshof, Egon, Lothringen, Frankreich und das Reich in der Regierungszeit Heinrichs III., in: Rhein.Vjbll. 42 (1978), S. 63–127

473. Ders., Das Reich in der Krise. Überlegungen zum Regierungsausgang Heinrichs III., in: HZ 228 (1979) S. 265–287
474. Bosl, Karl, Die Markengründungen Kaiser Heinrichs III. auf bayerisch-österreichischem Boden, in: ZBLG 14 (1943/44), S. 177–247
475. Ders., Die Reichsministerialität der Salier und Staufer (Schriften der MGH 10), 2 Bde., Stuttgart 1950–1951
476. Bulst-Thiele, Marie-Luise, Kaiserin Agnes (Beiträge zur Kulturgesch. d. Mittelalters u. d. Renaissance 52), Leipzig-Berlin 1933
477. Fuhrmann, Horst, Studien zur Geschichte der mittelalterlichen Patriarchate, in: ZRG KA 41 (1955), S. 95–183
478. Glaeske, Günter, Die Erzbischöfe von Hamburg-Bremen als Reichsfürsten (937-1258), (Quellen und Darstellungen zur Gesch. Niedersachsens 60), Hildesheim 1962
479. Handschuh, Gerhard-Peter, Bistumsgeschichtsschreibung im ottonisch-salischen Reichskirchensystem: Studien zu den sächsischen Gesta episcoporum des 11. bis frühen 13. Jahrhunderts, Diss. Tübingen 1982
480. Hoffmann, Hartmut, Die Anfänge der Normannen in Süditalien, in: QFIAB 49 (1969), S. 94–144
481. Jordan, Karl, Sachsen und das deutsche Königtum im hohen Mittelalter, in: HZ 210 (1970), S. 529–559
482. Kahl, Hans-Dietrich, Die Angliederung Burgunds an das mittelalterliche Imperium, in: Schweizer. Numismat. Rundschau 48 (1969), S. 13–105
483. Kaminsky, Hans Heinrich, Studien zur Reichsabtei Corvey in der Salierzeit (Veröff. d. Hist. Komm. Westfalen X, b; Abhandlungen zur Corveyer Geschichtsschreibung 4), Köln-Graz 1972
484. Kehr, Paul Fridolin, Vier Kapitel aus der Geschichte Kaiser Heinrichs III. (Abh. der Preußischen Akad. d. Wiss. 1930, phil.-hist. Kl. Nr. 3, Jg. 1930), Berlin 1931
485. Keller, Hagen, Adelsherrschaft und städtische Gesellschaft in Oberitalien (9.–12. Jahrhundert) (Bibl. d. dt. Hist. Inst. in Rom 52), Tübingen 1979
486. Ladner, Gerhart, Theologie und Politik vor dem Investiturstreit (Veröffentlichungen des Österreichischen Instituts für Geschichtsforschung Bd. 2), Baden bei Wien-Leipzig-Prag 1936
487. Maurer, Helmut, Der Herzog von Schwaben, Sigmaringen 1978
488. Schmidt, Paul Gerhard, Heinrich III. – Das Bild des Herrschers in der Literatur seiner Zeit, in: DA 39 (1983), S. 582–590
489. Schmidt, Roderich, Königsumritt und Huldigung in ottonisch-salischer Zeit, in: VuF VI, Konstanz-Stuttgart 1961, S. 97–233
490. Schneider, Reinhard, Die Königserhebung Heinrichs II. im Jahre 1002, in: DA 28 (1972), S. 74–104
491. Schnith, Karl, Recht und Friede. Zum Königsgedanken im Umkreis Heinrichs III., in: HJb 81 (1962), S. 22–57
492. Violante, Cincio, La società Milanese nell'età precomunale, Rom-Bari [2]1974
493. Zielinski, Herbert, Der Reichsepiskopat in spätottonischer und salischer Zeit (1002–1125), Stuttgart 1984

III. Bauformen des mittelalterlichen Reiches (bis 1056)

494. Barraclough, Geoffrey, The Mediaeval Empire. Idea and Reality (Hist. Association Publications), London 1950
495. Bosl, Karl, Frühformen der Gesellschaft im mittelalterlichen Europa, München-Wien 1964
496. Boutruche, Robert, Seigneurie et féodalité, 2 Bde. (Collection historique), Paris 1959, 1970
497. Brezzi, Paolo, Roma e l'impero medioevale (774–1252) (Storia di Roma X), Bologna 1947
498. Brühl, Carlrichard, Fodrum, gistum, servitium regis. Studien zu den wirtschaftlichen Grundlagen des Königtums im Frankenreich und in den fränkischen Nachfolgestaaten Deutschland, Frankreich und Italien vom 6. bis zur Mitte des 14. Jahrhunderts, 2 Bde. (Kölner historische Abhandlungen 14, 1/2), Köln-Graz 1968
499. Cuvillier, Jean Pierre, L'Allemagne médiévale. Naissance d'un Etat (8.–13. siècles), Paris 1979
500. Engels, Odilo, Mission und Friede an der Reichsgrenze im Hochmittelalter, in: Aus Kirche und Reich. FS F. Kempf, Sigmaringen 1983, S. 201–224
501. Ernst, Raimund, Die Nordwestslaven und das fränkische Reich (Gießener Abh. zur Agrar- u. Wirtschaftsforschung d. europ. Ostens 74), Berlin 1976
502. Falkenhausen, Vera von, Untersuchungen über die byzantinische Herrschaft in Süditalien vom 9. bis ins 11. Jahrhundert (Schriften zur Geistesgeschichte des östl. Europa 1), Wiesbaden 1967
503. Faußner, Hans Constantin, Die Verfügungsgewalt des deutschen Königs über weltliches Reichsgut im Hochmittelalter, in: DA 29 (1973), S. 345–449
504. Ganshof, François Louis, Was waren die Kapitularien?, Weimar 1961
505. Ders., Was ist das Lehenswesen?, Darmstadt 1961
506. Graus, František, Deutsche und slawische Verfassungsgeschichte, in: HZ 197 (1963), S. 265–317
507. Guttenberg, Erich Frhr. von, Die Territorienbildung am Obermain, in: Bericht des Historischen Vereins für die Pflege der Geschichte des ehemaligen Fürstbistums zu Bamberg 79 (1927), S. 1–539
508. Hannig, Jürgen, Zentrale Kontrolle und regionale Machtbalance. Beobachtungen zum System der karolingischen Königsboten am Beispiel des Mittelrheingebietes, in: Archiv für Kulturgeschichte 66,1 (1984), S. 1–46
509. Keller, Hagen, Reichsstruktur und Herrschaftsauffassung in ottonisch-frühsalischer Zeit, in: FMSt 16 (1982), S. 74–128
510. Kern, Fritz, Gottesgnadentum und Widerstandsrecht im früheren Mittelalter, Darmstadt [2]1954
511. Kirn, Paul, Politische Geschichte der deutschen Grenzen, Leipzig 1944
512. Köbler, Gerhard, Land und Landrecht im Frühmittelalter, in: ZRG GA 86 (1969), S. 1–40

513. Ders., Das Recht im frühen Mittelalter (Forschungen zur dt. Rechtsgeschichte 7), Köln/Wien 1971
514. Kölmel, Wilhelm, Regimen Christianum. Berlin 1970
515. Deutsche Königspfalzen. Beiträge zu ihrer historischen und archäologischen Erforschung, 3 Bde. (Veröffentlichungen des Max-Planck-Institutes für Geschichte 11.1–3), Göttingen 1963–1979
516. Kroeschell, Karl, Deutsche Rechtsgeschichte 1, Reinbek b. Hamburg [6]1983
517. Lewald, Ursula, Die Ezzonen, in: Rhein.Vjbll. 43 (1979), S. 120–168
518. Lugge, Margret, „Gallia" und „Francia" im Mittelalter (Bonner historische Forschungen 15), Bonn 1960
519. Mayer, Theodor, Fürsten und Staat. Studien zur Verfassungsgeschichte des deutschen Mittelalters, Weimar 1950
520. Metz, Wolfgang, Das Servitium regis (Erträge der Forschung 89), Darmstadt 1978
521. Mitteis, Heinrich, Die deutsche Königswahl. Ihre Rechtsgrundlagen bis zur Goldenen Bulle, Brünn-München-Wien [2]1944
522. Ders., Lehnrecht und Staatsgewalt, Weimar 1933
523. Müller-Mertens, Eckhard, Regnum Teutonicum. Aufkommen und Verbreitung der deutschen Reichs- und Königsauffassung im früheren Mittelalter, Wien etc. 1970
524. Ders., Die Reichsstruktur im Spiegel der Herrschaftspraxis Ottos des Großen (Forsch. zur mittelalterlichen Gesch. 25), Berlin (Ost) 1980
525. Nonn, Ulrich, Pagus und Comitatus in Niederlothringen, Bonn 1983
526. Ohnsorge, Werner, Das Zweikaiserproblem im frühen Mittelalter, Hildesheim 1947
527. Prinz, Friedrich, Die Stellung Böhmens im mittelalterlichen deutschen Reich, in: ZBLG 28 (1965), S. 99–113
528. Scheiding-Wulkopf, Ilse, Lehnsherrliche Beziehungen der fränkisch-deutschen Könige zu anderen Staaten vom 9. bis zum Ende des 12. Jahrhunderts (Marburger Studien zur älteren deutschen Geschichte, II, 9), Marburg 1948
529. Schmidt, Roderich, Rethra. Das Heiligtum der Lutizen, FS Walter Schlesinger Bd. II, Köln–Wien 1974, S. 372ff.
530. Schramm, Percy Ernst, Kaiser, Rom und Renovatio, Darmstadt [2]1957
531. Schulze, Hans-Karl, Die Grafschaftsverfassung der Karolingerzeit in den Gebieten östlich des Rheins (Schriften zur Verfassungsgeschichte 19), Berlin 1973
532. Sonderegger, Stefan, Tendenzen zu einem überregional geschriebenen Althochdeutsch, in: Aspekte der Nationenbildung, im Mittelalter, hg. v. Helmut Beumann/Werner Schröder (Nationes I), Sigmaringen 1978, S. 229–273
533. Spieß, Karl-Heinz, Art. Lehnsrecht, Lehnswesen, in: HRG II, Berlin 1978, Spp. 1725–1741
534. Sprandel, Rolf, Verfassung und Gesellschaft im Mittelalter, Paderborn–München–Wien–Zürich [2]1978
535. Stengel, Edmund Ernst, Abhandlungen und Untersuchungen zur Geschichte des Kaisergedankens im Mittelalter, Köln, Graz 1965
536. Stingl, Herfried, Die Entstehung der deutschen Stammesherzogtümer am Anfang des 10. Jahrhunderts (Untersuchungen zur deutschen Staats- und Rechtsgeschichte, N.F. 19), Aalen 1974

537. Strasser, Ingrid, Diutisk-deutsch. Neue Überlegungen zur Entstehung der Sprachbezeichnung (Sbb. d. österr. Akad. d. Wiss. phil.-hist. Kl. 444), Wien 1984

538. Vigener, Fritz, Bezeichnungen für Volk und Land der Deutschen vom 10. bis zum 13. Jahrundert, Heidelberg 1901

539. Weisgerber, Leo, Deutsch als Volksname. Ursprung und Bedeutung, Stuttgart 1953

540. Wolfram, Herwig, Intitulatio, 2 Bde. (MIÖG, Erg.-Bde. 21 u. 24) Graz, Köln u. a. 1967 und 1973

IV. Gesellschaft und Wirtschaft

541. Bader, Karl Siegfried, Studien zur Rechtsgeschichte des mittelalterlichen Dorfes, 3 Bde., Weimar 1957–1973
542. Beck, Heinrich/Denecke, Dietrich/Jankuhn, Herbert (Hg.), Untersuchungen zur eisenzeitlichen und frühmittelalterlichen Flur in Mitteleuropa und ihrer Nutzung (Abh. der Akad. d. Wiss. in Göttingen, phil.-hist. Kl. III, 115), Göttingen 1979
543. Bentzien, Ulrich, Bauernarbeit im Feudalismus (Veröffentlichungen zur Volkskunde und Kulturgeschichte 67), Berlin (Ost) 1980
544. Born, Martin, Die Entwicklung der deutschen Agrarlandschaft (Erträge der Forschung 29), Darmstadt 1974
545. Bosl, Karl, Die „Familia" als Grundstruktur der mittelalterlichen Gesellschaft, in: ZBLG 38 (1975), S. 403–424
546. Ders., Europa im Aufbruch. Herrschaft, Gesellschaft, Kultur in Europa vom 10. bis zum 14. Jahrhundert, München 1980
547. Brunner, Otto, „Feudalismus". Ein Beitrag zur Begriffsgeschichte, in: Akad. d. Wiss. u. d. Lit., Abh. d. geistes- u. sozialwiss. Kl. 10, Mainz 1958, S. 592–627
548. Cipolla, Carlo Maria, Money, prices and civilisation in the Mediterranean world (5. to 17. century), Princeton 1956
549. Curschmann, Fritz, Hungersnöte im Mittelalter, Leipzig 1900
550. Doehaerd, Renée, Le Haut Moyen Age occidental. Economies et sociétés (Nouvelle Clio 14), Paris 1971
551. Dollinger, Philippe, Der bayerische Bauernstand vom 9. bis zum 13. Jahrhundert, München 1982
552. Donat, Peter, Haus, Hof und Dorf in Mitteleuropa vom 7. bis 12. Jahrhundert (Schriften zur Ur- und Frühgeschichte 33), Berlin (Ost) 1980
553. Dopsch, Alfons, Herrschaft und Bauer in der deutschen Kaiserzeit (Quellen und Forschungen zur Agrargeschichte 10), Stuttgart [2]1964
554. Ders., Wirtschaftliche und soziale Grundlagen der europäischen Kulturentwicklung von Cäsar bis auf Karl den Großen, 2 Bde., Wien [2]1923–24
555. Doren, Alfred, Italienische Wirtschaftsgeschichte I (Handbuch der Wirtschaftsgeschichte 7), Jena 1934
556. Duby, Georges (Hg.), Famille et parenté dans l'occident médiéval. Actes du colloque de Paris 6–8 juin 1974, Paris-Turin 1977
557. Ders., Krieger und Bauern. Die Entwicklung von Wirtschaft und Gesellschaft im frühen Mittelalter, Frankfurt/M. 1977
558. Ders., Die drei Ordnungen. Das Weltbild des Feudalismus, Frankfurt/M. 1981
559. Dungern, Otto von, Adelsherrschaft im Mittelalter, München 1927
560. Ennen, Edith/Janssen, Walter, Deutsche Agrargeschichte. Vom Neolithikum bis zur Schwelle des Industriezeitalters, Wiesbaden 1979
561. Epperlein, Siegfried, Bauernbedrückung und Bauernwiderstand im hohen Mittelalter, Berlin (Ost) 1960

562. Ders., Herrschaft und Volk im karolingischen Imperium, Berlin (Ost) 1969
563. Fleckenstein, Josef (Hg.), Herrschaft und Stand (Veröff. des Max-Planck-Inst. für Geschichte 51), Göttingen 1977
564. Gauert, Adolf, Zur Struktur und Topographie der Königspfalzen, in: Deutsche Königspfalzen, Bd. 2 (Veröff. des Max-Planck-Inst. für Geschichte 11,2), Göttingen 1965, S. 1–60
565. Genicot, Léopold, Les recherches relatives à la noblesse médiévale, in: Bulletin de l'Académie Royale de Belgique, Classe de lettres, 5e série (1975), S. 45ff.
566. Hauck, Karl, Haus- und sippengebundene Literatur mittelalterlicher Adelsgeschlechter, von Adelssatiren des 11. und 12. Jahrhunderts aus erläutert, in: MIÖG 62 (1954), S. 121–145
567. Heß, Wolfgang, Zoll, Markt und Münze im 11. Jahrhundert, in: Historische Forschungen für W. Schlesinger, Köln-Wien 1974
568. Higounet, Charles, Les forêts de l'Europe occidentale, du Ve au XIe siècle, in: Ders., Paysages et villages neufs du Moyen Age (Etudes et documents d'Aquitaine 2), Bordeaux 1975, S. 37–63
569. Irsigler, Franz, Untersuchungen zur Geschichte des frühfränkischen Adels (Rheinisches Archiv 70), Bonn 1969
570. Ders., Divites und pauperes in der vita Meinwerci, in: VSWG 57 (1970), S. 449–499
571. Jahnkuhn, Herbert, Haithabu. Ein Handelsplatz der Wikingerzeit, Neumünster [6]1976
572. Köbler, Gerhard, Bäuerliche Rechtsstellung, in: Lexikon des Mittelalters I, 1980, Sp. 157f.
573. Kötzschke, Rudolf, Studien zur Verwaltungsgeschichte der Großgrundherrschaft Werden an der Ruhr, Leipzig 1901
574. Kroeschell, Karl, Art. „Familia", in: HRG 1 (1971), Sp. 1066f.
575. Kuchenbuch, Ludolf, Bäuerliche Gesellschaft und Klosterherrschaft im 9. Jahrhundert, Wiesbaden 1978
576. Kuhn, Hans/Wenskus, Reinhard, Art. „Adel", in: Reallexikon der germ. Altertumskunde 1, hg. v. Heinrich Beck, Herbert Jahnkuhn u. a., 2. neubearb. Aufl. 1973, S. 58–77
577. Lamprecht, Karl, Deutsches Wirtschaftsleben im Mittelalter. Untersuchungen über die Entwicklung der materiellen Kultur des platten Landes auf Grund der Quellen zunächst des Mosellandes, 3 Bde., Aalen 1960 (ND d. Ausg. v. 1885/866)
578. Latouche, Robert, Les origines de l'économie occidentale (IVe–XIe siècle) (L'évolution de l'humanité 43), Paris 1956
579. Longnon, Auguste (Hg.), Polyptyque de l'abbaye de Saint-Germain-des-Prés, rédigé au temps de l'abbé Irminon 1–2, Paris 1886/95
580. Lopez, Roberto, Sabatino, An aristocracy of money in the early middle ages, in: Speculum 28 (1952), S. 1–43
581. Ders., The commercial revolution of the Middle ages 950–1350, Cambridge 1976
582. Mayer, Theodor, Adel und Bauern im deutschen Staat des Mittelalters, Leipzig 1943
583. Mollat, Michel, Die Armen im Mittelalter, München 1984
584. Müller-Mertens, Eckhard, Karl der Große, Ludwig der Fromme und die

Freien. Wer waren die libri homines der karolingischen Kapitularien (742/43 – 832)? (Forsch. zur mittelalterlichen Gesch. 10), Berlin (Ost) 1963

585. Nehlsen, Hermann, Sklavenrecht zwischen Antike und Mittelalter. Germanisches und römisches Recht in den germanischen Rechtsaufzeichnungen, Bd. 1 (Göttinger Studien zur Rechtsgeschichte 7, 1.), Göttingen-Frankfurt/M.-Zürich 1972

586. Njeussychin, Aleksandr Iosifovič, Die Entstehung der abhängigen Bauernschaft als Klasse der frühfeudalen Gesellschaft in Westeuropa vom 6.–8. Jahrhundert, Berlin (Ost) 1961

587. Oexle, Otto Gerhard, Die funktionale Dreiteilung der „Gesellschaft" bei Adalbero von Laon, in: FMSt Bd. 12 (1978), S. 1–54

588. Otto, Eberhard Friedrich, Adel und Freiheit im deutschen Staat des frühen Mittelalters (Neue dt. Forsch. Bd. 130, Abt. Mittelalterl. Gesch., Bd. 2), Berlin 1937

589. Perrin, Charles-Edmond, Seigneurie rurale en France et en Allemangne du début du IXe à la fin du XIIe siècle, I: Les antécédents du régime domanial: la villa de l'époque carolingienne (Les Cours de Sorbonne), Paris 1966

590. Prinz, Friedrich, Bayerns Adel im Hochmittelalter, in: ZBLG 30 (1967), S. 53–117

591. Schlesinger, Walter, Die Entstehung der Landesherrschaft, Darmstadt ²1964

592. Ders., Die Hufe im Frankenreich, in: Beck, Heinrich u. a. (Hg.), Untersuchungen zur eisenzeitlichen und frühmittelalterlichen Flur in Mitteleuropa und ihrer Nutzung I (Abh. Akad. in Göttingen. Phil.-hist. Kl. III, 115), Göttingen 1979, S. 41–70

593. Schmid, Karl, Zur Problematik von Familie, Sippe und Geschlecht, Haus und Dynastie beim mittelalterlichen Adel, in: ZGORh 105 (1957), S. 1–62

594. Ders./Wollasch, Joachim, Societas et Fraternitas. Begründung eines kommentierten Quellenwerkes zur Erforschung der Personen und Personengruppen des Mittelalters, Berlin/New York 1975

595. Schmid, Karl, Gebetsgedenken und adeliges Selbstverständnis im Mittelalter. Ausgewählte Beiträge. Festgabe zu seinem Geburtstag, Sigmaringen 1983.

596. Schmidt-Wiegand, Ruth, Fränkische und frankolateinische Bezeichnungen für soziale Schichten und Gruppen in der Lex Salica (Nachrichten Akad. Wiss. in Göttingen, phil.-hist. Kl. 1972, Nr. 4), Göttingen 1972, S. 219ff.

597. Schmitt, Johannes, Untersuchungen zu den Liberi Homines der Karolingerzeit (Europäische Hochschulschriften III, 83), Frankfurt/M.-Bern 1977

598. Schneider, Reinhard, Zur rechtlichen Bedeutung der Kapitularientexte, in: DA 23 (1967), S. 273–294

599. Schott, Clausdieter, Der Stand der Legesforschung, in: FMSt 13 (1979) S. 29–55

600. Seeliger, Gerhard, Die soziale und politische Bedeutung der Grundherrschaft im früheren Mittelalter (Abh. d. phil.-hist. Kl. d. Kgl. sächs. Ges. d. Wiss., Bd. 22,1), Leipzig 1903

601. Slicher van Bath, Bernhard Hendrik, The Agrarian History of Western Europe A. D. 500–1850, London 1963

602. Tellenbach, Gerd (Hg.), Studien und Vorarbeiten zur Geschichte des großfränkischen und frühdeutschen Adels (Forsch. zur oberrheinischen Landesgesch. 4), Freiburg i. Br. 1957

603. Toubert, Pierre, Les structures du Latium médiéval. Le Latium méridionel et la Sabine du IXe Siècle à la fin du XIIe Siécle, Rom 1973
604. Verhulst, Adrian, La genèse du régime domanial classique en France au haut moyen âge, in: Settimane 13 (1969), S. 135–160
605. Verlinden, Charles, L'esclavage dans l'Europe médiévale, Bd. 1 Brügge 1955, Bd. 2 Gent 1977
606. Vierck, Hayo, Mittel- und westeuropäische Einwirkungen auf die Sachkultur von Haithabu/Schleswig, in: Archäologische und naturwissenschaftliche Untersuchungen an Siedlungen im deutschen Küstengebiet, Bd. 2: Handelsplätze des frühen und hohen Mittelalters, Weinheim 1984, S. 366–422.
607. Wenskus, Reinhard u. a. (Hgg.), Wort und Begriff „Bauer" (Abh. Akad. in Göttingen, phil-hist. Kl., III, 89), Göttingen 1975
608. Ders., Sächsischer Stammesadel und fränkischer Reichsadel (Abh. Akad. in Göttingen, phil.-hist. Kl. III, 89), Göttingen 1976
609. Werner, Joachim, Waage und Geld in der Merowingerzeit (Sbb. d. Bayerischen Akad. d. Wiss., phil.-hist. Kl. Jg. 54, H. 1), München 1954
610. Werner, Karl Ferdinand, Missus – Marchio – Comes. Entre l'administration centrale et l'administration locale de l'Empire carolingien, in: Beihefte der Francia 9 (1980), S. 191–239
611. Werner-Hasselbach, Traut, Die älteren Güterverzeichnisse der Reichsabtei Fulda (Marburger Studien z. älteren dt. Gesch. II, 7), Marburg 1942
612. Wunder, Heide (Hg.), Feudalismus (Nymphenburger Texte 17), München 1974

V. Burg, Stadt, Innovationen

613. Balzer, Manfred, Dortmund und Paderborn. Zwei Aufenthaltsorte der fränkischen und deutschen Könige in Westfalen (8.–13. Jh.), in: Westfäl. Forschungen 32 (1982), S. 1–20
614. Bosl, Karl, Die Sozialstruktur der mittelalterlichen Residenz- und Fernhandelsstadt Regensburg (Abh. d. Bayerischen Akad. d. Wiss., phil.-hist. Kl. NF 63), München 1966
615. Ders., Gesellschaftsgeschichte Italiens im Mittelalter (MGM Bd. 26), Stuttgart 1982
616. Dilcher, Gerhard, Die Entstehung der lombardischen Stadtkommune (Untersuchungen zur dt. Staats- und Rechtsgesch. NF 7), Aalen 1967
617. Doppelfeld, Otto, Das Fortleben der Stadt Köln vom 5.–8. Jahrhundert n. Chr., in: Early Medieval Studies 1 (Antikvariskt arkiv 38), Stockholm 1970
618. Ennen, Edith, Gesammelte Abhandlungen zum europäischen Städtewesen und zur rheinischen Geschichte, Bonn 1977
619. Falck, Ludwig, Mainz im frühen und hohen Mittelalter (Mitte 5. Jahrhundert bis 1244) (Geschichte der Stadt Mainz II), Düsseldorf 1972
620. Fehring, Günter Paul, Zur archäologischen Erforschung mittelalterlicher Dorfsiedlungen in Südwestdeutschland, in: Zeitschrift für Agrargeschichte und Agrarsoziologie 21 (1973), S. 1–35
621. Février, Paul Albert, Le développement urbain en Provence de l'époque romaine à la fin du XIVe siècle (Bibliothèque des Ecoles françaises d'Athènes et de Rome, Fasc. 202), Paris 1964
622. Forschungen zur Geschichte der Städte und Märkte Österreichs, hg. v. Wilhelm Rausch, Bd. 1, Linz 1978
623. Die Frage der Kontinuität in den Städten an Mosel und Rhein im Frühmittelalter, hg. v. Richard Laufner, in: Westfälische Forschungen 16 (1963), S. 52–78
624. Ganshof, François Louis, Etudes sur le développement des villes entre Loire et Rhin au Moyen Age, Paris 1943
625. Giese, Wolfgang, Zur Bautätigkeit von Bischöfen und Äbten des 10. bis 12. Jahrhunderts, in: DA 38 (1982), S. 388–438
626. Gottlieb, Gunther (Hg.), Geschichte der Stadt Augsburg von der Römerzeit bis zur Gegenwart, Stuttgart 1984
627. Hellmann, Manfred, Grundzüge der Geschichte Venedigs (Grundzüge Bd. 28), Darmstadt [2]1981
628. Herzog, Erich, Die ottonische Stadt (Frankfurter Forschungen zur Architekturgeschichte 2), Berlin 1964
629. Hoffmann, Hartmut, Gottesfriede und Treuga Dei (Schriften d. MGH, 20), Stuttgart 1964
630. Jankuhn, Herbert, Spätantike und merowingische Grundlagen für die mittelalterliche nordeuropäische Stadtbildung, in: Early Medieval Studies 1 (Antikvariskt arkiv 38), Stockholm 1970
631. Janssen, Walter, Dorf und Dorfformen des 7. bis 12. Jahrhunderts im Lichte

neuer Ausgrabungen in Mittel- und Nordeuropa, in: Jankuhn, Herbert (Hg.), Das Dorf der Eisenzeit und des frühen Mittelalters (Abh. Akad. in Göttingen, phil.-hist. Kl., III, 101), Göttingen 1977, S. 285–356

632. Jarnut, Jörg, Bergamo 568–1098 (VSWG Beiheft 67), Wiesbaden 1979

633. Jäschke, Kurt-Ulrich, Burgenbau und Landesverteidigung um 900 (VuF Sonderband 16), Sigmaringen 1975

634. Kellenbenz, Hermann (Hg.), Zwei Jahrtausende Kölner Wirtschaft, Bd. 1, Köln 1975

635. Kretschmayr, Heinrich, Geschichte von Venedig, 3 Bde., Gotha 1905–1934

636. Laufner, Richard (Hg.), Geschichte des Trierer Landes, Bd. I (Schriftenreihe zur Trierischen Landesgeschichte und Volkskunde 10), Trier 1964

637. Mildenberger, Gerhard, Germanische Burgen (Veröffentl. der Altertumskommission im Provinzialinstitut für Westfälische Landes- und Volksforschung, Landschaftsverband Westfalen-Lippe 6), Münster/Westf. 1978

638. Mitterauer, Michael, Grundtypen alteuropäischer Sozialformen (Kultur u. Gesellschaft. Neue hist. Forschungen 5), Stuttgart 1979

639. Ders., Markt und Stadt im Mittelalter, (MGM 21), Stuttgart 1980

640. Otto, Karl-Heinz/Herrmann, Joachim (Hgg.), Siedlung, Burg und Stadt. Studien zu ihren Anfängen (Deutsche Akademie der Wissenschaften zu Berlin. Schriftenreihe der Sektion für Vor- und Frühgeschichte 25), Berlin (Ost) 1969

641. Planitz, Hans, Die deutsche Stadt im Mittelalter, Graz–Köln 1954

642. Schlesinger, Walter, Zur Geschichte der Magdeburger Königspfalz, in: BDLG 104, 1968, S. 1–31

643. Schmid, Peter, Regensburg, Stadt der Könige und Herzöge im Mittelalter (Regensburger historische Forsch. 6), Kallmünz 1977

644. Schneider, Fedor, Die Entstehung von Burg und Landgemeinde in Italien (Abhandlungen zur Mittleren u. Neueren Geschichte, H. 68), Berlin 1924

645. Schulte, Aloys, Geschichte des mittelalterlichen Handels und Verkehrs zwischen Westdeutschland und Italien mit Ausschluß von Venedig, 2 Bde., Leipzig 1900

646. Schwarzmaier, Hansmartin, Lucca und das Reich bis zum Ende des 11. Jahrhunderts (Bibliothek des Deutschen Historischen Instituts in Rom, Bd. 41), Tübingen 1972

647. Schwind, Fred, Beobachtungen zur inneren Struktur des Dorfes in karolingischer Zeit, in: Jankuhn, Herbert (Hg.), Das Dorf der Eisenzeit und des frühen Mittelalters (Abh. Akad. in Göttingen, phil.-hist. Kl., III, 101), Göttingen 1977, S. 444–493

648. Stoob, Heinz, Forschungen zum Städtewesen in Europa, Bd. 1, Köln/Wien 1970

649. Swineköper, Berent, Königtum und Städte bis zum Ende des Investiturstreits (VuF Sonderbd. 11), Sigmaringen 1977

650. Töpfer, Bernhard, Volk und Kirche zur Zeit der beginnenden Gottesfriedensbewegung in Frankreich (Neue Beiträge zur Geschichtswissenschaft, Bd. 1), Berlin 1957

651. Verlinden, Charles, Wo, wann und warum gab es einen Großhandel mit Sklaven während des Mittelalters? (Kölner Vorträge zur Sozial- und Wirtschaftsgeschichte II), Köln 1970

652. Vor- und Frühformen der europäischen Stadt im Mittelalter, hg. von Herbert

Jankuhn, Walter Schlesinger, Heiko Steuer, 2 Teile (Abh. Akad. in Göttingen, phil.-hist. Kl., III, 83 und 84), Göttingen 1973/74

653. Weber, Max, Die Stadt, in: Archiv f. Sozialwissenschaften u. Sozialpolitik 47, 1921, S. 621–727

654. White, Lynn jr., Die mittelalterliche Technik und der Wandel der Gesellschaft, München 1968

VI. Kirche und Welt

655. Die Anfänge des Klosters Kremsmünster. Symposion 15.–18. Mai 1977. Red. v. Siegfried Haider (Mitteilungen d. Oberösterr. Landesarchivs, Erg.-Bd. 2), Linz 1978
656. Angenendt, Arnold, Monachi peregrini. Studien zu Pirmin und den monastischen Vorstellungen des frühen Mittelalters (Münsterische Mittelalter-Schriften 6), München 1972
657. Ders., Willibrord im Dienst der Karolinger, in: Annalen d. Hist. Vereins f. d. Niederrhein 175 (1973), S. 63–113
658. Balzer, Manfred, Zeugnisse für das Selbstverständnis Bischof Meinwerks von Paderborn, in: Norbert Kamp/Joachim Wollasch (Hg.), Tradition als historische Kraft, Berlin/New York 1982, S. 267–296
659. Bannasch, Hermann, Das Bistum Paderborn unter den Bischöfen Rethar und Meinwerk (983–1036), (Studien und Quellen zur Westf. Gesch. 12), Paderborn 1972
660. Beck, Marcel/Büttner, Heinrich, Die Bistümer Würzburg und Bamberg in ihrer politischen und wirtschaftlichen Bedeutung für die Geschichte des deutschen Ostens (Stud. u. Vorarb. zur Germ. Pont. 3), Berlin 1937
661. Benz, Karl Joseph, Untersuchungen zur politischen Bedeutung der Kirchweihe unter Teilnahme der deutschen Herrscher im hohen MA (Regensbg. Hist. Forschgg. 4), Kallmünz 1975
662. Bertau, Karl, Deutsche Literatur im europäischen Mittelalter, 2 Bde., München 1972/73
663. Beyerle, Konrad (Hg.), Die Kultur der Abtei Reichenau, 2 Teile, München 1925
664. Brown, Peter, Society and the Holy in Late Antiquity, London 1982
665. Brunhölzl, Franz, Geschichte der lateinischen Literatur des Mittelalters, Bd. 1, München 1975
666. Bücher, Karl, Die Frauenfrage im Mittelalter, Tübingen 1882, [2]1910
667. Capitani, Ovidio, L'eresia medievale, Bologna 1971
668. Clarke, H. B./Brennan, Mary (Hg.), Columbanus and Merovingian Monasticism (BAR International Series 113), Oxford 1981
669. Claude, Dietrich, Geschichte des Erzbistums Magdeburg bis in das 12. Jh., 2 Bde., (Mitteldeutsche Forschungen 67,1.2.), Köln-Wien 1972/75
670. Constable, Giles, Monastic tithes. From their origins to the twelfth century (Cambridge Studies in medieval Life and thought 10), Cambridge 1964
671. Duby, Georges, Medieval marriage, transl. by Elborg Forster (The John Hopkins Symposia in comparative history 11), Baltimore, London 1978
672. Edelstein, Wolfgang, Eruditio und sapientia. Weltbild und Erziehung in der Karolingerzeit. Untersuchungen zu Alcuins Briefen (Freiburger Studien zu Politik u. Soziologie), Freiburg i. Br. 1965
673. Ennen, Edith, Frauen im Mittelalter, München 1984

674. Erdmann, Carl, Die Entstehung des Kreuzzugsgedankens (Forschungen zur Kirchen- u. Geistesgeschichte 6), Stuttgart 1935
675. Ders., Forschungen zur politischen Ideenwelt des Frühmittelalters, aus d. Nachlaß hg. v. Friedrich Baethgen, Berlin 1951
676. Feine, Hans Erich, Kirchliche Rechtsgeschichte. Auf der Grundlage des Kirchenrechts von Ulrich Stutz, Bd. 1: Die katholische Kirche, Weimar 1950, Wien, Köln [5]1972
677. Fichtenau, Heinrich, Vom Ansehen des Papsttums im zehnten Jahrhundert, in: Aus Kirche und Reich, FS für Friedrich Kempf, hg. v. Hubert Mordek, Sigmaringen 1983, S. 117–124
678. Fuhrmann, Horst, Einfluß und Verbreitung der pseudoisidorischen Fälschungen, 3 Bde. (Schriften der MGH 24, 1.2.3), Stuttgart 1972–1974
679. Geary, Patrick Joseph, Furta sacra. Thefts of relics in the central Middle Ages 800–1100, Princeton 1978
680. Geuenich, Dieter, Die volkssprachige Überlieferung der Karolingerzeit aus der Sicht des Historikers, in: DA 39 (1983), S. 104–130
681. Gieysztor, Aleksander, La femme dans les civilisations des Xe–XIIIe scècles: la femme en Europe orientale, in: Cahiers de civilisation médiévale. X^{e}–XIIe siècles, 20 (1977), S. 189–200
682. Grabmann, Martin, Die Geschichte der scholastischen Methode, Bd. 1, Freiburg i. Br. 1909
683. Günter, Heinrich, Psychologie der Legende, Freiburg i. Br. 1949
684. Ders., Die christliche Legende des Abendlandes (Religionsgeschichtliche Bibliothek, Bd. 2), Heidelberg 1910
685. Gurjewitsch, Aaron Jakovlevič, Das Weltbild des mittelalterlichen Menschen, aus d. Russ. übers. v. Gabriele Loßack, wissenschaftl. Bearb. Hubert Mohr, (Beck'sche Sonderausgaben [80]), München 1980
686. Guttenberg, Erich Frhr. v., Das Bistum Bamberg, Teil 1: Berlin, Leipzig 1937, Teil 2: Die Pfarreiorganisation, bearb. v. Erich Frhr. v. Guttenberg u. Alfred Wendehorst, Berlin 1966 (Germania Sacra, Abt. 2, Bd. 1, 1.2.)
687. Hagendahl, Harald, Latin Fathers and the Classics (Studia Graeca et Latina Gothoburgensia 6), Göteborg 1958
688. Haller, Johannes, Das Papsttum. Idee und Wirklichkeit, 5 Bde., Urach, Stuttgart 1950–1953
689. Hallinger, Kassius, Gorze-Kluny, Studien zu den monastischen Lebensformen und Gegensätzen im Hochmittelalter, 2 Bde., (Studia Anselmiana philosophica theologica, Fasc. 22/23, 24/25), Rom 1950/51
690. Hauck, Karl, Mittellateinische Literatur, in: Deutsche Philologie im Aufriß, hg. v. Wolfgang Stammler, Bd. 2, Berlin, Bielefeld, München [2]1960, Spp. 2555–2624
691. Heinemeyer, Karl, Das Erzbistum Mainz in römischer und fränkischer Zeit, Bd. I: Die Anfänge der Diözese Mainz (Veröffentlichungen d. Historischen Kommission f. Hessen 39,1), Marburg 1979
692. Hoffmann, Hartmut, Die beiden Schwerter im hohen Mittelalter, in: DA 20 (1964), S. 78–114
693. Ders., Der Kirchenstaat im hohen Mittelalter, in: QFIAB 57 (1977), S. 1–45
694. Illmer, Detlef, Formen der Erziehung und Wissensvermittlung im frühen Mit-

telalter (Münchener Beiträge zur Mediävistik und Renaissance-Forschung 7), München 1971
695. Knabe, Lotte, Die gelasianische Zweigewaltentheorie bis zum Ende des Investiturstreites (Historische Studien H. 292), Berlin 1936
696. Knöpp, Friedrich, Die Reichsabtei Lorsch. FS zum Gedenken an ihre Stiftung 764, 2 Teile, Darmstadt 1973/1977
697. Köhler, Oskar, Das Bild des geistlichen Fürsten in den Viten des 10., 11. und 12. Jahrhunderts (Abh. z. Mittl. u. Neueren Gesch. 77), Meßkirch (Baden) 1935
698. Kuhn, Anette (Hg.), Frauen im Mittelalter, 2 Bde. (Geschichtsdidaktik: Studien, Materialien 14, 19), Düsseldorf 1983, 1984
Band 1: Ketsch, Peter, Frauenarbeit im Mittelalter.
Band 2: Ketsch, Peter, Frauenbild und Frauenrechte in Kirche und Gesellschaft
699. Laistner, Max Ludwig Wolfram, Christianity and Pagan Culture in the later Roman Empire, Ithaka/New York 1967
700. Langosch, Karl, Waltharius – Ruodlieb – Märchenepen, Darmstadt [2]1960
701. Lesne, Emile, Histoire de la propriété ecclésiastique en France, Bd. 2–6, Lille 1922–1943
702. Lynch, Joseph H., Simoniacal entry into religious life from 1000 to 1260, Columbus 1976
703. Manitius, Max, Geschichte der lateinischen Literatur des Mittelalters, 3 Bde. (Hb. der Altertumswissenschaften, hg. Walter Otto, 9. Abt., 2. Teil), München 1911, 1923, 1931
704. Marrou, Henri Irénée, Saint Augustin et la fin de la culture antique (Bibliotheque des Ecoles françaises d'Athènes et de Rome 145), Paris [4]1958 (1. Aufl. 1938)
705. Maurer, Helmut (Hg.), Die Abtei Reichenau. Neue Beiträge zur Geschichte und Kultur des Inselklosters, Sigmaringen 1974
706. McKitterick, Rosamond, The Frankish church and the Carolingian reforms 789–895, London 1977
707. Meier-Welcker, Hans, Die Simonie im frühen Mittelalter, in: ZKiG 64 (1952/53), S. 61–93
708. Michel, Anton, Humbert und Kerullarios. Quellen und Studien zum Schisma des XI. Jahrhunderts (Quellen und Forschungen aus dem Gebiete der Geschichte 21, 23), 2 Bde., Paderborn 1924/30
709. Mikat, Paul, Dotierte Ehe – rechte Ehe (Rheinisch.-Westfälisch. Akad. d. Wiss. Vorträge G, 277), Opladen 1978
710. Momigliano, Arnaldo (Hg.), The Conflict between paganism and christianity in the fourth century, Oxford 1963
711. Neuss, Wilhelm/Oediger, Friedrich Wilhelm, Das Bistum Köln von den Anfängen bis zum Ende des 12. Jahrhunderts (Geschichte des Erzbistums Köln, Bd. 1, hg. v. Wilhelm Neuss, Eduard Hegel u. a.), Köln 1964; 2. Aufl. neu bearb. v. Friedrich Wilhelm Oediger, Köln 1972
712. Panofsky, Erich, Die Renaissancen der europäischen Kunst, Frankfurt 1979
713. Parisse, Michel, Les nonnes au Moyen Age, Le Puy 1983
714. Peltier, Henri, Adalhard, Abbé de Corbie (Mémoires de la Société des antiquaires de Picardie, Bd. 52), Amiens 1969

715. Penco, Gregorio, Storia del monachesimo in Italia. Dalle origini alla fine del medio evo (Collana universale storica. Tempi e figure, II, 31), Rom 1961
716. Plöchl, Willibald Maria, Geschichte des Kirchenrechts, Bd. I: Das Recht des ersten christlichen Jahrtausends, Wien 1953, ²1960; Bd. II: Das Kirchenrecht der abendländischen Christenheit 1055 bis 1517, Wien 1955, ²1962
717. Prinz, Friedrich, Frühes Mönchtum im Frankenreich, München, Wien 1965
718. Ders., Askese und Kultur, München 1980
719. Richards, Joffrey, Consul of God. The life and times of Gregory the Great, London/Boston 1980
720. Riché, Pierre, Education et culture dans l'occident barbare, VIᵉ–VIIIᵉ siècles (Patristica Sorbonensia 4), Paris ²1967
721. Ders., Die Welt der Karolinger (La vie quotidienne dans l'empire Carolingien), aus d. Franz. übersetzt u. hg. v. Cornelia u. Ulf Dirlmeier, Stuttgart 1981
722. Sackur, Ernst, Die Cluniazenser in ihrer kirchlichen und allgemeingeschichtlichen Wirksamkeit bis zur Mitte des 11. Jahrhunderts, 2 Bde., Halle 1892/94
723. Schieffer, Rudolf, Die Entstehung von Domkapiteln in Deutschland (Bonner Hist. Forsch. 43), Bonn 1976
724. Schieffer, Rudolf, Die Entstehung des päpstlichen Investiturverbots für den deutschen König, (Schriften der MGH 28) Stuttgart 1981
725. Schmid, Karl (Hg.), Die Klostergemeinschaft von Fulda im früheren Mittelalter, Bde. I, II 1–3, III (Münstersche Mittelalter-Schriften 8), München 1978
726. Ders., (Hg.), Reich und Kirche vor dem Investiturstreit. FS Gerd Tellenbach, Sigmaringen 1985
727. Schneider, Fedor, Rom und Romgedanke im Mittelalter. München 1926, Köln-Graz ND 1959
728. Schneider, Jean (Hg.), Saint Chrodegang, Metz 1967
729. Seibt, Ferdinand (Hg.), Bohemia Sacra. Das Christentum in Böhmen 973–1973, Düsseldorf 1974
730. Severus, Emanuel von, Lupus von Ferrières. Gestalt und Werk eines Vermittlers antiken Geistesgutes an das Mittelalter im 9. Jahrhundert (Beiträge zur Geschichte des alten Mönchtums 21), Münster 1940
731. Sprandel, Rolf, Mentalitäten und Systeme. Neue Zugänge zur mittelalterlichen Geschichte, Stuttgart 1972
732. Ders., Gesellschaft und Literatur im Mittelalter, Paderborn 1982
733. Sprigade, Klaus, Die Einweisung ins Kloster und in den geistlichen Stand als politische Maßnahme im frühen Mittelalter, Gießen 1964
734. Steinen, Wolfram von den, Notker der Dichter und seine geistige Welt, 2 Bde., Bern 1948
735. Stutz, Ulrich, Die Eigenkirche als Element des mittelalterlich-germanischen Kirchenrechts, Berlin 1895, Sonderausgabe (Libelli 28), Darmstadt 1955
736. Ders., Geschichte des kirchlichen Benefizialwesens von seinen Anfängen bis auf die Zeit Alexanders III., 3. Aufl. Aalen 1972
737. Ullmann, Walter, The Growth of Papal Government in the Middle Ages, London ²1962
738. Vogelsang, Thilo, Die Frau als Herrscherin im hohen Mittelalter (Göttinger Bausteine zur Geschichtswissenschaft 7), Göttingen 1954
739. Voigt, Karl, Staat und Kirche von Konstantin dem Großen bis zum Ende der Karolingerzeit, Stuttgart 1936

740. Weber, Katharina, Kulturgeschichtliche Probleme der Merowingerzeit im Spiegel frühmittelalterlicher Heiligenleben, in: Studien und Mitteilungen zur Geschichte des Benediktinerordens und seiner Zweige 48 (1930), S. 349ff.

741. Wehlt, Hans-Peter, Reichsabtei und König dargestellt am Beispiel der Abtei Lorsch mit Ausblicken auf Hersfeld, Stablo und Fulda, Göttingen 1970

742. Werner, Ernst, Häresie und Gesellschaft im 11. Jahrhundert (Sbb. d. sächs. Akad. d. Wiss. zu Leipzig, Phil.-hist. Kl. 117,5), Berlin-Ost 1975

743. Wollasch, Joachim, Mönchtum des Mittelalters zwischen Kirche und Welt, München 1973

Orts- und Personenregister

Abkürzungen

Bf. = Bischof; Bm. = Bistum; Ebf. = Erzbischof; Ebm. = Erzbistum; Fs. = Fürst; Gem. = Gemahlin; Gf(n) = Graf(en); Gft. = Grafschaft; Hzg(e) = Herzog(e); Hzm. = Herzogtum; Kg. = König; Kl. = Kloster; Ks. = Kaiser; Mgf. = Markgraf; Mgfin. = Markgräfin; P. = Papst; S. = Sohn; S./St. = Saint, Sankt; T. = Tochter

Karten

Das Reich Karls des Großen
5° Westl. L. v. Greenw.
0°
5° Östl. L. v. Gre
Nordsee
Kanal
Golf von Biscaya
REICH DER ANGELSACHSEN
Lichfield
Leicester
Norwich
London
Winchester
Chichester
FRIESLAND
Texel
Dokk
Utrecht
Durstede
Nimwe
Xanten
Gent
Flandern
Meersen
Maastricht
Löwen
Landen
Maas
Aache
Tongern
Herstal
Stablo
Prüm
LOTHARINGIE
Echternach
Dieden-hofen
Metz
Gorze
Mosel
Toul
Boulogne
Arras
St. Riquier
Saucourt
Cambrai
Amiens
Corbie
Tertry
Rouen
St. Wandrille
Quierzy
Ribémont
Laon
Compiègne
Attigny
Soissons
Reims
Seine
St. Denis
Paris
Châlons
Verdun
Ponthion
Troyes
Chartres
Sens
Langres
Luxeuil
Murbach
Auxerre
Besançon
Brest
Bretagne
Rennes
NEUSTIEN
Le Mans
Angers
Orléans
Nantes
Tours
Loire
FRÄNKISCHES
Bourges
Nevers
Poitiers
Chalon
Mâcon
Saintes
Limoges
Saône
Angouleme
Clermont
Lyon
Genf
Périgueux
Gr. St. Be
AQUITANIEN
Vienne
Bordeaux
Mt. Cenis
Rhône
Grenoble
Garonne
Viviers
Valence
Agen
Cahors
Embrun
Dax
Orange
Bayonne
Auch
Albi
Nîmes
Avignon
Gascogne
Toulouse
Aniane
Arles
Miranda
Roncesvalles
Pamplona
Carcassonne
Septimanien
Narbonne
Toulon
Marseille
Lérin
Roussillon
Aranda
Urgel
Wadi Ibro
Gormaz
Mauresa
Gerona
Saragossa
unter fränk. Einfluß
vorübergehend unabhängig 822-925
Barcelona
801 erob.
Tarragona
0
100
200 km
Tortosa
Alfaques
45°
50°
0°
5°

Sitz eines Erzbischofs
Sitz eines Bischofs
Burg
Kloster
andere Städte und Orte
Reichsgrenze
Patrimonium Petri
(späterer Kirchenstaat)
Ostsee
Rügen
Haithabu
Nord-
albing.
Limes Saxonicus
Itzehoe
Hamburg
Bremen
Bardowick
Verden
Elbe
Weser
SACHSEN
Ostfalen
Süntel
Hildeshm.
Corvey
Gandersheim
Halberstadt
Fritzlar
Eresburg
Hersfeld
Ohrdruf
Fulda
Erfurt
Sorben-
mark
Elbe
Oder
Frankfurt
Salz
Prag
BÖHMEN
Würzburg
Kitzingen
Lorsch
Amorbach
Ochsenfurt
Forchheim
Böhmerwald
Nordgau
(Tauber-)
Bischofsheim
Franken
MÄHREN
Eichstätt
Regensbg.
Donau
Niederalteich
Passau
Lorch
Traismauer
Tulln
Neutra
Augsburg
Ötting
Inn
Mondsee
Ybbsfeld 788
Carnuntum
(Petronell)
Freising
Chiemsee
Salzburg
Kremsmünster
Reichenau
Benediktbrn.
REICH
Stein-
amanger
Kempten
Tegernsee
BAYERN
Carantania
Ostland
St. Gallen
St. Peter
Chur
Disentis
Säben
Innichen
Maria Saal
Mosaburg
Bozen
Belluno
M. FRIAUL
Trient
Aquileja
Bergamo
Grado
Verona
oström.
Istrien
Venedig
z. Oström.
Reich
Mailand
Mantua
Po
Bobbio
DALMATIEN
R. ITALIEN
Genua
Bologna
Ravenna
Luna
Zara
z. Oström. Reich
Lucca
PATRIM.
Pisa
Florenz
Ancona
Spalato
z. Oström. Reich
Siena
TUSCIEN
Adriatisches
Meer
Perugia
HZM.
Narni
Spoleto
Ragusa
ELBA
PETRI
Ortona
SPOLETO
Sutri
Farfa
Chieti
M. Soratte
Rom
Ostia
Terracina
10°
15°
45°
50°
Zeichng.: B. Henzler

Das Reich in ottonisch-frühsalischer Zeit
Nordsee
Ostsee
Schleswig
Haithabu
M. Schleswig
934-1025 deutsch
Oldenburg
Limes Saxonicus
MARK DER BILLUNGER
ca. 937-83
Wollin (Jomsburg)
Hamburg
Ratzeburg
Bremen
Elbe
Weser
Verden
Wildeshausen
FRIESLAND
NORDMARK
ca. 937-83
Havelbg
Gnesen
Posen
HZM. SACHSEN
Osnabrück
Minden
Ostfalen
Brandenburg
Engern
Herford
Werla
Magdeburg
Oder
Utrecht
Münster
Hildeshm.
Halberstadt
POLEN
Paderborn
Corvey
Goslar
Gandersheim
Pöhlde
Gernrode
MARK LAUSITZ
1002-05 poln.
Xanten
Westfalen
Essen
Werden
Grona
Mersebg.
Memleben
Rhein
Kaiserswerth
Fritzlar
THÜRINGEN
MARK MEISSEN
GFT.
HZM. NIEDER-
Aachen
Köln
Erfurt
Zeitz
Meißen
FLANDERN
Lüttich
Hessen
Hersfeld
Maas
Brogne
Arras
Stablo
Malmedy
Fulda
Corbie
Cambrai
Prüm
Frankfurt
Prag
Libice
LOTHRINGEN
911 zu Frankr.,
925 z. Reich,
959 Teilung
Mosel
Mainz
FRANKEN
Laon
Trier
Worms
Lorsch
Bamberg
BÖHMEN
Würzburg
Forchheim
Reims
Speyer
MÄHREN
Marne
Châlons
Verdun
985-87 fr.
Nordgau
Gorze
Metz
Weißenburg
Regensburg
Paris
Eichstätt
HZM. OBER-
Hirsau
Niederaltaich
1039/41
Seine
Toul
Straßburg
Donau
Passau
OSTMARK
Troyes
LOTHRINGEN
Augsburg
HZM.
Donau
2°
4°
6°
8°
10°
12°
14°
16°
18°
54°
52°
50°

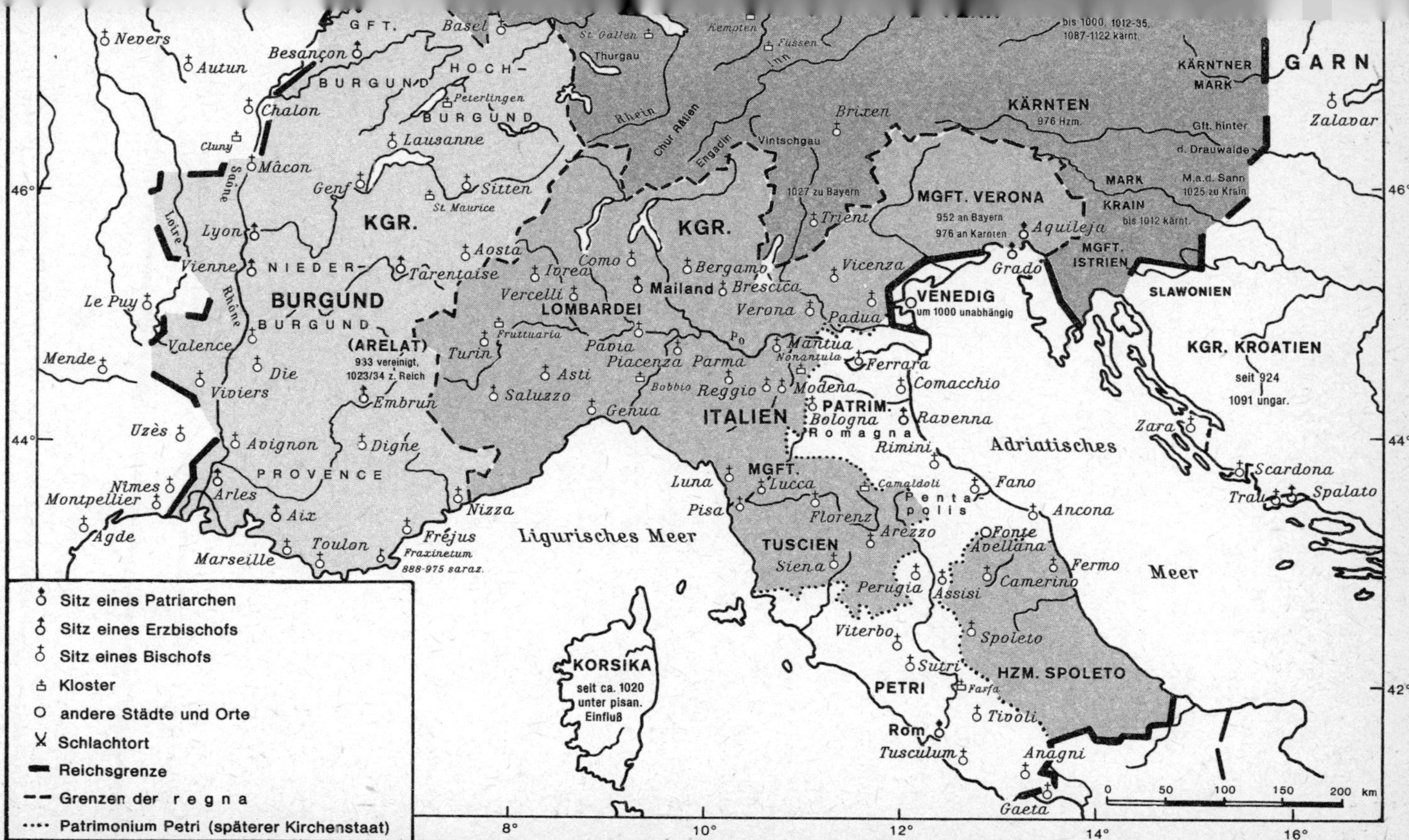

Zeichng.: B. Henzler